Die Digitalisierung von Messeveranstaltern

Christoph Menke

Die Digitalisierung von Messeveranstaltern
Eine Untersuchung anhand des Geschäftsmodells

Christoph Menke
Köln, Deutschland

Dissertation, Wirtschafts- und Sozialwissenschaftliche Fakultät der Universität zu Köln, 2020

ISBN 978-3-658-31594-8   ISBN 978-3-658-31595-5 (eBook)
https://doi.org/10.1007/978-3-658-31595-5

Die Deutsche Nationalbibliothek verzeichnet diese Publikation in der Deutschen Nationalbibliografie; detaillierte bibliografische Daten sind im Internet über http://dnb.d-nb.de abrufbar.

© Der/die Herausgeber bzw. der/die Autor(en), exklusiv lizenziert durch Springer Fachmedien Wiesbaden GmbH, ein Teil von Springer Nature 2020
Das Werk einschließlich aller seiner Teile ist urheberrechtlich geschützt. Jede Verwertung, die nicht ausdrücklich vom Urheberrechtsgesetz zugelassen ist, bedarf der vorherigen Zustimmung des Verlags. Das gilt insbesondere für Vervielfältigungen, Bearbeitungen, Übersetzungen, Mikroverfilmungen und die Einspeicherung und Verarbeitung in elektronischen Systemen.
Die Wiedergabe von allgemein beschreibenden Bezeichnungen, Marken, Unternehmensnamen etc. in diesem Werk bedeutet nicht, dass diese frei durch jedermann benutzt werden dürfen. Die Berechtigung zur Benutzung unterliegt, auch ohne gesonderten Hinweis hierzu, den Regeln des Markenrechts. Die Rechte des jeweiligen Zeicheninhabers sind zu beachten.
Der Verlag, die Autoren und die Herausgeber gehen davon aus, dass die Angaben und Informationen in diesem Werk zum Zeitpunkt der Veröffentlichung vollständig und korrekt sind. Weder der Verlag, noch die Autoren oder die Herausgeber übernehmen, ausdrücklich oder implizit, Gewähr für den Inhalt des Werkes, etwaige Fehler oder Äußerungen. Der Verlag bleibt im Hinblick auf geografische Zuordnungen und Gebietsbezeichnungen in veröffentlichten Karten und Institutionsadressen neutral.

Planung/Lektorat: Carina Reibold
Springer Gabler ist ein Imprint der eingetragenen Gesellschaft Springer Fachmedien Wiesbaden GmbH und ist ein Teil von Springer Nature.
Die Anschrift der Gesellschaft ist: Abraham-Lincoln-Str. 46, 65189 Wiesbaden, Germany

Geleitwort

Als Intermediäre für den Aufbau und die Entwicklung von Geschäftsbeziehungen kommt Messeveranstaltern weltweit eine hohe gesamtwirtschaftliche Bedeutung zu. Insofern hat die Wertschöpfung von Messeveranstaltern eine hohe wirtschaftliche Relevanz, die aktuell durch die fortschreitende Digitalisierung wesentlich beeinflusst wird. Die Digitalisierung verändert nicht nur Prozesse und Produkte in nahezu allen Wirtschaftszweigen sondern fördert darüber hinaus auch gänzlich neue Strukturen der Wertschöpfung. Für Messeveranstalter, die Marktentwicklungen möglichst aktuell abbilden müssen, um erfolgreich zu sein, sind deshalb erhebliche Auswirkungen zu erwarten. Diese betreffen nicht nur operativ die inhaltliche Ausgestaltung der Marktplattformen, sondern aus strategischer Perspektive auch das Dienstleistungsangebot und die Wertschöpfungsstruktur der Messeveranstalter insgesamt.

Umso bemerkenswerter ist, dass der Einfluss der Digitalisierung auf die Messewirtschaft bislang kaum und – noch grundlegender – die Wertschöpfung von Messeveranstaltern an sich wenig wissenschaftlich untersucht worden ist. Um den Einfluss der Digitalisierung zu konkretisieren, bedarf es jedoch einer Modellierung, wie und woraus sich das Wertschöpfungssystem eines Messeveranstalters zusammenfügt und wie die Digitalisierung diese einzelnen Bestandteile der Wertschöpfung prägt. Vor diesem Hintergrund verfolgt die vorliegende Untersuchung die folgenden, eng miteinander verknüpften Forschungsfragen:

Welche Faktoren prägen die Wertschöpfung eines Messeveranstalters und wie lässt diese sich systematisch erfassen?

Was verbirgt sich hinter dem Schlagwort Digitalisierung und wie lassen sich ihre Erscheinungsformen strukturieren?

Wie beeinflusst die Digitalisierung die Wertschöpfung eines Messeveranstalters und welche Wertschöpfungsbereiche stehen unter ihrem besonderem Einfluss?

Zur Beantwortung dieser Fragen entwickelt Herr Menke in seiner Arbeit anspruchsvolle, konzeptionelle Werkzeuge, die zur Untersuchung der eigenen Wertschöpfung sowie der Auswirkungen der Digitalisierung als Orientierungs- und Entscheidungshilfe für die Messewirtschaft aber auch für Akteure anderer Branchen genutzt werden können. Es gelingt ihm in beachtlicher Weise, den Einfluss der Digitalisierung auf die Wertschöpfung der Messegesellschaften zu analysieren und damit das selbst gesteckte wissenschaftliche Ziel seiner Untersuchung in bemerkenswerter Weise zu erreichen. Mit seiner sehr ausführlichen Grundlagenarbeit, arbeitet er zum einen die Wertschöpfung der Messegesellschaften anhand des Geschäftsmodellansatzes differenziert heraus und strukturiert zum anderen das Phänomen der Digitalisierung in Wirtschaft und Gesellschaft in allen seinen Facetten grundlegend. Damit schafft er die Voraussetzungen für die höchst kompetente Untersuchung seiner wissenschaftlichen Fragestellungen. Der Ansatz der Geschäftsmodellierung erweist sich als gut geeignet, die Auswirkungen der Digitalisierung auf die Messewirtschaft sehr strukturiert und detailliert zu untersuchen und viele zentrale Einsichten zu erarbeiten, die sowohl einen erheblichen wissenschaftlichen Erkenntnisgewinn darstellen als auch unmittelbar verwendbare Ergebnisse für die Messepraxis beinhalten. Zweifelsohne liefert die Arbeit insgesamt viele sehr interessante Ergebnisse mit hohem Innovationsgehalt für die Messewirtschaft und darüber hinaus.

Ich wünsche der Arbeit von Herrn Menke eine gute Aufnahme und lebhafte Diskussion in Wissenschaft und Praxis.

Werner Delfmann

Vorwort

Die vorliegende Dissertation nahm ihren Ursprung in einem Moment des empfundenen Scheiterns. Im Sommer 2014 war es zwei Jahre her, dass ich mich endgültig von meinem Traum einer Olympiateilnahme im Feldhockey verabschieden musste und regelmäßig spürte ich dieses bedrückende Gefühl, dass ich aufgrund von Verletzungen, starker Konkurrenz und fehlendem Vertrauen von Seiten der Trainer mein Potenzial für das Spiel nicht ausgeschöpft hatte. Ich merkte, dass es einen neuen Traum, einen intensiven Reiz in einem völlig anderen Interessensgebiet brauchte, um mich endgültig von dieser Negativerfahrung zu lösen. In dieser Phase bemerkte ich in meiner täglichen Arbeit in der Unternehmensentwicklung im Messemanagement, dass die gesamte Branche begann, sich mit dem Ungetüm Digitalisierung auseinanderzusetzen, ohne jedoch einer Meinung darüber zu sein, was unter Digitalisierung überhaupt zu verstehen ist, ganz davon zu schweigen, wie sich das Phänomen auf die Branche auswirken würde. Einzig und allein eine Aussage stand wie ein Fels: Die persönliche Begegnung ist durch Nichts zu ersetzen – und damit der Wettbewerbsvorteil des Marketingkanals Messe auf unbestimmte Zeit gesichert. Die ungewohnte Einstimmigkeit der Messeverantwortlichen war Anlass genug, dieser These auf den Grund zu gehen. Gleichzeitig erinnerte ich mich an die große Freude, die ich dabei empfunden hatte, mich für meine Diplomarbeit in die wissenschaftliche Untersuchung praxisrelevanter, sozialwissenschaftlicher Phänomene zu stürzen. Damit war ein neues Projekt gefunden und diesmal würde es weitestgehend in meiner Hand liegen, ob ich es zum Erfolg führen würde.

Diesen Optimismus konnte ich mir erst recht bewahren, als ich mit meinem Doktorvater Herrn Prof. Dr. Dr. h.c. Werner Delfmann das Exposé für mein Dissertationsprojekt besprach und er mir in diesem und vielen weiteren Gesprächen Mut machte, dass wir dieses Vorhaben gemeinsam erfolgreich abschließen, solange ich nur stetig am Ball bleiben würde und bereit wäre, auch Rückschläge einzustecken. Insbesondere in schwierigeren Phasen der Promotion, in denen mich meine hauptberufliche Tätigkeit bei der *Koelnmesse GmbH* immer stärker forderte, waren diese Worte für mich große Motivation, mich durchzubeißen. Dafür, sowie für die unzähligen fachlichen Ratschläge rund um mein Forschungsvorhaben gebührt ihm mein herzlicher Dank. Ebenso möchte ich mich bei Frau Prof. Dr. Franziska Völckner für die Übernahme des Korreferats sowie Herrn Prof. Dr. Martin Paul Fritze für die Übernahme des Prüfungsvorsitzes bedanken.

Darüber hinaus bin ich meinen Kollegen am Lehrstuhl sehr dankbar, die mir meinen Einstieg in die Forschungsgruppe als externer Doktorand sehr leicht machten und in unseren Kolloquien zahlreiche essenzielle Hinweise und Denkansätze platzierten, ohne die diese Promotion unmöglich gewesen wäre. So gab mir Dr. Jost Daft den entscheidenden Anstoß, die Untersuchung der Wertschöpfung von Messeveranstaltern mit Hilfe des Geschäftsmodell-Ansatzes zu versuchen. Ebenso danke ich Dr. Stefanie Dorn und Dr. Tobias Mandt, die mir nicht nur halfen, alle methodischen Klippen sicher zu umschiffen, sondern auch mit viel Humor dazu beitrugen, dass ich immer gerne am Lehrstuhl vorbeischaute. Mein besonderer Dank gilt dabei Dr. Simon Krapp, der nicht nur fachlich stets eine große Hilfe war, sondern auch meine Leidenschaft für den Sport teilte und mit dem mich viele witzige Erlebnisse von Kanufahrten auf der Sieg über Kantersiege der Kölner Haie bis zu Morgenläufen durch das verschlafene Berlin verbinden. Auch bei Dr. Tobias Lukowitz, Dr. Lisa Brekalo, Dr. Paul Schneider, Dr. Simon von Danwitz, Thilo Heyer und Dr. Oliver Wirths möchte ich mich für die herzliche Aufnahme und die große Unterstützung bedanken. Den guten Seelen des Lehrstuhls, Hilde Reuter und Heike Kirch, danke ich für die ermutigenden Worte und die administrative Unterstützung rund um die Promotion.

Zweifellos wäre dieses Projekt kaum umzusetzen gewesen, wenn ich keine umfangreiche Unterstützung aus der Praxis erfahren hätte. Die Validierung des Geschäftsmodells sowie die Einordnung der Bedeutung des Phänomens Digitalisierung für die Messewirtschaft erfolgte unter anderem durch umfassende Interviews mit verschiedenen Branchenexperten, bei denen ich mich auf diesem Wege nochmals explizit für ihre Hilfsbereitschaft und ihre Anregungen bedanken möchte. Und obschon ich größten Wert darauflege, dass meine Tätigkeit bei der *Koelnmesse GmbH* durch mein Promotionsvorhaben nicht beeinträchtigt wurde, so durfte ich mir stets der moralischen Unterstützung meiner Kollegen und Vorgesetzten gewiss sein. Hier möchte ich Christoph Werner hervorheben, dem der erfolgreiche Abschluss des Projektes ein persönliches Anliegen war, sowie Prof. Dr. Christian Glasmacher, der mir besonders in den Anfängen meiner Promotion viel Mut zusprach.

Darüber hinaus danke ich unbedingt meinen Freunden und meiner Familie, dass sie mich ermutigten, wo andere gezweifelt hätten, dass sie Geduld bewiesen, wo andere mein ständiges Fernbleiben irritiert hätte, und dass sie mich ablenkten, wenn der Kopf mal wieder rauchte. So war der blühende Flachs der mittäglichen Kaffeeklatsch-Runden im Café Petit Noir in der Hochphase der Dissertation sicherlich ein Erfolgsbaustein, um sich danach wieder mit neuer Motivation und neuen Ideen an die Arbeit zu machen. Meinen Brüdern Thomas, Andreas, Felix und Stefan danke ich, dass sie schon als Kind meinen Ehrgeiz weckten und bis heute Vorbilder für mich sind.

Mein größter Dank gebührt meiner Frau Dr. Viktoria Salz, die mich von dem Moment an, in dem ich die Idee äußerte, zu promovieren, dazu antrieb, dass aus diesem bloßen Lippenbekenntnis eine erfolgreiche Promotion wurde und die es akzeptierte, dass meinem Forschungsvorhaben jahrelang Wochenenden und Urlaube zum Opfer fielen.

Schließlich danke ich meinen Eltern Josef und Ulrike Menke, die mich seit jeher in allen privaten und beruflichen Belangen unterstützen, die mich motivieren, ohne Druck auszuüben und die immer fest an mich glauben, ganz gleich, was ich mir zum Ziel gesetzt habe. Ihnen soll dieses Buch gewidmet sein.

Christoph Menke

Inhaltsverzeichnis

1	**Einleitung**	1
1.1	Ausgangssituation und Problemstellung	1
1.2	Zielsetzung	6
1.3	Vorgehensweise	7
1.4	Methodik	9
2	**Analyse der Wertschöpfung eines Messeveranstalters anhand des Geschäftsmodells**	17
2.1	Wertschöpfung eines Messeveranstalters im wissenschaftlichen Diskurs	18
2.2	Entwicklung des Geschäftsmodells	27
2.3	Grundlagen des Geschäftsmodells	30
2.4	Das Geschäftsmodell eines Messeveranstalters	35
	2.4.1 Die Unternehmenskernlogik eines Messeveranstalters	37
	2.4.1.1 Die Produkt-Markt-Kombination	38
	2.4.1.2 Die internen Strukturgrundsätze	40
	2.4.1.3 Das externe Wertschöpfungsnetzwerk	44
	2.4.2 Die Wertschöpfungsaktivitäten eines Messeveranstalters	49
	2.4.2.1 Die unterstützenden Aktivitäten	50
	2.4.2.2 Die Produktion	55
	2.4.2.3 Die Vermarktung	59
	2.4.3 Die Ressourcenausstattung eines Messeveranstalters	66
	2.4.3.1 Tangible Ressourcen	67
	2.4.3.2 Intangible Ressourcen	70

		2.4.4	Zwischenfazit zum Geschäftsmodell eines Messeveranstalters	77

3 **Das Phänomen Digitalisierung** 79
   3.1 Anfänge und Entwicklung 81
      3.1.1 Die Entwicklung des Computers 81
      3.1.2 Die Entstehung von Internet und World Wide Web 86
      3.1.3 Über das Smartphone zum mobilen Internet 92
      3.1.4 Zwischenfazit zur Entwicklung der Digitalisierung 94
   3.2 Begriffsklärung 95
   3.3 Erscheinungsformen der Digitalisierung & Definition 101
      3.3.1 Technologie 103
         3.3.1.1 Basistechnologien 103
         3.3.1.2 Ergänzende Technologien 105
      3.3.2 Güter 112
         3.3.2.1 Digitale und digitalisierte Güter 113
      3.3.3 Prozesse 119
         3.3.3.1 Ressourcenmanagement 120
         3.3.3.2 Forschung & Entwicklung 122
         3.3.3.3 Produktion & Dienstleistungserstellung 123
         3.3.3.4 Finanzen 124
         3.3.3.5 Logistik 125
         3.3.3.6 Marketing 127
         3.3.3.7 Kundenservice & Wartung 129
         3.3.3.8 Kommunikation 130
         3.3.3.9 Personal 133
         3.3.3.10 Sicherheit 134
      3.3.4 Akteure 138
         3.3.4.1 Individuen 139
         3.3.4.2 Unternehmen 143
         3.3.4.3 Staat 149
         3.3.4.4 Wissenschaft 151
      3.3.5 Definition 153

4 **Der Einfluss der Digitalisierung auf die Wertschöpfung eines Messeveranstalters** 157
   4.1 Die Auswirkungen der Digitalisierung auf die Unternehmenskernlogik eines Messeveranstalters 158
      4.1.1 Die Auswirkungen auf die Produkt-Markt-Kombination 158

	4.1.2	Die Auswirkungen auf die internen Strukturgrundsätze	174
	4.1.3	Die Auswirkungen auf das externe Wertschöpfungsnetzwerk	185
	4.1.4	Zwischenfazit zu den Auswirkungen auf die Unternehmenskernlogik	189
4.2		Die Auswirkungen der Digitalisierung auf die Wertschöpfungsaktivitäten eines Messeveranstalters	192
	4.2.1	Die Auswirkungen auf die unterstützenden Aktivitäten	192
	4.2.2	Die Auswirkungen auf die Produktion	207
	4.2.3	Die Auswirkungen auf die Vermarktung	237
	4.2.4	Zwischenfazit zu den Auswirkungen auf die Wertschöpfungsaktivitäten	260
4.3		Die Auswirkungen der Digitalisierung auf die Ressourcenausstattung eines Messeveranstalters	263
	4.3.1	Die Auswirkungen auf die tangiblen Ressourcen	263
	4.3.2	Die Auswirkungen auf die intangiblen Ressourcen	275
	4.3.3	Zwischenfazit zu den Auswirkungen auf die Ressourcenausstattung	296

5 Diskussion der Ergebnisse und Management-Implikationen 301

5.1 Chancen & Herausforderungen für Messeveranstalter bedingt durch die Auswirkungen der Digitalisierung auf ihre Wertschöpfung 302
5.2 Management-Implikationen 310
    5.2.1 Messeveranstalter als digitalisierte Marketing- und Kommunikationsdienstleister für Branchencommunities 310
    5.2.2 Anpassung der internen Strukturen für Digitalprojekte 311
    5.2.3 Ausbau der Datenanalysekompetenzen 312
    5.2.4 Messegelände als Testfeld für innovative Technologien 313
    5.2.5 Konsequente Fokussierung auf die persönliche Begegnung als Alleinstellungsmerkmal 314

6 Schlussbetrachtungen 317
6.1 Zusammenfassung 317
6.2 Kritische Würdigung und Ausblick 321

Literaturverzeichnis 327

Abbildungsverzeichnis

Abbildung 1.1	Problemstellung und Forschungsfragen	9
Abbildung 1.2	Verlauf der Untersuchung	16
Abbildung 2.1	Verortung des Geschäftsmodelles eines Messeveranstalters im Gesamtkontext der Untersuchung	18
Abbildung 2.2	Wertkette eines Messeveranstalters nach ARZT	26
Abbildung 2.3	Die Unternehmenskernlogik eines Messeveranstalters	48
Abbildung 2.4	Die Wertschöpfungsaktivitäten eines Messeveranstalters	65
Abbildung 2.5	Die Ressourcenausstattung eines Messeveranstalters	77
Abbildung 2.6	Das Geschäftsmodell eines Messeveranstalters	78
Abbildung 3.1	Verortung der Erscheinungsformen der Digitalisierung im Gesamtkontext der Untersuchung	102
Abbildung 3.2	Die KONDRATIEFF-Zyklen	110
Abbildung 3.3	Hauptkategorie Technologie	112
Abbildung 3.4	Hauptkategorie Güter	119
Abbildung 3.5	Hauptkategorie Prozesse	138
Abbildung 3.6	Hauptkategorie Akteure	153
Abbildung 3.7	Struktur der Digitalisierung	155
Abbildung 4.1	Auswirkungen der Digitalisierung auf die Unternehmenskernlogik eines Messeveranstalters	191
Abbildung 4.2	Auswirkungen der Digitalisierung auf die Wertschöpfungsaktivitäten eines Messeveranstalters	262

Abbildung 4.3   Auswirkungen der Digitalisierung auf die
                Ressourcenausstattung eines Messeveranstalters 298
Abbildung 4.4   Status der Untersuchung 299

Tabellenverzeichnis

Tabelle 1.1 Übersicht der Interviewpartner 12

Einleitung 1

1.1 Ausgangssituation und Problemstellung

Die Digitalisierung des Geschäftslebens ist ein manifestierter Trend, der nahezu alle Wirtschaftszweige erfasst.[1] Ob im verarbeitenden Gewerbe unter dem Schlagwort Industrie 4.0, im Handel, in den Wirtschaftsbereichen Mobilität und Logistik, im Kreditwesen oder der Versicherungswirtschaft – die Auswirkungen der Digitalisierung sind in nahezu allen Branchen sichtbar: Onlineumsätze machen in den genannten Wirtschaftszweigen einer Studie des Institutes der deutschen Wirtschaft Köln zufolge bereits zwischen 14 und 27% der gesamten Unternehmensumsätze aus.[2] Ob in Geschäftsprozessen, Kundenzielgruppen, im Produktangebot oder der Umsatzverteilung auf verschiedene Geschäftsfelder eines Unternehmens: Der Einfluss der Digitalisierung wird in zahlreichen Bereichen der Wertschöpfung wahrgenommen.[3]

Der Fortschritt in der Informations- und Kommunikationstechnik begünstigt zudem neue Strukturen der Wertschöpfung: Die durch digitalisierte Prozesse bedingte, erhebliche Senkung der Transaktionskosten ermöglicht es, dass Produkte und Dienstleistungen innerhalb vielfach verzweigter Unternehmensnetzwerke im Rahmen einer möglichst effizienten Arbeitsteilung erzeugt werden.[4] In der Innenansicht passen Unternehmen ihre Organisationsstruktur an digitalisierte Prozesse an, um zu gewährleisten, dass die entsprechenden Abläufe, häufig

---

[1] Vgl. Tapscott (2015).
[2] Vgl. IW Consult & BITKOM (2014). Im Rahmen der Studie „Wirtschaft digitalisiert – Wie viel Internet steckt in den Geschäftsmodellen deutscher Unternehmen?" wurden 2.500 Unternehmen zur Bedeutung des Internets für neun Bereiche der Wertschöpfung befragt.
[3] Vgl. Kollmann (2019), S. 56ff.
[4] Vgl. Zott, Amit & Massa (2011), S. 1025.

unter Verwendung integrierter Informationssysteme, miteinander harmonieren und mögliche Effizienzgewinne gehoben werden.[5]

Jenseits der branchenübergreifenden, wirtschaftlichen Bedeutung werden dem digitalen Fortschritt auch weitreichende gesellschaftliche Effekte zugesprochen: Ausgehend von einem Technologiesprung, der zu einer massiven Produktivitätssteigerung in verschiedenen Wirtschaftsprozessen führte, hat die Digitalisierung durch die private Nutzung darauf aufbauender Technologien signifikante Auswirkungen auf die Interaktions- und Kommunikationsgewohnheiten innerhalb einer Gesellschaft.[6] Beispielsweise werden internetfähige Smartphones in Deutschland von 81% der Bevölkerung genutzt.[7] 53% der Internetnutzer hierzulande sind in sozialen Netzwerken aktiv, um sich mit privaten oder beruflichen Kontakten zu vernetzen und in Verbindung zu bleiben.[8] Insbesondere junge Menschen ziehen heute das Internet dem einstigen Leitmedium Fernsehen vor.[9]

Angesichts dieser Entwicklungen auf wirtschaftlicher und gesellschaftlicher Ebene ist zu erwarten und bereits zu beobachten, dass sich insbesondere die Messewirtschaft unter dem Einfluss der Digitalisierung wandelt:[10] Das Kernprodukt Messe ist selbst das Arbeitsergebnis eines Netzwerkes spezialisierter Firmen verschiedenster Gewerbe und Gewerke mit dem Messeveranstalter als zentralem Koordinator, bei dem alle Informationen zusammenlaufen.[11] Eine wesentliche Kernfunktion von Messen ist es, Anbieter und Nachfrager zu vernetzen und deren Kommunikation untereinander zu ermöglichen.[12] Die Digitalisierung erleichtert die Verwaltung solcher Netzwerke und fördert deren Entwicklung. Für die Messeveranstalter könnte der digitale Fortschritt dementsprechend weitreichende Auswirkungen haben.

---

[5]Vgl. Groth (1999), S. 15.
[6]Vgl. ibi research an der Universität Regensburg (2014), S. 62.
[7]Vgl. Bitkom Research (2019).
[8]Vgl. Eurostat (2019b).
[9]Laut der ARD/ZDF-Onlinestudie nutzt die Gruppe der 14–29-Jährigen in Deutschland das Internet im Durchschnitt inzwischen mehr als das Fernsehen (vgl. ARD/ZDF (2015), S. 387).
[10]Dass gerade die kommunikations- und beziehungsfördernde Funktion einer Messe vielerorts inzwischen als wichtiger angesehen wird, als beispielsweise die Orderfunktion steigert womöglich sogar die Bedeutung des Digitalisierungsphänomens für die Branche (vgl. Geigenmüller (2010), S.289).
[11]Vgl. Taeger (1993), S. 223.
[12]Vgl. Robertz (1999), S.19.

1.1 Ausgangssituation und Problemstellung

Für Messekunden auf Aussteller- wie auf Besucherseite sind die Folgen der Digitalisierung längst sichtbar: Messe-Apps für das Smartphone inklusive Matchmaking- und Navigationsfunktion haben den oftmals kiloschweren Papier-Messekatalog abgelöst. Winzige NFC-Chips werden zum Austausch der Kontaktdaten der potenziellen Geschäftspartner verwendet und ersetzen die einst obligatorischen Visitenkarten[13] und virtuelle Messen streben an, ohne kostenintensive Infrastruktur eine Alternative zu realen Messen darzustellen.[14] Das Vorhaben, stets auf neueste Technologietrends reagieren zu können, und doch gleichzeitig das Sinnvolle und Praktikable unter diversen technologischen Innovationen herauszufiltern, gerät dabei zum schwierigen Balanceakt für die Messeveranstalter.[15]

Der hohe Stellenwert des Themenkomplexes Digitalisierung macht es für die Messeveranstalter erforderlich, nicht nur auf operativer Ebene auf die fortschreitende Digitalisierung zu reagieren, sondern das Phänomen als strategische Herausforderung zu betrachten. Sowohl das Vorgehen der *Messe Frankfurt*, die all ihre digital ausgerichteten Aktivitäten und Dienstleistungsangebote im eigenständigen Geschäftsbereich „Digital Business" bündelt, um digitale Geschäftsfelder unternehmensintern wie -extern zu stärken,[16] als auch die inzwischen angepasste Strategie der *Messe München*, die sich zunächst bewusst dagegen entschied, einen eigenen Geschäftsbereich für digitale Projekte zu schaffen, gerade weil das Thema alle Unternehmensbereiche betreffe,[17] unterstreicht die strategische Relevanz für die Branche. Schlussendlich lässt die Digitalisierung den Unternehmen keine Wahl: Aussteller und Besucher der Messen digitalisieren ihre Geschäftsprozesse und erwarten von Messeveranstaltern, deren wichtiges Qualitätsmerkmal es ist, stets auf Höhe der Märkte zu sein, es ihnen gleich zu tun. Messeunternehmen, die es versäumen, mit der technologischen Entwicklung Schritt zu halten und die Potenziale der Digitalisierung ungenutzt lassen, drohen im Wettbewerb den Anschluss zu verlieren.[18]

Inzwischen herrscht folglich große Einigkeit unter den Messeveranstaltern, dass die Digitalisierung ein Kernthema für die Entwicklung ihres Geschäfts

---

[13] Vgl. Hattendorf (2015a).
[14] Vgl. Wiedmann & Kassubek (2017), S. 440; Reeve-Crook (2015), S. 174.
[15] Vgl. Groth (1999), S. 182.
[16] Vgl. Messe Frankfurt GmbH (2014).
[17] Vgl. Reeve-Crook (2014).
[18] Vgl. Hattendorf (2015b).

darstellt.[19] Der erfolgreiche Umgang mit dem Phänomen entscheidet über die zukünftige Wettbewerbsfähigkeit eines Messeveranstalters.[20]

Die mit der Digitalisierung verbundenen Herausforderungen erreichen die deutsche Messewirtschaft in einer Phase, in der die Entwicklung der Branchenkennzahlen darauf hindeutet, dass das Wachstum vor allem im ursprünglichen Kerngeschäft Flächenvermietung auf dem Heimatmarkt an seine Grenzen stößt. Die insgesamt in Deutschland jährlich vermietete Aussteller-Standfläche weist nur noch moderate Zuwachsraten auf.[21] Bedingt durch den intensiv betriebenen Aus- und Umbau der Messegelände und die Tatsache, dass die Nachfrage nach Messeflächen nicht Schritt hält, sind inzwischen sogar Überkapazitäten an Hallenfläche entstanden, die die Standflächenpreise in Deutschland auf einem relativ niedrigen Niveau halten.[22] Der Wettbewerb unter den Messeplätzen, die zur Verfügung stehenden Flächen zu füllen, verschärft sich, was sich darin zeigt, dass sich die Messeplätze immer wieder gegenseitig Veranstaltungen abwerben.[23] Zusätzlichen, den gesamten europäischen Messemarkt betreffenden Wettbewerbsdruck erzeugt der erfolgreiche Markteintritt von Medienhäusern, die im Gegensatz zu den umsatzstärksten deutschen Messegesellschaften ohne den Kostenapparat eines Infrastrukturbetreibers agieren.[24] Der Eintritt in den Messemarkt wird durch die Digitalisierung insofern erleichtert, als dass die Verfügbarkeit von Daten zu Branchen und Märkten durch sie erheblich gestiegen ist und markteintrittswillige Unternehmen sich Branchenwissen schneller aneignen können. Inzwischen sind zwei der fünf weltweit umsatzstärksten Messeunternehmen Teil international agierender Medienkonzerne.[25]

Die Zukunftsfähigkeit der Messewirtschaft zu gewährleisten, erfährt in Anbetracht ihrer hohen gesamtwirtschaftlichen Bedeutung eine besondere Relevanz. Neben diversen betriebswirtschaftlichen Funktionen als geschäftstreibendes Marketinginstrument werden aus volkswirtschaftlicher Sicht alleine in Deutschland durch die Messewirtschaft 231.000 Arbeitsplätze gesichert und über Sekundärwirkungen im regionalen Einzugsgebiet der Messeplätze Produktionseffekte von

---

[19]Vgl. Delfmann & Dorn (2016); Koenen & Terpitz (2019); Seiler (2016a); Dittrich & Kausch (2017); UFI (2017).
[20]Vgl. Reeve-Crook (2015), S. 183.
[21]Vgl. AUMA (2019c), S. 2.
[22]Vgl. Kirchgeorg, Ermer & Wiedmann (2012), S. 42; Giersberg (2014).
[23]Vgl. Lindgens (2016); Koenen & Terpitz (2019).
[24]Vgl. Friedman (2014), S. 14; Hattendorf (2016a).
[25]Vgl. AUMA (2019a).

1.1 Ausgangssituation und Problemstellung

jährlich rund EUR 28 Mrd. erzielt.[26] Die deutschen Messeveranstalter setzen jährlich über EUR 4 Mrd. um.[27]
Bevor sie entsprechende Maßnahmen ergreifen können, stehen die Messeveranstalter vor der Herausforderung, den Einfluss der Digitalisierung auf die eigene Wertschöpfung umfassend zu identifizieren, damit verbundene Risiken zu erkennen und auf ihre Potenziale einzugehen. Dies setzt allerdings voraus, dass zum einen klar ist, wie sich die Wertschöpfungsstruktur eines Messeveranstalters zusammensetzt und zum anderen, was das Phänomen Digitalisierung konkret beinhaltet. In beiden Bereichen herrscht jedoch weiterhin Klärungsbedarf in der wissenschaftlichen Diskussion: Die Wertschöpfung in der Messewirtschaft ist bislang nicht ausreichend untersucht.[28] Zwar existieren verschiedene Ausarbeitungen zur Wertschöpfung im Messewesen, diese weisen jedoch einen beschränkten Fokus auf, indem sie sich beispielsweise auf die Produktebene konzentrieren[29] oder versuchen, die Wertschöpfung mit Modellen zu erfassen, die für die Prozesse in der industriellen Produktion geschaffen wurden und somit dem Dienstleistungscharakter der Messebranche nicht gerecht werden.[30] Insgesamt hat keine der Arbeiten der messespezifischen Literatur die Wertschöpfung von Messegesellschaften in seiner Gesamtheit als System aller Aktivitäten des Unternehmens, die zur Wertschöpfung beitragen, zum Analysegegenstand.

Gleichermaßen ist das Verständnis des Phänomens Digitalisierung und seiner Auswirkungen, nicht nur im Hinblick auf die Messewirtschaft, unvollständig.[31] Verschiedene Ausarbeitungen widmen sich entweder nur einzelnen Aspekten der Digitalisierung, wie den Auswirkungen einzelner digitaler Technologien[32] oder verharren in strategischen oder makroökonomischen Perspektiven.[33] Innerhalb der Computerwissenschaften wird Digitalisierung häufig auf den technischen Konvertierungsprozess von analoger Information in digitale Daten reduziert und die Verknüpfung zu ökonomischen Effekten ausgelassen. Schlussendlich fehlt es

---

[26] AUMA (2019b).
[27] AUMA (2019b).
[28] Vgl. Grimm (2004), S. 9.
[29] z. B. Robertz (1999).
[30] Vgl. Arzt (2007), S. 68–89, in Anlehnung an Porter (1985); Stabell & Fjeldstad (1998), S. 413–414.
[31] Vgl. Gooding, Terras & Warwick (2013), S.632.
[32] Vgl. Artiles, Beaulieu, Carey, Danza, Gatian, Gavin, Greco, Jameson, McWilliams, Samuelson & Wharton (2013).
[33] Vgl. Groth (1999); Corrocher & Ordanini (2002); Katz, Koutroumpis & Callorda (2014).

so an einer umfassenden und gleichzeitig detaillierten Untersuchung, was die Digitalisierung beinhaltet und wie sie sich auswirkt. Zusammengefasst mangelt es bislang an einer wissenschaftlichen Untersuchung der Auswirkungen der Digitalisierung auf die Wertschöpfung eines Messeveranstalters. Um hierfür ein besseres Verständnis zu generieren, fehlt es zudem an strukturiertem Wissen zur Wertschöpfung von Messeveranstaltern, ebenso wie an ausreichenden Kenntnissen zu den konkreten Erscheinungsformen der Digitalisierung.

1.2 Zielsetzung

Ziel der Arbeit ist es, zunächst die Wertschöpfung in der Messewirtschaft möglichst vollumfänglich zu untersuchen und zu modellieren, um anschließend herauszuarbeiten, welche Unternehmensbereiche und Aktivitäten auf welche Art und Weise vom digitalen Fortschritt beeinflusst werden. Dafür ist als Zwischenschritt auch das Phänomen Digitalisierung in all seinen unterschiedlichen Erscheinungsformen zu erfassen, zu definieren und zur weiteren Analyse seiner Auswirkungen zu strukturieren.

Die Arbeit soll daher einen Beitrag zur Erweiterung und Vertiefung des Verständnisses der Wertschöpfung eines Messeveranstalters, ebenso wie der vielseitigen Auswirkungen der Digitalisierung bieten, indem sie das Phänomen definiert, die einzelnen Effekte identifiziert und sie inhaltlich strukturiert. Zudem soll ein Beitrag zur Weiterentwicklung des Geschäftsmodell-Bezugsrahmens, insbesondere in Bezug auf dessen empirische Anwendbarkeit auf am Markt etablierte Unternehmen, geleistet werden. Hierfür sind Erkenntnisse aus Modifikationen des Bezugsrahmens, die vorzunehmen sind, um den Besonderheiten des Untersuchungsgegenstandes Messeveranstalter gerecht zu werden, von wesentlicher Bedeutung.

Zum Erreichen dieser Hauptziele sind folgende Forschungsfragen zu stellen, die gleichzeitig die Unterziele der Arbeit benennen. An diesen Zwischenzielen orientiert sich auch die Gliederung des Forschungsprojektes:

- Welche Faktoren tragen zur Wertschöpfung eines Messeveranstalters bei? Wie lässt sich die Wertschöpfung eines Messeveranstalters strukturiert erfassen?
- Was verbirgt sich hinter dem Schlagwort Digitalisierung? Wie lassen sich die Erscheinungsformen der Digitalisierung strukturieren?

- Wie beeinflusst die Digitalisierung die Wertschöpfung eines Messeveranstalters? Welche Bereiche der Wertschöpfung stehen unter besonderem Einfluss der Digitalisierung?

Zur Beantwortung dieser Fragen werden verschiedene konzeptionelle Werkzeuge entwickelt, die im späteren Verlauf für Messemanager aber auch für weitere, von der Digitalisierung betroffene Unternehmen, als Orientierungs- und Entscheidungshilfe herangezogen werden können.

1.3 Vorgehensweise

Die vorliegende Arbeit setzt sich aus sechs Teilen zusammen. Auf das einleitende Kapitel 1, in dem Ausgangssituation, Problemstellung, Zielsetzung, Vorgehensweise und die Methodik erläutert werden, folgt in Kapitel 2 die Untersuchung der Wertschöpfung eines Messeveranstalters. Dafür ist eine Auseinandersetzung mit den wissenschaftlichen Erklärungsansätzen zur Wertschöpfung in Unternehmen allgemein sowie eine Zusammenfassung der bereits vorhandenen messespezifischen Literatur hinsichtlich ihres Beitrages zur Untersuchung der Wertschöpfung notwendig. Von der Wertkettenanalyse nach PORTER über SCHUMPETERs Theorie der schöpferischen Zerstörung, dem ressourcenbasierten Ansatz, der Theorie zu strategischen Netzwerken bis hin zur Transaktionskostenökonomik nach COASE und WILLIAMSON liefern all jene Ansätze wertvolle Erkenntnisse zum Ursprung der Wertschöpfung in Unternehmen.[34] Gleichzeitig bilden sie das konzeptionelle Fundament sowohl des Geschäftsmodell-Bezugsrahmens, der im weiteren Verlauf zur Untersuchung der Wertschöpfung eines Messeveranstalters herangezogen wird, als auch diverser messespezifischer Veröffentlichungen zur Untersuchung der Wertschöpfung in der Branche. Basierend auf den Erkenntnissen zu den Besonderheiten der Wertschöpfung in der Messewirtschaft wird schließlich im zweiten Teil des Kapitels der Geschäftsmodell-Bezugsrahmen konzipiert. Von der strategischen Ebene, über die Wertschöpfungsprozesse bis hin zur Betrachtung der Unternehmensressourcen wird die Wertschöpfungsstruktur eines Messeveranstalters in unterschiedliche Bestandteile und Unterkomponenten auf verschiedenen Abstraktions- und Operationalisierungsebenen differenziert und erläutert.

In Kapitel 3 folgt dann das grundlegende Umreißen der Entwicklung der Digitalisierung von VON LEIBNIZ' Publikation des Binärsystems bis hin zur

---

[34] Vgl. Amit & Zott (2001), S. 495–500.

Erfindung des Internets und dem Durchbruch des Smartphones. Das daraus entwickelte vorläufige Begriffsverständnis von Digitalisierung wird zur Untersuchung von über 800 Fallbeispielen in denen die Digitalisierung in Erscheinung tritt, herangezogen. Das Ergebnis der qualitativen Inhaltsanalyse ist eine strukturierte Modellierung der unterschiedlichen Erscheinungsformen und -dimensionen der Digitalisierung sowie eine präzise Definition des Phänomens, die auf diesem Modell und seinen Komponenten aufbaut.

In Kapitel 4 werden schließlich die Modellierungen aus den vorherigen Kapiteln zusammengeführt und die einzelnen Geschäftsmodell-Bestandteile im Hinblick auf deren Beeinflussung durch die nun strukturiert erfassten Auswirkungen der Digitalisierung untersucht. Dazu wird der Einfluss auf einzelne Elemente des Geschäftsmodelles sowohl anhand der unmittelbaren digitalen Auswirkungen auf die unter dem entsprechenden Element zusammengefassten Items als auch auf das übergeordnete Element ergründet. Widersprüche und Herausforderungen für die Messeveranstalter ergeben sich dabei aus dem Abgleich der Besonderheiten der Wertschöpfung eines Messeveranstalters mit den aus der Digitalisierung hervorgehenden Effekten. Die Analyse gründet im Wesentlichen auf einer empirischen Untersuchung durch Interviews mit Messeentscheidern zu den Auswirkungen der Digitalisierung auf die Wertschöpfung von Messeveranstaltern und wird durch Erkenntnisse aus der Messefachliteratur sowie wissenschaftlichen Ausarbeitungen zu einzelnen Auswirkungen der Digitalisierung auf Unternehmen ergänzt. Anhand der systematischen Vorgehensweise, jedes Geschäftsmodell-Element hinsichtlich des digitalen Einflusses zu betrachten, werden einzelne Schlüsselelemente, die im Umgang der Messeveranstalter mit der Digitalisierung besondere Aufmerksamkeit erfordern, ausgearbeitet.

Auf Basis der Erkenntnisse der vorherigen Kapitel werden in Kapitel 5 die Auswirkungen der Digitalisierung auf die Wertschöpfung von Messeveranstaltern diskutiert. Darin enthalten ist die Benennung branchenübergreifender Chancen und Herausforderungen, zu denen wiederum konkrete Management-Implikationen entwickelt werden.

Das Schlusskapitel 6 fasst die Vorgehensweise und die Ergebnisse der vorangegangenen Analysen zusammen und schließt mit der kritischen Würdigung sowie einem Forschungsausblick. Im Rahmen dieses Ausblicks werden potenzielle Anknüpfungspunkte für zukünftige Forschungsvorhaben aufgezeigt, die die Erkenntnisse des Dissertationsprojektes weiter vertiefen oder für andere Branchen nutzen. Der Aufbau der Arbeit orientiert sich an den in Abbildung 1.1 skizzierten Teilschritten.

1.4 Methodik

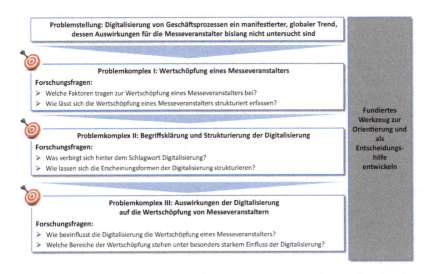

Abbildung 1.1 Problemstellung und Forschungsfragen

1.4 Methodik

Die Untersuchung der Forschungsfragen gliedert sich der unterschiedlichen inhaltlichen Ausrichtung und Zielsetzung entsprechend in drei Hauptkapitel. Diesen Hauptkapiteln liegen unterschiedliche Forschungsansätze und -methoden zugrunde. Einer pragmatischen Vorgehensweise folgend werden jene Forschungsansätze angewandt, die sich aus Sicht des Autors am besten zur Beantwortung der jeweiligen Forschungsfragen eignen. Die Situation, dass sowohl die Untersuchung der Wertschöpfung in der Messewirtschaft, als auch die Erforschung des Phänomens der Digitalisierung aktuell noch nicht zu einem allgemein gültigen Verständnis in Bezug auf die Forschungsgegenstände geführt haben, lässt eine qualitative Ausrichtung des Forschungsdesigns sinnvoll erscheinen. Dafür spricht zudem die erwartete hohe Komplexität und Vielschichtigkeit sowohl der Wertschöpfung eines Messeveranstalters als auch der Auswirkungen der Digitalisierung.[35]

Zunächst gilt es also herauszuarbeiten, welche Faktoren zur Wertschöpfung eines Messeveranstalters beitragen, um darauf aufbauend auch die (Besonderheiten der) Wertschöpfungs*struktur* eines Messeveranstalters systematisiert zu

---

[35] Vgl. Elo & Kyngäs (2008); Mayring (2010), S. 601.

erfassen und nachzuvollziehen. Dafür wurde aus verschiedenen konzeptionellen Ansätzen zur Analyse der Wertschöpfung durch Unternehmen der Ansatz des Geschäftsmodelles gewählt, der wiederum Erkenntnisse aus mehreren dieser Konzepte integriert. Als konzeptionelle Grundlage zur ganzheitlichen Analyse der Wertschöpfung in der Messewirtschaft eignet sich der Geschäftsmodell-Ansatz in besonderem Maße, gerade weil er das Wissen verschiedener Ansätze und Erklärungskonzepte der Wirtschaftswissenschaften integriert, die für sich alleine genommen nicht ausreichen würden, um die Auswirkungen der Digitalisierung auf die Wertschöpfung zu erfassen und zu analysieren.[36] Der Geschäftsmodell-Ansatz untersucht hingegen als integrativer Forschungsansatz Unternehmen hinsichtlich ihrer Entscheidungen auf strategischer, operativer und Ressourcen-Ebene, um aufzugliedern, wie sie Geschäfte betreiben.[37]

Insbesondere der von DAFT entwickelte Geschäftsmodell-Bezugsrahmen zur Analyse der Wertschöpfung von Fluggesellschaften[38] bot dabei hilfreiche Orientierung als einer der wenigen Geschäftsmodell-Ansätze, die sich erfolgreich empirisch haben anwenden lassen, so dass das hier entwickelte Geschäftsmodell eines Messeveranstalters auf den von DAFT ausgearbeiteten, generischen Hauptkomponenten eines Geschäftsmodells aufbaut. Diese Komponenten wurden vor dem Hintergrund des Untersuchungsgegenstandes durch Erkenntnisse aus der Analyse von Fachliteratur zur Messewirtschaft in einem deduktiven Prozess angepasst und auf niedrigerem Abstraktionslevel zu messespezifischen Komponenten operationalisiert. Während DAFT beispielsweise die als für die Wertschöpfung einer Fluggesellschaft von besonderer Bedeutung identifizierte Komponente „Ressourcenausstattung" auf niedrigerer Abstraktionsebene mit Hilfe des Elementes „Flottenstruktur" analysiert,[39] sind für Messeveranstalter andere „tangible Ressourcen", wie etwa die technische Beschaffenheit und Ausstattung der Messehallen, von Bedeutung.

Die Validierung des entstehenden Geschäftsmodell-Bezugsrahmens erfolgte in drei Stufen. Zunächst wurde der Modellaufbau in seiner Gesamtheit sowie dessen Komponenten und inhaltliche Querverbindungen in einer Forschungsgruppe erörtert und diskutiert. Daraufhin wurde das Modell im Rahmen von fünf Pilotinterviews mit Experten aus der Messebranche vorgestellt und dessen Nachvollziehbarkeit und Plausibilität hinterfragt. Ein weiteres Anliegen dieser Pilotinterviews war es, die methodische Vorgehensweise zu prüfen. Schließlich wurden auf Basis

---

[36] Vgl. Amit & Zott (2001), S. 503.
[37] Vgl. Daft & Albers (2013), S. 48.
[38] Vgl. Daft (2015).
[39] Vgl. Daft & Albers (2013), S. 174.

1.4 Methodik

des wieder weiterentwickelten Modells zehn teilstrukturierte Interviews mit weiteren Experten aus der Messewirtschaft geführt, in denen konkret die inhaltliche Zusammensetzung des Gesamtmodells und dessen Vollständigkeit überprüft wurden. Anhand der einzelnen Elemente wurde erfragt, ob Komponenten fehlten, redundant oder falsch zugeordnet waren. Anpassungsvorschläge wurden vor dem Hintergrund der bereits vorliegenden konzeptionellen und empirischen Erkenntnisse geprüft und gegebenenfalls umgesetzt. Insgesamt waren jedoch keine, die grundsätzliche Struktur des Modells betreffenden Änderungen vorzunehmen. Meist wurden einzelne, als missverständlich wahrgenommene Formulierungen angepasst oder Elemente neu verortet.

Die Messeexperten wurden daraufhin im Rahmen der Interviews mit der Definition und Struktur zur Digitalisierung vertraut gemacht, um dann dem vorliegenden Verständnis von Digitalisierung entsprechend einzuschätzen, welche Komponenten wie dadurch beeinflusst werden. Um eine Auswahl an Komponenten zu treffen, die von den Experten als besonders wichtig eingeschätzt wurden und daher besonders detailliert zu untersuchen waren, schloss daran die Frage an, welche Komponenten vom Einfluss der Digitalisierung besonders betroffen seien.

Die Gruppe der befragten Experten beinhaltete sowohl Entscheider in strategischen Positionen, als auch mit operativen Aufgaben betraute Manager von unterschiedlichen europäischen Messeveranstaltern. Bei der Auswahl der Experten wurde darauf geachtet, dass diese sich in ihrem Arbeitsumfeld regelmäßig mit Fragestellungen zur Digitalisierung befassen, und dass sowohl vollständig private Unternehmen als auch Messeveranstalter mit öffentlichen Anteilseignern sowie Veranstalter mit und ohne eigenem Messegelände berücksichtigt würden, um diese beiden elementar unterschiedlichen Geschäftsansätze in der Messebranche in der Untersuchung berücksichtigt zu wissen. Für eine übergreifende, globale Perspektive wurden zudem auch Experten des Weltverbandes der Messeveranstalter *UFI – The Global Association of the Exhibition Industry,* befragt (siehe Tabelle 1.1). Die Interviews wurden zwischen Mai und November 2016 geführt und dauerten je zwischen 90 und 180 Minuten.[40]

Von der Grundannahme ausgehend, dass der Begriff Digitalisierung weit mehr als nur einen technischen Prozess, sondern vielmehr auch sozio-ökonomische Auswirkungen beschreibt, folgte dann die Untersuchung der Bestandteile und unmittelbaren Auswirkungen der Digitalisierung über eine qualitative Inhaltsanalyse von Fallbeispielen, in denen Digitalisierung nach diesem Verständnis thematisiert oder beschrieben wurde.

---

[40]Vgl. die Methodik zur Validierung des Modelles z. B. Christophersen & Grape (2009), S. 109.

Tabelle 1.1 Übersicht der Interviewpartner

Unternehmen	Typ[a]	Land	Position
Exposure Communications	Privat, ohne eigenes Gelände	Großbritannien	Managing Director
UBM	Privat, ohne eigenes Gelände	Großbritannien	Managing Director, Digital & Content
ITE Group	Privat, ohne eigenes Gelände	Großbritannien	Group Marketing & Digital Director
Artexis Easyfairs	Privat, mit eigenem Gelände	Belgien	Group Chief Technical Officer
MCH Group	Teilprivatisiert, mit eigenem Gelände	Schweiz	Managing Director Trade Fairs & Consumer Shows
Messe München	Öffentlich-rechtlich, mit eigenem Gelände	Deutschland	Geschäftsführer
Koelnmesse	Öffentlich-rechtlich, mit eigenem Gelände	Deutschland	Geschäftsleitung
Koelnmesse	Öffentlich-rechtlich, mit eigenem Gelände	Deutschland	Projektleiter Digital Development
UFI	Verband	Frankreich	Managing Director
UFI	Verband	Frankreich	Director of Business Development

[a]Siehe zu den unterschiedlichen Veranstaltertypen auch Groth (1992), S. 160

Die qualitative Inhaltsanalyse widmet sich Beschreibungen der Umwelt, um daraus Informationen und Rückschlüsse über die Eigenschaften und Verfassung dieser Umwelt zu ziehen[41] und ist als valide, replizierbare Methode anerkannt, mittels derer sich Schlussfolgerungen über ein in verschiedenen Quellen behandeltes Phänomen ziehen lassen.[42] Sie sieht die subjektive Interpretation insbesondere von Text- aber auch sonstigen Medieninhalten, also jeglichen Formen dokumentierter Kommunikation vor,[43] indem diese systematisch kodiert und dadurch Leitmotive und Muster identifiziert werden. Letzteres erfolgt dadurch, dass aus der Kodierung heraus übergeordnete Kategorien gebildet, im Rahmen derer die unterschiedlichen Codes zugeordnet, subsumiert und abstrahiert

---

[41]Vgl. Mayring (2000), S. 2.
[42]Vgl. Gläser & Laudel (1999), S. 5.
[43]Vgl. Mayring (2000), S. 2.

1.4 Methodik

werden.[44] Erklärtes Ziel einer Inhaltsanalyse ist diese Kategorienbildung, die, sofern diese Kategorien inhaltlich stabilisiert sind, auch bereits als ein Analyseergebnis für sich stehen kann.[45] Im Zentrum steht dabei die systematische Erfassung und Beschreibung der Aussagen einer Quelle hinsichtlich des durch die Forschungsfragen benannten Untersuchungsgegenstandes.[46]

In Anbetracht der geschilderten Fragestellung eignet sich die qualitative Inhaltsanalyse im Besonderen für die Untersuchung der Digitalisierung, weil sich das Phänomen mittels dieser Methodik differenziert strukturieren und erfassen lässt. Durch die Inhaltsanalyse werden die Kernaussagen großer Mengen an Quellenmaterial, wie es im Fall der Digitalisierung nicht zuletzt wegen des breit angelegten Untersuchungsgegenstandes vorliegt, ermittelt und eine tiefgreifende Auseinandersetzung mit dem Phänomen ermöglicht.[47] Die Anwendung inhaltsanalytischer Regeln ermöglicht die Wiederholung und Überprüfung dieses Interpretationsprozesses und gewährleistet ein systematisiertes Vorgehen.[48] Zudem verbindet die qualitative Inhaltsanalyse zwei sich häufig entgegenstehende Forschungsprinzipien, die für eine zielführende Untersuchung der Digitalisierung unabdingbar sind: zum einen soll die Untersuchung der Forschungsfragen theoriegestützt erfolgen, also auch wenn wissenschaftliche Erkenntnisse nur fragmentiert vorliegen, diese Erkenntnisse nutzen und daran anschließen, um das vorhandene Wissen zu mehren.[49] Darüber hinaus soll die Strukturierung des vorliegenden Materials jedoch auch dem Prinzip der Offenheit entsprechend vorwiegend auf Basis der im Rahmen der Inhaltsanalyse erlangten Erkenntnisse stattfinden.[50] Die qualitative Inhaltsanalyse berücksichtigt beide Prinzipien in einem Forschungsdesign, so dass mittels einer induktiven Vorgehensweise eine systematische Untersuchung des Phänomens Digitalisierung erfolgen kann, obschon die bisherigen Kenntnisse Lücken aufweisen und entsprechend Fragen offen lassen.[51]

Auf Basis dieser fragmentierten Vorkenntnisse wurde zunächst die Entwicklung des Phänomens in seinen Grundzügen skizziert und somit ein vorläufiges Begriffsverständnis geschaffen. Unter Anwendung dieses Begriffsverständnisses

---

[44] Vgl. Hsieh & Shannon (2005), S. 1278.
[45] Vgl. Mayring (2010), S. 604.
[46] Vgl. Schreier (2012), S. 3.
[47] Vgl. Mayring (2010), S. 602.
[48] Vgl. Gläser & Laudel (1999), S. 4; Mayring (2010), S. 602.
[49] Vgl. Gläser & Laudel (1999), S. 3.
[50] Vgl. Gläser & Laudel (1999), S. 3.
[51] Vgl. Elo & Kyngäs (2008), S. 113.

wurden als empirische Basis 826 Beispielfälle, in denen Bestandteile und Auswirkungen der Digitalisierung in Erscheinung treten, recherchiert. Diese Fälle wurden aus wissenschaftlichen Quellen, Fachmagazinen und Publikumsmedien gewonnen und beinhalten explizite Erscheinungsformen der Digitalisierung. Zur Untersuchung des wissenschaftlichen Diskurses zum Thema wurden wirtschafts-, sozial- und computerwissenschaftliche Quellen im Rahmen einer Datenbankrecherche über den *EBSCOHost* sowie *ProQuest* ausgewertet. Die Auswertung der journalistischen Berichterstattung zum Thema in Deutschland, Österreich und der Schweiz wurde unter Zuhilfenahme der Medienstelle eines Messeveranstalters umgesetzt, die Inhalte zur Digitalisierung aus über 500 Titeln aus Fach- und Tagespresse im Zeitraum zwischen Februar 2015 und August 2017 zur Verfügung stellte. Die Quellenrecherche wurde solange fortgesetzt, bis die Fortsetzung der Recherche keine grundlegend neuen Erscheinungsformen der Digitalisierung mehr zutage förderte.

Das Rohmaterial wurde zunächst grob anhand des jeweiligen Kernthemas vorsortiert und dann im Hinblick auf die darin genannten Erscheinungsformen der Digitalisierung mittels induktiver Kategorienbildung auf der Grundlage eines *Open Codings* ausgewertet. Dies beinhaltete die Kennzeichnung des jeweiligen Falles mit einem konzeptionellen Begriff, der unterschiedliche Kernaussagen der Quelle jeweils einzeln betrachtet und bedeutungsgleiche Informationen zusammenfasst.[52] Die daraus entstehenden Kategorien ermöglichten eine Abgrenzung sowie den Vergleich mit anderen Kategorien.[53] Diese ließen sich wiederum Schritt für Schritt generalisieren und weiter abstrahieren.[54] Beispielsweise wurde ein Artikel, in dem über die Abwicklung und Hintergründe digitaler Bezahlsysteme berichtet wurde, mit dem Code *digitale Bezahlprozesse* versehen und in einer digitalen Mindmap unter Zuhilfenahme der Software *Mindjet MindManager* zugeordnet. Weitere Inhalte zu digitalen Bezalsystemen, wurden gleichermaßen kategorisiert und später gemeinsam mit anderen identifizierten, digital beeinflussten Wertschöpfungsprozessen (z. B. aus den ermittelten Kategorien Produktion, Logistik oder Marketing) zu *digitalen Wertschöpfungsprozessen* gruppiert und abstrahiert.

Die Entwicklung der Kategorien erfolgte dabei inhaltlich so nah wie möglich an der Quelle, gegebenenfalls sogar unter Verwendung der darin genannten Begrifflichkeiten.[55] Im Laufe der Analyse und im Rahmen der immer wieder

---

[52]Vgl. Gläser & Laudel (1999), S. 19.
[53]Vgl. Cho & Lee (2014), S. 8.
[54]Vgl. Mayring (2010), S. 607.
[55]Vgl. Mayring (2000), S. 3.

1.4 Methodik

zu treffenden Interpretationsentscheidungen wurden Kodierregeln, Codes und Kategorien erweitert und präzisiert. Regelbasiert gebildete Kategorien wurden zu Hauptkategorien gruppiert.[56] Dieser Prozess beinhaltete eine fortlaufende Revision der Kategorien, wodurch die einzelnen Teilschritte und das Forschungsvorhaben insgesamt andauernd in einem zirkulären Prozess reflektiert wurden.[57] Die hohe Anzahl an analysierten Beispielfällen im vorliegenden Rohmaterial wirkte sich dabei positiv auf die Validität der entwickelten Kategorien aus.

Darüber hinaus wurde die Validität des gesamten Modelles zur Digitalisierung geprüft. Die entwickelten Hauptkategorien wurden zunächst mit vorliegenden wissenschaftlichen Erkenntnissen zur Digitalisierung abgeglichen und etwaige, auf Begriffsebene vorliegende Ungenauigkeiten beseitigt. Darüber hinaus wurden die Strukturen und Begrifflichkeiten wiederholt in einer Forschungsgruppe diskutiert und gegebenenfalls Anpassungen vorgenommen.

Im Ergebnis entstand ein methodisch kontrolliert entwickeltes Modell zur Digitalisierung, das die Leitmotive des Phänomens herausstellt und verschiedene Erscheinungsformen der Digitalisierung in einer umfassenden und dennoch handhabbaren Struktur zusammenfasst. Diese Struktur liefert wiederum die Kernbestandteile der Definition des Phänomens. Auf dieser Grundlage ließ sich anschließend systematisch analysieren, wie die Digitalisierung die Wertschöpfung von Messeveranstaltern beeinflusst.

Nachdem schließlich sowohl die Struktur des Phänomens Digitalisierung als auch die Systematik der Wertschöpfung eines Messeveranstalters erarbeitet worden waren, galt es die beiden Modelle miteinander zu verknüpfen, um sich wiederum der Fragestellung zu widmen, wie die Digitalisierung sich auf die Wertschöpfung eines Messeveranstalters auswirkt. Dies erfolgte, indem alle Geschäftsmodell-Komponenten auf der ersten messespezifischen Operationalisierungsebene Komponente für Komponente auf den Einfluss der Digitalisierung hin gemäß oben genannter Struktur untersucht wurden.[58] Die plausibel untergegliederte Struktur des bis dahin nur schwer greifbaren Phänomens Digitalisierung war sehr hilfreich, um den Einfluss trotz der vielen unterschiedlich gelagerten Erscheinungsformen vollständig und systematisiert zu erfassen. Dabei lag das Hauptaugenmerk auf jenen Komponenten, die im Rahmen der Inhaltsanalyse und Diskussionen mit den Messexperten als besonders signifikant von der Digitalisierung beeinflusst erachtet wurden. Die Analyse fußte jeweils auf den Aussagen der Interviewpartner bzw. deren Einordnung in den Gesamtkontext der

---

[56]Vgl. Mayring (2010), S. 603.
[57]Vgl. Flick (2016), S. 126.
[58]Ein ähnliches Vorgehen wählt bspw. auch SCHNEIDER (vgl. Schneider (2016)).

Untersuchung sowie Ausführungen zum Thema in der messespezifischen Fachliteratur. Des Weiteren wurden die Erkenntnisse mit den Auswirkungen aus anderen wissenschaftlichen Abhandlungen zur Digitalisierung abgeglichen und ergänzt (Abbildung 1.2).

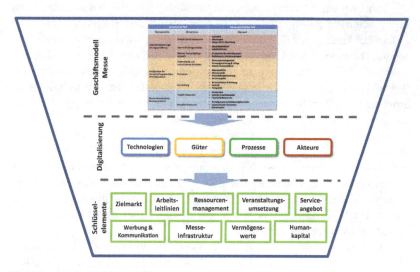

Abbildung 1.2 Verlauf der Untersuchung

2 Analyse der Wertschöpfung eines Messeveranstalters anhand des Geschäftsmodells

Die systematische Strukturierung und Modellierung der Wertschöpfung eines Messeveranstalters in einem abstrahierten Konstrukt dient dem Zweck, eine eingehende Analyse des Einflusses der Digitalisierung auf die Wertschöpfung eines Messeveranstalters vorzunehmen. Aus einer Reihe verschiedener Ansätze zur Untersuchung der Wertschöpfung in Unternehmen wird speziell der Geschäftsmodell-Ansatz gewählt, um die Wertschöpfung eines Messeveranstalters zu erläutern. Denn als modellierendes Werkzeug, „um Geschäftsabläufe begreifen und damit auch gestalten sowie an Andere kommunizieren zu können"[1] ist das Geschäftsmodell in der Lage, zunehmend vernetzte, komplexe Wertschöpfungsstrukturen systematisiert und umfassend abzubilden.[2] Dabei nutzt der Geschäftsmodell-Ansatz elementare Erkenntnisse aus verschiedenen Forschungssträngen zum strategischen Management und des Entrepreneurship,[3] und ist inzwischen als wissenschaftliches Analysewerkzeug für die systematisierte Untersuchung der Wertschöpfung von Unternehmen anerkannt.[4]

Zur Modellierung der Wertschöpfung eines Messeveranstalters werden zunächst bereits vorgenommene Analysen zur Wertschöpfung in der Messewirtschaft untersucht und dann die Entwicklung des Geschäftsmodell-Ansatzes, sowie dessen konzeptioneller Aufbau erläutert. Schließlich wird aufbauend auf den Erkenntnissen von DAFT der Begriff *Geschäftsmodell* definiert und das Geschäftsmodell eines Messeveranstalters mittels eines dafür entwickelten

---

[1] Daft (2015), S. 11.
[2] Vgl. Evens (2010), S. 43.
[3] Vgl. Amit & Zott (2001), S. 511; Wirtz, Pistoia, Ullrich & Göttel (2016), S. 37.
[4] Vgl. Zott & Amit (2013). Dennoch werden weiterhin offene Fragen in Bezug auf den Ansatz, insbesondere was dessen wichtigste Bestandteile sowie deren Zusammenwirken angeht, diskutiert (vgl. Wirtz et al. (2016), S. 36).

© Der/die Herausgeber bzw. der/die Autor(en), exklusiv lizenziert durch Springer Fachmedien Wiesbaden GmbH, ein Teil von Springer Nature 2020
C. Menke, *Die Digitalisierung von Messeveranstaltern*,
https://doi.org/10.1007/978-3-658-31595-5_2

Bezugsrahmens entwickelt. Dabei werden sowohl bestehende Erkenntnisse zur Wertschöpfung in der Messewirtschaft, als auch im Rahmen der empirischen Experteninterviews gewonnene Ergebnisse berücksichtigt. In den Folgekapiteln wird dann das Phänomen Digitalisierung ebenfalls durch eingehende Strukturierung handhabbar erfasst, bis schließlich die Erkenntnisse aus beiden Kapiteln im Rahmen der Analyse des Einflusses der Digitalisierung auf das Geschäftsmodell eines Messeveranstalters zusammengeführt werden (siehe Abbildung 2.1).

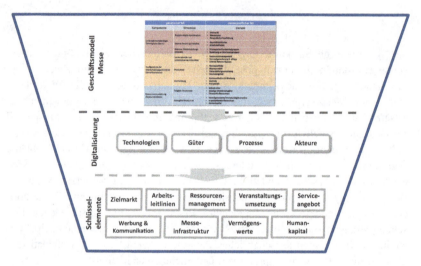

Abbildung 2.1 Verortung des Geschäftsmodelles eines Messeveranstalters im Gesamtkontext der Untersuchung

2.1 Wertschöpfung eines Messeveranstalters im wissenschaftlichen Diskurs

Bislang wurde in verschiedenen wissenschaftlichen Ausarbeitungen der Versuch unternommen, die Wertschöpfung in der Messewirtschaft zu erfassen. Das Verständnis des Begriffs Messe im Sinne einer Marktveranstaltung ist hinreichend etabliert, wie sich in der allgemein anerkannten Definition zeigt, wie sie die deutsche Gewerbeordnung in §64 Ziffer 1 vornimmt: „Eine Messe ist eine zeitlich begrenzte, im allgemeinen regelmäßig wiederkehrende Veranstaltung, auf der eine Vielzahl von Ausstellern das wesentliche Angebot eines oder mehrerer Wirtschaftszweige ausstellt und überwiegend nach Muster an gewerbliche Wiederverkäufer, gewerbliche Verbraucher oder Großabnehmer vertreibt."[5] In Ziffer 2 sieht die Gewerbeordnung zudem auch die Berücksichtigung von Endverbrauchermessen vor: „Der Veranstalter kann in beschränktem Umfang an einzelnen Tagen während bestimmter Öffnungszeiten Letztverbraucher zum Kauf zulassen."[6]

Die Rolle eben jenes Veranstalters gilt es näher zu präzisieren, um dessen Einfluss auf die Wertschöpfung zu erfassen. Messeveranstalter sind nach ARZT „diejenigen Organisationen, die die spezielle Marktform Messe regelmäßig konzipieren und betreuen".[7] Sie tragen das wirtschaftliche Risiko und verantworten die Zusammenführung der Marktteilnehmer.[8] Während für die Messeveranstalter lange Zeit die Konzeption, Organisation und Durchführung der Messeveranstaltungen im Vordergrund stand, gewinnen ergänzende Dienstleistungen rund um das Kernprodukt Flächenvermietung immer mehr an Bedeutung.[9]

Die unterschiedlichen Formen von Messeveranstaltern lassen sich wiederum in Anlehnung an GROTH wie folgt einordnen:[10] *Messeveranstalter mit eigenem Gelände* verfügen über eigene Ausstellungskapazitäten bzw. zumindest über deren Nutzungsrechte und sind insbesondere den deutschen Messemarkt betreffend häufig auch für Konzeption, Organisation und Durchführung von Messen verantwortlich. In diesem Fall spricht man von *Besitz- und Betriebsgesellschaften*, worunter viele deutsche Großmesseveranstalter mit öffentlichen Anteilseignern, wie die *Deutsche Messe* in Hannover oder die *Messe Frankfurt* zu fassen sind.[11] *Reine Besitzgesellschaften* wiederum verfügen ebenfalls über eigene Messeinfrastrukturkapazitäten, treten jedoch nicht als Veranstalter auf, sondern beschränken sich auf die Vermietung des Geländes. Dieses Modell wird beispielsweise in Frankreich, Italien und England häufiger verfolgt.[12] Reine Besitzgesellschaften konzentrieren sich auf die Instandhaltung der Infrastruktur und das Management der Geländebelegung.[13] *Messeveranstalter ohne eigenes Gelände* sind entsprechend *reine Betriebsgesellschaften*, die eben nicht über eigene Geländekapazitäten

---

[5]Bundesministerium der Justiz und für Verbraucherschutz (1976).
[6]Bundesministerium der Justiz und für Verbraucherschutz (1976).
[7]Arzt (2007), S. 63.
[8]Kirchgeorg (2017), S. 39.
[9]Vgl. Marzin (1992), S. 179.
[10]Vgl. Groth (1992), S. 160.
[11]Vgl. Arzt (2007), S. 64ff.; Groth (1992), S. 161.
[12]Vgl. Kirchgeorg (2017), S. 40.
[13]Vgl. Arzt (2007), S. 66.

verfügen, sondern diese bei den Besitzgesellschaften anmieten. Ein Beispiel für ein solches Konstrukt ist die Fitnessmesse *FIBO*, für die die Betriebsgesellschaft *Reed Exhibitions* das Messegelände der Kölner Besitz- und Betriebsgesellschaft *Koelnmesse* anmietet.[14] Neben den reinen Betriebsgesellschaften fungieren außerdem *Wirtschaftsverbände* als Messeveranstalter ohne eigenes Gelände. Ein bekanntes Beispiel bietet die Internationale Automobil-Ausstellung – *IAA*, die vom *Verband der Automobilindustrie e. V. (VDA)* veranstaltet wird.[15]

Auf Basis dieser definitorischen Grundlage erfolgte die bisherige wissenschaftliche Auseinandersetzung mit der Wertschöpfung in der Messebranche aus unterschiedlichen Perspektiven. NITTBAUR untersucht die Wertschöpfung in der Messewirtschaft, indem er zunächst die elementaren Aufgaben eines Messeveranstalters definiert.[16] Im Wesentlichen erörtert er die definitorische Abgrenzung von Messen und Ausstellungen, typologisiert deren Erscheinungsformen, fasst die unterschiedlichen Produkte eines Messeveranstalters zusammen und erläutert das Beziehungsgeflecht des Veranstalters zwischen Besuchern, Ausstellern und Geländebetreibern.[17] Werden hier zweifellos wichtige konstitutive Eigenschaften für die Wertschöpfung eines Messeveranstalters genannt, ist damit lediglich ein Grundstock für ein umfassenderes Verständnis gelegt, wie sich zeigen wird.

Andere Analysen greifen stärker auf bestehende Forschungsansätze zurück. So untersucht ROBERTZ die Wertschöpfung von Messeveranstaltern indem er Erkenntnisse des marktorientierten Ansatzes, des ressourcenbasierten Ansatzes sowie einer koalitionstheoretischen Perspektive zusammenführt.[18] Basierend auf PORTER[19] sieht der marktorientierte Ansatz vor, dass die Auswirkungen des Marktumfeldes auf das Verhalten des Messeveranstalters im Markt und dessen Unternehmenserfolg im Rahmen einer Umweltanalyse untersucht werden.[20] Eben dieser Unternehmenserfolg des Messeveranstalters hinge demnach maßgeblich von der als kurzfristig gegeben anzunehmenden Marktstruktur und der

---

[14]Vgl. Reed Exhibitions Deutschland GmbH (2018).
[15]Vgl. Arzt (2007), S. 67.
[16]Vgl. Nittbaur (2001), S. 80–96.
[17]Vgl. Nittbaur (2001), S. 80–96.
[18]Vgl. Robertz (1999), S. 117 und 34.
[19]Vgl. Porter (1980). Nach Porter sind es fünf Wettbewerbskräfte, die dieses Wettbewerbsumfeld im Wesentlichen kennzeichnen, nämlich 1) die Rivalität unter den konkurrierenden Wettbewerbern, 2) Gefahr durch neue Markteintritte von Wettbewerbern, 3) Verhandlungsmacht der Lieferanten, 4) Verhandlungsmacht der Nachfrager und 5) Bedrohung durch substituierende Produkte (vgl. Porter (1980), S. 3ff.).
[20]Vgl. Robertz (1999), S. 60.

2.1 Wertschöpfung eines Messeveranstalters ...

darauf erfolgten Reaktion des Messeveranstalters ab.[21] Darüber hinaus werden zwei Wettbewerbsebenen betrachtet, auf denen sich Messeveranstalter begegnen: der Wettbewerb um die Auslastung der Messegelände und der Wettbewerb um Aussteller und Besucher der Messeveranstaltungen.[22] ROBERTZ erkennt an, dass der marktorientierte Ansatz nicht zuletzt aufgrund der Vielschichtigkeit des Messegestaltungsprozesses und den zahlreichen Austausch- und Dienstleistungsbeziehungen zwischen Veranstaltern, Lieferanten und Kunden allein nicht ausreicht, um die Wertschöpfung von Messeveranstaltern hinreichend zu analysieren.[23] Noch dazu konzentriert sich der marktorientierte Ansatz stark auf externe Gegebenheiten, die weitestgehend außerhalb der Einflusssphäre des Unternehmens liegen. Dementgegen fokussiert sich der Geschäftsmodell-Ansatz bewusst auf Faktoren und Komponenten, die im unmittelbaren Einfluss des Unternehmens stehen, um als Entscheidungshilfe für die Verantwortlichen nutzbar zu sein. Die Unterschiede zwischen den Unternehmen selbst spielen im marktorientierten Ansatz lediglich eine untergeordnete Rolle.[24]

Darüber hinaus betrachtet ROBERTZ die Rolle der Unternehmensressourcen für die Wertschöpfung eines Messeveranstalters und greift dafür auf den ressourcenbasierten Ansatz zurück, wonach das Unternehmen durch die Auswahl und Kombination von Ressourcen Kernkompetenzen und damit Wettbewerbsvorteile erlangt.[25] Die relevanten Ressourcen eines Messeveranstalters können physischer (z. B. Messehallen), intangibler (wie etwa Messemarken), finanzieller (z. B. Beteiligung externer Fonds), sowie organisationaler Natur sein (Management- und Informationssysteme).[26] Entscheidend für den Unternehmenserfolg ist aus dieser Perspektive das Ressourcenmanagement, also der Aufbau und nicht minder wichtig die Bewahrung und Weiterentwicklung der Kernkompetenzen.[27] Im Gegensatz zur marktorientierten Betrachtung ist hier die Unterschiedlichkeit der Unternehmen Teil der Betrachtung und die Ressourcen stehen unter unmittelbaren Einfluss des Messeveranstalters. Daher findet ROBERTZ' ressourcenbasierte

---

[21] Vgl. Robertz (1999), S. 60.
[22] Vgl. Robertz (1999), S. 61.
[23] Vgl. Robertz (1999), S. 63.
[24] Vgl. zu Knyphausen-Aufsess (1993).
[25] Vgl. Penrose (2009); Wernerfelt (1984); Robertz (1999), S. 107.
[26] Vgl. Robertz (1999), S. 108ff.
[27] Vgl. Robertz (1999), S. 112.

Analyse besondere Berücksichtigung für die Entwicklung des Geschäftsmodelles eines Messeveranstalters.[28]

Auch das Wertschöpfungsnetzwerk scheint von besonderer Bedeutung für die Wertschöpfung der Messeveranstalter, wie PRÜSER und auch ROBERTZ erkennen.[29] Dies spiegelt sich bei ROBERTZ in der Anwendung des koalitionstheoretischen Ansatzes wider, wonach ein Unternehmen bzw. eine Kooperation von Unternehmen von einer Koalition unterschiedlicher Interessengruppen profitiert, die solange ihren Anteil zum Gemeinschaftsprojekt beisteuern, wie die Anreize hierfür die zu leistenden Beiträge übersteigen.[30] Übertragen auf die Messewirtschaft ist hierbei unbedingt die Beziehung des Veranstalters zu Ausstellern und Besuchern zu nennen, die durch ihr Zusammenwirken im Rahmen der Integration des sogenannten „externen Faktors"[31] die Messeveranstaltung erst möglich machen. Aussteller, Besucher und Messeveranstalter erachtet ROBERTZ folgerichtig als *konstitutive Interessengruppen*.[32] Darüber hinaus nehmen *sekundäre Interessengruppen*, also Branchenverbände als ideelle Träger oder Messestädte und ggf. Besitzgesellschaften, auf die Erstellung der Dienstleistung Messe durch den Messeveranstalter Einfluss.[33] Als *periphere Interessengruppen*, die zwar nicht konzeptionell in die Messeentwicklung eingreifen, aber z. B. die Aufträge des Veranstalters umsetzen oder von der Messe nachgelagert profitieren, gelten Messedienstleister, lokale Gewerbe (Hotel, Taxi, Gastronomie) und Medien.[34]

Während ROBERTZ im oben genannten Zusammenhang weitestgehend die Rolle des Messeveranstalters als konstitutiver Akteur betrachtet, widmet sich

---

[28]Die Digitalisierung stellt den ressourcenbasierten Ansatz vor Herausforderungen, da in der informationsbasierten Wirtschaft Ressourcen und Fähigkeiten an Bedeutung gewinnen, die sich sehr leicht migrieren lassen und damit auch für Wettbewerber bisweilen sehr leicht verfügbar sind (vgl. Amit & Zott (2001), S. 498). So wie sich der Besitz und die Kontrolle einzigartiger Ressourcen positiv auf Wertschöpfung und Wettbewerbsfähigkeit auswirken können, ist es umgekehrt durch die Digitalisierung bei einigen dieser Ressourcen schwieriger geworden, diese Mehrwerte zu bewahren.

[29]Vgl. Robertz (1999), S. 33; Prüser (1997).

[30]Vgl. Barnard & Andrews (1968), S. 3ff.; Robertz (1999), S. 33.

[31]Vgl. Arzt (2007), S. 29.

[32]Robertz (1999), S. 35.

[33]Vgl. Robertz (1999), S. 36.

[34]Vgl. Robertz (1999), S. 41.

PRÜSER aus seiner netzwerkorientierten Perspektive vorwiegend der Messeveranstaltung, also der Produktebene.[35] PRÜSERs Beitrag hebt sich insofern von anderen Betrachtungen wie auch der von ROBERTZ ab, weil er die besondere Bedeutung der sozialen Interaktion für das Produkt Messeveranstaltung erkennt und den Veranstalter in die Pflicht nimmt, diese bestmöglich zu gewährleisten.[36] Diese Erkenntnis wird im weiteren Verlauf auf der Produktebene des Geschäftsmodelles Berücksichtigung finden.[37]

Ebenfalls das Produkt Messeveranstaltung – und eben nicht die Wertschöpfung eines Messeveranstalters als Gesamtes betreffend – nähern sich transaktionskostentheoretische Betrachtungen der Dienstleistung Messe.[38] Im Rahmen der Transaktionskostentheorie geht WILLIAMSON davon aus, dass Transaktionen aufgrund vorhandener Informationsasymmetrien unter Unsicherheit stattfinden und sich die Marktteilnehmer auch deshalb nur begrenzt rational und bisweilen opportunistisch verhalten.[39] Um unter diesen Vorzeichen dennoch Transaktionen durchführen zu können, sind verschiedene Maßnahmen notwendig, die Kosten verursachen.[40] Unter verschiedenen Abwicklungsmodellen (z. B. bilateral zwischen den am Güteraustausch beteiligten Akteuren gesteuert oder über eine einzelne autoritäre Instanz) sieht WILLIAMSON auch die Möglichkeit einer *Trilateral Governance* mit einer vermittelnden Instanz, die den Austausch als

---

[35] Vgl. Prüser (1997), S. 191. Auf der zweiten und dritten Ebene sind sich PRÜSERS Ansatz und die Ausführungen von ROBERTZ zu den unterschiedlichen Interessengruppen sehr ähnlich, so dass eine ausführliche Erläuterung hier entfällt.

[36] Vgl. Arzt (2007), S. 54.

[37] Nichtsdestotrotz sehen verschiedene Autoren im erfolgreichen Management strategischer Netzwerke zukünftig lediglich eine Grundlage für den wirtschaftlichen Erfolg eines Unternehmens in der digital geprägten Wirtschaft, nicht aber einen herausragenden Faktor. Da sich immer mehr Unternehmen darin verstehen, in beständigen, starken Unternehmensnetzwerken zu agieren, könnten bspw. innovative, effiziente Transaktionsmechanismen und -strukturen den Unterschied machen, die allerdings von Ansätzen zu strategischen Netzwerken nicht erfasst werden (vgl. Amit & Zott (2001), S. 499).

[38] Vgl. Robertz (1999), S. 110f.; Zygojannis (2005c), S. 61ff. Als Bestandteil der neuen Institutionenökonomik beschreiben Transaktionskosten nach COASE die Kosten, die durch die Nutzung des Marktes anfallen (vgl. Coase (1937), S. 388).

[39] Williamson (1981), S. 553.

[40] Konkret sind dies Anbahnungskosten, die durch die Suche nach geeigneten Partnern entstehen, Vereinbarungskosten (z. B. Rechtsberatung), Kontrollkosten für die Überwachung, Durchsetzung und Sicherung der vereinbarten Modalitäten und schließlich Anpassungskosten, die z. B. durch Mengenänderungen während der Vertragslaufzeit anfallen (Fließ (1994), S. 94).

Intermediär begleitet.[41] Messeveranstalter werden als solche funktionalen Intermediäre betrachtet, weil sie selbst nicht Eigentümer der auf dem Marktplatz gehandelten Güter werden, den Güteraustausch aber entscheidend vermitteln.[42] Dem Messeveranstalter bietet die „Intransparenz der Transaktionskosten eine Gewinnmöglichkeit, indem er als Marktkoordinator fungiert."[43]

Insbesondere FLIESS hat sich mit der transaktionskostenverändernden Wirkung von Messen auseinandergesetzt und sich damit einem wesentlichen Mehrwert, den Messeveranstalter für ihre Kunden erzeugen, gewidmet.[44] Die Senkung der Transaktionskosten im Zusammenhang mit einer Messe erfolgt insbesondere dadurch, dass sich Such- und Informationskosten für Aussteller und Besucher durch den geschaffenen Punktmarkt über Bündelungseffekte reduzieren lassen.[45]

Obschon dieser Mehrwert einer Messe belegt scheint, lässt sich auch damit allein nicht der Wert einer Messe erklären. ARZT bemerkt hierzu, dass sich die erheblichen Investitionen der Messegesellschaften in die Messeinfrastruktur zur Verbesserung der Aufenthaltsqualität der Marktteilnehmer keinesfalls transaktionskostensenkend auswirken und dennoch von den Ausstellern und Besuchern begrüßt werden.[46] Ein weiteres Beispiel liefern Messen, die sich vorwiegend wiederkehrenden Ordervorgängen widmen. Sollte der einzige Mehrwert dieser Messen tatsächlich in ihrer transaktionskostensenkenden Wirkung bestehen, würden diese in Zeiten der Digitalisierung vermutlich nicht mehr bestehen, da sich solche Ordervorgänge deutlich effizienter digital durchführen ließen. Insofern plädiert ARZT in Anlehnung an ZAJAC & OLSEN dafür, statt den Effizienzvorteilen des einzelnen Unternehmens auch den gemeinsamen *Transaction Value* einer Geschäftspartnerschaft zu berücksichtigen, um den Mehrwert einer Messe vollumfänglich zu erfassen.[47]

In diesem Zusammenhang ist auch PRÜSERs netzwerkorientierte Betrachtung einer Messe zu berücksichtigen, im Rahmen derer Messen Mehrwerte bieten, indem sie Netzwerke „physisch erlebbar" machen und sich dadurch neue wie bestehende Beziehungen einfacher aufbauen ließen.[48] Messen können

---

[41] Williamson (1985), S. 74f.
[42] Vgl. Arzt (2007), S. 35.
[43] Fließ (1994), S. 95.
[44] Vgl. Fließ (1994).
[45] Vgl. Zygojannis (2005c), S. 61ff.; Arzt (2007), S. 36ff.
[46] Arzt (2007), S. 49f.
[47] Arzt (2007), S. 50; Zajac & Olsen (1993).
[48] Prüser (1997), S. 212.

2.1 Wertschöpfung eines Messeveranstalters ...

entsprechend eine Transaktions- und/oder eine Networkingorientierung aufweisen.[49] Darüber hinaus ist festzuhalten, dass die Transaktionskostenökonomik andere Quellen der Wertschöpfung, wie Innovation oder Rekonfiguration von Ressourcen, außer Acht lässt.[50]

Was nun noch keinerlei Berücksichtigung fand, nach Auffassung verschiedener Autoren aber ebenfalls maßgeblich für die Wertschöpfung eines Messeveranstalters ist, sind die Aktivitäten des Unternehmens sowie dessen Aktivitätensystem. Insbesondere ARZT, aber auch TAEGER haben die Rolle der Wertschöpfungsaktivitäten der Messeveranstalter untersucht. TAEGER konzentriert sich in seinen Ausführungen auf Teile des Marketingmixes eines Messeveranstalters. Dabei wählt er den Ansatz, nicht die Aktivitäten, sondern die angebotenen Produkte und Dienstleistungen als Resultat der für deren Erstellung notwendigen Prozesse zu beschreiben, um ein verbessertes Verständnis zu erwirken.[51] TAEGER erachtet verschiedene Marketingaktivitäten von der Messegestaltung, der Preissetzung über Aktivitäten zur Verkaufsförderung bis hin zur Wahl der geeigneten Vertriebswege als für die Wertschöpfung eines Messeveranstalters elementare Aktivitäten.[52]

Anders als TAEGER, dessen Ausführungen sich an keinem konzeptionellen Gerüst anlehnen, orientiert sich ARZT bei der Analyse der wichtigsten Wertschöpfungsaktivitäten einer Messegesellschaft an PORTERs Wertkette. Das Modell der Wertkette untergliedert Unternehmen in deren strategisch relevante Aktivitäten und unterteilt diese wiederum in *primäre* und *unterstützende Aktivitäten*.[53] ARZT passt die einzelnen Elemente an die Besonderheiten der Messewirtschaft an und gelangt zu unten angegebenen Darstellung (Abbildung 2.2).

Auf Anhieb wird deutlich, dass ARZT über die Erkenntnisse von TAEGER hinaus einige zusätzliche erfolgskritische Wertschöpfungsaktivitäten benennt, die über den Marketingmix hinausgehen. Dazu gehören zum Beispiel die Messedurchführung, das Management der Infrastruktur oder auch Marktforschungsaktivitäten, die bei TAEGER keine Erwähnung finden.

Trotz der umfänglichen Darstellung auf Aktivitätenebene im Rahmen der Wertkette ist allerdings auch ARZT' Ansatz nicht ausreichend, um die Wertschöpfung eines Messeveranstalters möglichst vollumfänglich im Rahmen der vorhandenen Zielsetzung zu erfassen. Das hängt weniger mit der schlüssig vollzogenen Anwendung der Wertkette auf die Messewirtschaft zusammen, als

---

[49] Vgl. Arzt (2007), S. 52.
[50] Vgl. Ghoshal & Moran (1996).
[51] Vgl. Taeger (1993), S. 133–219.
[52] Vgl. Taeger (1993), S. 153.
[53] Porter (1985) S. 39ff.

26 2 Analyse der Wertschöpfung eines Messeveranstalters ...

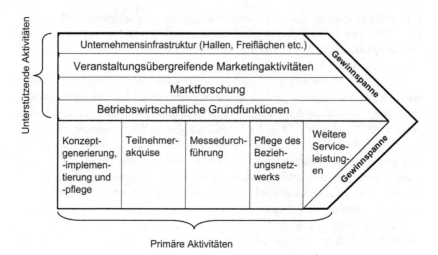

Abbildung 2.2 Wertkette eines Messeveranstalters nach ARZT (Arzt (2007), S. 69. Mit freundlicher Genehmigung von © Springer Fachmedien Wiesbaden GmbH 2010. All Rights Reserved)

vielmehr mit den grundsätzlichen Limitationen der Wertkette, die multiplen Anbieter- und Nachfragerbeziehungen nicht gerecht wird. STABELL & FJELDSTAD halten die Wertkette besser dafür geeignet, die Essenz der Wertschöpfung produzierender Unternehmen zu erfassen, als die von Dienstleistungsanbietern, da sich deren Aktivitäten kaum in die Aktivitätenkategorien der Wertkette einordnen lassen.[54] Denn die Wertschöpfungsstruktur der Wertkette orientiert sich an der eindimensionalen Prozessabfolge eines herstellenden Unternehmens von der Rohstoffbeschaffung bis zur Auslieferung des hergestellten Produktes, während Dienstleistungsanbieter häufig in Netzwerken wertschöpfen, in denen Intermediäre die unterschiedlichen Anbieter und Nachfrager immer wieder neu miteinander verknüpfen.[55] In der wiederkehrenden Re-Kombination von Information, physischen Produkten und Dienstleistungen zu einzigartigen Angeboten und der Rekonfiguration von Kunden-, Lieferanten- und Partnerbeziehungen liegen

---

[54] Stabell & Fjeldstad (1998), S. 414. Die Autoren merken an, dass nahezu alle Wertschöpfungsaktivitäten einer Bank ohne jegliche Differenzierung in die primäre Kategorie „Operations" einzuordnen wären, was wiederum mit einem nur geringen Erkenntnisgewinn verbunden wäre.

[55] Stabell & Fjeldstad (1998), S. 427. Zur Kritik an der Wertkette im Kontext von Dienstleistungsanbietern siehe auch Armistead & Clark (1993), S. 225.

allerdings wesentliche Differenzierungsmerkmale der Wertschöpfung in digitalen Märkten, die sich mit Hilfe der Wertkette nach PORTER nur unzureichend abbilden lassen.[56]

Somit ist auch die Wertkette bei der Analyse der Wertschöpfung eines Messeveranstalters hilfreich, reicht aber als Instrument alleine nicht aus, um die vorliegende Problemstellung zu beantworten. Unabhängig von den Besonderheiten der Messewirtschaft verdeutlicht die Beschreibung der genannten Ansätze und ihrer wesentlichen Erkenntnisse zur Analyse der Wertschöpfung, dass jede Perspektive dazu imstande scheint, einen Beitrag zur Lösung der geschilderten Problemstellung zu erbringen. Allerdings wird ebenso klar, dass die genannten Ansätze jeweils auch Grenzen aufweisen, die Wertschöpfung eines Messeveranstalters möglichst vollumfänglich zu erläutern.[57] Auch mit Hilfe des Geschäftsmodell-Ansatzes wird es nicht gelingen, all diese Lücken zu schließen. Dennoch bietet dieser vor dem Hintergrund der Zielsetzung dieser Arbeit die umfassendste Perspektive auf den Untersuchungsgegenstand.

2.2 Entwicklung des Geschäftsmodells

Entwicklung und Ursprung des Geschäftsmodell-Ansatzes sind eng mit der Evolution der Informationssysteme verflochten. Zwar finden sich davon unabhängig in den 1950er Jahren erste Bezugnahmen zum Begriff Geschäftsmodell, die sich mit dem hier grundlegend vorliegenden Verständnis vereinen lassen.[58] Bis in die 1990er Jahre dienten Geschäftsmodelle dann jedoch meist der Modellierung unternehmerischer Prozesse, um auf der Grundlage eines Bauplans die Architektur der Informationssysteme für ein Unternehmen auszurichten.[59] Diese enge inhaltliche Bindung an die Entwicklung der Digitalisierung veranlasst vereinzelte Autoren gar dazu, das Geschäftsmodell als essentiellen Baustein zur Bewältigung der zunehmenden Komplexität der Unternehmensprozesse zu betrachten,

---

[56] Vgl. Amit & Zott (2001), S. 496.

[57] Vgl. Amit & Zott (2001), S. 500. Insbesondere angesichts der Entwicklung hin zu dicht vernetzten, elektronischen Märkten, in denen die Unternehmen agieren, ist erkannt, dass die genannten Ansätze Schwierigkeiten aufweisen, die Wertschöpfung unter veränderten Bedingungen zu verorten und zu erklären. Diese Fähigkeit wird hingegen dem Geschäftsmodell als integrativem Forschungsansatz, der verschiedene Erklärungsansätze der Wirtschaftswissenschaft ineinander vereint, zugesprochen (Morris, Schindehutte, Richardson & Allen (2006)).

[58] Vgl. Bellman, Clark, Malcolm, Craft & Ricciardi (1957).

[59] Vgl. Stähler (2002), S. 38; Wirtz et al. (2016), S. 37.

indem nur das Geschäftsmodell in der Lage sei, IT-basierte Geschäftsprozesse mit Geschäftsstrategien in Einklang zu bringen.[60] Mit Entstehung der *New Economy*, die zunächst im Platzen der Dotcom-Blase gipfelte, hielt der Begriff Geschäftsmodell schließlich im allgemeinen Sprachgebrauch Einzug, ohne dass der Terminus zum damaligen Zeitpunkt klar abgegrenzt und definiert worden war.[61] Die Unternehmensgründungs- und Investmenteuphorie um die Jahrtausendwende führte dazu, dass ein Analyse- und Kommunikationswerkzeug benötigt wurde, mittels dessen sich junge Unternehmen einfach und systematisch untersuchen, beschreiben und deren Erfolgschancen einschätzen ließen.[62] Unabhängig des Potentials des Geschäftsmodell-Ansatzes, Unternehmen und deren Wertschöpfung schnell analysieren und evaluieren zu können,[63] ist die zunehmende Verbreitung des Ansatzes auch eng damit verbunden, dass neue, vernetztere Formen der Wertschöpfung entstanden, die sich mit den bislang vorliegenden Ansätzen zur Untersuchung der Wertschöpfung von Unternehmen nur unzureichend erklären und analysieren ließen.[64]

Inzwischen ist die Bezeichnung „Geschäftsmodell" in Wissenschaft und Praxis recht geläufig.[65] Dabei ist kritisch zu benennen, dass die Aufnahme des Ausdrucks Geschäftsmodell in den allgemeinen Sprachgebrauch recht beliebig geschah, ohne dass dessen Bedeutung eindeutig geklärt ist.[66] Nach DAFT wird insbesondere der Modellcharakter meist nicht berücksichtigt, so dass eine

---

[60]Vgl. Al-Debei & Avison (2010), S. 374.
[61]Vgl. Daft (2015), S. 27.
[62]Vgl. Shafer, Smith & Linder (2005), S. 200; Daft & Albers (2013), S. 48; Morris, Schindehutte & Allen (2005), S. 727; Daft (2015), S. 12. Insbesondere Start-Up Unternehmen wurden entsprechend immer häufiger mit Hilfe eines Geschäftsmodells bewertet (Richardson (2008), S. 136).
[63]Vgl. Daft & Albers (2013), S. 48.
[64]Vgl. Osterwalder, Pigneur & Tucci (2005), S. 4; Al-Debei & Avison (2010). AMIT & ZOTT erkennen insbesondere bei E-Commerce-Unternehmen eine Vielzahl an Wertschöpfungsfaktoren, die sich mit etablierteren Forschungsansätzen nicht vollumfänglich erfassen lassen (Amit & Zott (2001)). STABELL & FJELDSTAD sehen vor dem Hintergrund, dass besonders der Dienstleistungssektor von der Digitalisierung geprägt wird, etabliertere Analysewerkzeuge wie PORTERs Wertkette für Dienstleistungsbranchen als unzureichend an (siehe Stabell & Fjeldstad (1998), S. 414 und Porter (1985), S. 37).
[65]Inzwischen wird der Begriff des Geschäftsmodelles längst nicht mehr nur im Zusammenhang mit IT-Architekturen von Unternehmen genutzt (Stähler (2002), S. 39).
[66]Vgl. DaSilva & Trkman (2014), S. 1.

2.2 Entwicklung des Geschäftsmodells

„Modellierung im Sinne des wissenschaftlichen Verständnisses" ausbleibt.[67] Stattdessen verharre man in allgemeinsprachlichen Betrachtungen, die jedoch für die wissenschaftliche Untersuchung von Phänomenen ungeeignet sind.[68]

Besonders missverständlich für den allgemeinen Diskurs wirkt sich dabei die Entwicklung aus, dass sich hinter der Verwendung des Begriffes Geschäftsmodell häufig zwei unterschiedliche Dinge verbergen: Zum einen verfügt jedes Unternehmen systemimmanent über irgendeine Art von Geschäftsmodell, das in diesem Zusammenhang ein Abbild der umgesetzten Unternehmensstrategie darstellt.[69] In dieser allgemeinsprachlichen Form beinhaltet es die „wesentlichen Strukturen, Prozesse und Ressourcen der Unternehmung."[70] Zugleich wird ein Geschäftsmodell in der wissenschaftlichen Diskussion aber auch als Analysewerkzeug verstanden, mit dem sich die Wertschöpfung eines Unternehmens systematisch beschreiben und erfassen lässt.[71] Diese Perspektive steht im vorliegenden Zusammenhang im Fokus. Dem Modellcharakter entsprechend darf das Analysewerkzeug vereinfachen und sich auf wesentliche Attribute fokussieren, soll dabei jedoch den Spagat meistern, grundsätzlich auf jedes Unternehmen anwendbar zu sein und zugleich individuelle Fragestellungen des einzelnen Unternehmers beantworten zu können.[72]

Während der wissenschaftliche Diskurs zum Geschäftsmodell rund um das Jahr 2000 noch sehr technologisch geprägt war, indem ein gemeinsames Begriffsverständnis erarbeitet und die einzelnen Geschäftsmodellkomponenten identifiziert werden mussten, stehen inzwischen andere Fragestellungen im Vordergrund.[73] OSTERWALDER, PIGNEUR & TUCCI sehen nun die Phase gekommen, in der sich Referenzmodelle in Form ausgearbeiteter Analysewerkzeuge auf praktische Fälle anwenden lassen.[74] Als ein solcher Anwendungsfall soll die vorliegende empirische Untersuchung auch zur weiteren konzeptionellen Etablierung des Geschäftsmodelles beitragen, wie es WIRTZ, PISTOIA, ULLRICH & GÖTTEL empfehlen.[75] Dies geschieht unter der Voraussetzung, dass das Geschäftsmodell als fundiertes, systematisches Analysewerkzeug hinreichend anerkannt ist und sich ein grundlegendes konzeptionelles Verständnis davon durchsetzt, was

---

[67]Daft (2015), S. 27.
[68]Daft (2015), S. 27.
[69]Vgl. Casadesus-Masanell & Ricart (2010), S. 205f.
[70]Daft (2015), S. 29.
[71]Vgl. Daft (2015), S. 30.
[72]Vgl. Morris et al. (2005), S. 729.
[73]Vgl. Wirtz et al. (2016), S. 37.
[74]Vgl. Osterwalder et al. (2005), S. 7.
[75]Vgl. Wirtz et al. (2016), S. 51.

ein Geschäftsmodell ist.[76] Ein Anhaltspunkt dafür, dass sich ein solcher Konsens herausbildet, ist die Beobachtung, dass sich der Fokus der Betrachtung der Geschäftsmodelle in der Literatur mittlerweile von kleinteiligen Perspektiven zunehmend auf aggregierte, holistische Betrachtungsweisen verschiebt, die die gesamte Geschäftstätigkeit eines Unternehmens in Betracht ziehen.[77] Im Zuge dessen scheint sich das Grundverständnis zu etablieren, dass Geschäftsmodelle die Wertschöpfung eines Unternehmens ganzheitlich erklären, indem sie diese systematisch in einzelne Komponenten, die zur Wertschöpfung beitragen, zerlegen.[78] Geschäftsmodelle helfen dadurch, Geschäftsabläufe zu erfassen, zu verstehen, und für Außenstehende zu beschreiben.[79]

2.3 Grundlagen des Geschäftsmodells

In einer Vielzahl wissenschaftlicher Beiträge ist das Geschäftsmodell inzwischen als Analysetechnik anerkannt, die eine praxisnahe Untersuchung und Erläuterung der Wertschöpfung von Unternehmen ermöglicht.[80] Auch wenn sich weiterhin ein fragmentiertes Forschungsfeld darbietet,[81] wird die Fähigkeit des Geschäftsmodell-Ansatzes, sich auch komplexesten Unternehmungen mittels vereinfachender Aggregation und Abstraktion anzunähern, bestätigt.[82] Auch die Auffassungen darüber, welche Komponenten ein Geschäftsmodell beinhalten muss, um die Geschäftstätigkeit eines Unternehmens bestmöglich zu erfassen, konvergieren.[83] Durch zunehmende empirische Anwendung des Forschungsansatzes soll dessen Validierung weiter vorangetrieben werden.

Die meisten Geschäftsmodelle folgen der Logik, die Wertschöpfung eines Unternehmens mittels verschiedener Kategorien, darin enthaltenen Komponenten und Unterkomponenten zu beschreiben.[84] Die einzelnen Bestandteile des

---

[76]Vgl. Zott et al. (2011), S. 1038.
[77]Vgl. Wirtz et al. (2016), S. 38; Casadesus-Masanell & Ricart (2010), S. 197f.; Daft (2015), S. 13.
[78]Vgl. Daft (2015), S. 17; Morris et al. (2005), S. 727.
[79]Nilsson, Tolis & Nellborn (1999), S. 3.
[80]Vgl. Zott & Amit (2013); Wirtz, Piehler & Mory (2012), S. 68.
[81]Vgl. Wirtz et al. (2016), S. 37.
[82]Vgl. Shafer et al. (2005), S. 203; Wirtz et al. (2016), S. 40.
[83]Vgl. Zott et al. (2011); Morris et al. (2005), S. 729.
[84]Daft & Albers (2013), S. 48.

2.3 Grundlagen des Geschäftsmodells

Geschäftsmodelles lassen sich häufig auf bestehende etablierte Konzepte zurückführen und damit in ihrer Bedeutung untermauern. Insbesondere AMIT & ZOTT[85] aber auch MORRIS, SCHINDEHUTTE & ALLEN[86] weisen auf die bestehenden konzeptionellen Bezüge des Geschäftsmodelles zu etablierten Erkenntnissen des strategischen Managements und des Entrepreneurship hin. Insofern ist das Geschäftsmodell als ganzheitlicher Ansatz zu verstehen, der Anleihen an verschiedenen Perspektiven zur Erklärung von Wertschöpfung durch Unternehmen nimmt und diese in einem praktisch handhabbaren Ansatz integriert und anwendbar macht.[87]

Konkret basiert die Erfassung der Unternehmensaktivitäten, wie sie sich in vielen Ausarbeitungen zum Geschäftsmodell wiederfindet, auf PORTERS Wertkettenanalyse, die die wertschöpfenden Aktivitäten und Prozesse eines Unternehmens identifiziert und deren ökonomische Auswirkungen differenziert untersucht.[88] PORTER unterscheidet in seiner Analyse zwischen primären Aktivitäten, also explizit Produktion, Logistik, Marketing & Vertrieb und Kundenservice, die einen direkten Beitrag zur Wertschöpfung leisten und unterstützenden Aktivitäten (Infrastruktur, Personalwirtschaft, Forschung & Entwicklung und Beschaffung), die die primären Aktivitäten in ihrer wertschöpfenden Funktion unterstützen.[89] Die in den meisten Geschäftsmodell-Ansätzen hervorgehobene Rolle der Unternehmensressourcen und -kompetenzen für die Wertschöpfung, greift wiederum den ressourcenbasierten Ansatz auf.[90] Demnach sind einzigartige Kombinationen von sich ergänzenden Ressourcen und Fähigkeiten für die Wertschöpfung eines Unternehmens von entscheidender Bedeutung.[91] In diesem Zusammenhang werden auch Erkenntnisse der Transaktionskostenökonomik in das Geschäftsmodell integriert.[92] Denn werden die Aufbauorganisation, die Struktur und die Prozesse eines Unternehmens so ausgerichtet, dass sie effizient gesteuert, organisiert und im Falle der Aktivitäten durchgeführt werden können, resultieren daraus möglicherweise Effizienzgewinne.[93]

---

[85] Amit & Zott (2001).
[86] Morris et al. (2005).
[87] Vgl. Amit & Zott (2001), S. 509 und 511; Wirtz et al. (2016), S. 37.
[88] Vgl. Morris et al. (2005), S. 728.
[89] Porter (1985) S. 39ff.
[90] Vgl. Morris et al. (2005), S. 728.
[91] Vgl. Wernerfelt (1984); Barney (1991); Peteraf (1993).
[92] Amit & Zott (2001), S. 499.
[93] Vgl. Williamson (1975); Morris et al. (2005), S. 728. Der Einfluss der Digitalisierung auf die Transaktionseffizienz, indem durch den Einsatz von IT Koordinationskosten ebenso wie

Weil die Wertschöpfung eines Unternehmens nicht nur von der internen Ausrichtung abhängig ist, sondern auch unmittelbar davon, wie es sich extern innerhalb eines übergeordneten Wertschöpfungsnetzwerks positioniert, also mit welchen Partnern, Zulieferern, Wettbewerbern und sonstigen externen Akteuren es auf welche Art und Weise zusammenarbeitet oder konkurriert, finden sich zudem Erkenntnisse der Konzepte zu strategischen Netzwerken in vielen Ausführungen zum Geschäftsmodell.[94] Die Berücksichtigung dieses Wissens erscheint im vorliegenden Zusammenhang auch deshalb wichtig, weil sich die Digitalisierung und die Entwicklung von Unternehmensnetzwerken gegenseitig befördern.[95]

Von besonderer Bedeutung als Konzept, das die übrigen genannten Ansätze im Kontext des Geschäftsmodelles übergreifend beeinflusst, ist unbedingt auch SCHUMPETERs Theorie der „schöpferischen Zerstörung"[96] zu nennen.[97] Demzufolge trägt Innovation durch neue Produkte und Produktionsmethoden, aber eben auch durch Erschließung neuer Märkte, Entdeckung neuer Ressourcen, deren innovative Re-Kombination oder durch Entwicklung neuer Organisations- und Marktstrukturen zur Wertschöpfung eines Unternehmens bei.[98] Ausdrücklich kann sich Innovation auch auf das Geschäftsmodell als Ganzes mit all seinen Komponenten beziehen.[99]

Zusammengefasst greift der Geschäftsmodell-Ansatz Erkenntnisse der Wertkettenanalyse, des ressourcenbasierten Ansatz, der Theorien der Transaktionskostenökonomik und zu strategischen Netzwerken sowie SCHUMPETERs Theorie der schöpferischen Zerstörung auf und nutzt die Erkenntnisse dieser Perspektiven in unterschiedlichen Komponenten des Analyseinstruments, um damit die

---

Transaktionsrisiken maßgeblich gesenkt werden können, wurde schon frühzeitig erkannt (Dyer (1997); Clemons & Row (1992)).

[94]Vgl. Morris et al. (2005), S. 728; Amit & Zott (2001), S. 511.

[95]Vgl. Amit & Zott (2001), S. 498; Prahalad & Ramaswamy (2000), S. 79.

[96]Schumpeter (1942).

[97]Vgl. Morris et al. (2005), S. 729.

[98]Vgl. Schumpeter (1942); Teece (1986); Moran & Ghoshal (1999); Hitt & Ireland (2000); Amit & Zott (2001), S. 496 und 511.

[99]Rund um die Weiterentwicklung von Geschäftsmodellen hat sich gar ein separater Forschungsstrang entwickelt (vgl. Spieth, Schneckenberg & Ricart (2014); Foss & Saebi (2017)). Als ein wesentlicher Treiber von Geschäftsmodell-Innovation wurde bezeichnenderweise die Digitalisierung identifiziert (Casadesus-Masanell & Ricart (2010), S. 196).

2.3 Grundlagen des Geschäftsmodells

Wertschöpfung eines Unternehmens zu erfassen.[100] Die integrative Berücksichtigung der unterschiedlichen Perspektiven im Rahmen des Modells hilft auch dabei, deren einzelne Schwächen als isoliert angewandte Konzepte auszugleichen.[101] Das Geschäftsmodell sieht eine Struktur aus mehreren Komponenten vor, die alle relevanten Unternehmensbereiche berücksichtigt.[102] Unterschiedliche Beschreibungsebenen gewährleisten, dass sowohl allgemeingültige, generische Wertschöpfungskomponenten als auch branchenspezifische Besonderheiten in die Analyse miteinfließen.[103] Da es die erklärte Zielsetzung ist, dass das Geschäftsmodell als Entscheidungshilfe für das Management einer Unternehmung herangezogen werden kann, soll das Geschäftsmodell ausschließlich Komponenten beinhalten, die unmittelbar durch die Verantwortlichen gesteuert und beeinflusst werden können.[104] Eine solche Aktivitätsorientierung bedeutet, dass sich die Komponenten des Geschäftsmodelles auch dynamisch anpassen lassen, wie es die Digitalisierung notwendig machen könnte.[105] Im vorliegenden Zusammenhang wird das Geschäftsmodell als Analysewerkzeug in Anlehnung an DAFT wie folgt definiert:[106]

Ein Geschäftsmodell ist die durch Abstraktion auf Basis von generischen Komponenten mit einer branchenspezifischen Konkretisierung vereinfachte und aktivitätsorientierte Beschreibung der wesentlichen, zur Wertschöpfung beitragenden Strukturen, Prozesse und Ressourcen einer Unternehmung.

Diese Definition beinhaltet, dass das Geschäftsmodell möglicherweise hilfreich ist, bei der Neugründung eines Unternehmens die zur Wertschöpfung beitragenden Strukturen, Prozesse und Ressourcen festzulegen, aber auch, dass es ex post zur Analyse der Wertschöpfung des Unternehmens herangezogen werden kann.[107] Zudem hilft das Geschäftsmodell dabei, die Abläufe in einem Unternehmen unternehmensintern zu kommunizieren und diese im Einklang mit der Gesamtausrichtung zu gestalten, um das Geschäftsmodell zum Erfolg zu führen.[108] Das Geschäftsmodell ermöglicht also mitnichten bloß eine statische, auf

---

[100] Vgl. Morris et al. (2005), S. 728; Amit & Zott (2001), S. 511.

[101] Amit & Zott (2001), S. 500. Trotz seiner Bezugnahmen zu etablierten Konzepten heben verschiedene Autoren die Eigenständigkeit und Unabhängigkeit des Geschäftsmodell-Ansatzes heraus (vgl. Al-Debei & Avison (2010); Casadesus-Masanell & Ricart (2010)).

[102] Vgl. Wirtz et al. (2016), S. 40.

[103] Vgl. Daft (2015), S. 30.

[104] Vgl. Zott & Amit (2010), S. 217; Daft (2015), S. 31.

[105] Vgl. Demil & Lecocq (2010); Casadesus-Masanell & Ricart (2010), S. 196.

[106] Daft (2015), S. 31.

[107] Vgl. Doganova & Eyquem-Renault (2009), S. 1560.

[108] Vgl. Wirtz et al. (2016), S. 40.

die Vergangenheit ausgerichtete Analyse des Status Quo, sondern es lässt sich bei der Betrachtung des Geschäftsmodelles zwischen einer statischen und einer transformativen Perspektive unterscheiden.[109] Während erstere eine Blaupause des Geschäftsmodelles darstellt, die dessen Beschreibung sowie die Strukturierung der Wertschöpfungsaktivitäten ermöglicht, dient die transformative Betrachtung als Konzept, sich mit der Weiterentwicklung eines Unternehmens zu befassen. Nachhaltige Geschäftsmodelle entstehen nicht auf Anhieb, sondern sind das Ergebnis stetiger Verfeinerung, um auf Umwelteinflüsse zu reagieren und interne Konsistenz herzustellen.

Die Vereinigung der beiden Perspektiven erfolgt dadurch, dass zunächst die Komponenten des Geschäftsmodelles identifiziert werden, um folglich abzuleiten, wie sich diese Komponenten entwickeln.[110] Durch interne wie externe Einflüsse sowie die nie endenden Interaktionen der Komponenten entwickelt sich das Geschäftsmodell ständig weiter. So lassen sich Zusammenhänge feststellen und Entwicklungen fortschreiben. Hierbei gilt es, nicht nur zu analysieren, welche Komponenten direkt beeinflusst werden, sondern auch nachgelagerte Auswirkungen auf weitere Komponenten, etwa in Form von Szenarien, zu berücksichtigen.[111]

Die Möglichkeit zur perspektivischen Betrachtung ist eine wichtige Eigenschaft des Forschungsansatzes. Damit geht einher, dass sich das Geschäftsmodell umso besser als Werkzeug für die Entscheidungsfindung innerhalb eines Unternehmens nutzen lässt,[112] denn idealerweise gelingt es, mit dem Geschäftsmodell die Wertschöpfungskomponenten zu identifizieren, mit deren Weiterentwicklung

---

[109]Vgl. Demil & Lecocq (2010), S. 228.

[110]Vgl. Demil & Lecocq (2010), S. 228. Schon in seinem Ursprung als Instrument für die Bewertung von Unternehmen wohnt dem Geschäftsmodell-Ansatz die Eigenschaft inne, zukunftsgerichtete Aussagen zu ermöglichen. Unternehmen nutzen den Bezugsrahmen in ihrer Gründungsphase, um eine Vorstellung davon zu generieren, in welchem Rahmen die zukünftige Entwicklung verlaufen könnte, noch bevor das Geschäftsmodell erstmals kommerzialisiert wird (vgl. Doganova & Eyquem-Renault (2009), S. 1560).

[111]Vgl. Demil & Lecocq (2010). Im Zusammenhang mit der Untersuchung von Auswirkungen technologischer Innovationen sehen CHESBROUGH & ROSENBLOOM das Geschäftsmodell als idealen Mediator zwischen technologischer Innovation und ökonomischer Wertschöpfung, da es technisches Potenzial als Input in wirtschaftlichen Output umwandelt, indem es dem genannten Potenzial einen Kundennutzen zuordnet (vgl. Chesbrough & Rosenbloom (2002). Unternehmen müssen ihr Geschäftsmodell kennen, um zu ermitteln, wie sie den größten Nutzen aus technologischen Innovationen ziehen können.

[112]Vgl. Wirtz et al. (2016), S. 37.

sich Wettbewerbsvorteile generieren und das Geschäftsmodell als Gesamtkonstrukt optimieren lassen.[113] Übertragen auf den hier vorliegenden Anwendungsfall wird genau deshalb zunächst das Geschäftsmodell eines Messeveranstalters mit all seinen Besonderheiten und Komponenten erfasst, um auf dieser Basis unmittelbare Auswirkungen der Digitalisierung auf dieses Geschäftsmodell zu identifizieren und gegebenenfalls auch Aussagen darüber tätigen zu können, welche nachgelagerten Effekte sich aus der Veränderung einzelner Komponenten für damit zusammenhängende, andere Geschäftsmodell-Bestandteile ergeben können.

Die besondere Eignung des Geschäftsmodell-Ansatzes zur Bearbeitung der vorliegenden Problemstellung gestaltet sich also aus den folgenden Faktoren: Die Nutzung der Erkenntnisse anderer etablierter Konzepte der Wirtschaftswissenschaften gewährleistet, dass verschiedene fundierte Facetten der Wertschöpfung im Rahmen einer holistischen Herangehensweise Berücksichtigung finden. Dies ist von besonderer Bedeutung, weil viele, teils sehr unterschiedliche Faktoren zur Wertschöpfung eines Unternehmens beitragen.[114] Darüber hinaus ermöglicht der Aufbau des Geschäftsmodelles als Aktivitätensystem, dessen Komponenten unter direktem Einfluss der Verantwortlichen stehen, dass sich das Modell als Instrument zur Entscheidungsfindung nutzen lässt.[115] Zudem bietet das Geschäftsmodell den besonderen Vorteil, dass es durch seine Mehrebenenstruktur von strategischen Handlungsfeldern bis zu operativen Fragestellungen eine sehr hohe Bandbreite an Untersuchungsebenen eröffnet. Dass dabei auch Wertschöpfungsbereiche Teil der Untersuchungssystematik sind, die außerhalb der Unternehmensgrenzen liegen, ist für die Analyse einer Unternehmung unter dem Einfluss der Digitalisierung wichtig, da ein wesentliches Merkmal der digitalisierten Wirtschaft vernetzte Wertschöpfungsstrukturen sind, innerhalb derer viele erfolgsnotwendige Aktivitäten und Ressourcen inzwischen von Lieferanten, Partnern oder gar Konkurrenten eingebracht werden.[116]

2.4 Das Geschäftsmodell eines Messeveranstalters

Die Anwendung des Geschäftsmodell-Ansatzes für die Untersuchung der Wertschöpfung von Messeveranstaltern wird auf den bestehenden Erkenntnissen zum Geschäftsmodell aufsetzen, um dessen Stärken zur Analyse der Wertschöpfung

---

[113]Vgl. Wirtz et al. (2016), S. 52.
[114]Vgl. Amit & Zott (2001); Foss & Saebi (2017), S. 202.
[115]Vgl. Zott & Amit (2010).
[116]Vgl. Lambert & Davidson (2013), S. 677.

eines Messeveranstalters zu nutzen. Als Grundlage eignet sich der Geschäftsmodell-Bezugsrahmen, den vornehmlich DAFT zur Analyse der Wertschöpfung von Fluggesellschaften entwickelte.[117] Neben den bereits erläuterten Vorteilen des Geschäftsmodelles operationalisiert DAFT den Geschäftsmodell-Bezugsrahmen in messbaren Items und wendet ihn erfolgreich empirisch an – in diesem Fall auf die Airline-Industrie.[118] Darüber hinaus orientiert sich DAFT in der Gestaltung seines Modelles an den bestehenden inhaltlichen Verknüpfungen des Geschäftsmodelles zu anderen etablierten wissenschaftlichen Konzepten und liefert damit eine zielführende Synopse aus verschiedenen Anläufen zur Analyse der Wertschöpfung mit Hilfe des Geschäftsmodelles. DAFT gelingt es, den aktuellen Forschungsstand methodisch fundiert in eine verständliche, systematische Struktur zu gießen. Im Vergleich zu den vorliegenden Erkenntnissen zur Wertschöpfung eines Messeveranstalters bietet DAFTs Struktur zudem auf Anhieb einige Anhaltspunkte, anhand derer sich das bestehende Wissen zur Messebranche erweitern lässt. Eine vielseitige Anwendbarkeit des Ansatzes auf andere Branchen als die Flugindustrie scheint aufgrund der Strukturierung der Modellebenen – von generisch zu branchenspezifisch – gegeben. Die trennscharfe Formulierung der einzelnen Bestandteile auf den unterschiedlichen Ebenen gewährleistet die unabdingbare konzeptionelle Begriffsschärfe und erleichtert die Anpassung des Bezugsrahmens auf die Spezifika der Messewirtschaft. Zudem enthält DAFTs Modell ausschließlich Komponenten, die unter dem unmittelbaren Einfluss des jeweiligen Unternehmens stehen, so dass sich der Bezugsrahmen als Entscheidungshilfe heranziehen lässt.[119] Entsprechend der von MORRIS formulierten Anforderungen an einen geeigneten Geschäftsmodell-Bezugsrahmen ist DAFTs Framework logisch, umfassend, messbar, nachvollziehbar und empirisch anwendbar.[120] Der Bezugsrahmen eignet sich daher, einen wesentlichen Beitrag zur Beantwortung der Forschungsfragen und damit zur Lösung der Problemstellung zu leisten.

Zur Entwicklung des Geschäftsmodelles eines Messeveranstalters werden die Bestandteile des Geschäftsmodelles auf die Besonderheiten der Messebranche angepasst. Dabei bleibt die generische Struktur des Modelles, wie sie im Folgenden beschrieben wird, weitestgehend bestehen. Nachdem die Erkenntnisse aus der messespezifischen Literatur in das Geschäftsmodell eingeflossen sind, wurde das Modell mit verschiedenen Messeexperten diskutiert und daraufhin vereinzelte Anpassungen vorgenommen. Allgemein traten in den Experteninterviews

---

[117]Daft & Albers (2013).
[118]Daft (2015).
[119]Vgl. Daft (2015), S. 121–189.
[120]Morris et al. (2005), S. 729.

2.4 Das Geschäftsmodell eines Messeveranstalters

keinerlei Beanstandungen an der grundlegenden Struktur des Modelles zutage. Vielmehr beschränkten sich die Anpassungsvorschläge auf Umformulierungen oder Neueinordnungen einzelner Elemente. DAFTs Geschäftsmodell sieht mit jeweils abnehmendem Abstraktionslevel zwei generische Ebenen und zwei branchenspezifische Ebenen für das Wertschöpfungssystem einer Unternehmung vor.[121] Inhaltlich werden die beiden generischen Ebenen für das Geschäftsmodell eines Messeveranstalters übernommen, während auf branchenspezifischer Ebene einige Anpassungen erfolgen, ohne jedoch die Struktur des Modelles grundlegend zu verändern. Auf höchstem Abstraktionslevel befinden sich die drei **Hauptkomponenten**, die dann auf der nächstniedrigeren Ebene weiter zu **Dimensionen** konkretisiert werden, um die Komponenten strukturiert in „besser greifbare Teilgrößen"[122] zerlegen zu können. Diese Dimensionen werden auf der nächsten Operationalisierungsebene zu messespezifischen **Elementen** heruntergebrochen. Messespezifische **Items** ermöglichen schließlich eine Differenzierung der unterschiedlichen Fallbeispiele von Messeveranstaltern anhand der Ausgestaltung der einzelnen Elemente.[123] Auch wenn im vorliegenden Fall keine quantifizierten Werte erhoben werden, ist die weitere Konkretisierung über die Elemente-Ebene hinaus hilfreich, um ein differenziertes Verständnis der jeweiligen Elemente und entsprechend der Dimensionen und Komponenten für das Wertschöpfungssystem eines Messeveranstalters zu erlangen. Die Hauptkomponenten sind 1) auf strategischer Ebene die **Unternehmenskernlogik**, 2) die **Wertschöpfungsaktivitäten** als Aktivitätenebene und 3) die **Ressourcen** der Unternehmung.[124]

2.4.1 Die Unternehmenskernlogik eines Messeveranstalters

Die **Unternehmenskernlogik** benennt die strategische Ausrichtung der Unternehmung und enthält dahingehend die langfristigen Unternehmensziele zur Orientierung.[125] Hier erfolgt die grundsätzliche Definition des Wertversprechens des Unternehmens.[126] Dementsprechend definiert die Komponente das

---

[121] Daft (2015), S. 122.
[122] Daft (2015), S. 122.
[123] Vgl. Daft (2015), S. 122.
[124] Daft (2015), S. 189.
[125] Vgl. Daft & Albers (2013), S. 49.
[126] Vgl. Demil & Lecocq (2010), S. 231.

Grundgerüst für die Wertschöpfungsaktivitäten und bestimmt die „Zusammenhänge der Wertschöpfungsarchitektur".[127] Als spezifizierte Dimensionen der Unternehmenskernlogik werden die **Produkt-Markt-Kombination**, die **internen Strukturgrundsätze** sowie das **externe Wertschöpfungsnetzwerk** erfasst.

2.4.1.1 Die Produkt-Markt-Kombination

Die **Produkt-Markt-Kombination** drückt aus, welche Arten von Produkten auf welchen Zielmärkten angeboten werden.[128] Konkret auf die Wertschöpfung eines Messeveranstalters bezogen ist hier zunächst zu analysieren, welchen Problemlösungsbedarf seiner Kunden, also welchen **Zielmarkt** das Unternehmen adressiert.[129] Dabei geht es explizit nicht um spezielle Produktdetails einer Messeveranstaltung, sondern grundsätzlich um das Kernprodukt, also nach NITTBAUR die „Integration von Ausstellern und Besuchern mit gleichen Interessen zur gleichen Zeit am gleichen Ort", indem Messeveranstalter eine „temporäre Interaktionsplattform für die Marktpartner einer Branche"[130] zu deren Nutzen errichten. HUBER bezeichnet diese Zusammenführung von Ausstellern und Besuchern an einem Ort als „Schaffung eines Punktmarktes".[131]

Eine weiterführende Differenzierung des Zielmarktes erfolgt anhand der unterschiedlichen **Messefunktionen**, die die Veranstaltung für Aussteller und Besucher erfüllen soll. Nahezu allen Ausarbeitungen der Messefachliteratur ist dabei gemein, dass sie die Informations-, Kommunikations- und Orderfunktionen der Messe neben weiteren Funktionen in den Vordergrund stellen.[132] Es ist das Kernprodukt des Messeveranstalters, Aussteller und Besucher (die Marktteilnehmer) an einem Ort zusammenzuführen, damit diese Informationen sammeln, miteinander in Kontakt treten/sich austauschen und Geschäftsabschlüsse tätigen können. Verschiedene Beispiele von Messeveranstaltern zeigen, dass hier eine strategische

---

[127]Daft (2015), S. 122.
[128]Siehe hierzu neben Daft (2015) auch Shafer et al. (2005) und Casadesus-Masanell & Ricart (2010).
[129]Vgl. Daft (2015), S. 138.
[130]Nittbaur (2001), S. 85.
[131]Huber (1994), S. 68.
[132]Vgl. Robertz (1999), S. 20; Taeger (1993), S. 56. Auch HUBER schließt sich diesem Dreiklang an, wobei sie die Informationsfunktion als integralen Bestandteil der Kommunikationsfunktion betrachtet (vgl. Huber (1994), S. 68). ROBERTZ wie auch KIRCHGEORG sehen aus Aussteller- und Besuchersicht beispielsweise zusätzlich eine Motivationsfunktion in Bezug auf die Mitarbeiter des ausstellenden Unternehmens und der Messebesucher (vgl. Kirchgeorg (2017), S. 37). Diese wird jedoch weithin nicht als Schwerpunktfunktion erachtet.

2.4 Das Geschäftsmodell eines Messeveranstalters

Spezialisierung auf einen Zielmarkt, also auf bestimmte Schwerpunkt-Funktionen, die die Veranstaltungen einer Messegesellschaft prioritär wahrnehmen sollen, erfolgen kann.[133] Sofern sich etwa ein Veranstalter entscheidet, seine Messen in Zukunft zunehmend als Plattformen zum Austausch von Wissen innerhalb der Wissens- und Informationsgesellschaft zu positionieren, würde dies einer Hervorhebung der Informationsfunktion gleichkommen und die Ausrichtung seiner Messen beeinflussen.[134]

Um die Produkt-Markt-Kombination eines Messeveranstalters noch weiter zu konkretisieren, werden außerdem die Elemente **Messetypus** und **geografischer Fokus** benannt.[135] Im Messemarkt ist in einigen Fällen eine Spezialisierung von Messegesellschaften auf bestimmte Messetypen zu beobachten. Eine solche Fokussierung kann hinsichtlich der im Rahmen der Messe abzubildenden **Angebotsbreite** erfolgen, bei der zwischen Branchen-, Mehrbranchen-, Universal-, Fach- oder Nischenmessen unterschieden wird.[136] Bisweilen findet diesbezüglich ein Abkoppeln einzelner Themenbereiche aus Mehrbranchenmessen zu einzelnen, spezialisierten Fachmessen statt.[137]

Ebenso bietet sich den Messeveranstaltern bei der strategischen Fokussierung auf einen bestimmten Messetypus die Option, Messen als Eigenveranstaltungen oder im Auftrag des Besitzers der Veranstaltung[138] durchzuführen bzw. ein hybrides Modell zu nutzen.[139] In letzterem Fall ist das Item **Messebesitzsituation** so ausgestaltet, dass dem Messeveranstalter die Messe zwar nicht gehört, er aber einen so umfassenden Durchführungsauftrag übernimmt, dass er selbst enge Beziehungen zu Ausstellern und Besuchern entwickelt und damit unverzichtbare Kompetenzen aufbaut.[140]

Darüber hinaus trifft der Messeveranstalter die strategische Entscheidung, inwieweit er sein Geschäft an einem einzelnen Standort bündeln möchte, oder bei

---

[133] Vgl. Kirchgeorg (2017), S. 47.

[134] Vgl. Henschel (2003), S. 999.

[135] Vgl. Daft (2015), S. 139.

[136] Vgl. Nittbaur (2001), S. 128.

[137] Vgl. Peters & Scharrer (2017), S. 414; Kalka (2017), S. 318.

[138] Die Frage, inwieweit sich eine Messeveranstaltung besitzen oder entsprechend auch weiter veräußern lässt, wird bei der Analyse der Ressourcenausstattung eines Messeveranstalters näher erörtert.

[139] Vgl. Peters (1992), S. 209ff.

[140] Als anschauliches Beispiel für eine solche Konstellation sei hier die *Internationale Automobil-Ausstellung (IAA)* genannt, die zwar vom *Verband der Automobilindustrie e. V.* veranstaltet, aber von der *Messe Frankfurt* durchgeführt wird.

der Wahl der Austragungsorte seiner Messeveranstaltungen flexibel ist.[141] Die **Standortbindung** zeigt insbesondere bei deutschen Besitz- und Betriebsgesellschaften große Unterschiede auf. So veranstaltet die *Messe Frankfurt* nicht nur am Hauptunternehmenssitz Messen, sondern tritt auch an anderen deutschen Messeplätzen, wie etwa in Hamburg mit der Messe *nordstil* als Gastveranstalter auf und erwirtschaftet zudem einen erheblichen Anteil des Unternehmensumsatzes mit Messeveranstaltungen im Ausland.[142]

Daran inhaltlich anknüpfend trifft der Messeveranstalter im Rahmen seines **geografischen Fokus** die Entscheidung, in welchen Märkten er seine Produkte anbietet. Insbesondere STOECK hat in seinen Ausführungen auf die besondere Bedeutung von Internationalisierungsstrategien für den Unternehmenserfolg (deutscher) Messeveranstalter hingewiesen.[143] Aus den unterschiedlichen Internationalisierungsformen eines Messeveranstalters nach DELFMANN & ARZT sowie auch STOECK lassen sich die Items **Internationalisierungsgrad der Messen am Heimatstandort, Veranstaltungsorte im In- und Ausland** sowie **Betriebsstätten im Ausland** ziehen,[144] um daraus Aussagen über den geografischen Fokus abzuleiten. Beispielhaft seien die Überlegungen der *Messe Frankfurt* genannt, eine Tochtergesellschaft in Großbritannien zu gründen, was die Bedeutung der Region für das Unternehmen untermauert.[145]

2.4.1.2 Die internen Strukturgrundsätze

Die **internen Strukturgrundsätze** als Dimension der Unternehmenskernlogik enthalten die Leitlinien für die Geschäftstätigkeit des Unternehmens, also die tägliche Arbeit von Geschäftsleitung und Belegschaft. Sie erfassen die organisatorische Ausgestaltung des Unternehmens[146] und repräsentieren die strategisch

---

[141]Vgl. Nittbaur (2001), S. 84.

[142]Vgl. Oehler (2016).

[143]Vgl. Stoeck (1999), S. 15.

[144]Vgl. Delfmann & Arzt (2005d), S. 148ff; Stoeck (1999), S. 41. Delfmann & Arzt sehen drei Formen der Internationalisierung, die sich Messeveranstaltern bieten: 1) Die Internationalisierung der Messen am Heimatstandort durch die Ansprache internationaler Aussteller und Besucher. 2) Die Organisation von Auslandsmessebeteiligungen, also einer Gruppenpräsenz von Ausstellern aus dem Heimatland auf einer ausländischen Messe und 3) die Durchführung eigener Veranstaltungen im Ausland. Als eine zusätzliche Handlungsoption sieht STOECK noch die Entwicklung von Messegeländen im Ausland. Zur Übertragung von etablierten Leitmessen ins Ausland siehe auch Gruchow (2017).

[145]Vgl. Heunemann (2017).

[146]Vgl. Hamel (2000), S. 78; Zott & Amit (2010), S. 220.

2.4 Das Geschäftsmodell eines Messeveranstalters

wichtigen Unternehmenswerte, an denen sich das Personal orientiert.[147] DAFT sieht im Spektrum der internen Strukturgrundsätze ein weites Feld mit zahlreichen möglichen Beschreibungsgrößen von der Erfassung der Unternehmensgovernance bis zur Unternehmenskultur, das jedoch im Sinne der Handhabkeit des Modelles zu konzentrieren ist.[148] Dem Beispiel folgend werden als wesentliche Elemente die Themen **Geschäftsleitlinien** und **Arbeitsleitlinien** zur Konkretisierung der internen Strukturgrundsätze benannt.

Im Kontext eines Messeveranstalters lassen sich die Geschäftsleitlinien wesentlich durch die übergeordneten **Unternehmensziele**, den **Veranstaltertypus**, die **Konzernstruktur** und die **Wachstumsstrategie** charakterisieren. Die übergeordneten **Unternehmensziele** eines Messeveranstalters werden dabei maßgeblich von der Eigentümerkonstellation des Unternehmens beeinflusst, und können deutliche Unterschiede aufweisen.[149] Während sich etwa in öffentlichem Besitz befindliche Besitz- und Betriebsgesellschaften häufig als Dienstleister für die regionale Wirtschaft mit dem Ziel der Standortförderung betrachten, definieren sich reine Betriebsgesellschaften in Privatbesitz meist als standortunabhängiges Unternehmen mit dem Ziel der Gewinnmaximierung.[150] Offenkundig beeinflussen die Unternehmensziele auch die geografische Ausrichtung eines Messeveranstalters, indem ein Unternehmen, das den Fokus auf die Förderung der heimischen Wirtschaft legt, weniger Interesse haben könnte, ausländische Märkte zu betreten. Diesbezüglich sehen sich deutsche, öffentlich-rechtliche Messeveranstalter immer wieder in Diskussionen mit ihren Gesellschaftern, die den Nutzen eines Auslandsengagements für den heimischen Wirtschaftsstandort hinterfragen.[151]

Wesentliche Erkenntnisse für die Geschäftsleitlinien eines Messeveranstalters lassen sich auch aus dem **Veranstaltertypus** des Unternehmens ziehen. Aus der geläufigen Aufteilung in Besitz- und Betriebsgesellschaften, reinen Betriebsgesellschaften sowie Wirtschaftsverbänden als Messeveranstalter[152] lässt sich

---

[147]Vgl. Daft & Albers (2013), S. 49.
[148]Daft (2015), S. 142.
[149]Vgl. Robertz (1999), S. 120.
[150]Vgl. Kamm (2017), S. 180f.; Huber (1994), S. 54f. und Robertz (1999), S. 120ff; Koenen & Terpitz (2019). HUBER und auch ROBERTZ unterscheiden hier zwischen Sachzielen, wie dem Ausbau des eigenen Veranstaltungsprogramms oder der geografischen Ausweitung der Geschäftsaktivitäten, und Formalzielen wie der Minimierung des Zuschussbedarfes durch die Anteilseigner oder eben der Gewinnmaximierung (Huber (1994), S. 52ff. und Robertz (1999), S. 122ff.).
[151]Vgl. Koenen & Terpitz (2019).
[152]Groth (1992), S. 160. GROTH nennt in seinen Ausführungen auch die reine Besitzgesellschaften, die weitestgehend nur für die Instandhaltung und den Unterhalt der

ableiten, ob ein Unternehmen prioritär auf die Veranstaltung von Messen (und ähnlich gearteten Veranstaltungen) ausgerichtet ist, oder zum Beispiel für einen veranstaltenden Wirtschaftsverband das Veranstalten einer Messe nur einen Teil der Aufgaben der Institution ausmacht. Vermehrt definieren sich Messeveranstalter oder auch Medienkonzerne wie die *RELX Group*,[153] die das Veranstalten von Messen als eines von vielen Geschäftsfeldern im Konzern abbilden, als integrierte Kommunikationsdienstleister.[154] Innerhalb dieses Rollenverständnisses gestalten die Unternehmen die Kommunikationsprozesse ihrer Kunden weit über die Messe hinaus und die eigentliche Messeveranstaltung wird zum „Kulminationspunkt der Kommunikationsbeziehung",[155] mit entsprechenden Folgen für die strategische Ausrichtung im Rahmen der Wertschöpfungsstruktur.[156]

Die **Konzernstruktur** als weiteres Item der Geschäftsleitlinien trägt dabei idealerweise den Unternehmenszielen Rechnung.[157] Konzernstrukturen, in denen Messeveranstalter an das Flächenvermarktungsgeschäft angrenzende Gewerke und Dienstleistungen in Tochtergesellschaften bündeln, geben Hinweise auf die Unternehmensinteressen im Rahmen der Geschäftsleitlinien.[158] So kündet die Konzernstruktur der *MCH Group* innerhalb derer verschiedene akquirierte Eventdienstleister, wie der Veranstaltungstechnikanbieter *Winkler*, die Standbaufirma *Expomobilia* oder die Eventagentur *Rufener* weiterhin als eigenständige Tochtergesellschaften operieren, von der Zielsetzung, das Dienstleistungsangebot entlang der eigenen Wertschöpfungskette auch im Rahmen von Veranstaltungen, für die sich die *MCH Group* nicht als Veranstalter verantwortlich zeichnet, zu diversifizieren.[159]

Als weiteres Item anhand dessen sich die Geschäftsleitlinien konkretisieren lassen, sei zudem die **Wettbewerbsstrategie**, die ein Messeveranstalter verfolgt, genannt. Hier unterscheidet HUBER zwischen kooperativen, nicht-aggressiven Wettbewerbsmaßnahmen, wie etwa gemeinschaftlichen Internationalisierungs-Joint-Ventures und offensivem Wettbewerbsverhalten, das in der Regel zulasten

---

Geländekapazitäten verantwortlich sind, als Messeveranstalter. Da dies jedoch nicht der hier vorausgesetzten Interpretation eines Messeveranstalters entspricht, wird diese Organisationsform hier nicht behandelt.

[153] Vgl. RELX Group Plc (2019).

[154] Vgl. Nittbaur (2001), S. 159.

[155] Vgl. Stoeck & Schraudy (2017), S. 166.

[156] Vgl. Stoeck & Schraudy (2017), S. 166.

[157] Siehe hierzu das Beispiel der *MCH Group*, die aus der Fusion der Schweizer Messeveranstalter *Messe Basel* und *Messe Zürich* entstand (Kamm (2017), S. 180).

[158] Vgl. Kirchgeorg (2017), S. 40.

[159] Vgl. Kessler (2016a), S. 12; Seiler (2016c), S. 28. Siehe hierzu auch Buhl-Wagner (2017), S. 67–79.

2.4 Das Geschäftsmodell eines Messeveranstalters

der Mitanbieter geht.[160] Für Letzteres sei das faktische Abwerben von Veranstaltungen zwischen unterschiedlichen Messeplätzen als Beispiel genannt, wie etwa die Übernahme der Weltleitmesse der Reifenindustrie durch die *Koelnmesse*.[161]

Als zweites Element innerhalb der internen Strukturgrundsätze sind die **Arbeitsleitlinien** als Resultat der Geschäftsleitlinien zu verstehen. Denn aus den genannten Geschäftsleitlinien folgt die Festlegung einer geeigneten internen Struktur und die Verständigung auf grundlegende Arbeitsweisen.[162] Hervorzuhebende Unterschiede in den Arbeitsleitlinien der Messeveranstalter sind insbesondere in den Items **Aufbauorganisation**, **Arbeitsintensität**, **Lohnpolitik**, **Arbeitsflexibilität** und **Unternehmenskultur** zu erwarten.

Die Aufbauorganisation eines Messeveranstalters resultiert häufig aus der Überlagerung von Funktions- und Objektbereichen.[163] Gemäß der Funktionsorientierung werden bei Messeveranstaltern einheitliche Tätigkeitsarten in Querschnitts-Fachabteilungen (z. B. Technik, Einkauf, Werbung, Vertrieb) gebündelt, die den Messe-Projektteams zuarbeiten.[164] Letztere verantworten die operative Durchführung der jeweiligen Messeprojekte, für die sie zuständig sind.[165] In der Folge haben viele Messeveranstalter Projekt-Matrix-Organisationen gebildet. Grundsätzlich scheint die Etablierung strategischer Geschäftseinheiten innerhalb der Matrix-Organisation anhand des Veranstaltungstyps (etwa Aufteilung in Eigenveranstaltungsgeschäft und Gastveranstaltungsgeschäft), der Messethemen oder auch anhand der geografischen Zielmärkte denkbar.[166]

Als weiterer Indikator für die Ausformung der Arbeitsleitlinien sei auch die **Arbeitsintensität** genannt.[167] Darüber hinaus kristallisieren sich die Themen **Lohnpolitik** und **Arbeitsflexibilität** als relevante Stellschrauben für die Arbeitsleitlinien eines Messeveranstalters heraus. Bisweilen wird privatwirtschaftlichen Messeveranstaltern eine leistungsorientiertere Lohnpolitik zugesprochen, die aus

---

[160] Huber (1994), S. 131f.
[161] Lindgens (2016). Auch der angloamerikanische Messemarkt sah in den vergangenen Jahren eine verstärkte Übernahme von Messeveranstaltungen und Messeveranstaltern durch jeweils größere Marktteilnehmer (vgl. Friedman (2014), S. 14; Kalka (2017), S. 316).
[162] Vgl. Daft & Albers (2013), S. 49. Dabei sind die Arbeitsleitlinien auch stets ein Spiegel der arbeitsrechtlichen Vorgaben innerhalb einer Volkswirtschaft.
[163] Vgl. Huber (1994), S. 51.
[164] Degen (2017), S. 771.
[165] Degen (2017), S. 772.
[166] Vgl. Kalka (2017), S. 319. Besondere Aufmerksamkeit sollen im späteren Verlauf auch die Entwicklung der Hierarchieebenen im Rahmen der Aufbauorganisation erfahren.
[167] Daft & Albers (2013), S. 51.

der „intensivierten Effizienzbestrebung eines privaten Investors resultiert."[168] Beispielsweise werden mit allen Mitarbeitern des zur *RELX Group* gehörigen Messeveranstalters *Reed Exhibitions Deutschland* „bonusrelevante Ziele"[169] vereinbart. Ebenso lassen sich aus der Handhabung von Anwesenheitspflicht, Telearbeit, Erreichbarkeits-Richtlinien nach Dienstschluss sowie der Arbeitszeiterfassung im Rahmen des Items Arbeitsflexibilität Rückschlüsse auf die Arbeitsleitlinien eines Messeveranstalters ziehen.

Weniger greifbar und doch sehr präsent innerhalb der Arbeitsleitlinien steht die **Unternehmenskultur** in engem Bezug zu den genannten Steuerungsmechanismen. Die Unternehmenskultur ist ein komplexes, dynamisches Konstrukt, das sich sowohl aus menschlichen Interaktionsprozessen entwickelt, aber auch gesteuert werden kann.[170] Verschiedene Autoren sehen besondere Anforderungen an die Unternehmenskultur eines Messeveranstalters geknüpft, weil die Vermarktung eines Messeproduktes gegenüber den ausstellenden Unternehmen stets mit einem hohen Vertrauensvorschuss für den Veranstalter verbunden ist.[171] Dementsprechend wichtig ist eine hohe Glaubwürdigkeit der Mitarbeiter als Bestandteil der Unternehmenskultur eines Messeveranstalters.[172] Die dienstleistungsspezifischen Besonderheiten der Dienstleistung Messe, die ganz wesentlich über persönliche Interaktionen zwischen Ausstellern, Besuchern und Mitarbeitern des Messeveranstalters erschaffen wird, erfordern zudem „eine besondere Verankerung der Kundenorientierung in der Unternehmenskultur einer Messegesellschaft."[173]

2.4.1.3 Das externe Wertschöpfungsnetzwerk

Schließlich definiert als dritte Dimension der Unternehmenskernlogik das **externe Wertschöpfungsnetzwerk** die Verbindungen des Messeunternehmens zu seiner Umwelt.[174] Hier werden die Beziehungen zu strategisch relevanten externen

---

[168] von Grega (2017), S. 194 und 203. Siehe hierzu auch Nittbaur (2001), S. 230.

[169] Konetzny (2017), S. 811. Siehe hierzu auch die leistungsorientierte Entlohnung der Mitarbeiter der börsennotierten *Fiera Milano* mit Unternehmensanteilen (Cattaneo (2003), S. 273).

[170] Vgl. Sackmann (2017), S. 41.

[171] Vgl. Dornscheidt (2017), S. 284.

[172] Vgl. Dornscheidt (2017), S. 284.

[173] Kirchgeorg & Klante (2017), S. 295. Um diese und weitere Anforderungen an die Unternehmenskultur zu erfüllen, deren Herausbildung zu unterstützen und somit eine gemeinsame Handlungsbasis zu schaffen, hat etwa die *Messe Düsseldorf* ein Unternehmensleitbild formuliert, das verschiedene Themenfelder der Innen- und der Außenwirkung adressiert (vgl. Dornscheidt (2017), S. 285ff.).

[174] Daft (2015), S. 147.

2.4 Das Geschäftsmodell eines Messeveranstalters

Interessengruppen wie Kunden, Lieferanten, Kooperationspartnern und Wettbewerbern, die die Wertschöpfung des Unternehmens beeinflussen, erörtert.[175] Diese Dimension ist in zweierlei Hinsicht von großer Bedeutung für die vorliegende Problemstellung: Zum einen verschieben sich die Möglichkeiten, Wettbewerbsvorteile zu erlangen von unternehmensinternen Aspekten, wie der Unternehmensführung oder der Steuerung der internen Prozesse, zunehmend in Richtung des externen Unternehmensnetzwerkes, also z. B. den Beziehungen zu Kunden, Lieferanten und Partnern.[176] Zum anderen hat das externe Wertschöpfungsnetzwerk für die Wertschöpfung eines jeden Messeveranstalters eine besondere Wichtigkeit, weil die Organisation und Durchführung einer Messe stets die Integration eines externen Faktors in Form von Ausstellern und Besuchern bedingt.[177]

Allgemein stellt sich das Dienstleistungsnetzwerk eines Messeveranstalters aufgrund der vielen verschiedenen unterschiedlichen involvierten Gewerke als sehr fragmentiert dar,[178] was wiederum dazu führt, dass viele verschiedene Parameter die Wertschöpfung beeinflussen und justiert werden können. Das externe Wertschöpfungsnetzwerk definiert sich maßgeblich über das Element **Beziehungen zu Interessengruppen**. Um die Bedeutung von Ausstellern und Besuchern als Teil dieser Interessengruppen hervorzuheben, werden die **strategischen Kundenzielgruppen** als weiteres Element gesondert erfasst und vertiefend untersucht. Insbesondere ROBERTZ, aber auch ZYGOJANNIS widmen sich ausführlich der systematischen Analyse der Beziehungen des Messeveranstalters zu den unterschiedlichen Interessengruppen in der Messewirtschaft.[179] Aus Sicht des Messeveranstalters sind drei Cluster von Interessengruppen relevant, die sich nach ROBERTZ wie folgt einteilen lassen: Als **konstitutive Interessengruppen**, die das Messeprodukt tragen und für die Dienstleistung Messe unverzichtbar sind, gelten der Messeveranstalter selbst, der den Dienstleistungsprozess initiiert, sowie Aussteller und Besucher die in dessen Rahmen zusammenzuführen sind.[180] Als **sekundäre Interessengruppen** werden jene Akteure verstanden, die unmittelbar mit dem Veranstalter im Kontakt stehen und konzeptionellen Einfluss auf die Messeveranstaltung ausüben. Das können Wirtschaftsverbände (sofern sie nicht selbst Veranstalter sind), Fachbeiräte, Messestädte und sonstige öffentliche

---

[175] Vgl. Shafer et al. (2005), S. 202.
[176] Vgl. Zott & Amit (2013), S. 404; Morris et al. (2005), S. 729.
[177] Vgl. Kirchgeorg & Klante (2017), S. 298; Arzt (2007), S. 79.
[178] Vgl. Nittbaur (2001), S. 95.
[179] Vgl. Robertz (1999), S. 34ff; Zygojannis (2005a), S. 36ff.
[180] Vgl. Robertz (1999), S. 35.

Institutionen, Infrastrukturanbieter, Auslandsvertreter und ggf. Unternehmensberatungen sein.[181] Verschiedene Aussteller- und Besucherverbände übernehmen eine wichtige Rolle als Multiplikatoren für die Kommunikation vor, während und nach der Messe.[182] Auch Wettbewerber, die in einzelnen Projekten etwa über Joint Ventures als Kooperationspartner agieren, sind dieser Gruppe zuzuordnen.[183] Schließlich bilden Lieferanten, nicht konzeptionell einwirkende Dienstleister, lokale Gewerbe wie Hotels, Taxiunternehmen und Gastronomiebetriebe und Medien die **peripheren Interessengruppen**, die keinen „konzeptionell gestaltenden Einfluss auf die Messe ausüben."[184]

Für den Erfolg einer Messeveranstaltung und damit für die Wertschöpfung eines Messeveranstalters sind im Übrigen nicht nur die Beziehungen eines Messeveranstalters zu den unterschiedlichen Interessengruppen, sondern auch die Beziehungen der Gruppen untereinander, sei es die Gastfreundlichkeit der Hotelbetriebe gegenüber Ausstellern und Besuchern oder die bilaterale Abstimmung verschiedener Dienstleistungsgewerke des Messeaufbaus, von elementarer Bedeutung.[185]

Die **strategischen Kundenzielgruppen** nehmen wiederum eine besondere Stellung ein, weil sie den Kern der Dienstleistung Messe konstituieren. In Abgrenzung zu den verschiedenen Entscheidungsoptionen zum präferierten oder fokussierten Messetypus im Rahmen der Dimension Produkt-Markt-Kombination wird hier erörtert, welche strategischen Kundenzielgruppen auf Aussteller- und Besucherseite mit den jeweiligen Messeveranstaltungen vorwiegend angesprochen werden sollen und sich auf dem Punktmarkt treffen. Idealerweise ergänzen sich die in diesem Element getroffenen strategischen Entscheidungen mit denen zur Produkt-Markt-Kombination und schlagen sich konsequent auf Produktebene nieder.

Die strategische Programm- und Sortimentsgestaltung beinhaltet für den Messeveranstalter erhebliches Differenzierungspotenzial gegenüber dem Wettbewerb.[186] Durch Fokussierung und Spezialisierung auf bestimmte Aussteller- und Besuchergruppen können Messeveranstalter Synergie- und Skaleneffekte heben, die den Messeveranstalter in eine bessere Ausgangsposition versetzen, einer Branche die auf ihre speziellen Bedarfe zugeschnittenen Marktplattformen zu bieten. KALKA nennt in diesem Zusammenhang vorteilhafte Synergien in den Bereichen „Marktkompetenz, Erfüllung von Kundenanforderungen, Kunden Know-how,

---

[181]Vgl. Robertz (1999), S. 36ff.; Zygojannis (2005a), S. 41f.
[182]Vgl. Reinhard (2003).
[183]Vgl. Dorn & Albers (2019); Thorwirth (2017).
[184]Robertz (1999), S. 40f.
[185]Vgl. Robertz (1999), S. 42.
[186]Vgl. Huber (1994), S. 157.

2.4 Das Geschäftsmodell eines Messeveranstalters

Kundendatenbänke und im klassischen Customer-Relationship-Management".[187] Wesentlichen Gestaltungsspielraum für die Messeveranstalter bietet auf Item-Ebene die Auswahl der **fokussierten Güterklassen**, der **Kernzielbranchen** sowie der **Wirtschaftsstufen** einer Branche.

Im Wesentlichen lassen sich hinsichtlich der auf einer Messe auszustellenden Güterklassen Aussteller von Investitionsgütern, Konsumgütern und Dienstleistungen unterscheiden.[188] Eine Fokussierung auf jeweils einen Angebotsbereich kann in negativer Hinsicht auch entsprechende Abhängigkeiten erzeugen. So kann sich ein schwaches Konsumklima unmittelbar auf das Geschäft eines Spezialisten für Konsumgütermessen auswirken.[189] Große Investitionsgütermessen stellen dahingegen häufig hohe Anforderungen an die Ausstattung und die Flächenkapazitäten der Messeinfrastruktur.[190]

Messeveranstalter wie die *Messe Frankfurt* oder die *Koelnmesse* konzentrieren sich darüber hinaus im Rahmen einer Kompetenzfeldstrategie auf Aussteller und Besucher bestimmter Kernzielbranchen, wie zum Beispiel die Themenfelder Textilien, Umwelttechnik und Mobilität in Frankfurt oder Ernährung und Einrichtung in Köln, indem sie inhaltlich zugehörige Veranstaltungen in Geschäftsbereichen mit entsprechend übergeordneten Verantwortlichkeiten bündeln.[191] Die Bildung von Kernkompetenzbereichen kann zudem das Streben auf Seiten der Messeveranstalter beinhalten, Messen für Aussteller und Besucher möglichst vieler zusammenhängender Wertschöpfungsstufen innerhalb einer Branche anzubieten. Angefangen von Marktplattformen für die Zulieferindustrie, über Messen für Produktfertigungs- und Verpackungstechnologien, bis hin zur Präsentation der fertiggestellten Güter gegenüber Händlern und Konsumenten, bieten sich innerhalb einer Branche verschiedene Wertschöpfungsstufen als Grundlage für entsprechende Messeplattformen.[192]

---

[187] Kalka (2017), S. 319.
[188] Kirchgeorg (2017), S. 46; Groth (1992), S. 165.
[189] Vgl. Kalka (2017), S. 319.
[190] Vgl. Kalka (2017), S. 319.
[191] Vgl. Seiler (2014a), S. 32; Blömer (2017), S. 11; Einecke (2016). Innerhalb dieser Kompetenzfelder ist es das Ziel, die erworbenen Branchenkenntnisse für weitere Messeveranstaltungen entlang der unterschiedlichen Wertschöpfungsstufen oder in geografisch anderen Märkten zu nutzen, dadurch Synergiepotenziale zu heben und Erlöse und Profitabilität zu steigern (vgl. Friedman (2014), S. 14).
[192] Bisweilen kann folglich der Besucher der einen Messe, gleichzeitig Aussteller einer anderen Messe innerhalb eines Kompetenzfeldes sein. Die Orientierung einer Messeveranstaltung in Richtung Fach- oder Privatbesucher bietet dabei seit jeher Raum für Diskussionen, inwieweit die Präsenz der einen Besuchergruppe, den Messeerfolg der

Allgemein stellt sich die Unternehmenskernlogik eines Messeveranstalters bildlich zusammengefasst wie folgt dar (Abbildung 2.3):

generischer Teil		messespezifischer Teil
Dimension	Element	Itemauswahl
Produkt-Markt-Kombination	Zielmarkt	• Haupt-Messefunktionen
	Messetypus	• Angebotsbreite • Messebesitzsituation • Standortbindung
	Geografischer Fokus	• Internationalisierungsgrad der Messen am Heimatstandort • Veranstaltungsorte in In- Ausland • Betriebsstätten im Ausland
Interne Strukturgrundsätze	Geschäftsleitlinien	• Unternehmensziele • Veranstaltertypus • Konzernstruktur • Wachstumsstrategie
	Arbeitsleitlinien	• Aufbauorganisation • Arbeitsintensität • Lohnpolitik • Arbeitsflexibilität • Unternehmenskultur
Externes Wertschöpfungsnetzwerk	Beziehung zu Interessengruppen	• Konstitutive Interessengruppen • Sekundärinteressengruppen • Periphere Interessengruppen
	Strategische Kundenzielgruppen	• Fokussierte Güterklassen • Kernzielbranchen • Wirtschaftsstufen

Abbildung 2.3 Die Unternehmenskernlogik eines Messeveranstalters

---

anderen schmälert. So könnten sich Fachbesucher von der Anwesenheit der Verbraucher in ihrem Ansinnen, geschäftliche Gespräche zu führen, gestört fühlen oder dadurch einen Verlust des Informationsvorsprungs gegenüber den Verbrauchern fürchten (vgl. Nittbaur (2001), S. 155f.). Messeveranstaltern haben außerdem die Wahl, ihr Messeangebot auf Aussteller- und Besucherzielgruppen bestimmter Wertschöpfungsstufen auszurichten, indem sie sich beispielsweise auf Ordermessen für den Handel konzentrieren (vgl. Kirchgeorg (2017), S. 45).

2.4.2 Die Wertschöpfungsaktivitäten eines Messeveranstalters

Die in der Unternehmenskernlogik langfristig ausgerichteten Rahmenbedingungen und Unternehmensziele werden als **Wertschöpfungsaktivitäten** in mittel- bis kurzfristig orientierten, operativen Handlungen umgesetzt.[193] Diese Aktivitäten vereinen entsprechend alle „Aufgaben und Prozesse, die notwendig sind, um die formulierten langfristigen Unternehmensziele zu erreichen".[194] Die Ausgestaltung und Konfiguration der Wertschöpfungsaktivitäten bildet die zweite Komponente des Geschäftsmodells eines Messeveranstalters.

Sowohl DAFT bei der Entwicklung des Geschäftsmodell-Frameworks, als auch ARZT und KOPEINIG & GEDENK sowie KOPP greifen bei der Ermittlung der relevanten Wertschöpfungsaktivitäten eines Messeveranstalters auf das Modell der Wertkette nach PORTER zurück.[195] Dieses reicht zwar nicht aus, um das gesamte Wertschöpfungssystem eines Unternehmens zu erfassen,[196] ist aber zur strukturierten Identifikation der Unternehmensaktivitäten im Rahmen des Geschäftsmodelles geeignet.[197] Die Einbettung der Wertschöpfungsaktivitäten als eine von drei Komponenten des Geschäftsmodell-Ansatzes sorgt auch dafür, dass einige Limitationen der Wertkette zur Analyse der Wertschöpfung eines Unternehmens ausgeglichen werden. In Anlehnung an DAFT wird sich entsprechend auch die Analyse der Wertschöpfungsaktivitäten eines Messeveranstalters an der Wertkette orientieren.

Insbesondere im Rahmen des Ansatzes nach ARZT, die Wertschöpfung eines Messeveranstalters mit Hilfe der Wertkette zu erfassen, wird deutlich, dass PORTERs Aufteilung der relevanten Aktivitäten in primäre und unterstützende Aktivitäten[198] eine grobe Differenzierung bietet, die Raum für eine konkretere Strukturierung auf Dimensionsebene lässt. Zur Erfassung der Wertschöpfungsaktivitäten eines Unternehmens wird auf Dimensionsebene DAFTs phasenorientierter Aufteilung der Wertschöpfungsprozesse in **unterstützende Aktivitäten, Produktion** und **Vermarktung** gefolgt.[199] Diese Aufteilung deckt sich auch in weiten Teilen mit der

---

[193] Vgl. Richardson (2008), S. 134.
[194] Daft (2015), S. 129.
[195] Vgl. Arzt (2007), S. 69; Daft (2015), S. 129; Kopeinig & Gedenk (2005), S. 232; Kopp (2017), S. 874f.; Porter (1985), S. 45.
[196] Amit & Zott (2001), S. 496.
[197] Vgl. Dubosson-Torbay, Osterwalder & Pigneur (2002), S. 10; Timmers (1998), S. 4; Klang, Wallnöfer & Hacklin (2014), S. 466.
[198] Porter (1985), S. 38.
[199] Daft (2015), S. 130. DAFT beruft sich in seinen Ausführungen auf die drei Phasen des Produktions- oder Dienstleistungserstellungsprozesses nach ZÄPFEL (Zäpfel (1982), S. 1f.).

für Messeveranstalter typischen Struktur einer Projekt-Matrix-Organisation, die eine Gliederung in mit der Umsetzung der Messen betraute operative Geschäftsbereiche, zuarbeitende Querschnittsbereiche (z. B. Werbung), sowie projektübergeordnete Aufgaben erfüllende Zentralbereiche (z. B. Finanzen) vorsieht.[200]

Inhaltlich folgt die Konkretisierung der Dimension in weiten Teilen DAFTs Auffassung der wertschöpfungsrelevanten Aktivitäten. Wie angemerkt kann dabei die branchenspezifische Konkretisierung beinhalten, dass nicht nur Prozesse, sondern auch Prozessergebnisse, zum Beispiel in Form erzeugter Dienstleistungen oder Zwischenprodukte, als Elemente und Items im Rahmen des Geschäftsmodelles fungieren, um den vorangegangenen Prozess eingänglicher zu erfassen.[201]

2.4.2.1 Die unterstützenden Aktivitäten

Die **unterstützenden Aktivitäten** als das erste von drei Elementen der Wertschöpfungsaktivitäten eines Messeveranstalters beinhalten sowohl solche Prozesse, die unmittelbar den Herstellungsprozess der Dienstleistung Messe unterstützen als auch Aktivitäten, die unternehmensübergreifend gewährleisten, dass das Unternehmen als Gesamtes handlungsfähig ist und seine in der Unternehmenskernlogik enthaltenen Ziele verfolgen kann. Diese Prozesse lassen sich auf Elementebene in das **Ressourcenmanagement**, die **Konzeptentwicklung & Produktpflege** sowie die **Mitarbeiter- & Prozesskommunikation** fassen.

So ist das **Ressourcenmanagement**, auch wenn in Teilen von den Prozessabfolgen zur Organisation und Durchführung einer Messe unabhängig, ein wichtiges Element der Wertschöpfungsaktivitäten, denn durch die „zielgerichtete Auswahl" und Kombination von Ressourcen"[202] bauen Messeveranstalter Kernkompetenzen auf, mithilfe derer sie sich Wettbewerbsvorteile erarbeiten. Als wesentliche Prozesse des Ressourcenmanagements eines Messeveranstalters wurden **Einkaufs- und Beschaffungsprozesse, Ressourceneinsatzplanung, Personalmanagement, Facility-Management,** die **Finanzen** des Unternehmens betreffende Prozesse,

---

Die Begrifflichkeit „unterstützende Aktivitäten" weicht bewusst von DAFTs Begriff der „Versorgung" ab. Dieser wurde im Rahmen der geführten Experteninterviews als weithin zu sehr an Produktionssequenzen in der herstellenden Industrie angelehnt wahrgenommen und lasse daher von der Produktionsprozessabfolge unabhängige, unterstützende Prozesse wie die allgemeine interne Kommunikation außer Acht. DAFT greift genau diese Thematik in seinen Ausführungen auf, indem er spezifiziert, dass „Versorgung" sowohl die Beschaffungsaktivitäten eines Unternehmens, als auch die „operativen Prozesse zur Sicherstellung des Vorhandseins aller notwendigen Ressourcen" beinhaltet (Daft (2015), S. 131).

[200]Vgl. Degen (2017), S. 772.

[201]Vgl. Daft (2015), S. 132.

[202]Robertz (1999), S. 107.

2.4 Das Geschäftsmodell eines Messeveranstalters

Sicherheitsprozesse, sowie insbesondere vor dem Hintergrund der vorliegenden Problemstellung das **Daten- und Wissensmanagement** identifiziert.

Innerhalb einer durchdachten Ressourceneinsatzplanung bieten sich Messeveranstaltern durch die Re-Kombination bestehender tangibler und intangibler Ressourcen Möglichkeiten, neue Geschäftsfelder zu erschließen, indem man zum Beispiel die innerhalb einer bestimmten Branche erlangte Reputation zur Etablierung ähnlich gearteter Veranstaltungen an anderen Veranstaltungsorten nutzt.[203]

Auch das Personalmanagement stellt besondere Aufgaben an den Messeveranstalter,[204] was mit den messespezifischen Anforderungen an das Personal, und mit dem aktuell vorherrschenden Mangel an Fachkräften zusammenhängt.[205] Die besondere Bedeutung der Messe innerhalb der wissensbasierten Gesellschaft als „effizienter Umschlagplatz für Know-how"[206] sowie die Positionierung des Messeveranstalters als kundenorientierter Dienstleister stellen hohe Anforderungen an das Personalmanagement. Die Besonderheiten und die Dynamik der Veranstaltungsindustrie machen es außerdem notwendig, dass über allgemeine öffentliche Bildungsangebote hinaus, messespezifische Aus- und Weiterbildung durch die Branche selbst stattfindet.[207] Neben dieser messespezifischen Aus- und Weiterbildung stehen die Themen Kundenkommunikation und vor dem Hintergrund einer weiter zunehmenden Globalisierung Sprachkenntnisse im Fokus der Personalentwicklung der Messeveranstalter.[208]

Zu den elementaren Prozessen des Ressourcenmanagements eines Messeveranstalters zählt außerdem das Daten- und Wissensmanagement.[209] Dies liegt unter

---

[203] Vgl. Nittbaur (2001), S. 329.

[204] In Abgrenzung zu DAFT, der das Personalmanagement innerhalb der Ressourcenausstattung beim Element Humankapital verortet, lässt sich die Entwicklung der Ressource Personal auch, wie hier erfolgt, als Teil des Ressourcenmanagements einordnen (vgl. Daft (2015), S. 184).

[205] o. V. (2016d).

[206] Neven & Rosenbach (2017), S. 785.

[207] Vgl. Neven & Rosenbach (2017), S. 783. Der private Messeveranstalter *Reed Exhibitions* sieht in der Personalentwicklung einen wesentlichen Faktor der Wertschöpfung. Dabei sind elementare Bausteine Mitarbeiterbefragungen zur Ermittlung des Weiterbildungsbedarfes, sowie daraus resultierende bonusrelevante Entwicklungsziele und -maßnahmen eines persönlichen „Personal Development Plans" für jeden Mitarbeiter. Darüber hinaus setzt der Messeveranstalter auf eine Vielzahl an Maßnahmen, von berufsbegleitender Fortbildung, nebenberuflichen Studien über Führungskräftetrainings bis hin zu Mentoring- und Coaching-Programmen (Konetzny (2017), S. 804f. und 811).

[208] Vgl. Weber (2003), S. 975f.

[209] Vgl. Nittbaur (2001), S. 325; Kürschner (2017), S. 646.

anderem darin begründet, dass die Messeveranstaltung selbst als „Dreh- und Angelpunkt für Wissensmanagement"[210] in einer wissensbasierten Gesellschaft eine besondere, womöglich sogar zunehmende Bedeutung erfährt. NITTBAUR sieht in Messeveranstaltern zentrale Akteure eines Wissensnetzwerkes, die sich mitnichten nur über die Messeveranstaltungen profilieren, sondern auch unterjährig das „gesamte Wissen einer Branche" bündeln und aufbereitet zur Verfügung stellen.[211] Diese Positionierung der Messeveranstaltung setzt voraus, dass Messemanager selbst über ein besonderes Maß an Sach-, Methoden- und Branchenwissen verfügen. Insbesondere das Kunden- und Branchenwissen gewinnt im Vergleich zu anderen Kernkompetenzen an Bedeutung,[212] aber auch der zielgerichtete Wissensaufbau im Sinne des organisationalen Lernens des Unternehmens, kann im Ringen um Wettbewerbsvorteile eine Kernkompetenz darstellen.[213]

Neben den genannten Facetten des Ressourcenmanagements sind außerdem noch die Einkaufs- und Beschaffungsprozesse, das durch die Größe und die variable Nutzung der Messegelände relativ komplexe Facility-Management,[214] die Finanzprozesse und die Gewährleistung der Sicherheit des Unternehmens (und seiner Veranstaltungen) zu nennen. Alle Felder sind zwar grundsätzlich wichtig für die Wertschöpfung eines Unternehmens, weisen jedoch nur geringfügig messespezifische Besonderheiten auf.[215]

Als zweites Element der unterstützenden Aktivitäten sind die Prozesse der **Konzeptentwicklung & Produktpflege** von Bedeutung für die Wertschöpfung eines Messeveranstalters.[216] Diesem Element lassen sich von den unterschiedlichen Bedarfen zur **Marktforschung** über die **Neuproduktentwicklung** bis hin

---

[210] Neven & Rosenbach (2017), S. 788.

[211] Nittbaur (2001), S. 329. Darin sieht NITTBAUR überdies großes Potenzial für die Messeveranstalter, sich positiv von digitalen Marketingwerkzeugen abzuheben.

[212] Vgl. Kaldenhoff & Beckmann (2017), S. 927; Stoeck & Schraudy (2017), S. 175.

[213] Vgl. Nittbaur (2001), S. 324.

[214] Vgl. Moog (2003), S. 205.

[215] Vgl. Kopeinig & Gedenk (2005), S. 231.

[216] In diesem Punkt lässt sich ein wesentlicher Unterschied zwischen ARZTs Analyse der Wertschöpfung eines Messeveranstalters mittels der Wertkette und dem hier vollzogenen Ansatz des Geschäftsmodelles in Benennung der Bestandteile und ihrer inhaltlichen Einordnung veranschaulichen: Während ARZT die „Konzeptgenerierung, -implementierung und -pflege" (Arzt (2007), S. 70) als primäre Aktivität (und damit nicht als „unterstützende" Aktivität bewertet) einordnet, werden diese Prozesse im vorliegenden Fall unter den *unterstützenden Aktivitäten* aufgeführt. Dies geschieht im Gegensatz zu ARZT ohne eine Bewertung hinsichtlich der Bedeutung der einzelnen Prozesse vorzunehmen und ist beispielhaft für alle Bestandteile des Geschäftsmodelles lediglich als inhaltliche Einordnung zu verstehen.

2.4 Das Geschäftsmodell eines Messeveranstalters

zur **Abwicklung von Produkten** verschiedene Prozessphasen zuordnen. Die fortlaufende Marktforschung ist für Messeveranstalter, deren Kernaufgabe es ist, Märkte zusammenzuführen und abzubilden, essentiell.[217] Nur so lässt sich in diesem zweiseitigen Markt eine ausreichende Konsistenz in der „ausstellergerichteten" und „besuchergerichteten Positionierung" bewahren.[218] Diese Konsistenz trotz sich in zunehmender Geschwindigkeit weiterentwickelnder Branchen[219] zu erhalten, erfordert erhebliche Anstrengungen der Messeveranstalter.[220]

Im Rahmen der Produktpolitik in Bezug auf die Messeveranstaltung sind verschiedene Entwicklungsmaßnahmen zu berücksichtigen, nämlich die Produktinnovation, die Produktpflege und die Produktelimination.[221] Für den Veranstalter stellt sich fortwährend die Frage, mit welchen Themen er in Zukunft geschäftlichen Erfolg haben kann. Beispielhaft angenommen, dass eine neue Messeveranstaltung (Produktinnovation) zu konzipieren sei, wäre dafür zunächst einmal eine thematische und geografische Eingrenzung sowie eine Festlegung der zu bearbeitenden Aussteller- und Besucherzielgruppen vorzunehmen.[222] Auch *Messesplitting*, also die Ausgliederung einzelner, sich positiv entwickelnder Themenbereiche einer Messe zu einer eigenen Veranstaltung, stellt eine Entwicklungsoption dar.[223] Neben der Weiterentwicklung des inhaltlichen Rahmens kann sich auch die Entwicklung neuer Veranstaltungsformate zu bestehenden Themen oder auch die Konzipierung neuer Services anbieten.[224]

---

[217] Vgl. Delfmann & Arzt (2005a), S. 108; Ulrich (2003), S. 281; Fuchslocher (2003), S. 341ff.

[218] Robertz (1999), S. 26. Siehe auch Taeger (1993), S. 65.

[219] Vgl. Troll (2003), S. 40. Insbesondere die Digitalisierung erweist sich häufig als Auslöser oder Beschleuniger von Marktveränderungen und stellt daher auch in diesem Aspekt eine besondere Herausforderung für die Messeveranstalter dar.

[220] Vgl. Langner (1992), S. 251. So wie sich Aussteller- und Besucherentwicklung gegenseitig positiv beeinflussen können, kann ein Mangel an Konsistenz auch zu einer sich gegenseitig verstärkenden Negativspirale bis hin zur Produktelimination oder auch einem Standortwechsel der Messeveranstaltung führen (vgl. Lange (2017); Kalka (2005d), S. 354; Lindgens (2016)).

[221] Kalka (2005d), S. 353.

[222] Vgl. Arzt (2007), S. 70ff.; Robertz (1999), S. 159ff.; Nittbaur (2001), S. 135. Die Besetzung wirklich neuer Themenfelder durch die Messeveranstalter gestaltet sich meist schwierig, da vielversprechende Themen recht schnell besetzt werden und sich meist eine Vielzahl an Veranstaltern um das entsprechende Messeprodukt bemüht.

[223] Huber (1994), S. 158. HUBER nennt z. B. die Entstehung der *CeBit* aus der *Hannover Messe* heraus als anschauliches Beispiel für *Messesplitting*.

[224] Vgl. Schraudy (2017), S. 385; Kalka (2005d), S. 353.

Als drittes Element der unterstützenden Aktivitäten ist schließlich die **Mitarbeiter- & Prozesskommunikation** als elementarer Bestandteil der Wertschöpfungsprozesse anzuführen. Dabei sind diese Kommunikationsprozesse in Abgrenzung von werblich orientierten Kommunikationsprozessen, die sich an Außenstehende richten, zu betrachten.[225]

Nach EINWILLER, KLÖFER & NIES dient Mitarbeiterkommunikation dazu, „die Verbindung zwischen den im arbeitsteiligen System agierenden Personen herzustellen und ermöglicht somit deren Interaktion."[226] Die Kommunikationsflüsse können dabei abwärts-, aufwärts- oder horizontal verlaufen und sind damit wechselseitig aufgebaut. Neben einer prozessorientierten Zielsetzung dient die Mitarbeiterkommunikation auch dazu, die Unternehmenskultur und die Identifikation mit dem Unternehmen zu fördern sowie die Mitarbeiter zu aktivieren und deren Loyalität zu steigern.[227]

Die besonderen Herausforderungen der Mitarbeiter- und Prozesskommunikation liegen für einen Messeveranstalter darin, dass die erfolgreiche Veranstaltungsplanung und Durchführung in dessen arbeitsteiligem System maßgeblich von einer effizienten und effektiven Koordination der Prozesse mit zahlreichen internen Unternehmensbereichen sowie externen sekundären (z. B. Geländebetreiber) und peripheren (z. B. externe Dienstleister) Interessengruppen abhängig ist. Aufgrund der Saisonalität des Messegeschäftes werden bei großen Messen „einige tausend externe Mitarbeiter aus den unterschiedlichsten Dienstleistungsgewerken beschäftigt",[228] deren Beitrag zur Wertschöpfung über zielführende und regelmäßige Kommunikationsprozesse koordiniert werden muss. Unabhängig davon, ob in die Vorbereitung und Durchführung der Messe interne oder auch externe Fachkräfte involviert sind, besteht auch die letztliche Umsetzung der Messe überwiegend aus „technisch-koordinierenden" Tätigkeiten, was ebenfalls besondere Anforderungen an die Prozesskommunikation stellt.[229]

---

[225]In einigen Ausarbeitungen wird die Prozesskommunikation als Teil der Mitarbeiterkommunikation behandelt. Aufgrund der Besonderheiten des Messemanagements mit einer Vielzahl an externen Interessengruppen, die am Leistungserstellungsprozess beteiligt sind, wird im vorliegenden Zusammenhang auf die Prozesskommunikation gesondert hingewiesen (vgl. Einwiller, Klöfer & Nies (2008)).
[226]Einwiller et al. (2008), S. 223. Eben jenes arbeitsteilige System erstreckt sich bei einem Messeveranstalter relativ weit über die eigenen Unternehmensgrenzen hinaus, so dass dieser Teil als Prozesskommunikation gesondert zu behandeln ist.
[227]Einwiller et al. (2008), S. 227f.
[228]Behm & Winckler (2017), S. 560.
[229]Degen (2017), S. 778.

2.4.2.2 Die Produktion

Die **Produktion** und Leistungserstellung eines Messeveranstalters wird sowohl über die Beschreibung der konkreten Aktivitäten, die zur Erstellung des zu vermarktenden Produktes notwendig sind, als auch vereinfacht durch die Erfassung des Produktangebotes als Ergebnis dieser Leistungserstellungsprozesse dargelegt.[230] Es stehen also sowohl der Transformationsprozess der Produktionsfaktoren als auch das finale Produkt, in Form der Messeveranstaltung und des weiteren Serviceangebotes im Fokus. Auf der Ebene der Elemente lässt sich die Produktion eines Messeveranstalters durch das **Veranstaltungsportfolio**, das **Messeprodukt**, die **Veranstaltungsumsetzung** und das **Serviceangebot** konkretisieren.

Einen charakteristischen Einblick in die konkrete Leistungserstellung eines Messeveranstalters ermöglicht die Analyse des **Veranstaltungsportfolios**. Dieses beinhaltet die unterschiedlichen **Messethemen**, denen sich der Veranstalter im Einklang mit den in der Unternehmenskernlogik definierten Messetypen und strategischen Kundenzielgruppen auf Produktebene zuwendet.[231] Das jeweilige Messethema konkretisiert sich in der vom Veranstalter entwickelten Nomenklatur und den darin enthaltenen Produktgruppen einer Messe.[232] Aus strategischen Gesichtspunkten kann es für den Messeveranstalter sinnvoll sein, eine Mischung aus potenziellen Wachstumsthemen und etablierten, profitableren Messethemen zu bespielen.[233] Der anhaltende Trend zu Fach- und Spezialmessen führt innerhalb dieses Elementes dazu, dass Messethemen häufig enger gefasst werden, als in der Vergangenheit und daher die „Angebots- und Nachfrageseite spezifischer zusammengebracht"[234] wird. Aus diesem Grund beobachten etwa die Messeveranstalter und Geländebetreiber in Hannover und Frankfurt eine Zunahme kleinerer Veranstaltungen auf ihrem Gelände.[235]

Bei der Untersuchung des Veranstaltungsportfolios sind darüber hinaus nicht nur die Messethemen von Relevanz, sondern auch die Menge an durchgeführten Veranstaltungen. Die **Durchführungskapazität** des Veranstalters, also wie viele Messen (und andere Veranstaltungen) er innerhalb eines bestimmten Zeitraumes durchführt, wird dabei maßgeblich durch die verfügbaren Geländekapazitäten

---

[230] Daft (2015), S. 132 und 161; Daft & Albers (2013), S. 50.
[231] Vgl. Kalka (2005d), S. 343.
[232] Vgl. Kirchgeorg (2017), S. 42.
[233] Kirchgeorg & Klante (2017), S. 299.
[234] Kalka (2017), S. 318. Siehe auch Nittbaur (2001), S. 128.
[235] Vgl. Palm (2016). Bisweilen können auch politische Erwägungen der Anteilseigner auf die Auswahl der Messethemen Einfluss nehmen, wie im Fall der Absage der *Koelnmesse* an die Militärmesse *Itech* (vgl. o. V. (2016a).

(insbesondere bei Besitz- und Betriebsgesellschaften) und personellen Ressourcen bestimmt.

Als weiteres Element, um die Produktion eines Messeveranstalters zu analysieren, wird das **Messeprodukt** als Resultat der Leistungserstellung betrachtet. Konkret beinhaltet das Element die strukturellen, terminlichen und örtlichen Rahmenbedingungen, unter denen die Anbieter und Nachfrager eines Marktes auf einer Messeplattform zusammengeführt werden.[236] Als Items eignen sich also operative Aspekte der einzelnen Messeprodukte, wie etwa die vom Veranstalter bestimmten **Veranstaltungsformate**, **Begleitveranstaltungen** und **Rahmenprogrammpunkte**.

Veränderte Kundenerwartungen bezüglich der Messefunktionen führen dazu, dass mit emotionalisierenden Events und umfangreichen Konferenzprogrammen ein Zusatznutzen bei den Besuchern hinsichtlich des Erlebnis- und Informationsgehalts der Veranstaltung generiert werden soll.[237] Von Veranstalterseite seien hier Sonderschauformate, Erlebniswelten, Fachhandelszentren, Kongresse und Tagungen genannt, die im Rahmen der Messe stattfinden.[238] In diesem Zusammenhang ist auch die Kombination von unterschiedlichen, sich thematisch ergänzenden Messen und Kongressen geläufig.[239] TROLL rechnet deshalb mit einem Anstieg des „Kongressanteils im Messegeschäft".[240] Vor dem Hintergrund der sich wandelnden Messefunktion hin zu einer Wissensplattform im Mittelpunkt der modernen Wissens- und Informationsgesellschaft, scheint diese Prognose plausibel.[241]

Darüber hinaus sind auch die **Terminierung**, die **Dauer** und der **Veranstaltungsturnus** wesentliche Parameter des Messeproduktes.[242] Während sich etwa der Termin bei Fachmessen früher nach den Orderzeiträumen innerhalb einer Branche richtete, ist eine zunehmend messeunabhängige Vorstellung von Produktneuheiten zu beobachten.[243] Die Messedauer kann wiederum von der Größe der

---

[236] Robertz (1999), S. 11.
[237] Vgl. Zanger (2014), S. 17; Kalka (2005d), S. 352; Stoeck & Schraudy (2017), S. 171; Troll (2003), S. 45.
[238] Vgl. Stoeck & Schraudy (2017), S. 173f.; Zanger (2017), S. 936; Robertz (1999), S. 151.
[239] Vgl. Müller (2017); Bühnert (2003).
[240] Troll (2003), S. 45.
[241] Vgl. Henschel (2003), S. 999; Diederichs (2003), S. 429.
[242] Vgl. Kirchgeorg (2017), S. 42; Groth (1992), S. 164.
[243] Vgl. Kalka (2005d), S. 350; Troll (2003), S. 41.

2.4 Das Geschäftsmodell eines Messeveranstalters

Messe und dem Veranstaltungsturnus beeinflusst sein. Es wird außerdem diskutiert, ob sich die Besucher vermehrt auf bestimmte Themensegmente fokussieren und daher weniger Zeit für den Messebesuch benötigen.[244]

Zum Veranstaltungsturnus, der sich in erster Linie an den Innovationszyklen einer Branche orientiert, sind zwei gegensätzliche Tendenzen zu beobachten: Einerseits plädieren viele ausstellende Unternehmen für mehrjährige Turni, um einem erhöhten Kostendruck zu begegnen.[245] Andererseits sprechen verkürzte Innovationszyklen in vielen Branchen für eine Verkürzung der Abstände zwischen den Messen.[246] BUHL-WAGNER & SCHICK-OKESSON sehen in diesem Zusammenhang die Möglichkeit, dass der Messeturnus in vielen Branchen nicht mehr mit dem Innovationszyklus Schritt halten kann und sich daher auch die Funktion der Messe verstärkt hin zu einer Imageplattform verschiebe.[247]

Schließlich ist die Wahl des **Veranstaltungsortes** ein wesentliches Merkmal bei der Gestaltung des Messeproduktes. Der Veranstaltungsort kann alternieren und richtet sich im Einklang mit dem strategischen geografischen Fokus nach dem gewünschten Einzugsgebiet sowie den verfügbaren Geländekapazitäten.[248] Besitz- und Betriebsgesellschaften sind aufgrund ihres Geschäftszweckes häufig stärker an den Standort des Unternehmenssitzes gebunden und müssen Abweichungen von diesem Prinzip gegenüber ihren Anteilseignern mindestens begründen.[249]

Während sich die bislang genannten Elemente weitestgehend auf die Konkretisierung der Produktion aus Sicht der Prozess*ergebnisse* konzentrierten, stehen bei der **Veranstaltungsumsetzung** die Prozesse selbst im Vordergrund. In Anlehnung an KALKA sind als wesentliche Aktivitäten in dieser Prozessphase von Seiten des Messeveranstalters die **Aufplanung** der Messe, die **Standgestaltung** und der **Messebau**, die **Messelogistik** für Aussteller, Besucher und Lieferanten, die **Aussteller- und Besucherbetreuung** sowie die Gewährleistung der **Veranstaltungssicherheit** zu nennen.[250]

---

[244] Vgl. Nittbaur (2001), S. 128.
[245] Vgl. Kalka (2005d), S. 350.
[246] Vgl. Troll (2003), S. 41.
[247] Buhl-Wagner & Schick-Okesson (2003), S. 1108. Siehe hierzu auch die Anmerkung zur Vorstellung von Produktneuheiten unabhängig von Messeterminen.
[248] Vgl. Kalka (2005d), S. 351.
[249] Vgl. Stoeck (1999), S. 15.
[250] Kalka (2005a), S. 337.

Die Gestaltung der Messeatmosphäre insgesamt obliegt den Ausstellern und deren Standgestaltung sowie der Gestaltung der Allgemeinflächen durch den Messeveranstalter.[251] Bisweilen ist zu beobachten, dass sich die abnehmende Bedeutung der Orderfunktion der Messe auch in der Standgestaltung niederschlägt, indem Besprechungsräume aufwändigen Erlebniswelten und Präsentationsflächen der Markenidentität weichen. Neben der reinen Produktpräsentation wird für die Aussteller das Erzeugen einer emotionalisierenden Atmosphäre zum elementaren Bestandteil der Standgestaltung.[252]

Abseits der Flächenvermarktung nimmt das Angebot von **Services** rund um die Messeteilnahme einen immer wichtigeren Teil des Produktangebotes und damit der Produktion und Leistungserstellung des Messeveranstalters ein.[253] Im Messekontext werden unter Services „alle Dienstleistungen und die damit verbundenen Maßnahmen, die über die reine Vermietung von Ausstellungsflächen hinaus den Marktteilnehmern zur Verfügung gestellt werden"[254] verstanden. Außer der zunehmenden Bedeutung als Umsatzquelle[255] wird den Serviceleistungen eines Messeveranstalters auch das Potenzial zugesprochen, ein Unterscheidungsmerkmal gegenüber den Wettbewerbern darzustellen.[256] In der Erwartung, dass sich das Dienstleistungsangebot der Messeveranstalter zukünftig vermehrt über die eigentliche Messe hinaus ausweiten wird,[257] erfolgt die Kategorisierung der Services auf Item-Ebene in ein **veranstaltungsbezogenes** und **veranstaltungsunabhängiges Serviceangebot**, wobei erstere Kategorie meist noch den größeren Umsatzanteil aufweist.[258]

---

[251] Vgl. Kalka (2005a), S. 337; Müller-Hagedorn, Zielke & Zygojannis (2005), S. 391f. Wesentliche Parameter der Standgestaltung durch den Aussteller sind die Standarchitektur, der Standbau, die Standmöblierung, Werbung am Stand, die Beleuchtung des Standes sowie der Einsatz von Audio-Visions-Techniken (Vettermann (2005), S. 485f.).

[252] Buhl-Wagner & Schick-Okesson (2003), S. 1108.

[253] Vgl. Witt (2003), S. 507.

[254] Kalka (2005d), S. 355.

[255] Vgl. Rahmen (2003), S. 579.

[256] Vgl. Arzt (2007), S. 80.

[257] Vgl. Stoeck & Schraudy (2017).

[258] Eine wesentliche Fragestellung für die Messeveranstalter ist in diesem Zusammenhang auch, welche Leistungen das Unternehmen selbst erstellen und welche es outsourcen will. Innerhalb dieses Make-or-Buy Spannungsfeldes existieren verschiedene Kooperationsmöglichkeiten „als Hybride" (Kopeinig & Gedenk (2005), S. 229).

2.4 Das Geschäftsmodell eines Messeveranstalters

Zusammengefasst lassen sich die veranstaltungsbezogenen Dienstleistungen für Aussteller in Marketing-, Technik-, Standbau-, Personal-, Gastronomie- und Reiseservices gliedern.[259]

Einige der genannten Dienstleistungen werden auch unabhängig davon angeboten, ob zum Zeitpunkt der Leistungserbringung eine Messeveranstaltung stattfindet. Beispielsweise seien hier Werbeflächen am Gelände genannt, die auch außerhalb der Laufzeiten der Messen am Standort gebucht werden können oder auch Post- und Reiseschalter bis hin zu Geldautomaten sowie Textilreinigungsservices, die während und außerhalb der Messelaufzeiten für jedermann zugänglich sind.

2.4.2.3 Die Vermarktung

Die dritte Dimension der Wertschöpfungsaktivitäten behandelt die **Vermarktung** des Messeproduktes. In Anlehnung an die von MCCARTHY vorgenommene Klassifizierung der relevanten Marketingwerkzeuge und -prozesse im Rahmen des Marketing-Mixes lassen sich die Marketingaktivitäten anhand der vier Ps Product, Price, Place (Distribution) und Promotion (Werbung) strukturieren.[260] Da jedoch die Produktion im vorliegenden Bezugsrahmen bereits eine eigene Dimension darstellt, verbleiben als drei Elemente der Dimension Vermarktung **Werbung & Kommunikation, Aussteller- & Besuchervertrieb** und die **Preissetzung**.[261] Dabei unterscheiden sich die ersten beiden Elemente grundsätzlich darin, dass unter Werbung & Kundenkommunikation (unternehmens- oder veranstaltungsbezogene) werbliche Aktivitäten zur Verkaufsförderung sowie der Unterhalt und die Pflege von Kundenbeziehungen verstanden werden, während die Vertriebsaktivitäten die Prozesse auf dem Weg des eigentlichen Dienstleistungsproduktes zum Endabnehmer beinhalten.[262]

Verschiedene Besonderheiten der Dienstleistung Messe stellen wiederum besondere Anforderungen an die Vermarktungsaktivitäten.[263] Insbesondere PETERS, aber auch KIRCHGEORG & KLANTE haben in diesem Zusammenhang auf folgende Merkmale hingewiesen: 1) die duale Positionierung von Messen, also deren Ausrichtung auf die Bedarfe von Ausstellern und Besuchern,

---

[259]Siehe zu verschiedenen Auflistungen der Serviceleistungen der Messeveranstalter: Taeger (1993), S. 140; Rahmen (2003), S. 579; Arzt (2007), S. 81.
[260]Vgl. McCarthy (1960); Kotler & Armstrong (2017), S. 77f.
[261]Vgl. Daft (2015), S. 167.
[262]Vgl. Taeger (1993), S. 178; Kirchgeorg & Klante (2017), S. 295; Peters (1992), S. 207; Kalka (2005b), S. 384.
[263]Vgl. Arzt (2007), S. 76.

2) Abhängigkeit der Qualität einer Messe von der Mitwirkung der Aussteller- und Besucherzielgruppen, 3) frühzeitige Teilnahmeentscheidung von Ausstellern notwendig, obwohl aufgrund der Immaterialität der Messe keine Qualitätsprüfung vorab möglich ist, 4) großer Zeitabstand von zum Teil bis zu vier Jahren zwischen der Durchführung zweier Messen sowie 5) die Standortgebundenheit der Dienstleistung Messe, die Aussteller und Besucher dazu zwingt, unter Umständen weite Anreisewege in Kauf zu nehmen.[264]

Die **Werbung & Kommunikation** eines Messeveranstalters ist hinsichtlich ihrer unternehmens- und veranstaltungsbezogenen Zielsetzung zu differenzieren.[265] Erstere bewirbt das Unternehmen des Messeveranstalters, etwaige Standortvorteile sowie dessen Veranstaltungs- und Dienstleistungsportfolio in seiner Gesamtheit und hat den Aufbau von Vertrauen in das Unternehmen und dessen Kompetenzen zum Ziel. Mit der veranstaltungsbezogenen Kommunikation soll hingegen die Teilnahmeentscheidung von potentiellen Ausstellern und Besuchern einer Messe unmittelbar beeinflusst und deren Teilnahme koordiniert werden.[266] Zur konkreten Analyse der Werbe- und Kommunikationsaktivitäten des Messeveranstalters eignet sich die Untersuchung von **PR- & Presseaktivitäten**, **Werbemitteln & -trägern** sowie der **Kundenkommunikation**.[267]

Die Presse- und PR-Arbeit dient der Unterstützung der Aussteller- und Besucherwerbung und hat eine frequente, positive mediale Berichterstattung von den Messeveranstaltungen zum Ziel. Hierfür ist der Aufbau einer vertrauensvollen Beziehung zwischen Veranstalter und Medien von Vorteil. Nicht nur bei Messen verlaufen die Grenzen zwischen Werbung und PR bisweilen fließend. Die Gewährung umfangreicher Beiträge im Gegenzug für eine Exklusivberichterstattung von bestimmten Messeevents oder für die Zurverfügungstellung kostenloser Präsentationsflächen im Rahmen der Messe ist durchaus geläufig.[268]

Viel genutzte Werbemittel bzw. Werbeträger zur Bewerbung von Messeveranstaltungen (und Veranstaltern) bei Ausstellern und Besuchern sind Direct

---

[264]Vgl. Peters (1992), S. 199f; Kirchgeorg & Klante (2017), S. 292f.
[265]Peters (1992), S. 304.
[266]Vgl. Kalka (2005b), S. 375.
[267]Vgl. Reinhard (2003), S. 450. In diesem Zusammenhang wird die Kundenkommunikation, im Gegensatz zu den indirekten Kommunikationsformen PR und Werbung, als direkte Kommunikation erachtet.
[268]Vgl. Esser (2003), S. 440. Auch die Zusammenarbeit bei der Entwicklung und Vermarktung von Sonderthemen, bei denen Medienkooperationen helfen, die Leser-, Zuhörer-, und Zuschauerschaft eines Mediums für die Messe zu erschließen, können sich für beide Seiten bezahlt machen.

2.4 Das Geschäftsmodell eines Messeveranstalters

Mailings, Newsletter, Insertionen/Anzeigen sowie Advertorials in Fach-, Publikumszeitschriften, Webseiten und sozialen Medien, Imagefilme, Plakatwerbung, Radiowerbung sowie der Messeabschlussreport.[269] Darüber hinaus sind unbedingt auch personenbezogene Werbeaktivitäten zu nennen, bei denen die für die Messe verantwortlichen Interessenvertreter die Veranstaltung in persönlichen Terminen gegenüber Multiplikatoren und weiteren Branchenteilnehmern bewerben.[270]

Als drittes, die Werbung und Kommunikation eines Messeveranstalters kennzeichnendes Item lassen sich schließlich auch die speziell auf die Kundenkommunikation ausgerichteten Prozesse untersuchen. Über allgemeine Werbe- und PR-Maßnahmen hinaus kann die Kommunikation mit Bestands- und ehemaligen Kunden grundsätzlich zielgerichteter und spezifischer erfolgen, da bereits eine Kundenbeziehung mit entsprechendem Vorwissen über die betreffenden Akteure vorhanden ist. Die hohe Bedeutung des externen Wertschöpfungsnetzwerkes für die erfolgreiche Erstellung der Dienstleistung Messe macht diesen Bereich der Kommunikation besonders wichtig.[271] Schließlich umfasst die Kundenkommunikation über die Beziehungen zu Ausstellern und Besuchern hinaus auch die Pflege des Beziehungsnetzwerkes als Summe aller Kontakte des Messeveranstalters zu primären, sekundären und tertiären Interessengruppen.[272] Es ist von großem Interesse für die Messeveranstalter, auch unterjährig bzw. zwischen den Messen mit Ausstellern und Besuchern im Kontakt zu bleiben, um deren Bedürfnisse zu kennen, die Umsätze je Kunde zu steigern und die Kundenbindung zu erhöhen.[273]

Die Tatsache, dass bis zu 80% der Gesamterlöse einer Messeveranstaltung aus den Umsätzen aus Messeflächen und Ausstellerservices resultieren, untermauert die herausragende Bedeutung der darauf hinwirkenden Vertriebsprozesse.[274] Prozesse des **Aussteller- und Besuchervertriebs** eines Messeveranstalters sind insofern als besonders zu erachten, als dass eine physische Distribution des Produktes nicht stattfindet.[275] Umso mehr steht im Vordergrund der Vertriebsaktivitäten, dass die Veranstalter potentielle Messeteilnehmer zum richtigen Zeitpunkt mit entsprechenden Informationen zum Leistungsversprechen versorgen, um sie

---

[269] Kalka (2005b), S. 378.
[270] Vgl. Esser (2003), S. 442.
[271] Vgl. Kirchgeorg & Klante (2017), S. 298; Arzt (2007), S. 79.
[272] Vgl. Arzt (2007), S. 80; Stoeck & Weiss (2003), S. 858.
[273] Vgl. Stoeck & Weiss (2003), S. 857.
[274] Vgl. Stoeck (2017b), S. 658.
[275] Peters (1992), S. 207.

von der Teilnahme an der Messe zu überzeugen.[276] Zu den wesentlichen Aktivitäten des Messevertriebs zählen neben akquisitorischen Aktivitäten auch unbedingt vertriebslogistische Prozesse zur Erfüllung der Dienstleistung, so dass Vertriebsmitarbeiter im Messewesen häufig einen signifikanten Teil ihrer Arbeitskraft auf die Beratung der Kunden bei der Umsetzung ihres Messeauftrittes unter den gegebenen Rahmenbedingungen verwenden.[277]

Als charakteristische Items für den Vertrieb einer Messeveranstaltung eignen sich sowohl die unterschiedlichen **Vertriebsorgane** als auch die jeweiligen für den Vertrieb genutzten **Vertriebskanäle & -prozesse**.[278] An der Umsetzung der Vertriebsaktivitäten sind als Vertriebsorgane je nach Kunde die Geschäftsleitung, insbesondere jedoch die für die Projektgesamtverantwortung zuständigen Manager, die speziell für den Vertrieb und das Kundenmanagement geschulten Fachkräfte, die Auslandsvertretungen der Messeveranstalter, sowie externe Vertriebskräfte beteiligt.[279] Die personellen Anforderungen an den Messevertrieb sind insofern hoch, als dass aufgrund der gegebenen Qualitätsunsicherheit zum Produkt Messe besondere vertrauensbildende Fähigkeiten, und umfangreiche Marktkenntnisse erwartet werden.[280] Außerdem erfordert die zunehmende Bedeutung von Cross-Selling-Potenzialen in Ergänzung zur Ausstellungsfläche, etwa in Bezug auf zu vermarktende Serviceprodukte oder das Vorhaben, andere Messen des Veranstalters mitzubewerben, ein breites Produktverständnis der Vertriebskräfte.[281]

Es bestehen außerdem signifikante Wechselwirkungen zwischen dem Aussteller- und dem Besuchervertrieb eines Messeveranstalters, da die Qualität einer Messe für beide Seiten maßgeblich von der Qualität und Quantität der erzielten Kontakte abhängig ist.[282] Um daher insbesondere bei Erstausstellern Vertrauen in die in Zukunft erreichte Besucherqualität aufzubauen, werben Messeveranstalter häufig mit der Besucherstruktur und -zufriedenheit der vorangegangenen Veranstaltung oder den Besucherzielgruppen und nennen konkrete Maßnahmen, wie zukünftige Erwartungen umgesetzt werden sollen.[283]

---

[276] Peters (1992), S. 207.
[277] Vgl. Zygojannis (2005b), S. 166.
[278] Vgl. Kalka (2005b), S. 384.
[279] Vgl. Kalka (2005b), S. 385.
[280] Vgl. Zygojannis (2005b), S. 167.
[281] Vgl. Rättich (2017), S. 579; Stoeck (2017b), S. 660.
[282] Vgl. Robertz (1999), S. 26; Stoeck (2017b), S. 660.
[283] Vgl. Stoeck (2017b), S. 658f.

2.4 Das Geschäftsmodell eines Messeveranstalters

Die letztendliche Akquisition von Besuchern erfolgt verglichen mit dem Ausstellervertrieb alleine schon aufgrund der um ein Vielfaches höheren Anzahl an potenziellen Besuchern stärker über indirekte Kommunikationsformen.[284] Da insbesondere mit klassischen Werbeformaten stets auch relativ hohe Streuverluste einhergehen, binden die Messeveranstalter verstärkt ihre Aussteller in kooperative Besucherwerbemaßnahmen ein. Dies geschieht aus dem Grund, dass ausstellende Unternehmen über deren Kundendatenbanken über einen direkten Zugang zu potenziellen Produktinteressenten verfügen und sich in der Regel darin verstehen, Interesse für ihre Produkte zu wecken.[285]

Als weiteres Element des Marketing-Mixes verbleibt die **Preissetzung** durch den Messeveranstalter. Dies betrifft im Einzelnen die Flächenpreise für die Aussteller, die Eintrittspreise für die Besucher, sowie die Preise für weitere Dienstleistungen, die vom Messeveranstalter angeboten werden. Wesentliche Determinanten der Preispolitik eines Messeveranstalters sind die Kosten der Messeveranstaltung, die Preis-Absatz-Funktion gegenüber den Nachfragern sowie Preise von Konkurrenzveranstaltungen.[286] Als konkrete Steuerungsoptionen dienen im weiteren Verlauf Maßnahmen zur Entwicklung von **Produktbündeln** und zur **Preisdifferenzierung**.[287] Insbesondere auf dem deutschen Messemarkt, der von Überkapazitäten bei Ausstellungsflächen und historisch bedingt niedrigen Flächenpreisen gekennzeichnet ist, kann in der Preissetzung viel Potenzial zur Umsatz- und Gewinnsteigerung verborgen liegen.[288]

Besonderheiten bei der Preisbestimmung bestehen im Messewesen dahingehend, dass die Preise in der Regel nicht kurzfristig angepasst werden, sondern langfristig geplant sind.[289] In Bezug auf die Preiselastizität der Messenachfrager ist die Situation von Messeprodukt zu Messeprodukt unterschiedlich:[290] Einerseits wird davon ausgegangen, dass die Kosten für die Messefläche nur etwa ein Fünftel der gesamten Beteiligungskosten eines Messeausstellers inkl. Standbau,

---

[284] Siehe zu den verschiedenen Maßnahmen der Besucherakquisition auch von Baerle & Brandl (2017), S. 670. Wie im Ausstellervertrieb kann zudem der Einsatz von Multiplikatoren (beispielsweise Branchenverbände) sinnvoll sein, um Informationen zur Messe in entsprechenden Kreisen zu streuen.

[285] Vgl. Nittbaur (2001), S. 166.

[286] Peters (1992), S. 278; Kalka (2005c), S. 362ff.

[287] Die Beteiligungspreise für Aussteller- und Besucher werden weithin als definitorisches Merkmal der konzeptionellen Gestaltung einer Messeveranstaltung erachtet (vgl. Kirchgeorg (2017), S. 42).

[288] Vgl. von Zitzewitz (2003), S. 262; Holzner (2017), S. 700.

[289] Kalka (2005c), S. 362; Peters (1992), S. 279.

[290] Vgl. Holzner (2017), S. 703.

Reisekosten, Personal etc. ausmachen, was für eine recht niedrige Preiselastizität spräche.[291] Andererseits ist bei einigen Messen eine zunehmend ausgereizte Sensibilität in der Ausstellerschaft bezüglich der Gesamtkosten eines Messeauftritts zu beobachten.[292] Besucherseitig ist es in Nordamerika sowie vielen europäischen Ländern üblich, dass Fachbesucher freien Eintritt zu Messen erhalten.[293]

Die bereits thematisierten Cross-Selling Potenziale basieren auf dem Angebot von **Produktbündeln**, die mehrere Veranstaltungsteilnahmen zu einem Paketpreis oder auch ergänzende Dienstleistungen gemeinsam mit der Flächenbuchung anbieten.[294] Bekannte Bündelleistungen sind neben Teilnahmen auf weiteren Messen vertikal ergänzende Ausstellerservices wie Standbau, Möblierung, Telekommunikation, Catering sowie diverse Marketingservices.[295] Auch besucherseitig sind Produktbündel aus Messeeintrittskarte und Ticket für den öffentlichen Personennahverkehr oder Übernachtungsmöglichkeiten verbreitet.[296]

Mit der **Preisdifferenzierung** bei Messen hat sich insbesondere KALKA auseinandergesetzt und sieht die Möglichkeit, anhand mengenbezogener, veranstaltungsbezogener, kundenbezogener, zeitlicher oder räumlicher Kriterien zu differenzieren:[297] So kann eine mengenbezogene Differenzierung bei Messen durch nichtlineare Preissetzung vorgenommen werden, indem der einzelne Quadratmeter je nach Gesamtstandgröße berechnet wird.[298] Ebenso werden zeitbezogene

---

[291]Vgl. Peters (1992), S. 278; Reinhard (2003), S. 448.
[292]Vgl. Weyer (2018).
[293]Vgl. Kalka (2005c), S. 362.
[294]Vgl. Rättich (2017), S. 579; Taeger (1993), S. 159ff.
[295]Kalka (2005c), S. 369f.; Messe München GmbH (2018). Beispielsweise bietet die *NürnbergMesse* in Kooperation mit einem einschlägigen Fachverlag Anzeigen in dessen Print- und Onlinemedien, Newsletter-Platzierungen sowie Beteiligungen an Vortragsformaten in Verbindung mit der Flächenbuchung an (Rättich (2017), S. 581).
[296]Vgl. Nittbaur (2001), S. 278.
[297]Kalka (2005c), S. 366.
[298]Vgl. Holzner (2017), S. 704. Die veranstaltungsbezogene Preisdifferenzierung bei Flächen- wie Ticketpreisen kann nach dem Wachstumsgrad der Branche, der geografischen Reichweite und Exportorientierung der Messe, dem Messeturnus oder der Ausprägung der Orderfunktion der jeweiligen Messe erfolgen. Kundenbezogene Kriterien, also eine unterschiedliche Bepreisung einzelner Kunden aufgrund derer Bedeutung für die Messe, sind durchaus schwieriger anzubringen, da aufgrund des gleichzeitigen Zusammentreffens aller Akteure zur Messe eine hohe Markttransparenz zu erwarten ist. Nichtsdestotrotz finden sich im Messemarkt immer wieder Sonderangebote für Erstteilnehmer, Rabattierungen aufgrund von Verbandszugehörigkeiten sowie eine Differenzierung der Eintrittskartenpreise je nach Fach- oder Privatbesucherhintergrund. Auch eine räumlich bedingte Preisdifferenzierung kann hinsichtlich der offenen Seiten eines Standes (Reihen-, Eck-, Kopf-

2.4 Das Geschäftsmodell eines Messeveranstalters

Preisabstufungen vorgenommen: Das können ausstellerseitig Differenzierungen hinsichtlich des Buchungszeitpunktes durch *Early-Bird-Tarife* und *Re-Booking* sein, oder auch eine Bepreisung der Auf- und Abbauzeiten. Besucherseitig bieten viele Messen einen vergünstigten Kartenvorverkauf an und setzen z. T. unterschiedliche Eintrittspreise je nach Veranstaltungstag (siehe zusammenfassend Abbildung 2.4).[299]

generischer Teil		messespezifischer Teil
Dimension	Element	Itemauswahl
Unterstützende Aktivitäten	Ressourcenmanagement	• Einkaufs- & Beschaffungsprozesse, Ressourceneinsatzplanung, Personalmanagement, Facility-Management, Finanzen, Sicherheit, Daten- & Wissensmanagement
	Konzeptgenerierung & Produktpflege	• Marktforschung • (Neu-)Produktentwicklung • Produktabwicklung
	Mitarbeiter- & Prozesskommunikation	• Kommunikationsinstrumente
Produktion	Veranstaltungsportfolio	• Messethemen • Durchführungskapazität
	Messeprodukt	• Veranstaltungsformat, Begleitveranstaltungen & Rahmenprogramm • Terminierung, Dauer & Turnus • Veranstaltungsort
	Veranstaltungsumsetzung	• Aufplanung • Standgestaltung & Messebau • Messelogistik • Aussteller- und Besucherbetreuung • Veranstaltungssicherheit
	Serviceangebot	• Veranstaltungsbezogen • Veranstaltungsunabhängig
Vermarktung	Werbung & Kommunikation	• PR- & Presseaktivitäten • Werbemittel & -träger • Kundenkommunikation
	Aussteller- & Besuchervertrieb	• Vertriebskanäle & -prozesse • Vertriebsorgane
	Preissetzung	• Preisdifferenzierung • Produktbündel

Abbildung 2.4 Die Wertschöpfungsaktivitäten eines Messeveranstalters

---

oder Blockstand), der Zahl der Standebenen oder der Platzierung in der Halle oder im Freigelände stattfinden (vgl. Peters (1992), S. 279).
[299] Vgl. Kalka (2005c), S. 368; Peters (1992), S. 279.

2.4.3 Die Ressourcenausstattung eines Messeveranstalters

Die Bedeutung der **Ressourcenausstattung** für die Wertschöpfung eines Messeveranstalters ist in der Literatur hinreichend anerkannt[300] und ist unbedingt im Geschäftsmodell zu berücksichtigen.[301] Insbesondere ROBERTZ stellt die Bedeutung der Ressourcenausstattung für den Unternehmenserfolg eines Messeveranstalters heraus.[302] Die Analyse der Unternehmensressourcen widmet sich allen „allokierten physischen und nichtphysischen Anlagegütern sowie den Fähigkeiten"[303] eines Messeveranstalters. Die Ressourcenausstattung ermöglicht es den Unternehmen, Wettbewerbsvorteile aufzubauen, wenn sie über im Vergleich zur Konkurrenz ungleich verteilte, schwer imitierbare oder unersetzliche Ressourcen verfügen.[304] Dabei ist die Ressourcenausstattung keinesfalls als statisch zu betrachten, sondern unterliegt ebenso wie das Unternehmen selbst einem ständigen Wandel, der durch das Ressourcenmanagement zu begleiten ist.[305]

ROBERTZ und auch NITTBAUR folgen in ihrer Strukturierung der für einen Messeveranstalter relevanten Ressourcen weitestgehend den Ausführungen von BAMBERGER & WRONA, die die Ressourcenausstattung eines Unternehmens in physische, intangible, finanzielle und organisationale Ressourcen unterteilen.[306] Nicht nur als Ergebnis der geführten Experteninterviews, sondern auch in Einklang mit den *International Financial Reporting Standards (IFRS)* orientiert sich die vorliegende Untersuchung jedoch am Framework von DAFT und den Auffassungen weiterer Autoren.[307] Folglich wird auf Dimensionsebene

---

[300] Vgl. Delfmann & Arzt (2005c), S. 130ff. Im Hinblick auf die Besonderheiten der Wertschöpfung eines Messeveranstalters thematisieren außerdem insbesondere ROBERTZ und NITTBAUR die Bedeutung der Ressourcenausstattung (Robertz (1999), S. 107f.; Nittbaur (2001), S. 227ff.).

[301] Vgl. Amit & Zott (2001), S. 497; Shafer et al. (2005), S. 202; Wirtz et al. (2016), S. 41; Demil & Lecocq (2010), S. 230.

[302] Vgl. Robertz (1999), S. 107f.

[303] Daft (2015), S. 133.

[304] Vgl. Barney (1991), S. 102; zu Knyphausen-Aufsess (1993); Kristandl & Bontis (2007), S. 1512.

[305] Vgl. Wernerfelt (1984), S. 172; Prahalad & Hamel (1990), S. 81.

[306] Vgl. Bamberger & Wrona (1996), S. 132 und ebenso hierzu Robertz (1999), S. 108 und Nittbaur (2001), S. 227.

[307] Vgl. Daft & Albers (2013), S. 50; International Financial Reporting Standards Foundation (2019); Wernerfelt (1984), S. 172; Kristandl & Bontis (2007), S. 1517.

eine Untergliederung in **tangible Ressourcen** und **intangible Ressourcen** vorgenommen, denen sich die übrigen oben genannten Ressourcenarten zuordnen lassen.[308]

2.4.3.1 Tangible Ressourcen

Im Rahmen der Ressourcenausstattung umfassen die **tangiblen Ressourcen** die physischen sowie finanziellen Güter und Werte, die die „technische Voraussetzung der betrieblichen Leistungserstellung bilden."[309] Dementsprechend sind die **Messeinfrastruktur**, die **sonstigen Investitionsgüter** sowie die **finanziellen Ressourcen** eines Messeveranstalters als für die Wertschöpfung des Messeveranstalters wesentliche Elemente dieser Dimension zu nennen.

Dabei steht die Messeinfrastruktur besonders im Fokus, wie sich in der Vielzahl und dem Volumen aktueller Investitionsprogramme zur Ertüchtigung vieler deutscher Messestandorte zeigt.[310] NITTBAUR und auch HUBER sehen in der Messeinfrastruktur einen elementaren Teil des Wertversprechens eines Messeveranstalters.[311] TIEFENSEE sowie DELFMANN & ARZT erkennen in der Qualität und Quantität der Messeinfrastruktur wesentliche Grundlagen zur Generierung von Wettbewerbsvorteilen.[312] Konkret sind dabei die **Basisausstattung** des Messegeländes, dessen **ergänzende Ausstattung**, die **technische Ausstattung** sowie **externe Standortfaktoren** (z. B. Nähe zum Markt, Verkehrsanbindung, Hotel- und Gastronomieangebot in der Messestadt) zu nennen. Letztere sind, sofern es sich beim zu untersuchenden Messeveranstalter um einen Veranstalter mit eigenem Gelände handelt, nur bedingt Teil eines aktivitätenorientierten Geschäftsmodelles, da dessen unmittelbarer Einfluss hierauf meist begrenzt ist bzw. sich diese Faktoren nur mit einiger Zeitverzögerung verändern ließen.[313] Für einen Veranstalter ohne eigenes Gelände können diese Faktoren jedoch eine maßgebliche Rolle bei der Auswahl eines geeigneten Messegeländes spielen.

---

[308]Tangible Ressourcen sind dementsprechend physische und finanzielle Güter. Gemäß IFRS sind in Abgrenzung dazu intangible Ressourcen „identifizierbare, nicht monetäre Vermögenswerte ohne physische Substanz" (Deloitte (2011)), die in der Verfügungsmacht des Unternehmens stehen, und von denen zukünftiger wirtschaftlicher Nutzen für das Unternehmen erwartet wird (International Financial Reporting Standards Foundation (2019)).

[309]Daft (2015), S. 134.

[310]Vgl. Dierig (2016a).

[311]Vgl. Nittbaur (2001), S. 93; Huber (1994), S. 186.

[312]Vgl. Tiefensee (2003), S. 168; Delfmann & Arzt (2005c), S. 130.

[313]Vgl. Delfmann & Arzt (2005), S. 451.

Die **Basisausstattung** der Messeinfrastruktur setzt sich ganz wesentlich aus der verfügbaren Hallen-Gesamtfläche, potentiellen Freigeländeflächen sowie der Aufteilung der Hallen im Rahmen der Hallenstruktur, um Hallen auch einzeln oder in Kombination bespielen zu können, zusammen.[314] Dabei sind auch Faktoren wie die Bodenbelastbarkeit, die Deckenhöhe und die Deckenlast von Bedeutung, um eine den individuellen Bedarfen der jeweiligen Branche gerecht werdende Marktplattform abbilden zu können.[315] Beispielhaft sei die hochbelastbare Energieversorgung der Messehallen in Düsseldorf für darin beheimateten Investitionsgütermessen[316] oder die Hochhalle der neuen *Landesmesse Stuttgart* genannt, die sich in Hallenhöhe und Bodenbelastung von den übrigen neun Messehallen signifikant unterscheidet, um auch als Mehrzweckhalle für Sport- und Kulturveranstaltungen fungieren zu können.[317] Aus logistischer Perspektive lassen sich zudem die Anzahl der Parkmöglichkeiten, Lagerflächen sowie allgemein die das interne und externe Erschließungssystem auf dem Gelände als Qualitätsmerkmale betrachten.[318] Ebenerdige Hallen, ausreichend groß dimensionierte Hallentore und unterirdische Versorgungsgänge, über die etwa die *Messe Düsseldorf* verfügt, können die Funktionalität eines Messegeländes erheblich erhöhen.[319]

Als **ergänzende Ausstattung** werden jene Faktoren betrachtet, die für die Durchführung einer Messeveranstaltung nicht zwingend notwendig sind, aber dennoch zur Qualität der Messeinfrastruktur beitragen. Beispielhaft sei hier das Vorhandensein eines Pressezentrums oder die Verfügbarkeit von Kongressräumlichkeiten auf dem Messegelände genannt, was dem Messeveranstalter dabei hilft, der zunehmenden Nachfrage nach Inhalten im Rahmen von Messen nachzukommen.[320]

---

[314] Vgl. Bauer (2003), S. 182ff.
[315] Vgl. Delfmann & Arzt (2005c), S. 131. BAUER nennt diese und weitere Standortfaktoren, die einen direkten Einfluss auf die Beurteilung des „Messestandortes durch Aussteller und Besucher" ausüben, „Messe-Hardware" (vgl. Bauer (2003), S. 181).
[316] Vgl. Koenen & Terpitz (2019).
[317] Vgl. Bauer (2003), S. 184.
[318] Vgl. Arzt (2007), S. 328f.; Bauer (2003), S. 181.
[319] Vgl. Ruhnau (2017).
[320] Als Teil der ergänzenden Ausstattung sind außerdem Restaurants und sonstige Gastronomieangebote, sowie Hotels auf dem Messegelände zu betrachten. Auch Standbaubedarf und Güter der Veranstaltungstechnik, die als Serviceprodukte an Messeaussteller vertrieben werden, sind der ergänzenden Ausstattung zuzuordnen. Ebenso kann das Angebot an vorinstallierten Werbeflächen einen wesentlichen Beitrag zur Wertschöpfung leisten (vgl. Suhling (2003), S. 1115).

2.4 Das Geschäftsmodell eines Messeveranstalters

Relevante Qualitätsunterschiede sind zudem in der **technischen Ausstattung** der Messeinfrastruktur zu beobachten. Diese kann sich etwa in den Möglichkeiten zur Telekommunikation, Geländeüberwachung, der Energie- und Wasserversorgung, der Klimatisierung, der Verfügbarkeit von Logistik- und Besucherleitsystemen oder elektronischen Zutrittssystemen unterscheiden.[321] Auch der Bereich Veranstaltungstechnik bietet für Messehallen und Kongressräumlichkeiten ein weites Feld an Möglichkeiten zur Gestaltung der Messeinfrastruktur.[322]

Als **externe Standortfaktoren**, die kurzfristig von Seiten des Messeveranstalters kaum zu verändern sind, aber dennoch erheblichen Einfluss auf die Qualität der Messeinfrastruktur ausüben, gelten die Nähe zum abzubildenden Markt, die Anbindung an die verschiedenen Verkehrsmittel, das Hotel- und Gastronomieangebot im örtlichen Umfeld sowie Einkaufsmöglichkeiten.[323]

Nicht zuletzt, weil sich die thematische oder geografische Erschließung neuer Geschäftsfelder und auch die Weiterentwicklung der Messegelände sehr kapitalintensiv darstellen, sind die **finanziellen Ressourcen** als Element der tangiblen Ressourcen unbedingt für die Wertschöpfung eines Messeveranstalters von Bedeutung.[324] Hier ist zu betrachten, aus welchen **internen und externen Finanzierungsquellen** der Messeveranstalter seinen laufenden Geschäftsbetrieb und Investitionen, bspw. in die Messeinfrastruktur, deckt.[325] Die Eigentümerstruktur des Messeveranstalters ist hierbei unbedingt zu berücksichtigen und kann Ausgangspunkt eines Zielkonfliktes sein; als Beispiel seien die Internationalisierungsbestrebungen deutscher Messegesellschaften (mit öffentlichen Eigentümern) angeführt, die zur Begründung ihrer Investitionen im Ausland gegenüber den Anteilseignern den Nutzen der Internationalisierungsprojekte für den Heimatstandort darlegen müssen, da schließlich die Standortförderung einen

---

[321] Vgl. von Baerle (2003), S. 780; Delfmann & Arzt (2005b), S. 458f.; Nittbaur (2001), S. 141.
[322] Vgl. Seiler (2015).
[323] Vgl. Tiefensee (2003), S. 168f.; Delfmann & Arzt (2005b), S. 451. Inwieweit sich das kulturelle Angebot im Umfeld eines Messeplatzes positiv auf die Wertschöpfung eines Messeveranstalters auswirkt, wird dabei weithin diskutiert. Während von Seiten der Messeveranstalter als Rahmenprogramm zur Messe initiierte Kulturveranstaltungen bisweilen unter dem steigenden Termindruck der Messebesucher leiden, wird der Erfolg des stark wachsenden Messestandortes Las Vegas auch dem dort angebotenen Unterhaltungsangebot zugesprochen.
[324] Vgl. Delfmann & Arzt (2005c), S. 133; Robertz (1999), S. 110; Nittbaur (2001), S. 229.
[325] Bamberger & Wrona (1996), S. 134.

wesentlichen Unternehmenszweck darstellt.[326] Darüber hinaus sehen sich Messeveranstalter in öffentlicher Hand mit Gewinnentnahmen durch die öffentlichen Anteilseigner konfrontiert, wie sie etwa in Düsseldorf regelmäßig zu intensiven Verhandlungen zwischen Messegesellschaft und Stadt führen.[327]

Dementgegen können sich Messeveranstalter in privater Hand ausschließlich an den Marktgegebenheiten orientieren.[328] Ziel der privaten Eigentümer ist in der Regel die Gewinnmaximierung und eben nicht die regionale Standortförderung.[329] Letzteres schließt allerdings nicht aus, dass auch mehrheitlich in Privatbesitz befindliche Messeveranstalter finanzielle Unterstützung von öffentlicher Seite erfahren.[330]

Als **sonstige Investitionsgüter** lassen sich im Rahmen des Geschäftsmodelles eines Messeveranstalters auch solche Güter betrachten, die nicht unmittelbar mit dem operativen Messegeschäfts verknüpft sind. Dies sind etwa im Firmenbesitz befindliche Transportmittel, Immobilien, die nicht direkt für Messen und Kongresse genutzt werden, z. B. der Verwaltungssitz des Unternehmens oder auch die allgemeine Ausstattung dieser Verwaltungsräumlichkeiten inklusive der technischen Einrichtung.

2.4.3.2 Intangible Ressourcen

Die für die Wertschöpfung eines Messeveranstalters relevanten intangiblen Ressourcen lassen sich in **Vermögenswerte & Immaterialgüterrechte**, **organisationale Ressourcen** sowie **Kompetenzen & Fähigkeiten** im Zusammenhang mit dem **Humankapital** gliedern.[331] Für die Wertschöpfung eines Messeveranstalters relevante **Vermögenswerte & Immaterialgüterrechte** sind insbesondere **Marken** von Messeveranstaltungen und Unternehmen allgemein, **Kunden- & Marktinformationen**, **Inhalte**, **Messelizenzen**, die bspw. zur Durchführung von Messen an bestimmten Orten im Ausland berechtigen, sowie **Geländenutzungsrechte**.

---

[326]Vgl. Nittbaur (2001), S. 229; Delfmann & Arzt (2005c), S. 133; Koenen & Terpitz (2019).

[327]Vgl. Richters (2016).

[328]Vgl. Robertz (1999), S. 110.

[329]Vgl. Busche (2003), S. 121; Koenen & Terpitz (2019).

[330]So erhielt die börsennotierte *MCH Group* für ein Neubauprojekt mit einem Volumen von EUR 360 Mio. staatliche Investitionsbeihilfen in Höhe von EUR 75 Mio. sowie verschiedene staatliche Darlehen in Höhe von weiteren EUR 150 Mio. (vgl. Kamm (2017), S. 187).

[331]Robertz (1999), S. 109. Die vorliegende Analyse folgt der Annahme, dass organisationale Ressourcen wie Managementsysteme sowie Planungs- und Kontrollsysteme in der Regel in immaterieller Form bestehen, so dass diese hier als Element den immateriellen Ressourcen zugeordnet werden (siehe zu dieser Einordnung auch Delfmann & Arzt (2005c), S. 132).

2.4 Das Geschäftsmodell eines Messeveranstalters

Marken können eine hohe Kompetenz des Messeveranstalters signalisieren und sind aufgrund des Erfahrungsgutcharakters und der hohen Erklärungsbedürftigkeit der Dienstleistung Messe von hoher Relevanz für die Wertschöpfung des Messeveranstalters.[332] Durch Marken und daran geknüpfte Reputation verschaffen sich Messeveranstalter Vorteile in einem sich zuspitzenden Wettbewerb, indem sie Aussteller- und Besucherzielgruppen die Orientierung erleichtern und es Konkurrenten erschweren, Produkte und Dienstleistungen zu imitieren.[333] Insbesondere weil Messeveranstaltungen weitestgehend immaterielle Dienstleistungen darstellen und ihr Erfolg im hohen Maße davon abhängt, ob es gelingt, das Vertrauen der Kunden zu erhalten, ist der Aufbau einer Marke rund um die Messe*veranstaltung* zu empfehlen.[334] Daran anknüpfend nutzen viele Messeveranstalter etablierte Marken von Messeveranstaltungen, wie etwa die Sportfachmesse *ISPO*, die der Veranstalter *Messe München* sowohl am Heimatstandort als auch in Peking und Shanghai durchführt,[335] um die Internationalisierung des Messeportfolios voranzutreiben und neue Märkte zu betreten.[336]

Außerdem sind **Kunden- & Marktinformationen**, die durch den persönlichen oder systematisierten Kontakt zu Ausstellern, Besuchern und weiteren Marktteilnehmern, aber auch durch Marktforschung angesammelt werden, von hoher Relevanz für die Wertschöpfung eines Messeveranstalters.[337] Der Wert dieser Daten und Informationen speist sich aus der vielfach bestätigten Bedeutung ausgeprägter Markt- und Branchenkenntnisse als wesentliches Qualitätsmerkmal im Messewettbewerb.[338] Ein umfassender, strukturierter, validierter Informationspool

---

[332] Vgl. Delfmann & Arzt (2005c), S. 132.
[333] Vgl. Jung (2010), S. 7; Peters & Scharrer (2017), S. 410.
[334] Vgl. Jedrowiak (2005), S. 257; Jung (2010), S. 8. Dieser hohe Grad an Immaterialität zeigt sich insbesondere bei der Veräußerung von Messeveranstaltungen, die häufig im Kern im Erwerb des Messemarkennamens und der Kundendaten besteht (vgl. Cattaneo (2003), S. 268). Nach HUBER gilt die Marke hier als „Garant für die Einhaltung des zukünftigen Leistungsversprechens" (Huber (1994), S. 83).
[335] Messe München GmbH (2019).
[336] Vgl. Einecke (2016); Peters & Scharrer (2017), S. 410. So soll unter anderem verhindert werden, dass Wettbewerber Themen auf dem internationalen Messemarkt besetzen, die der Veranstalter als Kernkompetenzfeld identifiziert und womöglich bereits etabliert hat. Auch die prominente Nutzung des Veranstalternamens als Marke, wie sie etwa die *Fiera Milano* als Franchisegeber für den Aufbau eines Messegeländes in Mexiko zur Verfügung stellte, kann sich bei den Internationalisierungsbestrebungen als vorteilhaft erweisen (vgl. von Zitzewitz (2003), S. 261; Friedman (2014), S. 14; Koenen & Terpitz (2019); Cattaneo (2003), S. 271f.; Marzin (1992), S. 187).
[337] Vgl. Zygojannis (2005b), S. 167; Robertz (1999), S. 109
[338] Vgl. Arzt (2007), S. 182; Taeger (1993), S. 144f.; Stoeck & Schraudy (2017), S. 174f.

ist nicht nur die Voraussetzung für eine zielgruppengerechte Kundenansprache im Rahmen eines leistungsfähigen *Customer Relationship Management*, sondern auch Bedingung für ein effizientes Beziehungsmarketing durch Verknüpfung von Ausstellern und Besuchern.[339]

Neben den genannten Gütern sind auch **Inhalte** Vermögenswerte, die insbesondere für Messeveranstalter, die die Strategie eines integrierten Kommunikationsdienstleisters verfolgen und entsprechend auch zwischen den Messen als Branchenmedium wahrgenommen werden möchten, wichtig sind.[340] Schließlich sind auch **Geländenutzungsrechte** und **Messelizenzen** als für bestimmte Veranstaltungskonstellationen unabdingbare Voraussetzungen und daher wertvolle Immaterialgüterrechte zu nennen. Die schon thematisierte Verfügbarkeit von Geländekapazitäten kann für einen Messeveranstalter mit eigenem Gelände einen Vorteil gegenüber Veranstaltern ohne eigenes Gelände bedeuten, wobei letztere wiederum über mehr Flexibilität bei der Wahl des Veranstaltungsortes verfügen.[341] Die auf Messemärkten wie der Türkei zur Durchführung von Messen erforderlichen staatlichen Lizenzen sind für ausländische Messeveranstalter insofern erfolgskritisch, als dass ohne sie keine Messe im jeweiligen Markt veranstaltet werden darf.[342] Dies kann entsprechende Folgen auf die einzuschlagende Internationalisierungsstrategie ausländischer Messeveranstalter haben, die zum Markteintritt den Weg über eine Kooperation mit einem einheimischen Messeveranstalter und/oder die Gründung einer ausländischen Tochtergesellschaft gehen.[343]

---

[339] Vgl. Siskind (2015b); Grimm (2004), S. 221; Nittbaur (2001), S. 125; Stoeck & Schraudy (2017), S. 693. Die hohe Bedeutung, die die Messebranche einer zuverlässigen Datengrundlage beimisst, lässt sich auch aus dem freiwilligen Engagement zahlreicher Messeveranstalter für validierte Aussteller- und Besucherstatistiken im Rahmen der Prüfung durch die *Gesellschaft zur Freiwilligen Kontrolle von Messe- und Ausstellungszahlen (FKM)* erschließen. Die Gesellschaft, die sich aus zahlreichen Messeveranstaltern zusammensetzt und Aussteller- und Besucherzahlen von unabhängigen Wirtschaftsprüfern testieren lässt, wurde mit dem Ziel gegründet, „größtmögliche Transparenz und Vertrauen in den Messeplatz Deutschland" zu schaffen, um daraus einen Vorteil im internationalen Messewettbewerb zu generieren (Dierig (2016b)).

[340] Vgl. Stoeck & Schraudy (2017).

[341] Vgl. Stoeck (1999), S. 43; Arzt (2007), S. 85 & 174; Delfmann & Arzt (2005d), S. 152–155. Vgl. hierzu auch Bartlett & Ghoshal (1998), S. 55–60. Bisweilen sind mit Geländemietverträgen auch Markteintrittsbarrieren in Form von Vereinbarungen zum Themenschutz verbunden, die es anderen Veranstaltern unmöglich machen, mit dem Mieter am selben Standort zu konkurrieren (Hunziker (2016)).

[342] Vgl. Stoeck (1999), S. 152.

[343] Vgl. Delfmann & Arzt (2005d), S. 154; Stoeck (1999), S. 61ff.

2.4 Das Geschäftsmodell eines Messeveranstalters

Als weiteres Element der intangiblen Ressourcen werden als **organisationale Ressourcen** im vorliegenden Geschäftsmodell **Managementsysteme**, wie **Planungs- und Kontrollsysteme** und **Personalführungssysteme** erfasst.[344] Wegen des wichtigen Beitrags des Humankapitals im Leistungserstellungs- und Vermarktungsprozess von Dienstleistungsunternehmen liegt der Fokus bei der Implementierung solcher Managementsysteme auf Funktionen zur Informationsgewinnung für die Mitarbeiter sowie der Steuerung und Kontrolle der jeweiligen unternehmerischen Prozesse.[345] Beispielhaft seien Business-Pläne als in der Messewirtschaft verbreitete Planungs- und Kontrollsysteme im Rahmen der Produktentwicklung genannt.[346] Hinter den Bemühungen, die Organisationsprozesse effizienter zu gestalten, steht auch das Ziel, Prozesskosten zu senken und so die Wettbewerbsfähigkeit zu erhöhen.[347] Die zunehmende Konzentration des Messemarktes wird weithin als ein Ergebnis der hohen Prozesseffizienz der großen Messeveranstalter erachtet.[348]

Im Einklang mit den Erkenntnissen des ressourcenbasierten Ansatzes[349] misst auch die Messefachliteratur der intangiblen Ressource **Humankapital** eine besondere Bedeutung für die Wertschöpfung und für die Generierung von Wettbewerbsvorteilen bei.[350] Dies ist darauf zurückzuführen, dass Dienstleistungen unter Integration des externen Faktors erstellt werden, der Kunde also Teil des Produktionsprozesses ist und daher meist im intensiven Kontakt mit den Servicemitarbeitern des anbietenden Unternehmens steht.[351] Zudem bedingen die Immaterialität und der Erfahrungsgutcharakter der Dienstleistung Messe, dass die Mitarbeiter des Veranstalters als Qualitäts- und Glaubwürdigkeitsindikator für die

---

[344]Robertz (1999), S. 111. Die Einordnung erfolgt im Einklang mit verschiedenen Ausarbeitungen der Messefachliteratur (siehe Delfmann & Arzt (2005c), S. 133; Robertz (1999), S. 111; Nittbaur (2001), S. 230). Bisweilen werden auch die Unternehmenskultur und die interorganisationale Beziehungsstruktur als organisationale Ressourcen geführt (vgl. Bamberger & Wrona (1996), S. 134). In der Gesamtstruktur des Geschäftsmodell-Bezugsrahmens werden diese Faktoren jedoch an anderer Stelle, konkret innerhalb der Arbeitsleitlinien und dem externen Wertschöpfungsnetzwerk verortet.

[345]Vgl. Meffert, Bruhn & Hadwich (2018), S. 455f.

[346]Vgl. Schraudy (2017), S. 387.

[347]Vgl. Schraudy (2017), S. 387.

[348]Da die vorliegende Betrachtungsweise der organisationalen Ressourcen im Rahmen des Geschäftsmodelles im Wesentlichen IT-basierte und damit originär digitale Ressourcen (unter Ausklammerung der Unternehmenskultur und der Aufbauorganisation) beinhaltet, werden diese vertiefend im Abschnitt zum Einfluss der Digitalisierung auf die Wertschöpfung der Messeveranstalter behandelt.

[349]Vgl. Barney (1991), S. 101.

[350]Vgl. Hufnagel (2003), S. 736; Arzt (2007), S. 177.

[351]Vgl. van Looy, Dewettinck, Buyens & Vandenbossche (2003), S. 183.

nachgefragte Leistung wahrgenommen werden.[352] Allgemein stellen die Komplexität sowohl der Kundenbedürfnisse als auch des Dienstleistungsangebotes des Messeveranstalters hohe Anforderungen an die Fähigkeiten auch derjenigen Mitarbeiter, die nicht im direkten Kundenkontakt stehen.[353] Zur Untersuchung des Humankapitals werden daher als relevante Items **Wissen & Fähigkeiten** der Mitarbeiter, **Personalanforderungen**, die **persönlichen Beziehungen**, die schließlich ebenfalls untrennbar mit den Mitarbeitern verknüpft sind, sowie die **Personalausstattung** des Unternehmens betrachtet.

Der Aufbau weltumspannender Kommunikations- und Informationsnetzwerke hat für die Messeveranstalter die Bedeutung der Ressource **Wissen** erheblich gesteigert,[354] da Messeveranstalter vermehrt die Rolle anstreben, sich im Zentrum des Wissensmanagements der wissensbasierten Gesellschaft zu positionieren.[355] Hinsichtlich der Einordnung der Bedeutung des Items **Wissen & Fähigkeiten** ist zu erläutern, dass auch wenn die Externalisierung von *implizitem* zu *explizitem* Wissen durch Wissensmanagementsysteme in Messeunternehmen voranschreitet, die Ressource Wissen, also in einen Kontext gefasste Information, nach dem hier vorliegenden Verständnis weiterhin bei den Mitarbeitern liegt.[356] In Abgrenzung dazu findet das in der Literatur als explizit bezeichnete, letztlich zu Daten und Information externalisierte Wissen[357] im Element **Vermögenswerte & Immaterialgüterrechte** Berücksichtigung.[358] Als für Messeunternehmen besonders wichtige Wissensbereiche werden weitreichende Markt- und Kundenkenntnisse,[359] organisatorische Fähigkeiten in Bezug auf die Konzeption und Umsetzung von Veranstaltungen sowie die Innovationsfähigkeit genannt.[360]

---

[352]Vgl. Dornscheidt (2017), S. 284; Arzt (2007), S. 177.
[353]Vgl. Arzt (2007), S. 177.
[354]Vgl. Nittbaur (2001), S. 327.
[355]Vgl. Neven & Rosenbach (2017), S. 788.
[356]Vgl. Alavi & Leidner (2001), S. 109; Davenport & Prusak (1998), S. 6.
[357]Vgl. Nonaka (2007), S. 165f.; Purvis, Sambamurthy & Zmud (2001), S. 118; Hall (1993), S. 610 und Barney (1991), S. 101. Auch die Fähigkeiten der Mitarbeiter basieren letztlich auf deren Wissen in unterschiedlichster Form, etwa als Erfahrungen, Fertigkeiten, Routinen oder Kompetenzen (vgl. Winterton, Delamare-Le Deist & Stringfellow (2005), S. 9 und Nittbaur (2001), S. 234).
[358]Eine ähnliche Einordnung nimmt auch ROBERTZ vor, der die Datenbanken den Verfügungsrechten bzw. den Vermögenswerten zuordnet, persönliche Beziehungen aber den Fähigkeiten zuweist (Robertz (1999), S. 109).
[359]Vgl. Stoeck & Schraudy (2017), S. 174; Delfmann & Arzt (2005c), S. 132; Zygojannis (2005b), S. 167.
[360]Vgl. Delfmann & Arzt (2005c), S. 132; Nittbaur (2001), S. 233; Robertz (1999), S. 109.

2.4 Das Geschäftsmodell eines Messeveranstalters

Damit eng verknüpft sind die **Personalanforderungen** eines Messeveranstalters, der die Zusammensetzung seiner Belegschaft an den anzustrebenden Fähigkeiten und Kompetenzen des Unternehmens ausrichten muss. Als besonders hervorzuhebende Anforderungen, über die jeder Messeveranstalter innerhalb seiner Belegschaft verfügen sollte, gehören je nach Tätigkeitsbereich eine ausgeprägte Kunden- und Serviceorientierung, Kontaktfreudigkeit, Kommunikations- und Organisationsgeschick, weitreichende Markt- und Branchenkenntnisse, Konzeptstärke und Kreativität, Vertriebsstärke sowie die Fähigkeit, komplexe operative und wirtschaftliche Zusammenhänge zu erfassen und zu Stoßzeiten stressresistent zu agieren.[361]

Sowohl aus dem Item Wissen & Fähigkeiten als auch aus den Personalanforderungen lässt sich darüber hinaus auf die besondere Relevanz der **persönlichen Beziehungen** schließen, die unmittelbar mit dem Humankapital des Messeveranstalters verknüpft sind.[362] Als Kern des Beziehungsnetzwerkes des Messeunternehmens können die Beziehungen der Mitarbeiter zu Kunden und Interessengruppen einen wesentlichen Wettbewerbsvorteil bedeuten, der schwer zu imitieren ist.[363]

Schließlich ist bei Betrachtung der **Personalausstattung** eines Messeveranstalters die Besonderheit anzumerken, dass die Größe des Pools an festangestellten Mitarbeitern eines Messeveranstalters und der eigentliche Personalbedarf zur unmittelbaren Durchführung der Messe bisweilen weit auseinander liegen. Um auf unterschiedliche Messeturni und Veranstaltungsgrößen personell flexibel reagieren zu können, setzen viele Messeveranstalter in bestimmten Tätigkeitsbereichen, wie dem Eingangsmanagement, auf den Einsatz von Fremdpersonal.[364] Umgekehrt nutzen Messeveranstalter alternierende Messeturni, um Projektmitarbeiter für unterschiedliche Messeprojekte einzusetzen und Skaleneffekte zu heben.[365]

---

[361] Vgl. Bonder (2015); Stoeck & Schraudy (2017), S. 174; Arzt (2007), S. 177; Delfmann & Arzt (2005c), S. 132; Dornscheidt (2017), S. 284; Wünsch (2016c); Wünsch (2016b); Neven & Rosenbach (2017), S. 787f.; Dierig (2011). WEBER verlangt darüber hinaus eine hohe Identifikation mit dem Produkt Messe: „Sie brauchen Mitarbeiter, die gegenüber den Kunden das Produkt Messe zuverlässig sowie menschlich und fachlich kompetent vertreten." (Weber (2003), S. 974).

[362] NITTBAUR ordnet die persönlichen Beziehungen sogar den unternehmerischen Fähigkeiten eines Messeveranstalters zu (vgl. Nittbaur (2001), S. 234). Innerhalb der vorliegenden Ausarbeitung werden die persönlichen Beziehungen jedoch als separates Item des Humankapitals betrachtet.

[363] Vgl. Nittbaur (2001), S. 234; Kirchgeorg & Klante (2017), S. 292; Robertz (1999), S. 109; Delfmann & Arzt (2005c), S. 132.

[364] Vgl. Arzt (2007), S. 179.

[365] Vgl. Huber (1994), S. 82.

Welche Ressourcendimension in der Messewirtschaft größeres Potenzial zum Aufbau von Wettbewerbsvorteilen gemäß der Theorie des ressourcenbasierten Ansatzes bietet, wird weithin diskutiert. NITTBAUR weist in seinen Ausführungen darauf hin, dass er keine positive Korrelation zwischen den physischen Ressourcen eines Messeveranstalters und dem Unternehmenserfolg erkenne und sich ausschließlich auf Basis tangibler Ressourcen kein nachhaltiger Wettbewerbsvorteil generieren lasse, da die technische Ausstattung eines Messeplatzes recht einfach zu imitieren sei.[366] Auch RUGMAN & VERBEKE heben die Bedeutung intangibler Ressourcen, explizit Fähigkeiten und Kompetenzen, für den Erfolg eines Unternehmens hervor.[367] ROBERTZ erkennt an, dass intangible Ressourcen aufgrund ihrer Komplexität und Unternehmensspezifität schwieriger zu imitieren und zu ersetzen sind.[368] Diesbezüglich ist insbesondere auf die persönlichen Beziehungen als nicht imitierbare Ressource hinzuweisen. ROBERTZ betont jedoch ebenfalls, dass die Verfügbarkeit von Messekapazitäten an geeigneten Standorten immer wieder Engpässe hervorruft und die physische Ausstattung eines Messeplatzes einen entscheidenden Wettbewerbsfaktor darstellt.[369]

Vor diesem Hintergrund sind unbedingt die unterschiedlichen Bedingungen zu berücksichtigen, unter denen Messeveranstalter mit eigenem Gelände und wiederum Messeveranstalter ohne eigenes Gelände operieren. Während Veranstalter mit eigenem Gelände fortwährend die eigene Ressourcenausstattung etwa hinsichtlich der Ausstattung der Hallen oder der Anbindung an die Verkehrswege überprüfen müssen und diese entscheidend beeinflussen können, agieren Messeveranstalter ohne eigenes Gelände hier grundsätzlich flexibler und führen ihre Veranstaltungen dort durch, wo sie die infrastrukturell beste Ressourcenausstattung und die beste Marktanbindung vorfinden. Insbesondere auf dem deutschen Messemarkt, der maßgeblich von Veranstaltern mit eigenem Gelände geprägt ist, sind dieser Flexibilität der Veranstalter ohne eigenes Gelände allerdings Grenzen gesetzt, da ein Interesse für die Veranstalter mit eigenem Gelände besteht, die eigenen Veranstaltungen in den besonders nachgefragten Zeiträumen für Messen (z. B. traditionell im Herbst) zu platzieren (zusammenfassend siehe Abbildung 2.5).[370]

---

[366]Nittbaur (2001), S. 229.
[367]Rugman & Verbeke (2002), S. 770.
[368]Robertz (1999), S. 108 basierend auf Hall (1992), S. 135.
[369]Siehe hierzu auch Arzt (2007), S. 171ff. und Taeger (1993), S. 63.
[370]Vgl. Arzt (2007), S. 174.

2.4 Das Geschäftsmodell eines Messeveranstalters

generischer Teil		messespezifischer Teil
Dimension	Element	Itemauswahl
Tangible Ressourcen	Messeinfrastruktur	• Basisausstattung • Ergänzende Ausstattung • Technische Ausstattung • externe Standortfaktoren
	Sonstige Investitionsgüter	• Verwaltungsimmobilien • Büroausstattung • Transportmittel
	Finanzielle Ressourcen	• Finanzierungsquellen
Intangible Ressourcen	Vermögenswerte/ Immaterialgüterrechte	• Marken • Kunden- & Marktinformationen • Inhalte • Messelizenzen • Geländenutzungsrechte
	Organisationale Ressourcen	• Management-Systeme
	Humankapital	• Wissen & Fähigkeiten • Personalanforderungen • Persönliche Beziehungen • Personalausstattung

Abbildung 2.5 Die Ressourcenausstattung eines Messeveranstalters

2.4.4 Zwischenfazit zum Geschäftsmodell eines Messeveranstalters

Die erörterten Komponenten, Dimensionen, Elemente und Items umfassen die für die Wertschöpfung eines Messeveranstalters relevanten Bestandteile eines aktivitätenorientierten Geschäftsmodelles. Die Bestandteile lassen sich aktiv von den handelnden Personen des Unternehmens steuern, so dass sich das Modell auf veränderte Umwelteinflüsse anpassen und sich entsprechend auch als Entscheidungshilfe heranziehen lässt. Die vertiefende Darstellung der Komponenten, Dimensionen und Elemente bis hin zu den aufgeführten Items dient dazu, die Bestandteile detailliert zu erläutern. Entlang ebenjener Struktur können nun die Auswirkungen der Digitalisierung auf die Wertschöpfung eines Messeveranstalters systematisch und differenziert analysiert werden.

Im Ergebnis bestätigt die nun vorliegende Geschäftsmodell-Struktur die erwartete hohe Komplexität und Vielseitigkeit der Wertschöpfung in der Messewirtschaft und legt das Wertschöpfungssystem anschaulich dar. In Abgrenzung zu anderen Strukturierungsansätzen wie PORTERs Wertkette, die die Wertschöpfungsaktivitäten in primäre und unterstützende Aktivitäten einteilt, wird eine

Bewertung der Relevanz der einzelnen Bestandteile der Wertschöpfung nicht vorgenommen und somit eine ergebnisoffene Analyse des Einflusses der Digitalisierung auf die Wertschöpfung eines Messeveranstalters ermöglicht. Auf relevante, unmittelbare Zusammenhänge unter den einzelnen Geschäftsmodell-Bausteinen wird in der Erläuterung der Bestandteile hingewiesen.

Trotz der hohen Anzahl einzelner Elemente gewährleistet die Struktur eine intuitive, schnelle Zuordnung von Entwicklungen aus der Praxis in den Geschäftsmodell-Kontext. So lassen sich betroffene Bestandteile des Modells identifizieren und mögliche Folgewirkungen auf andere Bereiche diskutieren. Das Modell ist auch in seinen Untergruppen überschneidungsfrei und umfasst aus Sicht der Messeexperten die relevantesten, aktivitätsgesteuerten Bestandteile der Wertschöpfung. Damit bietet das Geschäftsmodell eines Messeveranstalters eine wichtige Grundlage zur systematischen, strukturierten Analyse der Auswirkungen der Digitalisierung auf die Wertschöpfung von Messeveranstaltern (Abbildung 2.6).

generischer Teil		messespezifischer Teil
Komponente	**Dimension**	**Element**
Unternehmenskernlogik (strategische Ebene)	Produkt-Markt-Kombination	• Zielmarkt • Messetypus • Geografischer Fokus
	Interne Strukturgrundsätze	• Geschäftsleitlinien • Arbeitsleitlinien
	Externes Wertschöpfungsnetzwerk	• Beziehung zu Interessengruppen • Strategische Kundenzielgruppen
Konfiguration der Wertschöpfungsaktivitäten (Aktivitätenebene)	unterstützende Aktivitäten	• Ressourcenmanagement • Konzeptgenerierung & Produktpflege • Mitarbeiter- & Prozesskommunikation
	Produktion	• Veranstaltungsportfolio • Messeprodukt • Veranstaltungsumsetzung • Serviceangebot
	Vermarktung	• Werbung & Kommunikation • Aussteller- & Besuchervertrieb • Preissetzung
Ressourcenausstattung (Ressourcenebene)	Tangible Ressourcen	• Messeinfrastruktur • sonstige Investitionsgüter • Finanzielle Ressourcen
	Intangible Ressourcen	• Vermögenswerte/Immaterialgüterrechte • organisationale Ressourcen • Humankapital

Abbildung 2.6 Das Geschäftsmodell eines Messeveranstalters (siehe hierzu auch Daft (2015), S. 189)

Das Phänomen Digitalisierung 3

Nun da die Wertschöpfungsstruktur eines Messeveranstalters umfassend dargelegt ist, bedarf es der systematisierten Erfassung des Phänomens Digitalisierung, um im Folgeschritt dessen Auswirkungen auf die Wertschöpfung eines Messeveranstalters untersuchen zu können.

Die Digitalisierung ist in Wirtschaft und Gesellschaft in aller Munde. Ausgelöst durch den anhaltenden technologischen Fortschritt im Bereich der Halbleitertechnologien[1] wurde ein Transformationsprozess angestoßen, der in seinen Auswirkungen auf Privat- und Geschäftsleben derart tiefgründig und umfassend voranschreitet, dass von einer weiteren industriellen Revolution oder einer dieser in ihrer historischen Bedeutung ebenbürtigen Entwicklung die Rede ist.[2] Der Einfluss digitaler Technologien ist dabei nicht nur in vielen Lebensbereichen allgegenwärtig, er lässt sich auch kaum mehr umgehen, geschweige denn umkehren.[3] Menschen, Organisationen und Maschinen in allen Regionen der Welt nutzen täglich digitale Netzwerke zur Kommunikation.[4] Ein bedeutender Teil des weltweiten Handelsvolumens wird heute über Onlinekanäle umgesetzt[5] und Unternehmen steuern die von Maschinen ausgeführten Produktionsabläufe digital aus der Ferne.[6] In Regierungserklärungen und unternehmerischen Visionen nimmt das Nutzen der Chancen und die Bewältigung der Herausforderungen der

---

[1] Vgl. Bomsel & Le Blanc (2004), S. 195.
[2] Vgl. Westerman, Bonnet & McAfee (2014), S. 2; Tapscott (1996), S. 2; Brynjolfsson & McAfee (2014), S. 7ff; Groth (1999), S. 112.
[3] Vgl. Die Bundesregierung (2014), S. 4.; Andreessen (2011); Westerman et al. (2014), S. 5.
[4] Vgl. Miniwatts Marketing Group (2019); Cortada (2008)
[5] Vgl. IW Consult & BITKOM (2014); eMarketer (2018).
[6] Vgl. Merz (2015).

© Der/die Herausgeber bzw. der/die Autor(en), exklusiv lizenziert durch Springer
Fachmedien Wiesbaden GmbH, ein Teil von Springer Nature 2020
C. Menke, *Die Digitalisierung von Messeveranstaltern*,
https://doi.org/10.1007/978-3-658-31595-5_3

Digitalisierung einen festen Platz ein und auch die Wissenschaft widmet sich dem Thema über verschiedene Disziplinen hinweg.[7] Insofern sind auch weitreichende Auswirkungen auf die Wertschöpfung eines Messeveranstalters zu erwarten. Doch selten ist dabei eindeutig, was sich genau hinter dem Begriff Digitalisierung verbirgt. Abseits des grob umrissenen Transformationsprozesses beschreibt der Ausdruck ursprünglich die Umwandlung analoger Information in digitale Daten.[8] Beide Interpretationen sind eng miteinander verknüpft, indem letztere, technologisch geprägte Lesart als Grundlage für ersteren Kontext zu verstehen ist. Die jüngere, sozialwissenschaftlich orientierte Sichtweise wird im weiteren Verlauf der Untersuchung im Fokus stehen, so auch beim Vorhaben, die umfassende Betrachtung der vielschichtigen und facettenreichen Erscheinungsformen systematisiert mittels einer holistischen Struktur durchzuführen.[9] Für die Analyse des Einflusses der Digitalisierung auf ein Unternehmen und die Entwicklung entsprechender Schlussfolgerungen ist es unabdingbar, zu verstehen, in welchen unterschiedlichen Formen und Ausprägungen sie konkret auf die Wertschöpfung einwirkt.[10] Es ist daher Ziel dieses Kapitels, das Verständnis von der Digitalisierung zu schärfen, indem die bisherige Entwicklung des Phänomens nachvollzogen, seine technologischen Säulen und unterschiedlichen Facetten erfasst, beschrieben und strukturiert werden. Darüber hinaus wird eine Definition des Begriffs entwickelt. Im Ergebnis liefern die daraus resultierenden Kategorien und Begrifflichkeiten hilfreiche Orientierung, nach welchen konkreten Einflüssen der Digitalisierung auf die Wertschöpfung eines Messeveranstalters zu suchen ist.[11]

---

[7]Vgl. Merkel (2016); Bharati & Tarasewich (2002), S. 21 oder auch Bendel (2016): Neben den Ingenieurs- und Wirtschaftswissenschaften setzen sich beispielsweise auch die Psychologie, aber auch Natur- und Rechtswissenschaften mit den Herausforderungen der Digitalisierung auseinander – mit zum Teil unterschiedlichsten Ansätzen und Perspektiven.

[8]Vgl. Varian & Shapiro (1998), S. 3; Brynjolfsson & McAfee (2014), S. 61; Hess (2013).

[9]Vgl. Yoo, Henfridsson & Lyytinen (2010), S. 725.

[10]Vgl. Tapscott (1996), S. 96. und Westerman et al. (2014), S. 179.

[11]Aus der Vorgehensweise, die Entwicklung der Digitalisierung zunächst anhand der Einführung verschiedener Schlüsseltechnologien chronologisch nachzuvollziehen, soll nicht der Eindruck entstehen, dass es sich dabei um einen mehr oder minder konsistenten Evolutionsprozess aus einer Abfolge stringent aufeinander aufbauender Innovationen handelt. Obschon viele der Technologien von wiederum anderen grundsätzlich profitierten, ist festzuhalten, dass selbst zeitlich direkt aufeinanderfolgende Innovationen nur in vereinzelten Fällen in einem unmittelbaren Bezug zueinander entwickelt wurden. Vielmehr ist zu beobachten, dass bereits erfundenen Technologien erst durch Rekombination mit wiederum anderen, bereits bestehenden Erfindungen der Durchbruch gelang (vgl. Mahoney

3.1 Anfänge und Entwicklung

Angesichts der hohen, möglicherweise sogar weiter zunehmenden Entwicklungsgeschwindigkeit im Bereich der digitalen Technologien[12] wird auch die umfassendste, statische Darstellung des Phänomens schon bald wieder im Detail überholt und niemals vollständig sein.[13] Dennoch beansprucht die vorzustellende Struktur, eine nachhaltige Orientierungshilfe zu bieten, die die maßgeblichen, übergeordneten Einflussbereiche der Digitalisierung benennt. Darüber hinaus soll über diese Struktur die grundsätzliche Beweisführung gelingen, wie umfassend und tiefgreifend sich die Digitalisierung auf Wirtschaft und Gesellschaft auswirkt.

3.1 Anfänge und Entwicklung

3.1.1 Die Entwicklung des Computers

Die Geburtsstunde der Digitalisierung schlug mit der Erkenntnis, dass sich jede Zahl über das Dual- bzw. Binärsystem mit nur zwei verschiedenen Ziffern, meist 0 und 1, darstellen lässt.[14] Wenn auch heute Zweifel daran bestehen, dass VON LEIBNIZ dieses Prinzip erfand, so war er zumindest derjenige, der die Logik des Binärsystems im Jahr 1703 erstmals einem breiteren Publikum erläuterte.[15] Das System operiert im Vergleich zum Dezimalsystem mit deutlich weniger, nämlich zwei statt zehn unterschiedlichen Ziffern, um dieselbe Zahl auszudrücken.[16] Zudem lassen sich über Kombinationen von 0 und 1 auch Buchstaben und andere Arten von Information diskret darstellen.[17] Auf diesem System beruht entsprechend mit der *Homogenisierung* von Daten ein Grundprinzip der Digitalisierung, denn die Möglichkeit, jedwede Information über Kombinationen von 1 und 0 auszudrücken, macht diese Information für jedes digitale Gerät zugänglich.[18]

(2011), S. 5; Iansiti & Lakhani (2014), S. 93; Brynjolfsson & McAfee (2014), S. 78; van Knippenberg, Dahlander, Haas & George (2015), S. 652).

[12] Vgl. Yoo, Boland Jr., Lyytinen & Majchrzak (2012), S. 1405; Westerman et al. (2014), S. 245f. und Brynjolfsson & McAfee (2014), S. 40ff.

[13] Vgl. Corrocher & Ordanini (2002), S. 9.

[14] Vgl. Shirley (1951), S. 452; Tapscott (1996), S. 48. und S. 97.

[15] Vgl. von Leibniz (1703); Shirley (1951), S. 453.

[16] Vgl. Lipp & Becker (2011), S. 10.

[17] Vgl. von Neumann (1945), S. 1; Davis (1949); Tapscott (1996), S. 48.

[18] Vgl. Yoo et al. (2010), S. 726.

Diese Eigenschaften macht sich die Digitaltechnik bis heute zunutze: Die Kerntechnologie eines digitalen Computers besteht darin, zu erkennen, ob innerhalb der einzelnen, darin verbauten elektronischen Schaltungen Strom fließt – oder nicht. Den Stromfluss kontrollieren dabei sogenannte *Transistoren*, die über einen Steuerstrom gesteuert entweder den diskreten Signalzustand „Strom Aus" oder „Strom An" bzw. 0 oder 1 annehmen.[19, 20] Diese Signale lassen sich daher nicht nur quasi fehlerfrei kopieren, sondern die hierfür benötigten Schaltungen sind heute auch relativ einfach und damit kostengünstig zu konstruieren.[21] Die Entwicklung des Transistors stellt also einen Meilenstein in der Digitaltechnik dar, weil dadurch die Aneinanderreihung und zuverlässige Steuerung zahlreicher solcher Schaltungen auf kleinem Raum ermöglicht wurde.[22] Der Transistor (wenig später unterstützt durch die Fertigungsmethodik *integrierter Schaltungen*) beförderte daher einen massiven Fortschritt in der Entwicklung kleiner, leistungsfähiger und kostengünstiger Computer.[23]

---

[19]Vgl. O'Regan (2012), S. 28. Ein Transistor kann entsprechend jeweils eine Ziffer im binären Zahlensystem darstellen bzw. ein *binary digit* oder kurz *Bit*. Acht Bits werden dabei zu einem *Byte* zusammengefasst. Da es sich jeweils um diskrete Signalzustände handelt, sind die gesendeten Signale weniger störanfällig und lassen sich beliebig oft wiederholen, also auch annähernd fehlerfrei kopieren (vgl. Lipp & Becker (2011), S. 28–30; Fischer & Hofer (2011), S. 243).

[20]Dass in diesem Zusammenhang von digitaler Technologie gesprochen wird, ist dem lateinischen Wort *digitus* für „Finger" geschuldet. Da die Finger wie heute so auch schon vor Jahrhunderten zum Zählen genutzt wurden, erhielt das lateinische digitus die weitere Bedeutung „Ziffer" und wurde mit diesem Wortsinn über das Wort *digit* ins Englische übertragen. Digital bedeutet wörtlich also „in Ziffern ausgedrückt" (vgl. Georges (2017), S. 638; Fischer & Hofer (2011), S. 243).

[21]Vgl. Lipp & Becker (2011), S. 10 und S. 28. Bis zur Erfindung des oben genannten Transistors durch SHOCKLEY, BARDEEN und BRATTAIN im Jahr 1947 waren entweder Vakuumröhren, oder wie beim ersten digitalen Computer, dem 1941 vorgestellten Z3 von ZUSE, Relais für die Schaltungen verwendet worden. Beide Technologien waren langsamer, unzuverlässiger, benötigten mehr Energie und nahmen deutlich mehr Platz in Anspruch, als Transistoren (vgl. Bruderer (2017); Tapscott (1996), S. 97; Bruderer (2017), S. 80).

[22]Vgl. von Puttkamer (1990), S. 56; Lipp & Becker (2011), S. 11; Groth (1999), S. 188.

[23]Vgl. Freeman & Louçã (2002), S. 304; Groth (1999), S. 192; O'Regan (2012), S. 29. Inzwischen lassen sich mehr als eine Milliarde Transistoren auf einem Silikon-Mikrochip platzieren und in Tausendstelsekundenbruchteilen ansteuern bzw. an- und ausschalten, wodurch wiederum erheblich komplexere Arten von Information verarbeitet werden können (vgl. Cross (2016), S. 13). MOORE sah diese Entwicklung schon 1965 voraus, als er in einem Artikel als Randbemerkung festhielt, was später zum Mooreschen Gesetz interpretiert umfassende Bekanntheit erlangen sollte: Durch die Platzierung von immer mehr Transistoren auf eine bestimmte Fläche würde die Rechenleistung integrierter Schaltungen

3.1 Anfänge und Entwicklung

Das Zusammenspiel der einzelnen Computerkomponenten folgt dabei bis heute der Arbeitsweise der bereits 1945 von VON NEUMANN vorgestellten Systemarchitektur.[24] Die *Von-Neumann-Architektur* setzt sich dabei aus den Schlüsselkomponenten „Steuer-, Rechen-, Eingabe-, Ausgabewerk und Speicher"[25] zusammen, wobei die Steuer- und Recheneinheit üblicherweise zur *CPU (Central Processing Unit)* zusammengefasst und auf einem *Mikroprozessor* integriert verbaut wird.[26] Aufgabe der Recheneinheit ist es, die notwendigen arithmetischen Operationen auszuführen, die Steuereinheit regelt die Abfolge dieser Operationen, der Speicher enthält alle Programmdaten und -instruktionen und über die Ein- und Ausgabeeinheiten erfolgt die Interaktion mit der Außenwelt, um etwa neue Programmbefehle auf den Speicher aufspielen oder aus den arithmetischen Operationen hervorgehende Ergebnisse darstellen zu können.[27]

Neben der Entwicklung des Standards für die Systemarchitektur von Computern ist die *Von-Neumann-Architektur* auch insofern von besonderer Bedeutung, als dass sie anregte, Programmbefehle von außen flexibel anpassen zu können. Digitale Geräte besitzen heute re-programmierbare Funktionalitäten,[28] während die ersten Computer noch darauf ausgelegt waren, ausschließlich eine vorher programmierte, spezifische Aufgabe auszuführen.[29] Darüber hinaus lassen sich aus der *Von-Neumann-Architektur* die Kernbestandteile eines modernen Datenverarbeitungssystems ableiten: VON NEUMANNs Schlüsselkomponenten bilden

---

bei annähernd gleich bleibenden Kosten alle 18–24 Monate verdoppelt werden können (vgl. Moore (1965), S. 83). MOORE sprach ursprünglich von einer jährlichen Verdopplung der Rechenleistung. Diese Annahme passte er später auf zwei Jahre an (vgl. Moore (1975)). Dass MOORE im Artikel von 1965 auch die Entwicklung des Heimcomputers und quasi auch die des Mobiltelefons vorhersah, untermauert seine Weitsicht (siehe auch Fischer & Hofer (2011), S. 583; Brynjolfsson & McAfee (2014), S. 40ff.; Groth (1999), S. 187).

Erst über 50 Jahre später scheint die Grenze des Mooreschen Gesetzes zumindest in Sicht: Der von MOORE mitgegründete Chiphersteller *Intel* gibt an, eine Verdopplung der Rechenleistung nur noch alle zweieinhalb Jahre erreichen zu können. Dies wird damit begründet, dass die Chipentwickler an die Grenzen des physisch Machbaren und des wirtschaftlich Sinnvollen stoßen (vgl. Cross (2016); Denning & Lewis (2017), S. 54; Cross (2016); Waldrop (2016), S. 145ff.).

[24] Vgl. Freeman & Louçã (2002), S. 310.
[25] Fischer & Hofer (2011), S. 52.
[26] Vgl. Langlois (2002); Fischer & Hofer (2011), S. 190; Tapscott (1996), S. 98; Groth (1999), S. 211.
[27] Vgl. von Neumann (1945), S. 1ff.; O'Regan (2012), S. 32.
[28] Vgl. Yoo et al. (2010), S. 726.
[29] Vgl. von Neumann (1945); O'Regan (2012), S. 31f.

die *Hardware* eines Computers, also die physischen Bestandteile bestehend aus Transistoren, integrierten Schaltungen, Mikrochips oder auch Laufwerken, Tastatur und Speichermedien.[30] Die Programmbefehle und Daten sind hingegen intangibel und lediglich als *Software* existent.[31] Dabei ist zwischen *Systemsoftware*, die insgesamt die Funktionalität der Hardwarekomponenten untereinander gewährleistet und *Anwendungssoftware*, die Programmbefehle zur Ausführung einer spezifischen Aufgabe enthält, zu unterscheiden.[32]

Die genannten Schlüsselinnovationen trugen in bedeutenden Maße dazu bei, dass die externalisierte, also außerhalb des menschlichen Gehirns stattfindende Informationsverarbeitung,[33] möglich wurde und der Computer Einzug in das Geschäfts- und Privatleben der Menschen hielt.[34] Waren die Rechner in den 1940er und 1950er Jahren noch hauptsächlich für wissenschaftliche Untersuchungen und insbesondere militärische Zwecke genutzt worden,[35] führte ihre zunehmende Verkleinerung sowie die Senkung der Anschaffungskosten dazu, dass die Geräte auch für Unternehmen und später für Privatpersonen interessant wurden.[36] Mit dem Ziel, eine kostengünstige, anpassungsfähige Alternative zu den bisher entwickelten, relativ starr konstruierten Großrechnern anzubieten, stellte das Unternehmen *IBM* 1964 eine flexible Computergeneration mit dem Namen *System/360* vor.[37] Das *System/360* war – auch in wirtschaftlicher Hinsicht – ein voller Erfolg und begründete eine über Jahre während Pfadabhängigkeit unter gewerblichen Computernutzern zu Gunsten von *IBM*- beziehungsweise *IBM*-kompatiblen Produkten.[38]

---

[30] Vgl. Fischer & Hofer (2011), S. 379.
[31] Vgl. Fischer & Hofer (2011), S. 837.
[32] Vgl. O'Regan (2012), S. 33.
[33] Vgl. Groth (1999), S. 186.
[34] Vgl. Statistisches Bundesamt (2016); Cortada (2008), S. 4.
[35] Vgl. Cortada (2008), S. 7.
[36] Vgl. Freeman & Louçã (2002), S. 314.
[37] Vgl. Cortada (2008), S. 5; O'Regan (2012), S. 57f. Das als Produktfamilie konzipierte Modell war so entwickelt worden, dass es sich je nach Kundenbedarf und Budget modular mit zusätzlichen oder auch im Rahmen des technologischen Fortschritts weiterentwickelten Komponenten und Programmen ausstatten ließ, um eine verbesserte Leistungsfähigkeit in Bezug auf Rechenleistung, Geschwindigkeit und Speicher zu erhalten, oder Programmfunktionen zu ergänzen (vgl. Tapscott (1996), S. 108).
[38] Vgl. Tapscott (1996), S. 98; Cortada (2008), S. 5; O'Regan (2012), S. 58. Der auch als *S/360* bekannte *IBM*-Rechner leistete unter anderem einen wesentlichen Beitrag zum Gelingen der ersten Mondlandung im Jahr 1969. Digitale Neuentwicklungen im Bereich Hard- und Software führen immer wieder zur Entstehung von Pfadabhängigkeiten, die

3.1 Anfänge und Entwicklung

Die ebenfalls von MOORE prophezeite Entwicklung des Heimcomputers[39] folgte kurze Zeit nach der Vorstellung des *System/360*. 1975 stellte ROBERTS den *Altair 8800* vor, der als erster Heimcomputer nennenswerten wirtschaftlichen Erfolg erzielte.[40] Der endgültige Durchbruch des Heimcomputers gelang schließlich wiederum *IBM*, die 1981 mit der Einführung des *IBM Personal Computers* (*PC*), auf Anhieb einen neuen Industriestandard setzten.[41] Als eine bedeutende Errungenschaft des *IBM* Personal Computers ist festzuhalten, dass durch dessen Einführung Millionen von Menschen erstmals direkten Zugang zur Computertechnologie erhielten, indem sie die Geräte und dafür geschriebene Programme zu relativ erschwinglichen Konditionen nutzen konnten und sogar in Eigenregie weiterentwickelten.[42]

Zwei Jahre nach Einführung des Personal Computers stellte das Telekommunikationsunternehmen *Motorola* mit dem *DynaTAC 8000X* das erste kommerzielle Mobiltelefon vor und leitete damit einen Wandel zur ortsunabhängigen Kommunikation ein.[43] Die ab 1991 erfolgte, schrittweise Einführung des volldigitalen *Global System for Mobile Communications (GSM)*-Standards verhalf schließlich dem Mobilfunk zum Durchbruch.[44] Durch die GSM-Technologie erst

---

bisweilen auch im Widerspruch zur relativ kurzen Innovationsfrequenz bei digitalen Technologien stehen (vgl. David (1985)).

[39] Vgl. Moore (1965), S. 82.

[40] Vgl. O'Regan (2012), S. 60; Roberts & Yates (1975).

[41] Vgl. IBM (1981); Haigh (2012), S. 35. Um den Rechner schnell auf den Markt zu bringen, bedienten sich die *IBM*-Techniker dabei bereits entwickelter Gerätekomponenten von externen Partnern, wie *Intel* für den Mikroprozessor oder *Microsoft* für das Betriebssystem, wodurch neben der Entwicklungszeit des Computers auch die Herstellungskosten erheblich reduziert werden konnten. Der daraus resultierende Preisvorteil gegenüber vergleichbaren Konkurrenzprodukten trug – neben der umfangreichen und flexibel erweiterbaren technischen Ausstattung sowie der kompakten Bauweise – maßgeblich zum Erfolg des PC bei (vgl. Freeman & Louçã (2002), S. 314; O'Regan (2012), S. 64; Haigh (2012), S. 35; IBM (1981)). Der IBM PC war mit einem für damalige Verhältnisse hochmodernen Mikroprozessor, einer Tastatur und Lautsprechern ausgestattet, konnte farbige Grafiken darstellen und ließ sich sowohl mit einem Drucker, als auch einem Fernsehgerät verbinden.

[42] Durch die Open-Architecture-Bauweise der IBM-kompatiblen PCs konnte jeder, mit wenigen Grundkenntnissen zur Computertechnik ausgestattete PC-Interessierte die in zahlreichen Varianten verfügbaren Hardwarekomponenten nach seinen individuellen Bedürfnissen zusammenbauen. Entrepreneure wie Michael Dell, Gründer des heute zu den marktführenden Computerherstellern zählenden Unternehmens Dell, gingen noch einen Schritt weiter und bauten auf der Zusammenstellung individuell wählbarer Komponenten zu einem PC ein Geschäftsmodell auf (siehe dazu Haigh (2012), S. 36).

[43] Vgl. O'Regan (2012), S. 66.

[44] Vgl. O'Regan (2012), S. 66f.

ermöglichte, zusätzliche Fähigkeiten, wie Datenübertragung, das Versenden von Textnachrichten oder auch Speicherung von Kontakten und Mobilfunkanbieter-Daten auf der sogenannten *SIM*-Karte *(Subscriber Identity Module)* machten die technologische Konvergenz der Computer- und der Telekommunikationsindustrie zunehmend greifbar.[45]

Die Weiterentwicklung der Kommunikationstechnik ist für den Verlauf der Digitalisierung von großer Bedeutung. Durch die Evolution der Halbleitertechnologien wurde die Informationsverarbeitung nicht nur externalisiert, sondern auch praktisch unbegrenzte externe Speicherkapazität geschaffen. Das darin liegende Potenzial konnte jedoch erst gehoben werden, als die Kommunikationstechnologie es ermöglichte, die massiv ansteigende Menge an digitaler Information in überschaubarer Zeit zwischen beliebigen Orten zu transferieren.[46]

3.1.2 Die Entstehung von Internet und World Wide Web

Ähnlich wie die Entwicklung des Computers war auch die Entstehung des Internets in seinen Anfängen eng mit militärischen Motiven verknüpft.[47] Inspiriert von der Idee eines „galaktischen Netzwerkes"[48] aus Computern nach LICKLIDER[49] installierte die vom US-Verteidigungsministerium aufgebaute *Advanced Research Projects Agency (ARPA)* 1969 mit dem *ARPANET* das erste Computernetzwerk, das einen unmittelbaren Datenaustausch über nennenswerte Entfernungen zwischen Computern verschiedener Universitäten ermöglichte.[50] Der erfolgreichen Einführung des ARPANET gingen dabei zwei wesentliche Zwischenschritte unmittelbar voraus: zum einen war es MARILL und ROBERTS 1965 erstmals gelungen, zwei Computer über eine Telefonleitung miteinander kommunizieren zu lassen.[51] Das Experiment verdeutlichte auch, dass es einer Alternative zur

---

[45]Vgl. Freeman & Louçã (2002), S. 319; Wirtz (2016), S. 121. Branchenübergreifende Kooperationen zwischen Unternehmen der jeweiligen Branche wurden jedoch weiterhin zunächst nur zurückhaltend betrieben (vgl. Duysters (1995), S. 190; Tapscott (1996), S. 59).
[46]Vgl. Groth (1999), S. 123.
[47]Vgl. Mahoney (2011), S. 31.
[48]Vgl. Licklider & Clark (1962).
[49]Vgl. Waldrop (2000); Becker (2013), S. 183; Rheingold (2000), S. 63f.
[50]Vgl. Leiner, Cerf, Clark, Kahn, Kleinrock, Lynch, Postel, Roberts & Wolff (1997), S. 103; Rheingold (2000), S. 69.
[51]Vgl. Marill & Roberts (1966), S. 430; O'Regan (2012), S. 103; Leiner et al. (1997), S. 103.

3.1 Anfänge und Entwicklung

äußerst langsamen und instabilen Datenübertragung per herkömmlicher *Leitungsvermittlung*[52] bedurfte, um einen angemessenen Nutzen aus der Vernetzung zu ziehen.[53] Folglich bedienten sich die Entwickler in Zukunft der von KLEINROCK vorgestellten *Paketvermittlung*, um Daten zu übertragen.[54]

Mit zunehmender Ausweitung des *ARPANET* entwickelte sich der Bedarf, das System mit anderen Computernetzwerken zu verknüpfen. Damit das *ARPANET* auch mit satelliten- und radiobasierten Netzwerken (unter anderem zunächst in Norwegen und Großbritannien) kommunizieren konnte, war die Entwicklung eines neuen Kommunikationsprotokolls notwendig, das Standards festlegte, mit welchen Übertragungsraten und Paketgrößen Computer und Netzwerke kommunizieren können.[55] Das *Transport Control Protocol (TCP)*, das definiert, wie Daten zu Paketen gepackt und anschließend wieder zusammenzusetzen sind, und das *Internet Protocol (IP)*, dass die Adressierung und Routenbestimmung der Pakete standardisiert, machten es schließlich möglich, dass unabhängig von der Art der verwendeten Kommunikationsgeräte viele kleinere Netzwerke zu einem großen verschmolzen – das *Internet* war geboren.[56]

Während nun immer mehr regionen- oder disziplinenspezifische Netzwerke als Teilbereiche des Internets entstanden, beanspruchte das 1985 von der US-Regierungseinrichtung *National Science Foundation (NSF)* eingeführte *NSFNET*, dem Wohl der gesamten Wissenschaft zu dienen. Zudem erkannte die NSF das wirtschaftliche Potential des Internets und bemühte sich um geschäftlich orientierte Netzwerkteilnehmer ohne direkten Wissenschaftsbezug.[57] Gegen Ende der 1980er Jahre wurde das *NSFNET* Stück für Stück durch das *ANSNET* abgelöst,

---

[52] Bei der Leitungsvermittlung, wie etwa beim klassischen Telefongespräch, werden Nachrichten über eine Reihe direkter, physischer, elektronischer Verbindungen zwischen Ursprung und Ziel übertragen. Währenddessen kann die betreffende Leitung nicht für andere Kommunikationsvorhaben genutzt werden (vgl. Fischer & Hofer (2011), S. 516f.).
[53] Vgl. Leiner et al. (1997), S. 103.
[54] Vgl. Leiner et al. (1997), S. 103; Kleinrock (1961). Bei dem noch heute für das Internet genutzten Konzept werden Botschaften und Daten in kleinere Datenpakete gepackt, mit einer Absender- sowie einer Empfängeradresse versehen und über verschiedene Knotenpunkte verschickt, in denen die Pakete, wenn nötig, auch zwischengelagert werden können. Dadurch ist es möglich, zahlreiche Datenpakete gleichzeitig zu versenden, ohne dass die Leitung, wie bei einem Telefongespräch, zeitweise belegt ist (vgl. Fischer & Hofer (2011), S. 651; Laudon & Laudon (2018), S. 283).
[55] Vgl. O'Regan (2012), S. 104; Leiner et al. (1997), S. 103.
[56] Vgl. Laudon & Laudon (2018), S. 284; O'Regan (2012), S. 105.
[57] Vgl. Leiner et al. (1997), S. 105; Rheingold (2000), S. 78.

das statt von einer Regierungseinrichtung nun nahezu ausschließlich von kommerziellen Telekommunikationsanbietern verwaltet wurde. 1989 waren rund 160.000 Computer und *Server* im *ANSNET* verbunden.[58]

Den entscheidenden Schritt von der noch auf militärische, wissenschaftliche oder zunehmend auch geschäftliche Zwecke limitierten Nutzung hin zur Allgegenwart in unzähligen Privathaushalten machte das Internet schließlich mit der Entwicklung des *World Wide Web (WWW)*, genau genommen einem Teilbereich des Internets,[59] durch BERNERS-LEE im Jahr 1989.[60] Als Teil einer Gruppe von Softwareentwicklern am *CERN*, dem *Europäischen Labor für Teilchenphysik* in Genf suchte BERNERS-LEE nach einer Lösung, den Wissensaustausch zwischen den forschenden Wissenschaftlern zu vereinfachen.[61] Dabei stellte er sich der Herausforderung, dass die relevanten Dokumente und Datenbanken aufgrund der hochgradig internationalen Zusammensetzung der Forschungsgemeinschaft teilweise über den gesamten Globus verteilt waren.[62] Zudem waren die unterschiedlichen Datensätze oftmals inkompatibel und damit selten über unterschiedliche Arten von Hard- und Software hinweg lesbar. Auch eine Funktion zur Suche von Inhalten fehlte.[63] Mit Anwendung der *Hypertext Markup Language (HTML)* gelang es BERNERS-LEE, einen Sprachstandard zu finden, mittels dessen sich die jeweiligen Daten auf nahezu allen Computern darstellen ließen.[64]

---

[58]Vgl. O'Regan (2012), S. 106.
[59]Vgl. Fischer & Hofer (2011), S. 1012.
[60]Vgl. O'Regan (2012), S. 106; Berners-Lee (1989).
[61]Vgl. Berners-Lee (1989), S. 3.
[62]Vgl. Tapscott (1996), S. 20; O'Regan (2012), S. 106.
[63]Vgl. Tapscott (1996), S. 20; Becker (2013), S. 188.
[64]Vgl. Berners-Lee (1989), S. 9; Becker (2013), S. 188; Tapscott (1996), S. 20; Kollmann (2019), S. 688. Über HTML wird jedes Wort nach Belieben zu einer Verknüpfung, einem sogenannten *Hyperlink* auf eine andere Seite im WWW, der angewählt werden kann, ohne dass eine neue Adresse händisch eingegeben werden muss. Weiterhin kommen den Nutzern drei von BERNERS-LEE entwickelte Schlüsselkonzepte zu Gute: 1) Durch den *Universal Resource Locator (URL)* hat jede Webseite eine standardisierte Adresse, anhand derer die entsprechenden Ressourcen lokalisiert und vom Server abgerufen werden. 2) Das *Hypertext Transport Protocol (HTTP)* regelt den Transfer der Hypertext-Dokumente über das Internet. Ausgelöst durch das Anwählen eines Hyperlinks verzweigt das HTTP an die entsprechende URL, um die auf einem externen Server befindliche Ressource zu laden. 3) Die unmittelbare Interaktion des Nutzers mit den jeweiligen Webseiten erfolgt letztlich über den Browser, der als Web-Anzeigeprogramm auf dem Computer oder anderweitigem digitalen Gerät des Anwenders installiert ist. Hierüber sucht der Nutzer entsprechende

3.1 Anfänge und Entwicklung

Übergreifend betrachtet bestand die herausragende Leistung BERNERS-LEEs in der zielführenden Re-Kombination verschiedener, bereits bestehender Technologien, insbesondere Internet, *Maus* und *Hypertext*.[65] Letztere beiden waren bereits in den 1960er Jahren vorgestellt worden, doch es waren BERNERS-LEE und seine Kollegen, die den Technologien dazu verhalfen, das ihnen innewohnende Potenzial besser auszuschöpfen.[66] Beim Durchbruch des Internets spielten auch verschiedene, für das WWW entwickelte Anwendungen eine wichtige Rolle. Besonders hervorzuheben sind etwa angesichts der rasant anwachsenden Menge an Information im Netz die *Suchmaschinen*, die die Nutzung des Internets so sehr vereinfachten, dass es fortan auch weniger technikaffine Personen ansprach. Heutige Suchmaschinen sind dazu in der Lage, HTML-Seiten, aber auch darin als Dateien verknüpfte Dokumente, Bilder und Videos nach bestimmten Begriffen zu durchforsten und auffindbar zu machen.[67]

Strukturell betrachtet waren für die rasante Verbreitung des WWW, neben einem leicht verständlichen Aufbau und einer technisch unkomplizierten Verknüpfung von Inhalten über Links, noch weitere Grundeigenschaften verantwortlich, wie etwa, dass es durch seine offene Architektur Programmierer aus aller Welt dazu einlädt, neue Seiten und Anwendungen dafür zu entwickeln.[68] Die sich durch Netzwerkeffekte noch verstärkende Erweiterung um zahlreiche weitere Netzwerkteilnehmer und Server sowie die Einführung der Suchmaschinen führten dazu, dass das WWW die Informationsverwaltung nicht nur für Akteure der Wirtschaft und Wissenschaft, sondern auch für Privatpersonen binnen kurzer Zeit revolutionierte.[69] 1997 nutzten bereits 4,1 Millionen Menschen in Deutschland das Internet, zwei Jahre später hatte sich diese Zahl nahezu verdreifacht. Heute

---

Webseiten, wählt aus und betrachtet die vom Programm dargestellten Dokumente (vgl. O'Regan (2012), S. 107; Berners-Lee (1989), S. 16; Fischer & Hofer (2011), S. 130).

[65] Vgl. O'Regan (2012), S. 107.

[66] Vgl. Brynjolfsson & McAfee (2014), S. 80; Tapscott (1996), S. 22; O'Regan (2012), S. 187.

[67] Der Erfolg der derzeit meistverwendeten, 1998 vorgestellten Suchmaschine *Google* fußt auf zwei Kernprinzipien: *Google* indiziert von Beginn an nicht nur die Wörter der entsprechenden Dateien, sondern sortiert die Ergebnisse gleich auch nach ihrer Relevanz, indem es mittels des sogenannten *Page-Rank-Algorithmus* misst, wie viele Links von der gesuchten Seite weg und zu ihr hinführen. Außerdem nutzt *Google* einen sogenannten *Webcrawler*, der das Web fortwährend und selbständig nach neuen Inhalten durchsucht, ihre Popularität bemisst und dabei auch Kombinationen von Suchwörtern berücksichtigt und indiziert (vgl. Becker (2013), S. 190; Laudon & Laudon (2018), S. 300).

[68] Vgl. Tapscott (1996), S. 22; Becker (2013), S. 7; O'Regan (2012), S. 106.

[69] Vgl. Becker (2013), S. 189.

greifen über 63 Millionen Menschen in Deutschland regelmäßig auf das Internet zu.[70] Mit diesem Einzug des Internets in das Privatleben der Menschen eröffneten sich umgehend auch kommerzielle Möglichkeiten. Anbieter boten ihre Produkte und Dienstleistungen fortan nicht mehr nur in stationären Läden, Warenhäusern oder über Kataloge und Anzeigen an, sondern nutzten eigene Webseiten oder die Seiten Dritter, um ihre Güter zu bewerben und zu vertreiben. Zu den ersten Branchen, die im *E-Commerce* signifikante Umsätze generierten, gehörten insbesondere die Reise- und Tourismusbranche, Buch- und Zeitungsverlage, die Bekleidungs- und Textilindustrie, Personaldienstleister sowie das Finanzwesen.[71] Dabei waren es in vielen Fällen seltener die etablierten Unternehmen, die auch im E-Commerce marktführend waren. Vielmehr traten junge, digital fokussierte Unternehmen auf den Plan und eroberten umgehend signifikante Marktanteile.[72]

Der rasante Aufstieg einiger dieser *Dotcom-Unternehmen* beförderte eine sich in vielen Fällen nicht erfüllende Erwartungshaltung an die wirtschaftliche Entwicklung dieser Firmen, bei der Fakten zur tatsächlichen wirtschaftlichen Situation nur noch eine untergeordnete Rolle spielten.[73] Da die meisten der Dotcom-Firmen kurzfristig keinerlei Gewinne abwarfen, wurden die Unternehmen nahezu ausschließlich anhand zukünftig zu erwartender Erträge bewertet.[74] Hierbei wurde letztlich auch noch allzu optimistisch vorgegangen, so dass sich eine Spekulationsblase entwickelte.[75] Als offensichtlich wurde, dass zahlreiche E-Commerce Unternehmen ihr gesamtes, nicht zuletzt über den Börsengang eingenommenes Kapital in absehbarer Zeit aufbrauchen würden, platzte die Blase schließlich im Frühjahr 2000.[76] Der für die meisten Anleger unerfreuliche Verlauf

---

[70]Vgl. ARD/ZDF (2019).
[71]Vgl. Westerman et al. (2014), S. 23.
[72]Vgl. O'Regan (2012), S. 108. Das sich 1994 zunächst auf den Online-Buchhandel beschränkende Startup-Unternehmen *Amazon* erzielte etwa bereits 1996 einen Umsatz von 15,7 Millionen US-Dollar, den es bis 1999 auf 1,6 Milliarden US-Dollar steigerte – dabei allerdings auch einen Verlust von 719 Millionen US-Dollar hinnahm (vgl. Rivlin (2005). Erst 2003, im neunten Geschäftsjahr, schrieb das Unternehmen Amazon erstmals Gewinne, nachdem es während der Dotcom-Krise fast in die Zahlungsunfähigkeit gerutscht wäre.
[73]Vgl. Schultz & Zaman (2001), S. 355 oder 377; Stamski (2000); Rivlin (2005).
[74]Vgl. Ritter & Welch (2002), S. 1801 und S. 1816; Ljungqvist & Wilhelm (2003), S. 728.
[75]Vgl. Ljungqvist & Wilhelm (2003), S. 751; Brennan (2004), S. 4. Einige der Unternehmen hätten aller Voraussicht nach nicht nur kurz- bis mittelfristig rote Zahlen geschrieben, sondern standen grundsätzlich auf einem unrentablen Wirtschaftsmodell (vgl. Schultz & Zaman (2001), S. 348; Wirtz (2016), S. 5).
[76]Vgl. O'Regan (2012), S. 113f.

3.1 Anfänge und Entwicklung

der Dotcom-Blase, die schließlich auch viele bislang aktienunerfahrene Privatanleger erstmals an die Börse gelockt hatte,[77] führte in den Folgejahren zu einiger Zurückhaltung von Investoren gegenüber Technologieunternehmen.[78]

Aus wissenschaftsmethodischer Perspektive machte es die stark gewachsene Zahl an neugegründeten Dotcom-Unternehmen und die damit verknüpfte Investmenteuphorie notwendig, über ein einfach nachvollziehbares, systematisches Analysewerkzeug zur Bewertung von Unternehmen zu verfügen.[79] Aus diesem Bedarf heraus entwickelte sich ab Mitte der 1990er Jahre der Geschäftsmodell-Ansatz, der über die Identifikation und Analyse verschiedener Komponenten einen schnellen Überblick über die Wertschöpfungsstruktur eines Unternehmens gestatten sollte.[80] Der Verlauf der Dotcom-Krise führte auch zu Kritik am damals noch neuen Ansatz, der jedoch eine stetige Weiterentwicklung bis zu seiner Etablierung erfuhr.[81]

Nicht zuletzt aufgrund dieser für die Internetbranche kritischen Phase[82] entwickelte sich das Web stetig weiter und wandelte sich im Zuge dessen von einem zunächst passiv zu konsumierenden, nicht vom Nutzer beeinflussbaren Medium, hin zum *Web 2.0*, also einer in Echtzeit durch den Nutzer kontrollierten, interaktiven Plattform, die nutzergenerierte Inhalte präsentiert.[83] Besonders beliebte Web 2.0-Anwendungen sind heute soziale Netzwerke, wie z. B. *Facebook* (derzeit 2,3 Milliarden aktive Nutzer weltweit), Videoplattformen, wie z. B.

---

[77] Vgl. Brennan (2004), S. 3ff.
[78] Vgl. Goldfarb, Kirsch & Miller (2007), S. 101; O'Regan (2016), S. 174 oder insbesondere Andreessen (2011), dessen viel beachteter Artikel im Wall Street Journal eine Kritik an jenen Investoren enthielt, die Technologiewerten mit einiger Zurückhaltung begegneten.
[79] Vgl. Daft & Albers (2013), S. 48.
[80] Morris et al. (2005); vgl. Shafer et al. (2005), S. 200.
[81] Vgl. Doganova & Eyquem-Renault (2009), S. 1561; Daft (2015), S. 11ff.
[82] Vgl. O'Reilly (2007), S. 17.
[83] Vgl. Kollmann (2019), S. 97ff.; Fischer & Hofer (2011), S. 990. In diesem Zusammenhang wird auch von einer Demokratisierung der Erstellung von Inhalten gesprochen. Beispielsweise konnten schon die Nutzer der 2005 als eine der ersten verfügbaren Web 2.0-Anwendungen vorgestellten *Google* Maps in Echtzeit zu einem bestimmten Kartenausschnitt schwenken oder den Vergrößerungsmaßstab variabel verändern. Möglich wird dies durch in die jeweilige Webseite einprogrammierte Softwarekomponenten, z. B. *Asynchronous JavaScript and XML-* oder kurz *Ajax*-Technologien, die eine nahezu ununterbrochene Kommunikation zwischen dem Computer des Benutzers und dem Server gewährleisten (vgl. Fischer & Hofer (2011), S. 33; Kollmann (2019), S. 700f.).

YouTube (1,9 Milliarden aktive Nutzer) oder auch Foto-Communitys, wie *Instagram* (1 Milliarde aktive Nutzer), bei denen nutzergenerierte Inhalte für den Wert und die Attraktivität der jeweiligen Plattform entscheidend sind.[84]

Mit dem Web 2.0 eröffneten sich auch neue kommerzielle Möglichkeiten: Unternehmen können nicht mehr nur einseitig Informationen zur Verfügung stellen, sondern von Nutzern interaktiv erzeugte Daten sammeln, auswerten und weitervermarkten.[85] Beispielsweise erfreut sich *Facebook* bei werbenden Unternehmen einer großen Beliebtheit, weil es eine gezielte Ansprache von Kundengruppen auf Basis dieser Nutzerdaten ermöglicht.[86]

Für ein ansprechendes Nutzererlebnis im Rahmen von Web 2.0 müssen Daten allerdings auch in wenigen Augenblicken an jedem Ort verfügbar sein, was wiederum nur mit entsprechenden Übertragungskapazitäten möglich ist. Seit den Anfängen des Internets, an denen per Einwahl über ein Telefonmodem Übertragungsgeschwindigkeiten von maximal 64 Kbits pro Sekunde erreicht wurden, hat sich die Datenübertragung über das Internet spürbar beschleunigt.[87] In Deutschland betrug die durchschnittliche Downloadgeschwindigkeit im 3. Quartal 2016 rund 15 Mbit/s, diese lag noch Anfang 2012 bei lediglich 5 Mbit/s.[88]

3.1.3 Über das Smartphone zum mobilen Internet

Unmittelbar an die Entstehung des Web 2.0 anknüpfend spielte eine weitere technologische Innovation eine herausragende Rolle für den Verlauf der Digitalisierung. 2007 stellte das Unternehmen *Apple* das *iPhone* mit einem etwa handflächengroßen, hochauflösenden, berührungsempfindlichen Bildschirm vor und definierte damit einen neuen Industriestandard – den des *Smartphones*.[89] Die Eigenschaften eines Smartphones gehen weit über die Fähigkeiten der ersten

---

[84]Vgl. Statista (2019a).
[85]Vgl. Kollmann (2019), S. 759f.
[86]Vgl. O'Regan (2016), S. 182.
[87]Vgl. Tapscott (1996), S. 104. Derzeit definieren sowohl die Internationale Fernmeldeunion (ITU) als auch das Statistische Bundesamt Breitband-Internetanschlüsse danach, ob sie fest installiert sind und eine Downloadgeschwindigkeit von über 256 kbit/s erreichen (vgl. Falenski (2009)).
[88]Vgl. Akamai Technologies (2017). Zudem ist der Anteil der Haushalte mit einem Breitband-Internetzugang von 34% im Jahr 2006 auf heute 90% (Stand 2018) gestiegen (vgl. Eurostat (2019a)).
[89]Vgl. Kremp (2017); Westerman et al. (2014), S. 2.

3.1 Anfänge und Entwicklung

Mobiltelefone hinaus. Es stellt einen leistungsfähigen Computer im Miniaturformat dar, für den die Telefonie nur eine Funktion unter vielen ist. Dieser lässt sich meist über Bildschirmberührungen steuern und verfügt über ein eigenes Betriebssystem, eine vollwertige Tastatur, Internetzugang, eine Kamera, eine Telefonfunktion sowie über zahlreiche, zum Teil von Dritten bereitgestellte Anwendungen u. a. für Termine, E-Mail, Spiele oder Navigation.[90]

Durch die Möglichkeiten des mobilen Internets änderten sich sowohl die Nutzungsgewohnheiten von Internetanwendern als auch das Kommunikationsverhalten der Menschen insgesamt.[91] Heute ist es per Smartphone möglich, zu jeder Zeit, an jedem Ort, zu relativ niedrigen Kosten in Echtzeit Neuigkeiten zu teilen, Bilder und Videos auszutauschen, online einzukaufen, umfangreiche Informationen abzurufen oder multimedial mit mehreren Gesprächspartnern gleichzeitig zu kommunizieren. 57 Millionen Menschen in Deutschland (Stand 2018) benutzen heute regelmäßig ein Smartphone.[92] Diese Entwicklung erstreckt sich längst nicht nur auf Industrienationen, längst ist das Mobiltelefon auch in Entwicklungsländern ubiquitär.[93] Die *Weltbank* schätzt, dass drei Viertel der Menschheit Zugang zu einem Mobiltelefon haben und geht davon aus, dass der überwiegende Teil damit auch auf das Internet zugreift.[94]

Der durch die Erfindung des Mobiltelefons eingeleitete Paradigmenwechsel von der Kommunikation zwischen Orten hin zur Kommunikation zwischen Personen scheint sich durch das mobile Internet zu vollenden, so dass heute Milliarden von Menschen Teil dieses Netzwerkes sind.[95] Technologisch gesehen wird dies durch die sich über Jahrzehnte anbahnende Konvergenz zwischen Elektronik-,

---

[90]Vgl. O'Regan (2016), S. 179. Schon 1993 hatten *IBM* und *BellSouth* den *Simon*, einen der ersten Vorläufer des Smartphones auf den Markt gebracht, der bereits E-Mails und Faxe versenden und telefonieren konnte, allerdings auch noch sehr unhandlich und vergleichsweise teuer war (vgl. Sager (2012); Becker (2013), S. 194). Der durchschlagende Erfolg des iPhones wird gemeinhin auf seine revolutionäre Bedienung, die variabel anpassbare Benutzeroberfläche (beides unter anderem bedingt durch den großen, berührungsempfindlichen Bildschirm, den sogenannten Touchscreen), die friktionslose Integration in die bestehenden *Apple*-Ökosysteme, sowie die umfangreiche technische Ausstattung zurückgeführt (vgl. West & Mace (2010), S. 275f.; Kremp (2017)). Die womöglich wichtigste Eigenschaft des iPhones war jedoch die nutzerfreundliche Darstellung und Navigation der Internetseiten, bei der erstmals in einem Mobiltelefon relativ wenig Abstriche im Vergleich zur Präsentation auf einem stationären PC gemacht werden mussten.
[91]Vgl. O'Regan (2016), S. 180.
[92]Vgl. comScore (2018).
[93]Vgl. Brynjolfsson & McAfee (2014), S. 95; O'Regan (2016), S. 180.
[94]Vgl. World Bank (2012), S. 3.
[95]Vgl. Brynjolfsson & McAfee (2014), S. 95; O'Regan (2012), S. 67.

Computer- und Telekommunikationstechnologie hin zur alle drei Bereiche umfassenden *Informations- und Kommunikationstechnologie (IKT)* begleitet,[96] die wiederum darauf gründet, dass sich heute jede Art von Information in ein und denselben „Rohstoff" erfassen lässt, nämlich in digitalen Datenbits.[97] Inmitten dieser Konvergenz stellt das Smartphone, das als Endgerät all diese Technologien in sich vereint, einen Meilenstein dar.[98]

3.1.4 Zwischenfazit zur Entwicklung der Digitalisierung

Der technologische Fortschritt ist für die Entwicklung des Digitalisierungsphänomens essentiell. Wenn die technische Umwandlung analoger Information in diskrete Werte die Bedingung dafür darstellt, dass Information weitestgehend unverfälscht, störungsfrei und zu extrem niedrigen Grenzkosten verarbeitet, kopiert und übermittelt werden kann,[99] dann sind es die unterschiedlichen Halbleitertechnologien, die diese Schritte umsetzen und die Information für Mensch und Maschine nutzbar machen. Der im *Mooreschen Gesetz* manifestierte technologische Fortschritt konnte nur deshalb einen derart rasanten Verlauf nehmen, weil auch die Herstellungskosten stetig sanken, so dass Computer und andere digitale Geräte zu Konsumgütern wurden.[100] Internet und WWW schaffen das technische Rückgrat, dass sich diese Information an nahezu jedem Ort der Welt gleichzeitig, in Echtzeit und beliebig oft abrufen, darstellen und konsumieren lässt.[101] Je zugänglicher diese Prozesse ablaufen und gesteuert werden können, desto stärker äußert sich die Digitalisierung dabei in Form nachgelagerter, umfänglicher Transformationsprozesse für Wirtschaft und Gesellschaft – und eben auch für die Messeveranstalter. In der Kombination von digitalisierter Information, sich ständig weiterentwickelnder Halbleitertechnologien und entsprechenden Anwendungsprogrammen sowie leistungsfähigen Breitbandnetzwerken hat die Digitalisierung es

---

[96]Vgl. Freeman & Louçã (2002), S. 319; Krcmar (2015), S. 352 oder in Ansätzen auch Tapscott (1996), S. 9, 58f. oder 106f.
[97]Vgl. Tapscott (1996), S. 103.
[98]Vgl. Kollmann (2019), S. 13f.
[99]Vgl. Tapscott (1996), S. 96f.; Brynjolfsson & McAfee (2014), S. 62.
[100]Vgl. Bomsel & Le Blanc (2004), S. 195.
[101]Vgl. Tapscott (1996), S. 15f.

möglich gemacht, dass heute ein großer Teil der Menschheit über ein gemeinsames digitales Netzwerk verbunden ist und jederzeit miteinander kommunizieren kann.[102]

3.2 Begriffsklärung

Die ubiquitäre Verwendung des Begriffs Digitalisierung erfolgt häufig unter einem unterschiedlichen Verständnis, was das Phänomen umfasst.[103] Wie praktisch alle Branchen, so sehen sich auch nahezu alle wissenschaftlichen Disziplinen in irgendeiner Form von diesem Phänomen beeinflusst und setzen sich mit ihm auseinander.[104] Die interdisziplinäre Natur des Forschungsgegenstandes führt insbesondere in der englischsprachigen Literatur zu Begrifflichkeiten, die sich jeweils einzelnen Teilaspekten der Digitalisierung nähern und diese isoliert untersuchen.[105] Beispielsweise werden durch die Digitalisierung hervorgerufene wirtschaftliche Fragestellungen unter den Begriffspaaren „digital economy"[106], „network economy"[107] oder „net economy"[108] betrachtet. Übergreifende Untersuchungen wählen hingegen makroökonomische Perspektiven oder fokussieren sich auf wichtige Einzelaspekte.[109] Insgesamt macht es die Breite des Forschungsfeldes zu einer Herausforderung, eine Definition vorzunehmen, die das Phänomen umfassend und zugleich präzise umschreibt.[110]

Im Sinne der Vergleichbarkeit und der Generalisierbarkeit der Forschungsergebnisse ist es jedoch geboten, ein solches übergeordnetes, eingrenzendes Begriffsverständnis zu schaffen, das die konstitutionellen Bestandteile des Phänomens festlegt, um von diesem Fundament ausgehend zu untersuchen, wie sich

---

[102] Vgl. Bomsel & Le Blanc (2004), S. 195; Brynjolfsson & McAfee (2014), S. 90.
[103] Vgl. Clement & Schreiber (2016), S. 32; Kollmann (2005), S. 417.
[104] Dies sind insbesondere Computerwissenschaften bzw. Informatik, Psychologie, Wirtschaftswissenschaften, Organisationstheorie, Rechtswissenschaften und Naturwissenschaften (vgl. Bharati & Tarasewich (2002), S. 21).
[105] Vgl. Marshall (2014); Clement & Schreiber (2016), S. 32. oder Artiles et al. (2013).
[106] Vgl. Tapscott (1996).
[107] Vgl. Kelly (1998), S. 39.
[108] Vgl. Kollmann (2019), S. 95.
[109] Vgl. Corrocher & Ordanini (2002), die einen Ländervergleich auf der Makroebene durchführen, wie gut unterschiedliche Staaten in Bezug auf die Digitalisierung aufgestellt sind oder Becker, Gora & Uhrig (2012), die sich nur einem Teil der Geschäftsprozesse zuwenden.
[110] Vgl. Corrocher & Ordanini (2002), S. 9.

die Digitalisierung auf unterschiedliche Geschäfts- und Lebensbereiche und darunter gefasste, differenzierte Prozesse auswirkt. In diesem Zusammenhang wird zwar die wirtschaftswissenschaftliche Perspektive in den Fokus gerückt. Es werden jedoch auch die für diese Sichtweise relevanten Erkenntnisse aus anderen Disziplinen miteinbezogen und beides zu einem Gesamtbild verknüpft, um die Auswirkungen auf die Wertschöpfung eines Messeveranstalters im Rahmen des Geschäftsmodelles zu untersuchen.[111]

Allgemein sind zwei wesentliche Strömungen zu erkennen, die eine begriffliche Eingrenzung der Digitalisierung vornehmen.[112] Eine vielfach angewandte Lesart interpretiert Digitalisierung gemäß der ursprünglichen Verwendung, nach der es sich dabei um den technischen Prozess handelt, mittels dessen die Umwandlung und Darstellung analoger Information in diskrete bzw. binäre Werte erfolgt.[113] Diese Interpretation wird nicht nur von den Disziplinen gepflegt, die sich dem Phänomen aus technologischer Perspektive nähern, wie etwa Informatik und Ingenieurwissenschaften, sondern auch in verschiedenen Geisteswissenschaften verwendet.[114] Ganz ähnlich wird Digitalisierung in der englischsprachigen Literatur verstanden. Das englische Pendant zum Ausdruck Digitalisierung, also *digitiz(s)ation* oder *digitaliz(s)ation*, wird mehrheitlich mit dem beschriebenen technologischen Hintergrund assoziiert.[115] Die aus dem technischen Prozess resultierenden Entwicklungen werden im Englischen hingegen durch abgeleitete Begrifflichkeiten benannt, wie etwa *digital transformation*, *digital economy*, *digital divide* oder gar *digital revolution*.[116]

Das Begriffsverständnis des Autors geht über diese Betrachtungen hinaus. Digitalisierung ist nach einer weiter gefassten Auslegung, die den transformativen Auswirkungen des Phänomens Rechnung trägt, mehr als nur der technologische Umwandlungsprozess und die Darstellung digitaler Information, sondern begreift insbesondere die aus der mannigfachen Anwendung der entsprechenden Technologien resultierenden Transformationsprozesse in Wirtschaft und Gesellschaft.[117] Diese Veränderungen sind im Kleinen wie im Großen sichtbar: Sowohl der

---

[111]Vgl. Brenner, Karagiannis, Kolbe, Krüger, Leifer, Lamberti, Leimeister, Österle, Petrie, Plattner, Schwabe, Uebernickel, Winter & Zarnekow (2014), S. 60.
[112]Vgl. Bendel (2016).
[113]Vgl. Loebbecke (2006), S. 360; Tilson, Lyytinen & Sørensen (2010), S. 749.
[114]Vgl. Becker (2013), S. 33.
[115]Vgl. Brynjolfsson & McAfee (2014), S. 61; Varian & Shapiro (1998), S. 3; Husarik (2007); Gooding et al. (2013).
[116]Vgl. Berman (2012); Kane (2016) oder Billon, Lera-Lopez & Marco (2010).
[117]Vgl. Fitzgerald (2014a); Tilson et al. (2010), S. 749.

3.2 Begriffsklärung

Fall des einzelnen Individuums, das seine Kommunikationsgewohnheiten auf die regelmäßige Nutzung digitaler Chat-Applikationen auf dem Smartphone umstellt, wie auch der Fall eines Unternehmens, das mittels digitaler Technologien gänzlich neue Geschäftsfelder erobert, sind in diesem Begriffsverständnis inkludiert und werden entsprechend als Beispiele für Digitalisierung verstanden.

Dieses zweite, weiter gefasste Begriffsverständnis findet insbesondere im deutschen Sprachraum Anwendung. So sieht etwa HESS in der Digitalisierung nicht mehr nur einen technologischen Prozess, sondern auch die „durch die Einführung digitaler Technologien bzw. der darauf aufbauenden Anwendungssysteme hervorgerufenen Veränderungen" auf individueller, organisatorischer und gesellschaftlicher Ebene[118] und auch BRÜHL versteht darunter „grundlegende Veränderungen unseres täglichen Lebens, aber auch des Wirtschaftsgeschehens".[119] BENDEL verbindet mit der Digitalisierung ebenfalls sowohl die technologische Bedeutung, als auch die hier so genannte „digitale Revolution".[120] Alle drei Autoren gehen dabei auf eine wichtige Eigenschaft der erweiterten Auffassung ein: Abseits der technologisch-prozessualen Betrachtungsweise wird eine umfassendere Untersuchung des Phänomens auf unterschiedlichen Ebenen möglich. Wie in HESS' Interpretation erläutert, können darunter Veränderungen auf individueller Ebene, etwa eine Anpassung der Arbeits- und Handlungsweisen bedingt durch die Nutzung digitaler Anwendungen, oder aber auf organisatorischer Ebene die Bemühungen der Unternehmen, sich mit Kunden, Lieferanten und Geschäftspartnern zu vernetzen, unter einem gemeinsamen Oberbegriff untersucht werden.

Im Rahmen des breiter gefassten Verständnisses von Digitalisierung herrscht auch weitestgehend Einigkeit darüber, dass Information und Wissen durch Diskretisierung erheblich an Wert gewonnen haben. Beides wird bisweilen sogar neben Arbeit, Boden und Kapital als vierter Produktionsfaktor aufgeführt.[121]

Ein weiteres definierendes Element des Phänomens Digitalisierung benennen BOMSEL & LE BLANC, KATZ & KOUTROUMPIS sowie BRYNJOLFSSON & MCAFEE in ihren Ausführungen. Sie legen besonderen Wert darauf, dass der Transformationsprozess zwar durch die stetige Optimierung und Verbreitung der Informations- und Telekommunikationstechnologie angelaufen ist, jedoch erst

---

[118] Hess (2013).
[119] Brühl (2015), S. 21.
[120] Bendel (2016). Diese behandelte noch im 20. Jahrhundert vorwiegend die Modernisierung von Privathaushalten und Arbeitsplätzen mittels Informationstechnologie, während im 21. Jahrhundert disruptive Technologien und innovative Geschäftsmodelle im Vordergrund stehen.
[121] Vgl. Clement & Schreiber (2016); S. 32.

in Kombination mit der Entwicklung leistungsfähiger Breitbandnetzwerke seinen transformativen Charakter erhielt.[122] Nur über die umfassende Vernetzung wird es möglich, die aus dem Fortschritt in der Informations- und Telekommunikationstechnologie entstehenden Produktivitätszuwächse zu vergemeinschaftlichen[123] und das sich anhäufende Wissen ständig neu zu re-kombinieren.[124] Die eigentliche Digitalisierung beginnt aus dieser Perspektive also erst dort, wo die Vernetzung durch Internet und WWW maßgeblicher Faktor des Transformationsprozesses ist.

Zusammenfassend lassen sich vier konstitutionelle Elemente für eine Definition des Phänomens Digitalisierung, die den heutigen Anforderungen und dem hier angenommenen Verständnis gerecht wird, festhalten: Digitalisierung benennt 1) den wirtschaftlichen und gesellschaftlichen Transformationsprozess, der 2) seinen Ursprung in der technologischen Umwandlung analoger Information in binäre/diskrete Werte nahm. Die sich 3) rasch verbreitende Nutzung der Technologien zur Diskretisierung von Information sowie zu deren Erfassung, Verarbeitung und Nutzung spielt dabei eine elementare Rolle, ebenso wie 4) die Ausweitung der Breitbandnetzwerke zur schnellen Informationsübertragung an jeden beliebigen Ort. Die folgende, an der Betrachtung von KATZ & KOUTROUMPIS angelehnte Definition legt das Verständnis von Digitalisierung dar, das der folgenden Untersuchung der unterschiedlichen Erscheinungsformen des Phänomens zugrunde liegt:[125]

Digitalisierung benennt den wirtschaftlichen und gesellschaftlichen Transformationsprozess, der in der technologischen Umwandlung von analoger Information in binäre Werte seinen Ursprung nahm und durch die massenhafte Nutzung von Technologien zur Diskretisierung von Information zu deren Erfassung, Verarbeitung, Darstellung und Übertragung ausgelöst wurde. Dementsprechend basiert Digitalisierung auf der Verwendung und anhaltenden Weiterentwicklung von Halbleitertechnologien, Anwendungsprogrammen und Breitbandnetzwerken.

---

[122] Vgl. Brynjolfsson & McAfee (2014), S. 83; Bomsel & Le Blanc (2004), S. 195; Katz & Koutroumpis (2013), S. 314.

[123] Vgl. Bomsel & Le Blanc (2004), S. 196.

[124] Vgl. Weitzman (1998); Brynjolfsson & McAfee (2014), S. 82. WEITZMAN geht in seinem mathematisch aufgebauten Modell so weit, dass die Re-Kombination von Ideen und Innovationen praktisch unendlich viele Möglichkeiten erzeugt, das vorhandene Wissen neu zu kombinieren und damit die Auswahl der wirklich werthaltigen Ideen, den einzigen limitierenden Faktor für wirtschaftliches Wachstum darstellt.

[125] Vgl. Katz & Koutroumpis (2013), S. 314.

3.2 Begriffsklärung

Diese Definition dient im weiteren Verlauf als Ausgangspunkt, von der die konkreten Ausprägungen und Auswirkungen der Digitalisierung auf unterschiedlichen Ebenen untersucht werden. Aus dem Ergebnis der Analyse der unterschiedlichen Erscheinungsformen werden ggf. Anpassungen an der Definition vorgenommen.

Ebenso wie eine die wichtigen Facetten der Digitalisierung vereinende Definition zu entwickeln ist, besteht auch Bedarf, die bislang fragmentiert vorliegenden Erkenntnisse zu den Erscheinungsformen der Digitalisierung in einer umfassenden und zugleich handhabbaren, eingrenzenden Struktur aufzuarbeiten. Nur so lässt sich systematisch analysieren, welche Effekte auf die Wertschöpfung der Messeveranstalter wirklich auf die Digitalisierung zurückzuführen sind. Verschiedene Arbeiten, etwa jene von LAUDON & LAUDON, CHOI & WHINSTON, GROTH, WIRTZ oder KOLLMANN setzen sich umfassend mit diversen Anwendungsfeldern und Auswirkungen von Informationssystemen auf Unternehmen auseinander und beschreiben damit einhergehende Chancen und Risiken, ohne jedoch den Versuch zu unternehmen, eine sämtliche Erscheinungsformen der Digitalisierung berücksichtigende, systematische Struktur abzubilden.[126] Zudem bezieht sich die Analyse der Auswirkungen von vornherein nur auf den Kontext der Anwendung in Unternehmen und behandelt daher nicht den oben skizzierten Transformationsprozess, der eben nicht nur wirtschaftliche, sondern auch gesellschaftliche Veränderungen nach sich zieht.

GROTH konzentriert sich etwa auf die organisationstheoretischen Anforderungen eines weitreichenden Einsatzes von Informationstechnologie im Unternehmen und liefert wichtige Erkenntnisse in Bezug auf grundlegende Eigenschaften und Entwicklungen von Informationstechnologie sowohl in der Anwendung durch einzelne Akteure, als auch hinsichtlich der organisatorischen Prozesse und Koordinationsstrukturen – stets mit dem Ziel, eine Organisation zu modellieren, die Informationstechnologie bestmöglich nutzt.[127]

WIRTZ und auch KOLLMANN wiederum setzen sich anknüpfend an ihre Darlegung der informationstechnologischen Grundlagen dezidiert mit dem Einsatz von Informationstechnologie in Unternehmens*prozessen* auseinander und ziehen auch die gesamte Unternehmens*struktur* betreffende Erkenntnisse hinzu.[128]

---

[126] Vgl. Laudon & Laudon (2018); Groth (1999); Choi & Whinston (2000); Kollmann (2019).
[127] Groth (1999).
[128] Wirtz (2016); Kollmann (2019).

KOLLMANN unternimmt darüber hinaus mit der Benennung „zentraler Bausteine im E-Business" (Systeme, Prozesse, Management, Marketing, Implementierung)[129] den Versuch, eine Struktur zu schaffen, an der sich handelnde Manager eines digital ausgerichteten Unternehmens orientieren können. WIRTZ wählt hierfür den Ansatz des Geschäftsmodells und analysiert verschiedene von ihm entwickelte Geschäftsmodell-Typologien anhand ihrer inhaltlichen Ausgestaltung unter Einfluss elektronischer Geschäftsprozesse.[130] Er beschränkt sich dabei auf Geschäftsmodell-Typen, deren Wertschöpfung größtenteils über das Internet generiert wird.[131]

Demgegenüber widmet sich KRCMAR ebenfalls einzelnen unternehmerischen Einsatzfeldern und legt in einer wirtschaftsinformatischen, technisch geprägten Betrachtung den Fokus auf die Potentiale und Anforderungen von Informationssystemen im Einsatz für Unternehmen.[132] In seinen Ausführungen verwendet KRCMAR auch eine Form des Geschäftsmodell-Ansatzes, um die Wertschöpfung eines Unternehmens zu modellieren, das an verschiedenen Stellen auch unter Einfluss der Digitalisierung steht, ohne dabei jedoch diese Auswirkungen konzentriert zu betrachten.[133]

Einen sehr umfassenden und tiefgängigen Überblick liefern LAUDON & LAUDON, die zahlreiche Anwendungsfelder digitaler Technologie in Verbindung mit dem daraus hervorgehenden unternehmerischen Nutzen darstellen und dabei Schlüsselthemen in den Bereichen Prozessexzellenz, E-Commerce, Wissensmanagement und Entscheidungsfindung identifizieren.[134]

Die Erkenntnisse der genannten wissenschaftlichen Quellen sind außerordentlich hilfreich, das Phänomen Digitalisierung so zu strukturieren, dass die unterschiedlichen Erscheinungsformen systematisch erfasst und trennscharf eingeordnet sowie wesentliche Zusammenhänge ergründet werden. Jedoch bieten weder die erwähnten noch andere Ausarbeitungen nicht zuletzt aufgrund ihrer unterschiedlichen Zielsetzungen weder die für die vorliegende Herangehensweise erforderliche, weit aufgefächerte, mehrdimensionale Perspektive, noch liefern sie im Ergebnis eine Struktur oder Definition, die sich zur holistischen Betrachtung

---

[129] Kollmann (2019), S. 121f.
[130] Wirtz (2016), S. 267ff.
[131] Vgl. Wirtz (2016), S. 268.
[132] Krcmar (2015).
[133] Krcmar (2015), S. 50. KRCMAR verwendet allerdings das Business Model Canvas nach OSTERWALDER (vgl. Osterwalder & Pigneur (2010)).
[134] Laudon & Laudon (2018).

der Auswirkungen der Digitalisierung auf die Wertschöpfung eines Messeveranstalters heranziehen ließe.[135] Um diese Auswirkungen ganzheitlich erfassen zu können, wird daher zunächst eine über wirtschaftliche und technologische Zusammenhänge hinausgehenden Betrachtung des Phänomens Digitalisierung vorgenommen. Die strukturierte Beschreibung stellt dabei sicher, dass die wesentlichen Erscheinungsformen der Digitalisierung bei der Analyse ihrer Auswirkungen auf das Geschäftsmodell eines Messeveranstalters berücksichtigt werden.

3.3 Erscheinungsformen der Digitalisierung & Definition

Auf Basis des in der vorläufigen Definition festgehaltenen Verständnisses von Digitalisierung wird die Gestalt des Phänomens im Detail untersucht und in eine Mehrebenen-Struktur gefasst, um dessen Einfluss differenziert zu betrachten. Über diese Struktur wird der Nachweis geführt, wie umfassend sich Digitalisierung auf wirtschaftliche und gesellschaftliche Zusammenhänge auswirkt. Auch wenn der umschriebene digitale Fortschritt zu ständigen Weiterentwicklungen des Phänomens führen wird, bleibt es ein Ziel der Struktur, dass sich auch erst in Zukunft auftretende Fälle darin einordnen lassen. Das Grundgerüst soll also dauerhaft Bestand haben, ohne dass ein Anspruch auf Vollständigkeit bestünde.

An der Hauptkategorie *Akteure* veranschaulicht, finden sich in der Praxis zahlreiche Beispiele, in denen die Digitalisierung unmittelbaren Einfluss auf die Struktur von Unternehmen nimmt, indem etwa Entscheidungsstrukturen dezentralisiert und neue Bereiche gebildet werden, um in einer digitalen, schnelllebigen Welt flexibler und in digital-technischen Fragestellungen konzentrierter agieren zu können.[136] Ebenso finden sich jedoch auch Fälle, in denen Auswirkungen auf die Unternehmenskultur und -strategie ersichtlich sind, so dass deutlich wird, dass Digitalisierung auf signifikante Weise Einfluss auf die Konstitution von Unternehmen nimmt, hier also eine inhaltlich zusammenhängende Kategorie gebildet werden kann. Nun hinzuziehend, dass ähnliche Effekte auch für individuelle, staatliche und wissenschaftliche Akteure zu beobachten sind, lässt sich aus diesen Einzelbeispielen eine übergeordnete Kategorie unter dem Oberbegriff Akteure

---

[135] Nichtsdestotrotz fließen verschiedene Versuche, den Einfluss digitaler Technologien strukturiert zu erfassen auch in die hier zu entwickelnde Struktur ein, wie z. B. Brenner et al. (2014); Clement & Schreiber (2016); Becker et al. (2012); Westerman et al. (2014); Groth (1999), S. 418; Tapscott (2015); Pousttchi, Tilson, Lyytinen & Hufenbach (2015); Choi, Stahl & Whinston (1997), S. 17.

[136] Vgl. Káganer, Zamora & Sieber (2013).

aggregieren. Auf diese Art und Weise werden weitere übergeordnete Kategorien gebildet, in denen sich der Einfluss der Digitalisierung zeigt.

Die Einordnung der aus der Inhaltsanalyse hergeleiteten Struktur in den wissenschaftlichen Kontext erfolgt über zwei Schritte, die sowohl das übergeordnete Gesamtgerüst, als auch die einzelnen Anwendungsfelder betreffen: Zur Metastruktur des Phänomens finden sich bereits verschiedene Abhandlungen in wissenschaftlichen Quellen, die bei der Entwicklung der Struktur Orientierung bieten.[137] Aus der Aggregation der Anwendungsbeispiele zu Kategorien auf unterschiedlichen Ebenen lassen sich darüber hinaus Schlagworte und Suchbegriffe gewinnen, die im nächsten Kapitel zur Literatur-Recherche genutzt werden, um konkrete Auswirkungen der Digitalisierung auf bestimmte Wertschöpfungsbereiche der Messeveranstalter zu untersuchen (Abbildung 3.1).

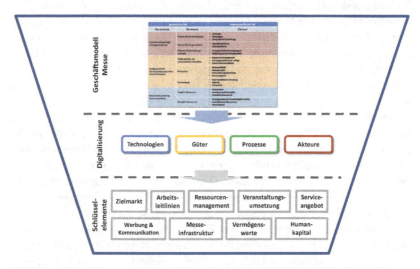

Abbildung 3.1 Verortung der Erscheinungsformen der Digitalisierung im Gesamtkontext der Untersuchung

---

[137]U. a. Brenner et al. (2014); Clement & Schreiber (2016); Becker et al. (2012); Westerman et al. (2014); Groth (1999), S. 418; Tapscott (2015); Pousttchi et al. (2015); Choi et al. (1997), S. 17.

3.3.1 Technologie

Die entwickelte Definition zur Digitalisierung beinhaltet die elementare Bedeutung verschiedener Grundlagentechnologien, die die Übertragung von Daten von einem physischen Ort an einen anderen sowie deren idealerweise ortsungebundene Nutzung ermöglichen. Dieser Zusammenhang spiegelt sich auch in den Ausführungen zur Entwicklung der Digitalisierung und Bedeutung des technologischen Fortschritts am Anfang dieses Hauptkapitels wider. Die Hauptkategorie umfasst entsprechend als Ergebnis der Inhaltsanalyse das technische Rückgrat der Digitalisierung und wird unter dem Oberbegriff **Technologien** zusammengefasst.[138] Im Fokus stehen dabei Technologien zur Informationsverarbeitung und zur Vernetzung, um die Übertragung von Daten von einer physischen Position an eine andere zu ermöglichen. Darunter werden zum einen elementare **Basistechnologien**, wie Halbleitertechnologien, Informationstechnologie, Kommunikationsnetzwerke, sowie Daten- und Übertragungsprotokolle bzw. -standards gefasst.[139] Zum anderen entwickeln sich **ergänzende Technologien**, die für die Digitalisierung zwar nicht zwingend notwendig sind, jedoch einen digital basierten Mehrwert erzeugen, indem sie etwa die Datenübertragung optimieren oder die Vernetzung ausweiten. Im ersten Teil dieses Kapitels wurde umfassend dargelegt, dass die Digitalisierung das Ergebnis nicht einer, sondern einer ganzen Reihe von technischen Innovationen darstellt, die erst in Kombination ihre volle Wirkung entfalten und deren Weiterentwicklung anhält.[140]

3.3.1.1 Basistechnologien

Die Inhaltsanalyse der Erscheinungsformen der Digitalisierung ergibt verschiedene Komponenten, auf denen das Phänomen technologisch begründet ist. Digitalisierung basiert auf Technologien zur Diskretisierung, Komprimierung und Entschlüsselung von Information, auf durch den anhaltenden Fortschritt in der Halbleitertechnologie stetig zunehmende Rechnerleistungen, auf der Miniaturisierung der Informationstechnologie, auf der weltweiten Vernetzung über die Protokolle des Internets sowie auf immer größeren Bandbreiten in der Netzwerkinfrastruktur.[141] Diese elementaren Technologien bilden entsprechend die Unterkategorie **Basistechnologien** innerhalb der Hauptkategorie Technologie.

---

[138] Vgl. Clement & Schreiber (2016), S. 32.
[139] Vgl. Fischer & Hofer (2011), S. 496; Laudon & Laudon (2018), S. 49.
[140] Vgl. Brynjolfsson & McAfee (2014), S. 83.
[141] Vgl. Weiber (2002), S. 274ff.; Kollmann (2019), S. 1ff.; Clement & Schreiber (2016), S. 33.

Schon das Fehlen eines der genannten technologischen Bausteine, würde Digitalisierung nach dem hier vorliegenden Verständnis verhindern. VARIAN & SHAPIRO sehen in der technologischen Infrastruktur die Verpackung, die es ermöglicht, Information von einem Nutzer zum anderen zu transportieren.[142] Dieser Metapher folgend und in Anlehnung an LAUDON & LAUDON werden als Basistechnologien **Computertechnologien** (Rechner & Endgeräte), **Netzwerkinfrastruktur** (Kabelnetze und lokale Netzwerke), **Übertragungsformate** (Protokolle und Standards) und **Datenspeicher** (Speichergeräte und -netzwerke) aufgefasst.[143]

Computertechnologien bilden dadurch, dass sie die Informations- bzw. Datenverarbeitung ausführen, das Herzstück der Digitalisierung. Personal Computer sind weit verbreitet und besitzen eigene Rechen- und Speicherkapazitäten zur lokalen Datenverarbeitung. Darüber hinaus kommen vielerorts Großrechner, sogenannte Mainframes, zum Einsatz, die besonders große Datenmengen in hoher Geschwindigkeit verarbeiten und aufgrund ihrer Rechenkapazität für Unternehmen von kritischer Bedeutung sind.[144] Als Computer im Miniaturformat sind auch Smartphones und Tablets zu den Computertechnologien zu zählen. Meist werden diese für das persönliche Informationsmanagement genutzt.

Wesentlicher Bestandteil der Digitalisierung ist zudem die Vernetzung der Teilnehmer, für die es entsprechende **Netzwerkinfrastrukturen** benötigt. Von kabelgebundenen Netzwerken als ursprünglicher Grundlage ausgehend sind dabei verschiedene Ebenen der Vernetzung zu betrachten. Allgemein wird zwischen Weitverkehrsnetzwerken (*Wide Area Network/WAN*), Ballungsraumnetzwerken (*Metropolitan Area Network/MAN*), lokalen Netzwerken (*Local Area Network/LAN*) und persönlichen Netzwerken (*Personal Area Network/PAN*) unterschieden.[145] Als signifikanter Hardwarebestandteil, der die Weiterleitung

---

[142]Vgl. Varian & Shapiro (1998), S. 8.
[143]Vgl. Laudon & Laudon (2018), S. 49.
[144]Vgl. Laudon & Laudon (2018), S. 206ff.
[145]Vgl. Laudon & Laudon (2018), S. 286. WAN verbinden unterschiedliche lokale Netzwerke über weite Strecken, wie etwa über Tiefseekabel auf dem Meeresgrund, die die Datenverbindung zwischen zwei Kontinenten herstellen. Im Gegensatz zum WAN sind lokale Netzwerke maximal wenige Kilometer ausgedehnt und vernetzen innerhalb einzelner Gebäude oder innerhalb eines Gebäudekomplexes. Während die Kabel eines WAN aufgrund der Anforderungen an die Übertragungskapazität bereits seit Jahrzehnten aus Glasfaser bestehen, erfolgt die flächendeckende Aufrüstung der LAN mit dieser Technologie erst seit einigen Jahren, um der stark anwachsenden Datennachfrage mit maximalen Übertragungsraten auch auf der letzten Meile zu entsprechen (vgl. Martin-Jung (2017)). Der entscheidende Unterschied zwischen Kupferkabeln und den heute favorisierten Glasfaserkabeln besteht darin, dass bei letzterer Technik Lichtimpulse anstelle von Elektronen

der Datenpakete in Netzwerken regelt, werden auch Router im vorliegenden Verständnis den Übertragungsnetzwerken zugeordnet.[146]

Als Basistechnologien gelten nach dem hier vorliegenden Verständnis auch **Übertragungsformate und -standards**, die die Kommunikation der Recheneinheiten untereinander ermöglichen, indem sie mittels der im vorherigen Kapitel thematisierten Protokolle Vereinbarungen treffen, um die Rahmenbedingungen der Kommunikation zwischen Sender und Empfänger zu regeln.[147]

Ebenso wie der Verlauf der Digitalisierung ständig neue Anforderungen an die Übertragungsinfrastruktur stellt, geht aus den Annahmen des *Moore'schen Gesetzes* hervor, dass die Kapazität der **Datenspeicher** als weitere Basistechnologie Schritt halten muss, um die wachsende Datenmenge zu sichern und auf Abruf verfügbar zu halten.[148]

3.3.1.2 Ergänzende Technologien

Die Inhaltsanalyse belegt zudem, dass sich aus dem Bestreben heraus, die technologische Grundlage der Digitalisierung weiterzuentwickeln und die ihr innewohnenden Potenziale besser auszuschöpfen, **ergänzende Technologien** entwickeln, die die Datenübertragung im Rahmen der Digitalisierung optimieren und/oder ihren Wirkungskreis in Lebens- und Geschäftsbereiche hineintragen, die nicht notwendigerweise vom Ursprung her digital geprägt sind. Unter ergänzenden Technologien werden **Drahtlostechnologien, eingebettete Systeme**, neu entwickelte **Präsentationstechnologien zur Schaffung digitaler Realitäten** sowie Technologien **künstlicher Intelligenz** zusammengefasst.

Eine wesentliche Auswirkung des erstgenannten Technologiestranges ist die „Mobilisierung der Datenübertragung".[149] Kommunikationssysteme und -standards aus dem Bereich der Computertechnologie (wie *Cloud Computing*,

---

durch die Leitung fließen, was sowohl Kapazitäts- als auch Geschwindigkeitsvorteile mit sich bringt (vgl. Laudon & Laudon (2018), S. 287).

[146] Vgl. Krcmar (2015), S. 707.

[147] Vgl. Fischer & Hofer (2011), S. 707; Krcmar (2015), 344. Das HTTP regelt als Anwendungsprotokoll den Abruf von HTML-Seiten vom entsprechenden Webserver zur Wiedergabe im Webbrowser. Das TCP-Protokoll gewährleistet den Datentransport zwischen zwei Systemen, während das Internetprotokoll (IP) die eindeutige Adressierung der Netzwerkteilnehmer sowie die Weiterleitung der Daten zwischen den Teilnehmern regelt. Die Netzwerkschicht beinhaltet schließlich kein eigenes Protokoll, sondern gestaltet die Nutzung verschiedener Übertragungsmedien und Standards (vgl. Krcmar (2015), S. 344ff.; Laudon & Laudon (2018), S. 284f.).

[148] Vgl. Krcmar (2015), S. 336.

[149] Kollmann (2019), S. 13.

WLAN, Bluetooth) und dem Mobilfunk (wie *Radiofrequenzidentifikation (RFID)* bzw. *Near Field Communication (NFC)*, drahtlose Sensornetze, das *Global Positioning System (GPS)* und die *Mobiltelefonie* im Allgemeinen) führen zum Wandel der digitalen Kommunikation zwischen Orten hin zur ortsunabhängigen Kommunikation zwischen Personen.[150]

Drahtlose LANs, also *Wireless Local Area Networks (WLAN)* werden sowohl von klassischen Computern, als auch Mobiltelefonen genutzt, um über Funkwellen mit Übertragungsgeschwindigkeiten von über 1 Gigabit/s im Netzwerk kabellos zu kommunizieren.[151] Auch die Leistungsfähigkeit der Mobilfunknetze nimmt im Zuge der Digitalisierung stetig zu. Mit dem Mobilfunk der vierten Generation (*4G*) sind dank *Long Term Evolution (LTE)* Standard Datenraten von 1 Gbit/s möglich. Zudem steht mit *5G* bereits die nächste Entwicklungsstufe des Mobilfunks mit Datenübertragungsraten von bis zu 10 Gbit/s in den Startlöchern.[152]

Innerhalb sogenannter *Personal Area Networks (PAN)* konkurrieren hingegen der *Bluetooth* und der *NFC*-Standard miteinander. Die vom IT-Konsortium *Bluetooth Special Interest Group* entwickelte Technik ist von hoher Kompatibilität bei mobilen Endgeräten und einem relativ geringen Energieverbrauch gekennzeichnet.[153] Aus dem Umfeld der Mobilfunktechnologien etabliert sich zudem *RFID*

---

[150]Vgl. Brynjolfsson & McAfee (2014), S. 95; O'Regan (2012), S. 67; Kollmann (2019), S. 20.

[151]Vgl. Kollmann (2019), S. 15: Die hier angegebene Übertragungsgeschwindigkeit bezieht sich auf den *IEEE 802.11ac*-Standard. Die Reichweite eines WLANs beträgt üblicherweise zwischen 30 und 100 Metern, über den *WiMAX*-Standard ist sogar die kabellose Netzabdeckung über einige Kilometer hinweg möglich.

[152]Vgl. Kollmann (2019), S. 16. Zum Vergleich: Schon mit *3G* und einer maximalen Geschwindigkeit von 7 Mbit/s gelingt die Übertragung umfangreicher Video- und Bilddaten ohne nennenswerte Komplikationen. Angesichts dieser Entwicklung ist es wenig verwunderlich, dass sich eine Konkurrenz zwischen der Nutzung von WLAN und LTE anbahnt. DENG et al. ermittelten in einer Studie in den USA, dass LTE WLAN in 40% der Fälle hinsichtlich der Datenübertragungsleistung übertrifft (vgl. Deng, Netravali, Sivaraman & Balakrishnan (2014), S. 1). Neben der durchaus vergleichbaren Leistungsfähigkeit sind es jedoch auch die hohen Kosten zur Errichtung einer weitverzweigten Kabel-Infrastruktur, die dazu führen, dass in abgelegeneren Regionen Mobilfunk eine Alternative zu WLAN-Technologien darstellt (vgl. James (2009); Tapscott (1996), S. 287; Napoli & Obar (2014); Pearce & Rice (2013)).

[153]In der *Bluetooth Special Interest Group* haben sich seit deren Gründung 1998 über 30.000 Unternehmen zur Entwicklung und Förderung des Bluetooth-Standards zusammengeschlossen. Als einflussreichste Mitglieder im „Promoter"-Rang gehören die Unternehmen *Apple, Ericsson, Intel, Lenovo, Microsoft, Nokia* und *Toshiba* des Konsortiums an (Bluetooth SIG (2017)).

3.3 Erscheinungsformen der Digitalisierung & Definition

beziehungsweise der darauf basierende *NFC*-Standard für die kabellose Kommunikation über kurze Entfernungen. *RFID* greift auf sehr kleine Mikrochips zurück, die an Gegenständen angebracht oder in sie eingearbeitet werden und nach Aktivierung durch ein *RFID*-Lesegerät die entsprechenden Daten an dieses senden.[154]

Als kleinster digitaler Kontaktpunkt erfassen schließlich millimetergroße drahtlose *Sensoren* die Zustandsveränderungen physikalischer oder chemischer Größen und wandeln diese in elektrische Signale beispielsweise für Umweltmessungen, Warenbewegungen, Sicherheitstechnik oder Verkehrssteuerung um. Üblicherweise verfügen Sensoren über einen Prozessor, Speicher, sowie Antenne und Batterie und werden eingebettet in die Umgebung und durch Vernetzung über Knotenpunkte Teil des *Internet of Things*.[155]

Ebenso wie Datenspeicher als elementare Basistechnologie der Digitalisierung zu verstehen sind, sind auch *Cloud Computing* Systeme als ergänzende Technologie durch ihren Beitrag zur ortsunabhängigen, digitalen Kommunikation hervorzuheben.[156] Hintergedanke des Cloud Computing ist die gleichmäßigere Auslastung von IT-Kapazitäten, die ein Akteur ohne Cloudnutzung für Spitzenlasten stets selbst vorhalten müsste. Ein gewichtiger Mehrwert von Cloudlösungen besteht entsprechend darin, dass Datenmengen und Anwendungsprogramme quasi ohne lokale oder physische Limitationen zugänglich gemacht werden.[157]

Die Miniaturisierung von IT in Form von Sensornetzen, Bluetooth- und RFID/NFC-Technologie ermöglicht eine stetig zunehmende Vernetzung von Personen und Gegenständen auf immer kleinteiligeren Ebenen.[158] Durch Einbettung von IT auch in Gegenstände, deren Nutzwert ursprünglich in keiner Weise mit der Anwendung von digitalen Technologien zusammenhängt, werden auch IT-ferne Gegenstände durch **eingebettete Systeme** Teil eines *Internet of Things*.[159] So besteht etwa bei *Wearables*, also am Körper als Datenbrille, Armband oder

---

[154]Vgl. Krcmar (2015), S. 348 und 707f.

[155]Vgl. Fischer (2015), S. 803; Hill, Horton, Kling & Krishnamurthy (2004), S. 43; Laudon & Laudon (2018), S. 311. Um die Kosten für ein Sensornetzwerk möglichst gering zu halten, müssen die Geräte weitgehend wartungsfrei funktionieren, also entsprechend robust gebaut sein und ohne hohen Energiebedarf auskommen (vgl. Hill et al. (2004), S. 46).

[156]Vgl. Kollmann (2019), S. 18. Unter dem Begriff Cloud Computing wird die „skalierbare und elastische Bereitstellung virtualisierter IT-Ressourcen" in Form von „Rechenkapazität, Datenspeicher, Programmier-Plattformen und Software" verstanden (vgl. Labes, Hahn, Erek & Zarnekow (2013), S. 39).

[157]Vgl. Kollmann (2019), S. 116; Finnegan (2013).

[158]Vgl. Post & Edmiston (2014), S. 19.

[159]Vgl. Yoo et al. (2012), S. 1398.

Chip im Schuh getragenen Miniaturcomputern nicht die Nutzung des Rechners im Vordergrund, sondern die dadurch unterstützte Aktivität.[160] Als weiterer, an Bedeutung zunehmender Technologiestrang sind **Systeme zur Präsentation digitaler Realitäten**, wie *Virtual Reality-* und *Augmented Reality-Systeme (VR/AR)*, zu nennen.[161] Während Informationssysteme heute noch mehrheitlich über zweidimensionale grafische Benutzeroberflächen gesteuert werden, lassen sich Begebenheiten mit Hilfe von *VR/AR* inzwischen immer reeller auch dreidimensional simulieren. Verantwortlich für diese Entwicklung sind anhaltende Fortschritte in der computergestützten 3D-Modellierung über entsprechende Prozessoren und Grafiksoftware sowie immer genauer arbeitende Bewegungssensoren und Displays.[162] Die damit entstehenden virtuellen Räume lassen sich unter Verwendung der entsprechenden Hardware, meist mit einer VR- oder AR-Brille, interaktiv und in Echtzeit begehen.[163] Um die jeweilige Simulation noch realistischer wirken zu lassen, können weitere Geräte am Körper des VR/AR-Nutzers angebracht werden, wie Handschuhe, die den Tastsinn simulieren.[164]

AR unterscheidet sich insofern von VR, als dass AR-Simulationen reale statt vollständig virtuelle Umgebungen nutzen, um darin Computergrafiken zu platzieren, die die Wahrnehmung des Nutzers dieser realen Welt modifizieren oder erweitern, indem ergänzende Informationen auf die AR-Brille des Nutzers eingeblendet werden, der gleichzeitig jedoch auch die reale Welt wahrnimmt.[165]

Ursprünglich mit der Lösung simpler Rechenaufgaben betraut, entwickeln Computer auf Basis der bislang erläuterten technologischen Errungenschaften der Digitalisierung außerdem immer mehr die Fähigkeit, intelligent zu handeln, indem sie verstehen, abstrahieren, natürlich-sprachlich kommunizieren, und als Roboter physische Tätigkeiten ausführen.[166] Technologien von sogenannter **künstlicher Intelligenz** sind aus der Fähigkeit heraus, Muster zu erkennen und zu kommunizieren, in der Lage, kognitive Denkprozesse und Logiken zur Wissensmehrung zu vollziehen ohne dabei jedoch kreativ neue Problemlösungen entwickeln zu können.[167] Wichtige Technologien unter Anwendung künstlicher Intelligenz sind

---

[160]Vgl. Kollmann (2019), S. 14.
[161]Vgl. Kollmann (2019), S. 41.
[162]Vgl. Carrozzino & Bergamasco (2010), S. 453; Laudon & Laudon (2018), S. 459.
[163]Vgl. Fischer & Hofer (2011), S. 971.
[164]Vgl. Tapscott (1996), S. 117.
[165]Vgl. Caudell & Mizell (1992).
[166]Vgl. Fischer & Hofer (2011), S. 506; Brynjolfsson & McAfee (2014), S. 90ff.
[167]Laudon & Laudon (2018), S. 460.

3.3 Erscheinungsformen der Digitalisierung & Definition

etwa *Machine Learning* durch *Algorithmen* und *intelligente Agenten*, wie der sprachgesteuerte Assistent *Amazon Alexa*.[168]

Die grundlegende Bedeutung von Technologie und technologischem Fortschritt für die wirtschaftliche und gesellschaftliche Entwicklung wird in verschiedenen wissenschaftlichen Ausarbeitungen betrachtet, die sich zwar in der Unterteilung der Entwicklungsperioden unterscheiden, sich jedoch einig darin sind, dass technische Innovationen den entscheidenden Faktor darstellen.[169]

Nach KONDRATIEFF und auch SCHUMPETER nimmt die langfristige Entwicklung der Konjunktur keinen kontinuierlichen Verlauf, sondern erfolgt seit der industriellen Revolution in Innovationsschüben.[170] An die Entwicklung der Dampfmaschine, der Eisenbahn, der Elektrotechnik oder des Automobils knüpften jeweils bis zu 60 Jahre andauernde Konjunkturphasen, sogenannte KONDRATIEFF-Zyklen, an (siehe Abbildung 3.2),[171] mit denen wiederum weitreichende gesellschaftliche Effekte einhergingen: So sieht NEFIODOW mit dem auf der Informationstechnik basierenden fünften KONDRATIEFF-Zyklus den Wandel von der Industrie- zur Informationsgesellschaft eingeleitet.[172] Während nämlich in der Industriegesellschaft materielle Bedürfnisse, wie Rohstoffe, Maschinen und Straßenbau die gesellschaftliche Entwicklung maßgeblich prägten, kommt es in der sich seit den 1990er Jahren entwickelnden Informationsgesellschaft ganz wesentlich auf die Gewinnung und die Nutzung von Information an.[173] Somit ändern sich auch die Gesetzmäßigkeiten der Interaktion zwischen

---

[168] *Machine Learning* gewinnt als eine Evolutionsstufe der künstlichen Intelligenz zunehmend an Bedeutung, indem darunter gefasste Computerprogramme selbständig dazulernen, ohne explizit dahingehend programmiert zu sein. *Algorithmen* sind im Kontext der Informatik Problemlösungsverfahren, die eine eingegebene Menge von Größen über einzelne Teilschritte in eine Menge von Größen als Ausgabe umwandeln. Darauf greifen etwa Suchmaschinen im Internet zurück, die auf Eingabe des Nutzers das für ihn/sie bestmögliche Suchergebnis ermitteln. Wichtiger Teilbereich des Machine Learning sind außerdem *neuronale Netze*, die durch Identifikation von Mustern in riesigen Datenbanken hochkomplexe Probleme lösen. (vgl. Laudon & Laudon (2018), S. 467ff.; Cormen, Leiserson, Rivest & Stein (2013), S. 5; Brynjolfsson & McAfee (2014), S. 17; Fischer & Hofer (2011), S. 610).

[169] Vgl. Solow (1957) oder Maier (1998), S. 81. Im Gegensatz zu dem hier näher erläuterten Ansatz von Kondratieff nimmt z. B. der US-Ökonom Robert J. Gordon eine Unterteilung der ökonomisch-technologischen Entwicklung in drei industrielle Revolutionen (1750–1830, 1870–1900 & 1960–2000) vor, die jedoch ebenfalls durch bahnbrechende Innovationen eingeleitet wurden (vgl. Gordon (2012), S. 1f.).

[170] Vgl. Kondratieff (1925); Schumpeter (1939); Weiber (2002), S. 271.

[171] Vgl. Kondratieff (1925); Wirtz (2016), S. 4.

[172] Vgl. Nefiodow (1996), S. 38; Wirtz (2016), S. 4.

[173] Vgl. Nefiodow (1996), S. 11f.; Tapscott (1996), S. 7.

Wirtschaftssubjekten:[174] Für ein Unternehmen der Informationswirtschaft ist etwa dessen logistische Anbindung an das Verkehrsnetz zur Versorgung mit Rohstoffen unerheblich im Vergleich zu der Anforderung, seinen Mitarbeitern einen „produktiven und kreativen Umgang mit Information"[175] zu ermöglichen.

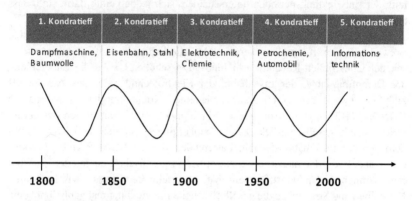

Abbildung 3.2 Die KONDRATIEFF-Zyklen (Siehe hierzu auch Kondratieff (1925) und Wirtz (2016), S. 4)

Neben der grundlegenden Einigkeit über die Bedeutung des technologischen Fortschritts, sind sich Wirtschaftshistoriker ebenso einig, dass es Innovationen von herausragender Bedeutung bedarf, um diese Ausschläge der wirtschaftlichen Entwicklung zu verursachen und Wachstumszyklen mit solch umfassenden Folgen einzuleiten.[176] BRESNAHAN & TRAJTENBERG führten in diesem Zusammenhang den Begriff der *General Purpose Technologies (GPT)* ein, die von einer massiven Verbreitung sowie einem inhärenten Potential für technische Weiterentwicklung und ergänzende Innovationen gekennzeichnet sind.[177] JOVANOVIC & ROUSSEAU fügen hinzu, dass von einer solchen Technologie eine Transformation des Geschäftslebens wie auch des alltäglichen Lebens der Menschen ausgehen müsse und benennen beispielhaft die Dampfmaschine und die

---

[174]Vgl. Wirtz (2016), S. 15.
[175]Nefiodow (1996), S. 12. Vgl. auch Tapscott (1996), S. 54.
[176]Vgl. Brynjolfsson & McAfee (2014), S. 75f.
[177]Bresnahan & Trajtenberg (1995).

3.3 Erscheinungsformen der Digitalisierung & Definition

Elektrizität als GPT.[178] Noch präziser formuliert NEFIODOW, indem er erläutert, dass es nur sogenannte *Basisinnovationen* vermögen, einen neuen Zyklus auszulösen und drei Kriterien benennt, die diese Basisinnovationen erfüllen müssen: Auf technologischer Ebene bestimmen sie „Tempo und Geschwindigkeit des Innovationsprozesses", auf wirtschaftlicher Ebene erreichen sie ein Umsatzvolumen, das das Wachstum der Weltwirtschaft maßgeblich trägt und drittens bewirkt „die Diffusion der Basisinnovation eine weitreichende Umorganisation der Gesellschaft."[179]

Anhand der genannten Kriterien lässt sich die Einstufung von Informationstechnologie als herausragende Innovation, sei sie nun als *GPT* oder als *Basisinnovation* bezeichnet, mit erheblichem Einfluss auf die wirtschaftliche und gesellschaftliche Entwicklung bestätigen. Informationstechnologien werden weiterhin stetig optimiert. Sie erfahren eine gewaltige Anwendungsbreite in nahezu allen Branchen rund um den Erdball und sie sind die Basis für zahlreiche technologische Weiterentwicklungen und Innovationen auch in eigentlich IT-fernen Branchen.[180] Genau genommen sind es somit auch keine einzelnen Technologien, die den neuen Konjunktur-Zyklus auslösen, sondern rund um einen technologischen Kern herum entstehende technologische Netzwerke aus Innovationen, die sich gegenseitig ergänzen und befördern.[181] Rund um diesen Nukleus entwickelt sich von der Kommunikationstechnik, über Informationsverarbeitungstechnik, der Softwareindustrie bis hin zur Mikroelektronik ein Netz aus verschiedenen Technologien, die die entscheidenden Impulse für die Entwicklung eines fünften KONDRATIEFF-Zyklus geben.[182] Verschiedene Studien sehen in der weltumspannenden Verbreitung der Informationstechnologie daher die Grundlage für eine nun anbrechende Wachstumsperiode, die aus *re-kombinantem Wachstum* entsteht.[183] Unter der Annahme, dass Informationstechnologie die Grundlage der

---

[178] Jovanovic & Rousseau (2005), S. 1184.

[179] Nefiodow (1998), S. 160f.

[180] Vgl. Tapscott (2015), S. 55ff.

[181] Vgl. Nefiodow (1998), S. 157. Dieser technologische Kern baut stets auf der Umsetzung allgemeingültiger Naturgesetze auf, wie die Dampfmaschine die Gesetze der Thermodynamik und der Digitalcomputer das *Russel-Whitehead-Gesetz* technologisch realisierte (vgl. Nefiodow (1998), S. 174f. Siehe auch Weiber (2002), S. 271). Die zwei englischen Mathematiker RUSSEL und WHITEHEAD haben in dem nach ihnen benannten Gesetz nachgewiesen, dass die gesamte Mathematik auf die drei logischen Grundoperationen logisches UND, logisches ODER und NEGATION zurückgeführt werden kann (vgl. Nefiodow (1998), S. 176).

[182] Vgl. Nefiodow (1996), S. 14.

[183] Vgl. Weitzman (1998); Romer (2008); Brynjolfsson & McAfee (2014), S. 81. Demnach schafft das sich ständig erweiternde digitale Netzwerk aus Menschen und Maschinen schier

Digitalisierung und die Basis für kommende Konjunkturzyklen bildet, ist dargelegt, welche Technologien genau die Digitalisierung dahingehend ermöglichen und befördern (siehe Abbildung 3.3):[184]

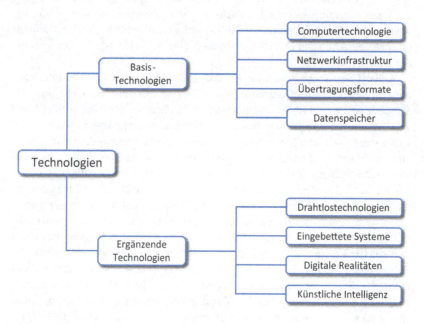

Abbildung 3.3 Hauptkategorie Technologie

3.3.2 Güter

Als weitere Hauptkategorie bringt die Inhaltsanalyse die Auswirkungen der Digitalisierung auf verschiedene Formen von **Gütern** hervor. Im Rahmen des vorgelegten Verständnisses von Digitalisierung werden unter der Hauptkategorie Güter die Unterkategorien **digitale** und **digitalisierte Güter**, also konkret **Daten, Software (Betriebssysteme & Applikationen), Plattformen & Portale (Websites & soziale Medien), digitale Inhalte** und **digitale Dienstleistungen** erfasst.

---

unendliche Möglichkeiten, neue Ideen miteinander zu kombinieren und Innovationen aus Ideen zu entwickeln, die einzeln bereits existierten.

[184]Vgl. Nefiodow (1998), S. 177; Weiber (2002), S. 274ff.

Darüber hinaus stehen auch **nicht-digitale Güter** als Kategorie unter dem Einfluss der Digitalisierung, da auch der mit dem Handel eines Gutes einhergehende Informationsaustausch als Teil des Leistungsbündels zu berücksichtigen ist.[185]

3.3.2.1 Digitale und digitalisierte Güter

Daten bilden als digitaler Rohstoff und Produktionsfaktor gemeinsam mit den im vorherigen Unterkapitel behandelten Basistechnologien die Grundlage der Digitalisierung. Sie setzen sich nach einer regelbasierten Syntax aus alphanumerischen Zeichen, den Bits, zusammen.[186] Durch Strukturierung und Zuordnung einer semantischen Bedeutung entsteht aus Daten *Information*.[187] Wird diese Information nun noch mit anderen Informationen vernetzt und in einen Kontext gefasst, entwickelt sich daraus *Wissen* auf der nächsthöheren Ebene der Begriffshierarchie.[188]

Das Verhältnis von Daten zu Information lässt sich darüber hinaus aus einer zweiten Perspektive betrachten: Daten sind auch als „abstrahierte und aufbereitete Informationen" zu verstehen, die sich „in einer für Computer erkennbaren Weise codieren, speichern, verarbeiten und transportieren" lassen.[189] Informationen sind dabei stets an ein Trägermedium gebunden.[190] Als besonders anschauliches Beispiel dafür, wie weitreichend die Folgen der fortschreitenden Umwandlung ursprünglich analoger Information in digitale Daten sein können, ist die Disruption des Musikmarktes durch die Entwicklung des MP3-Standards zu nennen, mit dem sich Dateien[191] von Musikstücken kostengünstig auf übertragbare Dateigrößen komprimieren lassen.[192] Zur weiteren Verdeutlichung des allgemeinen Ausmaßes der Digitalisierung von Information: Schon 2007 waren bereits 94% aller einst analogen Informationen digitalisiert.[193]

Hier setzt nun eine wichtige Facette der Digitalisierung an, deren Potenzial sich aus dem oben erläuterten Verhältnis von Daten, Information und Wissen

---

[185] Vgl. Clement & Schreiber (2016), S. 25.

[186] Vgl. Maleri & Frietzsche (2008), S. 97f.

[187] Clement & Schreiber (2016), S. 28. Vgl. auch Maleri & Frietzsche (2008), S. 98; Krcmar (2015), S. 12; Davenport & Prusak (1998), S. 4f.

[188] Vgl. Davenport & Prusak (1997), S. 9; Krcmar (2015), S. 12; Tapscott (1996), S. 302.

[189] Vgl. Fischer & Hofer (2011), S. 207; Bode (1997), S. 460.

[190] Vgl. Bode (1997), S. 462; Maleri & Frietzsche (2008), S. 100.

[191] Dateien sind abgelegte, in sich geschlossene Datenpakete aus logisch zusammengehörenden Datensätzen (vgl. Fischer & Hofer (2011), S. 206).

[192] Vgl. Moreau (2013), S. 18.

[193] Vgl. Hilbert & López (2011), S. 64.

zueinander erschließt. Der Begriff *Big Data* beschreibt gemeinhin die Herausforderung, sehr große, heterogene und rasch zunehmende Datenmengen schnell verarbeiten und verwerten zu können.[194] Big Data benennt also nichts weniger, als die Aufgabe, Wissen durch die intelligente Vernetzung von Daten und Information zu mehren. Als Kernbestandteile von Big Data werden die drei Vs *Volume*, *Variety* und *Velocity* angesehen.[195] Dabei ist mit Volume die große Masse an Daten gemeint, die heute vorliegt und weiter anwächst. Zum Vergleich: 2012 wurden in einer Sekunde mehr Daten über das Internet versendet als 20 Jahre zuvor im gesamten Internet verfügbar waren.[196] Variety beschreibt die hohe Vielfalt an Datenformaten und Datenquellen im Rahmen von Big Data, denn die genannte Datenmenge beinhaltet alle erdenklichen Formate, wie beispielsweise E-Mail-Nachrichten, GPS-Navigationsdaten oder Bilder aus sozialen Medien. Hinter Velocity verbirgt sich die hohe Geschwindigkeit, mit der sich die Datenmenge vervielfacht und in der sie ausgewertet werden soll. Idealerweise hält die Geschwindigkeit mit dem Datenwachstum Schritt und die Analyse gelingt in Echtzeit.[197]

Immer leistungsfähigere Datenerfassungsmethoden verschieben stetig die Grenzen dessen, woraus sich digitale Daten gewinnen und damit zu Informationen verknüpfen lassen. Die Unterscheidung von Daten und Information könnte sogar hinfällig werden, wenn sich in Zukunft im Zuge der technologischen Entwicklung Information in praktisch allen Erscheinungsformen zu digitalen Daten verarbeiten lässt.[198] Die Begründung dafür, dass Big Data gerade jetzt beginnt,

---

[194]Gartner (2012).
[195]Vgl. Chen, Chiang & Storey (2012), S. 1182; McAfee & Brynjolfsson (2012), S. 4f.; Kollmann (2019), S. 10f.
[196]Vgl. McAfee & Brynjolfsson (2012), S. 4.
[197]Vgl. Gandomi & Haider (2015), S. 138; Clement & Schreiber (2016), S. 29. Neben den drei Genannten werden noch weitere Dimensionen von Big Data diskutiert. Die Komponente *Value* (Wert) drückt dabei aus, dass durch die Analyse von Big Data werthaltiges Wissen entsteht. Darüber hinaus wird an einigen Stellen auch Bezug zur Dimension *Veracity* genommen, also wörtlich die Wahrhaftigkeit der Daten, die gegeben bzw. durch entsprechende Analysemethoden gewährleistet sein muss, um von wertvollen Daten sprechen zu können. Diese Aufgabe stellt vor dem Hintergrund der drei Kerndimensionen von Big Data und dabei vor allem hinsichtlich der extremen Heterogenität der Daten eine besondere Herausforderung dar. Schätzungen zufolge liegen nur rund 5% der weltweit existierenden Datensätze in *strukturierter* Form, also in ohne besonderen Aufwand von Computern auslesbaren, standardisierten Tabellen vor. Texte, Bilder, Audio- und Videodateien gelten hingegen als *unstrukturierte* Daten (vgl. Kwon, Lee & Shin (2014), S. 387; Gandomi & Haider (2015), S. 139; Cukier (2010)).
[198]Vgl. Bode (1997), S. 460; Hardy (2012).

3.3 Erscheinungsformen der Digitalisierung & Definition

sein Potential zu entfalten, bilden zwei Entwicklungen: Erstens nimmt die Menge an auswertbaren Daten exponentiell zu, denn allgemein kann aufgrund zunehmender Rechen- und Speicherkapazitäten mehr Information digital gesammelt und gespeichert werden, und zudem lassen sich immer mehr früher lediglich analog abbildbare Phänomene durch die Ausweitung des Internet der Dinge digital erfassen.[199] Zum Beispiel erzeugt der Flug einer *Boeing 787* Schätzungen zufolge ein halbes Terabyte (also 500 Gigabyte) an Daten, die aus vernetzten Sensoren in Triebwerken, Flügeln und anderen Bauteilen gewonnen werden.[200] Zu dieser von CUKIER & MAYER-SCHÖNBERGER als *Datafication*[201] bezeichneten Entwicklung trägt im Übrigen auch die Allgegenwart der Smartphones bei, die mit immer mehr Sensoren ausgestattet viele Menschen in nahezu jedem Moment ihres Alltags begleiten und einen digitalen Fußabdruck aus Daten erzeugen.[202] Zweitens steigen ebenfalls die technologischen Fähigkeiten der Anwendungsprogramme, Bilder und Texte zu analysieren, Muster zu erkennen, Vorhersagen zu treffen und damit der riesigen Datenmenge Herr zu werden.[203] Einen Beleg dafür liefert das *IBM* Computersystem *Watson*, das in der beliebten Quizshow *Jeopardy!* zwei der erfolgreichsten menschlichen Spieler mit deutlichem Abstand besiegte.[204]

Datenverarbeitende **Anwendungsprogramme** spielen also im Zusammenspiel mit dem entsprechenden **Betriebssystem** eine wichtige Rolle und sind – wie die Daten selbst – digitale Güter.[205] Software bietet die Strukturen, um Daten in Information umzuwandeln, und den Kontext, um aus Information Wissen zu gewinnen.[206] Die Unterscheidung innerhalb der Güterkategorie *Betriebssystem & Applikationen* zwischen *Betriebssystemen* wie *Microsoft Windows* oder auf mobilen Endgeräten *Google Android* und *Applikationen*, wie Textverarbeitungsprogrammen, Webbrowsern, E-Mail-Applikationen, Buchhaltungssoftware, oder auch Computerspielen ist insofern wichtig, als dass das Betriebssystem die Betriebsmittel eines Computers, also auch die übrige installierte Software

---

[199] Vgl. Parmar, Mackenzie, Cohn & Gann (2014); Brynjolfsson & McAfee (2014), S. 61; Post & Edmiston (2014), S. 8.
[200] Vgl. Finnegan (2013).
[201] Vgl. Cukier & Mayer-Schönberger (2013), S. 29.
[202] Vgl. Gandomi & Haider (2015), S. 138; McAfee & Brynjolfsson (2012), S. 5.
[203] Vgl. Davenport & Patil (2012), S. 72; Parmar et al. (2014).
[204] Vgl. Upbin (2011); Brynjolfsson & McAfee (2014), S. 24ff.; IBM (2009).
[205] Vgl. Clement & Schreiber (2016), S. 28; Fischer & Hofer (2011), S. 49.
[206] Tapscott (1996), S. 20.

verwaltet und als Bindeglied zwischen Hardware, Nutzer und Applikationen fungiert.[207]

Auch **soziale Medien** sind Applikationen. Sie bauen die auf den technologischen Grundlagen des Web 2.0 auf und ermöglichen die Entwicklung und den Austausch von nutzergenerierten Inhalten.[208] Dazu gehören Blogs, soziale Netzwerke, kollaborative Projekte wie *Wikipedia* und Plattformen zum Teilen von Inhalten wie *YouTube*.[209]

Soziale Medien, die häufig über den Internetbrowser aber auch über Apps im Smartphone genutzt werden, stehen in einer engen technologischen und inhaltlichen Verbindung zu **Websites**, die ebenso den digitalen Gütern zugeordnet werden. Websites bündeln jeweils die Gesamtheit aller Web*seiten*, die sich hinter einer eingerichteten Domäne verbergen, zu einer Plattform im World Wide Web und werden über den Webbrowser angewählt.[210] Ein Blick auf die derzeit in Deutschland am häufigsten aufgerufenen Website-Angebote (Stand: Juni 2019) google.de, facebook.com, youtube.com, amazon.de und ebay.de verdeutlicht, dass der Besuch einer Website häufig mit der Nutzung sozialer Medien verbunden ist.[211] Diese Auflistung macht deutlich, dass Websites nicht nur als eigenes digitales Gut zu verstehen sind, sondern gleichzeitig auch als Nutzungskanal für weitere digitale Güter, wie etwa **digitale Inhalte** und **digitale Dienstleistungen**, wahrgenommen werden. Oftmals beinhalten diese beiden Kategorien Güter, die bereits unabhängig von der Digitalisierung existierten, nun jedoch vermehrt im technologischen Sinne digitalisiert angeboten und nachgefragt werden.[212]

Die trennscharfe Differenzierung zwischen Daten, Applikationen, Websites, digitalen Inhalten und digitalen Dienstleistungen stellt nicht zuletzt aufgrund der zunehmend fließenden inhaltlichen Abgrenzung und technologischen Konvergenz eine Herausforderung dar. Für ein besseres Verständnis von Digitalisierung ist es jedoch notwendig, diese Gruppen digitaler Güter nicht nur als Gesamtkomplex, sondern auch als separate Bestandteile zu begreifen, die unterschiedliche Eigenschaften aufweisen und entsprechende Funktionen erfüllen. Während etwa

---

[207] Vgl. o. V. (2017a); Fischer & Hofer (2011), S. 107.
[208] Vgl. Kaplan & Haenlein (2010), S. 61.
[209] Vgl. Kaplan & Haenlein (2010), S. 62.
[210] Vgl. Fischer & Hofer (2011), S. 991.
[211] Vgl. Statista (2019b).
[212] Vgl. Hilbert & López (2011), S. 64. Digitale Inhalte sind etwa Zeitungstexte, Bücher, Musikstücke, Fotografien, Videos und wissenschaftliche Artikel, während als digitale Dienstleistungen Services, wie zum Beispiel im Bereich Kommunikation, Unterhaltung, Finanzen, Beratung, Tourismus oder Handel erfasst werden, die zumindest zu einem Teil auf digitalem Weg erbracht oder genutzt werden (vgl. Clement & Schreiber (2016), S. 25).

3.3 Erscheinungsformen der Digitalisierung & Definition

SHAPIRO & VARIAN annehmen, dass alles, was digitalisiert werden kann, letztlich Information darstellt, und damit für alle digitalisierbaren Güter den breit gefassten Begriff Informationsgüter geprägt haben,[213] sehen CHOI, STAHL & WINSTON sowie CLEMENT & SCHREIBER in den Informationsgütern, neben digitalen Prozessen und Dienstleistungen, lediglich eine, wenn auch bedeutsame Untergruppe digitaler Güter.[214]

MALERI & FRIETZSCHE kritisieren hingegen die „Abgrenzung der Informationen von Dienstleistungen" als unzureichend.[215] BODE weist in diesem Zusammenhang auf die Präsenz des externen Faktor als konstitutives Merkmal einer jeden Dienstleistung hin: Demnach ist Information in erster Linie Produktionsfaktor und „Informationsgüter lassen sich nur dann zu den Dienstleistungen zählen, wenn sie durch den Einsatz eines externen Faktors entstanden sind."[216] Explizit keine Dienstleistungen sind demnach Zeitungen, Bücher und weitere Medien, zu denen der Abnehmer keinen externen Produktionsfaktor einbringt.[217] MALERI & FRIETZSCHE folgend, dass die Einbringung des externen Produktionsfaktors auch dadurch erfolgen kann, dass der Leistungsabnehmer Zeit aufwendet, die Inhalte zu konsumieren, entsteht die Dienstleistung charakteristischerweise zeitgleich mit dem Konsum der Information.[218]

Die im Rahmen der qualitativen Inhaltsanalyse ermittelten Facetten der Digitalisierung in der Kategorie Güter decken sich inhaltlich überwiegend mit aktuellen Ausarbeitungen zu digitalen Gütern. Strukturell differenzieren ILLIK, und darauf aufbauend auch CLEMENT & SCHREIBER in diesem Zusammenhang je nach Grad der Materialität zwischen *nondigitalen Gütern* und *digitalen Gütern*.[219] Dabei sind die Grenzen zwischen den Kategorien fließend und nondigitale Güter keineswegs frei vom Einfluss der Digitalisierung, da auch der mit dem Handel eines Gutes einhergehende Informationsaustausch als Teil des Leistungsbündels

---

[213] Vgl. Varian & Shapiro (1998). Dabei müssen diese Güter nicht zwangsläufig digital vorliegen, es genügt, wenn diese grundsätzlich digitalisiert werden können.
[214] Vgl. Choi et al. (1997), S. 64; Clement & Schreiber (2016), S. 26.
[215] Maleri & Frietzsche (2008), S. 35.
[216] Bode (1997), S. 463.
[217] Bode (1997), S. 463. und auch Maleri & Frietzsche (2008), S. 34.
[218] Vgl. Maleri & Frietzsche (2008), S. 30, 91 und 109. MALERI & FRIETZSCHE legen besonderen Wert darauf, dass „seit Abschaffung der Leibeigenschaft" der Mensch selbst nicht als Produktionsfaktor gelten kann, sondern unbedingt seine Mitwirkung am Produktionsprozess erforderlich ist, die ggf. jedoch auch in Form reiner Anwesenheit vorliegen kann.
[219] Vgl. Illik (1999), S. 48; Clement & Schreiber (2016) S. 24ff.

zu berücksichtigen ist.[220] Unter nondigitalen Gütern werden nach ILLIK *physische Guter, semi-physische Güter* und *semi-digitale* Güter aufgefasst, wobei der Anteil des Digitalen am Gut selbst oder an dessen Transaktion in dieser Reihenfolge jeweils zunimmt.[221] Entsprechend dieser Kategorisierung ist von einem rein digitalen Gut die Rede, wenn es im Rahmen des gesamten Leistungsbündels keinerlei physischen Anteil gibt, das Gut entsprechend digital konsumiert und gehandelt wird. Schließlich definieren CLEMENT & SCHREIBER digitale Güter als „immaterielle Mittel zur Bedürfnisbefriedigung, die aus Binärdaten bestehen und sich mit Hilfe von IKT entwickeln, vertreiben oder anwenden lassen."[222]

Die Erkenntnisse aus der Inhaltsanalyse der praktischen Fallbeispiele lassen sich zum Teil in die bereits in der wissenschaftlichen Literatur vorgenommene Strukturierung der verschiedenen Güterarten unter Einfluss der Digitalisierung integrieren, so dass diese Struktur übergeordnet auch für die hier ermittelten Facetten der Digitalisierung in der Kategorie Güter beibehalten wird (Abbildung 3.4):

---

[220]Vgl. Clement & Schreiber (2016), S. 25.

[221]Ein physisches Gut ist vom Wesen her nicht digitalisierbar, wird aber dennoch zum semi-physischen Gut, sofern es auf elektronischen Märkten gehandelt wird. Semiphysische Güter bestehen weitestgehend aus physischer Materie; jedoch kann der „Informationsfluss der Transaktion", wie etwa bei Lebensmitteln, die über Onlineplattformen bestellt und gehandelt werden, digital erfolgen. Ein durchweg elektronischer Handel ist bei semi-physischen Gütern nicht möglich. Semi-digitale Güter sind zum jeweils größeren Teil digital, werden jedoch in der Gesamtbetrachtung des Leistungsbündels mit physischen Zusatzleistungen ergänzt (vgl. Illik (1999), S. 48; Brüxkes (2017); Clement & Schreiber (2016) S. 24ff.).

[222]Clement & Schreiber (2016), S. 24. Konkret fallen unter diese Definition „digitalisierbare Produkte, z. B. Nachrichten, Zeitschriften, Bücher, Sostware, Musik, Videos, Online-Beratungen, E-Learning-Angebote [...], digitale Duplikate physischer Produkte, z. B. Bankschecks, Konzertkarten und Fotos [...] digitale Dienstleistungen, z. B. Kommunikationsdienstleistungen oder digitale Fernsehprogramme" (Clement & Schreiber (2016), S. 25).

3.3 Erscheinungsformen der Digitalisierung & Definition

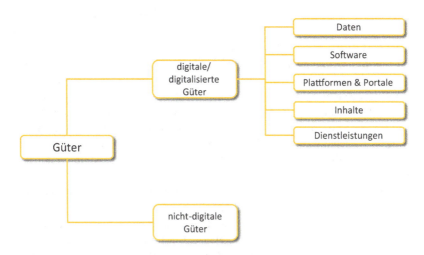

Abbildung 3.4 Hauptkategorie Güter

3.3.3 Prozesse

Die dritte Hauptkategorie der Erscheinungsformen der Digitalisierung wird auf der Ebene der **Prozesse** gebildet. Darunter ist die Entwicklung zu verstehen, dass unter dem Einfluss digitaler Technologien und Güter bestehende Abläufe digitalisiert werden, aber auch gänzlich neue digitale Prozesse entstehen. Fallbeispiele aus der Praxis deuten auf einen erheblichen Einfluss der Digitalisierung auf Prozesse im Allgemeinen und wirtschaftliche Vorgänge im Besonderen hin. Angefangen mit einfach nachvollziehbaren Digitalisierungseffekten, wie der Umstellung auf eine papierlose Dokumentenverwaltung in Unternehmen,[223] über komplexere intralogistische Prozesse wie die Warenversandvorbereitung durch Roboter,[224] bis hin zu hochtechnologischen Produktionsvorgängen in der Medizintechnik, wie dem computergesteuerten 3D-Druck von Organen,[225] scheinen die Auswirkungen der Digitalisierung innerhalb dieser Kategorie, sowohl hinsichtlich der Breite der Prozessaufgaben als auch der Prozesstiefe, sehr umfangreich. Entsprechend des auf die Untersuchung betriebswirtschaftlicher Fragestellungen

---

[223] Vgl. Welsh (2007); McLaughlin (2007).
[224] Vgl. Knight (2015).
[225] Vgl. Neu (2014).

gelegten Fokus und nicht zuletzt auch, um die auszuarbeitende Struktur der Auswirkungen der Digitalisierung weiterhin durchdringbar zu halten, wird sich die Kategorisierung auf diejenigen Prozesse fokussieren, die einen signifikanten Beitrag zur Wertschöpfung in Unternehmen leisten. Diese Geschäftsprozesse werden als logische Abfolge von Wertschöpfungsaktivitäten definiert, die von Organisationen entwickelt werden, um spezifische Geschäftsziele zu erreichen.[226] Aus den untersuchten Fallbeispielen ergeben sich vor diesem Hintergrund besonders zu beachtende prozessuale Veränderungen in den Unterkategorien **Ressourcenmanagement, Forschung & Entwicklung, Produktion & Dienstleistungserstellung, Finanzen, Logistik, Marketing, Kundenservice & Wartung, Kommunikation, Personal** und **Sicherheit**.

Die digitalisierte Koordination der damit verbundenen Prozesse kann durch ein integriertes, Anwendungssystem, das sogenannte *Enterprise-Ressource-Planning-System (ERP)* erfolgen, in dem alle Daten aus den teilweise speziell für einen bestimmten Aufgabenbereich genutzten Software-Anwendungen in einer gemeinsamen Datenbank zusammenlaufen.[227] Im ERP kommunizieren die unterschiedlichen Funktionsbereiche miteinander, so dass ein für die unternehmerische Entscheidungsfindung wichtiges, aktuelles Gesamtbild des Unternehmens und der betrieblichen Prozesse stets abrufbar ist.[228]

3.3.3.1 Ressourcenmanagement

Ressourcenmanagement als eine hervorzuhebende Kategorie von erfolgskritischen Unternehmensprozessen lässt sich als Verwaltung der „Mittel, die in die Produktion von Gütern und Dienstleistungen eingehen"[229] definieren. Dadurch, dass Daten, Informationen, und daraus gewonnenes Wissen die wichtigsten Ressourcen im Produktionsprozess der digitalisierten Wissensgesellschaft darstellen,[230] erfährt der Umgang mit diesen im Rahmen der analysierten Fallbeispiele zur Digitalisierung besondere Beachtung und die Speicherung, Aufbereitung und

---

[226]Vgl. Laudon & Laudon (2018), S. 82f; Lackes, Schewe & Siepermann (2017).

[227]Bisweilen auch nur „Enterprise System" (vgl. Laudon & Laudon (2018), S. 368); Karimi, Somers & Bhattacherjee (2009). ERP-Lösungen integrieren Geschäftsprozesse aus allen Funktionsbereichen eines Unternehmens, wie etwa Finanzen, Personal, Produktion und Marketing, um den Fluss von Information, Material und finanziellen Ressourcen mittels einer gemeinsamen Datenbasis über das gesamte Unternehmen hinweg zu automatisieren (vgl. Su & Yang (2010), S. 458; Laudon & Laudon (2018), S. 82).

[228]Vgl. Davenport (1998); Karimi et al. (2009).

[229]Voigt, Günther & Szczutkowski (2017).

[230]Vgl. Gu & Lev (2011), S. 110; Tapscott (1996), S. 44; Bode (1997), S. 449; Clement & Schreiber (2016), S. 32.

3.3 Erscheinungsformen der Digitalisierung & Definition

Auswertung von Daten, Information und Wissen wird zu einem erfolgskritischen Vorgang. Nach BODE ist nur handlungsvorbereitendes Wissen für ein Unternehmen relevant,[231] sodass es das Ziel eines erfolgreichen Ressourcenmanagements sein muss, aus vorliegenden Daten möglichst viel Information zu gewinnen, diese wiederum zu umfangreichem Wissen zu verknüpfen und für die Entscheidungsfindung des Unternehmens nutzbar zu machen.

So wie sich Daten, Information und Wissen voneinander unterscheiden, lässt sich auch zwischen *Daten-, Informations-* und *Wissensmanagement* differenzieren. Statt in einzelnen Dateien, die jeweils einem Programm zugeordnet sind, sammeln Unternehmen ihre Daten in der Regel in zentralen, redundanzfreien Datensammlungen, den *Datenbanken,* auf die von mehreren Nutzern und Applikationen zugegriffen werden kann.[232] In Abgrenzung zum Informationsmanagement liegt der Schwerpunkt des Wissensmanagements nicht darauf, Akteure mit explizitem Wissen, also Informationen[233] zu versorgen, sondern ist nach STELZER „die Unterstützung von Individuen oder Gruppen bei der Bewältigung schlecht-strukturierter Aufgaben (insbesondere Beratungs-, Forschungs-, Entwicklungs- und Innovationsaufgaben), die Unterstützung menschlicher Kommunikation und Kooperation sowie der effizienten Auffindung von Informationen bzw. Wissensbestände, die Speicherung von Wissen in individuellen und kollektiven Speichern sowie die Erschließung impliziten Wissens."[234] Konkret sind als einzelne Prozesse die Erzeugung, die Speicherung, das Abrufen, der Transfer und die Anwendung von Wissen dem Wissensmanagement zuzuordnen.[235]

Ein wesentliches Merkmal von digitalisiertem Ressourcenmanagement ist zudem der vermehrte Einsatz externer Ressourcen, der aufgrund der drastisch gesunkenen Transaktionskosten Effizienzvorteile bieten kann.[236] Unternehmen nutzen öffentlich zugängliche, nutzergenerierte Inhalte (*User Generated Content*) aus Wikis, Blogs, Foren, sozialen Netzwerken, Bild- und Videoplattformen, oder auch *Open Source*-Software, deren Quellcodes für die Anwendung und Weiterentwicklung öffentlich zugänglich sind.[237] Auf einer nächsten Stufe greifen

---

[231] Bode (1997), S. 4
[232] Vgl. Laudon & Laudon (2018), S. 245.
[233] In diesem Zusammenhang wird zwischen *implizitem* Wissen, das in den einzelnen Personen vorliegt und nicht niedergeschrieben oder abgebildet ist, und *explizitem* Wissen, das formal und systematisch dokumentiert ist, unterschieden (vgl. Nonaka (2007), S. 165; Stelzer (2003), S. 30; Purvis et al. (2001), S. 118).
[234] Stelzer (2003), S. 36.
[235] Vgl. Alavi & Leidner (2001), S. 114.
[236] Vgl. Stampfl (2012), S. 109.
[237] Vgl. Schildhauer & Voss (2012), S. 494.

Crowdsourcing-Ansätze auf externe Arbeitskraft, Kreativität oder auch Kapital zu.[238]

3.3.3.2 Forschung & Entwicklung

Die dargelegten Fallbeispiele zum digitalen Ressourcenmanagement kündigen an, dass sich die Digitalisierung auch auf die **Forschungs- & Entwicklungsprozesse** auswirkt. Durch ein digitalisiertes Wissensmanagement können Unternehmen in der Entwicklung neuer Produkte und Dienstleistungen auf ergiebige Datenbanken zurückgreifen.[239] Die schier unermessliche, weiter anwachsende Datenmenge und sich ständig verbessernde Datenanalysemethoden führen dazu, dass die Notwendigkeit von Hypothesenbildung und Modellierungen bisweilen hinterfragt und das Ende aller Theorie in der Forschung für möglich gehalten wird.[240]

Ebenso wird deutlich, dass Digitalisierung ein wesentlicher Treiber für die weitreichende Öffnung der Innovationsprozesse sein kann. Crowdsourcing-Prozesse müssen nicht zwangsläufig auf die Entwicklung von Innovationen ausgerichtet sein.[241] Sofern dies jedoch Ziel des Vorgehens ist, kann Crowdsourcing als Methode zur Umsetzung einer *Open Innovation*-Strategie betrachtet werden.[242] Dafür werden offene, über das Internet zugängliche Innovationsplattformen wie etwa *InnoCentive* oder *NineSigma* genutzt, um Problemlösungen über ein offenes Netzwerk aus externen Unternehmen, Universitäten, Behörden, privaten Forschungslaboren und unabhängigen Wissenschaftlern zu gewinnen.[243]

Neben der oben erörterten Erweiterung des Innovationsprozesses über die Unternehmensgrenzen hinaus, verändern auch innovative Fertigungstechnologien

---

[238]Crowdsourcing lässt sich als interaktive Form der Leistungserbringung definieren, „die kollaborativ oder wettbewerbsorientiert organisiert ist und eine große Anzahl extrinsisch oder intrinsisch motivierter Akteure unterschiedlichen Wissensstands unter Verwendung moderner [Informations- und Kommunikationssysteme] auf Basis von Web 2.0 einbezieht" (Martin, Lessmann & Voß (2008), S. 1256). Darunter fallen auch *Prosuming*-Prozesse, bei denen Verbraucher (Consumer) auf digitalen Plattformen dazu aufgerufen werden, ihre Meinung zur Ausgestaltung eines Produktes kundzutun.

[239]Vgl. Hardy (2012).

[240]Vgl. Anderson (2008).

[241]Vgl. Martin et al. (2008), S. 1257.

[242]Nach CHESBROUGH ist Open Innovation die Nutzung externen wie internen Wissens, um den internen Innovationsprozess eines Unternehmens zu beschleunigen, und interne wie externe Wege zur Vermarktung der Innovation zu nutzen (vgl. Chesbrough (2006), S. 1). Obschon Open Innovation nicht notwendigerweise den Einsatz digitaler Technologien beinhalten muss, wird die Umsetzung eines solchen Ansatzes durch die im Rahmen der Digitalisierung massiv vereinfachten Kommunikationsprozesse unmittelbar befördert.

[243]Vgl. Martin et al. (2008), S. 1253; NineSigma, Inc. (2017); InnoCentive, Inc. (2017).

3.3 Erscheinungsformen der Digitalisierung & Definition

die Forschungs- und Entwicklungsprozesse in Unternehmen. Ursprünglich aus dem Feld der Software-Entwicklung stammend[244] lässt sich die Methode des *Rapid Prototyping* mit Hilfe *additiver Fertigungstechniken* bzw. *3D-Druck* auch auf die Produktion von Gegenständen auf Basis digitaler Daten anwenden.[245] Auf diese Weise stellen etwa Automobil- und Flugzeughersteller Komponenten für Tests im Windkanal her und sehen bedeutende Vorteile bei Kosten und Geschwindigkeit der Prototypenentwicklung.[246]

3.3.3.3 Produktion & Dienstleistungserstellung

Auch in den Prozessen der **Produktion & Dienstleistungserstellung** ist der Einfluss der Digitalisierung deutlich sichtbar. Bereits die horizontale und vertikale Integration und Abstimmung der Produktionsprozesse über IKT-Systeme innerhalb eines Unternehmens und über die Unternehmensgrenzen hinweg mit Kunden und Zulieferern verändert die Produktionsabläufe.[247] Eingebettete Systeme und Cloud Computing ermöglichen die Kommunikation von Maschine zu Maschine über das Internet der Dinge, in dem stets alle Produktionsteile wissen, in welchem Status und Prozessschritt sie sich befinden. Die dezentrale Organisation durch Vernetzung der einzelnen Produktionskomponenten ermöglicht so die Automatisierung der Produktionsabläufe, indem Maschinen individuell und intelligent entsprechend der von den Produktionsmitteln kommunizierten Information agieren. Die Ausstattung der verarbeitenden Maschinen mit Sensoren ermöglicht wiederum deren dezentrale Zustandsüberwachung und Wartungssteuerung, um die Produktionsabläufe aus der Ferne gestalten zu können.[248] Die hier im Rahmen von Anwendungsbeispielen aus der industriellen Fertigung skizzierten Einflüsse der Digitalisierung werden in einer ganzheitlichen Betrachtung unter den Begriff *Industrie 4.0* gefasst.[249]

---

[244] Vgl. Tripp & Bichelmeyer (1990).

[245] Vgl. Bak (2003).

[246] Vgl. Knop (2015).

[247] Vgl. Merz (2015).

[248] Vgl. Merz (2015).

[249] Der Begriff Industrie 4.0 entsprang einer Initiative der Bundesregierung und wird in anderen Sprachen seltener verwendet (Kagermann, Lukas & Wahlster (2011). Im englischen Sprachraum spricht man im Rahmen des hier beschriebenen Phänomens häufig vom *Industrial Internet* (vgl. Industrial Internet Consortium (2017)). SCHNEIDER definiert Industrie 4.0 als „Entwicklung, in deren Rahmen Unternehmen der produzierenden Industrie Partner, Produkte, Produktionsmittel und Personen horizontal und vertikal entlang der Wertschöpfungskette vernetzen, sodass neben einer zentralen auch eine dezentrale Steuerung möglich wird" (Schneider (2016), S. 259).

Obschon Dienstleistungen von der oben genannten Definition miteingeschlossen werden,[250] soll nicht zuletzt aufgrund des hier vorliegenden Untersuchungskontextes einer Dienstleistungsbranche noch einmal gesondertes Augenmerk auf den Einfluss der Digitalisierung auf Prozesse zur Erstellung von Dienstleistungen gelegt werden. Hier sei darauf hingewiesen, dass durch die Digitalisierung ursprünglich analoge Dienstleistungen digitalisiert werden und auch gänzlich neue digitale Dienstleistungen entstehen. Am Beispiel eines Hotels können inzwischen von der Zimmerauswahl über die Selektion der Mahlzeiten bis hin zum Checkout etliche Servicebestandteile vollumfänglich über digitale Assistenten und Plattformen abgewickelt werden, während sich das menschliche Hotelpersonal auf die Serviceleistungen fokussiert, deren persönliche Umsetzung dem Gast einen wirklichen Mehrwert bietet.[251]

3.3.3.4 Finanzen

Ebenso wie sich die Digitalisierung auf die einzelnen Schritte der Produkt- und Dienstleistungserstellung auswirkt, finden sich entlang der Inhaltsanalyse auch diverse Beispiele dafür, wie Digitalisierung unter dem Cluster **Finanzen** die Prozesse zur Erlösgenerierung und zur Zahlungsabwicklung verändert. Insbesondere die Medienbranche steht sich der Herausforderung gegenüber, dass viele Inhalte, die sie einmal entgeltlich bzw. werbefinanziert über Fernsehen, Radio oder Presse vertreiben konnten, inzwischen (nahezu) kostenlos über das WWW verfügbar sind.[252] Neben herkömmlichen Abonnement-Modellen werden neue Erlösmodelle entwickelt, wie On Demand-Bezahlung für nicht-lineare Fernsehangebote[253] oder Micropayment-Lösungen zur Bezahlung einzelner Zeitungsartikel.[254]

Unabhängig der zu handelnden Produkte und Dienstleistungen werden zudem insbesondere im Onlinehandel digitale Systeme der Zahlungsabwicklung eingesetzt. Rund die Hälfte der deutschen Nutzer, die mobil über Smartphone oder Tablet einkaufen, nutzen zur Bezahlung einen digitalen Bezahldienstleister, wie etwa *Paypal* oder *Sofortueberweisung.de*.[255] Die mobile Bezahlung per NFC-Technologie im Smartphone ermöglicht das kontaktlose Bezahlen im stationären

---

[250]Vgl. Schneider (2016), S. 258.
[251]Vgl. Geinitz (2015); Kotowski (2015).
[252]Vgl. Hülsen & Brauck (2017).
[253]Vgl. Lindner (2015).
[254]Vgl. Winterbauer (2015).
[255]Vgl. Bundesverband E-Commerce und Versandhandel Deutschland (2017).

3.3 Erscheinungsformen der Digitalisierung & Definition

Handel oder die Überweisung von Beträgen an andere Nutzer des entsprechenden Bezahlsystems.[256]

Während diese Bezahlmethoden grundsätzlich immer noch an das Bankensystem gekoppelt sind, hat sich mit *Bitcoins* eine vollständig digitale Währung entwickelt, die auf diese Anbindung verzichtet. Die einzelnen Kontostände der Bitcoin-Nutzer sind in der *Blockchain*, dem öffentlichen digitalen Buchungssystem, gespeichert.[257] Geld-Transaktionen und Konten werden durch aufwändige Verschlüsselungsmechanismen (*Kryptographie*) gesichert.[258]

3.3.3.5 Logistik

Wie im Rahmen der Erläuterungen zu Industrie 4.0 angedeutet, wirkt sich die Digitalisierung auch auf die **logistischen Prozesse** zur Wertschöpfung eines Unternehmens aus. Allgemein vereinfachen digitale Technologien die Koordination der Prozesse zwischen einem Unternehmen und dessen Zulieferern.[259] Die Grundlage hierfür bildet das möglichst die gesamte Unternehmung sowohl horizontal als auch vertikal integrierende ERP-System, wie es zum Beispiel das Textilunternehmen *Burberry* einsetzt und damit eine logistisch optimierte Bedienung der Nachfrage rund um den Globus gewährleistet.[260]

Indem die Geschäftsprozesse aus den unterschiedlichen Funktionsbereichen im ERP zusammenlaufen, entsteht dort eine integrierte Datenbasis, mittels dessen Warenverfügbarkeiten geprüft, optimale Anlieferwege berechnet und ggf. Materialnachschub von Lieferanten zur Fertigung weiterer Produkte des nachgefragten Typs geordert werden können. Definiert man die Lieferkette eines Unternehmens als Netzwerk aller Fazilitäten und Aktivitäten zur Materialbeschaffung, der Belieferung der unterschiedlichen Produktions- und Verkaufsstandorte mit Material, der Produktion der (Halbfertig-)Waren bis hin zur Distribution zum Kunden,[261]

---

[256] Vgl. Faulkner (2015); de la Motte & Atzler (2015).

[257] Vgl. Kollmann (2019), S. 21.

[258] Vgl. Kollmann (2019), S. 18ff. Das Bitcoin-System steht aufgrund von Manipulationsrisiken, dem möglichen Gebrauch der Währung für illegale Zwecke, Investitionsrisiken sowie ungeklärten steuerlichen und rechtlichen Fragestellungen regelmäßig in der Kritik. Eine hinreichende wissenschaftliche Bewertung des Zahlungsmittels und seiner möglicherweise prozessverschlankenden Wirkung für die digitale Wirtschaft steht jedoch noch aus (vgl. Cook (2014); McCullum (2015)).

[259] Vgl. Porter (2001), S. 69.

[260] Vgl. Westerman, Tannou, Bonnet, Ferraris & McAfee (2012), S. 5; Laudon & Laudon (2018), S. 369.

[261] Vgl. Lee & Billington (1993), S. 835. Inzwischen sind auch holistischere Ansätze zur Supply Chain gebräuchlich, die etwa auch die Produktentwicklung und den Kundenservice miteinbeziehen, was vor dem Hintergrund der weiter zunehmenden Integration der

erscheint offensichtlich, dass auch hier Informationstechnologie eine tragende Rolle spielen kann.[262] Dementsprechend erfolgt die Koordination der Lieferketten im Detail immer häufiger mit Unterstützung von *Supply Chain Management (SCM)*-Software,[263] die interorganisational Informationen über Warenbestand, Produktionsmenge, Bestellmengen und Auslieferungsvolumina zwischen Lieferanten, Einkäufern, Distributoren und Logistikdienstleistern teilt und so eine effiziente Abwicklung der Logistikprozesse gewährleistet.[264]

Ebenso anschaulich lässt sich der Einfluss der Digitalisierung auf Logistikprozesse in den Bemühungen von Logistikspezialisten und Onlineversendern nachvollziehen, die sich vor dem Hintergrund eines boomenden Onlinehandels mit Hochdruck der sogenannten „letzten Meile", also der abschließenden Zustellung des nachgefragten Produktes zum Kunden, widmen.[265] Bei alternativen Zustellungskonzepten, die bspw. auf zentrale Paketstationen oder die Nutzung abgestellter PKW als Paketdepot zurückgreifen, spielen digitale Prozesse eine maßgebliche Rolle.[266] Darüber hinaus nehmen auch nahezu vollautomatisierte Zustellungskonzepte etwa über autonom fahrende LKW oder unbemannte Drohnen, wie es etwa *Amazon*, die *Deutsche Post DHL* und die *Schweizer Post* testen, Gestalt an.[267]

Unternehmensprozesse auch sinnvoll erscheint (vgl. Su & Yang (2010)). Zur detaillierten Untersuchung des Einflusses der Digitalisierung auf die einzelnen, wenn auch miteinander verzahnten Wertschöpfungsprozesse wird in diesem Abschnitt jedoch der Fokus auf die logistischen Kernprozesse gelegt.

[262] Vgl. Plomp & Batenburg (2010); Alvarado & Kotzab (2001)

[263] Vgl. Tarn, Yen & Beaumont (2002), S. 26.

[264] Vgl. Laudon & Laudon (2018), S. 83. Die Unterschiede in der analytischen Ausrichtung insbesondere von älteren ERP-Systemen mit Fokus auf die innerbetrieblichen Prozesse und SCM-Systemen, deren Koordinationsaktivitäten dazu gegensätzlich auch externe Lieferanten und Kunden miteinschließen, können bei der zielführenden Verzahnung der Systeme in einer zunehmend von Unternehmensnetzwerken geprägten Wirtschaft eine Herausforderung darstellen (vgl. Uhrig & Krzyzak (2012); Akkermans, Bogerd, Yücesan & van Wassenhove (2003), S. 297). Durch die optimale Integration solcher Systeme verschaffen sich Unternehmen wiederum Wettbewerbsvorteile (vgl. Alvarado & Kotzab (2001), S. 183; Kirsch & Hajek (2015).

[265] Vgl. Pieringer (2017)

[266] Vgl. Huynh (2015)

[267] Vgl. Dorling, Heinrichs, Messier & Magierowski (2017); Hägler (2017); Amazon.com, Inc. (2017).

3.3.3.6 Marketing

Als weitere Kategorie der Wertschöpfungsprozesse auf die sich Digitalisierung auswirkt, ergibt sich aus der Inhaltsanalyse das Themenfeld **Marketing**.[268] Verschiedentlich wird die Auffassung vertreten, dass kaum ein Wertschöpfungsprozess so stark von der Digitalisierung beeinflusst wird, wie das Marketing.[269] Im ursprünglichen Mix der Instrumente zur erfolgreichen Umsetzung einer Marketing-Strategie, also den sogenannten vier Ps *Product* (= Produktpolitik), *Price* (= Preispolitik), *Promotion* (= Werbepolitik) und *Place* (= Vertriebspolitik) wird die Produktgestaltung als Teil des Marketing verstanden.[270] Im vorliegenden Untersuchungskontext wurden die Prozesse zur Produktentwicklung allerdings bereits separat betrachtet,[271] sodass der Analysefokus in diesem Abschnitt auf den Prozessen zur marktgerechten Bepreisung, Bewerbung und des Vertriebs der Produkte und Dienstleistungen, liegt.

Hinsichtlich des Preismanagements ist insbesondere in der Airline-, Tourismus-, Energiebranche, sowie dem Onlinehandel zu beobachten, dass Algorithmen zum dynamischen Preismanagement eingesetzt werden, um den jeweiligen Preis anhand von in Echtzeit ermittelten Daten zu Nachfrage und Angebot kurzfristig anzupassen.[272] Auf der Grundlage von Big Data lassen sich Nutzerprofile erstellen, die einen Nachfrager als kostenbewusst oder preisunsensibel charakterisieren und eine entsprechende Preisdiskriminierung ermöglichen.[273] Andererseits stärkt die Digitalisierung auch die Position des Kunden, indem sie über Preisvergleichsportale oder mittels Preisvergleichen auf entsprechenden Plattformen die Preistransparenz erhöht.

Die marktgerechte Bewerbung der Produkte betreffend ist offensichtlich, dass mit der veränderten Mediennutzung – nicht nur in Deutschland verbringen Menschen immer mehr Zeit mit der Nutzung digitaler Medien[274] – auch eine gestiegene Attraktivität von Onlinekanälen, mobilen Geräten und sozialen Medien als Werbekanäle und -plattformen einhergeht.[275] Die Digitalisierung schafft hier

---

[268] KOTLERS & ARMSTRONGs Definition sieht Marketing als das Bündel der Unternehmensaktivitäten zur Schaffung von Mehrwerten für die Kunden und zum Aufbau starker Kundenbeziehungen, um wiederum Mehrwerte von den Kunden einzunehmen (Kotler & Armstrong (2017), S. 29).
[269] Vgl. Laudon & Laudon (2018), S. 417.
[270] McCarthy (1960).
[271] So geschehen im Abschnitt zu Forschung und Entwicklung.
[272] Vgl. Wedad & Keskinocak (2003); Klein & Loebbecke (2003).
[273] Vgl. Heckendorf (2016); Laudon & Laudon (2018), S. 407ff.
[274] Vgl. Seven One Media (2019).
[275] Vgl. Bialek (2017); Melchior (2015).

zahlreiche Möglichkeiten, potentielle Kunden über die von ihnen präferierten Kanäle anzusprechen.[276] Die im Rahmen von Web 2.0-Technologien gesteigerte Interaktivität dieser Kanäle erleichtert zudem den Aufbau von Kundenbindungen und erhöht die Zielgenauigkeit der Marketingmaßnahmen.[277]

Die verbesserte Messbarkeit der Werbewirkung sowie die zielgenauere, individualisierte Kundenansprache über digitale Werbekanäle generiert sich aus den technologischen Möglichkeiten zur Beobachtung des Nutzerverhaltens.[278] Sogenannte *Cookies*, also kleine Textdateien, die auf der Festplatte des genutzten Computers über die vom Nutzer besuchten Webseiten angelegt werden, speichern die entsprechenden Daten, um beim nächsten Besuch daran angepasste Produktempfehlungen auszusprechen.[279]

Eine hervorzuhebende Rolle im digitalen Marketing spielen unbedingt auch Internet-Suchmaschinen und das damit verbundene Suchmaschinenmarketing. 45% der Internetnutzer in Deutschland benutzen täglich eine Suchmaschine, um an eine nachgefragte Information zu gelangen.[280] Aus den unterschiedlichen Suchanfragen lassen sich wiederum Interessen des Nutzers ermitteln und entsprechende Werbeanzeigen im Umfeld der Suchmaske oder in den Suchergebnissen selbst platzieren.

Neben der Preis- und Werbepolitik verbleibt als weiterer Bestandteil des Marketing-Mixes, der ebenso von der Digitalisierung beeinflusst ist, der Vertrieb, also alle Aktivitäten auf dem Weg eines Produktes oder einer Dienstleistung vom Anbieter zum Kunden. Die durch die Digitalisierung ermöglichte Übermittlung digitaler Güter über digitale Kanäle ist bereits im vorherigen Unterkapitel thematisiert worden. Die minimierten Transaktionskosten eines digitalen Vertriebs ermöglichen unter dem Schlagwort *Long Tail Marketing*, dass nicht mehr nur die bei einer breiten Masse beliebtesten Produkte vermarktet werden, sondern dass sich auch der Vertrieb von Nischenprodukten und Produktvariationen in kleinerer Stückzahl rentiert.[281] Insbesondere die Musik-, Film- und Medienindustrie stellt sich der Herausforderung, dass ihre ehemals analogen Produkte im Rahmen der

---

[276] Vgl. Westerman et al. (2014), S. 31.
[277] Vgl. Kotler & Armstrong (2017), S. 41. KOTLER & ARMSTRONG sprechen in diesem Zusammenhang von Customer Engagement Marketing, das darauf ausgerichtet ist, Kunden dazu zu animieren, sich unmittelbar und dauerhaft mit einer Marke zu beschäftigen und somit Markenerlebnisse und Markencommunities zu schaffen, die letztlich die Kunden langfristig an die Marke binden sollen.
[278] Vgl. Laudon & Laudon (2018), S. 407.
[279] Vgl. Fischer & Hofer (2011), S. 187; Laudon & Laudon (2018), S. 166.
[280] Vgl. Die Medienanstalten (2018).
[281] Vgl. Anderson (2006); Hamidian & Kraijo (2013), S. 6.

Digitalisierung nun digital zu minimalen Kosten vertrieben werden können, was zu erheblichen Umwälzungen in diesen Branchen geführt hat.[282]

Die einfachere Umsetzung des Vertriebs über die genannten Kanäle und die insgesamt gesunkenen Transaktionskosten führen dazu, dass in einigen Branchen Hersteller auf den Einsatz von Intermediären, wie Groß- oder Einzelhändlern, verzichten und im Rahmen eines Disintermediationseffektes direkt an ihre Kunden vertreiben.[283]

3.3.3.7 Kundenservice & Wartung

Voraussetzung für die Bewältigung einer zentralisierten, digitalisierten Kundenverwaltung sind *Customer-Relationship-Management (CRM)-Systeme*, die alle Geschäftsprozesse mit einzelnen Kunden eines Unternehmens datenbasiert erfassen und deren Koordination und Steuerung unterstützen.[284] Zu den wichtigsten Funktionsbereichen von CRM-Software gehören neben der Unterstützung von Kundenkommunikation und Vertrieb auch die Prozesse der Kundenpflege und des Kundenservice, die im vorliegenden Untersuchungszusammenhang unter der Kategorie **Kundenservice & Wartung** separat betrachtet werden.[285] Darunter werden Serviceleistungen gefasst, die vom Kunden nach dem Kauf eines Produktes oder einer Dienstleistung angefragt werden.[286]

Über die Nutzung von CRM-Systemen hinaus belegen weitere Praxisbeispiele den Einfluss der Digitalisierung auf Kundenservice und Produktwartung. Serviceanfragen, die früher von Sachbearbeitern persönlich bearbeitet werden mussten, werden nun über Kundenportale im Web in umfangreichen Serviceblogs und Themenwebseiten beantwortet oder Serviceprozesse gleich vom Kunden selbst übernommen.[287] Der Energieversorger *EnBW* thematisiert in seinem Kundenblog nicht nur proaktiv häufig gestellte Kundenanfragen, sondern berät umfassend zu einer breiten Themenpalette z. B. zu Energiespartipps bis hin zum Kaufratgeber für E-Bikes.[288]

---

[282] Bourreau, Gensollen, Moreau & Waelbroeck (2012); Berman (2012), S. 19.

[283] Vgl. Benjamin & Wigand (1995); Tapscott (1996), S. 56; Westerman et al. (2014), S. 88.

[284] Vgl. Krcmar (2015), S. 643. Ebenso wie SCM-Systeme entfalten CRM-Systeme bestmöglich ihr Potenzial, das Beziehungsmanagement eines Unternehmens zu optimieren, wenn eine Integration in die Gesamtsystemarchitektur des Unternehmens beispielsweise angebunden an das übergeordnete ERP-System erfolgt (vgl. Widmayer (2012), S. 432).

[285] Vgl. Laudon & Laudon (2018), S. 383.

[286] Vgl. Gora & Seifert (2012), S. 450.

[287] Vgl. van Beuningen, de Ruyter, Wetzels & Streukens (2009)

[288] Vgl. EnBW (2017).

Im Industriesektor ermöglicht die Digitalisierung durch die umfangreiche Anbringung digitaler, mit dem Internet verbundener Messsensoren an Maschinen und anderen Investitionsgütern die Wartung und Überprüfung von ausgelieferten Produkten aus der Ferne.[289] Der Maschinenhersteller *Coperion* entsendet seine Servicetechniker erst nachdem umfangreiche Möglichkeiten der Fernbedienung und Fernwartung ausgeschöpft sind und schult seine Mitarbeiter auf der Reise zum Kunden über mögliche Lösungswege in einer umfangreichen Wissensdatenbank, die bspw. auch Videoclips enthält.[290] Insbesondere im Bereich der produzierenden Industrie im Rahmen von Industrie 4.0, in der Luftfahrt und der Energiewirtschaft ermöglichen in die Produkte eingebettete Systeme den Ansatz des *Predictive Maintenance,* also der vorausschauenden Instandhaltung. Aus den von Sensoren übermittelten Daten lassen sich mit intelligenten Prognosemodellierungen Ausfallwahrscheinlichkeiten vorhersagen und vorbeugende Reparaturen vornehmen.[291]

3.3.3.8 Kommunikation

Eng mit den Marketingprozessen verwoben ergibt sich aus der Inhaltsanalyse auch ein erheblicher Effekt auf die **Kommunikationsprozesse** eines Unternehmens. Da diese sowohl innerbetrieblich als auch im Kontakt mit Kunden und externen Partnern eine bedeutende Rolle einnehmen, wird diese Kategorie, obschon sich z. B. die externe Kommunikation grundsätzlich auch dem Kundenservice oder die unternehmensinterne Kommunikation auch dem Wissensmanagement zuordnen ließe, separat betrachtet.

Durch die Digitalisierung eröffnen sich neue Kommunikationskanäle, deren Nutzung sich unmittelbar auf die Kommunikations- und damit Wertschöpfungsprozesse eines Unternehmens auswirkt. Insbesondere in Anwendungsbereichen in denen das transparente Teilen von Wissen und Informationen in vernetzten Gruppen einen Mehrwert bietet, können soziale Medien als effizienter Kommunikationskanal dienen.[292] Das Chemieunternehmen *BASF* erreichte nach eigenen Angaben mit dem Einsatz eines internen sozialen Netzwerkes um 25% effizientere Arbeitsabläufe, weil Ideen und Arbeitsfortschritte stets unmittelbar für die gesamte Gruppe verfügbar und Arbeitsprozesse auch für neue Projektmitglieder sicht- und nachvollziehbar sind.[293] In der Kundenkommunikation

---

[289]Vgl. Porter & Heppelmann (2014), S. 70;
[290]Vgl. Hermes (2015).
[291]Vgl. Garcia, Sanz-Bobi & del Pico (2006)
[292]Vgl. Haas, Criscuolo & George (2015).
[293]Vgl. Kane (2015b).

3.3 Erscheinungsformen der Digitalisierung & Definition 131

bieten soziale Netzwerke außerdem die Möglichkeit, an Kundenkonversationen, die das Unternehmen und dessen Produkte betreffen, teilzunehmen und diese mitzusteuern.[294]

Digitale Kommunikationstechnologien ermöglichen die scheinbar mühelose Übermittlung großer Mengen Information an eine Vielzahl von Empfängern in Echtzeit. Dies hat auf die Kommunikation eines Unternehmens sowohl im Rahmen der betrieblichen Abläufe als auch gegenüber den Kunden erhebliche Auswirkungen. Neben der gestiegenen Verfügbarkeit von Information, die unter Umständen eine besser informierte Entscheidungsfindung ermöglicht, vereinfachen die genannten Kommunikationstechnologien die Erweiterung und Pflege von persönlichen und unternehmerischen Netzwerken und erhöhen die Reaktionsgeschwindigkeit von Unternehmen.[295] Dabei spielt es keine Rolle, an welchem Ort sich die Kommunikationspartner zum Zeitpunkt der Kontaktaufnahme befinden, solange ein Zugang zum Internet gewährleistet ist. Über Smartphone, Laptop PC, mobiles Internet und *Virtual Private Networks (VPN)*[296] erhalten Befugte jederzeit von jedem beliebigen Ort aus Zugang zum Unternehmensnetzwerk. Mitarbeiter eines Unternehmens können ihren Arbeitsplatz im Rahmen von Telearbeit frei wählen und sich ihre Arbeitszeit unter bestimmten Voraussetzungen flexibel einteilen.[297]

Die verbesserten Möglichkeiten zur Vernetzung führen zur Ausdehnung bestehender und dem Aufbau zusätzlicher Netzwerke, nicht zuletzt mit dem Ziel, Intelligenz zu vernetzen und Herausforderungen durch sogenannte *Schwarmintelligenz* zu lösen.[298] Open Innovation und Crowdsourcing-Ansätze bieten Beispiele dafür, wie Unternehmen die Kreativität ihres externen Netzwerks bemühen, um Herausforderungen im Innovationsprozess zu bewältigen.

Oftmals gehen mit digitalen Kommunikationswegen auch eine direktere, horizontale Kommunikationsstruktur und flachere Hierarchien einher, um schnell auf sich stetig wandelnde Rahmenbedingungen reagieren zu können.[299] Die hohe

---

[294]Vgl. Leisenberg & Schweifel (2012), S. 217.
[295]Vgl. Mintzberg (2009), S. 34f.; Sproull & Kiesler (1986).
[296]VPN ermöglichen autorisierten Nutzern aus einer potenziell unsicheren Netzwerkstruktur heraus Zugang zu gesicherten Netzwerken, beispielsweise eines Unternehmens. Die Kopplung ist idealerweise durch eine Verschlüsselung gegen unbefugten Zugriff weitestgehend gesichert (vgl. Fischer & Hofer (2011), S. 970).
[297]Vgl. Boswell & Olson-Buchanan (2007); Tapscott (1996), S. 182; Westerman et al. (2014); Rother, Berke & Kuhn (2012).
[298]Vgl. Brynjolfsson & McAfee (2014), S. 83; Tapscott (1996), S. 15.
[299]Vgl. Brenner et al. (2014), S. 58; Sproull & Kiesler (1986).

Übertragungsgeschwindigkeit, der verringerte Aufwand der Informationsübertragung sowie das Streben der Menschen nach immer mehr Information im Bewusstsein, das Wissen in der digitalisierten Gesellschaft ein besonders wertvolles Gut darstellt, führen außerdem dazu, dass die Taktung der Informationsübertragung spürbar verkürzt wird.[300]

Bei Betrachtung der sich durch die Digitalisierung verändernden Kommunikationsprozesse ist schließlich auch das sich wandelnde Kundenverhältnis hervorzuheben. Mit der Möglichkeit, über digitale Kommunikationstechnologien global zu kommunizieren geht für die Unternehmen das Potential einher, ein Vielfaches mehr an Kunden „direkt" zu erreichen und die entsprechenden Kundenbeziehungen effizient zu pflegen.[301] Im Rahmen von Empfehlungsmarketing greift der Kunde selbst aktiv in den Vertriebsprozess ein und wird zum Werbebotschafter für ein Produkt. Im Bereich Kundenservice & Wartung wird dem Kunden vermehrt angeboten, gewünschte Produktinformationen in vom Unternehmen bereitgestellten Inhalten wie Blogs oder erklärenden Videos selbst zu recherchieren. Weniger komplexe Aufgaben des Kundenservice, wie die Datenpflege oder der Wechsel in einen anderen Dienstleistungstarif, können vom Kunden in Selbstbedienung über entsprechende Kundenportale im Internet oder mobile Apps ausgeführt werden, ohne dass es der Unterstützung eines Kundenbetreuers bedarf. Schließlich wird der Kunde intensiv in Forschungs- und Entwicklungsprozesse unmittelbar miteinbezogen, indem seine Meinung zum Produkt in verschiedenen Stadien des Produktentwicklungsprozesses eingeholt, oder er gar als *Prosumer* explizit für Lösungs- und Produktvorschläge sowie Umsetzungsideen eingeplant wird.[302]

Unter Berücksichtigung dieser Entwicklungen wird klar, dass der Kunde durch die Digitalisierung in der Beziehung zwischen ihm und den Unternehmen eine stärkere Position einnimmt. Die Nutzungsgewohnheiten der Kunden geben den Kommunikationskanal vor, über den Unternehmen und Kunde kommunizieren.[303] Aus der Vielzahl an Kommunikationsangeboten wie Produktwebsite, soziale Medien, E-Commerce-Plattform und Werbebannern den richtigen Kanal zur Kundenansprache zu wählen, setzt ein entsprechendes Verständnis

---

[300]Vgl. Persin (2012), S. 394.
[301]Vgl. Westerman et al. (2014), S. 19; Porter (2001), S. 66.
[302]Das Kofferwort Prosumer aus den Begriffen *Produzent/Producer* und *Konsument/Consumer* wurde von TOFFLER geprägt und beschreibt den Verbraucher, der durch seine kreative Mitwirkung an der Güterproduktion Teil des Wertschöpfungsprozesses wird (vgl. Stampfl (2012); Toffler (1981)).
[303]Vgl. Westerman et al. (2014), S. 31; Rother et al. (2012); Naujoks, Von Huelsen, Schwarz & Phillips (2013), S. 77. Einer Studie zufolge sind in Frankreich zu Beginn eines Kaufprozesses 35% aller Kundenkontaktpunkte digital (vgl. Bughin (2013), S. 358).

der Bedarfe und der Nutzungsgewohnheiten des Kunden voraus. Hierfür sind Analysen der unterschiedlichen Kontaktpunkte des Kunden mit dem Unternehmen hilfreich.[304] Eigens dafür hat etwa die *Deutsche Telekom* den Posten eines Touchpoint-Managers ins Leben gerufen.[305]

3.3.3.9 Personal

Weitere Auswirkungen der Digitalisierung auf die Wertschöpfungsprozesse eines Unternehmens zeigen sich im Rahmen der Inhaltsanalyse in der Kategorie **Personal**. Die Digitalisierung beeinflusst die Abläufe zur Entwicklung, Beschaffung, Verwaltung und Kompensation des Personals eines Unternehmens.[306] Zudem verändern sich die Anforderungen an die Arbeitskräfte in etlichen Tätigkeitsfeldern.[307] Davon zeugt etwa der Anstieg der angebotenen Graduiertenprogramme zu informationswissenschaftlich geprägten Fächern an den Universitäten weltweit.[308] Ein weiterer Aspekt in Bezug auf veränderte Anforderungen an die Arbeitskräfte, der in engem Zusammenhang mit der Digitalisierung zu stehen scheint, ist die Erwartung auf dem Arbeitsmarkt, dass Arbeitskräfte ihre Kompetenzen in kürzeren Abständen immer wieder auffrischen und an veränderte Gegebenheiten anpassen.[309] Dies betrifft selbst ehemals über lange Perioden annähernd gleich angelegte Tätigkeitsprofile und wird gemeinhin auf den beschleunigten technologischen Fortschritt, aber auch die im Rahmen der Digitalisierung zugenommene Bedeutung der Ressource Wissen zurückgeführt.[310] Für die Arbeitnehmer geht es dabei um nicht weniger, als zu vermeiden, fachlich abgehängt zu werden und den eigenen Nutzen für den Arbeitgeber bzw. den Wert auf

---

[304]Vgl. BenMark & Venkatachari (2016); Westerman et al. (2014), S. 35.
[305]Vgl. Hanser (2015).
[306]Vgl. Gaugler, Oechsler & Weber (2004); Pierce, Snow & McAfee (2015), S. 2316; Bloom & Van Reenen (2011), S. 1738; Jorgenson, Ho & Stiroh (2008), S. 4.
[307]Vgl. Westerman et al. (2014), S. 227.
[308]Vgl. Post & Edmiston (2014), S. 21.
[309]Vgl. Benner & Tushman (2003), S. 238; Evangelista, Guerrieri & Meliciani (2014), S. 814.
[310]Vgl. Nonaka (2007).

dem Arbeitsmarkt zu bewahren.[311] Gleichfalls übertrifft die Nachfrage nach digitalkompetenten Arbeitskräften in einigen Ländern und Regionen das verfügbare Angebot deutlich.[312] Bei der Personalsuche blicken Unternehmen bewusst über die eigenen Branchengrenzen hinweg in digitalaffine Branchen[313] oder rekrutieren in entfernteren Regionen, um dem Fachkräftemangel zu begegnen.[314]

Dem Personalwesen wird eine tragende Rolle zugesprochen, die Anforderungen der Digitalisierung an ein Unternehmen erfolgreich zu meistern.[315] Der wirtschaftliche Erfolg eines Unternehmens ist eng damit verknüpft, ob es gelingt, das Personal zu befähigen, die Potentiale der Digitalisierung zu heben.[316]

3.3.3.10 Sicherheit

Ein in den meisten wissenschaftlichen Abhandlungen zu Wertschöpfungsprozessen bislang nicht genannter, im Zuge der Digitalisierung jedoch immens an Bedeutung zunehmender Aspekt sind die **Sicherheitsprozesse** im Unternehmen. Diese bilden als Ergebnis der Inhaltsanalyse eine weitere Unterkategorie der Hauptkategorie Prozesse. Deren zunehmende Bedeutung lässt sich dabei wie folgt herleiten: Die Vernetzung von Individuen und Organisationen über das Internet bedeutet jenseits der dargelegten Chancen auch, dass es grundsätzlich möglich ist, auf digitalem Wege externen Zugang auf die IT-Infrastruktur und die digital vorliegenden Unternehmensdaten zu erhalten.[317] Darüber hinaus lagern Unternehmen ihre Datenbestände im Rahmen von Cloud Computing in externe Server aus und sind somit auf die Sicherheitsvorkehrungen Dritter angewiesen, ihre Daten zu schützen.[318]

---

[311] Vgl. Tapscott (1996), S. 198; Spitzer, Morel, Buvat & KVJ (2013); Andreessen (2011). Besondere Relevanz erhält dieser Zusammenhang dadurch, dass mit zunehmendem technologischen Fortschritt zu erwarten ist, dass bestimmte, heute noch vom Menschen bewältigte Tätigkeiten in Zukunft von Maschinen ausgeführt werden könnten (vgl. Acemoglu & Autor (2011), S. 1138; Autor (2015); Brynjolfsson & McAfee (2014), S. 11). AUTOR, LEVY und MURNANE gehen davon aus, dass insbesondere Routineaufgaben zunehmend durch digitale bzw. digital unterstützte Maschinen ausgeführt werden, während nicht-lineare, kreative Tätigkeiten in absehbarer Zeit weiterhin von Menschen erledigt werden (Autor, Levy & Murnane (2003).

[312] Vgl. Fröndhoff & Höpner (2015)

[313] Vgl. The Coca Cola Company (2012); Kane (2015b); Westerman et al. (2014), S. 165.

[314] Vgl. Cramton & Hinds (2004), S. 232.

[315] Vgl. Post & Edmiston (2014), S. 23.

[316] Vgl. Evangelista et al. (2014), S. 820; Tapscott (1996), S. 260.

[317] Vgl. Laudon & Laudon (2018), S. 323f.

[318] Vgl. Sempert (2012), S. 127.

Durch entsprechend programmierte Schadsoftware ist es möglich, nicht nur Informationen abzugreifen, sondern auch das digitale Rückgrat und den Datenbestand nachhaltig zu beschädigen. Im Jahr 2017 wurden 46% aller Unternehmen in Deutschland Opfer sogenannter *Cyberkriminalität*.[319]

Hinter dem Sicherheitsbedarf digitaler Prägung verbirgt sich im Wesentlichen *Informationssicherheit*, die die „Gesamtheit der organisatorischen, baulichen und/oder technischen Maßnahmen zum Schutz gespeicherter oder übermittelter Informationen (bzw. im engeren Sinn: Daten) und Prozessen vor unerwünschten menschlichen, natürlichen oder technischen Einwirkungen sowie für deren Verfügbarkeit und Integrität"[320] umfasst. Darunter gefasst sind sowohl die Sicherheit der Informationssysteme als auch Datensicherheit inkl. Datensicherung sowie der Datenschutz, also der Schutz des Einzelnen davor, dass seine personenbezogenen Daten gegen seinen Willen weitergegeben oder veröffentlicht werden.[321] Vor diesem Hintergrund gibt es eine Reihe potenzieller Bedrohungen für die Informationssicherheit der Unternehmen. Schadsoftware kann über unterschiedliche Kanäle in das Informationssystem gelangen und insbesondere in Form von Viren, Würmern und Trojanern erheblichen Schaden anrichten.[322] Darüber hinaus geraten personenbezogene Daten und Passwörter auch über unzureichend gesicherte

---

[319] Vgl. Martin-Luther-Universität Halle-Wittenberg (2018). Unter Cyberkriminalität werden im vorliegenden Zusammenhang u. a. Computerbetrug, Manipulation von Konto- und Finanzdaten, Ausspähen und Abfangen von Daten, Computersabotage und Datenveränderung sowie Diebstahl vertraulicher Kunden- und Unternehmensdaten verstanden. Die gestiegene Bedeutung der digitalen Sicherheit lässt sich auch daran ablesen, dass Unternehmen konkrete Funktionsbilder schaffen, die ausschließlich für dieses Feld zuständig sind. Studiengänge der Computerwissenschaften mit dem Schwerpunkt Informationssicherheit kündigen vom Bedarf nach qualifiziertem Personal, das sich auf diese Herausforderung fokussiert. Darüber hinaus bilden Unternehmen Kompetenzzentren in Kooperation mit Wettbewerbern und staatlichen Behörden, um gemeinschaftlich Schutzmechanismen und -standards zu entwickeln (vgl. Wiele (2012); Head (2015); Rath (2015); Taab (2015)).

[320] Fischer & Hofer (2011), S. 432.

[321] Eckert (2013), S. 3–6. Wesentliche Schutzziele von Informationssicherheit sind nach ECKERT die Vertraulichkeit, die Integrität und die Verfügbarkeit der Daten. Vertraulichkeit bedeutet in dem Zusammenhang, dass es nicht möglich ist, betreffende Informationen unautorisiert zu gewinnen. Die Wahrung der Integrität als Schutzziel verhindert, dass Daten unautorisiert verändert werden und die Verfügbarkeit ist in dem Sinne zu gewährleisten, als dass zugriffsberechtigte Anwender ihre Berechtigung zur Datennutzung nicht auf unautorisierte Weise verlieren können.

[322] Vgl. Laudon & Laudon (2018), S. 3 6. Differenzierend ist anzumerken, dass Viren als Befehlsfolgen im Gegensatz zu Würmern und Trojanern ihrer Bezeichnung entsprechend zwingend ein funktionierendes Programm als Wirt benötigen, um sich auszubreiten und Schaden beispielsweise in Form von automatisch generierten E-Mail-Aussendungen,

mobile Apps in die Hände von Unbefugten.[323] Das sich ständig erweiternde Internet der Dinge birgt weitere Herausforderungen in Bezug auf den Schutz vor unerwünschten Zugriffen auf das Unternehmensnetzwerk.[324]

Die oben genannten, vielfältigen Schutzziele und Sicherheitsrisiken erfordern eine entsprechende Diversität der Gegenmaßnahmen, um Risiken zu mindern und Schäden zu verhindern bzw. einzudämmen. Neben legislativen Maßnahmen, wie sie etwa das *Bundesdatenschutzgesetz (BDSG)*[325] darstellt, werden verschiedene organisatorische Verfahren angewandt, um Informationssicherheit zu gewährleisten. Die wesentlichen Prozesse stehen dabei in enger Verbindung mit den Schutzzielen und werden nach ECKERT wie folgt zusammengefasst:[326] Datenintegrität und -vertraulichkeit werden dadurch gewährleistet, dass eine *Autorisierung* derjenigen Subjekte stattfindet, denen ein Zugriff auf ein digitales Objekt gewährt wird. Im Rahmen der *Zugriffskontrolle* erfolgt dann zur Sicherstellung der Authentizität die *Authentisierung* der autorisierten Subjekte, also die Erbringung eines Nachweises der jeweiligen Identität, der entsprechend zu kontrollieren ist.[327]

Trotz aller Sicherheitsbedenken ist es im Interesse der Nutzer, dass die Nutzung des Internets, der Bestellvorgang in einem mobilen Onlineshop oder das Arbeiten in einer cloudbasierten Software möglichst bequem und entsprechend ohne hinderliche Nutzungsbarrieren, wie etwa wiederholte Eingabeaufforderungen zur Authentisierung, erfolgen kann.[328] Bisweilen kann die Forderung nach einem reibungslosen Nutzungserlebnis im Widerspruch zur Gewährleistung der Informationssicherheit stehen.[329] Das Nutzerverhalten spielt bei der Wahrung

---

ungewollten Datei-Downloads oder der unerwünschten Verbreitung vertraulicher Informationen zu verursachen. Demgegenüber sind Würmer und auch Trojaner ablauffähige, eigenständige Programme, die sich wiederum wesentlich darin unterscheiden, dass Trojaner eine vertrauenserweckende Funktionalität vortäuschen, um ihre schädliche Seite im Verborgenen entfalten zu können.

[323] Vgl. Huber, Hurtz & von Au (2015).
[324] Vgl. Greene (2015), S. 48.
[325] Bundesministerum der Justiz und für Verbraucherschutz (2018).
[326] Vgl. Eckert (2013), S. 8–13.
[327] Vgl. Fischer & Hofer (2011), S. 86.
[328] Vgl. Ashford (2015).
[329] Bspw. werden für einen schnelleren Zugriff auf Webinhalte und digitale Dienstleistungen nicht nur einfach zu merkende und damit auch leicht zu lösende Passwörter genutzt, sondern viele Internetnutzer sind auch bereit, der umfassenden Einrichtung von Cookies im Browser oder auf der Festplatte des Anwenders zuzustimmen, womit sich wiederum detaillierte Nutzerprofile erstellen lassen.

der Informationssicherheit eine wichtige Rolle.[330] Eine umfassende Aufklärung der Mitarbeiter, um ein Bewusstsein für die oben genannten Risiken zu schaffen, sowie ein konsequentes Verfolgen der erwähnten Schutzziele kann einen signifikanten Beitrag zur Wahrung der Informationssicherheit der Unternehmen leisten.

Dass sich die Digitalisierung bedeutsam auf die Prozessebene im Ganzen auswirkt, findet in der wissenschaftlichen Diskussion breite Zustimmung.[331] So sieht PORTER im Internet ein starkes Werkzeug zur Verbesserung operativer Effektivität, indem es den Austausch von Echtzeit-Informationen beschleunigt und vereinfacht.[332] GROTH bestätigt die erheblichen Auswirkungen der Digitalisierung auf unterschiedliche Unternehmensprozesse. Er versteht darunter in erster Linie die unternehmensübergreifende Koordination und Integration von Aufgaben, die mit der Erstellung und Auslieferung von Produkten und Dienstleistungen verknüpft sind.[333] Ein Vergleich mit den in PORTERs Wertkette für die Wertschöpfung des Unternehmens wesentlich erachteten Prozessen bestätigt den aus der Inhaltsanalyse gewonnenen Eindruck, dass sich die Digitalisierung auf praktisch alle relevanten Wertschöpfungsprozesse auswirkt (siehe Abbildung 3.5).[334]

---

[330] Vgl. Büschemann (2015); Borstel (2016).
[331] Vgl. Brenner et al. (2014), S. 60; Kollmann (2019), S. 94.
[332] Vgl. Porter (2001), S. 70f.
[333] Vgl. Groth (1999), S. 419.
[334] Vgl. Porter (1985), S. 62–92.

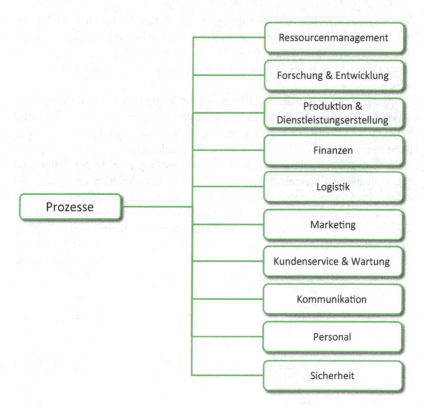

Abbildung 3.5 Hauptkategorie Prozesse

3.3.4 Akteure

Aus der Beobachtung heraus, dass digitale Technologien, Güter und Prozesse die **Akteure**, von denen sie gefördert, genutzt und initiiert werden, ebenfalls in hervorzuhebendem Ausmaß prägen,[335] folgt die vierte Hauptkategorie. Abseits prozessualer Auswirkungen stehen hier strukturelle, kulturelle und strategische Veränderungen, aber auch veränderte Anforderungen sowie Fähigkeiten von Akteuren im Vordergrund. Im Rahmen der Inhaltsanalyse erscheinen unterschiedliche Akteure von besonderer Bedeutung, so dass der Fokus entsprechend auf **Individuen**, **Unternehmen**, **Staat** und **Wissenschaft** als Akteure gelegt wird.

---

[335]Vgl. Clement & Schreiber (2016), S. 35.

Beispielsweise beobachten COLBERT, YEE & GEORGE eine starke intrinsische Veränderung der Fähigkeiten und Eigenschaften sogenannter *Digital Natives*,[336] aber auch der personellen Anforderungen von Unternehmensseite an Individuen im Rahmen der Digitalisierung.[337] Außerdem sieht DRUCKER in der Digitalisierung die Erfordernis, dass sich auch die Strukturen in informations-basierten Organisationen wandeln müssen,[338] was zum Beispiel in flexibler und schneller operierenden „Digital Acceleration Teams"[339] münden kann. Für Staaten und staatliche Behörden haben sich im Zusammenhang mit der Digitalisierung nicht zuletzt ihre regulatorischen Aufgaben erweitert. So wie die Digitalisierung immer wieder neue datenschutzrechtliche Fragestellungen aufwirft, übernehmen Staaten bei der Förderung von Ausbau und Weiterentwicklung der Netzinfrastrukturen eine entscheidende Rolle.[340] Für wissenschaftliche Akteure begründet die Digitalisierung unter anderem ein neues Forschungsfeld, dem sich nahezu alle unterschiedlichen Disziplinen über verschiedene Ansätze nähern.[341] Wie tiefgreifend die Veränderungen auch in diesem Bereich sein können, verdeutlichen Vertreter der Wissenschaft, die ein Ende aller Theorie aufgrund der zukünftig verfügbaren gewaltigen Masse an Daten und Information für möglich halten.[342]

3.3.4.1 Individuen

Auf **individueller Ebene** sind die Auswirkungen der Digitalisierung aus zwei Perspektiven zu betrachten. Zum einen wandeln sich die Anforderungen an Menschen bzw. Arbeitskräfte extrinsisch bedingt durch die bereits beschriebenen Entwicklungen in den Hauptkategorien Technologie, Güter und Prozesse sowie daraus resultierenden, nachgelagerten Effekten. Diese angepassten Erfordernisse spiegeln sich häufig in den Stellenprofilen der Unternehmen wider. Zum anderen ist zu berücksichtigen, dass insbesondere *Digital Natives* bescheinigt wird, andere Denkmuster zu verfolgen, als sogenannte *Digital Immigrants*, die noch ein Leben ohne den täglichen Gebrauch digitaler Technologien kennen.[343]

---

[336]Der Begriff der Digital Natives, gemeint sind diejenigen, die eine Welt ohne Internet gar nicht kennen und praktisch „im Internet" aufgewachsen sind, wurde insbesondere von PRENSKY geprägt (vgl. Prensky (2001a)).
[337]Vgl. Colbert, Yee & George (2016).
[338]Vgl. Drucker (1988).
[339]Vgl. Fitzgerald (2014b).
[340]Vgl. Billon et al. (2010).
[341]Vgl. Bharati & Tarasewich (2002), S. 21.
[342]Vgl. Graham (2012); Hardy (2012)
[343]Vgl. Prensky (2001a), S. 1.

Die kausale Verbindung zwischen der fortschreitenden Digitalisierung und veränderten Anforderungen an die Arbeitskräfte eines Unternehmens ist insofern belegt, als dass ein zeitlicher Zusammenhang zwischen dem zunehmenden Einsatz von Informationstechnologie und veränderten Aufgabenprofilen im Geschäftsleben empirisch nachgewiesen ist.[344] Ebenso deuten verschiedene Studien darauf hin, dass sich die in den vorherigen Kapiteln geschilderten, im Rahmen der Digitalisierung entstehenden Produktivitätszuwächse erst dann entwickeln, wenn für den Umgang mit digitaler Technologie ausgebildete Individuen involviert sind.[345] Dass sich die Anforderungen an die Arbeitskräfte in vielen Branchen durch die Digitalisierung verändern, ist daher unstrittig.

Bei der Erläuterung, wie sich diese Anforderungen verändern, ist festzuhalten, dass auch Tätigkeiten, die bislang wenig technologisches Verständnis erforderten, nun ein solches zur Bedingung haben, um die gestellten Anforderungen zu erfüllen. Dies betrifft zwar auch heute nicht alle Tätigkeiten. Insgesamt setzen jedoch mehr Arbeitsprofile ein digitaltechnologisches Grundverständnis voraus, als zuvor.[346]

Vor der Entwicklung, dass ehemals von Menschenhand ausgeführte Tätigkeiten zunehmend mit Hilfe von Informationstechnologie erledigt und automatisiert werden, scheinen jene Arbeitskräfte am besten gefeit, deren Fähigkeiten sich mit dem Einsatz digitaler Technologie gut ergänzen.[347] Es gilt, diejenigen Kompetenzen weiterzuentwickeln, die Computer auf absehbare Zeit nicht erlangen werden. Konkret sieht etwa AUTOR Wettbewerbsvorteile des Menschen gegenüber Maschinen in komplexer, interpersoneller Kommunikation, größerer Flexibilität und Anpassungsfähigkeit sowie insbesondere der Kompetenz, kreativ neue Problemlösungen zu entwickeln.[348] Diese Fähigkeiten sind nicht nur während der Ausbildungsphase zu schulen, sondern auch während des gesamten Arbeitslebens weiterzuentwickeln.[349]

---

[344]Vgl. Autor et al. (2003), S. 1322.
[345]Vgl. Evangelista et al. (2014), S. 806.
[346]Vgl. Menesguen (2011), S. 3. Über ein Grundverständnis von Arbeitsweisen digitaler Technologie hinaus, ist etwa die Kompetenz, Daten lesen, analysieren und interpretieren zu können in der digitalisierten Arbeitswelt von Vorteil (vgl. Bialek (2016); Post & Edmiston (2014), S. 21; Hanafizadeh, Hanafizadeh & Bohlin (2013), S. 37).
[347]Vgl. Autor (2015), S. 27;
[348]Vgl. Frey & Osborne (2017), S. 269; Autor et al. (2003), S. 1322; Autor (2015), S. 27; Heilmann (2015).
[349]Vgl. Spitzer et al. (2013), S. 2; Evangelista et al. (2014), S. 814; Pennekamp (2015)

3.3 Erscheinungsformen der Digitalisierung & Definition 141

Weitere Anforderungen an Arbeitskräfte in einer zunehmend digitalisierten Umgebung ergeben sich dadurch, dass die stark gestiegene Informationsübertragungsgeschwindigkeit und -verbreitung das Arbeiten vielfach dynamischer, komplexer und globaler macht.[350] Die höhere Kommunikationsfrequenz macht die Bereitschaft zu einem frequenten Austausch und einer schnelleren Entscheidungsfindung erforderlich.[351] Ehemals sequentiell verlaufende Denk- und Arbeitsprozesse erfolgen unter erhöhtem Zeitdruck oft zeitgleich und setzen die Kompetenz zu parallelem Denken und Multitasking voraus.[352]

Nicht nur die angepassten, einzelnen Anforderungen, sondern auch die veränderten Formen der Arbeitsorganisation bis hin zur ständigen Erreichbarkeit über mobile Kommunikationstechnologie können letztlich dazu führen, dass auf Seiten der Arbeitskräfte ein erhöhter Leistungsdruck sowie eine stärkere Arbeitsbelastung wahrgenommen werden.[353] In dieser Gemengelage so priorisieren zu können, dass die Erfüllung der übertragenen Aufgaben trotz aller Unterbrechungen und Ablenkungen gelingt, kann in der digitalisierten Welt eine wichtige Fähigkeit für Arbeitskräfte darstellen.[354]

Bei der Untersuchung, wie sich die Konstitution der Akteure auf individueller Ebene wandelt, ist neben veränderten Anforderungen an den Einzelnen auch zu berücksichtigen, dass der tägliche Umgang mit digitalen Technologien und insbesondere das Aufwachsen in einer digitalisierten Welt mit veränderten Denkmustern und der Entwicklung neuer Fähigkeiten für die Individuen einer Gesellschaft einhergehen kann. Die von PRENSKY geprägten Begrifflichkeiten der Digital Natives und *Digital Immigrants*[355] fußen auf der Annahme, dass ältere Generationen den Umgang mit digitaler Technologie erst erlernen müssen, wie eine Fremdsprache, während den Natives der Zugang zur Digitalisierung leichter fällt.[356] HOFFMANN, LUTZ & MECKEL ergänzen das Begriffspaar noch um die *Naturalized Digitals*.[357] Deren fortgeschrittene Kompetenzen und Gewohnheiten hinsichtlich der Nutzung von Internet und sozialen Medien liegen demnach

---

[350] Vgl. Bell & Kozlowski (2002), S. 14.
[351] Vgl. Persin (2012), S. 392; Prensky (2001a), S. 3.
[352] Vgl. Prensky (2001b), S. 4.
[353] Vgl. Askenazy & Caroli (2010); Chesley (2014).
[354] Vgl. Davenport & Beck (2000).
[355] PRENSKY unterscheidet damit die Generationen bzw. Gruppen, die bereits ihr gesamtes Leben in Präsenz von Computern, Videospielen und Smartphones verbringen von denen, die sich an die zunehmend digitalisierte Welt erst anpassen müssen.
[356] Vgl. Prensky (2001a), S. 1ff.; Maher & Middlehurst (2012).
[357] Vgl. Hoffmann, Lutz & Meckel (2014).

zwischen den beiden vormals genannten Gruppen und werden unter anderem auf ein höheres Bildungsniveau oder eine beruflich bedingt häufigere Nutzung digitaler Technologien zurückgeführt.[358]

Verschiedene Autoren weisen allerdings darauf hin, dass auch jüngeren Generationen der sichere Umgang mit digitalen Technologien nicht in die Wiege fällt, sondern sie diesen ebenso erst erlernen müssen, was ihnen allerdings durch die Ubiquität digitaler Technologie erleichtert werde.[359] Die Mehrheit der Digital Natives verfüge jedoch über kein tiefgründiges technisches Verständnis in Bezug auf digitale Technologien, da auch das Internet lediglich zum passiven Konsum massenproduzierter Inhalte genutzt werde.[360]

Nichtsdestotrotz werden Veränderungen in den individuellen Denkmustern der Menschen der Digitalisierung zugeordnet, wie etwa dass Multitasking und parallele Denkprozesse nicht bloß aus beruflich bedingtem Zeit- und Handlungsdruck entstehen, sondern bewusst verfolgt werden, um dem nie nachlassenden Informationsstrom zu begegnen.[361] Um Information schneller zu erfassen, wird bisweilen deren grafische Übermittlung einer textlichen Variante vorgezogen.[362] Die schnellere Verfügbarkeit von Information führt auch dazu, dass insbesondere Digital Natives eine unmittelbare Rückmeldung auf erbrachte Leistungen erwarten, um darauf aufbauend den nächsten Arbeitsschritt vollziehen zu können. Aus diesem Grund wird dementsprechend die interaktive Informations- und Wissensvermittlung gegenüber einem unidirektionalen Transfer von Inhalten bevorzugt.[363] Nun noch die verstärkte Bereitschaft zum Teilen von Information hinzuziehend, lässt sich daraus auch die Entwicklung hin zu flacheren Hierarchien und damit zu mehr Möglichkeiten der Einflussnahme und Mitbestimmung für alle Arbeitskräfte ableiten.[364] Digital Natives tendieren nicht nur dazu, wissen zu teilen, sondern auch geteiltes Wissen zu nutzen und damit Herausforderungen kollaborativ anzugehen; dementsprechend messen sie der Pflege und dem Aufbau des eigenen Netzwerkes eine hohe Bedeutung bei.[365]

---

[358]Vgl. Hoffmann et al. (2014), S. 161.

[359]Vgl. Kirschner & De Bruyckere (2017), S. 136; Bennett, Maton & Kervin (2008), S. 775.

[360]Vgl. Selwyn (2009), S. 364; Kirschner & De Bruyckere (2017), S. 137.

[361]Vgl. Prensky (2001a), S. 3ff.; Persin (2012), S. 394. Insbesondere, dass Digital Natives über bessere Fähigkeiten zum Multitasking verfügen sollen, sehen bspw. KIRSCHNER & DE BRUYCKERE kritisch (Kirschner & De Bruyckere (2017)).

[362]Vgl. Prensky (2001a), S. 3.

[363]Vgl. Prensky (2001b), S. 5.

[364]Vgl. Fidelman (2012).

[365]Vgl. Prensky (2001a), S. 4; Persin (2012), S. 396.

3.3.4.2 Unternehmen

Die Inhaltsanalyse ergibt, dass sich auch der Veränderungsdruck auf die **Unternehmen** durch sich stetig wandelnde Anforderungen aus der Umwelt erhöht.[366] Die Ergebnisse der Inhaltsanalyse weisen auf hervorzuhebende Effekte der Digitalisierung auf die Unternehmens*strategie*, die Unternehmens*kultur* und die Unternehmens*struktur* hin. Folglich steht in diesem Abschnitt die Ordnungsdimension des Unternehmens im Fokus, die sich aus den drei oben genannten Komponenten zusammensetzt.[367]

Im Einzelnen formuliert die Unternehmensstrategie den Plan, wie das Unternehmen in seiner Umwelt interagiert, um die Unternehmensziele zu erreichen.[368] Die Unternehmenskultur vereinigt informelle Aspekte, also übergeordnete, gemeinsame Normen, Annahmen und Werte in sich und schließt dabei die Art der zwischenmenschlichen Interaktionen oder auch die Arbeitseinstellung mit ein.[369] Darüber hinaus wird unter der Unternehmensstruktur dessen formale Organisation verstanden, also der Unternehmensaufbau, dessen Zentralisierungsgrad, die Abteilungsgliederung, Hierarchiebeziehungen und Aufgabenverteilungen bis hin zu Funktionsbeschreibungen und Stellenprofilen.[370] Als Gerüst der Gesamtorganisation gibt die Unternehmensstruktur dauerhaft den Rahmen für die darin ablaufenden Prozesse und Funktionsweisen vor.[371]

Indem Unternehmensstrategie, Unternehmenskultur und Unternehmensstruktur gegenseitig aufeinander einwirken und es für ein Unternehmen als erfolgskritisch erachtet wird, diese miteinander in Einklang zu bringen,[372] ist in diesem Zusammenhang auch die Rede von einer „magischen Trilogie".[373] Den drei Elementen wird eine besondere Bedeutung zugesprochen, ein Unternehmen auf zukünftige Entwicklungen und Herausforderungen einzustellen. So erfordert eine neue

---

[366] Vgl. Benner & Tushman (2003), S. 238.
[367] Vgl. Baldegger (2007), S. 127.
[368] Vgl. Daft (2007), S. 49.
[369] Vgl. Bartscher & Huber (2007), S. 147; Baldegger (2007), S. 48f.; Schein (1985).
[370] Vgl. Baldegger (2007), S. 48
[371] Vgl. Skivington & Daft (1991), S. 46; Bartscher & Huber (2007), S. 147
[372] Vgl. Zheng, Yang & McLean (2010), S. 764.
[373] Vgl. Baldegger (2007), S. 127. Die wechselseitigen Beziehungen und Kausalitäten von Strategie, Kultur und Struktur sind seit jeher Anlass zur kritischen Diskussion. Beispielsweise haben PÜMPIN und KOLLER beobachtet, dass eine erfolgreiche Strategie durch eine starke Kultur unterstützt wird und doch kann eine *zu* starke Kultur wiederum bei strategischen Neuausrichtungen, z. B. bedingt durch die Digitalisierung, hinderlich sein (Pümpin & Koller (1990)).

Unternehmensstrategie häufig auch eine Anpassung der Unternehmenskultur und -struktur.[374]

Die Auswirkungen der Digitalisierung auf die Unternehmensstrategie lassen sich aus drei Perspektiven betrachten, die ein ambivalentes Verhältnis zwischen Unternehmensstrategie und Digitalisierung zeichnen.[375] Zum einen lässt sich aus einer bestehenden Unternehmensstrategie ableiten, wie bestimmte technologische (digitale) Entwicklungen dafür genutzt werden können, bereits bestehende Unternehmensziele zu erreichen. In diesen Fällen dominiert die Unternehmensstrategie den Einsatz digitaler Technologie. Hier wäre beispielsweise das Internet für ein Handelsunternehmen lediglich ein weiterer Vertriebskanal, der hilft, eine breitere Kundengruppe anzusprechen und schneller und effizienter mit Produkten zu versorgen.[376] Eine ähnliche Perspektive wäre für das Fallbeispiel einzunehmen, dass die Vernetzung von Produktionsmitteln und Maschinen über das Internet der Dinge nur zu dem Zweck erfolgt, dass die Fertigungsleistung stets überwacht wäre und sich ggf. aus der Ferne steuern ließe.[377]

Verschiedentlich zeigen jedoch einige Praxisfälle, dass diese Perspektive für die Charakterisierung des Verhältnisses von Unternehmensstrategie und Digitalisierung nicht ausreichend ist, weil die Digitalisierung als übergeordnetes Gesamtphänomen die Transformation von Unternehmen und ihren Strategien erforderlich macht. Demnach verändert die Digitalisierung nicht nur Prozesse, sondern in umwälzender Art und Weise die Markt- und Wettbewerbsbedingungen und beeinflusst die Unternehmensstrategie, indem sie eine Anpassung derselbigen notwendig macht.[378] Als prominentes Beispiel hierfür seien die Umwälzungen im Handel bedingt durch erfolgreiche E-Commerce-Plattformen wie *Amazon* oder *Ebay* zu nennen, die viele etablierte Händler dazu veranlassten, ihre Unternehmensstrategie anzupassen.

Möglich ist zudem eine Mischbetrachtung, die Digitalisierung und Unternehmensstrategie als interdependent zueinander positioniert. So wie der digitale Fortschritt in der Entwicklung einer Strategie zu berücksichtigen ist, können digitale Technologien wiederum die Umsetzung einer bestehenden Strategie erleichtern und ihren Wirkungsgrad erhöhen.[379] TEECE, PISANO & SHUEN sehen angesichts einer stetig an Geschwindigkeit zunehmenden technologischen

---

[374]Vgl. Bartscher & Huber (2007), S. 147.
[375]Vgl. Loebbecke (2006), S. 362ff.
[376]Vgl. Porter (2001), S. 64.
[377]Vgl. Iansiti & Lakhani (2014)
[378]Vgl. Loebbecke (2006), S. 363.
[379]Vgl. Varian & Shapiro (1998); Loebbecke (2006), S. 371.

3.3 Erscheinungsformen der Digitalisierung & Definition

Entwicklung in der Fähigkeit von Unternehmen, technologische Trends vorherzusehen und ihre Strategien entsprechend schnell anzupassen, einen besonderen Wettbewerbsvorteil.[380] Die Interdependenz von Unternehmensstrategie und Digitalisierung sei am Beispiel des Flugzeugtriebwerkherstellers *General Electric* veranschaulicht, der seine Produkte – noch von seiner bisherigen Unternehmensstrategie dominiert – für Wartungszwecke mit vernetzten Sensoren ausstattete, sich daraus jedoch gänzlich neue, datenbasierte Angebotsmodelle fernab des Verkaufs von Triebwerken entwickelten, die wiederum eine Transformation der Unternehmensstrategie erforderten.[381]

Die Unternehmenskultur ist bei der Umsetzung der Unternehmensstrategie von großer Bedeutung. Sie prägt das Verhalten der Mitarbeiter auf allen Hierarchieebenen und wirkt daher „im Sinne einer impliziten Verhaltenssteuerung".[382] Vielfach wird angenommen, dass die Unternehmenskultur der Unternehmensstrategie dient, sich ihr also anpassen muss.[383] Diese Annahme ist jedoch keineswegs unumstritten, und es wird hinterfragt, in welchem Ausmaß sich eine Unternehmenskultur tatsächlich unmittelbar steuern lässt.[384] Strategie und Kultur sind in jedem Fall inhaltlich aufeinander abzustimmen. Übertragen auf die Herausforderungen der Digitalisierung kann etwa eine innovationsorientierte Strategie scheitern, wenn die Unternehmenskultur nicht entsprechend ausgerichtet ist.[385] Das betrifft sowohl die inhaltliche Ausrichtung der Kultur hinsichtlich Veränderung im Allgemeinen als auch die Agilität im Unternehmen vor dem Hintergrund des sich in hoher Frequenz weiterentwickelnden digitalen Fortschritts. Etablierte

---

[380] Vgl. Teece, Pisano & Shuen (1997).

[381] Vgl. Iansiti & Lakhani (2014).

[382] Baldegger (2007), S. 48.

[383] Vgl. Pümpin & Geilinger (1988), S. 53f.

[384] Vgl. Baldegger (2007), S. 50. Etwas differenzierter betrachtet SACKMANN drei Perspektiven auf die Unternehmenskultur: Die Unternehmenskultur als Produkt des Unternehmens ist eine konkrete, vom Management zwecks Erreichen der Unternehmensziele steuerbare Variable. Demzufolge „hat" jedes Unternehmen eine Kultur. Eine andere Perspektive sieht die Unternehmenskultur als Metapher dafür, dass jedes Unternehmen eine Kultur ist, die dadurch entsteht, dass deren „Mitglieder im Rahmen ihrer spezifischen Interaktionen ihre kulturelle Wirklichkeit miteinander und untereinander verhandeln und damit erschaffen, entwickeln und verändern" (vgl. Sackmann (2017), S. 39). Sie wird in dieser Sichtweise also nicht vom Management festgelegt, sondern von allen Organisationsmitgliedern mitgestaltet (vgl. Bartscher & Huber (2007), S. 191). In der Kombination dieser beiden Perspektiven ist die Unternehmenskultur ein komplexes, dynamisches Konstrukt, das sich sowohl aus menschlichen Interaktionsprozessen heraus entwickelt, aber auch gesteuert werden kann.

[385] Vgl. O'Reilly (1989), S. 16.

Unternehmen, wie die *Deutsche Bahn*, reagieren auf vergleichbare Herausforderungen, indem sie versuchen, abseits der Konzernzentrale Unternehmenseinheiten mit der Innovationskultur eines risikoaffinen, aufstrebenden Unternehmens ohne die prozessualen Zwänge des Konzerns zu etablieren.[386]

Allgemein wird der Unternehmenskultur eine hervorzuhebende Rolle dabei zugesprochen, dass Unternehmen auch in Zukunft wettbewerbsfähig bleiben.[387] Die Unternehmenskultur kann maßgeblich dazu beitragen, ein innovationsförderliches, kreatives Klima zu schaffen und die Umsetzung innovativer Ideen zu vereinfachen.[388] Dies macht die Innovationskultur im Rahmen der Unternehmenskultur zu einem entscheidenden Faktor im Umgang mit der technologiegetriebenen Digitalisierung.

Weitere Veränderungen der Unternehmenskultur, die mit der Digitalisierung in Zusammenhang stehen, sind in beschleunigten Innovationsprozessen auszumachen, die sich aus einem erhöhten Innovationsdruck heraus entwickeln, aber auch der höheren Bereitschaft der Belegschaft geschuldet sind, sich internen wie externen Quellen in der Ideenfindung zu öffnen, um schneller und effizienter zum Ziel zu gelangen.[389] Der erhöhte Zeitdruck bei der Besetzung und Erschließung neuer Märkte veranlasst Unternehmen, weniger perfektionistisch zu agieren und direkt im Markt zu experimentieren, indem Produkte frühzeitig auf den Markt gebracht werden, um sie dann aus den Rückmeldungen der Kunden iterativ weiterzuentwickeln, statt bis zu einem höheren Reifegrad zu warten und womöglich Konkurrenten den Vortritt beim Markteintritt lassen zu müssen.[390] Diese kürzeren Entwicklungsprozesse setzen bei den umsetzenden Unternehmen auch eine erhöhte Risikobereitschaft bei Entwicklungs- und Investitionsentscheidungen voraus.[391]

Hinsichtlich der Unternehmenskultur wird die Digitalisierung darüber hinaus unmittelbar mit einem Abbau von Hierarchien und einer Dezentralisierung der Entscheidungsfindung in Unternehmen verknüpft.[392] Schon jetzt bemerken Unternehmen, einen durch digitale Kommunikationstechnik bedingten Wandel hin zu

---

[386] Vgl. Ebner (2015).
[387] Vgl. Benner & Tushman (2003), S. 238; Christensen (2016), S. 227.
[388] Vgl. O'Reilly (1989), S. 14.
[389] Vgl. Chesbrough (2006).
[390] Vgl. Fockenbrock & Telgheder (2015); Bialek & Witsch (2015); Káganer et al. (2013), S. 21.
[391] Vgl. Faecks (2015).
[392] Vgl. Káganer et al. (2013), S. 19; Hubik (2015); Acemoglu, Aghion, Lelarge, Van Reenen & Zilibotti (2007), S. 1796; Hitt & Brynjolfsson (1997), S. 98; Ahuja & Carley (1999), S. 741.

hierarchieunabhängiger, direkter Kommunikation etwa über unternehmensinterne soziale Netzwerke, um Abstimmungszyklen zu verkürzen.[393] In solch flachen Hierarchien und unter einer offeneren Kommunikationskultur werden allerdings auch Risiken gesehen, wenn sich etwa Mitarbeiter dazu befähigt und ermuntert fühlen, selbst zu unbekannten Sachverhalten ihre Einschätzung zu äußern und so den Entscheidungsprozess verlangsamen, ohne qualitative Fortschritte erzielt zu haben.[394]

In einer differenzierten Betrachtung ermitteln BLOOM, GARICANO, SADUN & VAN REENEN, dass durch die Nutzung digitaler Informations- und Kommunikationstechnologie zwei gegenläufige Tendenzen im Hinblick auf den Wandel der Unternehmenskultur entstehen:[395] Der verbesserte Zugang zu Information ermöglicht eine effektivere Entscheidungsfindung auch auf unteren Hierarchieebenen und steigert entsprechend die Autonomie der einzelnen Arbeitskraft. Daraus können sich entsprechend Tendenzen zur Dezentralisierung entwickeln. Demgegenüber bewirkt die kostengünstige wie umfassende Vernetzung der Mitarbeiter über digitale Kommunikationstechnologie aber auch, dass Entscheidungen einfacher an obere Hierarchieebenen weitergegeben werden können und die Autonomie der unteren Hierarchielevel durch diese Zentralisierungstendenz wiederum sinkt.[396]

Aus den oben genannten Beispielen für die Veränderung der Unternehmenskultur durch die Digitalisierung wird deutlich, dass die Unternehmensstruktur den Rahmen schafft, innerhalb dessen sich die Unternehmenskultur entwickeln kann. Im Verhältnis zwischen Struktur und Strategie – ebenso wie im Verhältnis zwischen Strategie und Kultur – ist davon auszugehen, dass zunächst die Strategie formuliert werden muss, bevor die entsprechenden Strukturen geschaffen werden.[397] So lässt sich ein unternehmensübergreifend vernetzter, flexibler Denkansatz schwieriger umsetzen, solange voneinander isoliert arbeitende, starr strukturierte Geschäftsbereichssilos die Aufbauorganisation dominieren.[398] Gleichermaßen gibt die Unternehmensstruktur vor, wie schnell Entscheidungen herbeigeführt werden können und wie stark die Entscheidungsgewalt auf den höheren

---

[393] Vgl. Krämer (2015); Jansen (2016); Fidelman (2012); Tapscott (2008); Müller (2015).
[394] Vgl. o. V. (2016c).
[395] Bloom, Garicano, Sadun & Van Reenen (2014).
[396] Vgl. Bloom et al. (2014), S. 32.
[397] Vgl. Chandler (2001).
[398] Vgl. Brenner et al. (2014), S. 58; Bohsem (2015).

Hierarchieebenen zentralisiert wird.[399] Der unmittelbare Einfluss der Digitalisierung auf die Unternehmensstruktur äußert sich entsprechend insbesondere in kürzeren internen wie externen Kommunikations- und Entscheidungswegen in den Unternehmen. Die bereits erwähnte verbesserte unternehmensinterne Vernetzung zur verbesserten Informationsweitergabe wird unter anderem durch ein Aufbrechen der Silostrukturen über bereichsübergreifende Projektteams erreicht.[400] Bspw. ist der Nutzen von Big Data stark davon abhängig, inwieweit die Unternehmensstruktur ein Teilen von Daten und Erkenntnissen über unterschiedliche Funktionen hinweg zulässt.[401]

Vergleichsweise offensichtlich sind die Auswirkungen der Digitalisierung auf die Unternehmensstruktur in neu geschaffenen Positionen und Abteilungen innerhalb des Unternehmens. Zahlreiche Unternehmen, wie etwa *Audi* oder *BASF* ernennen *Chief Digital Officer (CDO)*, bei denen alle im Rahmen des digitalen Wandels auftretenden Aufgaben zusammenlaufen und die entsprechend dafür verantwortlich sind, die digitale Transformation und Ausrichtung des Unternehmens zu steuern.[402]

Anhand der unterschiedlichen Aufgabengebiete der im Rahmen der digitalen Transformation neu geschaffenen Organisationseinheiten lassen sich auch Rückschlüsse ziehen, welche digitalen Herausforderungen besondere Aufmerksamkeit erfordern bzw. von den Unternehmen als besonders wichtig erachtet werden. *Burberry* schuf im Zuge der Digitalisierung jeweils eine Abteilung für die Interaktion mit Kunden in sozialen Medien, eine Einheit für Mobile Commerce sowie eine Mannschaft, die sich der Datenanalyse widmet.[403] Auch *Digital Acceleration Teams*, wie sie das Unternehmen *Nestlé* einsetzt, um Marketing-Führungskräfte im Umgang mit sozialen und digitalen Medien zu schulen und sie anschließend ihr Wissen in ihren Geschäftsbereichen teilen zu lassen, werden in Organisationen gebildet.[404] Die *Schweizerischen Bundesbahnen* gründeten eine Abteilung zu dem Zweck, vielversprechende, innovative Start-Up-Ideen für das eigene Unternehmen

---

[399]Vgl. Zheng et al. (2010), S. 765.
[400]Vgl. Stuhldreier (2015); Westerman et al. (2012), S. 3
[401]Vgl. Nichols (2013), S. 68.
[402]Vgl. Schäfer (2017); Kane (2015a). Die Aufgaben eines CDOs decken sich weitestgehend mit denen des von ÖSTERLE geprägten, für die Transformation des Unternehmens vom „Industriezeitalter ins Informationszeitalter" verantwortlichen *Business Engineers* (Österle & Winter (2003), S. 14).
[403]Vgl. Capgemini Consulting (2015), S. 4.
[404]Vgl. Nestlé S.A. (2013); Müller (2015).

zu prüfen, während der Mischkonzern *Bosch* selbst kleine Organisationseinheiten schafft, die mit eigenem Budget und weitestgehend ohne zentrale Vorgaben digitale Geschäftsideen entwickeln.[405]

Weitere, ebenfalls im direkten Zusammenhang mit der Digitalisierung stehende Strukturanpassungen finden sich in neugeschaffene Positionen, wie der des *Chief Information Security Officers (CISO)* oder des *Digital Media Analysten*.[406] Über die zukünftige Rolle des schon seit Einführung der Computer in der Geschäftswelt präsenten *Chief Information Officers (CIO)* als dem bisherigen Verantwortlichen für die Unternehmens-IT wird zudem ausgiebig debattiert. Unternehmen wie *Burberry* und *SAP* sehen den CIO als maßgeblichen Treiber der digitalen Transformation des Unternehmens und erwarten die Einnahme einer strategischen Führungsrolle, die weit über die bloße technische Verantwortung für die IT-Infrastruktur hinausgeht.[407]

Die Inhaltsanalyse zu den unmittelbaren Auswirkungen der Digitalisierung auf die Konstitution von Unternehmen zeigt Anpassungen der Unternehmensstrategie, Unternehmenskultur und Unternehmensstruktur. Die systemorientierte Perspektive legt zudem den Rückschluss nahe, dass eine erfolgreiche Bewältigung der digitalen Transformation für ein Unternehmen davon abhängt, dass alle drei Komponenten nicht nur hinsichtlich der bestehenden digitalen Herausforderungen weiterentwickelt werden, sondern auch, dass sie gleichzeitig bestmöglich in Einklang gebracht werden. Das Erreichen einer diesbezüglich ausgewogenen Balance ist eine zentrale Aufgabe der Unternehmensführung.[408]

3.3.4.3 Staat

Über die Inhaltsanalyse lassen sich auch Effekte der Digitalisierung auf den **Staat** als Akteur identifizieren. Diese lassen sich anhand der fünf übergeordneten Kategorien öffentlicher Aufgaben nachvollziehen, die die Rechtswissenschaft den staatlichen Gewalten zuordnet:[409] Dies sind im Einzelnen 1) die Regelung der Beziehung zwischen der Gesellschaft und ihrer Umwelt, wie die äußere Sicherheit als Teil der internationalen Beziehungen, 2) die Ordnung der Beziehungen innerhalb des Staates und der Gesellschaftsmitglieder untereinander,

---

[405] Vgl. Hubik (2015); Schutzmann (2015).
[406] Vgl. Greenberg (2015), Wiele (2012), S. 409.
[407] Vgl. Capgemini Consulting (2015), S. 4; Arnold (2015).
[408] Vgl. Baldegger (2007), S. 48.
[409] Auch wenn für die vorliegende Betrachtung das deutsche Staatssystem zur Orientierung verwendet wurde, treffen die Aufgaben nach Auffassung der Rechtswissenschaft auch auf Staaten im Allgemeinen zu.

also die Bewahrung der inneren Ordnung, 3) die Gewährleistung der Handlungsfähigkeit des administrativen Systems des Staates, insbesondere durch die entsprechende Ressourcenausstattung, z. B. durch die Erhebung von Steuern, 4) Gewährleistung der Daseinsvorsorge der Gesellschaftsmitglieder über den Betrieb von Schulen und ggf. Sozialversicherungssystemen und schließlich 5) die Steuerung der gesellschaftlichen Entwicklung, etwa durch Demokratisierung und Wirtschaftsförderung.[410]

Die im Rahmen der Inhaltsanalyse untersuchten Beispiele verdeutlichen, dass tatsächlich all diese Kategorien unter Einfluss der Digitalisierung stehen: Die Digitalisierung hat sowohl den Bedarf, als auch die Maßnahmen zur Wahrung der äußeren Sicherheit, als eine der Aufgaben des Staates, stark verändert, wie sich anhand der *NSA-Affäre* und der darauffolgenden Reaktionen von staatlicher Seite nachvollziehen lässt.[411] Auch die Bewahrung der inneren Ordnung steht unter Einfluss der Digitalisierung, unter anderem indem die Exekutive durch Vorratsdatenspeicherung des digitalen Datenverkehrs zeitweise ein starkes Kontrollinstrument an die Hand bekommen hat, um Straftaten noch besser aufklären zu können.[412] Des Weiteren äußert sich der digitale Einfluss auch auf die Maßnahmen zur Gewährleistung der Handlungsfähigkeit des Staates in administrativen Bereichen, sichtbar etwa in Form der digitalen Steuererklärung oder staatlichen Zertifizierungen und Verschlüsselungsstandards zur Gewährleistung der Vertraulichkeit der digitalen Kommunikation. Als weitere Aufgabenkategorien verbleiben die Gewährleistung der Daseinsvorsorge der Gesellschaftsmitglieder und die Steuerung der gesellschaftlichen Entwicklung: Mittels staatlich geförderter Weiterbildungsprogramme werden Arbeitskräfte hinsichtlich ihrer Kenntnisse und Kompetenzen rund um digitale Technologien geschult, um sie am digitalen Fortschritt teilhaben zu lassen.[413] In solchen Weiterbildungsangeboten, aber auch in der gezielten Innovationsförderung im Bereich der Digitalwirtschaft sowie in

---

[410] Rehbinder (2000), S. 193.

[411] Vgl. Rosenbach & Stark (2015); Beuth (2015).

[412] Im Sinne einer verbesserten Strafverfolgung wurden Telekommunikationsanbieter durch eine EU-Richtlinie und der daraus resultierenden nationalen Gesetzgebung dazu verpflichtet, Verbindungsdaten ihrer Kunden über einen bestimmten Zeitraum zu speichern, ohne dass dafür der Verdacht einer Straftat bestehen muss. Inzwischen wurde die EU-Richtlinie vom *Europäischen Gerichtshof* für rechtswidrig erklärt, weil sie einen schwerwiegenden Eingriff in das Grundrecht des Schutzes der personenbezogenen Daten darstellte. Damit steht das Urteil im Widerspruch zur nationalen Gesetzgebung in verschiedenen Staaten und ist in Deutschland praktisch ausgesetzt, bis ein Urteil des *Bundesverfassungsgerichtes* dazu vorliegt (vgl. Gerichtshof der Europäischen Union (2017); Wieduwilt (2018)).

[413] Vgl. Dasgupta, Lall & Wheeler (2005), S. 229; Billon et al. (2010), S. 65f.

umfangreichen staatlichen Investitionen in die digitale Infrastruktur zeigt sich wiederum, wie der Staat die Digitalisierung in der Steuerung der gesellschaftlichen Entwicklung mitberücksichtigt.[414] Insofern zeigt sich der umfassende Einfluss der Digitalisierung auch im Wirken staatlicher Akteure.

3.3.4.4 Wissenschaft

So wie die Digitalisierung Individuen, Unternehmen und den Staat beeinflusst, finden sich auch verschiedene Anhaltspunkte in der Inhaltsanalyse für Effekte auf die **wissenschaftlichen Disziplinen**. Dabei ist sichtbar, dass sich mit der Digitalisierung ein neues Forschungsfeld aufgetan hat, das in seinen Erkenntnissen zum digitalen Wandel erst am Anfang steht. Die umfassenden, disruptiven Auswirkungen der Digitalisierung erfordern neue Methoden, Konzepte, Werkzeuge und unter Umständen deren Re-Kombination, um den weitreichenden und doch tiefgreifenden Ausprägungen des Phänomens gerecht zu werden und das Verständnis für dessen Entwicklung zu vertiefen.

Konkret stützt sich die Wissenschaft zunehmend auf digitale Technologien, Güter und Prozesse, um Forschungsvorhaben umzusetzen. Hier seien digitale Recherchedatenbanken wie *EBSCO* ebenso genannt wie Software zur Literaturverwaltung, wie *Endnote*, oder soziale Netzwerke für Wissenschaftler, wie *ResearchGate*, die genutzt werden, um sich über Forschungsprojekte auszutauschen.[415] Gleichermaßen, wie sich aus digitalen Werkzeugen Chancen und Risiken für Individuen, Unternehmen und staatliche Akteure ergeben, gilt dies auch für deren Gebrauch zum Zwecke der Wissenschaft.

Die bewusste Verknüpfung und Integration von Erkenntnissen aus verschiedenen Fachrichtungen wie den Computerwissenschaften, Wirtschaftswissenschaften, Ingenieurwesen, Design, Soziologie und sogar Psychologie führt dazu, dass sich Forschungsansätze weiterentwickeln oder gar neue entstehen.[416] Beispielhaft sei hier die Disziplin des *Business and Information Systems Engineering (BISE)* genannt, die aus der zunehmenden Bedeutung der Informationssysteme für geschäftliche Abläufe entstand.[417]

---

[414]Vgl. Evangelista et al. (2014), S. 806; Die Bundesregierung (2014), S. 5.
[415]Vgl. hierzu die Motivation von BERNERS-LEE, das World Wide Web zu erfinden.
[416]Vgl. Brenner et al. (2014), S. 60.
[417]Vgl. Österle & Winter (2003). Dieser Ansatz erfährt durch die fortschreitende Digitalisierung weitere Anpassungen. Die Untersuchung und Entwicklung von IT-Strategien, -Prozessen, -Systemen und deren Management soll in Zukunft stärker vom Nutzer ausgehen, indem man zunächst dessen Verhalten, Gewohnheiten und Bedarfe (auch datenbasiert) analysiert und so den Forschungsprozess mit einem Perspektivenwechsel beginnt, um das

Darüber hinaus dient auch die vorliegende Untersuchung als Beispiel dafür, dass die Digitalisierung die Entwicklung neuer Forschungsansätze hervorbringt. Die Entwicklung des Geschäftsmodell-Forschungsansatzes steht in enger Verbindung zur Digitalisierung und der Entstehung der Digitalwirtschaft.[418] Denn das Geschäftsmodell macht es möglich, Geschäftsideen in kurzer Zeit systematisch und strukturiert hinsichtlich ihrer strategischen, operativen und ressourcenbasierten Komponenten zu analysieren und damit eine Bewertung der Erfolgsaussichten und Risiken vorzunehmen,[419] wie es das Aufkommen der *New Economy* und die damit verbundene Investmenteuphorie erforderlich machten.

Deutlich radikaler in seinen Auswirkungen erscheint die Diskussion, inwiefern *Datafication* und *Big Data* als Teil der Digitalisierung in Zukunft ein Ende der Modelle und Theorien nach sich ziehen könnten.[420] Dadurch, dass immer größere Datenmengen in immer kürzerer Zeit erfasst und ausgewertet werden können, hinterfragen Wissenschaftler, ob nicht in Zukunft die Herangehensweise, Hypothesen anhand der Untersuchung begrenzter Datenmengen zu testen und auf bestimmte Erkenntnisse zu schließen, obsolet sein könnte, weil anhand der vorliegenden Datenmenge quantifizierbare Muster erkannt und Vorhersagen unter hoher Wahrscheinlichkeit getroffen werden könnten.[421] Dieser Ansatz basiert auf drei wesentlichen Veränderungen hinsichtlich des Umgangs mit Daten:[422] Statt sehr präzise, für einen bestimmten Zweck erhobene, begrenzte Datenmengen auszuwerten, um daraus Rückschlüsse auf die Gesamtmenge zu ziehen, ermöglichen Datafication und Big Data in Zukunft womöglich die Auswertung *aller* Daten. Dabei ist in Kauf zu nehmen, dass einige Datensätze ungeordnet, ungenau und nicht kuratiert sind, was sich jedoch über die exorbitante Datenmenge ausgleichen soll. Entscheidend ist zudem ein Umdenken hinsichtlich der Bedeutung kausaler Zusammenhänge. Da es für eine angemessene Reaktion auf verschiedene Probleme keine Rolle spielt, warum etwas geschieht, sondern nur *dass* es passiert und sich dies mithilfe von Big Data präzise vorhersagen ließe, könnte in der Forschung ein Wandel von der Untersuchung von Kausalitäten hin zur Ermittlung von Korrelationen bevorstehen.[423] *Predictive Maintenance*-Prozesse

---

Verständnis für den Einfluss des Nutzers auf die Gestaltung von Informationssystemen voranzustellen (vgl. Brenner et al. (2014), S. 56).

[418] Vgl. Doganova & Eyquem-Renault (2009), S. 1559; Porter (2001), S. 73.
[419] Vgl. Daft & Albers (2013), S. 48.
[420] Vgl. Cukier (2010).
[421] Vgl. Anderson (2008).
[422] Vgl. Cukier & Mayer-Schönberger (2013), S. 30ff.
[423] Vgl. Post & Edmiston (2014), S. 19; Cukier & Mayer-Schönberger (2013), S. 31ff.

bspw. im Maschinenbau folgen bereits dieser Herangehensweise, indem in akuten Situationen nicht hinterfragt wird, warum ein Teil nach einer bestimmten Zahl an Arbeitsstunden wahrscheinlich verschlissen sein wird, sondern die Information im Vordergrund steht, wann die entsprechende Komponente ersetzt werden muss, um einem Ausfall der Maschine vorzubeugen.[424] Inwieweit diese Herangehensweise für einzelne Disziplinen der Wissenschaft sinnvoll sein kann, bleibt zu diskutieren (Abbildung 3.6).

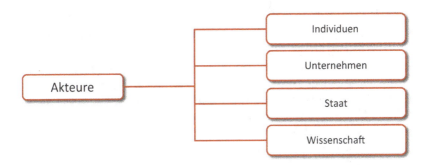

Abbildung 3.6 Hauptkategorie Akteure

3.3.5 Definition

Als Ergebnis der Inhaltsanalyse der Fallbeispiele liegen mit **Technologien, Gütern, Prozessen** und **Akteuren** vier Hauptkategorien vor, in die sich die Erscheinungsformen der Digitalisierung strukturieren und in ihren Auswirkungen auf die Wertschöpfung eines Messeveranstalters untersuchen lassen. Als Ausgangsposition der Inhaltsanalyse war ein grundlegendes Verständnis des Digitalisierungsphänomens formuliert worden. Bevor die Kategorien und in den folgenden Kapiteln die unterschiedlichen Auswirkungen der jeweiligen Facetten auf die Wertschöpfung von Messeveranstaltern ausführlich erörtert werden, erfährt dieses Ausgangsverständnis noch eine Anpassung. Die Umformulierung trägt dazu bei, den umschriebenen *wirtschaftlichen und gesellschaftlichen Transformationsprozess* noch konkreter zu erfassen, indem ein klarer Bezug zu

---

[424] Vgl. Garcia et al. (2006).

den identifizierten Hauptkategorien hergestellt wird. Dementsprechend lautet die Definition nun:

Digitalisierung benennt die Transformation von **Gütern, Prozessen und Akteuren,** *die in der technologischen Umwandlung von analoger Information in binäre Werte ihren Ursprung nahm und durch die massenhafte Nutzung von* **Technologien** *zur Diskretisierung von Information zu deren Erfassung, Verarbeitung, Darstellung und Übertragung ausgelöst wurde. Dementsprechend basiert Digitalisierung auf der Verwendung und anhaltenden Weiterentwicklung von Halbleitertechnologien, Anwendungsprogrammen und Breitbandnetzwerken.*

Um den Einfluss des Phänomens auf die Messewirtschaft umfassend und unvoreingenommen ergründen zu können, vermeidet auch die finale Definition eine Einschränkung durch Bezugnahme auf bestimmte Branchen oder Gesellschaftsteile. Dies bietet den Vorteil, dass sich die aus der Untersuchung gewonnenen Erkenntnisse gegebenenfalls auch auf andere Industrien, die sich mit der digitalen Herausforderung auseinandersetzen, übertragen ließen. Die nun detailliert vorgestellte Struktur zur Digitalisierung erhebt insofern keinen Anspruch auf Vollständigkeit, als dass einzelne Erscheinungsformen auf niederen Aggregationsebenen möglicherweise nicht berücksichtigt sind. Solange jedoch die übergeordneten Kategorien erfasst wurden, soll sich jedes weitere Fallbeispiel, dass unter der genannten Definition als Erscheinungsform der Digitalisierung verstanden wird, einer der Oberkategorien zuordnen lassen. Die Bildung neuer Unterkategorien bleibt entsprechend möglich. Obwohl sich die unterschiedlichen Facetten der Digitalisierung ständig weiterentwickeln und die Struktur entsprechend in all ihren Einzelbestandteilen nie final sein kann, wird angenommen, dass sich neue Phänotypen in das umschriebene Gerüst einordnen lassen und die Metastruktur so dauerhaft anwendbar bleibt.

Dementsprechend dient die Digitalisierungsstruktur nicht nur dazu, aktuell zu beobachtende Effekte der Digitalisierung abzubilden, sondern auch dazu, zukünftige Auswirkungen zu erfassen. Gleichermaßen soll die umfangreiche Betrachtung des Phänomens gewährleisten, dass keine wesentliche Facette der Digitalisierung bei der Untersuchung der Auswirkungen auf die Wertschöpfung eines Messeveranstalters ausgelassen wird. Darüber hinaus wurde durch die vorgenommene Strukturierung der Nachweis geführt, wie umfassend der Einfluss der Digitalisierung ist (siehe Abbildung 3.7).

3.3 Erscheinungsformen der Digitalisierung & Definition

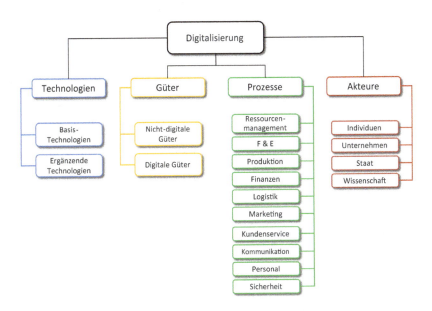

Abbildung 3.7 Struktur der Digitalisierung

Der Einfluss der Digitalisierung auf die Wertschöpfung eines Messeveranstalters

Die Analyse des Digitalisierungsphänomens untermauert anhand der identifizierten Erscheinungsformen und deren Wirkungskreis die Erwartung, dass die Digitalisierung auch signifikanten Einfluss auf die Wertschöpfung eines Messeveranstalters nimmt. Durch Anwendung der gewonnenen Erkenntnisse auf das Geschäftsmodell eines Messeveranstalters wird nun konkret untersucht, inwieweit sich diese Erwartung im Einzelnen anhand der Wertschöpfungsbereiche und Geschäftsmodellkomponenten bestätigt. Dabei werden die identifizierten Erscheinungsformen sowie die daraus resultierende Definition der Digitalisierung zugrunde gelegt. Ein besonderer Fokus liegt dabei auf einzelnen Bestandteilen des Geschäftsmodelles, die als besonders relevant für die vorliegende Problemstellung erachtet werden. Die Auswahl dieser **neun Schlüsselelemente** aus insgesamt 23 Elementen aus allen Geschäftsmodell-Komponenten erscheint aufgrund der vorliegenden Kenntnisse zum heutigen Stand der Wertschöpfung in der Messewirtschaft grundsätzlich plausibel, ohne dass damit die Garantie einherginge, dass nicht zukünftig auch andere Elemente eine ähnlich hervorzuhebende oder noch größere Relevanz im Rahmen der Digitalisierung der Messewirtschaft einnehmen könnten. Die Auswirkungen der Digitalisierung auf die Wertschöpfung eines Messeveranstalters werden systematisch entlang aller einzelnen Elemente des Geschäftsmodells untersucht. Dies geschieht auf Basis der Erkenntnisse aus den Experteninterviews sowie den Erörterungen in der Messefachliteratur und wird in konkret aufkommenden Fragestellungen durch Ausführungen aus weiteren wissenschaftlichen Quellen ergänzt. Dabei müssen die identifizierten Effekte unmittelbar auf die Digitalisierung in den diskutierten Erscheinungsformen zurückzuführen sein.

© Der/die Herausgeber bzw. der/die Autor(en), exklusiv lizenziert durch Springer Fachmedien Wiesbaden GmbH, ein Teil von Springer Nature 2020
C. Menke, *Die Digitalisierung von Messeveranstaltern*,
https://doi.org/10.1007/978-3-658-31595-5_4

4.1 Die Auswirkungen der Digitalisierung auf die Unternehmenskernlogik eines Messeveranstalters

Im vorherigen Kapitel wurde sichtbar, dass die Digitalisierung in der Praxis die Konstitution verschiedenster Akteure vom Individuum bis zum Unternehmen in prägt. Insofern sind auch bedeutsame Auswirkungen der Digitalisierung auf die strategischen Wertschöpfungskomponenten eines Messeveranstalters zu erwarten. Es werden dahingehend die **Produkt-Markt-Kombination**, die **internen Strukturgrundsätze** und das **externe Wertschöpfungsnetzwerk** als wesentliche strategische Dimensionen des Geschäftsmodelles eines Messeveranstalters untersucht.

4.1.1 Die Auswirkungen auf die Produkt-Markt-Kombination

Im Rahmen der **Produkt-Markt-Kombination** eines Messeveranstalters ist ein besonders starker Einfluss der Digitalisierung auf den **Zielmarkt** zu erkennen, womit das erste *Schlüsselelement* der Untersuchung benannt ist. Die **Produkt-Markt-Kombination** beinhaltet mit dem Wertversprechen des Unternehmens die strategische Entscheidung, welches Kernprodukt ein Unternehmen auf welchen Märkten anbietet. Neben dem Zielmarkt wird der Inhalt dieser Dimension im Kontext des Messeveranstalters über die Elemente **Messetypus** und **geografische Ausrichtung** erfasst.

Schlüsselelement Zielmarkt unter Einfluss der Digitalisierung
Die Identifikation des **Zielmarktes** als Schlüsselelement unter Einfluss der Digitalisierung ergibt sich aus den durch die Digitalisierung auftretenden Anpassungen des elementaren Wertversprechens der Messeveranstalter in Form signifikanter Veränderungen der Hauptmessefunktionen. Der Zielmarkt beschreibt die Aufgabe des Messeveranstalters, die Teilnehmer eines Marktes (Aussteller und Besucher) an einem Ort zusammenzuführen, damit diese Information sammeln, sich austauschen und Geschäftsabschlüsse tätigen können und enthält daher den Kern der Wertschöpfung eines jeden Messeveranstalters, der sich wiederum durch die Digitalisierung verändert. Diese Veränderungen des Kernproduktes lassen sich anhand der Entwicklung der Funktionen einer Messeveranstaltung erfassen. Ausgehend von den genannten drei **Haupt-Messefunktionen** Information (Aussteller und Besucher informieren sich beispielsweise über neue Produkte, Methoden Markttrends), Verkauf/Order (Geschäftsabschlüsse werden getätigt) und Kommunikation (die Messeteilnehmer tauschen sich miteinander aus, zum

Teil direkt, aber auch mittelbar etwa über Werbebotschaften)[1] ist zu beobachten, dass mindestens zwei dieser Funktionen durch die Digitalisierung unter Druck geraten.[2]

Indem sie eine hocheffiziente, weltumspannende Verbreitung von Information zu jeder beliebigen Zeit an jeden beliebigen Ort ermöglichen, haben Internet und komprimierte Datenübertragungsformate als digitale Technologien in Verbindung mit digitalen Gütern wie Webplattformen, sozialen Medien und digitalen Inhalten, dazu geführt, dass Messeveranstaltungen ihre Informationshoheit zu verlieren drohen.[3] Auch Messeveranstalter erkennen an, dass es bisweilen für die Marktteilnehmer bedeutend einfacher und effizienter sein kann, sich online einen Marktüberblick über verfügbare Produkte zu verschaffen und eine entsprechende Markttransparenz zu erlangen.[4]

Zudem sei die Rolle der Messe als exklusives Neuheitenfenster betrachtet. Diese wird insofern infrage gestellt, als dass Informationen über Innovationen und Neuheiten wenn nicht sogar *vor* der Messe, dann fast zeitgleich mit deren Veröffentlichung auf der Messe in diversen digitalen Medien verfügbar sind, so dass kein wirklicher zeitlicher Vorsprung mehr besteht. So wird in der Automobilbranche rege diskutiert, inwieweit auf Messeteilnahmen verzichtet und eigene Events zur Produktvorstellung initiiert werden sollten, da die unmittelbare digitale Verfügbarkeit aller Informationen die Bedeutung der Messeveranstaltung mindert und sogar das Risiko besteht, dass die eigene Neuheit im Reigen der weiteren Messeneuheiten untergeht.[5] Dem lässt sich entgegenhalten, dass gerade die digital bedingte Flut an Information der Einordnung und Kuration bedarf, um sicherzustellen, dass Botschaften wie gewünscht an ihr Ziel gelangen und die Marktteilnehmer nicht überfrachtet werden, wozu sich wiederum Messeveranstalter mit hoher Branchenkompetenz imstande sehen.[6]

Indem digitale Technologien und Güter die Verbreitung von Information erleichtern, führen die Transaktionseffizienz digitaler Übertragungstechnologien und der Bedienkomfort digitaler Orderplattformen dazu, dass außerdem die Orderfunktion von Messen in den Hintergrund rückt.[7] Das trifft insbesondere auf den

---

[1] Vgl. Lian & Denstadli (2004), S. 110.
[2] Vgl. Reeve-Crook (2015), S. 184; Giersberg (2014); Geigenmüller (2010), S. 289.
[3] Vgl. Stoeck & Schraudy (2017), S. 168; Friedman (2015), S. 16.
[4] Vgl. Johnson (2016), S. 18; Kessler (2016a), S. 12.
[5] Vgl. Pander (2016); Friedman (2013), S. 11.
[6] Vgl. Koenen (2015); Funk (2017d).
[7] Vgl. Geigenmüller (2010), S. 289; Kollmann (2005), S. 432; Hunziker (2016); Appel (2015a); Stoeck & Schraudy (2017), S. 168.

Handel mit Konsumgütern zu, während der Verkauf von Investitions- und komplexen Gütern aufgrund ihrer Erklärungsbedürftigkeit in den entscheidenden Phasen weiterhin mehrheitlich analog verläuft.[8] Dennoch wurde die inzwischen eingestellte Computermesse *Cebit* dafür kritisiert, zu lange am Transaktionscharakter der Veranstaltung festgehalten und so im Wettbewerb mit eventorientierten Plattformen wie dem US-amerikanischen Medien- und Technologiefestival *South by Southwest (SXSW)* den Anschluss verloren zu haben.[9]

Als dritte Haupt-Messefunktion sind die Auswirkungen der Digitalisierung auf die Kommunikationsfunktion zu betrachten. Kommunikationsprozesse werden durch die Digitalisierung beschleunigt und haben ebenso wie die Menge an verfügbarer Information in Summe zugenommen. Trotz der Effizienzvorteile digitaler Kommunikation wird die Kommunikationsfunktion der Messe jedoch aktuell am wenigsten durch digitale Technologien, Güter und Prozesse herausgefordert.[10] Dies ist darin begründet, dass sich Messen mit einem Alleinstellungsmerkmal ganz wesentlich von digitalen Kommunikationsformaten unterscheiden, indem sie nämlich der persönlichen Kommunikation eine einzigartige Plattform bieten.[11]

KIRCHGEORG, SPRINGER & BRÜHE sehen im Bedarf nach persönlicher Kommunikation ein „konstitutives Merkmal des Menschen".[12] Verschiedentlich werden der Dienstleistung Messe sogar Vorteile im Wettbewerb zwischen verschiedenen Marketinginstrumenten attestiert, eben weil sie einen Gegenpol zu digitalisierten, beschleunigten Austauschprozessen bildet.[13] Auch bei jüngeren, digitalaffinen Generationen, ist ein Bedarf zu erkennen, sich persönlich auszutauschen.[14] Eine Studie des Messeveranstalters *MCH Group* stellt fest: „In Gegenreaktion auf die Entstofflichung der Geschäfts- und Kundenbeziehung ist feststellbar, dass das Bedürfnis nach konkreten Begegnungen, direktem Dialog

---

[8]Vgl. Kessler (2016a), S. 12; Schraudy (2017), S. 388; Gruchow & Rummel (2016), S. 30; Koenen & Terpitz (2019).

[9]Vgl. Kutschke (2018).

[10]NITTBAUR widerspricht dem wiederum, indem er die Intermediärsfunktion von Messen für Anbieter und Nachfrager durch Onlinemedien massiv bedroht sieht (vgl. Nittbaur (2001), S. 298).

[11]Vgl. Giersberg (2015b); Schoop, Reinhard & Stutzinger (2017), S. 28; Reeve-Crook (2015), S. 176f.

[12]Vgl. Kirchgeorg, Springer & Brühe (2009), S. 4.

[13]Vgl. Zimmermann (2017), S. 52.

[14]Vgl. Seiler (2016a), S. 36.

4.1 Die Auswirkungen der Digitalisierung …

und echten Erlebnissen (wieder) zunimmt".[15] Ein Beispiel aus der Messewirtschaft, das die oben genannten Auffassungen zu bestätigen scheint, ist der anhaltende Erfolg der Leitmesse für digitale Marketingdienstleistungen, *DMEXCO*. Diese lockt jährlich zehntausende digitalaffine Besucher zum persönlichen Branchenaustausch und zur Vorstellung digitaler, also mehrheitlich „nicht stofflicher" Produkte nach Köln.[16]

In diesem Zusammenhang untersuchen KIRCHGEORG, SPRINGER & BRÜHE sowie ergänzend ZIMMERMANN, inwieweit die Kommunikationsfunktion von Messen (bzw. Live Communication) im digitalen Zeitalter noch an Bedeutung zunehmen kann und bestätigen dies aus folgenden Gründen:[17] Zunächst einmal eignet sich der persönliche Dialog ganz besonders, um erklärungsbedürftige, technologisierte Produkte erläutern[18] und zunehmend individualisierte Kundenwünsche besser verstehen und in die Produktentwicklung einfließen lassen zu können. Einen solchen Vorteil bieten bspw. Konsumgüter- oder Handwerksmessen, auf denen Endanwender Produkte unter Anleitung des Anbieters testen und ihre Anregungen zum Produkt äußern können.[19] Für einige Aussteller dient dies auch als Maßnahme, den durch den zunehmenden Onlinehandel eher rückläufigen Kundenkontakt wieder zu intensivieren.[20]

Als ein weiterer Vorteil der persönlichen Begegnung wird angeführt, dass Informationen besonders nachhaltig einwirken, wenn sie über unterschiedliche Sinne, begünstigt durch persönliche Begegnungen und Produkterlebnisse, aufgenommen werden.[21] Es ist daher anzunehmen, dass persönliche Gespräche und reale Produkterlebnisse auf Messen einen länger währenden Eindruck hinterlassen. Solche Erlebnisse werden umso einprägsamer wahrgenommen, wenn die im persönlichen Kontakt wahrgenommene Information im Vergleich zur massenmedial kommunizierten Informationsflut heraussticht.[22] Darüber hinaus bedient die persönliche Kommunikation einen erhöhten Bedarf an Glaubwürdigkeit und Zuverlässigkeit beim Aufbau privater und geschäftlicher Beziehungen, der aus

---

[15] Peyer & Brenzikofer (2014), S. 16. Siehe auch Geigenmüller (2010), S. 289.
[16] Vgl. Koelnmesse GmbH (2018c); Kaminski (2016); Meifert & Arenz (2015).
[17] Vgl. Kirchgeorg et al. (2009), S. 8–10 und Zimmermann (2017), S. 55–57.
[18] Kirchgeorg (2017), S. 38.
[19] Vgl. Baumgartner (2016c), S. 10f.
[20] Vgl. Seiler (2017a), S. 26.
[21] Vgl. Kirchgeorg et al. (2009), S. 8f. Siehe auch Elder & Krishna (2009), S. 755; Kühlcke (2016).
[22] Vgl. Gröppel-Klein & Kroeber-Riel (2013), S. 653 und 655; van Knippenberg et al. (2015), S. 650.

einem allgemeinen, teilweise diffusen Unsicherheitsempfinden in der Bevölkerung aufgrund von Terrorismus, ökologischen Herausforderungen und Wirtschaftskrisen resultiert.[23] In einem solchen von Unsicherheiten und Informationsüberfluss beeinträchtigten Umfeld streben Messeveranstalter mit ihren Dienstleistungen an, Vertrauen zu schaffen, Komplexität zu reduzieren und Transparenz herzustellen.[24]

Auch wenn verschiedene Gründe dafür sprechen, dass die Kommunikationsfunktion weiterhin als gewichtiges Alleinstellungsmerkmal für das Produkt Messe Bestand hat, bleibt trotzdem zu klären, welche weiteren Funktionen die Messeveranstaltung in Zukunft ausfüllen muss, um als Marketinginstrument in Zeiten der Digitalisierung attraktiv zu bleiben. Schließlich generiert sich der Nutzen der Dienstleistung Messe nie aus einer Funktion alleine, sondern stets aus einem Bündel an kombinierten nützlichen Effekten. Die Messeveranstalter reagieren auf den dargestellten Einfluss der Digitalisierung auf ihr Kernprodukt, indem sie insbesondere zwei Stoßrichtungen verfolgen, die sich an den Haupt-Messefunktionen Information und Kommunikation orientieren.[25] Zum einen wird der Versuch unternommen, die Informationsfunktion der Messe zu bewahren, indem rund um die Messeveranstaltung oder die entsprechenden Kernkompetenzfelder digitale Plattformen geschaffen werden, die anhand einer Vielzahl nutzenstiftender Funktionalitäten als Informationsmedium dienen, die Interaktion der Branchenteilnehmer über die Plattform fördern und sie damit als Community an die Messemarke binden sollen.[26] Diese Plattformen stehen ganzjährig zur Verfügung und werden dementsprechend gepflegt. Ein Beispiel für ein solches Angebot findet sich beim britischen Messeveranstalter *ITE*, dessen Plattform *WorldBuild 365* Ratgeberinformationen und Neuigkeiten für die Bauwirtschaft bereithält, in erster Linie aber alle Produkte, die auf ITE-Messen gezeigt werden, digital präsentiert und auf die entsprechenden Messeveranstaltungen verlinkt.[27]

Doch auch was die Aufbereitung und Darbietung von Information auf der realen Messe betrifft, handeln die Messeveranstalter, um die Informationsfunktion ihrer Veranstaltungen aufrechtzuerhalten. An dieser Stelle sei darauf hingewiesen, dass unter den befragten Messeexperten hohe Übereinstimmung herrscht, dass die Relevanz und der Nutzen persönlicher Begegnungen und Erlebnisse ungebrochen

---

[23] Vgl. Kirchgeorg et al. (2009), S. 9.
[24] Vgl. Funk (2017d); Gruchow (2017).
[25] Die Orderfunktion scheint in den Überlegungen der Messeverantwortlichen zukünftig lediglich eine untergeordnete Rolle zu spielen (vgl. Dittrich & Kausch (2017), S. 471).
[26] Vgl. Wiese (2015). Wiedmann & Kassubek (2017), S. 447.
[27] ITE Group Plc (2019).

ist.[28] Ergänzend dazu ist zu beobachten, dass es Marktteilnehmern immer schwieriger fällt, in der Informationsflut den Überblick zu behalten.[29] Um also einer nur „flüchtigen gedanklichen Verarbeitung und Speicherung"[30] von Eindrücken durch die Messebesucher entgegenzuwirken und stattdessen die volle Aufmerksamkeit möglichst vieler Besucher zu erhalten, versuchen Messeveranstalter und Aussteller Information in inhaltlich aufgeladene Rahmenveranstaltungen, aufwändige Eventkonzepte und einprägsame Produkterlebnisse zu kleiden.[31] PINE & GILMORE sehen in diesem Eventisierungsansatz erhebliches Wertschöpfungspotenzial, das über den Wert einer bloßen Dienstleistung hinausgeht.[32] Dabei basiert der Wert der so bezeichneten *Experience Economy* darauf, dass Erlebnisse nicht nur persönlich, sondern individuell empfunden werden und deshalb besonders nachhaltig sind.[33] Auf Messen angewandt seien hier inhaltsgetriebene Forum-Formate auf der Marketing-Fachmesse *SuisseEMEX*[34] ebenso genannt, wie emotionalisierende Stuntshows und Fahrparcours auf der Motorradmesse *INTERMOT*.[35] Auch die Fleischerei-Fachmesse *IFFA* setzt auf die multisensuale Ansprache aller Sinne der Besucher vom Sehen, Hören und Fühlen bis zum Schmecken und Riechen,[36] und bedient damit eine wesentliche Forderung von PINE & GILMORE zur erfolgreichen Umsetzung von Erlebniskonzepten.[37] Das emotionale Besuchserlebnis wird dabei ausdrücklich nicht nur als relevant für Privatpersonen, sondern auch für den Fachbesucher erachtet.[38]

Als zweite Stoßrichtung der Messeveranstalter ist zu erkennen, dass die Unternehmen nach einer Stärkung der Kommunikationsfunktion in Form der als

---

[28] Vgl. Dierig (2016b); Baumgartner (2016c), S. 11; Steger (2015).
[29] Vgl. Kirchgeorg et al. (2009), S. 6; Koenen (2015); Funk (2017d).
[30] Gröppel-Klein & Kroeber-Riel (2013), S. 653.
[31] Vgl. Davenport & Beck (2000), S. 121; Funk (2017h).
[32] Pine & Gilmore (1998), S. 97.
[33] Pine & Gilmore (1998), S. 99.
[34] Vgl. Seiler (2016d), S. 35.
[35] Vgl. Böse (2018).
[36] Kühlcke (2016).
[37] Vgl. Pine & Gilmore (1998), S. 104; vgl. auch Bär & Einhorn (2014), S. 173.
[38] Vgl. Pine, Pine & Gilmore (1999) und im Wortlaut Pine (2017), S. 29: "Businesspeople are first all of people, then in business! So as they embrace the Experience Economy in their personal lives, so too will they want engaging, personal, memorable experiences in their business lives."

Alleinstellungsmerkmal identifizierten persönlichen Begegnung streben.[39] Diese Stärkung der Kommunikationsfunktion lässt sich an verschiedenen Maßnahmen auf Produktebene erkennen. Zum einen bieten die oben aufgeführten digitalen Plattformen in vielen Fällen Kommunikationsfunktionalitäten wie etwa Diskussionsforen, Blogs und virtuelle Chaträume an, um den Branchendialog mit der Messemarke zu verknüpfen und die Reputation der Marke zur Erweiterung der Kommunikationsfunktion in den virtuellen Raum zu erweitern.[40] Dabei ist den Messeveranstaltern bewusst, dass der Dialog der Branchenteilnehmer (wie auch auf der realen Messe) mehrheitlich ohne Einbindung des Plattformanbieters stattfindet, eine Kommunikationshoheit also im Zuge des digital bedingten Wandels von der Ein-Wege- zur Zwei-Wege-Kommunikation nicht gegeben ist.[41] Vielmehr fördern die Messeveranstalter den unabhängigen, interaktiven Austausch der Marktteilnehmer zwischen den Messeveranstaltungen als virtuelle Community unter anderem durch konkrete Vernetzungsfunktionen, wie dem digitalen *Matchmaking*, bei dem Marktteilnehmer mit gleichen Interessen intelligent miteinander verknüpft werden.[42] Die Übertragung ihrer Rolle als Kontaktmittler in den digitalen Raum bietet für die Messeveranstalter die Möglichkeit, noch mehr über die eigenen Kunden zu erfahren und in Zukunft noch zielgruppengerechter und zielgenauer mit der Branche zu kommunizieren. Die Tatsache, dass Messeveranstalter aus ihrer Historie heraus keine reinen Onlineanbieter sind und im Kerngeschäft auf ein erhebliches Engagement der Marktteilnehmer zurückgreifen, könnte sich dabei nach BLANCHARD & MARKUS, die für den Erfolg von virtuellen Communities ein hohes Nutzerengagement und eine glaubwürdige Markenreputation voraussetzen, als Vorteil erweisen.[43]

Zugleich passen die Messeunternehmen ihre Veranstaltungskonzepte im Hinblick auf deren Kommunikationsfunktion an, indem auch unabhängig von den ausstellenden Unternehmen Formate und Geländebereiche zur Förderung der persönlichen Kommunikation eingerichtet werden. Das können Besucherlounges

---

[39]Diesen Wettbewerbsvorteil propagieren die Messeverantwortlichen wiederkehrend durch die Feststellung, dass die persönliche Begegnung durch Nichts zu ersetzen und entsprechend auch nicht zu digitalisieren sei (vgl. Baumgartner (2016c), S. 10–12; Buhren (2019); Gruchow & Rummel (2016); Hamaide (2014); Hattendorf (2012); Kühlcke (2016); Giersberg (2015b)).

[40]Vgl. Delfmann & Dorn (2016), S. 8; Karle (2016).

[41]Vgl. Geigenmüller (2010), S. 289; Wagner (2017), S. 502.

[42]Vgl. o. V. (2016h), S. 34; Grimm (2004), S. 31.

[43]Blanchard & Markus (2002), S. 3572f. Die Autoren setzen voraus, dass sich der inhaltliche Fokus der Webplattform strikt auf den konkreten Nutzen des Anwenders konzentriert, damit dieser sich engagiert.

sein, in denen sich Marktteilnehmer fern des allgemeinen Messetrubels austauschen können, oder auch inhaltliche Konferenzprogramme, die zum anschließenden, persönlichen Austausch einladen.[44] Idealerweise schaffen solche Rahmenveranstaltungen exklusive Gemeinschaftserlebnisse und erzeugen bei den Marktteilnehmern den Wunsch, dabei zu sein.[45]

Schlussendlich reagieren die Messeveranstalter sowohl in Bezug auf die Informations- als auch die Kommunikationsfunktion ihrer Messen auf ähnliche Weise, nämlich indem sie die Veranstaltungen noch mehr auf die persönlichen Erfahrungen und Begegnungen der Marktteilnehmer ausrichten und ihr Dienstleistungsangebot in den digitalen Raum verlängern. Für die Messeveranstalter führt dieser Ansatz idealerweise zu einer ganzjährigen Auseinandersetzung der Branche mit der Messemarke und der Etablierung selbiger als Informations- und Kommunikationsplattform auch im digitalen Raum. Die Messeveranstaltung selbst wird zum realen Höhepunkt einer ganzjährig über Möglichkeiten zum Netzwerken sowie durch kuratierte Inhalte und weitere Dienstleistungen gepflegten Branchencommunity.[46]

Diese Entwicklung ist insofern bemerkenswert, weil sie eine Abkehr vom „Punktmarkt",[47] einem zentralen Bestandteil des Kernproduktes Messe als *„temporärer* Austauschplattform'"[48], bedeutet. Daran schließt unmittelbar die Überlegung an, inwieweit sich der Ort der Begegnung unter Verzicht auf einen regelmäßig real stattfindenden Branchenhöhepunkt vollständig vom Messegelände in den digitalen Raum verlagern ließe.[49] Obschon sich ein durchschlagender

---

[44] Vgl. Stoeck & Schraudy (2017), S. 169.
[45] Vgl. Johnson (2016), S. 18; Messe Frankfurt GmbH (2018).
[46] Vgl. Nittbaur (2001), S. 126.
[47] Huber (1994), S. 68.
[48] Nittbaur (2001), S. 85.
[49] Das vorliegende Geschäftsmodell basiert maßgeblich auf der Interpretation, dass die real zu schaffende Austauschplattform Messe in Abgrenzung zu so bezeichneten *Virtuellen Messen* unverrückbarer Teil des Kernproduktes ist, das den Zielmarkt bedient. Eine Änderung dieser Annahme oder ein Wegfall dieses Zielmarktes würde dementsprechend auch das vorliegende Geschäftsmodell erheblich verändern oder es gar obsolet machen.

Erfolg sogenannter *virtueller Messen*[50] bislang nicht eingestellt hat, sind mögliche Gründe für die relative Zurückhaltung gegenüber diesen Formaten auch für Veranstalter realer Messen äußerst relevant. Es wird aufgrund der bereits erfahrbaren Praxisbeispiele davon ausgegangen, dass das technologische Potenzial, virtuelle Begegnungen und Erlebnisse verhältnismäßig realistisch darzustellen, grundsätzlich vorhanden ist und beizeiten ausgeschöpft werden wird.[51]

Da nun aus den skizzierten Stoßrichtungen der Messeveranstalter in Bezug auf ihr Kernprodukt ersichtlich wird, dass deren Erfolg maßgeblich davon abhängt, dass persönliche Begegnungen und Erlebnisse tatsächlich auch in Zukunft von hoher Bedeutung für die Menschen sind, bleibt zu hinterfragen, inwieweit diese Annahme tatsächlich für zukünftige Generationen Gültigkeit besitzt?[52] Allgemein ist im Rahmen des zunehmenden Einflusses digitaler Technologien, Güter und Prozesse auf den privaten und beruflichen Alltag zu beobachten, dass auch Dienstleistungen, die die örtliche Anwesenheit des Kunden erfordern, von der Self-Service-Hotelrezeption bis zum Augmented Reality-Messeplan zunehmend technologisiert werden, sich der Mensch-zu-Mensch-Kontakt also zu einem Mensch-zu-Technologie-Kontakt wandelt.[53] Die Bereitschaft, sich darauf einzulassen, scheint bei Konsumenten zu wachsen, wie sich an der weitverbreiteten Nutzung mit künstlicher Intelligenz ausgestatteter digitaler Assistenten, aber auch der zunehmenden Kommunikation zwischen Kunden und Anbietern über Apps auf Mobilgeräten und Wearables zeigt.[54] Gleichfalls besteht zumindest die Gefahr, dass sich auch Messeaussteller auf digitale Kanäle konzentrieren, und es vernachlässigen, ihre Kenntnisse im Live-Marketing weiterzuentwickeln.[55] Vereinzelte Branchenteilnehmer wollen bereits eine rückläufige Bedeutung des Standbaus

---

[50]WAGNER beschreibt die *virtuelle Messe* als einen auf einer digitalen Hersteller- und Produktdatenbank aufbauenden „virtuellen Begegnungsraum", der „eine grafische, im Idealfall 3D-artige Abbildung der Messestände im Internet" umsetzt. „Die gesuchte Information (die Produktbeschreibung oder der Kontakt) muss meist durch Klicks auf Links in dem virtuellen Stand abgeholt werden" (Wagner (2017), S. 498).
Vgl. außerdem Geigenmüller (2010); Kollmann (2005), S. 432; Wiedmann & Kassubek (2017).
[51]Vgl. Colbert et al. (2016), S. 737.
[52]Vgl. Nittbaur (2001), S. 127; Friedman (2013), S. 9.
[53]Vgl. Larivière, Bowen, Andreassen, Kunz, Sirianni, Voss, Wünderlich & De Keyser (2017), S. 239; Geinitz (2015); Kremp (2018).
[54]Vgl. Shankar, Kleijnen, Ramanathan, Rizley, Holland & Morrissey (2016), S. 37 und 46.
[55]Vgl. Friedman (2013), S. 9.

festgestellt haben, weil sich der Fokus schon jetzt auf die digitalen, 365 Tage im Jahr verfügbaren Plattformen verschiebe.[56]

Für TURKLE hat diese Technologisierung von Dienstleistungen, aber noch vielmehr die umfassenden digitalen Möglichkeiten zur Kommunikation und Vernetzung erhebliche Auswirkungen auf das Sozialverhalten der Menschen:[57] Dadurch dass Menschen vermehrt über Textnachrichten kommunizieren, ständig erreichbar sind und sich einem stetig zunehmenden, mit Unterbrechungen einhergehenden Informationsfluss ausgesetzt sehen, verlernen sie, persönliche Unterhaltungen zu führen, auf andere Mitmenschen einzugehen und deren Empfindungen nachzuvollziehen.[58] Dies habe zur Folge, dass sich Menschen beruflich wie privat in einer sprichwörtlichen Blase wiederfänden, in der sie zwar mit unzähligen anderen vernetzt, aber nicht empathisch verbunden sind, da sie durch Technologie auf Distanz gehalten werden.[59] Die Ansicht, dass die übermäßige Nutzung von Technologie zu einer zunehmenden Oberflächlichkeit der Beziehungen bis hin zur Isolation der Individuen in der Gesellschaft führt, bestätigt auch PUTNAM, der in Konzepten der virtuellen Realität die größtmögliche Steigerung dieser Entwicklung erwartet.[60] Gemeinsam mit SANDER stellt er zudem fest, dass selbst ältere, weniger technologieaffine Generationen sich seltener persönlich, sondern vermehrt über soziale Netzwerke aufeinander einlassen.[61]

Nichtsdestotrotz eignet sich persönliche Kommunikation besser dazu, menschliche Nähe zu entwickeln sowie Empathie, Verständnis und Vertrauen zueinander aufzubauen.[62] Menschliche Bindungen, die auf persönlicher Kommunikation basieren, werden als stärker eingeschätzt, als etwa Beziehungen, die weitestgehend per Telekommunikation gepflegt werden.[63] Gleichermaßen ist auch die sozialisierende Wirkung virtueller Communities anerkannt.[64] Je mehr Sinne eine Kommunikationstechnologie bei den Gesprächspartnern anspricht, desto schneller und intensiver bilden sich darüber Bindungen zwischen den Menschen, so dass

---

[56]Vgl. Seiler (2017a), S. 27.
[57]Vgl. Turkle (2017).
[58]Vgl. Turkle (2017), S. 161, 191 und 197.
[59]Turkle (2017), S. 124. Vgl. auch Turkle (2012). Siehe hierzu auch Konrath, O'Brien & Hsing (2011).
[60]Putnam (1995), S. 9. Siehe hierzu auch Gaggioli, Bassi & Delle Fave (2003), S. 132.
[61]Vgl. Sander & Putnam (2010), S. 14f.
[62]Vgl. Colbert et al. (2016), S. 733; Uhls, Michikyan, Morris, Garcia, Small, Zgourou & Greenfield (2014).
[63]Vgl. Sherman, Michikyan & Greenfield (2013), S. 1.
[64]Vgl. Carter (2005), S. 312.

SHERMAN feststellt, dass Videochat-Dienste fast ebenso effizient und effektiv darin sind, solche Bindungen aufzubauen, wie das persönliche Gespräch.[65]

Dennoch der Annahme folgend, dass die Wahrnehmung von Erlebnissen durch den Filter der Technologie keine persönlichen Erlebnisse und sozialen Interaktionen vollwertig ersetzen kann,[66] stellt sich die Frage, welche Relevanz diese persönlich wahrzunehmenden Eindrücke in Zukunft für den Menschen haben, wenn er diese gar nicht kennt oder sie in Ermangelung der Fähigkeit, persönlich zu interagieren, weder voll ausschöpfen noch einordnen kann?[67] UHLS, MICHIKYAN, MORRIS, GARCIA, SMALL, ZGOUROU & GREENFIELD sowie EDER & NENGA und auch GIEDD stellen fest, dass sich die Kompetenz zur sozialen Interaktion ver- und erlernen lässt.[68] Die große Herausforderung besteht darin, dass digitale Medien längst Teil der Lernumgebung von Kindern und Jugendlichen sind und Intensität und Frequenz des persönlichen Austausches beeinträchtigen.[69] TURKLE analysiert, dass es bereits jetzt insbesondere jüngere Menschen sind, die Probleme aufweisen, sich persönlich zu artikulieren.[70] Folglich besteht zumindest die Gefahr, dass Kinder unter Umständen gar nicht erst lernen, persönlich zu interagieren und persönliche Erlebnisse wertzuschätzen.[71]

Noch scheinen heutige Generationen Sinn und Nutzen des persönlichen Erlebnisses und der persönlichen Kommunikation empfinden und auch wertschätzen zu können. Auch jüngere Generationen ziehen unter bestimmten Voraussetzungen reale Erlebnisse, bspw. in Form einer Klassenfahrt,[72] dem virtuellen Pendant vor. Auch im Servicesektor kann selbst die fehlerfrei von einer Maschine ausgeführte Dienstleistung nicht immer persönliche Empathie ersetzen.[73] Inwieweit

---

[65] Sherman et al. (2013), S. 8f. WILSON und auch WALTHER bestätigen, dass sich Verbundenheit und Vertrauen zwischen Menschen ebenso telekommunikativ aufbauen lässt, es dafür allerdings mehr Zeit benötigt (Wilson, Straus & McEvily (2006), S. 29; Walther (1992), S. 80).

[66] Vgl. Gaggioli et al. (2003), S. 132; Marinova, de Ruyter, Huang, Meuter & Challagalla (2017), S. 39.

[67] Vgl. Sherman et al. (2013), S. 2.

[68] Vgl. Uhls et al. (2014), S. 387; Eder & Nenga (2006); Giedd (2012), S. 102.

[69] Vgl. Uhls et al. (2014), S. 391. Zudem werden digitale Kommunikationsmittel besonders intensiv von Jugendlichen in ebenjenem Alter genutzt, in dem sich deren sozio-emotionale Verhaltensweisen entscheidend entwickeln (vgl. Sherman et al. (2013), S. 1).

[70] Vgl. Turkle (2017), S. 201ff.; Turkle (2015).

[71] Vgl. Uhls et al. (2014), S. 388.

[72] Vgl. Spicer & Stratford (2001), S. 351.

[73] Vgl. Marinova et al. (2017), S. 39.

4.1 Die Auswirkungen der Digitalisierung …

die Bedeutung der Messeveranstaltung als reale Plattform reichhaltiger persönlicher Begegnungen wie physischer Produkterfahrungen und als wichtiges „Komplement zur digitalen Welt"[74] tatsächlich Bestand haben wird, entscheidet sich letztlich daran, ob sich der Begriff der *Präsenz,* definiert als die psychologische Erfahrung, „da zu sein",[75] im Laufe der Zeit von der physischen Erfahrung löst.[76] Zweifelsohne bedarf es weiterer intensiver Forschung, um besser zu verstehen, welche Auswirkungen die Nutzung digitaler Technologie auf die Kommunikationsgewohnheiten und den Kommunikationsbedarf der Menschen hat.[77]

Zusammenfassung Schlüsselelement Zielmarkt: *Die Order- und Informationsfunktionen von Messen sehen sich einem zunehmenden Wettbewerbsdruck bedingt durch die Entwicklung digitaler Technologien und Güter ausgesetzt. Die Messeveranstalter setzen auf die Stärkung der Messe als Plattform für persönliche Kommunikation und Information, indem sie die persönliche Kommunikation und die multisensuale Vermittlung von Information in den Mittelpunkt der Positionierung stellen. Gleichzeitig wird das Kommunikations- und Informationsangebot der Messe durch Webplattformen in den digitalen Raum verlängert. Allerdings ist unklar, ob die persönliche Kommunikation und das physische Erlebnis zukünftig von der hohen Relevanz für die Menschen sein werden, wie es die Branchenexperten annehmen.*

Für die Messeveranstalter ist es unbedingt notwendig, der weiteren Entwicklung des Zielmarktes besondere Aufmerksamkeit zuteilwerden zu lassen. Ihnen muss bewusst sein, dass jedweder Verlust einer der verschiedenen Messefunktionen sowohl Ausstellern als auch Besuchern Anreize nimmt, an einer Messe teilzunehmen. Die Attraktivität einer Messeveranstaltung generiert sich aus der Kombination ihrer verschiedenen Funktionen. Trotz dem, dass die Orderfunktion bei einigen Messeformaten auch durch die Digitalisierung an Bedeutung verloren hat, erwarten die Messeteilnehmer weiterhin einen quantifizierbaren Return on Invest aus ihrem kostspieligen Messeengagement. Eine Konzentration ausschließlich auf einzelne Messefunktionen scheint vor diesem Hintergrund nicht

---

[74]Steger (2015).
[75]Cummings & Bailenson (2016), S. 273.
[76]Vgl. Colbert et al. (2016), S. 737. CUMMINGS & BAILENSON stellen in diesem Zusammenhang fest, dass es mitnichten die grafische Auflösung und Soundqualität von VR-Systemen ist, die die Tiefe der wahrgenommenen Immersion bestimmen, sondern vielmehr die Responsivität, das Sichtfeld und das Potenzial zur räumlichen Darstellung (vgl. Cummings & Bailenson (2016), S. 298).
[77]Vgl. Colbert et al. (2016), S. 734; Sherman et al. (2013), S. 9.

empfehlenswert. Vielmehr müssen weiterhin kombinierte Mehrwerte geschaffen werden, um die Anziehungskraft des Formates Messe zu bewahren. Idealerweise gelingt dies, indem man die Potenziale der Digitalisierung gewinnbringend einbezieht.

Messetypus
Im Vergleich zu den Haupt-Messefunktionen wird das Element **Messetypus** als Entscheidungsspielraum des Messeveranstalters, sich auf strategischer Ebene auf das Angebot bestimmter Messetypen zu konzentrieren, nur geringfügig von der Digitalisierung beeinflusst. Dennoch gibt es diesbezüglich Entwicklungen, die mittelbar auf die Digitalisierung zurückzuführen sind. Dies äußert sich letztlich unter anderem anhand der **Angebotsbreite** der einzelnen Messeveranstaltungen (z. B. Branchen-, Mehrbranchen-, Universal- oder Nischenmessen), der **Messebesitzsituation** (führt der Messeveranstalter vorwiegend eigene Messen durch oder tritt als Durchführer auf) sowie der **Standortbindung** (insbesondere Besitz- und Betriebsgesellschaften sind mit der Veranstaltungsumsetzung stark an ihr eigenes Messegelände gebunden).[78]

In Bezug auf die **Angebotsbreite** sind zwei gegenläufige Tendenzen zu beobachten, die denen die Digitalisierung eine Rolle spielt: Einerseits sorgt das auch durch digitale Marketingplattformen verursachte Überangebot an Marketingkanälen dafür, dass Großmessen und spezialisierte Nischenmessen bessere Zukunftsaussichten haben, als mittelgroße Veranstaltungen, die als vermeintlich verzichtbare Investitionen mit digitalen Marketingkanälen im Wettbewerb um Werbe- und Marketingbudgets stehen.[79] Nischen- und Fachmessen profitieren dabei davon, dass die Digitalisierung eine personalisierte, zielgruppengenauere Kundenansprache ermöglicht, so dass Marktteilnehmer spezifischer zusammengeführt und Branchen tiefer abgedeckt werden.[80] Ein „wahlloses Umhergehen" von Besuchern soll damit der Vergangenheit angehören, da diese sich über digitale Services vorab auf die Messe vorbereiten.[81]

Andererseits finden sich auch Beispiele dafür, dass die Digitalisierung Branchengrenzen verschwimmen lässt,[82] und so die thematische Eingrenzung von Messen in Bezug auf die Angebotsbreite erschwert.[83] So suchen beispielsweise

---

[78]Vgl. Nittbaur (2001), S. 84 und 128; Peters (1992), S. 209ff.
[79]Vgl. Kalka (2017), S. 318; Johnson (2016), S. 18; Jung (2010), S. 223.
[80]Vgl. Kalka (2017), S. 318; Aguilera (2008), S. 1110.
[81]Johnson (2016), S. 19.
[82]Vgl. Giersberg (2015a).
[83]Vgl. Buhren (2019); Kutschke (2018).

Automobilunternehmen vermehrt ihren Platz auf Elektronikmessen, um dort mit in den Fahrzeugen integrierten digitalen Technologien die Aufmerksamkeit der Besucher anzuziehen. Als Beispiel seien die Auftritte von *Daimler* auf der *SXSW*, von *BMW* und *Audi* auf der *Consumer Electronics Show (CES)* und *Ford* auf der *Gamescom* genannt.[84]

Darüber hinaus zeigt sich, dass auch die **Standortbindung** durch die Digitalisierung beeinflusst sein kann. Die im vorherigen Abschnitt vorgestellten, digitalen Netzwerk-Plattformen unter dem Dach der Messemarke sind gänzlich standortunabhängig und bedeuten bei öffentlich-rechtlichen Besitz- und Betriebsgesellschaften je nach Anspruch an die Erlöse der jeweiligen Plattform, dass sich das Kerngeschäft vom Heimatstandort verlagern könnte. Außerdem lässt sich mittelbar ein Zusammenhang herstellen, dass die Digitalisierung ein wesentlicher Treiber der Globalisierung ist und damit den Internationalisierungsbedarf der Messeveranstalter erhöht.[85] Besonders die deutschen Besitz- und Betriebsgesellschaften sehen sich vor dem Hintergrund einer wachsenden internationalen Konkurrenz gezwungen, die Themenfelder ihrer Leitmessen am Heimatstandort mit internationalen Satellitenmessen abzusichern, bevor diese Themenbereiche im Ausland von Konkurrenten besetzt werden.[86]

Geografischer Fokus
An letzteren Punkt inhaltlich anknüpfend ist nicht eindeutig, welchen Effekt die Digitalisierung auf den **geografischen Fokus** des Messeveranstalters nimmt. Dieser beinhaltet die strategische Ausrichtung des Messeveranstalters, in welchen Märkten er sein Kernprodukt anbieten möchte. Die Internationalisierungsbestrebungen eines Messeveranstalters können stark variieren, so dass Informationen zu **Internationalisierungsgrad der Messen am Heimatstandort, Veranstaltungsorten im In- und Ausland** sowie **Betriebsstätten im Ausland** hilfreich sind, die geografische Ausrichtung nachzuvollziehen. Zum einen wird erkannt, dass digitale Technologien die Ansprache internationaler Kunden zugunsten der Steigerung des **Internationalisierungsgrades am Heimatstandort** wie auch den Aufbau von **Veranstaltungen im Ausland** erheblich erleichtern[87] und in dieser Hinsicht für Internationalisierungsambitionen, selbst kleinerer Messeveranstalter, förderlich sind. Dabei ist den international führenden Messeveranstaltern bewusst, dass Gleiches auch für die Konkurrenz gilt, sich dadurch die Wettbewerbsintensität auf

---

[84] Vgl. Buhren (2019); Gaede & Zeltner (2017); Pander (2016).
[85] Vgl. Peters & Scharrer (2017), S. 410; Welge & Borghoff (2009), S. 205.
[86] Vgl. von Zitzewitz (2003), S. 261; Friedman (2014), S. 14; Koenen & Terpitz (2019).
[87] Vgl. Buller (2016), S. 15.

dem Messemarkt für sie erhöht und sie bisweilen gezwungen sind, ins Ausland zu expandieren, um ihre Marktposition zu verteidigen.[88]

Die Einschätzung, dass Digitalisierung die Internationalisierung von Unternehmen grundsätzlich begünstigt, findet unabhängig von der Messebranche weitestgehend Bestätigung im wissenschaftlichen Diskurs.[89] AGUILERA führt dies konkret darauf zurück, dass es durch Informations- und Kommunikationstechnologien keiner geografischen Nähe mehr bedarf, um Kundenbeziehungen aufzubauen und zu pflegen und dass Geschäftspartner von jedem beliebigen Ort der Welt aus zusammenarbeiten können.[90] Dem ist in Bezug auf das Item **Betriebsstätten im Ausland** hinzuzufügen, dass die Zahl der Unternehmen, die von mehreren internationalen Standorten aus operieren, gestiegen ist und ein Zusammenhang zwischen dieser Entwicklung und der Digitalisierung zumindest angenommen wird.[91]

Allerdings wird in der Messebranche diskutiert, dass die Reisewilligkeit unter den Marktteilnehmern aufgrund des Fortschritts bei digitalen Kommunikationstechnologien abnehme, was sich negativ auf den Internationalisierungsgrad der Messen am Heimatstandort auswirken könnte und es für den Messeveranstalter erforderlich machen würde, Märkte von Interesse mit eigenen (Satelliten-)Veranstaltungen zu bedienen, statt zu erwarten, dass internationale Besucher die Reise zum Veranstaltungsort der jeweiligen (Welt-)Leitmesse auf sich nehmen. Dieser Logik eines veränderten Verhaltens der Akteure durch die Digitalisierung sind nicht nur internationale Satellitenevents in Regionen entsprungen, in denen attraktive Branchen konzentriert vertreten sind, sondern auch regionale Messen, wie sie die *Messe Frankfurt* im Konsumgüterbereich für den regionalen Handel über Deutschland verteilt veranstaltet.[92] Es liegt in der Natur der Sache, dass solche Regionalmessen meist deutlich weniger internationale Besucher anziehen, als internationale Leitmessen.[93]

Diese Einschätzung eines Rückgangs der Reisewilligkeit ist vor dem Hintergrund bemerkenswert, dass ein Rückgang der weltweiten geschäftlichen Reisetätigkeit im Zusammenhang mit der Digitalisierung nicht zu beobachten ist.[94]

---

[88] Vgl. Peters & Scharrer (2017), S. 410.
[89] Vgl. Haynes (2010), S. 562; Albertson (1977), S. 40; Welge & Borghoff (2009), S. 205.
[90] Aguilera (2008), S. 1109f. AGUILERA erkennt als weiteren wesentlichen Grund für diese Entwicklung den Ausbau der Verkehrsinfrastruktur.
[91] Vgl. Aguilera (2008), S. 1110.
[92] Vgl. Giersberg (2015b).
[93] Vgl. Kalka (2017), S. 318.
[94] Vgl. Arnfalk & Kogg (2003), S. 860; Urry (2002), S. 256.

4.1 Die Auswirkungen der Digitalisierung ...

Vielmehr sind die Unternehmensausgaben für Informations- und Kommunikationstechnologie wie auch für Reisen in den letzten 30 Jahren gleichermaßen gestiegen.[95] „People can be said to dwell in mobilites", wie URRY in seiner Untersuchung des Zusammenhangs zwischen dem Fortschritt in der Informations- und Kommunikationstechnologie und der Bereitschaft der Menschen, zu reisen, bemerkt.[96] Und ALBERTSON sowie CHOO & MOKHTARIAN, AGUILERA und auch HAYNES haben übereinstimmend festgestellt, dass der Fortschritt in der Informations- und Kommunikationstechnologie bislang stets ein stimulierender Faktor für die Reisetätigkeit der Menschen war, insbesondere weil sie den Aufbau internationaler Beziehungen und die Arbeit in weiter entfernt voneinander agierenden Teams durch immer effizientere Kommunikationsmethoden und IT-zentrierte Organisationsstrukturen erheblich erleichtert, ohne den persönlichen Kontakt obsolet zu machen.[97]

An dieser Stelle wird der Zusammenhang zwischen dem Entscheidungsverhalten des potenziellen Messebesuchers mit den Ausführungen zum Einfluss der Digitalisierung auf den Zielmarkt eines Messeveranstalters deutlich. Basierend auf der Erkenntnis aus diesem Abschnitt, dass es zum einen ein menschliches Bedürfnis nach sozialer Nähe gibt und der persönliche Kontakt sich im Vergleich zu anderen, digital unterstützten Kommunikationsformen, besser dazu eignet, komplexe Zusammenhänge zu erläutern sowie Vertrauen und Glaubwürdigkeit zu vermitteln, entscheidet der Zweck der Kommunikation darüber, inwieweit die persönliche Anwesenheit des Teilnehmers am Kommunikationsprozess für sinnvoll erachtet wird.[98] Die Entscheidung des potenziellen Messebesuchers, ob er im Rahmen seiner individuellen Kosten-Nutzen-Rechnung auch weitere Entfernungen für den Besuch einer Messeveranstaltung auf sich nimmt, ist neben ökologischen, finanziellen und organisatorischen Faktoren[99] also unter anderem davon abhängig, welche Erwartungen und Ziele er mit seinem Messebesuch verfolgt, welche Bedeutung er dem persönlichen Erlebnis beimisst und welche dieser Funktionen (siehe Zielmarkt) die Messe bedient. Dass allerdings die Digitalisierung generell zu einer geringeren Reisewilligkeit der Akteure führt und daraus die Entstehung von Satellitenmessen maßgeblich resultiert, lässt sich aus

---

[95] Haynes (2010), S. 549.
[96] Urry (2002), S. 257f.
[97] Vgl. Albertson (1977), S. 40; Choo & Mokhtarian (2005), S. 232; Aguilera (2008), S. 1114; Haynes (2010), S. 550 und 562.
[98] Vgl. Karle (2016); Urry (2002), S. 259; Mokhtarian, Salomon & Handy (2006), S. 271; Gaspar & Glaeser (1998); Charlot & Duranton (2006), S. 1389; Albertson (1977), S. 40; Aguilera (2008), S. 1111; Lundvall & Johnson (1994).
[99] Vgl. Arnfalk & Kogg (2003), S. 859f.

den vorliegenden Erkenntnissen nicht eindeutig schließen. Vielmehr scheint ein Zusammenhang zwischen der Digitalisierung und der geografischen Ausrichtung eines Messeveranstalters insofern gegeben, als dass der Fortschritt in der Informations- und Kommunikationstechnologie den internationalen Wettbewerb auf dem Messemarkt verschärft, indem er die Globalisierung treibt und somit in vielerlei Hinsicht ein durchdachtes strategisches Handeln des Messeveranstalters bezüglich seiner geografischen Ausrichtung erforderlich macht.

4.1.2 Die Auswirkungen auf die internen Strukturgrundsätze

Im vorherigen Kapitel zu den Erscheinungsformen der Digitalisierung wurden auf Akteursebene die Auswirkungen auf Unternehmensstrukturen und Unternehmenskulturen sichtbar. Dies zeigt sich auch in der Wertschöpfung der Messeveranstalter hinsichtlich durch die Digitalisierung veränderte **interner Strukturgrundsätze** insbesondere im Bereich der **Arbeitsleitlinien**, die damit das zweite Schlüsselelement bilden. Die internen Strukturgrundsätze enthalten die organisatorische Ausgestaltung des Messeveranstalters sowie die Leitlinien für die Geschäftstätigkeit des Unternehmens und die Arbeit von Geschäftsleitung und Belegschaft. Sie werden durch die **Geschäftsleitlinien** und die daraus in vielerlei Hinsicht resultierenden Arbeitsleitlinien bestimmt.

Geschäftsleitlinien
Die **Geschäftsleitlinien** legen durch von der Digitalisierung verursachte Anpassungen beim **Veranstaltertypus**, der **Konzernstruktur** und der **Wachstumsstrategie** die Grundlage für die veränderten Arbeitsleitlinien. Dadurch, dass letztere sich konkret der Umsetzung der Geschäftsleitlinien widmen, wird darin die größere Herausforderung gesehen, was sich maßgeblich auf die Einordnung als Schlüsselelement auswirkt.

Die im vorherigen Unterkapitel behandelten Ansätze der Messeveranstalter zur fortwährenden Ausübung ihrer Informations- und Kommunikationsfunktion im digitalen Zeitalter sind in ihren Auswirkungen auf den **Veranstaltertypus**, also das Selbstverständnis des Messeveranstalters in Bezug auf seine Rolle im Wertschöpfungsprozess, deutlich bemerkbar. Es sind der digitalisierungsbedingt zunehmende Wettbewerbsdruck und die Anforderungen der Marktteilnehmer, die die Messeveranstalter dazu veranlassen, sich selbst mehr denn je als integrierte Marketing- und Kommunikationsdienstleister, statt als reine Besitz- und/oder

Betriebsgesellschaft zu verstehen.[100] STOECK & SCHRAUDY haben das Konzept des integrierten Marketing- und Kommunikationsdienstleisters für Messeveranstalter in eine Art Idealtypus gefasst, der folgende Nutzendimensionen erfüllt: Messeveranstalter...

- „...profilieren sich zu einer „Drehscheibe" eines Marktes, die über den eigentlichen Zeitraum der Messe hinausgeht.
- Sie wachsen in die Rolle eines „Informationsbrokers" einer Branche hinein, indem sie wichtige Informationen filtern, strukturieren und sowohl kostengünstig als auch aktuell zur Verfügung stellen.
- Sie werden stärker als bisher „Sprachrohr" ihres Marktes, indem sie die Anliegen der Marktteilnehmer öffentlichkeitswirksam transportieren.
- Sie bieten umfassende und zielgruppenbezogene Kommunikationsdienstleistungen als „Gesamtpaket" mit geringen Streuverlusten aus einer Hand.
- Sie inszenieren eine Messe und damit die Branche, so dass diese in den heutigen Zeiten der permanenten Reizüberflutung entsprechende Aufmerksamkeit findet.
- Sie unterstützen über Social Media die dauerhafte Kommunikation und Beziehungspflege der Akteure untereinander."[101]

Die Umsetzung dieses Ansatzes wird letztlich durch digitale Güter und Prozesse erheblich erleichtert, so dass Digitalisierung für diese Entwicklung sowohl Treiber, aber auch Wegbereiter ist. Schon heute zeigt sich, dass eine Vielzahl von Messeveranstaltern den oben skizzierten Weg einschlägt.[102] Die *Messe Düsseldorf* entwickelt das Branchenportal *Metsearch* für die Metallindustrie und stellt darauf Anbieter, Produkte und Branchenneuigkeiten vor.[103] Auch die digitalen Plattform-Angebote *Virtual Market Place* der *Messe Berlin* und *Productpilot* der *Messe Frankfurt* sind vor dem Anspruch zu betrachten, sich jenseits der Rolle als reiner Messeveranstalter zu profilieren.[104]

Dass mit diesem veränderten Selbstverständnis auch das Motiv einhergeht, sich erlösseitig zu diversifizieren, wird bei der Analyse der Auswirkungen der

---

[100]Stoeck & Schraudy (2017), S. 167f.
[101]Stoeck & Schraudy (2017), S. 169.
[102]Vgl. Giersberg (2015b). Der Weltmesseverband UFI ermittelte, dass weltweit ein Fünftel der Messeveranstalter digitale, messeunabhängige Produkte auf den Markt gebracht hat, im Vereinigten Königreich waren es sogar die Hälfte aller Messeveranstalter, die ein solches Produkt anbieten (UFI (2017), S. 11).
[103]Messe Düsseldorf GmbH (2019).
[104]Vgl. o. V. (2016h), S. 35; Baumgartner (2015), S. 11; Hombach (2015a).

Digitalisierung auf die **Wachstumsansätze** der Messeveranstalter deutlich.[105] Messeveranstalter versprechen sich vom Ausbau des digitalen Serviceangebotes wirtschaftliches Wachstum oder haben gar, wie die *Deutsche Messe,* im digitalen Raum ihr wichtigstes Wachstumsfeld identifiziert.[106] Schon jetzt sind Onlineservices bei einigen Veranstaltern, wie der *Messe Frankfurt,* die ihren Kunden neben messegebundenen digitalen Dienstleistungen auch Banner-Werbung, digitale Ad-Kampagnen und Beratungsleistungen anbietet, wichtiger Teil der Gesamterträge.[107] Die *Deutsche Messe* erwirtschaftete nach eigenen Angaben im Jahr 2016 einen Erlös von EUR 18 Mio. über ihr Digitalgeschäft.[108]

Darüber hinaus ist zu beobachten, dass sich Messeveranstalter seltener als *First Mover* in digitale Wachstumsfelder vorwagen, sondern im Wissen um die noch im Aufbau befindlichen eigenen Digitalkompetenzen eine *Smart Follower*-Strategie wählen.[109] Das bedeutet zudem, dass sich der Blick der Produktentwickler auch auf messeferne Branchen richtet, um dort erprobte digitale Technologien, Güter und Prozesse auf ihre Nützlichkeit für das Messegeschäft hin zu prüfen, wie es etwa die *Messe München* beim Aufbau der eigenen Open Innovation-Platform tat.[110]

Die oben geschilderte Bedeutung digitaler Dienstleistungen als identifiziertes Wachstumsfeld für Messeveranstalter hat schließlich auch unmittelbaren Einfluss auf die **Konzernstrukturen** der Messeveranstalter. So hat die *Deutsche Messe* ihr Geschäft zu digitalen Teilnehmer- und Leadmanagementlösungen für Messen und

---

[105]Vgl. Siskind (2015a). Nittbaur (2001), S. 159.

[106]Vgl. Hombach (2015a); Seiler (2016a), S. 35; Hattendorf (2015b); von Weissenfluh (2016), S. 33; o. V. (2016h), S. 34f.

[107]Vgl. Karle (2016); Karle (2013); Hombach (2015a); o. V. (2016h), S. 35.

[108]o. V. (2015f). Neben den oben genannten Ansätzen organischen Wachstums lassen sich bisweilen auch Fälle beobachten, in denen die Messeveranstalter den anorganischen Einstieg in digitale Wachstumsfelder bevorzugen, um sich in ihren Kernzielbranchen digital zu positionieren und keine Zeit beim Aufbau digitalen Know-hows zu verlieren. Dies belegt etwa der Kauf der digitalen Kunstplattform *Curiator* durch die *MCH Group,* bei dem es das Ziel des Schweizer Messeveranstalters war, das Fachwissen der Plattformgründer, die im Zuge des Kaufs von der *MCH Group* beschäftigt wurden, miteinzukaufen (vgl. Seiler (2016a), S. 36).

[109]Vgl. Ortt, Shah & Zegveld (2008); Dittrich & Kausch (2017), S. 468.

[110]Vgl. o. V. (2014), S. 28; Eckert & Laudi (2016); Hartmann (2016).

Events in der *event it AG* ausgelagert.[111] Aber auch die Investition von Messeveranstaltern in oder die Übernahme von Unternehmen zum Ausbau der eigenen Digitalkompetenz kann sich auf die Konzernstruktur auswirken.[112]

Schlüsselelement Arbeitsleitlinien unter dem Einfluss der Digitalisierung
Dass die Informations- und Kommunikationstechnologie allgemein Einfluss nimmt auf die Art und Weise, wie Arbeit organisiert wird, ist unumstritten.[113] Folglich ist auch ein signifikanter Einfluss der Digitalisierung auf die **Arbeitsleitlinien** eines Messeveranstalters zu erwarten. Dieser ist im Rahmen des Geschäftsmodells anhand der **Aufbauorganisation** des Unternehmens, der **Unternehmenskultur**, der **Arbeitsintensität**, der **Arbeitsflexibilität** und der **Lohnpolitik** vertiefend zu analysieren.

An dieser Stelle sei die Auffassung von TEECE, PISANO & SHUEN in Erinnerung gerufen, die angesichts einer sich weiter beschleunigenden technologischen Entwicklung in der Fähigkeit von Unternehmen, agil auf technologische Trends reagieren zu können, hohes Potential sehen, sich Wettbewerbsvorteile zu verschaffen.[114] Nur ein Messeveranstalter mit entsprechenden ausgerichteten Arbeitsleitlinien hat demnach Chancen, Wettbewerbsvorteile aus der Digitalisierung zu generieren,[115] was die Arbeitsleitlinien zu einem Schlüsselelement im Rahmen der Digitalisierung macht.

Innerhalb der **Aufbauorganisation** kündet die Erkenntnis der Messeveranstalter, dass sie sich durch die Digitalisierung einer gestiegenen Kommunikationsfrequenz[116] sowie einem gehobenen Innovationsanspruch ausgesetzt sehen, davon, dass diesbezüglich Anpassungen notwendig sind, um den Anforderungen des sich weiter digitalisierenden Wettbewerbs gerecht zu werden. So erwartet die *Hamburg Messe und Congress*, dass die Digitalisierung nahezu alle internen und externen Abläufe in allen Unternehmensbereichen verändert und entsprechende Strukturanpassungen nach sich ziehen wird.[117] Die Aufbauorganisation

---

[111] Vgl. o. V. (2015f); Hattendorf (2015b); Baumgartner (2015), S. 11. Die zweite Tochtergesellschaft der Deutsche Messe AG, die sich unter der Firmierung *Deutsche Messe Interactive (DMI)* dem Digitalgeschäft widmen sollte, ist hingegen 2018 aufgrund verfehlter Wachstumsziele geschlossen worden. Die Digitalisierung der Messe soll nun wieder aus der Deutsche Messe AG heraus erfolgen (Heitmann (2018)).
[112] Vgl. Spitzer et al. (2013), S. 7f.; Seiler (2016a), S. 36.
[113] Vgl. Ramarajan & Reid (2013), S. 623.
[114] Vgl. Teece et al. (1997); Sambamurthy, Bharadwaj & Grover (2003), S. 256.
[115] Vgl. Wünsch (2016b).
[116] Vgl. Schoop et al. (2017), S. 27; Schraudy (2017), S. 388.
[117] Vgl. Wünsch (2016b).

verleiht der Unternehmensstruktur Gestalt und schafft den Rahmen, innerhalb dessen sich eine von Innovationsbereitschaft und Agilität geprägte Unternehmenskultur entwickeln kann. Dabei werden voneinander isoliert arbeitende, starr strukturierte Geschäftsbereichssilos als hinderlich für den Informationsdurchfluss im Unternehmen wahrgenommen.[118] Sofern die Messeveranstalter etwa von Analyseergebnissen im Rahmen von Big Data unternehmensübergreifend profitieren wollen, bedarf es hierfür einer Aufbauorganisation, die ein Teilen dieser Informationen über unterschiedliche Geschäftsbereiche und Funktionen hinweg zulässt.[119]

Zudem besteht eine große Aufgabe darin, einerseits Hierarchien zu verflachen und direkte Kommunikationswege zu ermöglichen, um komplexe, neue Herausforderungen anzugehen und andererseits die Vorteile einer sich bei den routinierten Prozessanforderungen einer Messedurchführung bewährten, linearen Kommunikations- und Entscheidungskaskade beizubehalten.[120] In diesen Fällen können hierarchische Kommunikationsstrukturen effizienter und ökonomischer sein.[121] Das Risiko, dass zu viel Mitsprache von verschiedenen Funktionsträgern im Unternehmen die Effizienz des Messeveranstalters in den erforderlichen Routineabläufen negativ beeinflusst, ist durchaus präsent und wird auch von Seiten der Wissenschaft insofern bestätigt, als dass Kollaboration durch die übermäßige Nutzung digitaler Technologien von Interruption und Informationsüberfluss geprägt sein kann, die sich effizienzmindernd auswirkt.[122]

Durch die Digitalisierung bedingte Anpassungen an der Aufbauorganisation der Messeveranstalter sind außerdem an neu geschaffenen Funktionsbildern und Abteilungen innerhalb der Unternehmen erkennbar. Etwa ein Fünftel der Messeveranstalter weltweit hat einen *Chief Digital Officer (CDO)* oder ein vergleichbares Funktionsbild geschaffen, bei denen alle im Rahmen des digitalen Wandels auftretenden Aufgaben zusammenlaufen und in deren Verantwortung die digitale Ausrichtung des Unternehmens liegt.[123] Auch die Bildung neuer Funktionsbereiche zur Bewältigung von digital bedingten Herausforderungen ist in der Messewirtschaft verbreitet und untermauert die Relevanz der Digitalisierung

---

[118]Vgl. Brenner et al. (2014), S. 58; Bohsem (2015); Stuhldreier (2015); Westerman et al. (2012), S. 3.
[119]Vgl. Nichols (2013), S. 68.
[120]Vgl. Kürschner (2017), S. 645; Degen (2017), S. 779.
[121]Ahuja & Carley (1999), S. 754.
[122]Vgl. Gallo (2015); Sykes (2011), S. 385; Leonardi & Vaast (2017), S. 166.
[123]Vgl. Österle & Winter (2003), S. 14; UFI (2017), S. 11; Giersberg (2017).

für diese Unternehmen.[124] So bündelt die *Messe Frankfurt* im „Geschäftsbereich Digital Business" die Verantwortung für das Geschäft mit digitalen Services und stellt diesen dem Stammgeschäft mit Veranstaltungen gleich.[125] Andere Messeveranstalter vermeiden solche eigenständigen Funktionsbereiche wiederum bewusst, da sie sie als Widerspruch zur Anforderung sehen, dass die Digitalisierung ein integraler Teil des Kerngeschäftes werden soll und entsprechend alle Funktionsbereiche und Mitarbeiter betrifft.[126] Vereinzelt wird stattdessen die Bildung interdisziplinärer Teams forciert, die die digitale Transformation im Unternehmen vorantreiben.[127] Eine weitere Option kann darin bestehen, das Digitalgeschäft rechtlich separiert in einer eigenständigen Tochtergesellschaft aufzustellen, wie es die *Deutsche Messe* mit der Tochter *Deutsche Messe Interactive* versuchte.[128] Die strukturelle Trennung der Digitalisierungseinheiten vom Stammgeschäft kann auch darauf abzielen, auf Kreativität ausgerichtete Mikrokosmen zu schaffen, in denen eine veränderte, experimentellere Innovationskultur herrscht.

Diese **Unternehmenskultur** wird als wesentlicher Faktor für ein Unternehmen angesehen, auch in Zukunft wettbewerbsfähig zu bleiben.[129] Sie kann maßgeblich zu einem innovationsförderlichen Arbeitsumfeld beitragen und zur Entwicklung und Umsetzung innovativer Ideen anregen.[130] WALKER & SOULE sind überzeugt, dass ein Wandel der Unternehmenskultur zugunsten einer adaptiveren, innovativeren Ausrichtung voraussetzt, dass alle Unternehmensbereiche durch ein stetig wachsendes Netzwerk an Unterstützern schon zu einem frühen Stadium in die Umsetzung involviert werden.[131] Separierte „Innovationslabore", in denen die neue Unternehmenskultur schon vollumfänglich umgesetzt und gelebt wird, können effektiv sein, um als Best Practices zu veranschaulichen, wie sich der Wandel konkret gestaltet.[132] Das Erzielen eines Kulturwandels hin zu einer agileren, innovationsförderlicheren Unternehmenskultur bleibt eine große unternehmerische Herausforderung der digitalen Transformation, insbesondere

---

[124] Vgl. Delfmann & Dorn (2016), S. 9.
[125] Messe Frankfurt GmbH (2014); Reeve-Crook (2014), S. 54; Hattendorf (2015b).
[126] Vgl. o. V. (2014), S. 27.
[127] Vgl. Hattendorf (2015b).
[128] Vgl. Heitmann (2018).
[129] Vgl. Benner & Tushman (2003), S. 238; Christensen (2016), S. 227.
[130] Vgl. O'Reilly (1989), S. 14.
[131] Walker & Soule (2017).
[132] Vgl. Westerman et al. (2014), S. 216ff.; Brown & Martin (2015); Thunig & Altrogge (2014).

für Messeveranstalter, weil vielerorts ein verändertes Handeln von Angestellten und Top-Management notwendig ist, das entgegen der historisch gewachsenen Kultur erfolgt und viel Geduld erfordert.[133] Risikoaffine *Fail fast, fail often*-Ansätze bei der Neuproduktentwicklung laufen in der Regel konträr zum hohen Anspruch der Messeveranstalter an Effizienz und Genauigkeit in der Umsetzung ihrer Dienstleistungen.

Darüber hinaus können die durch die Digitalisierung gestiegenen Anforderungen an die Handlungsschnelligkeit eines Unternehmens sowie die daraus resultierende zunehmende Nutzung digitaler Technologien und Güter die **Arbeitsintensität** für den einzelnen Mitarbeiter erhöhen, indem dadurch die abzuarbeitende Menge an Arbeit und insbesondere die Geschwindigkeit, in der Aufgaben zu erfüllen sind, zunimmt.[134] Nun zusammenführend, dass die Ubiquität digitaler Technologien insbesondere Arbeitsbereiche betrifft, die sehr informationsintensiv und stark vom Wissensaustausch abhängig sind,[135] und genau dieses Anforderungsprofil auf diverse Tätigkeitsbereiche eines Messeveranstalters zutrifft,[136] ist klar, dass die Arbeitsintensität auch in vielen Positionen bei Messeveranstaltern zunimmt. Beispielsweise bemerkt der *Europäische Verband für Veranstaltungszentren (EVVC)* sehr viel höhere Anforderungen bei der Geschwindigkeit des Arbeitens, unter anderem durch immer kurzfristiger gesetzte Kundenanfragen, und führt dies explizit auf die Digitalisierung zurück.[137]

Eine zunehmende Arbeitsbelastung wird auch mit einer gestiegenen **Flexibilisierung der Arbeit** in Verbindung gebracht. Mobile digitale Technologien wie Smartphone und Laptop-PC ermöglichen einerseits eine flexible Anpassung der Arbeit an den privaten Alltag und sollen so zu einer verbesserten Ausbalancierung von Berufs- und Privatleben führen.[138] Etliche Messeveranstalter, wie die *Hamburg Messe und Congress* und die *Messe Berlin*, kommen dem nach, und statten die Mitarbeiter mit mobilen Geräten aus.[139] Auch die Ausgestaltung von Arbeitsverträgen, die keine Arbeitszeit definieren, sondern lediglich unternehmerische Ziele festlegen, ist im Messewesen gelegentlich zu beobachten.[140] Diese Schritte

---

[133]Vgl. Walker & Soule (2017). Die Erfolgschancen eines lediglich von der Geschäftsführung aufoktroyierten Kulturwandels werden hingegen für gering erachtet.
[134]Vgl. Barley, Meyerson & Grodal (2011), S. 887.
[135]Reyt & Wiesenfeld (2015), S. 739.
[136]Vgl. Nittbaur (2001), S. 126; Wünsch (2016c).
[137]Wünsch (2016c).
[138]Vgl. Hill, Hawkins, Ferris & Weitzman (2001).
[139]Vgl. Wünsch (2016c); Wünsch (2016b); Hartmann (2016).
[140]Vgl. Wünsch (2016c).

4.1 Die Auswirkungen der Digitalisierung ...

erfolgen auch in dem Ansinnen, den insbesondere in der Veranstaltungsbranche vorherrschenden Konflikt zwischen Hochphasen von Schicht- und Mehrarbeit im Zeitraum der Veranstaltungsumsetzung und dem Wunsch nach einer verbesserten Work-Life-Balance aufzulösen.[141] Durch weniger Ablenkung am Arbeitsplatz kann Telearbeit außerdem die Produktivität der Mitarbeiter steigern.[142]

Eine vermehrte Nutzung von Telearbeit birgt allerdings auch Risiken, indem private Mobilgeräte unter unzureichenden Sicherheitsvorkehrungen im Firmennetzwerk genutzt werden oder die Nutzer wiederum durch private Themen von ihrer beruflichen Tätigkeit abgelenkt werden.[143] Auch die Entfremdung vom Arbeitsplatz und von den Kollegen scheint durch dauerhaftes Arbeiten von Zuhause aus möglich.[144] Als besonders kritisch wird allerdings die Entwicklung eingeschätzt, dass Mitarbeiter durch Möglichkeiten zur Telearbeit auch in ihrer Freizeit dauerhaft erreichbar sind und so weniger Zeit für Erholung und Stressabbau zur Verfügung steht.[145] Wenn schließlich Arbeit in der Freizeit zur Routine wird, führt die Nutzung von mobiler Informations- und Kommunikationstechnologie dazu, dass die Grenzen zwischen Arbeit und Privatleben zerfließen.[146] BARLEY, MEYERSON & GRODAL sehen in dieser zunehmenden örtlichen und zeitlichen Unabhängigkeit der Arbeit einen erheblichen Faktor dafür, dass die wahrgenommene Arbeitsintensität in vielen Branchen zunimmt.[147] Dadurch, dass die beruflichen Einschnitte ins Privatleben dazu noch meist unvorhergesehen und unkontrollierbar erfolgen, kann sich der mit einem selbstbestimmteren Arbeitsleben begründete Einsatz mobiler Technologien ins Gegenteil verkehren, indem die ständige Erreichbarkeit in einem Verlust der Kontrolle über das Privatleben mündet.[148]

In Anbetracht der Auswirkungen der Digitalisierung auf die Arbeitsleitlinien eines Messeveranstalters bestehen zwei Herausforderungen, die in Zukunft besondere Aufmerksamkeit erfordern. Diese bestehen in negativen Folgen einer übermäßigen Nutzung von Informations- und Kommunikationstechnologien als Teil einer auf Agilität und Effizienz konzentrierten Unternehmenskultur sowie

---

[141] Vgl. Wünsch (2016b).
[142] Jackson, Dawson & Wilson (2003).
[143] Vgl. Stanko & Beckman (2015), S. 712f.
[144] Vgl. Maznevski & Chudoba (2000); Großer & Baumöl (2018).
[145] Vgl. Boswell & Olson-Buchanan (2007); Dean & Webb (2011).
[146] Vgl. Ramarajan & Reid (2013), S. 624; Boswell & Olson-Buchanan (2007), S. 593; Reyt & Wiesenfeld (2015), S. 739.
[147] Barley et al. (2011).
[148] Vgl. Ramarajan & Reid (2013), S. 624; Barley et al. (2011), S. 898.

in der oben skizzierten Entwicklung, dass flexible Arbeitsmodelle die Work-Life-Balance in ein Ungleichgewicht versetzen. Beide Herausforderungen laufen letztlich auf eine erhöhte Arbeitsintensität, verursacht durch die Digitalisierung, hinaus.[149]

Insbesondere internationale Messeveranstalter sind, wie im Abschnitt zum geografischen Fokus erläutert, Teil einer zunehmend globaleren und komplexeren Arbeitswelt.[150] Die Digitalisierung bietet durch Technologien, Güter und Prozesse verschiedene Mittel, die Wettbewerbsfähigkeit der Messeveranstalter in diesem Umfeld zu erhöhen. Der nutzenstiftende Einsatz dieser Werkzeuge ist für die Unternehmen der Branche besonders relevant, weil Messeveranstalter in hohem Maß von einem effizienten Informations- und Wissensaustausch profitieren und weil sie sich im internationalen Wettbewerb als Informations- und Kommunikationsdrehscheibe zwischen den Marktpartnern begreifen.[151] Die in der Branche breit vertretene Ansicht, dass die Effizienz der (Kommunikations-)Prozesse der größeren internationalen Messeveranstalter den entscheidenden Faktor dafür darstellt, dass sich der Messemarkt weiter zugunsten dieser großen Messeveranstalter konsolidieren wird,[152] zeigt, welche Bedeutung dem Effizienzgedanken beigemessen wird.

Indem außerdem mehr Menschen Zugang zu Information haben, als je zuvor und dadurch die Gesamtmenge an Information wie auch die Kommunikationsfrequenz steigen,[153] wächst der Druck auf die Messeveranstalter, dem eigenen Anspruch als Informations- und Kommunikationsdrehscheibe gerecht zu werden. Die Messeveranstalter begegnen diesem Druck wie viele andere Unternehmen, indem sie vermehrt digitale und mobile Kommunikationstechnologien wie E-Mail, Chat und Messenger-Dienste bzw. Smartphones und Laptops einsetzen. Doch auch wenn die Möglichkeiten, Informationen technologisch zu verarbeiten, stetig weiterentwickelt werden, steht weiterhin fest, dass die Aufnahme- und Entscheidungsfähigkeit der Menschen gleich geblieben ist.[154] Folglich kann die Arbeitsintensität des Einzelnen durch die Digitalisierung erheblich zunehmen,[155]

---

[149]Barley et al. (2011), S. 888.
[150]Vgl. Reyt & Wiesenfeld (2015), S. 757.
[151]Vgl. Stoeck & Schraudy (2017), S. 166. Vgl. Hierzu auch Dittrich & Kausch (2017), S. 477.
[152]Vgl. Friedman (2014), S. 14.
[153]Vgl. van Knippenberg et al. (2015), S. 649; Colbert et al. (2016).
[154]Vgl. van Knippenberg et al. (2015), S. 649
[155]Barley et al. (2011). Am Beispiel E-Mail veranschaulicht, wird diesem Kommunikationskanal etwa die Neigung bestätigt, Unterbrechungen des Arbeitsflusses zu verursachen

4.1 Die Auswirkungen der Digitalisierung ...

obschon verschiedene Autoren darauf hinweisen, dass es mitnichten die Technologie selbst ist, die Arbeitsintensitäten erhöht und Stress bei den Mitarbeitern eines Unternehmens produziert, sondern es maßgeblich auf die Art und Weise ankommt, wie diese Technologien, Güter und Prozesse angewendet werden.[156]

Einige Messeveranstalter schaffen flexible Lösungen für ihre Mitarbeiter, um die gestiegenen Anforderungen und die Geschwindigkeit der Prozesse mit einem gesteigerten Wunsch nach Ausgewogenheit des Berufs- und Privatlebens vereinbaren zu können. Anlass für solche flexiblen Arbeitszeit- und Telearbeitslösungen können auch Internationalisierungsbestrebungen der Messeveranstalter sein, die es für ihre Mitarbeiter notwendig machen, mit Kollegen und Geschäftspartnern im Austausch zu bleiben, die in unterschiedlichen Zeitzonen arbeiten.[157]

Ähnlich des vorangegangenen Abschnitts obliegt es aber auch hier den Unternehmen, durch die gemeinschaftliche Entwicklung der Unternehmenskultur die Arbeitsflexibilität so auszugestalten, dass Messeveranstalter und Mitarbeiter davon profitieren, statt sich zu schaden.[158] Beispiele, in denen eine Erreichbarkeit der Mitarbeiter rund um die Uhr an sieben Tagen in der Woche vom Unternehmen erwartet oder durch Karrieresprünge belohnt wird, sind als das Gegenteil einer in Bezug auf die Arbeitsflexibilität ausgewogenen Unternehmenskultur zu sehen.[159] Einige Messeveranstalter bieten ihren Mitarbeitern individuelle Anpassungen ihrer Arbeits- und Anwesenheitszeiten, um das Missverhältnis zwischen gestiegenen Arbeitsanforderungen und privaten Bedürfnissen auszubessern.[160] Da

---

und daher kreatives und komplexes Arbeiten zu verhindern, was wiederum zu Mehrarbeit führt (vgl. Jackson, Dawson & Wilson (2001); Jackson et al. (2003); Barley et al. (2011), S. 898ff.).

[156]Vgl. Barley et al. (2011), S. 889; Maznevski & Chudoba (2000); Sykes (2011), S. 392. Siehe hierzu auch Perlow & Kelly (2014) sowie Perlow (2012): PERLOW & KELLY erläutern in ihrem Ansatz des „Cycle of Responsiveness" wie bei internationalen operierenden Unternehmen Arbeitskräfte ihren Tagesablauf an verschiedene Zeitzonen anpassen. Sobald die verbesserte Erreichbarkeit und verkürzte Reaktionszeit den jeweiligen Gesprächspartnern auffallen, reagieren diese entsprechend mit der Anpassung ihrer Kommunikationsgewohnheiten und ein sich gegenseitig verstärkender Kreislauf setzt ein.

[157]Vgl. Barley et al. (2011), S. 890.

[158]PERLOW & KELLY identifizieren als gesundheitliche Auswirkungen von beruflicher Überlastung Schlafstörungen sowie Rückenschmerzen, Kopfschmerzen, Augenprobleme, Müdigkeit, Appetitverlust und Verdauungsstörungen. Alleine der durch Schlafstörungen verursachte volkswirtschaftliche Verlust der US-amerikanischen Wirtschaft belaufe sich schätzungsweise auf USD 63 Mrd. in verminderter Produktivität (vgl. Perlow & Kelly (2014), S. 112).

[159]Vgl. Perlow & Kelly (2014), S. 112; Barley et al. (2011), S. 899.

[160]Vgl. Wünsch (2016c).

dieser Ansatz jedoch versäumt, das Problem an der Wurzel zu fassen, indem er die Unternehmensstrukturen als gegeben annimmt, sind ganzheitlichere Denkweisen gefragt, die mit der Aufbauorganisation, der Arbeitsintensität, Flexibilität, der Lohnpolitik und der Unternehmenskultur an allen Items des Schlüsselelementes ansetzen, um für Arbeitgeber und Arbeitnehmer gewinnbringende Arbeitsleitlinien zu schaffen.[161] Im Rahmen eines solch übergeordneten Ansatzes könnten etwa abteilungsübergreifende Ziele für die Vereinbarkeit von Privat- und Berufsleben jedes einzelnen Teammitgliedes festgelegt werden, die nicht nur gemeinschaftlich erörtert, sondern auch umgesetzt werden.[162]

Zusammenfassung Schlüsselelement Arbeitsleitlinien: *Die Digitalisierung versetzt den Messeveranstalter aufgrund der Eigentümlichkeiten seiner Wertschöpfung in ein Spannungsfeld zwischen einer auf Agilität und Innovation ausgerichteten Unternehmenskultur und hohen Anforderungen an die Qualität und Effizienz seiner Wertschöpfungsprozesse. Zudem birgt das Erfordernis, Wissen über das gesamte Unternehmen hinweg hierarchieübergreifend zu kommunizieren und zu teilen, Herausforderungen hinsichtlich der Vereinbarkeit mit hierarchisch-linearen Entscheidungskaskaden, wie sie im operativen Messemanagement verbreitet sind. Besonders kritisch ist zu betrachten, dass die Arbeitsintensität für viele Mitarbeiter der Messeveranstalter durch erhöhte Ansprüche an Informationsverarbeitung und Reaktionsgeschwindigkeit steigt und dieser Trend bisweilen durch flexible Arbeitszeitmodelle noch verstärkt werden könnte.*

Letztere Thematik der unerwünscht hohen Arbeitsintensität lässt sich nur angehen, indem der Messeveranstalter seine Arbeitsleitlinien ganzheitlich adressiert und gemeinschaftliche Wege für die Mitarbeiter entwickelt, der digitalen Herausforderung zu begegnen. Andernfalls wird es dem Messeveranstalter nur schwer gelingen, die Chancen der Digitalisierung nachhaltig und agil zu nutzen. Ebenso müssen die Aufbauorganisation und die Unternehmenskultur hinreichend variabel gestaltet sein, dass der Wissensaustausch dort bestmöglich vorangetrieben wird, wo es dem Unternehmen und seiner Positionierung als Wissensdrehscheibe nützt. Gleichermaßen ist dabei aber auch zu berücksichtigen, dass bestimmte Entscheidungsbereiche und -prozesse weiterhin linear ablaufen müssen, um die Leistungsfähigkeit und Prozesseffizienz des Messeveranstalters zu erhalten.

---

[161] Vgl. Perlow & Kelly (2014), S. 127.

[162] Siehe hierzu PERLOWs beispielsweise bei der *Boston Consulting Group* umgesetzten Ansatz der "Predictable Time Off" in Perlow (2012).

4.1.3 Die Auswirkungen auf das externe Wertschöpfungsnetzwerk

Neben einer veränderten internen Ausrichtung müssen sich die Messeveranstalter auch auf Veränderungen ihrer Unternehmensumwelt durch die Digitalisierung einstellen. Die Untersuchung des **externen Wertschöpfungsnetzwerkes** des Messeveranstalters zeigt, wie die Digitalisierung die Beziehungen des Messeveranstalters verändert und neue Interessengruppen nicht zuletzt in Aussteller- und Besucherschaft anzieht, indem es die **Beziehungen zu Interessengruppen** wie Kunden, Lieferanten, Kooperationspartnern und Wettbewerbern untersucht und die Bedeutung von Ausstellern und Besuchern noch einmal gesondert als Teil dieser Interessengruppen als **strategische Kundenzielgruppen** betrachtet.

Beziehungen zu Interessengruppen
Hinsichtlich der Beziehungen, die der Messeveranstalter zu den verschiedenen Interessengruppen unterhält, wurden verschiedene Effekte der Digitalisierung bereits in den vorherigen Abschnitten angeschnitten. Zum einen befürchten Messeveranstalter durch den Verlust des Informations- und Kommunikationsmonopols, dass ihnen ihre Rolle als Türöffner in die Märkte im Zentrum der verschiedenen Interessengruppen abhandenkommt.[163] Auch die Strategie, den realen Messen virtuelle Webplattformen zur Seite zu stellen und die Aussteller etwa über soziale Medien in die Messekommunikation einzubinden, fördert den direkten Austausch der Marktteilnehmer untereinander – ohne Beteiligung des Messeveranstalters.[164] Durch die genannten Angebote entsteht zudem eine neue Form des Messebesuchers, nämlich diejenigen, die die Messeinhalte lediglich virtuell konsumieren, nicht aber die reale Messe besuchen.[165] Die insgesamt zunehmend virtuell stattfindende Kommunikation zwischen dem Messeveranstalter und seinen Interessengruppen kann bewirken, dass auch deren Interaktion verstärkt virtualisiert, also weniger persönlich wird, mit potentiell negativen Folgen für die Belastbarkeit und Dauer der Geschäftsbeziehungen.[166]
Des Weiteren ist zu beobachten, dass die Digitalisierung Messeveranstalter dazu veranlasst, neue Kooperationen mit Unternehmen einzugehen, die bezüglich

---

[163]Vgl. Evens (2010), S. 42. Nittbaur (2001), S. 329.
[164]Vgl. Slot (2007), S. 312; Schwenzfeier (2016).
[165]Vgl. GES (2017), S. 29; Friedman (2014), S. 9.
[166]Vgl. Wiedmann & Kassubek (2017), S. 450; Nittbaur (2001), S. 208.

digitaler Technologien, Güter und Prozesse über einen Wissensvorsprung verfügen, zum Beispiel im Bereich der Verwertung großer Datenmengen.[167] Das führt zu Kooperationen zwischen Messeveranstaltern und digitalen Plattformanbietern, wie der Zusammenarbeit von *UBM Asia* und *Alibaba*,[168] und engen Gemeinschaftsprojekten zwischen Softwarehäusern und Technologieanbietern mit den Messeunternehmen.[169] Hier ist unbedingt zu beobachten, inwieweit sich die Aufteilung der in die Kooperationen eingebrachten Wertschöpfung in den kommenden Jahren verschiebt, ob etwa ein Knowhow-Transfer eher in Richtung des Messeveranstalters oder des Technologie-/Softwareanbieters erfolgt. Darüber hinaus sollen auch Kooperationen mit Forschungseinrichtungen aus den entsprechenden Themenfeldern die Innovationskraft und die Digitalkompetenz der Messeveranstalter erhöhen.[170]

Die durch die Digitalisierung bedingt erhöhte Markttransparenz kann zudem den Eintritt in den Messemarkt für Branchenfremde erleichtern, indem ausführliche Informationen zu Branchen und Marktteilnehmern leichter verfügbar sind oder der breiten Fachöffentlichkeit vorliegen.[171] Umgekehrt begeben sich auch Messeveranstalter als integrierte Marketing- und Kommunikationsdienstleister mit ganzjährigen digitalen Plattformen in den Wettbewerb zu anderen Medien. Ein Einstieg branchenfremder Wettbewerber ist vor allem im Bereich virtueller Messen zu sehen.[172] Aber auch im traditionellen Messegeschäft ist das Interesse von Anbietern digitaler Dienstleistungen, sich in den Organisations- und Durchführungsprozess von Messen einzubringen, vorhanden, wie sich etwa im Engagement des Onlinenetzwerkes *XING* auf dem Markt für digitale Eventmanagementleistungen andeutet.[173] Für das Unternehmen ist die Verknüpfung des eigenen Onlinenetzwerkes mit dem Angebot digitaler Teilnahmeregistrierungslösungen für Messen insofern sinnvoll, als dass sie damit neue Netzwerkmitglieder anwerben, wertvolle Informationen zu den Interessen der Mitglieder erhalten und im Ergebnis nützliche, weil qualifizierte, persönliche Nutzerdaten erhalten, die sich für weitere Projekte nutzen lassen.[174] Die Messeveranstalter gestatten damit wiederum externen Partnern den Zugriff auf eine wertvolle Ressource, nämlich

---

[167]Vgl. Kollmann (2005), S. 439.
[168]Vgl. Hall (2016a); Hattendorf (2016b), S. 38; Selesnick (2016).
[169]Vgl. Hattendorf (2016a); Funk (2017f); Kroker (2017); Friedman (2013), S. 5.
[170]Vgl. Wiedmann & Kassubek (2017), S. 449.
[171]Vgl. Evens (2010), S. 42; Kirchgeorg et al. (2012), S. 44f.
[172]Vgl. Kirchgeorg (2017), S. 40.
[173]Vgl. Funk (2017d); Rest, Schütze & Weingärtner (2015); GES (2017), S. 15.
[174]Vgl. Funk (2017d).

die Information, welche Besucher mit welchen Ausstellern zusammenzubringen sind.[175]

Strategische Kundenzielgruppen
Der Einfluss der Digitalisierung auf die strategischen Kundenzielgruppen eines Messeveranstalters zeigt sich insbesondere im Hinblick auf die **Kernzielbranchen**. Hinsichtlich der von Messen angesprochenen **Wirtschaftsstufen** stehen insbesondere Handelsmessen vor größeren Herausforderungen. Diese entstehen dadurch, dass Branchen, in denen sich die Güterdistribution verhältnismäßig leicht abwickeln lässt, am ehesten durch E-Commerce-Anbieter disruptiert werden.[176] In der Folge haben Messen, die vom Einzelhandel frequentiert werden, häufig mit sinkenden Besucherzahlen zu kämpfen,[177] während Branchen, innerhalb derer die Produzenten immer schon den direkten Kontakt zum Endkunden wünschen, in Messen tendenziell einen höheren Nutzen erkennen.[178]

In Bezug auf die **Kernzielbranchen** eines Messeveranstalters zeigt sich ganz eindeutig, dass die Digitalisierung über neue digitale Technologien, Güter und Prozesse Bedarf für eine Vielzahl neuer potenzieller Messethemen erzeugt.[179] Neben der Integration digitaler Themenschwerpunkte in bestehende Messen entstehen auch gänzlich neue Messen, wie etwa die *Embedded World,* Fachmesse für eingebettete Systeme in Nürnberg.[180] Eine Fokussierung auf digitale Messethemen kann dazu führen, dass Messeveranstalter sie zu strategischen Kernzielbranchen bündeln, wie es etwa die *Koelnmesse* mit dem Geschäftsbereich „Digital Media, Entertainment & Mobility" verfolgt.[181] Dabei ist zu berücksichtigen, dass sich das Setzen von Themenschwerpunkten im Zusammenhang mit der Digitalisierung besonders schwierig darstellt, da durch die Digitalisierung auch aus

---

[175]Vgl. Hattendorf (2016c).
[176]Vgl. Koenen & Terpitz (2019); Nittbaur (2001), S. 74f.
[177]Vgl. Scharrenbroich (2016b).
[178]Schraudy (2017), S. 384. Vereinzelt reagieren Messeveranstalter auf sinkende Besucherzahlen mit der Zulassung von Privatbesuchern auch zu Fachmessen, was wiederum von Seiten der verbliebenen, geschäftlich motivierten Fachbesucher immer wieder kritisch gesehen wird (vgl. Kerkmann (2017)).
[179]Im Detail werden die Auswirkungen der Digitalisierung auf die *Messethemen* im Abschnitt 4.2.2. im Element *Messeportfolio* erörtert.
[180]Vgl. Schraudy (2017), S. 380. Siehe außerdem o. V. (2016g); o. V. (2017d); Giersberg (2016).
[181]Vgl. Giersberg (2016); Kirchgeorg et al. (2012), S. 36. Siehe hierzu auch die Bestrebungen der *NürnbergMesse*, die sich unter anderem auf Messen zu den Themen Automatisierung und digitale Steuerung fokussieren (vgl. Giersberg (2015b)).

Messeperspektive Branchengrenzen verschwimmen oder neu gezogen werden.[182] Dies bedeutet auch, dass Messeveranstalter regelmäßig überprüfen sollten, inwiefern ihre Zielbranchen von externen Faktoren beeinträchtigt und beispielsweise durch die Digitalisierung bedroht sind, disruptiert zu werden. Messeveranstaltungen, denen es nicht gelingt, technologische Entwicklungen innerhalb einer Branche aufzugreifen und diese Innovationen und Trends abzubilden, drohen letztlich ihre Daseinsberechtigung zu verlieren.[183]

Unabhängig der einzelnen Branchen, Güterklassen und Wertschöpfungsstufen sehen sich die Messeveranstalter womöglich einem Generationenkonflikt ausgesetzt, der im Kern darin besteht, dass sich die heute für die Veranstaltung von Messen verantwortlich zeichnende Generation in ihren Bedarfen von den sogenannten *Digital Natives*, die mit dem Umgang digitaler Technologie aufgewachsen sind, erheblich unterscheidet.[184] Obschon sich die Unterschiede zwischen den Generationen aktuell geringfügiger darzustellen scheinen, als bisweilen angenommen[185] und die Messeveranstalter sich davon überzeugt zeigen, dass sich auch jüngere Generationen im Alter unter 25 Jahren grundsätzlich persönliche Interaktion und physische Erlebnisse wünschen,[186] sehen sie dennoch die Anforderung, den Mehrwert von Messen insbesondere für junge Menschen erfahrbar zu machen.[187] Die Herausforderung mag derzeit also weniger darin bestehen, junge Generationen auf Messen inhaltlich und/oder emotional zu bereichern, sondern vielmehr darin, zunächst deren Aufmerksamkeit in einer bisweilen reiz- und informationsüberfluteten Umwelt auf das Erfahrungsgut Messe zu lenken, um ihnen den Mehrwert einer Messe überhaupt erfahrbar aufzeigen zu können.[188]

---

[182]Vgl. Kutschke (2018); Pander (2016).
[183]Vgl. Gruchow & Rummel (2016), S. 33. In diesem Zusammenhang sind auch Start-Up Unternehmen, die digitale Lösungen für verschiedene Branchen anbieten, zu einer wichtigen Zielgruppe für Messeveranstalter geworden. Um diesen den Markteintritt zu erleichtern sowie digitale Innovationen frühzeitig aufzugreifen und im Rahmen der entsprechenden Branchenmessen abzubilden, bieten Messeveranstalter spezielle, vergünstigte Ausstellungskonzepte exklusiv für junge Unternehmen an, die regelmäßig auch von öffentlicher Seite gefördert werden (vgl. o. V. (2018)).
[184]Vgl. Friedman (2015), S. 12.
[185]Vgl. Selwyn (2009), S. 375.
[186]Vgl. Wiedmann & Kassubek (2017), S. 440; Peyer & Brenzikofer (2014); Kutschke (2018).
[187]Vgl. Seiler (2016a), S. 36.
[188]Vgl. Haas et al. (2015), S. 681; Davenport & Beck (2000), S. 121; vgl. außerdem Friedman (2015), S. 11; GES (2017), S. 41 und 45.

4.1.4 Zwischenfazit zu den Auswirkungen auf die Unternehmenskernlogik

Übergeordnet belegt die Analyse der **Unternehmenskernlogik** die erhebliche strategische Relevanz der Digitalisierung für die Wertschöpfung eines Messeveranstalters und den damit einhergehenden Handlungsbedarf auf strategischer Ebene. Innerhalb der Produkt-Markt-Kombination zeigt sich ein ambivalenter Einfluss, als dass das Wertversprechen des Messeveranstalters einerseits herausgefordert wird, indem die Verlagerung früher wesentlicher Funktionen einer Messeveranstaltung (Order- und Informationsfunktion) auf andere Marketingkanäle forciert wird und andererseits neue Kanäle und Möglichkeiten entstehen, die verbliebenen Funktionen einer Messeveranstaltung in den digitalen Raum zu verlängern, oder aber sich durch die Fokussierung auf die persönliche Kommunikation und das physische Erlebnis, trennscharf von anderen Kanälen abzugrenzen.

Eine solche Abgrenzung wird auf anderen Ebenen wiederum schwieriger. Das Bestreben, sich zum integrierten Marketing- und Kommunikationsdienstleister zu entwickeln (konkret das Engagement im Rahmen virtueller Branchencommunities) befördert die Messeveranstalter innerhalb ihres externen Wertschöpfungsnetzwerkes in unmittelbaren Wettbewerb mit Medienunternehmen und anderen Plattformbetreibern der Digitalwirtschaft.[189] Gleichfalls sorgt die Digitalisierung dafür, dass ein für den Erfolg einer Messeveranstaltung wichtiger thematischer Zuschnitt auf bestimmte Kernzielgruppen schwerfällt, weil entsprechende Branchengrenzen verschwimmen.[190] So reizvoll es für einen Messeveranstalter sein kann, den thematischen Fokus einer Messeveranstaltung auszuweiten, um darüber zusätzliche Kundengruppen zu adressieren und entsprechende Mehrerlöse zu generieren, so sehr birgt dieser Ansatz auch das Risiko, dass dadurch der inhaltliche Kern einer Veranstaltung verloren geht und sich wichtige Zielgruppen aufgrund mangelnder Themenspezifität nicht mehr angesprochen fühlen.

Gegen eine erfolgreiche Weiterentwicklung der Messeveranstalter zu integrierten Marketing- und Kommunikationsdienstleistern kann hingegen die vielen Messeveranstaltern gemeine Unternehmenskultur des *Smart Followers* arbeiten.[191] Beispiele von anderen digitalen Märkten zeugen davon, dass erhebliche First Mover-Vorteile für diejenigen Unternehmen bestehen, die einen Markt frühzeitig betreten und ihr digitales Produktangebot dort iterativ in hohem Tempo

---

[189]Vgl. Siskind (2015a); Kirchgeorg et al. (2012), S. 44; Wagner (2017), S. 492.
[190]Vgl. Kutschke (2018); Giersberg (2015a).
[191]Vgl. Ortt et al. (2008); Dittrich & Kausch (2017), S. 468.

weiterentwickeln.[192] Ein solcher Ansatz steht nicht nur im Widerspruch zu der von verschiedenen Veranstaltern propagierten Smart Follower-Strategie, sondern konfligiert auch mit den bei vielen Messeveranstaltern vorherrschenden Arbeitsleitlinien. Die vielerorts auf das Streben nach prozessualer und organisatorischer Perfektion ausgerichteten Strukturen und Prozesse eines Messeveranstalters lassen sich nicht ohne Weiteres mit flexibleren, auch schnelleren *Fail fast and fail often*-Ansätzen vereinbaren, wie sie etwa bei Start-Up Unternehmen vorzufinden sind.[193]

In Bezug auf den Zielmarkt als dem Kerngeschäft des Messeveranstalters ist hervorzuheben, dass es dem Messeveranstalter zwingend gelingen muss, die persönliche Begegnung und das physische Erlebnis auch in Zukunft strategisch in den Vordergrund seiner Wertschöpfungsbemühungen zu stellen. Das heißt, dass auch sämtliche Bestrebungen, das Messegeschäft digital zu ergänzen, idealerweise auf das letztlich einzige Alleinstellungsmerkmal, die persönliche Zusammenführung von Angebot und Nachfrage, einzahlen sollten.

Auch hier seien zwei weitere, durch die Digitalisierung bedingte, für den Messeveranstalter gegenläufige Entwicklungen hervorzuheben. Einerseits sind die Messeveranstalter angehalten, als Unternehmen agiler und handlungsschneller zu werden, was nicht zuletzt durch die Umstellung auf digitalisierte (Kommunikations-)Prozesse befördert werden kann. Im Umkehrschluss bedeutet dies allerdings auch, dass dadurch weniger persönliche interne wie externe Kommunikation stattfindet, obschon darauf das wichtigste Alleinstellungsmerkmal der Wertschöpfung eines Messeveranstalters beruht.[194] Insbesondere aufgrund dieser, längst nicht nur die Messeveranstalter betreffenden Entwicklung hin zu weniger persönlicher Kommunikation, sind die Messeveranstalter angehalten, den Wert des persönlichen Austausches auch über die Messebranche hinaus zu bewerben, damit auch nachrückende, mit der intensiven Nutzung digitaler Technologien aufwachsende Zielgruppen die Vorteile des persönlichen Gesprächs erkennen und darüber den Wert einer Messeveranstaltung wertschätzen können. Sofern es sich in einigen Themenfeldern schon heute schwierig gestaltet, Menschen für Messen zu begeistern, wird diese Herausforderung angesichts der denkbaren

---

[192]Vgl. Hagel & Armstrong (1997), S. 2ff.; Austin, Devin & Sullivan (2012), S. 1506.
[193]Vgl. Rancic Moogk (2012); Feist (2016).
[194]Vgl. Uhls et al. (2014), S. 387; Eder & Nenga (2006); Giedd (2012), S. 102.

4.1 Die Auswirkungen der Digitalisierung ...

Entwicklung, dass künftige Generationen von Grund auf weniger persönlich kommunizieren,[195] eher wachsen als abnehmen. Zugleich muss hinterfragt werden, wie es dem Messeveranstalter gelingen kann, einerseits glaubwürdig für die persönliche Begegnung einzutreten und andererseits immer mehr Bestandteile dieser persönlichen Begegnung in den digitalen Raum zu verlagern.

Darüber hinaus erscheint es in der vorherrschenden Reiz- und Informationsflut allgemein schwieriger, mit Botschaften zu identifizierten Adressaten durchzudringen. Die Erkenntnis, dass bislang die Reisetätigkeit der Menschen mit der Digitalisierung eher zu- als abnimmt,[196] zeigt jedoch, dass der Wert des physischen Erlebnisses und des persönlichen Austauschs weiterhin geschätzt wird (zusammenfassend siehe Abbildung 4.1).[197]

Dimension	Element	Auswirkungen der Digitalisierung
Produkt-Markt-Kombination	Zielmarkt	• **Haupt-Messefunktionen:** Investitionen in Kommunikations- und Informationsfunktion unter Bedingung, dass weiterhin Bedarf nach persönlicher Begegnung besteht; Rückgang Orderfunktion, auch Informationsfunktion unter Druck
	Messetypus	• **Angebotsbreite:** Tendenz zu Großmessen, Fachmessen oder spezialisierten Nischenmessen • **Standortbindung:** Standortbindung auch bei Besitz- und Betriebsgesellschaften durch virtuelle Messeplattformen und beschleunigte Globalisierung aufgeweicht
	Geografischer Fokus	• **Internationalisierungsgrad der Messen am Heimatstandort & Veranstaltungsorte im In- Ausland:** Digitalisierung begünstigt Erschließung internationaler Märkte, dadurch steigt Wettbewerbsintensität am Heimatmarkt; Zu- statt Abnahme der Reisewilligkeit erwartet
Interne Strukturgrundsätze	Geschäftsleitlinien	• **Veranstaltertypus:** neue Positionierung als integrierter Marketing- und Kommunikationsdienstleister • **Konzernstruktur:** Ausgliederung und Übernahmen digitaler Geschäftseinheiten • **Wachstumsstrategie:** Wachstum in digitale Geschäftsfelder vornehmlich als Smart Follower
	Arbeitsleitlinien	• **Aufbauorganisation:** kürzere Entscheidungswege, besserer Informationsdurchfluss über Abteilungen hinweg für mehr Agilität, steht in Konflikt mit für Messedurchführung notwendige, lineare Entscheidungskaskaden; neue digitale Funktionsbereiche und Positionen (z.B. CDO) • **Arbeitsintensität:** gestiegene Anforderungen durch höhere Kommunikationsgeschwindigkeit und Informationsaustausch; Telearbeit kann Erholungstätigkeit steigern • **Arbeitsflexibilität:** Telearbeit und flexible Arbeitszeiten weit verbreitet • **Unternehmenskultur:** flexiblere, experimentellere Kulturen bis hin zu Fail Fast-Ansätzen; teilweise zunächst in separaten Geschäftseinheiten; Konflikte mit gewachsener Kultur etablierter Messeveranstalter
Externes Wertschöpfungsnetzwerk	Beziehung zu Interessengruppen	• **Konstitutive Interessengruppen:** Rolle des Messeveranstalters als Türöffner für Märkte durch Disintermediation gefährdet; neue Zielgruppe virtueller Messebesucher • **Sekundäre Interessengruppen:** neue Kooperationen mit Digitalunternehmen, Technologieanbietern und Forschungseinrichtungen; Markteinstieg messeferner Wettbewerber; Medienunternehmen werden durch Einstieg in digitale Plattformen noch mehr zu Wettbewerbern
	Strategische Kundenzielgruppen	• **Wertschätzung künftiger Generationen für persönliche Begegnung und Produkt Messe ungewiss** • **Kernzielbranchen:** etliche neue, erklärungsbedürftige Messethemen; Schaffung neuer thematischer Kompetenzfelder; Branchengrenzen verschwimmen, macht Themenzuschnitt schwieriger • **Wirtschaftsstufen:** Handelsmessen durch rückläufigen stationären Handel unter Druck

Abbildung 4.1 Auswirkungen der Digitalisierung auf die Unternehmenskernlogik eines Messeveranstalters

---

[195]Vgl. Sherman et al. (2013), S. 1.
[196]Vgl. Arnfalk & Kogg (2003), S. 860; Urry (2002), S. 256.
[197]Vgl. Spicer & Stratford (2001), S. 351.

4.2 Die Auswirkungen der Digitalisierung auf die Wertschöpfungsaktivitäten eines Messeveranstalters

Die langfristige, strategische Ausrichtung der Messeveranstalter zeigt sich entsprechend der Ausführungen im vorherigen Abschnitt erheblich von der Digitalisierung beeinflusst. Angesichts der erkannten umfassenden Auswirkungen der Digitalisierung auf prozessualer Ebene ist zu erwarten, dass sich dieser signifikante Einfluss nun auch auf die Umsetzung dieser Unternehmenskernlogik im Rahmen der **Wertschöpfungsaktivitäten** fortsetzt. Hierfür werden die **unterstützenden Aktivitäten**, die **Produktion** und die Aktivitäten eines Messeveranstalters zur **Vermarktung** betrachtet.

4.2.1 Die Auswirkungen auf die unterstützenden Aktivitäten

Indem mit der Digitalisierung erhebliche Veränderungen einhergehen, welche Ressourcen in Zukunft zum Erlangen von Wettbewerbsvorteilen wichtig sind, müssen sich die Messeveranstalter zwingend mit den Auswirkungen der Digitalisierung auf ihr **Ressourcenmanagement** innerhalb der **unterstützenden Aktivitäten** befassen. Weitere unterstützende Aktivitäten, die gewährleisten, dass das Unternehmen als Gesamtes handlungsfähig ist und seine in der Unternehmenskernlogik verfassten Strategien umsetzen kann, sind die **Konzeptentwicklung & Produktpflege** sowie die **Mitarbeiter- & Prozesskommunikation**.

Schlüsselelement Ressourcenmanagement unter dem Einfluss der Digitalisierung
Die Bedeutung des **Ressourcenmanagements** als Schlüsselelement geht aus der Erwartung hervor, dass unter den Vorzeichen der Digitalisierung andere Ressourcen für die zukünftige Wertschöpfung von Messeveranstaltern relevant sein werden als bisher. Noch dazu speist sich die Bedeutung der Ressourcen für die Wertschöpfung aus der Erkenntnis des ressourcenbasierten Ansatzes, dass sich aus der durchdachten Verwendung der Ressourcen sowie deren Auswahl und (Re-)Kombination signifikante Wettbewerbsvorteile generieren lassen. Weil etwa die Ressource Wissen durch die Digitalisierung nochmals eine gesteigerte Bedeutung erfährt,[198] nehmen das **Daten- & Wissensmanagement**, aber auch das eng damit verknüpfte **Personalmanagement** neben den weiteren im Rahmen des Geschäftsmodells untersuchten Ressourcenmanagement-Prozessen (**Einkaufs- & Beschaffungsprozesse**, **Facility-Management**, die **Finanzen** des

---
[198] Vgl. Tapscott (1996), S. 44.

4.2 Die Auswirkungen der Digitalisierung ...

Unternehmens betreffende Prozesse, **Sicherheitsprozesse** und **Ressourceneinsatzplanung**) eine hervorzuhebende Rolle ein.

Die gesamte Ressourceneinsatzplanung betreffend wenden Messeveranstalter digitale ERP-Systeme an, die auf eine gemeinsame Datenbank zurückgreifen und den Informationsaustausch von der Projektplanung, dessen Abwicklung, dem Einkauf, der Instandhaltung, der Finanz- und Anlagenbuchhaltung, dem Kundenservice, bis zum Controlling abdecken.[199] Auch bei der *NürnbergMesse* bildet das ERP-System die Basis des Ressourcenmanagements indem es stets Verfügbarkeit und Nutzung aller Räume, Material und Personal transparent aufbereitet und über definierte Vorgängen zuweist.[200] Es ist zu erwarten, dass sich ERP-Systeme zukünftig noch mehr dem Blick über die Unternehmensgrenzen hinaus widmen werden, um CRM- und SCM-Systeme integrierend auch den Informationsaustausch mit Kunden und Lieferanten zu automatisieren und noch effizienter kommunizieren und kollaborieren zu können.[201]

Bei Besitz- und Betriebsgesellschaften ist zudem das **Facility-Management** sowie die daran geknüpfte Kapazitätsplanung elementar, um die vorhandenen Geländeressourcen bestmöglich auslasten und Veranstaltungen auch gleichzeitig durchführen zu können. Software zur Simulation von Geländebelegungs- sowie Auf- und Abbauszenarien ermittelt die Machbarkeit auch sehr kurz getakteter Logistikkonzepte, erhöht die Planbarkeit für die Messeveranstalter und hilft, zwingend zu vermeidende Doppelbelegungen von Hallenflächen zu verhindern.[202] So verfügt die *Messe Düsseldorf* über ein speziell an die Bedarfe des Facility-Managements angepasstes Informationssystem, das alle relevanten Daten der Gebäudeleittechnik zu deren Instandhaltung aktuell abbildet, die zeitliche Nutzung der Räumlichkeiten festhält und gesetzlich vorgeschriebene Formulare und Schriftverkehre sowie technische Zeichnungen der Anlagen dokumentiert.[203]

Im Bereich **Sicherheit** stehen die Messeveranstalter ähnlich anderer Organisatoren von Großveranstaltungen vor der Aufgabe, die Sicherheit der Gäste zu gewährleisten und gleichzeitig deren Zutritt zum Gelände so komfortabel wie möglich zu gestalten. Auf vielen Messen werden inzwischen personalisierte Tickets eingesetzt, was neben Sicherheitsaspekten den Vorteil für die Messeveranstalter bietet, dass sie darüber ihre Besucherdatenbanken mit qualifizierten

---

[199]Vgl. Moog (2003), S. 213f.; Rose (2003), S. 881.
[200]Vgl. Hufnagel (2003), S. 739.
[201]Vgl. Karimi et al. (2009), S. 31f.
[202]Vgl. Hufnagel (2003), S. 739.
[203]Vgl. Moog (2003), S. 213f.

Datensätzen füllen.[204] Der *Mobile World Congress,* Weltleitmesse für den Mobilfunk in Barcelona, geht noch einen Schritt weiter und lässt Besucher, die sich für das „Breez"-Programm mit einem eingeschickten Foto registriert haben, an Sicherheitskontrollen passieren, nachdem ihr Gesicht einem biometrischen Scan unterzogen und eine Übereinstimmung festgestellt wurde.[205] Dies ist für die Besucher zwar der wohl komfortabelste Zutrittsweg, da lange Wartezeiten an der Sicherheitskontrolle entfallen, hat allerdings den Preis, dass der Messebesucher dem Veranstalter ein Maximum an persönlichen Daten überlässt und auf dessen verantwortungsvollen Umgang damit vertraut.

Aus der Gewinnung immer umfangreicherer Datensätze und der hohen Bedeutung, die Daten als Ressource einnehmen, schließt daher auch die Anforderung an die Messeveranstalter an, diese umfangreich zu sichern.[206] Erst im September 2019 legte ein gezielter Cyberangriff den Datenverkehr der *Landesmesse Stuttgart* über Tage lahm.[207] Insbesondere persönliche Kontaktdaten, Informationen zu gebuchten Leistungen, aber auch Kreditkartendaten und andere Finanzinformationen gelten als hochsensibel. Die Absicherung der Kundendaten im Back-End hat daher für Messeveranstalter eine hohe Priorität.[208]

Sehr komplex stellen sich die Aufgaben der Messeveranstalter auch im **Personalmanagement** dar. Prozessual betrachtet sind signifikante Effizienzgewinne im Einsatz von Informationssystemen im Personalmanagement, z. B. zur automatischen Verwaltung und Verschlagwortung von Bewerbungen und Lebensläufen zur automatisierten Zuordnung zu entsprechenden Stellenprofilen, möglich.[209]

Die im Abschnitt zu den Arbeitsleitlinien erörterten Bedenken in Bezug auf die Auswirkungen von verschiedenen digitalen Technologien auf den Arbeitsalltag der Menschen können jedoch auch ein Handeln des Personalmanagements zur Umsetzung bestimmter Arbeitsleitlinien erfordern. STANKO & BECKMAN sehen zwei wesentliche Probleme, die der Einsatz von Informationstechnologie im Arbeitsumfeld auslösen kann:[210] Zum einen ist das Ablenkungspotenzial durch

---

[204] Vgl. Cousins & Laudi (2016).
[205] GSMA (2019).
[206] Vgl. Buller (2016), S. 19.
[207] Friedl (2019).
[208] Vgl. Borstel (2016). Die *Landesmesse Stuttgart* verfügt daher über ein Backup-System für die wichtigsten Unternehmensdaten auf einem besonders gesicherten Server, so dass sich diese wiederherstellen ließen, selbst wenn die Hardware des Unternehmens unwiederbringlich zerstört wäre
[209] Vgl. Dickson & Nusair (2010), S. 86f.; Ulrich, Younger, Brockbank & Ulrich (2012), S. 220.
[210] Stanko & Beckman (2015), S. 719.

4.2 Die Auswirkungen der Digitalisierung ...

häufig wiederkehrende Unterbrechungen ausgelöst durch die ständige Erreichbarkeit, durch verschiedene, gleichzeitig laufende Programme oder auch durch die private Nutzung der Geräte am Arbeitsplatz hoch. Der allgemein vorherrschende Informationsüberfluss droht die Produktivität der Mitarbeiter zu vermindern, statt sie zu erhöhen.[211] Als zweites Problem sehen die Autoren ein erhöhtes Sicherheitsrisiko durch die unsachgemäße oder leichtsinnige Nutzung von digitalen Gütern und schlagen verschiedene Gegenmaßnahmen in Verantwortung des Personalmanagements vor, die von der Überwachung der IT-Nutzung, über einschränkende Nutzungsvorgaben bis hin zu aufklärende Maßnahmen, die die richtige Anwendung erläutern sollen, reichen.[212] Innerhalb der geschilderten Thematik zu potenziell negativen Auswirkungen digitaler Technologien und Güter auf die Produktivität und auch die Gesundheit der Arbeitskräfte fällt auf, dass die beschriebenen Risiken weder in den Gesprächen mit den Messeexperten noch in der Messefachliteratur nennenswerte Beachtung finden.

Dementgegen ist die Anforderung an das Personalmanagement, den Wissensaufbau im Unternehmen im Zuge der Digitalisierung voranzutreiben, in der Branche durchaus präsent.[213] Dieser Wissensaufbau, den NONAKA als zentrale Aufgabe des Personalmanagements erachtet,[214] betrifft sowohl die Kompetenzen der Mitarbeiter rund um die mehrwertbietende Nutzung digitaler Technologien und Güter, aber auch das Wissen über Kunden und Märkte.[215] Messeveranstaltern wie der *Koelnmesse* sind die mit einer schnelllebigeren Arbeitswelt und veränderten Organisationsstrukturen einhergehenden Anpassungsanforderungen an Mitarbeiter und Führungskräfte bewusst.[216] Der Ausbau der unternehmerischen Wissensbasis lässt sich vom Personalmanagement eines Messeveranstalters über verschiedene Maßnahmen vorantreiben. Dies sind vorwiegend die Entwicklung des bestehenden Personals, die Anwerbung neuer Mitarbeiter mit entsprechenden Kompetenzen sowie das Eingehen von Partnerschaften mit digitalkompetenten Unternehmen bis hin zu deren Übernahme, etwa von Start-Ups.[217]

SPITZER sowie WESTERMAN, BONNET & McAFEE empfehlen, der strategischen Personalentwicklung eine Analyse der Fähigkeiten voranzustellen, die das Unternehmen benötigt, um auch in Zukunft wettbewerbsfähig zu sein, sowie

---

[211]Vgl. Tapscott (2015), S. 356f.
[212]Stanko & Beckman (2015), S. 721.
[213]Vgl. Konetzny (2017), S. 800.
[214]Nonaka (2007), S. 164.
[215]Vgl. Larivière et al. (2017), S. 242.
[216]Vgl. Koelnmesse GmbH (2015).
[217]Vgl. Spitzer et al. (2013), S. 7f.

damit einhergehend zu erfassen, inwieweit diese Fähigkeiten bereits vorliegen.[218] Als digitale Kernthemen der unternehmerischen Weiterbildung haben Messeveranstalter zum einen den Umgang mit verschiedenen Informationssystemen[219] sowie die Entwicklung von Kernkompetenzen im Umgang mit sozialen Medien identifiziert.[220] Darüber hinaus herrscht ein erheblicher Fachkräftemangel speziell im Bereich der Datenanalyse.[221] Hierin besteht ein Schlüsselproblem der digitalen Transformation, das sich auch in Zukunft nicht auf Anhieb beheben lassen wird, da die Personalentwicklung dafür mit der Entwicklung des digitalen Fortschritts dauerhaft Schritt halten müsste.[222] Denn selbst Digital Natives sind nicht ohne Weiteres im Umgang mit digitalen Technologien und Gütern geschult, sondern müssen eben jenes Spezialwissen genauso erlernen, wie vorherige Generationen.[223]

Zudem sehen die Messeveranstalter die Herausforderung, einem *Digital Divide* zwischen weniger digitalaffinen, und jüngeren, potenziell im Umgang mit digitalen Technologien geübteren Mitarbeitern entgegenzuwirken.[224] Die *Messe München* setzt daher *Reverse Mentoring*-Programme ein, bei denen Berufsanfänger ältere Kollegen und Führungskräfte in der Anwendung digitaler Technologien und Güter betreuen.[225]

Um sich die genannten Fähigkeiten zu eigen zu machen, wird auch das Anwerben neuer Mitarbeiter zu einer zentralen Herausforderung des Personalmanagements.[226] Häufig sind hier neue Stellenprofile gefragt, die nicht zwingend durch Rekrutierung innerhalb der bislang bestehenden Personalnetzwerke zu füllen sind.[227] Die Entwicklung, dass sich die durch die Digitalisierung bedingten

---

[218]Vgl. Spitzer et al. (2013), S. 9; Westerman et al. (2014), S. 227.

[219]Vgl. Konetzny (2017), S. 811.

[220]Vgl. Spitzer et al. (2013), S. 3.

[221]Vgl. o. V. (2016d), S. 20; McAfee & Brynjolfsson (2012), S. 8; Harris (2008).

[222]Vgl. Spitzer (2014), S. 15.

[223]Vgl. Spitzer et al. (2013), S. 2.

[224]Vgl. Friedman (2015), S. 13; Colbert et al. (2016), S. 735.

[225]Vgl. Ratzesberger (2018); Friedman (2013), S. 4; Wünsch (2016c).

[226]Gruchow (2017). Hiermit vergleichbar ist auch die personalwirtschaftliche Situation des *Metropolitan Museum of Art in New York*, das eine Herausforderung darin sieht, technologieaffine Menschen für die Arbeit für ein Museum zu begeistern (vgl. Kane (2015a)). Davenport & Prusak (1998), S. 53.

[227]Vgl. Hattendorf (2016a). Hinzu kommt, dass öffentlich-rechtliche Messeveranstalter häufig den Ruf eines eher tradierten Unternehmens besitzen, was auf innovationsorientierte Bewerber bisweilen wenig attraktiv wirken kann (vgl. Kane (2015b); Wünsch (2016b); Spitzer (2014), S. 16).

personellen Herausforderungen genau wie die daraus resultierenden Stellenausschreibungen in vielen Branchen gleichen und dass viele Messeveranstalter in wirtschaftlichen Ballungsräumen mit allgemein höherem Personalbedarf ihren Unternehmenssitz haben, verschärft den Wettbewerb um die besten Arbeitskräfte für die Messeveranstalter erheblich.[228]

In diesem Umfeld sind die Messeveranstalter angehalten, neue Wege zu gehen, um kompetente Mitarbeiter zu finden und möglichst längerfristig an das Unternehmen zu binden. Das schließt etwa die gezielte Suche und Ansprache von Personal über soziale Medien ein, wie es die *Messe München* praktiziert.[229] HARRIS empfiehlt Unternehmen im Wettbewerb um digitalkompetente Arbeitskräfte, vielseitig zu agieren.[230] Das kann auf eine Aktivierung des gesamten Mitarbeiternetzwerkes hinauslaufen, um die darin enthaltenen externen Kontakte zu nutzen, oder etwa auf die Schließung von Partnerschaften mit Hochschulen.

Neben den Aktivitäten der Personalentwicklung ist auch das **Daten- & Wissensmanagement** als unterstützende Aktivität hervorzuheben. Dies ist darauf zurückzuführen, dass sich Messeveranstalter vermehrt als Wissensdrehscheibe begreifen und dafür ihr Branchenwissen erweitern und aufbereiten müssen.[231] Schon ohne diesen Anspruch basiert das Management von Geschäftsbeziehungen, wie es die Messeveranstalter betreiben, mehr denn je auf dem Management von Information und Wissen.[232] Organisationen, denen es trotz der weiter ansteigenden verfügbaren Menge an Information gelingt, diese zu analysieren und zusätzliches Wissen zu generieren, können dadurch Wettbewerbsvorteile erlangen.[233] ALAVI & LEIDNER weisen ergänzend darauf hin, dass es weniger der Bestand an Wissen ist, der Wettbewerbsvorteile ermöglicht, sondern noch mehr die Fähigkeit, dieses Wissen durch Wissensmanagement zu mehren.[234] Der stetige Ausbau der Wissensbasis ist die Grundlage für organisationales Lernen, ermöglicht also dem Messeveranstalter, sich ständig den Gegebenheiten und Anforderungen der externen Umwelt erfolgreich anzupassen und den Unternehmensfortbestand zu sichern.[235] HAAS, CRISCUOLO & GEORGE bescheinigen

---

[228] Vgl. o. V. (2016d); Wünsch (2016c).
[229] Vgl. Spitzer (2014), S. 15; o. V. (2016d), S. 21.
[230] Harris (2008). Siehe auch o. V. (2016d), S. 21.
[231] Vgl. Dittrich & Kausch (2017), S. 477.
[232] Vgl. Veloutsou, Saren & Tzokas (2002), S. 441f.; Quack (2015).
[233] Vgl. van Knippenberg et al. (2015), S. 653; Davenport & Beck (2000).
[234] Alavi & Leidner (2001), S. 108.
[235] Vgl. Kane & Alavi (2007), S. 796; Nonaka (2007), S. 164.

folglich systematischem Wissensmanagement, die Grundlage für nützliche Innovationen und unternehmerischen Erfolg darzustellen.[236]

In einer operativeren Betrachtung sehen NONAKA, und auch KÜRSCHNER im spezifischen Messekontext, die Hauptaufgabe von Wissensmanagement darin, implizites Wissen der Mitarbeiter dem gesamten Unternehmen als explizites Wissen zugänglich zu machen.[237] Digitale Wissensmanagementsysteme zeichnen sich dadurch aus, dass sie nicht nur kodifiziertes, sondern möglichst Wissen in jeglicher Form erfassen können.[238] Sie sind darauf ausgelegt, Wissen systematisiert zu erschaffen, zu bewahren, zu teilen und anzuwenden.[239] Dabei hängt die Effektivität des Wissensmanagementsystems auch davon ab, ob Wissenssilos aufgelöst werden, um re-kombinante Innovation fernab von Hierarchien zu ermöglichen.[240] Hierfür werden als Wissensmanagementsysteme insbesondere digitale Ablagesysteme zu vergangenen Projekten, Online-Wissensverzeichnisse und (soziale) Wissensnetzwerke genutzt.[241] Messeveranstalter verwenden Wissensmanagementsysteme etwa dazu, Information aus den einzelnen Messe-Projektteams systematisch in einem projektübergreifenden Messemanagementsystem im Intranet zusammenzufassen, um Synergiepotenziale zu heben.[242]

Inwieweit die Potenziale eines Wissensmanagementsystems gehoben werden können, hängt dabei sowohl von technischen als auch sozialen Faktoren ab.[243] Aus technischer Sicht stellen auch Messeveranstalter fest, dass die Schaffung vollintegrierter Managementsysteme, die etwa Daten aus CRM-, ERP- und SCM-Systemen zusammenführen, mit erheblichen Herausforderungen verbunden ist.[244] Noch dazu kann die Kodifizierung des Wissens relativ viel Zeit in Anspruch nehmen.[245] Daran anknüpfend sind Umfang und Qualität der Wissensmanagementsysteme stark davon abhängig, inwieweit die Mitarbeiter des Unternehmens

---

[236]Haas et al. (2015), S. 681.
[237]Vgl. Nonaka (2007), S. 164; Kürschner (2017), S. 646.
[238]Alavi & Leidner (2001), S. 115.
[239]Hufnagel (2003), S. 739. Vgl. auch Alavi & Leidner (2001), S. 113f. und 125.
[240]Vgl. Purvis et al. (2001), S. 117; Faraj, Jarvenpaa & Majchrzak (2011), S. 1225.
[241]Vgl. Kankanhalli, Tan & Kwok-Kee (2005), S. 114; Alavi & Leidner (2001), S. 114; Faraj et al. (2011), S. 1224; Leonardi & Vaast (2017), S. 172.
[242]Vgl. Kürschner (2017), S. 646 und 655; Wünsch (2016c); Koelnmesse GmbH (2015), S. 5.
[243]Kankanhalli et al. (2005), S. 114.
[244]Vgl. Kürschner (2017), S. 646; Moog (2003), S. 214.
[245]Kankanhalli et al. (2005), S. 120.

bereit sind, ihr Wissen zu teilen.[246] Wenn nämlich bei den Mitarbeitern der Eindruck überwiegt, durch das Teilen von exklusivem Wissen ersetzbar zu werden, kann dies dazu führen, dass diese sich dabei zurückhaltend zeigen, ihr Wissen offenzulegen.[247]

So wie das Wissensmanagement für Messeveranstalter wichtig zum Erlangen von Wettbewerbsvorteilen sein kann, liefert daran im Rahmen der differenzierten Betrachtung von Wissen, Informationen und Daten anknüpfend das Datenmanagement die Grundlage hierfür.[248] Die *MCH Group* sieht eine qualitativ und quantitativ starke Datenbasis als Bedingung dafür an, ihren Besuchern personalisierte Kundenerlebnisse bieten zu können,[249] also eine ihrer Haupt-Messefunktionen zu erfüllen. Dabei greifen die Messeveranstalter auf stetig verbesserte Methoden zurück, robuste Daten zu Ausstellern und Besuchern zu erheben und daraus Wissen zu generieren, wie diese interagieren.[250] Diesbezüglich rückt insbesondere der Messebesucher in den Vordergrund. Hier wirkt sich die ubiquitäre Nutzung von Smartphones positiv für die Messeveranstalter aus, indem über GPS-, Bluetooth-, NFC- und RFID-Sensoren oder entsprechend platzierte Beacons[251] Bewegungsprofile in den Messehallen und auf den einzelnen Ständen erstellt werden können.[252] Durch Wegeverlaufsanalysen, Heatmaps aber auch durch Möglichkeiten zum Erfassen von Kundenkontakten am Stand, beispielsweise per Badge-Scan, beziehen Aussteller darüber hinaus immer robustere Kontaktzahlen, um ihren *Return on Invest* verifiziert erfassen zu können.[253]

Weitere Datenquellen entstehen für die Messeveranstalter durch ganzjährig eingesetzte Messeplattformen im Internet. Beispielhaft sei die Kooperation zwischen

---

[246]Vgl. Haas et al. (2015), S. 705f.
[247]Vgl. Kankanhalli et al. (2005), S. 118.
[248]Vgl. Friedman (2014), S. 5; Klett (2019).
[249]Klett (2019).
[250]Vgl. Friedman (2015), S. 5.
[251]Vgl. Friedman (2015), S. 11.
[252]Vgl. GES (2017), S 21; Funk (2017d); Kollmann (2005), S. 426f. Bisweilen wird das Bewegungsmuster der Besucher durch Sensoren im Hallenboden/-teppich komplettiert. Mit Hilfe dieser Bewegungsprofile lassen sich besonders frequentierte Stände und Stellen auf dem Gelände in Heatmaps identifizieren und auch Interessen (-verschiebungen) erkennen (vgl. Cukier & Mayer-Schönberger (2013), S. 35; Friedman (2014), S. 5; Funk (2017d); Kollmann (2005), S. 427; Kolbrück (2015b)).
[253]Vgl. Kollmann (2005), S. 427; Gladitsch (2003), S. 680; Friedman (2014), S. 5; Funk (2017a); FairControl GmbH (2017). Allgemein werden die begrenzten Möglichkeiten, den Messeerfolg in Zahlen erfassen zu können, dennoch als Nachteil gegenüber Onlinemedien empfunden (vgl. Baumgartner (2016a), S. 40).

dem Online-Netzwerk *XING* und der *Messe München* im Rahmen der Sportleitmesse *ISPO* genannt, in Rahmen derer dem Messeveranstalter alle Besucher der Eventseite auf *XING* zur gezielten Ansprache angezeigt werden.[254] Durch den Einsatz von *Tracking-Cookies* auf den Messe-Webseiten lassen sich außerdem Interessenprofile erstellen, Ausstellerpotenziale automatisiert erfassen und gezielte Besucherkampagnen entwickeln.

Die Messeveranstalter beziehen also bereits aus zahlreichen Quellen eine Vielzahl an Daten über die Messeteilnehmer.[255] Entsprechend scheint die große Herausforderung nicht in der Datenerhebung zu liegen, wie umfangreiche Aussteller- und Besucherdatenbanken in den CRM-Systemen der Messeveranstalter belegen,[256] sondern vielmehr in der gewinnbringenden Nutzung dieser Daten.[257] Derzeit verwenden Messeveranstalter ihre Kunden- und Marktdaten neben der Marktforschung vornehmlich für die Erstellung von Kundenprofilen zum verbesserten Matchmaking sowie zur individualisierten Kundenansprache.[258] Darüber hinaus versuchen einige Unternehmen, die Daten in aufbereiteter Form zu vermarkten.[259]

Trotz der hier genannten Beispiele verschiedener Nutzenszenarien sind fortgeschrittene Auswertungs- und Analysetechniken im Rahmen eines *Big Data*-Ansatzes bislang bei den Messeveranstaltern kaum zu beobachten.[260] Auch wenn Daten in vielfacher Form vorliegen, verhindern hohe Kosten für entsprechende Auswertungsprogramme, fehlende Kompatibilität der Daten, hohe Datenschutzvorgaben, aber auch mangelnde Kompetenzen, dass ein umfangreiches *Data Mining*, also eine systematische Verknüpfung und statistische Auswertung großer Datenmengen, durch die Messeveranstalter stattfindet.[261] Die Herausforderungen von Big Data stellen außerdem veränderte Anforderungen an die Unternehmenskultur der Messeveranstalter, indem eine Umsetzung von Big Data-Strategien eine Abkehr von intuitiven hin zu zahlenbasierten Managemententscheidungen

---

[254] Funk (2017d).
[255] Vgl. Klett (2019); Kollmann (2005), S. 427.
[256] Vgl. Friedman (2015), S. 18; Kollmann (2005), S. 427.
[257] Vgl. Funk (2017d); GES (2017), S. 13.
[258] Vgl. Klett (2019).
[259] Vgl. Heitmann (2018): Die ehemalige Tochter der Deutschen Messe, die Deutsche Messe Interactive / DMI u. a. zu dem Zweck gegründet worden, Daten von Messebesuchern zu nutzen, um zusätzliches Geschäft mit ausstellenden Unternehmen und Nicht-Ausstellern zu generieren.
[260] Vgl. Reeve-Crook (2015), S. 191; Giersberg (2016); Funk (2017d), S. 16.
[261] Vgl. Koenen (2015); Friedman (2013), S. 4; Karle (2014), S. 46.

bedarf.²⁶² Hinsichtlich der drei Vs, die Big Data im Kern definieren, also *Volume, Velocity* und *Variety,* fehlt es den Messeveranstaltern insbesondere an den Möglichkeiten, die Vielfalt an Information in hoher Geschwindigkeit zu aggregieren und auszuwerten.²⁶³

Um das in den bereits erfassten Daten vorhandene Potenzial zu heben und im Rahmen von Big Data besser informierte Managemententscheidungen treffen zu können,²⁶⁴ sind die Messeveranstalter gezwungen, mit externen *Big Data as a Service*-Dienstleistern *(BDaaS)* zusammenzuarbeiten.²⁶⁵ Erste Erkenntnisse aus der Kooperation zwischen dem Messeveranstalter *UBM Asia* und der chinesischen E-Commerce-Plattform *Alibaba,* bei der die Datenkompetenzen klar auf Seiten des Digitalkonzerns zu liegen scheinen, untermauern dies.²⁶⁶ Derzeit erfordert die umfangreiche Datenanalyse und -auswertung Fähigkeiten und Technologien, über die die Messeveranstalter nicht verfügen.²⁶⁷ Ein Outsourcing dieser Kompetenzen birgt wiederum das Risiko, dass dadurch strategisch wertvolle Unternehmensressourcen zwangsläufig in die Hände von Datendienstleistern gelangen, die daraus generierte Erkenntnisse für ihre eigenen Interessen und Geschäfte nutzen könnten.²⁶⁸

Zusammenfassung Schlüsselelement Ressourcenmanagement: *Im Zuge der Digitalisierung werden Daten, Informationen und Wissen zu noch wichtigeren Unternehmensressourcen. Das gilt für Messeveranstalter in besonderem Maße, die sich vermehrt als Wissensdrehscheibe begreifen. Um den Anspruch zu erfüllen, die Messeveranstaltung als Wissensplattform in der digitalisierten Wirtschaft zu positionieren, bedarf es erheblicher Anstrengungen, entsprechend kompetentes Personal in einem für die Messeveranstalter besonders verschärften Wettbewerb um gute Mitarbeiter zu gewinnen und zu entwickeln. Über entsprechend geschultes Personal und leistungsfähige Software lässt sich aus der Analyse der weitestgehend bereits vorliegenden Markt- und Kundendaten und der Externalisierung und Re-Kombination bestehenden Wissens mehr neues Wissen generieren, als es den Messeveranstaltern bisher gelungen ist.*

---

[262] Vgl. Wedel & Kannan (2016), S. 115; Feist (2016).
[263] Vgl. McAfee & Brynjolfsson (2012), S. 4f.
[264] Vgl. McAfee & Brynjolfsson (2012), S. 4; Siskind (2015b).
[265] Vgl. Friedman (2014), S. 4; Feist (2016); Byrum & Bingham (2016).
[266] Selesnick (2016). Die sogenannte „on-line to off-line to on-line"-Lösung sieht vor, dass aus digital erhobenen Daten, Matches für reale Meetings gefunden werden aus denen wiederum Onlinegeschäft auf entsprechenden Plattformen generiert werden soll.
[267] Vgl. Friedman (2014), S. 4; Dittrich & Kausch (2017), S. 477.
[268] Vgl. Harris (2008); Kollmann (2005), S. 419.

Die verzögerte Personalentwicklung und Umsetzung von Konzepten zur umfassenden Datenanalyse kann dazu führen, dass den Messeveranstaltern diesbezüglich überlegene Wettbewerber von außerhalb der Messebranche zuvorkommen und mit datengetriebenen Konzepten in den Messemarkt eintreten oder gänzlich neue Marktplattformen entwickeln. Weil sich Information zur Schlüsselressource der digitalisierten Wirtschaft entwickelt und kreative Lösungen aus re-kombinierter Information weiterhin durch den Menschen erfolgen, müssen die Messeveranstalter ihr Ressourcenmanagement als Schlüsselaktivität priorisieren.

Konzeptgenerierung & Produktpflege
Die erfolgreiche Re-Kombination von Daten, Informationen und Wissen als Bestandteil des Ressourcenmanagements ist idealerweise eng mit der **Konzeptgenerierung & Produktpflege** eines Messeveranstalters verknüpft. Diese umschreiben die unterschiedlichen Möglichkeiten zur **Marktforschung** und haben insgesamt die **Weiter- und Neuentwicklung der angebotenen Produkte** zum Ziel. Der Einfluss der Digitalisierung wird unter anderem in datenbasierten und auch beschleunigten **Produktentwicklungsprozessen**, Ansätzen, externe Quellen in den Innovationsprozess einzubinden und auch in einer veränderten Innovationskultur sichtbar. Allgemein hat die Innovationsgeschwindigkeit branchenübergreifend durch die Digitalisierung zugenommen.[269] Dies erhöht auch den Innovationsdruck für die Messeveranstalter,[270] die im Rahmen ihrer Produktstrategien aufmerksam beobachten müssen, inwieweit das eigene Produktportfolio durch die Digitalisierung von Transformationstendenzen beeinflusst wird. Messeveranstaltungen für von der Digitalisierung disruptierte Branchen werden vom Markt genommen, während eine Vielzahl an neuen digitalen Messethemen erwächst, die die Messeveranstalter schnellstmöglich an den Start bringen, um Wettbewerbern bei der Besetzung von Themenfeldern zuvorzukommen.[271]

Innerhalb dieser Situation sind digitale Güter und Prozesse in der Lage, Unternehmen dabei zu unterstützen, agiler zu handeln und Innovationspotenziale mittels digitaler Wissensmanagementsysteme besser aufzuspüren.[272] Eine erhöhte Geschwindigkeit bei der Entwicklung neuer Messeprodukte lässt sich beispielsweise bei der *Deutschen Messe* beobachten, die eine Messe, bezeichnenderweise

---

[269]Vgl. Yoo et al. (2012), S. 1405; Westerman et al. (2014), S. 245f. und Brynjolfsson & McAfee (2014), S. 40ff.
[270]Vgl. Huston & Sakkab (2006), S. 60.
[271]Vgl. Seiler (2014a), S. 32.
[272]Vgl. Sambamurthy et al. (2003), S. 243ff.

zum virtuelle Realitäten, in nur vier Monaten entwickelte und auf den Markt brachte.[273]

Verkürzte Zeiträume, die sich Messeveranstalter nehmen, um neue Produkte auf den Markt zu bringen, resultieren allerdings auch aus einer veränderten Innovationskultur, Produkte in früheren Reifestadien auf den Markt zu bringen.[274] Insbesondere in Technologiefeldern, in denen die Messeveranstalter vergleichsweise wenig Erfahrung aufweisen, sind allerdings vielfach Tendenzen zu beobachten, von einem frühzeitigen Markteinstieg abzusehen und eine Smart Follower-Strategie zu verfolgen.[275]

Außerdem gewinnt durch die Digitalisierung die Einbindung externer Quellen in die Prozesse zur Produktentwicklung und der Produktpflege für die Messeveranstalter an Bedeutung.[276] Dabei stellt die Verwendung nutzergenerierter Inhalte zum Beispiel aus sozialen Medien ebenso wie die Auswertung unabhängiger Messebewertungsportale eine Vorstufe des Crowdsourcing dar.[277] Auf der nächsten Stufe wird in der Branche das Zukunftskonzept der *Crowd-Fairs* diskutiert, bei dem im Rahmen eines Co-Creation Prozesses eine Messe erst dann durchgeführt wird, wenn sich eine ausreichend große, kritische Masse an Ausstellern zur Teilnahme verpflichtet hat.[278] Solche Crowdsourcing-Ansätze wären ohne den

---

[273] Vgl. Giersberg (2017). Einst branchenferne, digitalaffine Einsteiger in den Messemarkt, wie der E-Commerce-Händler Zalando, forcieren diese Entwicklung durch kurze Produktentwicklungsprozesse, die sie aus dem Umfeld der Digitalwirtschaft gewohnt sind (vgl. Kolbrück (2015b)).

[274] Statt wie in der Vergangenheit Kunden- und Marktinformationen ausgiebig auszuwerten, potenzielle Kunden abstrahiert nach ihren Bedarfen zu fragen und Produkte dann einzuführen, wenn sie vermeintlich ausgereift sind, zeigen Messeveranstalter Interesse an dem insbesondere bei Start-Ups verbreiteten Ansatz, schnellstmöglich ein *Minimum Viable Product* (etwa: minimal überlebensfähiges Produkt) so weit zu entwickeln, dass es im Markt unter realen Bedingungen getestet und die Rückmeldungen der Nutzer zur Weiterentwicklung des Produktes eingebracht werden können. Solche iterativen Entwicklungsprozesse bieten den Vorteil, das unerwartete, erst unter realen Bedingungen auftretende Herausforderungen frühzeitiger identifiziert und behoben werden können und Mehrwerte früher entdeckt werden (vgl. Rancic Moogk (2012); Feist (2016); Ortt et al. (2008); Eckert & Laudi (2016); o. V. (2014), S. 28).

[275] Vgl. Dittrich & Kausch (2017), S. 468.

[276] Vgl. Leonardi & Vaast (2017), S. 166.

[277] Vgl. Dietz (2015); Schildhauer & Voss (2012), S. 494f.

[278] Vgl. Kirchgeorg, Wiedmann & Ermer (2017), S. 213. Siehe hierzu auch (Wagner (2017), S. 501f.), die es für möglich halten, durch die Beobachtung der Kommunikation einer Branche in sozialen Medien reale Messeveranstaltungen zu entwickeln.

transaktionskostensenkenden Einsatz digitaler Koordinierungsplattformen kaum durchführbar.[279]

Der Einfluss der Digitalisierung ist also auch in den Prozessen zur Konzeptgenerierung und Produktpflege der Messeveranstalter sichtbar.[280] Neue technische Möglichkeiten, Wissen zu generieren und zu bündeln verändern dabei das Innovationsmanagement und stellen die Messeveranstalter vor die Herausforderung, diese große Menge an verfügbarem Wissen zu neuen Innovationen zu rekombinieren.[281] Dabei kann die potenziell hohe Anzahl an in Richtung der Unternehmen strömenden Inhalte und Ideen aus verschiedensten Quellen Fluch und Segen zugleich sein, indem es die Messeveranstalter herausfordert, ein Vielfaches mehr an Information zu verarbeiten.[282] Eine konsequente Orientierung an formulierten Entwicklungszielen kann den Messeveranstaltern dabei helfen, den Überblick zu behalten und sich auf Entwicklungen zu fokussieren, die ihren Kunden einen wirklichen Mehrwert bieten.[283]

Mitarbeiter- & Prozesskommunikation
Von der Digitalisierung erheblich beeinflusste Arbeitsleitlinien wirken sich unweigerlich auch auf die **Mitarbeiter- & Prozesskommunikation** eines Messeveranstalters aus. In dem Wissen, dass sich die Messeveranstalter durch die Digitalisierung einem erhöhten Anspruch an die eigene Agilität ebenso wie einer daraus resultierenden Anforderung, beschleunigt zu kommunizieren, gegenübersehen, sind Auswirkungen auf die interne **Kommunikation** und **Prozesse**, sowie die hierfür verwendeten **Kanäle** abzusehen.[284]

In einer globaleren und komplexeren Arbeitswelt bietet die Digitalisierung verschiedene Werkzeuge in Form von Kommunikationstechnologien und digitalen Gütern, die die Wettbewerbsfähigkeit der Messeveranstalter in diesem Umfeld stärken können, weil sie den Unternehmen dabei helfen, agiler, flexibler und effizienter zu handeln.[285] Dabei ist auch die bessere Vernetzung von Kommunikation und Prozessabläufen durch digitale Kommunikationswege und -systeme von großer Bedeutung für die Messeveranstalter, um den komplexen Anforderungen

---

[279]Vgl. Stampfl (2012), S. 109 und 125f.
[280]Vgl. Ahuja & Carley (1999), S. 741.
[281]Vgl. van Knippenberg et al. (2015), S. 652.
[282]Vgl. Leonardi & Vaast (2017), S. 166.
[283]Vgl. Huston & Sakkab (2006), S. 62; Hartmann (2016); o. V. (2016e), S. 35.
[284]Vgl. Schoop et al. (2017), S. 27; Schraudy (2017), S. 388; Kollmann (2005), S. 418f.
[285]Vgl. Reyt & Wiesenfeld (2015), S. 757; Aguilera (2008), S. 1110; Sambamurthy et al. (2003), S. 237; Ahuja & Carley (1999), S. 741; o. V. (2016e), S. 36.

4.2 Die Auswirkungen der Digitalisierung ...

der Messeorganisation gerecht zu werden.[286] Laut einer Studie des Weltmesseverbandes *UFI – The Global Association of the Exhibition Industry* streben derzeit 55% der Messeveranstalter weltweit an, die eigenen Prozesse und Workflows weiter zu digitalisieren.[287] Dies beinhaltet den Einsatz diverser digitaler Kommunikationsprozesse von E-Mail über Intranet, Chat- und Messagingsoftware bis hin zu internen und externen sozialen Netzwerken bei den Messeveranstaltern, im Zuge dessen der Austausch von Information schneller und effizienter ablaufen soll.[288] So beobachten die Verantwortlichen der *Deutschen Messe*, dass interne Chatrooms persönliche Besprechungen ersetzen.[289] Auch digitale Cloudplattformen werden von Messeveranstaltern genutzt, um gleichzeitig von verschiedenen Orten aus an ein und demselben Dokument arbeiten zu können.[290] Digitale Eventmanagementsysteme helfen zusätzlich dabei, die internen Prozesse zu überblicken und zu koordinieren.[291]

Dennoch erfolgt die zunehmende Digitalisierung der internen Prozesse keineswegs ohne Risiken. Als solche sind ein erhöhtes Ablenkungs- und Unterbrechungspotenzial durch digitale Kommunikationsprozesse ebenso wie ein drohender Informationsüberfluss, die Überlastung der Mitarbeiter sowie Sicherheitsrisiken zu nennen.[292] Auch die potenziell negativen Auswirkungen digitaler Kommunikation auf die Fähigkeiten der Menschen, persönliche Beziehungen empathisch zu pflegen und Verständnis für Kundenbedürfnisse zu entwickeln, sind zu berücksichtigen.[293] In Reaktion auf die Kehrseiten digitaler Kommunikation vermeidet etwa die Geschäftsführung der *Messe Düsseldorf* den Austausch per E-Mail innerhalb des Gremiums und setzt bewusst auf persönliche und telefonische Kommunikation.[294]

Nichtsdestotrotz ist auch bei Messeveranstaltern zu beobachten, dass die digitale Kommunikation die Entstehung von *virtuellen Teams,* die temporär von

---

[286] Hufnagel (2003), S. 738; Koelnmesse GmbH (2015), S. 5; Kollmann (2005), S. 439.
[287] Vgl. UFI (2017), S. 11.
[288] Vgl. Koelnmesse GmbH (2015), S. 5; o. V. (2016e), S. 34f.; Giersberg (2017); Ratzesberger (2018).
[289] Vgl. Giersberg (2017).
[290] Vgl. Wünsch (2016c); Feist (2016); Colbert et al. (2016), S. 735.
[291] Vgl. Funk (2017c).
[292] Vgl. Tapscott (2015), S. 357; Colbert et al. (2016), S. 734.
[293] Vgl. Przybylski & Weinstein (2013), S. 244; Colbert et al. (2016), S. 733.
[294] Vgl. Dierig (2011).

verschiedenen Orten aus vorwiegend über elektronische Kanäle zusammenarbeiten, befördert.[295] Insbesondere für international operierende Messeveranstalter ist diese Form der Zusammenarbeit inzwischen Normalität, auch was die Koordination von Lieferanten und Dienstleistern betrifft.[296] Diesbezüglich weisen verschiedene Ausarbeitungen auf die Überlegenheit sozialer Medien zur Koordination virtueller Zusammenarbeit hin, weil entsprechend aufgebaute soziale Medien in der Lage sind, den Projektfortschritt und jegliche erfolgte Projektkommunikation übersichtlich zu bündeln und aufzubereiten.[297] Schon heute diffundiert die Nutzung interner wie externer sozialer Medien in hohem Tempo in die Unternehmen, was auch Messeveranstalter wie die *Koelnmesse* bestätigen.[298] LEONARDI & VAAST sehen soziale Medien in absehbarer Zukunft im Zentrum der meisten Unternehmensaktivitäten und schreiben deren Nutzung erhebliche Auswirkungen auf die Prozesse und Arbeitsabläufe innerhalb eines Unternehmen zu.[299] Sie führen dies im Wesentlichen darauf zurück, dass soziale Medien es schaffen, die persönlichen Netzwerke der Mitarbeiter zu artikulieren und es ihnen so besser gelingt, ihre Netzwerke auszubauen und zu pflegen. Soziale Netzwerke können außerdem die Kommunikationsmuster in Unternehmen verändern und die Kommunikationshoheit verschieben, weil sie Mitarbeitern ermöglichen, ihre Meinung hierarchieunabhängig kundzutun – und zwar praktisch gegenüber der gesamten Mitarbeiterschaft im Rahmen einer *one-to-many* bzw. *many-to-many*-Kommunikation.[300]

In der hierarchieübergreifenden, virtuellen Kommunikation z. B. über soziale Medien liegen daher Chancen, etwa um in kreativen Prozessen eine Vielzahl an Ideen aufrufen zu können. Dennoch benötigt die operative Messeorganisation aufgrund ihrer Komplexität in vielen Belangen weiterhin lineare Kommunikations-

---

[295] Vgl. Jarvenpaa & Leidner (1999); Ahuja & Carley (1999), S. 742.

[296] Vgl. Jimenez, Boehe, Taras & Caprar (2017), S. 341. Die Vorteile virtueller Teams werden vorwiegend in Zeit- und Kostenersparnissen gesehen, sowie in der Möglichkeit, die für ein spezifisches Problem kompetentesten Arbeitskräfte ortsunabhängig einsetzen zu können. Dem stehen mögliche Koordinations- und Kommunikationsprobleme gegenüber, die auch aus dem Mangel an persönlicher Kommunikation resultieren können (vgl. Jimenez et al. (2017), S. 342f.; Aguilera (2008), S. 1111). Wie relevant diese Herausforderungen virtueller Kollaboration auch für Messeveranstalter sein können, zeigen Studien, die ermitteln, dass fast die Hälfte aller virtuellen Teams ihre Ziele aufgrund der komplexen Anforderungen an deren Koordination nicht vollumfänglich erreichen (vgl. Zakaria, Amelinckx & Wilemon (2004)).

[297] Vgl. Kane (2015b); Leonardi & Vaast (2017), S. 150.

[298] Vgl. Leonardi & Vaast (2017), S. 151; Hartmann (2016); Giersberg (2017).

[299] Vgl. Leonardi & Vaast (2017), S. 151f. und 160.

[300] Vgl. Kraus (2012), S. 173f.; Leonardi & Vaast (2017), S. 167.

und Entscheidungsprozesse.[301] Indem die Mitarbeiter- & Prozesskommunikation digitalisiert wird, um effizienter, effektiver und agiler handeln zu können, liegt darin eine Grundlage, innerhalb des sich intensivierenden, globalen Wettbewerbs zu bestehen und darauf aufbauend das eigene Wertschöpfungssystem weiterzuentwickeln.

4.2.2 Die Auswirkungen auf die Produktion

Angesichts der Erkenntnisse des dritten Kapitels zum Einfluss der Digitalisierung auf Wertschöpfungsprozesse im Allgemeinen sehen auch Messeveranstalter erheblichen Auswirkungen hinsichtlich der operativen Umsetzung der von ihnen angebotenen Dienstleistungen entgegen. Diese Auswirkungen werden im vorliegenden Geschäftsmodell mit Blick auf das **Veranstaltungsportfolio**, das **Messeprodukt**, die **Veranstaltungsumsetzung** und das **Serviceangebot** des Messeveranstalters analysiert.

Veranstaltungsportfolio
Da sich die Digitalisierung wie erörtert in einer Vielzahl neuer **Messethemen** niederschlägt, wird sich dadurch zwangsläufig auch das **Veranstaltungsportfolio** vieler Messeveranstalter verändern. Der Bedarf nach neuen Messethemen ergibt sich dabei, weil Messen als Trend- und Innovationsplattformen stets auf der Höhe der Märkte sein müssen, um ihre Funktionen zu erfüllen. SCHRAUDY beschreibt Messen als „dynamische Systeme, die sich aus sich selbst heraus permanent erneuern und sich an Änderungen von Angebotsstrukturen und Zielgruppen des abgebildeten Marktes anpassen müssen."[302] Da der Einfluss der Digitalisierung in nahezu allen Branchen relevant ist, sind die Messeveranstalter angehalten, diese Auswirkungen auf den entsprechenden Fachmessen abzubilden.[303] Dies kann sich sowohl in veränderten Themenschwerpunkten auf bestehenden Messen oder in vollständig neuen Veranstaltungen niederschlagen.[304]

Zahlreiche Beispiele aus der Messewirtschaft untermauern, warum in der Digitalisierung einer der größten Treiber für die Weiter- und Neuentwicklung von Messethemen gesehen wird:[305] Von automatisierten Logistikprozessen auf

---

[301] Vgl. Kürschner (2017), S. 645; Degen (2017), S. 779.
[302] Schraudy (2017), S. 378.
[303] Vgl. Dierig (2016b); Kutschke (2018); Schraudy (2017), S. 383.
[304] Vgl. Schraudy (2017), S. 380.
[305] Vgl. Schraudy (2017), S. 380 und 381; Kirchgeorg et al. (2012), S. 36.

der *CeMAT*, vernetzter Produktion auf der *Hannover Messe*, über E-Commerce-Vorträge für den Möbelhandel auf der *imm cologne* bis hin zu Sonderbereichen für digitale Point-of-Sale-Technologien auf der Düsseldorfer *Euroshop* scheinen nur noch wenige bestehende Messen ohne die inhaltliche Schwerpunktsetzung auf digitale Themen auszukommen.[306] Auch in neuen Messeveranstaltungen ist der Einfluss der Digitalisierung nicht zu übersehen. Beispielhaft seien hierfür die in Köln stattfindenden Messen *DMEXCO* und *Gamescom*, die *Hypermotion* als Messe für intelligente Transportsysteme in Frankfurt sowie die *it-sa* Messe für IT-Sicherheit in Nürnberg genannt.[307]

Die Entwicklung neuer Veranstaltungsinhalte und neuer Messen erfolgt dabei idealerweise im Einklang mit den innerhalb der Unternehmenskernlogik definierten Messetypen und strategischen Kundenzielgruppen der Messeveranstalter.[308] Besondere Herausforderungen liegen für die Messeveranstalter darin, zu erkennen, wann ein Trend messefähig ist und wie die inhaltliche Abgrenzung als Themenzuschnitt der Messe auszugestalten ist.[309] Letzteres gestaltet sich im Zusammenhang mit digitalen Technologien und Gütern oft deshalb schwierig, weil die Digitalisierung Branchengrenzen und folglich auch Themengrenzen von Messen zerfließen lässt, obwohl ein klar abgegrenztes thematisches Messeprofil für die Positionierung im Markt unabdingbar ist.[310] Beispielhaft sei der Wettbewerb um die Besetzung des Messethemas 3D-Druck angeführt, um das mit Frankfurt, Stuttgart, Hannover und Düsseldorf gleich vier Messeplätze sowohl mit eigenen Veranstaltungen als auch in bestehende Messen integrierten Konzepten werben.[311]

Digitale Themen rufen insbesondere deshalb ein hohes Besucher- und Ausstellerinteresse hervor, weil sie in vielerlei Hinsicht erklärungsbedürftig sind und persönliche Begegnungen den komplexen Informationsaustausch vereinfachen.[312] Es besteht sogar die Möglichkeit, dass in Zukunft vorwiegend solche

---

[306]Vgl. Funk (2017c); o. V. (2015c); o. V. (2015a); o. V. (2017d); Giersberg (2016).
[307]Vgl. Schraudy (2017), S. 380; Karle (2016).
[308]Vgl. Kalka (2005d), S. 343.
[309]Vgl. Giersberg (2014).
[310]Vgl. Buhren (2019); Kutschke (2018); Adelmann (2016);. Als aktuelles Beispiel dafür, wie die Digitalisierung Branchen- und Messegrenzen einreißt, sei auf die Präsenzen diverser Automobilhersteller auf Elektronikmessen wie der *CES* in Las Vegas oder dem *Mobile World Congress* in Barcelona verwiesen, während die einstige Leitmesse *IAA* Abmeldungen namhafter Hersteller verzeichnen muss (Lindner (2016); Pander (2016)).
[311]Vgl. Giersberg (2017).
[312]Vgl. Funk (2017b); Giersberg (2014).

4.2 Die Auswirkungen der Digitalisierung ...

Messethemen funktionieren, die erklärungsbedürftige Güter und Prozesse abbilden und damit auf die persönliche Begegnung und das physische Produkterlebnis als Alleinstellungsmerkmale der Dienstleistung Messe angewiesen sind, was wiederum entsprechende Folgen für die Zusammenstellung der Messethemen durch den Messeveranstalter haben könnte.[313]

Hinsichtlich einer durch die Digitalisierung veränderten **Durchführungskapazität** des Messeveranstalters im Rahmen seines Veranstaltungsportfolios besteht außerdem die Möglichkeit, dass sich dadurch, dass Besucher aufgrund des gestiegenen Termindrucks kürzer auf Messen verweilen und die Besucherzahlen auf vielen Messen rückläufig sind (siehe hierzu die Ausführungen zum Messeprodukt im folgenden Abschnitt), die Veranstaltungsdauer einzelner Messen verringern ließe.[314] Dadurch entstünde für Besitz- und Betriebsgesellschaften mehr Platz auf dem eigenen Gelände, so dass sich die Durchführungskapazität erhöhen ließe. Inwieweit ein solcher Effekt tatsächlich auf die Digitalisierung zurückzuführen wäre, bedarf näherer Untersuchung.

Messeprodukt

Hinsichtlich der Auswirkungen der Digitalisierung auf das **Messeprodukt** sind stets auch die Effekte auf die Haupt-Messefunktionen zu bedenken. Das Ziel, diese vermehrt auf die Kommunikations- und Informationsfunktion im Rahmen persönlicher Erlebnisse zu konzentrieren zeigt sich anhand der **Veranstaltungsformate** und der **Begleitveranstaltungen**.[315] Die Messeveranstalter versuchen, Information über einzigartige Eventkonzepte, inhaltliche Rahmenveranstaltungen und einprägsame Produkterlebnisse zu transportieren,[316] um die Informationsfunktion der Messe zu erhalten.[317] Gleichermaßen werden Formate zur Förderung der persönlichen Kommunikation ebenso wie inhaltliche Angebote entwickelt, die zum Austausch der Marktteilnehmer animieren.[318] Weitere Auswirkungen der Digitalisierung sind auch hinsichtlich der **Terminierung** und dem **Veranstaltungsort** sichtbar.

---

[313] Vgl. Giersberg (2014)
[314] Vgl. Kirchgeorg et al. (2017), S. 211; Erbel (2017), S. 247.
[315] Vgl. Nittbaur (2001), S. 300.
[316] Vgl. Davenport & Beck (2000), S. 121; Funk (2017h); Pine & Gilmore (1998), S. 97ff.
[317] Vgl. Kirchgeorg et al. (2009), S. 6; Koenen (2015); Funk (2017d).
[318] Vgl. Stoeck & Schraudy (2017), S. 169. Im vorliegenden Zusammenhang werden virtuelle, in Ergänzung zu realen Messeveranstaltungen angebotene Messen als Teil des ebenfalls in diesem Kapitel thematisierten Serviceangebotes des Messeveranstalters betrachtet und nicht als Bestandteil des Rahmenprogramms.

Durch die Digitalisierung beeinflusste **Veranstaltungsformate** und **Rahmenprogramme** zeigen sich in Form erlebnisfördernder oder inhaltlich geprägter Programme neben der Ausstellung, wie etwa Podiumsdiskussionen, Foren, Themenworkshops, Keynote-Präsentationen oder auch Konzerten, um den Unterhaltungswert zu steigern.[319] Auch die intelligente Verknüpfung von Marktteilnehmern im Rahmen von Matchmaking-Veranstaltungen soll die Effizienz beim Kontakteknüpfen erhöhen.[320] Zum anderen ist zu beobachten, dass digitale Themen und Fragestellungen die Rahmenprogramme prägen,[321] was auch auf die Erklärungsbedürftigkeit digitaler Technologien, Güter und Prozesse zurückzuführen ist.[322] Dabei kommen auch neue Veranstaltungsformate, wie *Hackathons*, bei denen interessierte Entwickler auf der Messe kollaborativ Lösungen für drängende, meist technische Herausforderungen einer Branche entwickeln, zum Einsatz.[323]

Anhand des Beispiels eines Hackathons zeigt sich zudem, wie die Digitalisierung neue Möglichkeiten für Messeveranstalter bringt, den partizipativen Charakter der Messe zu erhöhen und damit nachhaltigere Besuchserlebnisse zu schaffen, als wenn Information ausschließlich passiv konsumiert würde.[324] Das kann auch über digitale Voting-Apps für Besucher zur Abstimmung in Echtzeit über im Rahmen von Diskussionsforen diskutierte Themen erfolgen oder auch durch die Möglichkeit, Vorträge fernab der Messe per *Live-Stream* in sozialen Medien zu verfolgen und mitzudiskutieren.[325] Die *Gamescom*, Weltleitmesse für Videospiele, streamt beispielsweise auf der Veranstaltungshomepage live von diversen Bühnen und Ausstellerständen.[326]

Insofern steigern nicht neue Rahmenprogramme den Erlebnischarakter und die Einzigartigkeit einer Messeveranstaltung, sondern unterstützend auch Investitionen in die Anwendung moderner, digitaler Veranstaltungstechnik.[327] Mit Virtual und Augmented Reality-Systemen wird der reale, architektonische Raum in einen

---

[319] Vgl. Kutschke (2018); Scharrenbroich (2016a); Dilk & Littger (2009), S. 25; Milla (2017), S. 1128.

[320] Vgl. Varga & Ehret (2017), S. 17.

[321] Vgl. Baumgartner (2016b), S. 14; Böse (2018); Funk (2017c).

[322] Vgl. Funk (2017b).

[323] Vgl. Funk (2017i). Meist loben die Veranstalter und Sponsoren des Hackathons verschiedene Preise als Anreiz für die Entwickler aus (vgl. Leckart (2012)).

[324] Vgl. Pine & Gilmore (1998), S. 101; Drees & Steinbach (2014), S. 258; Scharrer (2015).

[325] Vgl. Wiedmann & Kassubek (2017), S. 448; GES (2017), S. 29.

[326] Vgl. Koelnmesse GmbH (2018a).

[327] Vgl. Baumgartner (2016c), S. 11.

4.2 Die Auswirkungen der Digitalisierung ...

hybriden, „medialen Erlebnisraum"[328] erweitert und immersive Besuchserlebnisse geschaffen.[329] Streaming-Technologie steigert darüber hinaus die Reichweite von Konferenzveranstaltungen hin zum virtuellen Messebesucher. Durch 3D-Hologramme ist die reale Anwesenheit selbst von Rednern nicht mehr zwingend notwendig.[330]

Für die potenzielle Wahl des **Veranstaltungsortes** einer Messeveranstaltung bedeutet dies, dass die Messehallen und Konferenzräume idealerweise über leistungsfähige Netzwerkinfrastruktur an die globalen Hochgeschwindigkeitsdatennetze angeschlossen sind[331] und sich möglichst flexibel entsprechend der veränderten Besucherbedürfnisse in Szene setzen lassen.[332]

Auch hinsichtlich der **Terminierung** der Messeveranstaltung zeigen sich Effekte der Digitalisierung im Hinblick auf die Veranstaltungsdauer wie auch den Messeturnus. Letzterer könnte insbesondere bei digital geprägten Branchen durch beschleunigte Innovationszyklen eine Verkürzung erfordern, also beispielsweise von einer Messe alle zwei Jahre in einen jährlichen Turnus wechseln.[333] Zu beobachten ist allerdings auch, dass der Messeturnus allgemein nicht mehr mit dem Innovationszyklus Schritt halten kann und sich Messen daher immer mehr zu Image- statt Innovationsplattformen entwickeln.[334] In Bezug auf die Veranstaltungsdauer ist zu wiederholen, dass sowohl die Aufenthaltsdauer des einzelnen Besuchers, wie auch die Anzahl der Besucher pro Unternehmen auf einer Messe im Durchschnitt über die meisten Messeveranstaltungen hinweg jeweils rückläufig sind.[335] Dies wird auch darauf zurückgeführt, dass Messebesucher im

---

[328] Drees & Steinbach (2014), S. 241.

[329] Vgl. GES (2017), S. 8; Funk (2017g); Messe Frankfurt GmbH (2018).

[330] Vgl. Karle (2016); Funk (2017e); o. V. (2017), S. 3 & 29; Wünsch (2016a).

[331] Vgl. Wünsch (2016a).

[332] Vgl. Giersberg (2014); Robertz (1999), S. 151f.

[333] Vgl. Nittbaur (2001), S. 208f. Als Beispiel hierfür sei die diskutierte, letztlich revidierte Turnusverkürzung von vier auf drei Jahre der *drupa* in Düsseldorf genannt, die aufgrund verkürzter Innovationszyklen erfolgen sollte (Messe Düsseldorf GmbH (2015)).

[334] Vgl. Buhl-Wagner & Schick-Okesson (2003), S. 1108. Umgekehrt besteht jedoch bei Branchen mit längeren Innovationszyklen das Risiko für die Messeveranstalter, dass sich die Kommunikation zwischen den Messen vermehrt auf digitale Plattformen verlagert und die Kommunikationsfunktion der Messe verlorengeht (vgl. Koenen & Terpitz (2019)). Ein Ausweg können digitale Messeportale sein, die dem Messeveranstalter auch zwischen den Messen die Themenhoheit sichern können (vgl. Wagner (2017), S. 505).

[335] Vgl. Erbel (2017), S. 247; Karle (2014), S. 46.

Streben nach mehr Effizienz die Informationssuche vorab auf digitale Kanäle verlagern und ihre Messetermine stärker durchplanen.[336] Im Ergebnis besteht für die Messeveranstalter so die Möglichkeit, Messelaufzeiten zu verkürzen.[337]

Bei der Ausgestaltung der optimalen Messeterminierung spielen für die Messeveranstalter regelmäßige Datenerhebungen zu Besuchereintritten an den jeweiligen Messetagen eine wichtige Rolle. Sofern entsprechende Datenanalysekompetenzen vorliegen, erscheint auch die Terminierung von neuen Messeveranstaltungen in Abhängigkeit von im Rahmen von Big Data ermittelten Besuchswahrscheinlichkeiten auf Basis von Besucherzielgruppen, Reisezeiten, Wettbewerbsveranstaltungen und/oder Aufteilungen des Geschäftsjahres denkbar. Ein solches Vorgehen scheint grundsätzlich möglich, ist aber bisher aus der Praxis nicht bekannt.

Schlüsselelement Veranstaltungsumsetzung unter dem Einfluss der Digitalisierung
Im Schlüsselelement **Veranstaltungsumsetzung** zeigt sich nun, wie die mit der Digitalisierung verknüpfte strategische Herausforderung, die persönliche Begegnung auf Messen weiterhin in den Vordergrund zu stellen, auf Produktebene adressiert werden soll. Die Einordnung dieses Elements als Schlüsselelement ist auch dadurch begründet, dass sich letztlich alle Aktivitäten eines Messeveranstalters darin zuspitzen, den Punktmarkt Messeveranstaltung so zu erschaffen, dass er die Aussteller und Besucher gleichermaßen zufriedenstellt. Jede Messeveranstaltung ist als Erfahrungsgut jeweils Gradmesser nicht nur für zukünftige Messen derselben Veranstaltungsreihe, sondern auch für die Leistungsfähigkeit eines Messeveranstalters allgemein. Ebenso wie hierüber erlangtes Vertrauen erfolgsfördernd für die Zukunft eines Messeveranstalters sein kann, wirken sich schlechte Umsetzungserfahrungen auch unmittelbar negativ auf die Reputation des Veranstalters aus. Dementsprechend essentiell ist die Untersuchung, inwieweit die Digitalisierung bei der Veranstaltungsumsetzung unterstützen kann und welche Gefahren sie in diesem Zusammenhang birgt.

Hierfür sind die **Aufplanung** der Messe, die Gewährleistung der **Veranstaltungssicherheit**, die **Messelogistik**, die **Standgestaltung**, die **Aussteller- und Besucherbetreuung** sowie der **Messebau** von Bedeutung.[338] Grundsätzlich obliegt letzterer Bereich zwar nur begrenzt der unmittelbaren Einflusssphäre

---

[336]Vgl. Kirchgeorg et al. (2012), S. 27; Dilk & Littger (2009), S. 28; Gardiner (2015), S. 26; Diederichs (2003), S. 427.
[337]Vgl. Kirchgeorg et al. (2017), S. 211. Besitz- und Betriebsgesellschaften bietet sich hier der Anreiz, Geländekapazitäten für zusätzliche Messeveranstaltungen freizumachen.
[338]Vgl. Kalka (2005a), S. 337.

4.2 Die Auswirkungen der Digitalisierung ...

des Messeveranstalters. Allerdings lassen sich aus den Beobachtungen der Auswirkungen der Digitalisierung auf dieses Themenfeld auch Erkenntnisse für die Gestaltung von Allgemeinflächen, z. B. Sonderschau- und Eventflächen, durch den Messeveranstalter ziehen. Außerdem kann der Messeveranstalter über Beratungsleistungen, die zur Verfügung gestellte Infrastruktur oder sein eigenes Standbau- und Technikserviceangebot Einfluss auf die Standgestaltung der Aussteller und damit auf die Gesamtatmosphäre der Messeveranstaltung nehmen.[339] In einer Studie gaben kürzlich fast 90% der internationalen Messeveranstalter an, verstärkt moderne Technologien in der Messegestaltung einsetzen zu wollen.[340]

Durch die Digitalisierung erwächst für die Messeveranstalter im Rahmen der **Aufplanung** die Herausforderung, in einer von weiter zunehmenden Informationsreizen geprägten Umwelt eine Gesamtdramaturgie zu erschaffen, die dem Messebesucher die Orientierung räumlich wie auch thematisch erleichtert.[341] Darüber hinaus sollte die Messeaufplanung im Einklang mit der im Rahmen des Zielmarktes erläuterten Fokussierung auf die persönliche Begegnung und das physische Erlebnis eben jene Alleinstellungsmerkmale einer Messeveranstaltung fördern.[342]

Die für die Hallenaufplanung notwendigen Prozesse lassen sich zudem erheblich durch digitale Technologien und Güter vereinfachen. Heute verwenden Messeveranstalter an die unternehmerischen Datenbanken und Messemanagementsysteme angeschlossene, CAD-gestützte Aufplanungssoftware.[343] Flächengrößen werden dadurch in Echtzeit an die CRM-Systeme weitergeleitet, Flächenangebote auf Wunsch automatisiert an den Kunden versandt und später in Rechnung gestellt. Anpassungen an Standflächen und Hallenplänen erfolgen in cloudbasierten Systemen in Echtzeit und sind damit für alle verantwortlichen Mitarbeiter jederzeit auf dem aktuellen Stand einsehbar.[344] Sowohl in der internen Abstimmung als auch im Kundenkontakt gibt es die Möglichkeit, sich durch Technologien virtueller Realität ein immersives Bild von der angedachten Aufplanung zu machen und diese gegebenenfalls im Rahmen gestalterischer

---

[339] Vgl. Wiedmann & Kassubek (2017), S. 448.
[340] Vgl. Funk (2016), S. 12.
[341] Vgl. Seiler (2017b), S. 13; Diederichs (2003), S. 428. Siehe hierzu auch die in diesem Abschnitt folgenden Anmerkungen zu den Auswirkungen der Digitalisierung auf Standgestaltung und Messebau.
[342] Vgl. Seiler (2017a), S. 26.
[343] Vgl. Kollmann (2005), S. 423; Gladitsch (2003), S. 680.
[344] Vgl. Funk (2017f).

Spielräume zu optimieren, wie es etwa der singapurische Messeplatz *Suntec Singapore Convention & Exhibition Centre* anbietet.[345]

Zudem verändern sich auch die Prozesse der **Veranstaltungssicherheit** durch die Digitalisierung. Auswirkungen sind in der Einrichtung des Digitalfunks für die sicherheitsrelevante Kommunikation auf dem Gelände[346] bis hin zu notwendigen Abwehrmechanismen gegenüber Hackerangriffen auf die Informationssysteme zur Veranstaltungsdurchführung[347] sichtbar. Insbesondere am Einlass zur Messe werden immer häufiger digitale Lösungen angewandt, die über Systeme zur Gesichtserkennung oder Registrierung von Fingerabdrücken eine zweifelsfreie Identifikation von Messebesuchern gewährleisten sollen.[348]

Fragen der Veranstaltungssicherheit stehen auch in engem Zusammenhang mit der Organisation und Umsetzung der **Messelogistik**, die sowohl in Bezug auf Aussteller wie Besucher an verschiedenen Stellen von der Digitalisierung beeinflusst ist. So lässt sich das Risiko einer Überfüllung des Messegeländes durch digital gesteuerte Eintrittsregulierungssysteme und Besucherzählung in Echtzeit vermindern.[349] Auch das intelligente Management von Warteschlangen, bei dem Besucher bspw. über Apps unterhalten oder an Attraktionen und Servicepunkte geleitet werden, die weniger frequentiert sind,[350] kann mithilfe digitaler Unterstützung gelingen und hat einen sicherheitsrelevanten Nutzen, indem es das Risiko von Verdichtungen verringert.[351] Intelligente Besucherleitsysteme kommen entweder über digitale Anzeigetafeln auf dem Gelände oder per Messeapp direkt auf das Smartphone zum Einsatz.[352]

Im Vordergrund der Weiterentwicklung der Messelogistik steht stets auch das Heben von Effizienz- und Effektivitätspotenzialen.[353] So sollen digitale Systeme den Registrierungs- und Einlassprozess trotz verschärfter Sicherheitsauflagen beschleunigen.[354] Denkbar ist zudem die Anwendung von Technologien

---

[345]Vgl. GES (2015), S. 3; UFI (2018).
[346]Vgl. Haid & Drengner (2014), S. 159.
[347]Vgl. Friedman (2014), S. 14.
[348]Vgl. GSMA (2019); GES (2015), S. 5; Dittrich & Kausch (2017), S. 484.
[349]Vgl. Haid & Drengner (2014), S. 151; Appel (2015d); Wagner (2015).
[350]Vgl. Seiler (2014b), S. 10; GES (2017), S. 13.
[351]Vgl. Haid & Drengner (2014), S. 153.
[352]Vgl. Kirchgeorg et al. (2012), S. 27.
[353]Vgl. Delfmann & Arzt (2005b), S. 450.
[354]Vgl. Grimm (2004), S. 221; Funk (2017h); Diederichs (2003), S. 428; Buller (2016), S. 28; Kollmann (2005), S. 426; Gladitsch (2003), S. 680; Funk (2017d); Böse (2017), S. 460f.

aus dem Einzelhandel, die aus Daten von Infrarotsensoren an den Eingangstüren und Kassen mit *Predictive Analytics* Vorhersagen treffen, wie viele Kassen oder Kundenschalter zum jeweiligen Zeitpunkt geöffnet sein müssen.[355]

Auch die Ausstellerlogistik, mithin die Anlieferung und der Abtransport der Standbaumaterialien und Ausstellungsstücke, kann durch die Digitalisierung beschleunigt werden. Die *Messe Düsseldorf*, die *Messe Basel*, die *Messe Frankfurt* sowie die *Koelnmesse* setzen auf digitale Logistik- oder Verkehrssteuerungssysteme, um An- und Abfahrtszeiten vorherzusagen, den Verkehrsfluss zu optimieren, die Verweildauer der LKW auf dem Gelände zu verkürzen und dadurch insgesamt Auf- und Abbauzeiten zu verringern.[356] Dadurch werden die verfügbaren Logistikflächen und die Hallenkapazitäten für unterschiedliche Messen effizienter genutzt.[357]

Die hervorzuhebenden Auswirkungen der Digitalisierung auf **Standgestaltung und Messebau** lassen sich sowohl anhand der Entwicklung der Standgestaltung im Allgemeinen als auch anhand neuer Trends in deren technischer Ausstattung erkennen. Neben den gestalterischen Auswirkungen auf Stand- und Messebau zeigt sich die Digitalisierung an verschiedenen Stellen im Entwicklungsprozess des Messestandes. Hier werden CAD-Systeme wie auch VR eingesetzt, um Gestaltungskonzepte zu visualisieren und im Vorfeld zu erörtern.[358] Vereinzelt werden zudem die ersten Messestände durch digitalen 3D-Druck gefertigt, wie es etwa das Unternehmen *Trindo* auf der Düsseldorfer *Viscom* präsentierte.[359] Obschon diese Technologie noch nicht massentauglich für den Messebau scheint, etabliert sich bereits der 3D-Druck von Modellen und Produktmustern für Messen.[360]

So wie es das Ziel der Aufplanung und der Messegestaltung insgesamt sein muss, das physische Produkterlebnis und die persönliche Begegnung zu fördern, gilt dies auch für die einzelnen Ausstellungsstände. Das Design eines Messestandes hat erheblichen Einfluss darauf, persönliche Begegnungen auf selbigem zu begünstigen.[361] Dies kann über den Einsatz von interaktiven Live-Formaten oder auch durch die Errichtung von Gesprächsforen auf dem Messestand erfolgen.[362]

---

[355]Vgl. Grewal, Roggeveen & Nordfält (2017), S. 2.
[356]Vgl. Kessler (2017), S. 45; Buhren (2019); Moog (2017), S. 852f.
[357]Vgl. Kessler (2017), S. 45.
[358]Vgl. Hufnagel (2003), S. 739; Ruetz (2018), S. 136.
[359]Vgl. Grunewald (2015);
[360]Vgl. Seiler (2016e), S. 24.
[361]Vgl. Milla (2017), S. 1120.
[362]Vgl. Milla (2017), S. 1128; Bodhani (2012).

Dabei gelingt es idealerweise, sich durch eine emotional aufgeladene Atmosphäre von reinen Produktpräsentationen, deren Informationsgehalt womöglich so auch auf einer Internetplattform darstellbar wäre, abzuheben und dadurch mehr Kunden und Besucher anzuziehen.[363]

Digitalen Technologien und Gütern werden Eigenschaften zugestanden, stationären Markenpräsentationen eine ästhetische Atmosphäre zu verleihen und positive Emotionen bei Besuchern bzw. Kunden hervorzurufen.[364] PONCIN & BEN MIMOUN, BLÁSQUEZ und auch ROGGEVEEN, NORDFÄLT & GREWAL erkennen, dass sich der Einsatz digitaler Technologien im Einzelhandel positiv auf die Attraktivität, das Kaufverhalten, die Kundenzufriedenheit und die Bereitschaft, ein Unternehmen weiterzuempfehlen, auswirken kann.[365] BODHANI sieht darüber hinaus positive Auswirkungen auf das Einkaufserlebnis und die Kundenbeziehung durch die Verwendung digitaler Technologie in Einzelhandelsläden.[366] Diese positiven Effekte werden insbesondere darauf zurückgeführt, dass digitale Technologien ein mehrdimensionales und multisensuales Erlebnis von Produkten und Marken ermöglichen[367] und den Besucher durch interaktive Funktionalitäten in das Geschehen einbinden.[368] Übertragen auf das Messegeschäft, werden durch mehrdimensionale Erfahrungen vertiefte Besuchserlebnisse möglich.[369]

Dementsprechend werden auf Messen und Events vermehrt immersive Technologien eingesetzt, um den Transfer von Information mit besonderen physischen Erfahrungen zu begleiten.[370] Der Ansatz, reale Messewelten virtuell durch *Virtual Reality-Systeme* zu erweitern und so das Kundenerlebnis möglichst immersiv zu gestalten, wurde aufgrund seines disruptiven Potentials für die Messewirtschaft bereits diskutiert, als die Technologie noch deutlich unausgereifter war, als sie heute ist.[371] Inzwischen nutzen *Samsung*, *Lufthansa* und viele weitere ausstellende Unternehmen VR, um Exponate zum Leben zu erwecken, realistische

---

[363]Vgl. Buhl-Wagner & Schick-Okesson (2003), S. 1108; Poncin & Ben Mimoun (2014), S. 851; Blázquez (2014), S. 99; Wagner (2017), S. 500.
[364]Vgl. Poncin & Ben Mimoun (2014), S. 855.
[365]Vgl. Poncin & Ben Mimoun (2014), S. 856; Blázquez (2014), S. 99; Roggeveen, Nordfält & Grewal (2016), S. 122.
[366]Vgl. Bodhani (2013).
[367]Vgl. Ruetz (2018), S. 133.
[368]Vgl. Poncin & Ben Mimoun (2014), S. 857; Bodhani (2012).
[369]Vgl. GES (2017), S. 45.
[370]Vgl. Drees & Steinbach (2014) S. 258; Wiedmann & Kassubek (2017), S. 448; Ruetz (2018), S. 136.
[371]Vgl. Kollmann (2005), S. 428.

4.2 Die Auswirkungen der Digitalisierung ...

Eindrücke und Kundenerlebnisse zu erschaffen, und dabei als besonders innovativ wahrgenommen zu werden.[372] Von Messebesuchern werden diese Angebote bisweilen positiv angenommen und als nützlich, wie unterhaltsam bewertet.[373] Neben sogenannten *Head Mounted Displays (HMD)*, die als VR-Brillen die Benutzeroberfläche abbilden, werden auch Handschuhe und sonstige Kleidungsstücke entwickelt, um auch mit dem Tastsinn in die Virtualität eintauchen zu können.[374]

Im Zuge des technischen Fortschritts wird für die Messeveranstalter außerdem die Frage drängender, inwieweit VR dazu führt, dass Aussteller in Zukunft kleinere Flächen buchen, weil große Ausstellungsstücke, insbesondere wenn davon verschiedene Versionen präsentiert werden sollen, nur noch virtuell gezeigt werden. Diesbezüglich machte etwa die Düsseldorfer Investitionsgütermesse *drupa* Erfahrungen mit Ausstellern der Druck- und Papierindustrie, die Maschinen nur noch virtuell zeigten.[375] Noch bietet sich diesbezüglich kein klares Bild. Die technologische Entwicklung und die darauffolgenden Reaktionen der ausstellenden Wirtschaft sind jedoch unbedingt weiterzuverfolgen.

Neben Nutzenerwägungen spielen beim Einsatz digitaler Technologien in der Messegestaltung auch veränderte Kundenerwartungen eine wesentliche Rolle. Diese entstehen dadurch, dass es Kunden aus E-Commerce Angeboten gewohnt sind, animierte, interaktive Schaltflächen zu nutzen, um Information selbständig und in kürzester Zeit abrufen zu können, was sich auch auf deren Erwartungen im Hinblick auf Offline-Kundenerlebnisse übertragen kann.[376] Digitale Technologien sind in stationärer Anwendung dazu in der Lage, wahrgenommene Friktionen zwischen Online- und Offlineumgebungen zu verringern[377] und damit einen Beitrag zur Verschmelzung beider Welten zu leisten.[378]

---

[372]Vgl. Dettweiler (2015); Ruetz (2018), S. 138; Haase (2016); Curry (2016c); Funk (2017h); Dittrich & Kausch (2017), S. 476.

[373]Vgl. Gibson & O'Rawe (2018), S. 13.

[374]Vgl. Gibson & O'Rawe (2018), S. 12. Dabei ist für die Messeveranstalter zu berücksichtigen, dass mit steigendem Immersions-, Realitäts- und damit auch Erlebnisgrad der VR-Technologien auch die technischen Anforderungen steigen, entsprechende Rechenleistungen über die technische Infrastruktur verarbeiten zu können (vgl. Giersberg (2016)).

[375]Vgl. Koenen & Terpitz (2019)

[376]Vgl. Roggeveen et al. (2016), S. 122; Bodhani (2012).

[377]Vgl. Poncin & Ben Mimoun (2014), S. 856; Blázquez (2014), S. 99; Karle (2011b), S. 66.

[378]Vgl. Robers, Cai, Hamko, Mahajan, Pisoni & Tse (2018).

Aus den vielfach in der Kommunikation zwischen Messeveranstalter und Messeteilnehmern eingesetzten digitalen Technologien und Gütern lässt sich außerdem schließen, dass sich die Digitalisierung auch auf die **Aussteller- & Besucherbetreuung** vor Ort auswirkt.[379] Auch im Messewesen ist zu beobachten, dass Servicemitarbeiter durch digitale Technologien unterstützt oder gar ersetzt werden. Letzteres ist wesentlich davon abhängig, inwieweit es sich bei den zu verrichtenden Tätigkeiten um Routinetätigkeiten handelt, die von Maschinen akkurater, schneller und effizienter ausgeführt werden können.[380] Messeveranstalter stellen digitale Kiosksysteme auf ihren Messen auf, die als intelligente Agenten Besucheranfragen auch in unterschiedlichen Sprachen beantworten, wie etwa auf der *CES* in Las Vegas, bei der interaktive Kioske vor Ort eingesetzt werden, die den intelligenten Assistenten *Amazon Alexa* nutzen.[381]

In welche Richtung diese Entwicklung gehen kann, zeigen digitalisierte Hotelrezeptionen, die gänzlich ohne menschliche Servicekräfte auskommen,[382] oder auch intelligente Roboter, die auf Messen die Besucherbetreuung übernehmen.[383] Dadurch, dass intelligente Agenten mit jeder Interaktion selbständig dazulernen, wird deren Leistungsfähigkeit durch Einsätze in der Praxis weiter zunehmen.[384] Ganz gleich, ob sich der Besucher an Infoterminals oder intelligente Assistenten als Serviceoberfläche wendet, geht damit einher, dass Besucher eine aktive Rolle im Serviceprozess einnehmen.[385]

Auch in realen Interaktionen zwischen Servicemitarbeitern und Kunden greifen Kundenbetreuer auf digitale Geräte wie *Smart Glasses* oder sonstige *Wearables* zurück, die den Kundenbetreuer im Gespräch mit aktuellen Informationen aus

---

[379] In Abgrenzung zum Serviceangebot des Messeveranstalters werden hierunter gemäß der inhaltlichen Struktur des Geschäftsmodells lediglich solche Aktivitäten gefasst, die sich der allgemeinen organisatorischen Betreuung des Messebesuchs und der Messeteilnahme durch den Aussteller, wie auch dem Beschwerdemanagement der Interessengruppen widmen. Die Digitalisierung gesonderter vermarktungsfähiger Dienstleistungen wie Marketing-, Technik-, Standbau-, Personal-, Gastronomie- und Reiseservices sind also nicht Gegenstand der Betrachtung in diesem Abschnitt (vgl. Wiedmann & Kassubek (2017), S. 444).
[380] Vgl. Marinova et al. (2017), S. 31.
[381] Vgl. Kollmann (2005), S. 429ff.; Wiedmann & Kassubek (2017), S. 488; Larivière et al. (2017), S. 240; Grewal et al. (2017), S. 5; Funk (2017h).
[382] Vgl. Kotowski (2015).
[383] Vgl. GES (2017), S. 33.
[384] Vgl. Marinova et al. (2017), S. 31.
[385] Vgl. Larivière et al. (2017), S. 239; Milla (2017), S. 1129.

4.2 Die Auswirkungen der Digitalisierung ...

dem angeschlossenen CRM-System oder dem unternehmerischen Wissensmanagementsystem versorgen.[386] MARINOVA, DE RUYTER, HUANG, MEUTER & CHAGALLA beobachten hierzu, dass sich persönliche Kundeninteraktionen durch digitale Assistenten aus Sicht der Kunden individueller und wertvoller gestalten lassen.[387] Kundenbeziehungen in Servicebranchen ließen sich darauf aufbauend vertiefen und Verkaufsprozesse beschleunigen.[388]

Des Weiteren bietet insbesondere das ubiquitär genutzte Smartphone zahlreiche Anknüpfungspunkte für den Messeveranstalter, die Messeteilnehmer während der Veranstaltung zu begleiten und sie zu aktivieren.[389] Durch das Smartphone werden die Messeteilnehmer für den Messeveranstalter (und die Aussteller) persönlich identifizier- und ansprechbar.[390] Die Messeveranstalter befördern die intensive Smartphone-Nutzung auf der Messe, indem sie den Zugang auf das Messegelände per Smartphone ermöglichen und Funktionen von der Navigation bis hin zu elektronischen Bezahllösungen in auf die jeweilige Messe zugeschnittene Apps integrieren.[391] Während des Messeaufenthalts können Besucher über das Smartphone aktuelle Infos zur Messe und ihren Rahmenveranstaltungen erhalten.[392] Durch den Einsatz von NFC-Technologie, GPS und/oder WLAN sind darüber hinaus ortsbasierte, individuelle Angebote, wie etwa die Empfehlung eines Restaurants mit kürzerer Wartezeit, Vortragsempfehlungen oder die automatisierte Zusammenstellung von Informationen zu Ausstellern, die der Teilnehmer besucht hat, möglich.[393] Messeveranstalter erstellen individualisierte Messerundgänge auf Basis der Interessen und favorisierten Aussteller des Besuchers, die die Effizienz des Messebesuchs optimieren sollen.[394] Darüber erfolgt auch eine

---

[386] Vgl. Marinova et al. (2017), S. 31; Larivière et al. (2017), S. 240.
[387] Vgl. Marinova et al. (2017), S. 31.
[388] Vgl. Rust & Huang (2014), S. 208.
[389] Vgl. Friedman (2014), S. 7; Marinova et al. (2017), S. 29.
[390] Vgl. Seiler (2016b), S. 25; Sturm (2016c).
[391] Vgl. Wiedmann & Kassubek (2017), S. 448.
[392] Vgl. Messe Frankfurt GmbH (2012), S. 3; Ruetz (2018), S. 136.
[393] Vgl. Grewal et al. (2017), S. 2; Wiedmann & Kassubek (2017), S. 449; Funk (2017d); Ruetz (2018), S. 136; Seiler (2014b), S. 10. Für den Leuchtmittelhersteller *Osram* birgt dessen Einsatz von iBeacon-Technologie auf Messen auch den Effekt, als besonders innovativ wahrgenommen zu werden (Sturm (2016c)).
[394] Vgl. o. V. (2015e); Funk (2017a); GES (2017), S. 7 & 14; Johnson (2016), S. 19.

Kuration des Angebotes über die Auswahl und Hervorhebung der wichtigsten Neuheiten einer Messe, wie es etwa die *Deutsche Messe* im Rahmen der *Hannover Messe* anhand eines digitalen Innovationsführers praktiziert.[395]

Darüber hinaus kommen digitale Technologien zum Einsatz, um die Kundenzufriedenheiten von Ausstellern und Besuchern in Echtzeit erheben und gegebenenfalls umgehend reagieren zu können, noch bevor die Messe vorüber ist.[396] Als Beispiel sei hier die digitale Ausstellerplattform *VISIT* des Messeveranstalters *Informa* genannt, der hierüber im Vorfeld einer Messeveranstaltung die individuellen Ziele der Aussteller abfragt, dann die Anzahl geworbener Kontakte in Echtzeit während der Messe misst und bei Bedarf Maßnahmen veranlasst, um die Zielerreichung zu verbessern.[397]

Während WIEDMANN & KASSUBEK die Vorteile digitaler Technologien im Anwendungsfall Messe in der effizienteren Messebeteiligung der Marktteilnehmer, in deren vereinfachten Integration in die Organisations- und Steuerungsprozesse, in der Wahrnehmung der Messeveranstaltung als innovative Plattform sowie in der Erfüllung einer veränderten Anspruchshaltung bei Ausstellern und Besuchern sehen,[398] erfordert die Fülle an Möglichkeiten zum Einsatz digitaler Technologien in der Veranstaltungsumsetzung unbedingt, die jeweils damit verbundenen Auswirkungen auf den Kundennutzen zu berücksichtigen, um möglichst nur solche Technologien einzusetzen, die einen wirklichen Mehrwert bieten.[399]

Mit der weiter zunehmenden technischen Ausgereiftheit sowie veränderten Kundenerwartungen und -bedürfnissen wird der Einsatz digitaler Assistenten in der Aussteller- und Besucherbetreuung weiter zunehmen. Der Austausch zwischen Dienstleister und Kunden entwickelt sich dann vermehrt zu einer Kommunikation zwischen Mensch und Maschine.[400] Dies birgt für den Messeveranstalter das Risiko, den persönlichen Kontakt zum Kunden zu verlieren und sein Alleinstellungsmerkmal als Netzwerkmittler an digitale Assistenten abtreten zu müssen[401] und das obwohl menschliche Servicekräfte Kompetenzen

---

[395] Vgl. o. V. (2017c). Unterstützt werden die Navigationsfunktionen zudem durch Digital-Signage-Systeme, die an Messeplätzen wie der Koelnmesse die algorithmusbasierte Wegeführung mit Informationen für die Besucher und personalisierter Werbung kombinieren (vgl. Koelnmesse GmbH (2018b); Hombach (2015a)).
[396] Vgl. GES (2017), S. 25.
[397] Vgl. GES (2017), S. 12.
[398] Vgl. Wiedmann & Kassubek (2017), S. 443. Siehe zur veränderten Anspruchshaltung auch Marinova et al. (2017), S. 29.
[399] Vgl. Wiedmann & Kassubek (2017), S. 450.
[400] Vgl. Larivière et al. (2017), S. 239f.
[401] Vgl. Larivière et al. (2017), S. 240.

4.2 Die Auswirkungen der Digitalisierung ...

aufweisen, die Maschinen absehbar nicht in vergleichbarer Form besitzen werden.[402] Persönliche Interaktion ist in der Regel reichhaltiger an Emotionen,[403] was wiederum nachhaltigere Kundenbeziehungen fördert.[404] Auch digitalaffine Zielgruppen präferieren bisweilen den persönlichen Kontakt.[405] Da sich außerdem technische Lösungen in der Regel einfacher imitieren lassen, können sich aus persönlichen Kunden-Anbieter-Verhältnissen Differenzierungsmerkmale bis hin zu Wettbewerbsvorteilen aufbauen lassen,[406] die jedoch durch einen übermäßigen Einsatz digitaler Serviceassistenten gemindert werden.

Für den Messeveranstalter gilt es daher, in der einerseits von Effizienzdruck geprägten Unternehmensumwelt die richtige Balance zwischen einem zielführenden Einsatz digitaler Technologien und der Bewahrung seines Alleinstellungsmerkmals als Mittler persönlicher Beziehungen zu bewahren.[407] Dieses Gleichgewicht hängt wesentlich davon ab, an welche Kernzielbranchen sich ein Messeprodukt richtet und an welcher Stelle im Wertschöpfungsprozess Kunde und Messeveranstalter miteinander agieren.[408]

Ebenso wie der Technologieeinsatz in der Aussteller- und Besucherbetreuung besitzt auch die Verwendung von VR-Systemen auf Messen das Potenzial, die Geschäftsgrundlage eines Messeveranstalters herauszufordern.[409] In einer Szenarioanalyse halten es KIRCHGEORG, ERMER & WIEDMANN für möglich, dass sich die Standflächen auf Messen zunehmend verkleinern werden, weil große Ausstellungsstücke in Zukunft nicht mehr real abgebildet, sondern über VR-Systeme präsentiert werden.[410] Obschon ein Teil der anziehenden Wirkung von VR-Systemen auf Messebesucher sicherlich in deren Neuartigkeit begründet liegt und dieser Faktor die inhaltliche Attraktivität bisweilen überlagert,[411] haben GIBSON & O'RAWE ermittelt, dass VR-Systeme Messebesuchern durchaus einzigartige Erlebnisse ermöglichen.[412] In einer Erhebung der *Messe Frankfurt* zeigten besonders junge potenzielle Messeteilnehmer im Alter von 20 Jahren und

---

[402] Vgl. Bowen (2016); Lages & Piercy (2012).
[403] Vgl. Marinova et al. (2017), S. 40.
[404] Vgl. Larivière et al. (2017), S. 241.
[405] Vgl. De Keyser, Schepers & Konuş (2015); Marinova et al. (2017), S. 39.
[406] Vgl. Wirtz & Jerger (2016).
[407] Vgl. Funk (2017a).
[408] Vgl. De Keyser et al. (2015).
[409] Vgl. Kollmann (2005), S. 435; Hattendorf (2016a).
[410] Vgl. Kirchgeorg et al. (2012), S. 35; Dittrich & Kausch (2017), S. 476.
[411] Vgl. Ruetz (2018), S. 144ff.; Marinova et al. (2017), S. 39.
[412] Vgl. Gibson & O'Rawe (2018), S. 7.

jünger ein besonderes Interesse für VR- und AR-Anwendungen auf Messen.[413] Inwieweit der Einsatz von VR die Attraktivität von Messen sogar erhöht oder Menschen dazu veranlasst, die virtuelle Begegnung dem persönlichen Austausch und dem physischen Erlebnis vorzuziehen, scheint weniger von den technischen Potenzialen von VR abzuhängen, sondern eher von den Präferenzen und Bedürfnissen der Menschen in Bezug auf die persönliche Begegnung.[414]

Schließlich besteht eine weitere, aus der Digitalisierung resultierende Herausforderung für die Veranstaltungsumsetzung darin, den Besucher weiterhin umfassend über das aktuelle Messegeschehen zu informieren ohne ihn einem Informationsüberfluss auszusetzen. Der Einrichtung digitaler Erlebniswelten, die den Messebesuch zu einer einzigartigen Erfahrung machen sollen, wohnt das Risiko inne, dass die Messebesucher von den vielen Reizen überflutet werden. Die Problematik, dass insbesondere auf Messen eine Vielzahl an Anbietern über verschiedene Kanäle auf die Messebesucher einwirkt und bei diesem einen *Informationsoverload* hervorrufen kann, ist hinlänglich bekannt.[415] So wirkt die von Messeveranstaltern durch verschiedene Dienstleistungsangebote noch forcierte Nutzung von Smartphones auf der Messe darauf hin, dass eine tiefgreifende, physische und psychische Auseinandersetzung der Messebesucher mit den dargestellten Produkten, Dienstleistungen und Inhalten bisweilen ausbleibt.[416] Der Messeaussteller *Osram* sieht aus diesem Grund immer größere Schwierigkeiten, mit seinen Informationen zu den Messebesuchern durchzudringen.[417] Solche Entwicklungen führen letztlich dazu, dass Besucher das Live-Momentum verpassen, weil ihre Aufmerksamkeit zu sehr auf ihr Smartphone gerichtet ist.[418]

---

[413] Vgl. Messe Frankfurt GmbH (2018).

[414] Vgl. Nittbaur (2001), S. 127; Friedman (2013), S. 9.

[415] Vgl. Kollmann (2005), S. 429. Das Konzept des *Informationsoverloads* lässt sich vereinfacht mit dem Zustand beschreiben, wenn die Menge der zu verarbeitenden Information die Kapazitäten zu deren hinreichenden Verarbeitung überschreitet. Einen Informationsoverload hat es unabhängig von der Digitalisierung auch schon in früheren Phasen der Menschheitsgeschichte gegeben, allerdings wird das Phänomen durch die gestiegene Menge an Information erheblich verschärft (vgl. Eppler & Mengis (2004), S. 326; Miller (1955); Rutkowski & Saunders (2010), S. 96; Hallowell (2005), S. 57; Bawden & Robinson (2009), S. 182; Karr-Wisniewski & Lu (2010), S. 1061).

[416] Verschiedentlich halten Messeexperten daher Ruhebereiche für Besucher für unabdingbar, um der Reizüberflutung entgegenzuwirken (vgl. Buhl-Wagner & Schick-Okesson (2003), S. 1108; GES (2017), S. 37).

[417] Vgl. Sturm (2016a).

[418] Vgl. o. V. (2016e), S. 35; Przybylski & Weinstein (2013), S. 238.

4.2 Die Auswirkungen der Digitalisierung ...

Angesichts der Fülle an Eindrücken und Informationen, die auf sie einströmen, wird die Mehrzahl der Messebesucher zu gegebener Zeit die weitere Informationsaufnahme abblocken, um einen Informationsoverload zu vermeiden.[419] In jedem Fall fällt es dem Messeteilnehmer in solch einer Atmosphäre schwer, relevante Informationen von unwichtigen zu unterscheiden, so dass zwangsläufig für ihn wertvolle Informationen nicht mehr vollständig zu ihm durchdringen.[420]

Erkenntnisse aus dem Einzelhandel deuten an, dass banale Installationen bisweilen mehr Aufmerksamkeit erfahren, als technologieaufgeladene Erlebniswelten.[421] Die Reduktion auf das Wesentliche kann Prägnanz für die Marken- und Produktwahrnehmung schaffen.[422] Um auf Messen das Ablenkungspotenzial durch digitale Geräte zu minimieren, wird eine Schaffung gerätefreier Bereiche oder ein Fokus auf technologiefreie Ansätze, Besucher für eine Messeveranstaltung zu begeistern, diskutiert.[423]

Unter diesen Umständen sollten Messeveranstalter maßvoll mit dem Einsatz digitaler Technologien umgehen und stetig überprüfen, ob digitale Hilfsmittel auf der Messe für den Messeteilnehmer weiterhin nützlich sind, indem sie unterhalten, lehren und begeistern oder aber vermehrt langweilen oder gar als störend empfunden werden.[424] Digitalisierung soll die Messeveranstaltung unterstützen, sie aber nicht dominieren und zum Selbstzweck verkommen, indem immer hochentwickeltere Werkzeuge eingesetzt werden, die das technisch Machbare demonstrieren, aber für den Messeteilnehmer keinen Zusatznutzen bieten.[425] Unter der Voraussetzung, dass es ein entscheidendes Alleinstellungsmerkmal der Messeveranstaltung ist, die persönliche, direkte Erfahrung zu ermöglichen, wird stattdessen empfohlen, Technologien einzusetzen, die sich nicht aufdrängen und die den Kommunikationszielen der Messe dienen, indem sie die persönliche Begegnung in den Mittelpunkt stellen.[426] Digitale Technologien auf Messen sollen dazu dienen, den Live-Moment vorzubereiten und das Interesse anzuregen,

---

[419] Vgl. Jacoby (1984), S. 435.
[420] Vgl. Lee, Son & Kim (2016), S. 58; Jacoby (1984), S. 435.
[421] Vgl. Kessler (2016b), S. 22.
[422] Vgl. Milla (2017), S. 1126; Karle (2011b), S. 66; Kahn (2017), S. 40; Grewal et al. (2017), S. 2f.
[423] Vgl. GES (2015), S. 6.
[424] Vgl. Gardiner (2015), S. 25; Funk (2017h); Koenen & Terpitz (2019). Eine ähnliche Diskussion begleitet auch den Einsatz digitaler Technologien im Einzelhandel (vgl. Blázquez (2014), S. 99).
[425] Vgl. Buller (2016), S. 19. Souchay (2016), S. 23; Steger (2015); o. V. (2016e), S. 35; Kessler (2016b), S. 22.
[426] Vgl. Milla (2017), S. 1129f.

im entscheidenden Moment aber in den Hintergrund treten, um es dem Messebesucher zu ermöglichen, den persönlichen Kontakt oder mehrwertstiftende Inhalte uneingeschränkt wahrzunehmen.[427]

Optional könnten die Messeveranstalter auch ihre Kuratierungsfunktion ausweiten, indem sie den Messeteilnehmern zukünftig personalisierte Empfehlungen auf Basis ihrer individuellen Präferenzen aussprechen.[428] GREWAL, ROGGEVEEN & NORDFÄLT sowie RUST & HUANG erkennen hierin Potenzial, Mehrwerte für den Kunden zu liefern und die Kundenbeziehung zu vertiefen.[429] Nicht nur bei solchen Kuratierungsvorhaben, sondern allgemein bei der Gestaltung des auf Effizienz ausgerichteten Messebesuchs,[430] ist für die Messeveranstalter zu berücksichtigen, dass ein Mehrwert der Messeveranstaltung stets auch in Überraschungsmomenten und neuen Reizen liegt.[431]

Zusammenfassung Schlüsselelement Veranstaltungsumsetzung: *So wie die Digitalisierung die Messeveranstalter mit zahlreichen neuen Möglichkeiten ausstattet, ihre Messefunktionen im Rahmen der Veranstaltungsumsetzung besser wahrzunehmen, ist darin auch die Gefahr enthalten, über das Ziel hinaus den Fokus auf die persönliche Begegnung und das physische Erlebnis zu verlieren und so die Qualität der Veranstaltung zu mindern. Das kann sowohl aus einer Reizüberflutung unterstützt durch den übermäßigen Einsatz digitaler Technologien resultieren, aber auch durch den umfassenden Austausch menschlicher Servicekräfte durch digitale Assistenten. Darüber hinaus sind die Messeveranstalter angehalten, den Einsatz von VR-Systemen bei Bedarf so in ihre Messekonzepte zu integrieren, dass das Interesse am Messebesuch eher einen zusätzlichen Reiz erfährt, als dass sich parallel zur technologischen Weiterentwicklung sowohl Flächen- wie auch Besucherzahlen der Messen verringern.*

Schlussendlich lässt sich das Spannungsfeld der Messeveranstalter zwischen effizienz- und effektivitätsgetriebener Digitalisierung und der Besinnung auf das Kernprodukt persönliche Begegnung nur auflösen, indem der Einsatz digitaler Technologie in der Veranstaltungsumsetzung unter konsequenter Ausrichtung auf

---

[427]Vgl. Piotrowicz & Cuthbertson (2014), S. 11; o. V. (2016e), S. 35.

[428]Vgl. Karr-Wisniewski & Lu (2010), S. 1071; Bawden & Robinson (2009), S. 182; Klett (2019); o. V. (2017c).

[429]Vgl. Grewal et al. (2017), S. 1; Rust & Huang (2014), S. 208.

[430]Vgl. Johnson (2016), S. 19.

[431]Vgl. Grewal et al. (2017), S. 1; Woodward (2015a), S. 15; Karr-Wisniewski & Lu (2010), S. 1063; Bawden & Robinson (2009), S. 183 und auch Cukier & Mayer-Schönberger (2013), S. 40.

spürbare Mehrwerte für die Marktteilnehmer und Fokussierung auf die Alleinstellungsmerkmale der Messeveranstaltung erfolgt und letztere herausstellt. Es scheint mehr denn je Aufgabe der Messeveranstalter, die Marktteilnehmer auf analogem wie digitalem Wege für die persönliche Erfahrung zu begeistern und Mittelwege, wie den Einsatz von Wearables in der persönlichen Kundenbetreuung, zu finden, die die Vorzüge beider Welten reibungslos kombinieren. Dabei ist der Einsatz digitaler Technologie stets in seiner Gesamtheit zu betrachten, um Wechselwirkungen zu anderen Einsatzbereichen und Kommunikationszielen erfassen zu können.

Erfolgreiche Messeveranstaltungen werden sich in Zukunft von nichterfolgreichen auch über den optimalen Technologieeinsatz differenzieren. Im Schlüsselelement Veranstaltungsumsetzung sind dementsprechend essentielle Erfolgsfaktoren für die Messeveranstalter im Umgang mit der Digitalisierung enthalten, deren operative Handhabung hohe Aufmerksamkeit von Seiten der Messeverantwortlichen erfordert.

Schlüsselelement Serviceangebot unter dem Einfluss der Digitalisierung
Neben Umsetzung und Ausgestaltung des Messeproduktes muss auch unbedingt das **Serviceangebot** unter Einfluss der Digitalisierung betrachtet werden, denn die Digitalisierung befähigt die Messeveranstalter mittels verschiedener digitaler Technologien und Güter dazu, ihr Dienstleistungsportfolio über die Vermarktung von Ausstellungsflächen hinaus bis hin zu weithin messeunabhängigen Dienstleistungen weiterzuentwickeln.[432] Unter anderem NITTBAUR erkennt in der strategischen Integration digitaler Medien „in den Prozess der Leistungserbringung [...] erhebliches Potenzial für die Erzielung von Alleinstellungsmerkmalen".[433] Das Potenzial solcher Alleinstellungsmerkmale, das eng mit der Strategie der Messeveranstalter verknüpft ist, sich im Zuge der Digitalisierung vermehrt als integrierter Marketing- und Kommunikationsdienstleister zu positionieren,[434] macht das Serviceangebot der Messeveranstalter zu einem Schlüsselelement im Rahmen der Wertschöpfung.

Allgemein kristallisieren sich zwei Entwicklungsströmungen bezüglich der Effekte der Digitalisierung auf das Serviceangebot eines Messeveranstalters heraus: Zum einen entwickeln die Messeveranstalter eine Vielzahl an digitalen Services mit dem unmittelbaren Ziel, Ausstellern und Besuchern eine optimierte

---

[432]Vgl. Kalka (2005d), S. 355; Stoeck & Schraudy (2017); Siskind (2015b).
[433]Nittbaur (2001), S. 126. Damit geht idealerweise auch eine Erhöhung des Anteils der Serviceerlöse am Gesamtumsatz einher (vgl. Rahmen (2003), S. 579).
[434]Vgl. Stoeck & Schraudy (2017), S. 166.

Teilnahme an der realen Messe zu ermöglichen.[435] In ihrer Rolle als Netzwerkbetreiber erfahren Messeveranstalter dahingehend erhebliche technologische Unterstützung.[436] Zum anderen ist zu beobachten, dass Messeveranstalter digitale Kanäle nutzen, um sich von Flächenvermarktern hin zu Managern von Geschäftsbeziehungen im Allgemeinen zu entwickeln, bei denen die persönliche Begegnung nur eine von mehreren Möglichkeiten darstellt, Menschen zusammenzuführen.[437] Dies bedeutet, dass die Bildung, Pflege und Präsentation von Branchencommunities von der realen Umgebung auf virtuelle Wege ausgeweitet wird. Insgesamt stellt sich das Serviceangebot der Messeveranstalter damit zunehmend unabhängig vom Kernprodukt Messe dar.[438]

In einer repräsentativen Befragung des Weltmesseverbandes *UFI* gaben kürzlich zwei Drittel der befragten Messeveranstalter (in Deutschland sogar derer 100%) an, **digitale Dienstleistungen rund um bestehende Messeveranstaltungen** anzubieten und weiterzuentwickeln.[439] Die Bandbreite an digitalen Services reicht dabei von digitalen Plattformen zu Informationszwecken für Aussteller und Besucher (Websites, Apps und Seiten in sozialen Medien), digitalen Kommunikationsmedien (z. B. Newsletter), über digitale Werbemöglichkeiten im Web wie im Gelände, digitale Matchmaking-Programme, digitale Technologien für die Ausstellerpräsentation (z. B. VR) und zur Lead-Generierung, bis hin zu Beratungsleistungen für Messeaussteller in Bezug auf deren Online-Vermarktung sowie die Versorgung von Ausstellern und Besuchern mit drahtlosen Internetverbindungen.[440] Sowohl Besucher als auch Aussteller können außerdem von digitalen Live-Streaming Angeboten zu Ausstellungsständen und Sonderflächen profitieren, bei denen die Botschaften der Messeteilnehmer über soziale Medien oder andere digitale Plattformen in zusätzliche Zielgruppen getragen werden.[441] Einen Meilenstein für die Entwicklung der Messeservices stellen dabei die technologischen Errungenschaften des Web 2.0 dar, weil insbesondere durch hinzugefügte interaktive Funktionalitäten und Individualisierungsoptionen neue Möglichkeiten entstehen, Messen und deren Aussteller zu vermarkten und sie in den Erstellungs- und Vermarktungsprozess einzubinden.[442]

---

[435]Vgl. Böse (2015); Hartmann (2016).
[436]Vgl. Larivière et al. (2017), S. 240.
[437]Vgl. Seiler (2016a), S. 37.
[438]Vgl. Seiler (2016c), S. 28.
[439]UFI (2017), S. 11.
[440]Vgl. Hombach (2015a).
[441]Vgl. Karle (2016); Funk (2017c); Schmid (2015); Giersberg (2017).
[442]Vgl. Stoeck & Schraudy (2017), S. 172.

4.2 Die Auswirkungen der Digitalisierung ...

Neben den genannten Dienstleistungen zur Unterstützung der Messeteilnehmer streben die Messeveranstalter auch danach, den eigentlichen Kern ihres Dienstleistungsangebotes bestehend aus der möglichst passgenauen Zusammenführung von Anbietern und Nachfragern durch intelligente Matchmaking-Services zu digitalisieren.[443] Dahinter verbirgt sich die Intention, Angebot und Nachfrage schon im Vorfeld der Messe zu sondieren, um möglichst ergiebige Gespräche zu ermöglichen, aber auch Optionen zu schaffen, bei Neukontakten das sprichwörtliche Eis durch eine vorher erfolgte, virtuelle Kontaktaufnahme zu brechen.[444] Die Spanne an verschiedenen Matchmaking-Programmen reicht dabei von einfachen Verknüpfungen von Ausstellern mit Besuchern auf einer in die Messewebsite integrierten Matchmaking-Plattform, bis hin zum intelligenten Abgleich von Aussteller- und Besucherprofilen auf der Basis von statistisch basierten Verhaltensmustern.[445] Intelligente Matchmaking-Lösungen, die beispielsweise auf *Tracking Cookies* und Profile in sozialen Medien zugreifen und Anbieter und Nachfrager per Algorithmus zusammenführen, sind aus der Messebranche bislang noch nicht bekannt, was auch an den bereits thematisierten, mangelnden Kompetenzen der Messeveranstalter im Bereich Datenanalyse mag.[446]

Entscheidend für das Angebot und die Nutzung der oben genannten Services sind digitale Plattformen und Benutzeroberflächen, die je nach Perspektive sowohl einen Servicekanal als auch eine Dienstleistung selbst darstellen können.[447] Chronologisch lässt sich die Entwicklung der digitalen Plattformen der Messeveranstalter von den ersten Messewebsites zur einseitigen Information über Web 2.0-Plattformen wie Apps und interaktive Messe- und Branchenplattformen bis hin zu einem Ausbau des virtuellen Angebotes zu virtuellen Messen nachverfolgen.[448] Gleichzeitig kann sich währenddessen auch die Funktion der Plattformen im Wertschöpfungssystem der Messeveranstalter erheblich verändern, wie der Vergleich zwischen den ersten Messewebseiten und heutigen Messeportalen zeigt.[449] Erstere Plattformart ist darauf ausgerichtet, einseitig Aussteller und

---

[443] Vgl. Kirchgeorg et al. (2012), S. 27; Hattendorf (2012), S. 66.
[444] Vgl. Gardiner (2015), S. 26.
[445] Vgl. Seiler (2014b), S. 10.
[446] Siehe hierzu auch Kolbrück (2016). Hier sei als Beispiel für Möglichkeiten, sich dieser Analysekompetenz zur befähigen, die Zusammenarbeit des Messeveranstalters *UBM* mit dem E-Commerce-Unternehmen *Alibaba* genannt, die Marktteilnehmer aufgrund derer Profile und Suchanfragen auf den jeweiligen Plattformen zusammenführen (Hattendorf (2016b), S. 38).
[447] Vgl. Pellizzoni, Trabucchi & Buganza (2019).
[448] Vgl. Wiedmann & Kassubek (2017), S. 447.
[449] Vgl. Grimm (2004), S. 251.

Besucher in der Messevorbereitung zu unterstützen, indem ihnen weitreichende Informationen zu Produkten und Rahmenprogrammen, sowie Hinweise zu Ausstellerservices, Öffnungszeiten, Hallenplan, Anreise, Teilnahmebedingungen bis hin zum Ticketkauf an die Hand gegeben werden.[450] Die technischen Potenziale des Web 2.0 geben den Messeveranstaltern inzwischen die Möglichkeit, ihre Webseiten zu Messeportalen auszubauen, die durch interaktive Funktionalitäten und Multimediaintegration dazu imstande sind, über die einseitige Kommunikation hinaus die Kommunikationsmuster zwischen Marktteilnehmern und Messeveranstaltern, aber davon unabhängig auch den Ausstellern und Besuchern untereinander von einem *one-to-many* zu einem *many-to-many* zu prägen.[451] So lassen sich intelligente, ganzjährige Matchmaking-Funktionen in die Messeportale integrieren, die helfen, den Kundendialog auch zwischen den Messen aufrechtzuerhalten und effizient zu kanalisieren. Gleichzeitig kann die Fülle an Messeinhalten, also vornehmlich *User Generated Content*, per Multimediaintegration, Live-Streams und Verknüpfungen mit sozialen Netzwerken genutzt werden, um die Reichweite der Messe über digitale Kanäle erheblich zu vergrößern.[452]

Das Messeportal liefert nach WAGNER daher weit mehr als nur Informationen zur Messe, sondern repräsentiert vielmehr eine Möglichkeit, über eine digitale, ganzjährig attraktive Plattform in eine Branche einzusteigen und mit ihr im Austausch zu bleiben.[453] Wichtig für die gleichbleibend hohe Attraktivität des Portals sind Mehrwert stiftende Funktionen, wie etwa Matchmaking, aber auch exklusive, aktuelle Inhalte, die Marktteilnehmer immer wieder auf das Messeportal locken.[454] Potenziell gelingt es dem Messeveranstalter, Geschäftsbeziehungen auch örtlich und zeitlich unabhängig von der Messeveranstaltung zu betreuen und zu vertiefen.[455] In einer solchen Konstellation kann die Messe zum auf den persönlichen Kontakt ausgerichteten Kulminationspunkt einer ganzjährig begleiteten Geschäftsbeziehung werden.[456]

Zahlreiche Beispiele von Messeveranstaltern, die Messeportale unterhalten, zeigen die hohe Bedeutung, die die Branche den digitalen Plattformen als Dienstleistung und Kommunikationskanal beimisst. Die konzeptionellen Übergänge von

---

[450] Vgl. Wagner (2017), S. 495f.; Seiler (2016a), S. 37.
[451] Vgl. Leonardi & Vaast (2017), S. 167.
[452] Vgl. Stoeck & Schraudy (2017), S. 172; Nittbaur (2001), S. 296.
[453] Vgl. Wagner (2017), S. 494; Karle (2011b), S. 64 und 83.
[454] Vgl. Seiler (2016a), S. 37; Grimm (2004), S. 251.
[455] Vgl. Hattendorf & Laudi (2016).
[456] Vgl. Stoeck & Schraudy (2017), S. 166; Hencke (2016), S. 7; Friedman (2013), S. 7.

4.2 Die Auswirkungen der Digitalisierung ...

Messewebseiten zu Messeportalen und von Messeportalen zu Branchenportalen, die die Messe inhaltlich nur noch als eines von vielen Themen begleiten, sind dabei fließend.[457] Während etwa die virtuellen Erweiterungen der *bauma* oder der Modemesse *Panorama Berlin* die Messeveranstaltung inhaltlich in den Vordergrund stellen,[458] entstehen auch Portale, die die Branchenteilnehmer über redaktionelle Inhalte ansprechen und nur latent auf mit dem Portal verknüpfte Messeveranstaltungen hinweisen.[459] Die Themenkompetenz für solche Plattformen stammt in der Regel aus den Kernzielbranchen der Messeveranstalter. In Kombination befruchten sich reale Messe und virtuelle Ergänzung dadurch, dass das Messeportal das Interesse an der Messeveranstaltung so erhöht, dass sich der Portalbesucher einen zusätzlichen Nutzen vom Besuch der realen Messe verspricht und dieser Nutzen in der Messenachbereitung wiederum durch das Messeportal erhöht wird.[460] Damit geht das Ziel einer, die räumlichen und zeitlichen Grenzen in den Kundenbeziehungen des Messeveranstalters fließend zu gestalten.[461]

Der Extremtypus der Virtualisierung realer Messen und der Weiterentwicklung der Messewebseiten ist schließlich die virtuelle Messe.[462] GEIGENMÜLLER definiert diese als „web-based platforms where customers, suppliers and distributors can get together virtually at any time and from any place. Attendees can visit virtual halls and booths online to obtain information about a company's

---

[457] Vgl. Wiedmann & Kassubek (2017), S. 440.

[458] Vgl. Kolbrück (2015a); Appel (2016b). Die *bauma* fängt über ihr Messeportal zum Beispiel einen Ausstellernachfrageüberschuss ab, indem sie Unternehmen auf der Warteliste anbietet, sich zumindest virtuell im Ausstellerverzeichnis präsentieren und Meetingräume auf der Messe mieten zu dürfen.

[459] Vgl. dimedis GmbH (2015); o. V. (2016h), S. 35; Karle (2011b), S. 83; Wagner (2017), S. 509f. Beispielhaft sei hier das Koelnmesse-Einrichtungsportal *ambista* genannt, auf dem Aussteller der Messen branchenübergreifend und ganzjährig ihre Produkte und Dienstleistungen vorstellen können und das von Einkäufern für die zielgerichtete Lieferantensuche und die Kontaktanbahnung genutzt werden soll.

[460] Vgl. Kane (2015a); Scheer (2016).

[461] Vgl. Seiler (2016a), S. 35; Nittbaur (2001), S. 126. Dafür eignen sich in besonderem Maße auch Apps der Veranstalter, die ebenfalls Plattform und Dienstleistung in einem darstellen. Durch entsprechende Apps ist das jeweilige Messeportal stets mit einem Handstreich für die Marktteilnehmer erreichbar und liefert daran angelehnte Funktionen von der Aussteller- und Besucherinformation in Echtzeit über Navigationsmöglichkeiten und Matchmaking-Angeboten (vgl. Sturm (2016d); Hombach (2015a); Messe Frankfurt GmbH (2012), S. 7; Funk (2017b); Gardiner (2015), S. 26).

[462] Vgl. Kollmann (2005), S. 435; Wiedmann & Kassubek (2017), S. 440; Wagner (2017), S. 498.

profile, its products and its services, and interactions between exhibitors and visitors take place entirely in a multimedia-based environment comprised of textual, visual, and acoustical elements."[463] Funktionen des Web 2.0 und in Zukunft speziell Virtual Reality-Systeme machen es möglich, dass Besucher virtueller Messen ein zunehmend realistischeres Messeerlebnis erfahren, dabei Ausstellungsstände betreten und mit virtuellen Ausstellern per Chat oder VoIP in Echtzeit kommunizieren können.[464] Unter anderem die *Panorama Berlin* bietet schon heute in Ergänzung zur realen Messe eine vollständige „digitale Kopie" in Form einer virtuellen Messe.[465]

Obschon laut KOLLMANN die Funktionen der virtuellen Messe denen der realen Messe ähneln, bestehen offensichtliche Unterschiede in den Bedingungen, unter denen die Interaktion der Marktteilnehmer auf der entsprechenden Plattform stattfindet, da der Informationsaustausch auf der virtuellen Messe ausschließlich indirekt bzw. elektronisch stattfindet und auch Transaktionen nur indirekt getätigt, weil sie allenfalls virtuell vorbereitet werden können.[466] Schon seit Mitte der 1990er Jahre hat es intensive Bemühungen von Messeveranstaltern, insbesondere jedoch von Unternehmen von außerhalb der Messebranche gegeben, virtuelle Messen zu veranstalten.[467] Der Erfolg war seinerzeit begrenzt, da die Interaktion der Marktteilnehmer nur sehr eingeschränkt möglich und die Besichtigung der Ausstellungsobjekte aufwändig waren.[468] Zudem vermissen Nutzer den Leuchtturm- bzw. Ereignischarakter der realen Messe ebenso wie deren Motivationsfunktion für alle Marktteilnehmer.[469] Bisweilen wird der virtuellen Messe gar die Richtigkeit der Begriffsverwendung „Messe" abgesprochen, weil sie nicht zeitlich begrenzt Angebot und Nachfrage zusammenführe und keine realen Begegnungen schaffe.[470] Schlussendlich hängen die Erfolgschancen virtueller Messen maßgeblich von den Konsumpräferenzen künftiger Generationen ab.[471]

Vor dem Hintergrund, dass einige Messeveranstalter anstreben, sich zu integrierten Marketing- und Kommunikationsdienstleistern zu entwickeln, die

---

[463] Geigenmüller (2010), S. 286.
[464] Vgl. Kollmann (2005), S. 435; Geigenmüller (2010), S. 286; Gladitsch (2003), S. 676.
[465] Vgl. Appel (2016b).
[466] Vgl. Kollmann (2005), S. 433f. Siehe zu den deckungsgleichen Funktionen der realen und virtuellen Messe auch Hattendorf (2015b).
[467] Vgl. Dittrich & Kausch (2017), S. 474; Reeve-Crook (2015), S. 175f.
[468] Vgl. Nittbaur (2001), S. 297; Robertz (1999), S. 90f.
[469] Vgl. Robertz (1999), S. 88 und 90f.
[470] Vgl. Wagner (2017), S. 500; Seiler (2016d), S. 34; Böse (2017), S. 454.
[471] Vgl. Robertz (1999), S. 91; Kollmann (2005), S. 435.

4.2 Die Auswirkungen der Digitalisierung ...

Geschäftsbeziehungen zwischen Anbietern und Nachfragern plattformunabhängig ermöglichen,[472] wird die Schaffung, Entwicklung und Darstellung von virtuellen Branchencommunities mit Hilfe der skizzierten Plattformen zu einem entscheidenden Bestandteil des Serviceangebots der Messeveranstalter.[473] Für die Messeveranstalter sind virtuelle Communities auch eine Quelle für neue Geschäftspotenziale.[474] LEIMEISTER, SIDIRAS & KRCMAR definieren virtuelle Communities als Gemeinschaft von Personen, die sozial über eine technische Plattform interagieren und deren Zusammengehörigkeit auf gemeinsamen Interessen, Herausforderungen oder Aufgaben basiert.[475] So verschafft die Digitalisierung dem Messeveranstalter neue Mittel, einen intensiven unterjährigen Austausch der Communitymitglieder zu Produkten, Trends und Innovationen zu ermöglichen und somit die Beziehungen zur und innerhalb der Branche zu vertiefen und auszuweiten.[476]

Der Bedarf nach virtuellen Communities, die die Zusammenführung von Angebot und Nachfrage in den digitalen Raum verlängern, steigt.[477] Dadurch, dass sich E-Commerce-Unternehmen, soziale Medien, aber auch klassische Medienunternehmen anschicken, eigene Branchenportale zu entwickeln, die die Messeveranstalter als Intermediäre der Geschäftsbeziehungen zwischen Anbietern und Nachfragern langfristig verdrängen könnten, entsteht weiterer Handlungsdruck für die Messeveranstalter, virtuelle Plattformen zu entwickeln.[478] Für die Messeveranstalter stehen dabei die Bewahrung der Kommunikationsfunktion der Messe, der Schutz von Themenführerschaften und das Heben neuer Geschäftspotentiale innerhalb einer Branche auf dem Spiel.[479]

Innerhalb dieses Umfelds vermag es den Messeveranstaltern beim Aufbau virtueller Branchenportale und -communities zum Startvorteil gereichen, dass durch bestehende Branchenmessen bereits ein positiv behafteter Reputationsaufbau innerhalb einer Branche stattgefunden hat. Die Bedeutung der Messeveranstaltung als Kern dieses Serviceangebotes zeigt sich in der Beobachtung, dass vereinzelt sogar neue Messeveranstaltungen entwickelt werden, einzig um darauf basierend

---

[472] Vgl. Seiler (2016c), S. 29.
[473] Vgl. Nittbaur (2001), S. 127.
[474] Vgl. Hamaide (2014); Stoeck & Schraudy (2017), S. 170.
[475] Leimeister, Sidiras & Krcmar (2006), S. 279.
[476] Vgl. Kannan & Li (2017), S. 28; Wiedmann & Kassubek (2017), S. 449.
[477] Vgl. o. V. (2016h), S. 34; Grimm (2004), S. 31.
[478] Vgl. Quack (2015); Seiler (2016a); Nittbaur (2001), S. 298; Friedman (2015), S. 16.
[479] Vgl. Wagner (2017), S. 506.

virtuelle Branchenplattformen aufzubauen.[480] Darüber hinaus können Messeveranstalter auf erhebliches Interesse am digitalen Messeportal kurz vor, während und unmittelbar nach der Messeveranstaltung setzen. Um diese kritische Masse auch unterjährig für die Beteiligung an der virtuellen Community zu begeistern, empfiehlt es sich, neben nützlichen Funktionen und starken Inhalten weitere Kommunikationsaktivitäten auf dem Portal in Form von Blogs und Diskussionsforen anzubieten.[481] Beispiele für exklusive, attraktive Inhalte im Messe- und Veranstaltungskontext liefert etwa die Kunstmesse *Art Basel*, die den Mitgliedern ihrer virtuellen Community aktuelle Reports zum Kunstmarkt zur Verfügung stellt.[482] Als weiteres Beispiel für virtuelle Communities in der Messewirtschaft, die auch dank ihrer Inhalte erfolgreich sind, sei die rund um die *heimtextil*, internationale Fachmesse für Wohn- und Objekttextilien in Frankfurt, entwickelte virtuelle Community genannt. Das Portal integriert relevante Inhalte aus verschiedenen Kanälen vom eigenen Blog und Präsenzen auf *Facebook*, *Twitter*, *Instagram* und *LinkedIn* über Beiträge führender Medien bis hin zu Ausstellerinhalten, die häufig besondere Aufmerksamkeit erfahren.[483]

Obschon die digitalen Services der Messeveranstalter auch weiterhin stark vom bestehenden Messegeschäft geprägt sind,[484] streben die Messeveranstalter auch nach Dienstleistungsangeboten, die nicht mehr direkt mit den Messeveranstaltungen in Verbindung stehen.[485] Dabei kann der Übergang bei Messen- und Branchenportalen fließend sein und eine entsprechende Verbindung zur Messe durch einen einzigen Link hergestellt werden. Eine globale Umfrage des Weltmesseverbandes *UFI* ermittelte diesbezüglich, dass ein Fünftel der befragten Messeveranstalter digitale Services auf den Weg bringen will, die in keinem unmittelbaren Zusammenhang zum Messegeschäft stehen.[486] Als Beispiel aus der Praxis seien von Messeveranstaltern, wie der *Deutschen Messe*, angebotene

---

[480]Vgl. o. V. (2016f), S. 41.
[481]Vgl. Hencke (2016), S. 8; Sommer (2014), S. 29. Beispielhaft sei hier das digitale Portal rund um die internationale Leitmesse ISPO erwähnt, das heute als ein globaler Marktplatz der Sportartikelbranche gilt, der neben aktuellen Brancheninformationen auch den Austausch der Marktteilnehmer mit attraktiven Formaten forciert. McWILLIAM sieht ein übermäßiges Eingreifen des Plattformbetreibers in die Interaktionen der Community gar als schädlich für den Erfolg der Plattform an (McWilliam (2000), S. 49).
[482]Vgl. Seiler (2016a), S. 37.
[483]Vgl. Karle (2016); Schwenzfeier (2016); Messe Frankfurt GmbH (2019).
[484]Vgl. Hattendorf (2012), S. 66.
[485]Vgl. Baumgartner (2015), S. 11.
[486]UFI (2017), S. 11.

4.2 Die Auswirkungen der Digitalisierung ...

Datenservices angeführt, bei denen Unternehmen Teile der Datenbanken der Messeveranstalter nutzen können, ohne dass es dafür eines Engagements als Aussteller oder Besucher bedarf.[487] Darüber hinaus ist ein vermehrtes Engagement der Messeveranstalter in messeferne, digitale Plattformen, sei es der Kauf des B2B-Orderportals für die Wohn- und Einrichtungsbranche *Nextrade* durch die *Messe Frankfurt* oder auch der Aufbau der digitalen Orderplattform *ShopToys365* vom messeveranstaltenden Verband *US Toy Industry Association*, zu beobachten, die allesamt ohne direkten Messebezug funktionieren.[488]

Für die Messeveranstalter beinhalten die Auswirkungen der Digitalisierung auf das eigene Serviceangebot verschiedene Herausforderungen, die auch darin bestehen, dass sich die Unternehmen im Wettlauf um das bestmögliche Serviceangebot in Themenbereiche begeben, die nicht ihren Kernkompetenzen entsprechen.[489] Außerdem müssen sie das den virtuellen Messeplattformen anhaftende Risiko für die Wertschöpfung der realen Messe berücksichtigen und sich im Wettbewerb um virtuelle Communities bestmöglich positionieren, um ihre Bedeutung als Marketing- und Kommunikationsdienstleister aufrechtzuerhalten. Letzteres Themenfeld ist für die Messeveranstalter auch deshalb wichtig, weil sich aus den hier generierten Kunden- und Branchenkenntnissen schwer imitierbare Alleinstellungsmerkmale und Wettbewerbsvorteile entwickeln lassen.[490]

Um die Zukunft virtueller Messen einzuschätzen, sind weniger technologische Entwicklungen von Bedeutung, von denen zu erwarten ist, dass virtuelle Realitäten in absehbarer Zeit zu sehr realistischen Erfahrungen für den Anwender fähig sind, als vielmehr die Präferenzen von Individuen und Gesellschaft in Bezug auf persönliche Begegnungen und physische Erlebnisse. Die Ausführungen von CUMMINGS & BAILENSON sowie CARROZINO & BERGAMASCO zeigen, dass Technologien virtueller Realität *Interaktion* und *Immersion* ermöglichen müssen, um beim Anwender Wahrnehmungen vergleichbar mit Erlebnissen realer *Präsenz* zu erzeugen.[491] Insofern sind zukünftig vor allem virtuelle Messen, die sich mit VR-Systemen immersiv „begehen" lassen, von den Messeveranstaltern zu beobachten oder mitzugestalten.

---

[487]Vgl. Kollmann (2005), S. 427; Karle (2011b), S. 83; Klett (2019); Baumgartner (2015), S. 11. Auch wenn die Inanspruchnahme der Datenservices außerhalb des Messegeschäftes erfolgt, ist hier anzumerken, dass die Daten mehrheitlich aus dem Aussteller- und Besucherfundus der Messen stammen.
[488]Vgl. Appel (2016a); Koenen & Terpitz (2019); Kolbrück (2015b).
[489]Vgl. Kötter (2015); Nilsson & Strauss (2013), S. 17; Koenen & Terpitz (2019).
[490]Vgl. Wirtz & Jerger (2016); Nittbaur (2001), S. 229; Stoeck & Schraudy (2017), S. 175.
[491]Vgl. Cummings & Bailenson (2016), S. 273; Carrozzino & Bergamasco (2010), S. 453.

Bislang sehen selbst Fürsprecher von virtuellen Messen, dass dieses Format lediglich in Ergänzung zu realen Messen bestehen kann, da es keinen Ersatz für die persönliche Begegnung bietet, weil diese insbesondere bei der Vermittlung komplexer Sachverhalte und Transaktionen allen anderen Kommunikationswegen überlegen ist.[492] Dementsprechend werden virtuelle Messen weniger als ein Platz betrachtet, um geschäftliche Transaktionen zu vereinbaren, sondern eher um zu informieren.[493] Am ehesten scheint die virtuelle Messe in Gebrauchsgüter- und Dienstleistungsbranchen, bei denen aufgrund der bereits vorhandenen Erfahrung mit dem Produkt sowie der Einfachheit der Güter wenig persönliche Einbringung der Marktteilnehmer im Rahmen einer Transaktion notwendig ist, in der Lage, aus dem Schatten der realen Messe hervorzutreten.[494]

Die Herausforderung für die Messeveranstalter, virtuelle Branchencommunities zu erschaffen, zu entwickeln und abzubilden, ist in dem Kontext zu betrachten, dass sich Marketingstrategien auch bedingt durch die Digitalisierung grundlegend weiterentwickeln. Moderne Unternehmen nutzen Onlinekanäle und soziale Medien, um Kunden zielgenau anzusprechen und sie tiefgreifender und interaktiver in den Wertschöpfungsprozess involvieren zu können.[495] Während in der Vergangenheit Marketingmaßnahmen einseitig vom Unternehmen in Richtung des Kunden gedacht und umgesetzt wurden, beinhaltet *Customer Engagement Marketing*, dass der Kunde unmittelbar und dauerhaft darin eingebunden wird, Unterhaltungen, Erfahrungen und Communities zu einer Marke mitzugestalten, mit dem Ziel, die Marke zu einem bedeutenden Teil des Alltags des Kunden zu machen.[496] Webplattformen, auch jene der Messeveranstalter, sind dazu imstande, hierzu einen besonderen Beitrag zu leisten, indem sie den Unternehmen neue Wege bieten, die Kunden zu erreichen[497] und virtuelle Communities zu bilden, die eine intensivere Interaktion mit den Kunden ermöglichen.[498] Aus dieser Interaktion können wiederum stärkere Kundenbindungen und schlussendlich bessere, weil nützlichere Produkte und Dienstleistungen entstehen.[499]

---

[492] Vgl. Geigenmüller (2010), S. 286; Giersberg (2014); Grimm (2004), S. 31.
[493] Vgl. Lee-Kelley, Gilbert & Al-Shehabi (2004), S. 641.
[494] Vgl. Lee-Kelley et al. (2004), S. 637.
[495] Kotler & Armstrong (2017), S. 41.
[496] Kotler & Armstrong (2017), S. 41.
[497] Vgl. Lamberton & Stephen (2016), S. 146.
[498] Vgl. Armstrong & Hagel (2000), S. 86; Blanchard & Markus (2002), S. 3566; Lamberton & Stephen (2016), S. 157.
[499] Vgl. Böse (2017), S. 456; Armstrong & Hagel (2000), S. 85f.; Blanchard & Markus (2002), S. 3566.

Nach BLANCHARD & MARKUS sowie MCMILLAN & CHAVIS erzeugen (virtuelle) Communities in Abgrenzung zu bloßen Webpräsenzen ein Zugehörigkeitsgefühl der Community-Mitglieder und sorgen für einen wechselseitigen Einfluss untereinander.[500] Die Communitymitglieder unterstützen sich gegenseitig und bauen eine emotionale Verbindung zueinander auf. Doch erst wenn sich Messeportale durch verschiedene Eigenschaften und Funktionalitäten von einfachen Webpräsenzen abgrenzen, lassen sie sich als virtuelle Communities charakterisieren, die in Bezug auf die Wahrnehmung der Community-Mitglieder auch mit realen Communities vergleichbar sind.[501]

An diesem Punkt stellt sich für die Messeveranstalter die Frage, inwieweit sie, über die vielfältigen Vermarktungsmöglichkeiten virtueller Communities hinaus,[502] mit ihren digitalen Angeboten nicht nur in Konkurrenz zu Medienunternehmen,[503] sondern auch E-Commerce-Anbietern treten möchten.[504] Angesichts der Entwicklung, dass E-Commerce Anbieter wie *Zalando* den Wert einer über alle realen und virtuellen Kanäle gepflegten Kundenbeziehung erkennen und zumindest zeitweise in den Veranstaltungsmarkt eintreten, um ihr Plattformangebot zu komplettieren, lässt sich sogar fragen, ob ein Handeln der Messeveranstalter in dieser Richtung nicht sogar zwingend notwendig ist, um die eigene Position im Wettbewerb zu schützen und im Rahmen eines ganzheitlichen Customer Engagement Marketings langfristig erfolgreich sein zu können.[505] Gepaart mit einem in vielen Branchen sichtbaren Disintermediationseffekt, also der

---

[500] Vgl. McMillan & Chavis (1986); Blanchard & Markus (2002), S. 3573.

[501] Vgl. Blanchard & Markus (2002), S. 3574 und 3566. Wichtige Indikatoren, die den Aufbau einer erfolgreichen virtuellen Community durch die Messeveranstalter kennzeichnen, sind die Anzahl der Mitglieder insgesamt, aber insbesondere auch derer, die die virtuelle Plattform häufig und intensiv nutzen. Bemerkenswerterweise für die Messeveranstalter ermitteln allerdings weder ARMSTRONG & HAGEL noch LEIMEISTER, SIDIRAS & KRCMAR, dass reale Interaktionen in Form von regelmäßigen Events oder sonstigen real stattfindenden Treffen für den Erfolg einer virtuellen Community von besonderer Bedeutung sind (vgl. Leimeister et al. (2006), S. 284; Armstrong & Hagel (2000), S. 93).

[502] Als solche sind insbesondere Einnahmen aus Werbung, Gebühren für Inhalte und ggf. auch Transaktionsgebühren zu nennen (Stoeck & Schraudy (2017), S. 169; Appel (2015e); Armstrong & Hagel (2000), S. 91f).

[503] Vgl. Siskind (2015a); Kirchgeorg et al. (2012), S. 44; Wagner (2017), S. 492.

[504] Vgl. Appel (2015a).

[505] HAGEL & ARMSTRONG bringen ihre diesbezügliche Auffassung mit einem Satz auf den Punkt: „If you don't convert your customers to virtual communities, someone else will do it for you" (Hagel & Armstrong (1997), S. 10).

zunehmenden Ausschaltung von Intermediären zur Vermittlung von Geschäftsbeziehungen,[506] könnten es zukünftige Markt- und Wettbewerbskonstellationen erfordern, die Virtualisierung der Messe konsequent weiterzudenken und eine aktivere Beteiligung am Transaktionsprozess auch im virtuellen Raum in Form eines Online-Marktplatzes einzunehmen.[507]

Bisher sind die Messeveranstalter ob dieses Schrittes noch sehr zurückhaltend.[508] Denn allgemein setzen virtuelle Märkte ein tiefes Verständnis von Wertschöpfungsprozessen im digitalen Raum voraus, dessen Aufbau sich meist sehr langwierig gestaltet.[509] Ein wesentlicher Faktor, der den Einstieg der Messeveranstalter in den Onlinehandel unter besonders schwierige Vorzeichen stellt, ist daran anknüpfend die Komponente Zeit. Digitale Märkte sind dadurch gekennzeichnet, dass für den *First Mover* erhebliche Vorteile in Form von Netzwerk- und Multiplikatoreffekten bestehen.[510] Indem Online-Marktplätze wie *Alibaba* oder *Amazon* B2C- wie B2B-Onlinemärkte bereits weitestgehend dominieren, kann hierin folglich eine wirkungsvolle Markteintrittsbarriere für die Messeveranstalter bestehen. Hier sei in Erinnerung gerufen, dass viele Messeveranstalter bewusst eine *Smart-Follower-Strategie* verfolgen[511] und dass Unternehmen, die traditionellen Branchen entstammen, in der Regel vergleichsweise viel Zeit benötigen, sich für den Erfolg in digitalbasierten Wertschöpfungssystemen essentielle Kompetenzen anzueignen.[512]

Zusammenfassung Schlüsselelement Serviceangebot: *Für die Messeveranstalter ist die Anreicherung und Aufwertung des eigenen Serviceangebotes mit Hilfe*

---

[506] Vgl. Hagel & Armstrong (1997), S. 12; Benjamin & Wigand (1995); Tapscott (1996), S. 56; Westerman et al. (2014), S. 88; Nittbaur (2001), S. 298; Armstrong & Hagel (2000), S. 93.

[507] Vgl. Wiedmann & Kassubek (2017), S. 447; Kollmann (2005), S. 434; Nittbaur (2001), S. 126.

[508] Vgl. Wagner (2017), S. 510. Auch Kooperationen zwischen den Veranstaltern, um die Kräfte angesichts der großen Marktmacht von E-Commerce-Konzernen in einigen Branchen zu bündeln, werden aufgrund des großen Konkurrenzdenkens und Vorbehalten bezüglich der Kompatibilität der Unternehmensphilosophien, bislang nicht eingegangen.

[509] Geigenmüller (2010), S. 289.

[510] Hagel & Armstrong (1997), S. 2ff.

[511] DITTRICH & KAUSCH empfehlen in Bezug auf das Engagement von Messeveranstaltern, eigene virtuelle Communities zu gründen, abwartend zu beobachten, ob sich entsprechende Erfordernisse in den jeweiligen Branchen abzeichnen (Dittrich & Kausch (2017), S. 478f.).

[512] Vgl. Armstrong & Hagel (2000), S. 86.

digitaler Technologien und Güter unabdingbar, um die Erwartungen von Ausstellern und Besuchern hinsichtlich einer effektiven und effizienten Messeteilnahme zu erfüllen. Ebenso verschaffen digitale Web 2.0-Plattformen den Messeveranstaltern die Möglichkeit, das bestehende Leistungsangebot in Form des Managements von Geschäftsbeziehungen umfassend in den digitalen Raum zu erweitern, auch zeitlich zu verlängern und damit neue Märkte zu beschreiten.

Diesbezüglich ist unklar, inwieweit es für die Messeveranstalter ausreicht, das eigene Angebot im digitalen Raum rund um die Messeveranstaltungen zu entwickeln oder ob die Messeveranstalter das Verschwimmen der Wettbewerbsgrenzen im Bereich digitaler Plattformen offensiver mit erweiterten Serviceangeboten im Rahmen virtueller Communities angehen sollten. In jedem Fall ist ein solcher Schritt mit erheblichen Investitionen für die Messeveranstalter verbunden, um die notwendige Attraktivität der Plattformen über Inhalte und Netzwerkfunktionen zu erreichen. Neben diesem Aufwand müssen sich die Messeveranstalter auch unbedingt einer verschärften Wettbewerbssituation inmitten verschiedener Spieler aus diversen Branchen innerhalb der Plattformökonomie bewusst sein, die letztlich aus der strategischen Positionierung als integrierter Marketing- und Kommunikationsdienstleister resultiert. In Anbetracht der vielfach zu beobachtenden Eintritte messefremder, digitalaffiner Akteure in den Markt für die Vermittlung von Geschäftsbeziehungen (analog und digital) scheint sich den Messeveranstaltern keine wirkliche Alternative dazu zu bieten, auch im virtuellen Raum in Wettbewerb zu diesen Akteuren zu treten.

4.2.3 Die Auswirkungen auf die Vermarktung

Eine Erkenntnis der Analyse des Digitalisierungsphänomens ist es, dass die Marketingprozesse ganz besonders unter dessen Einfluss stehen. Digitale Technologien und Güter verändern die **Vermarktungsaktivitäten** von Messeveranstaltern alleine schon dadurch, dass sie sich an die Art und Weise, wie Menschen Informationen aufnehmen und Marken betrachten, anpassen müssen.[513] LAMBERTON & STEPHEN sehen den Einfluss der Digitalisierung auf die Vermarktung als so tiefgreifend an, dass der Begriff „digitales Marketing" in absehbarer Zeit überflüssig sein könnte, weil jede Form des Marketing in irgendeiner Form von der Digitalisierung beeinflusst ist.[514]

---

[513] Vgl. Lamberton & Stephen (2016), S. 146; Jackson & Ahuja (2016), S. 170.
[514] Lamberton & Stephen (2016), S. 168.

Die Ausgestaltung der Aktivitäten zur Vermarktung eines Messeveranstalters lehnt sich in ihren Bestandteilen an MCCARTHYs vier Faktoren *Product, Price, Place* und *Promotion* an.[515] Die Produktion stellt eine eigene Dimension dar, so dass im Folgenden die Auswirkungen der Digitalisierung auf die drei Elemente **Werbung & Kommunikation, Aussteller- & Besuchervertrieb** und die **Preissetzung** untersucht werden.

Schlüsselelement Werbung & Kommunikation unter dem Einfluss der Digitalisierung
Die Messeveranstalter sehen sich durch die Digitalisierung einer veränderten Mediennutzung und entsprechenden Erwartungen ihrer Kunden ausgesetzt, was erfordert, dass sie ihre **Werbe- und Kommunikationsmaßnahmen** so anpassen, dass sie Aussteller, Besucher und sonstige Marktteilnehmer weiterhin bestmöglich erreichen.[516] Werbung & Kommunikation werden deshalb als Schlüsselelement in der Dimension Vermarktung herausgestellt, weil sie die Grundlage für jegliche Aktivitäten gegenüber den Kunden inklusive der Vertriebsprozesse darstellen. An der Art und Weise, wie sich die Kanäle zur externen Kommunikation allgemein verändern, werden sich letztlich auch die Vertriebsaktivitäten orientieren.

Gemäß BÖSE gilt es für den Messeveranstalter, stets darüber im Bilde zu sein, welche Kommunikationskanäle von den Kunden bevorzugt werden, um die Kommunikationswege und -inhalte entsprechend darauf auszurichten.[517] Messeveranstaltern, die die fachlichen Interessen ihrer Kunden einschließlich ihrer Kommunikationspräferenzen kennen, wird daher in diesem Umfeld ein Wettbewerbsvorteil attestiert.[518] Das Erlangen dieses Wettbewerbsvorteils wird ihnen allerdings dadurch erschwert, dass sich die Kommunikationspräferenzen von Branche zu Branche erheblich unterscheiden und auch Faktoren, wie die Altersstruktur einer Zielgruppe, eine wichtige Rolle spielen. Ohnehin hat die Anzahl

---

[515] Vgl. McCarthy (1960); Kotler & Armstrong (2017), S. 77f. Bisweilen wird aufgrund der erheblichen Auswirkungen der Digitalisierung auf die Disziplin des Marketings diskutiert, inwieweit dadurch eine Anpassung des 4P-Modells notwendig ist. Kritiker bemängeln an MCARTHYs Modell, dass es der Kundenorientierung zu wenig Rechnung trage und die Bedeutung von Kundenbeziehungen nicht ausreichend berücksichtige. Nichtsdestotrotz wird MCCARTHYs Modell, auch in Ermangelung geeigneterer Alternativen, weiterhin als aussagekräftige Basis für Vermarktungsentscheidungen im Umfeld der Digitalisierung erachtet (vgl. Dominici (2009), S. 18–20).
[516] Vgl. Wagner (2017), S. 488; Wiedmann & Kassubek (2017), S. 443; Funk (2017i).
[517] Böse (2017), S. 454; Funk (2017h).
[518] Vgl. Wagner (2017), S. 491.

4.2 Die Auswirkungen der Digitalisierung ...

der Werbe- und Kommunikationskanäle durch die Digitalisierung spürbar zugenommen, die Differenzierung der Mediengattungen sich durch fortschreitende Konvergenz jedoch gleichzeitig erschwert.^{519}

Außer dass die digitale Kommunikation den alltäglichen Kommunikationsgewohnheiten vieler Menschen entspricht, bieten digitale Marketingmaßnahmen auch einige Vorteile, die Messeveranstalter vermehrt auf die Kommunikation über Onlinemedien setzen lassen. JACKSON & AHUJA nennen als wesentliche Faktoren die individualisierte Kundenansprache und dass sich unterschiedliche Kanäle synergetisch und aufeinander abgestimmt bespielen lassen.^{520} Zudem lassen sich große Reichweiten zu relativ niedrigen Kosten erzielen und die Ergebnisse digitaler Marketingmaßnahmen sind einfacher zu quantifizieren.^{521}

Die Auswirkungen der Digitalisierung auf Aktivitäten zu Werbung & Kommunikation eines Messeveranstalters werden anhand der **PR- & Presseaktivitäten, Werbemitteln & -trägern** sowie der **Kundenkommunikation** untersucht. Dabei lässt sich auf den Erkenntnissen aus dem vorangegangenen Unterkapitel zum Serviceangebot und der darin erörterten Rolle digitaler Plattformen aufbauen.

Die Digitalisierung der **PR- und Presseaktivitäten** eines Messeveranstalters drückt sich in verschiedenen digitalen Services, die die Arbeit der Pressevertreter erleichtern sollen, aus. Angefangen vom Pressebereich auf dem jeweiligen Messeportal, in denen aktuelle Pressemeldungen, RSS-Feeds, elektronische Pressefächer, multimediale Inhalte sowie Informationen zu Presseterminen, Ansprechpartnern und Online-Akkreditierungen bereitgestellt werden, bis hin zu digitalisierten Hörfunk- und TV-Studios zur Produktion von Beiträgen vor Ort, unterstützen die Messeveranstalter die PR- und Presseaktivitäten auf digitalem Wege auf vielfältige Art und Weise.^{522}

Dennoch entsteht für die Messeveranstalter auch ein Spannungsfeld, das eine veränderte Mediennutzung in einer fragmentierten Medienlandschaft sieht und die Messeveranstalter entsprechend veranlasst, ihre bestehenden Werbeaktivitäten und Medienkooperationen zu sondieren und ggf. neu auszurichten.^{523} Während

---

^{519}Vgl. Tilson et al. (2010), S. 750.
^{520}Jackson & Ahuja (2016), S. 182.
^{521}Jackson & Ahuja (2016), S. 182. Siehe hierzu im Messekontext auch Wagner (2017), S. 492 und Dittrich & Kausch (2017), S. 476.
^{522}Vgl. Wagner (2017), S. 496; Esser (2003), S. 439; Böse (2017), S. 461; Stoeck & Schraudy (2017), S. 173.
^{523}Vgl. Wagner (2017), S. 491.

bspw. Blogger in einigen Branchen zunehmend wichtiger zur Gewinnung medialer Reichweiten werden, büßen Vertreter traditioneller Medienkanäle wie Print an Bedeutung ein.[524]

Die durch die Digitalisierung veränderte Mediennutzung drückt sich darüber hinaus auch in einer Verlagerung der Werbebudgets auf digitale **Werbeträger** aus.[525] So ersetzen die Verantwortlichen für das Event *eat&STYLE* klassische Anzeigenwerbung nahezu komplett mit Kampagnen in sozialen Medien und auch die *Koelnmesse* schichtet Werbebudgets auf digitale Kanäle um.[526] Je nach Zielgruppe bieten klassische Printmedien nicht mehr den erforderlichen Durchgriff auf die Marktteilnehmer,[527] obschon sich die Werbeelastizitäten von Online- und Offlinewerbeträgern tendenziell ähneln.[528] Die Messeveranstalter schätzen an digitalen Werbemaßnahmen besonders deren höhere Reichweite und Zielgenauigkeit, auch bei Nicht-Messebesuchern.[529]

Es wird erwartet, dass der Anteil digitaler Werbekanäle zur Bewerbung von Messen weiter steigt.[530] Schon jetzt weisen Erhebungen vom US-Messemarkt sehr deutlich auf die gestiegene Bedeutung digitaler Kanäle hin: Demnach setzen 76% der Messeveranstalter auf E-Mail zur Bewerbung ihrer Veranstaltungen, 53% schalten Webbanner, 40% nutzen soziale Medien zum genannten Zweck und nur noch 10% schalten Werbung in klassischen Medien wie Radio, TV oder Print.[531]

---

[524]Vgl. Dittrich & Kausch (2017), S. 469. Auf der anderen Seite können insbesondere Messeveranstalter, die auf virtuelle Communities setzen, auf die effektive Vernetzung mit Medienpartnern angewiesen sein, um ihre Messeportale zu inhaltsgetriebenen, auch unterjährig stark frequentierten Branchenportalen weiterzuentwickeln (vgl. Böse (2017), S. 458).

[525]Vgl. Sommer (2014), S. 29.

[526]Vgl. Gondorf (2015); Karle (2011b), S. 83.

[527]Wagner (2017), S. 491.

[528]Yadav & Pavlou (2014), S. 23.

[529]Vgl. Buller (2016), S. 15. Als digitale Werbeträger werden im Umfeld der Messewirtschaft hauptsächlich E-Mail (auch in Form von Newslettern), Websites und Webanzeigen, soziale Medien einschließlich Blogs und darüber geteilte multimediale Inhalte, sowie Messe-Apps und Suchmaschinen genutzt. Beispielhaft sei die Einrichtungsmesse *heimtextil* genannt, die über *Facebook, Instagram, Xing, LinkedIn*, Websites, Newsletter, Messe-App und den eigenen Blog wirbt und dabei inhaltlich so stark aufgestellt ist, dass auch ohne Investitionen in Suchmaschinenmarketing hohe Rankings in den Suchmaschinen erzielt werden (vgl. von Baerle (2003), S. 806; Böse (2017), S. 456; Buller (2016), S. 7; Schwenzfeier (2016)).

[530]Vgl. Buller (2016), S. 17.

[531]Burckhardt (2013).

4.2 Die Auswirkungen der Digitalisierung ...

Zukünftig wird zu beobachten sein, inwiefern sich die verbreitete Nutzung von *Adblockern*, die das Erscheinen von Werbeanzeigen technisch verhindern, sowie Algorithmen, anhand derer Internetnutzer filtern können, welche Werbung sie weiterhin sehen möchten, auf die Effizienz und Wirksamkeit von Onlinewerbung auswirken.[532] Schon jetzt versuchen Werber solche Mechanismen zu umgehen, indem sie ihre Botschaften über vermeintlich neutrale Inhalte auf digitalen Kanälen, insbesondere in sozialen Medien, platzieren.[533]

Die oben geschilderte, veränderte Mediennutzung zeigt sich offensichtlich auch in der **Kundenkommunikation**, so dass bisweilen Kommunikationskanäle wie E-Mail einem telefonischen oder gar persönlichen Austausch vorgezogen werden,[534] obschon asynchroner Kommunikation der Makel anhaftet, dass unmittelbare Rückfragen nicht möglich sind und sich ein Verständnis der Kundenbedürfnisse ebenso wie eine engere Kundenbindung darüber schwieriger einstellt.[535] Gleichwohl bietet die Digitalisierung den Messeveranstaltern vielfältige Möglichkeiten, den Kundendialog schneller, flexibler, kostengünstiger und interaktiver zu gestalten, und so das Wissen um die Kundenbedürfnisse zu verbessern sowie die eigene Kundenorientierung im Wettbewerb noch mehr herauszustellen.[536] Die vielfältigen digitalen Möglichkeiten, den regelmäßigen Austausch mit den Kunden zu pflegen, werden von den Messeveranstaltern intensiv genutzt.[537]

Wie auch in der Werbung setzen sich die Messeveranstalter mit den Nutzungspräferenzen ihrer Kunden auseinander, um den Marktteilnehmern verschiedene Wege anzubieten, in Kontakt zu bleiben.[538] Die Interaktion zwischen Messeveranstalter und Kunde findet dabei vermehrt als Austausch zwischen Mensch und Maschine statt, indem etwa Chatbots Serviceanfragen beantworten.[539] Bisweilen geschieht dieser Austausch auch vollständig automatisiert, ohne dass der Kunde Notiz davon nimmt, wie etwa indem das Smartphone des Messebesuchers über *Beacons* auf dem Gelände Informationen an den Veranstalter sendet.[540]

---

[532] Vgl. Lamberton & Stephen (2016), S. 161; Leonhard (2015), S. 25.
[533] Leonhard (2015), S. 25.
[534] Vgl. Baumgartner (2016c), S. 11.
[535] Vgl. Colbert et al. (2016), S. 733. Die Vor- und Nachteile digitaler Kommunikation werden auch im Abschnitt zur internen Kommunikation erörtert.
[536] Vgl. Dittrich & Kausch (2017), S. 278.
[537] Vgl. Aguilera (2008), S. 1114; Gardiner (2015), S. 25.
[538] Grimm (2004), S. 250.
[539] Vgl. Larivière et al. (2017), S. 239; Klett (2019); Marinova et al. (2017), S. 31.
[540] Vgl. Kuang (2015); Larivière et al. (2017), S. 239.

Nichtsdestotrotz sind die Messeveranstalter davon überzeugt, dass die persönliche Kommunikation mit den Kunden in Zeiten der Digitalisierung erst recht unersetzlich bleibt.[541]

Darüber hinaus ist zu diskutieren, ob sich die Digitalisierung auf die Geschwindigkeit und den Stil in der Kundenkommunikation auswirkt. Messeveranstalter beobachten, dass die Anforderungen an Reaktionszeiten und Flexibilität in der Beantwortung von Kundenanfragen durch die Digitalisierung erheblich zugenommen haben.[542] Dabei bestehen hier noch einmal wesentliche Unterschiede in den unterschiedlichen Kommunikationskanälen. Zudem ist anzunehmen, dass die Kundenkommunikation in der Messebranche durch das vielfältige Angebot an E-Mail-, Chat- und Messengerdiensten im Rahmen der Digitalisierung vermehrt textbasiert erfolgt.[543]

Darüber hinaus ist in einigen Fällen eine Veränderung des Kommunikations*stils*, hin zu einer weniger formellen, stetigeren Kommunikation mit den Kunden, die als Dialog weniger auf ein bestimmtes Prozessziel ausgerichtet ist, erkennbar. ANDROUTSOPOULOS bestätigt grundsätzlich, dass digitale Kommunikation informeller, eher beziehungs- denn themenorientiert und sehr spontan in Erwartung von Reaktion und Interaktion verlaufen kann.[544] Insgesamt scheint sich Kommunikation über digitale Kanäle im Stil aber nicht radikal von älteren Kommunikationsformen zu unterscheiden.[545]

Dadurch, dass die einzelnen digitalen Mediengattungen als **Werbeträger**, zur **Kundenkommunikation** und für **Presse- und PR-Aktivitäten** eingesetzt werden, und Aufgabenbereiche und Medienformate in Ansätzen der integrierten Marketingkommunikation zunehmend konvergieren,[546] werden im Folgenden die einzelnen Kommunikationskanäle in ihren Besonderheiten übergreifend für alle drei Items betrachtet.

---

[541] Vgl. Koelnmesse GmbH (2015), S. 4; o. V. (2016b), S. 33.

[542] Vgl. Karle (2011b), S. 83; o. V. (2016e), S. 36.

[543] Vgl. Colbert et al. (2016), S. 733.

[544] Androutsopoulos (2011), S. 145–149. Er erkennt drei Grundtendenzen, wie sich Kommunikation durch digitale Medien verändern könnte: nämlich eine zunehmende *Oralität*, bei der das Schreiben eine Transkription des Sprechens darstellt, ein *Kompensationsmuster*, bei dem das Fehlen von Gesichtsausdrücken und Stimmenvarianzen beispielsweise durch Emoticons kompensiert werden soll, sowie eine *ökonomischere Linguistik*, also dass sich die Menschen versuchen, kürzer zu fassen.

[545] Vgl. Tagg (2015), S. 5; Squires (2010), S. 481; Androutsopoulos (2011), S. 146; Gains (1999), S. 98.

[546] Vgl. Lamberton & Stephen (2016), S. 161; Jackson & Ahuja (2016), S. 171; Schultz, Tannenbaum & Lauterborn (1994), S. 12f.

4.2 Die Auswirkungen der Digitalisierung ...

Anknüpfend an die Ausführungen zu Messe- und Veranstaltungswebseiten im vorangegangenen Unterkapitel zum Serviceangebot ist die Rolle der Messewebseiten bzw. -portale als Mittelpunkt und Bindeglied aller Kommunikationsaktivitäten zwischen Messeveranstalter und Marktteilnehmern herauszustellen.[547] Als ganzjährige, interaktive Netzwerkplattformen sind Messewebsites dazu imstande, sich über verschiedene Informations- und Vertriebsfunktionen hinweg zu einem Kommunikationsinstrument für einen kontinuierlichen Branchen- und Kundendialog zu entwickeln.[548] Virtuellen Communities wird auf dieser Basis das Potenzial bescheinigt, klassische Ausstellerbeiräte langfristig ersetzen zu können, indem die Diskussion über die Weiterentwicklung der Messe in die Community verlagert wird.[549] Interaktive Funktionalitäten können dabei das in die Plattform und deren Marke gesetzte Vertrauen der Anwender stärken.[550] Dementsprechend bieten sich auch verschiedene Möglichkeiten über die Messewebsite, Nicht-Messeteilnehmer in die Kommunikation einzubinden.[551] Voraussetzung für eine solche Etablierung als Branchenportal ist eine entsprechende Attraktivität der Webseiteninhalte und -funktionen.[552]

Für die interne wie externe Kommunikation von Messeveranstaltern wird weiterhin meist die E-Mail genutzt.[553] Als E-Mail versandte Newsletter nehmen außerdem eine wichtige Informationsfunktion für den Messeveranstalter wahr.[554] BÖSE erkennt im „regelmäßigen Versand" von Newslettern gar eines der „wichtigsten und erfolgreichsten Instrumente der Kundenbindung."[555] Erfolgreiches E-Mail-Marketing bedingt jedoch ein auf die jeweilige Kundenzielgruppe zugeschnittenes Konzept.[556] Auch ANSARI & MELA bestätigen die positive Wirkung, die personalisierte E-Mails auf die Interaktion zwischen Kunde und Versender haben können.[557] Dennoch betrifft die bereits thematisierte Überflutung der Kommunikationsteilnehmer mit E-Mails auch die Korrespondenz

---

[547] Böse (2017), S. 457.
[548] Vgl. Karle (2011b), S. 83; Gladitsch (2003), S. 680; Kollmann (2005), S. 422f.; Stoeck & Schraudy (2017), S. 172; Funk (2017f).
[549] Vgl. Dittrich & Kausch (2017), S. 480. Vgl. hierzu auch Wagner (2017), S. 501.
[550] Yadav & Pavlou (2014), S. 23.
[551] Vgl. GES (2014), S. 4.
[552] Vgl. Böse (2017), S. 458.
[553] Vgl. Gladitsch (2003), S. 681.
[554] Vgl. Klett (2019); Dittrich & Kausch (2017), S. 472.
[555] Böse (2017), S. 460.
[556] Böse (2017), S. 458.
[557] Ansari & Mela (2003), S. 144.

zwischen Messeveranstaltern und deren Kunden, so dass Unternehmen ein ausgewogener Einsatz von E-Mails zur Kundenkommunikation und -ansprache empfohlen wird.[558] Um die Aufmerksamkeit, die Newslettern von Kunden der Messeveranstalter entgegengebracht wird, zu erhöhen, lassen sich Newsletter mit hochwertigen Inhalten anreichern, die relevante Branchenthemen aufgreifen.[559] DITTRICH & KAUSCH empfehlen Messeveranstaltern, Newsletterformate mittelfristig aufgrund der verbesserten Interaktivität vom Informations- zum Kommunikationswerkzeug in Form eines Blogs weiterzuentwickeln.[560]

Indem sich die Menge an Inhalten und Interaktionen sowie die Größe der Leserschaft eines Messeblogs gegenseitig positiv bedingen, erhoffen sich die Messeveranstalter durch die stetige Steigerung dieser Faktoren eine zunehmende Bedeutung des Kommunikationskanals.[561] Messeveranstalter nutzen Blogs zur Vermarktung von Veranstaltungen, aber auch zur transparenten Adressierung unternehmensstrategischer Themen, wie die *Messe München*, die im Rahmen eines Blogs über eine Reise hochrangiger Unternehmensvertreter ins Silicon Valley zur Weiterentwicklung ihrer Digitalisierungsstrategie berichtete.[562] Zur redaktionellen Begleitung von Messeveranstaltungen während der Laufzeit und zum Anreißen von Inhalten setzen Messeveranstalter insbesondere auf den Microblog *Twitter*.[563]

Die Auswirkungen einer veränderten Mediennutzung zeigen sich auch ganz besonders im *Mobilemarketing*.[564] In dieser Hinsicht bedeutet die ubiquitäre Nutzung von digitalen Mobilgeräten, dass auch Messeveranstalter diesem Kundenverhalten begegnen, indem sie Mobilapplikationen, Messeportale optimiert für mobile Formate, mobiloptimierte Webanzeigen und Nachrichten sowie ortsbasierte Dienstleistungen anbieten.[565] Damit nutzen die Messeveranstalter den Vorteil des Mobilemarketings, dass sie ihre Kunden individuell und unmittelbar ansprechen können, ohne dass dabei eine Rolle spielt, wo diese sich

---

[558]Vgl. Forseilles (2016), S. 8 und 44; Barley et al. (2011); Ansari, Mela & Neslin (2008), S. 71; Kannan & Li (2017), S. 34.
[559]Vgl. Dittrich & Kausch (2017), S. 472.
[560]Dittrich & Kausch (2017), S. 473.
[561]Vgl. Jackson & Ahuja (2016), S. 177.
[562]Vgl. Karle (2016); Feist (2016).
[563]Vgl. Böse (2017), S. 463; Wiese (2015); Dittrich & Kausch (2017), S. 482.
[564]Vgl. Shankar & Balasubramanian (2009), S. 118.
[565]Vgl. Grewal, Bart, Spann & Zubcsek (2016), S. 3; Friedman (2015), S. 8; Jackson & Ahuja (2016), S. 178; Wagner (2017), S. 495; Hamaide (2014).

4.2 Die Auswirkungen der Digitalisierung ...

gerade befinden.[566] SHANKAR & BALASUBRAMANIAN weisen in ihrem Vergleich zwischen Massenmarketing und Mobilemarketing darauf hin, dass über das Mobiltelefon kommunizierte Marketingmaßnahmen häufig auch durch eine höhere Interaktivität gekennzeichnet sind.[567]

Das Beispiel des *Disney*-Konzerns, der die Besucher seiner Freizeitparks mit NFC-fähigen Wearable-Armbändern ausstattet und sie über Sensoren auf dem Gelände fortwährend mit ortsbasierten Dienstleistungen versorgt, zeigt darüber hinaus die Leistungsfähigkeit von Mobilgeräten im Zusammenhang mit solchen Dienstleistungen.[568] Diese Fähigkeit macht letztlich ein gewichtiges Alleinstellungsmerkmal mobilen Marketings aus.[569] Gleichermaßen gilt auch hier, wie für alle Maßnahmen des Marketings, dass ein Informationsoverload durch übermäßige Penetration mit Werbe- und Kommunikationsmaßnahmen zu vermeiden ist.[570]

Die Messeveranstalter setzen außerdem in der mobilen Kommunikation mit ihren Kunden sowohl auf Apps als auch auf mobiloptimierte Webdesigns und Chats.[571] Diverse Kommunikationsdienstleistungen von der Navigation bis hin zur Interaktion der Marktteilnehmer untereinander und mit dem Veranstalter lassen sich in Mobilapplikationen integrieren.[572]

Die erörterten Eigenschaften von Mobilgeräten, insbesondere die stetige Erreichbarkeit, befähigen diese zudem zu einem umfassenden Einsatz in Verbindung mit sozialen Medien.[573] Soziale Medien treten je nach Messeveranstaltung zunehmend in Ergänzung zum Messeportal als Ausgangspunkt digitaler Messekommunikation und ergänzen die reale Messe als Netzwerkplattform.[574] Die

---

[566] Vgl. Cleff (2007), S. 227; Grewal et al. (2016), S. 3; Shankar & Balasubramanian (2009), S. 118; Friedman (2014), S. 7; Klett (2019).

[567] Shankar & Balasubramanian (2009), S. 118. Letzteres betrifft insbesondere Push-Maßnahmen, die häufig als SMS-Nachrichten an das Mobiltelefon des Kunden gesendet werden, wohingegen Pull-Formate in Form von Werbeanzeigen im Browser oder einer App gezeigt werden. Die Aussicht auf kurzfristig greifbare Mehrwerte und dauerhaft relevante Inhalte kann die Chance, Kunden zu einem Opt-In zu bewegen, maßgeblich erhöhen (vgl. Grewal et al. (2016), S. 8f.; Bart, Stephen & Sarvary (2014), S. 271 und 281).

[568] Vgl. Kuang (2015); Shankar & Balasubramanian (2009), S. 127.

[569] Grewal et al. (2016), S. 3; Grewal et al. (2017), S. 2.

[570] Vgl. Shankar & Balasubramanian (2009), S. 128.

[571] Vgl. Böse (2017), S. 460; Hattendorf (2015a); Dierig (2014); Schwenzfeier (2016).

[572] Vgl. Sturm (2016a).

[573] Vgl. Shankar & Balasubramanian (2009), S. 128; Lamberton & Stephen (2016), S. 159.

[574] Vgl. Funk (2017i); Hamaide (2014); Delfmann & Dorn (2016); Prüser (2017), S. 513. Die von deutschsprachigen Messeveranstaltern meistgenutzten sozialen Netzwerke decken

Messeveranstalter setzen soziale Medien vielseitig zur Kundenakquise sowie allgemein zur Entwicklung der Kundenbeziehung ein.[575] Messeveranstalter bauen so ihr Kunden- und Marktverständnis aus und setzen verschiedene Technologien ein, Kommunikation in sozialen Medien dahingehend zu analysieren.[576]

Den Messeveranstaltern hilft dabei, dass ihre Kundenzielgruppen häufig bereit sind, sich aktiv in sozialen Medien einzubringen und intensiv zu interagieren.[577] So attestiert die Forschung spezifisch an einem Thema interessierten Akteuren eine höhere Bereitschaft, sich auf entsprechenden Plattformen zu engagieren.[578] Darüber hinaus werden sozialen Medien wiederum erhebliche Vorteile im Vergleich mit traditionellen Mediengattungen bescheinigt, spezialisierte, sich intensiv mit einem Thema auseinandersetzende Zielgruppen unter Vermeidung von Streuverlusten anzusprechen.[579]

In Werbung und Kommunikation in sozialen Medien zeigt sich darüber hinaus ganz besonders der fließende Übergang zwischen klassischer Unternehmenswerbung und *Content Marketing*.[580] Die Basis hierfür liefern Inhalte, die die Aufmerksamkeit des Nutzers auf ein weniger werblich dargelegtes Thema lenken sollen, aber häufig dennoch werbähnliche Ziele in Form eines gesteigerten Kundeninteresses für eine Marke verfolgen. Im Vergleich zu klassischer Werbung können sich von Unternehmen direkt oder über Umwege platzierte

---

sich mit den meistfrequentierten Netzwerken, die jeweils für die verschiedenen Messen sehr unterschiedlich genutzt werden. Während etwa Messen wie die *heimtextil* darauf setzen, dass sich Marktteilnehmer in sozialen Medien miteinander vernetzen und die Veranstaltung unabhängig vom Einbringen des Veranstalters bewerben, verlagert die Fitnessmesse *FIBO* den Ticketkauf in soziale Medien und verknüpft auf dieser Grundlage Messeteilnehmer schon vor der Veranstaltung (vgl. Funk (2017i); Schwenzfeier (2016); Böse (2017), S. 462; Gondorf (2015); Karle (2016); Kolbrück (2016)).

[575] Vgl. Friedman (2014), S. 8.

[576] Vgl. Friedman (2014), S. 8; o. V. (2016b), S. 33; Lamberton & Stephen (2016), S. 161.

[577] Vgl. Kumar, Bezawada, Rishika, Janakiraman & Kannan (2016), S. 16; Susarla, Oh & Tan (2012), S. 24.

[578] Vgl. Stephen & Galak (2012), S. 636.

[579] Vgl. Stephen & Galak (2012), S. 637.

[580] Maßnahmen des Content Marketing beinhalten nach KOTLER & ARMSTRONG „creating, inspiring, and sharing brand messages and conversations with and among consumers across a fluid mix of paid, owned, earned, and shared channels" (Kotler & Armstrong (2017), S. 427). Dadurch, dass traditionelle Werbemaßnahmen bisweilen uneffektiver sein können, als Maßnahmen des Content Marketing, besteht für die Unternehmen ein Anreiz, Aufmerksamkeit in sozialen Medien über unbezahlte Inhalte (im Gegensatz zu digitalen Werbeanzeigen oder Werbeausgaben in ihrer Reichweite vergrößerte Inhalte) zu generieren (vgl. Kumar et al. (2016); Lamberton & Stephen (2016), S. 162).

Inhalte, die als *earned media* ein originär inhaltliches Interesse des Konsumenten hervorrufen, in ihrer Werbewirkung als effektiver und effizienter erweisen.[581] Bei der Umsetzung einer Content Marketing-Strategie müssen Messeveranstalter allerdings berücksichtigen, dass ein erheblicher Ressourcenbedarf mit der kontinuierlichen Erzeugung attraktiver redaktioneller Inhalte einhergeht.[582]

Trotz der Vorteile ist ebenso darauf hinzuweisen, dass soziale Medien ihre volle Reichweitenstärke erst entfalten, wenn sie in Synergie mit klassischen und anderen digitalen Formaten eingesetzt werden.[583] Eine Konzentration auf Werbung in sozialen Medien allein ist also nicht sinnvoll. Darüber hinaus ist auch bei sozialen Medien das Risiko eines Informationsoverload zu berücksichtigen.[584] Der Erfolg der Messeveranstalter in sozialen Netzwerken hängt letztlich davon ab, inwieweit es gelingt, starke, idealerweise virale Inhalte zu platzieren und über partizipative Elemente eine hohe Interaktivität zu erzielen, die schließlich auch in Richtung der realen Veranstaltung konvertiert.[585]

Auch außerhalb sozialer Netzwerke steigt zudem die Bedeutung von Empfehlungsmarketing.[586] Erhebungen aus der Messebranche zeigen, dass bis zu 40% der Messebesucher, insbesondere Besucher unter 30 Jahren, ihre Teilnahmeentscheidung von persönlichen Empfehlungen abhängig machen.[587] Die Digitalisierung bietet den Messeveranstaltern durch interaktive Kommunikationstechnologien geeignete Möglichkeiten, sich diese Erkenntnisse durch Empfehlungsmarketing zunutze zu machen.[588] Versuche von Messeveranstaltern, sich auf digitalen Kanälen im Bereich des Empfehlungsmarketings zu engagieren, zeigen sich in der Kooperation mit erfolgreichen Bloggern und sonstigen Meinungsführern im

---

[581]Vgl. Stephen & Galak (2012), S. 636. Der nachgewiesen positive Einfluss von Inhalten, die von Unternehmen generiert wurden, auf das Kaufverhalten wird von verschiedenen sozialen Netzwerken wie Facebook inzwischen allerdings insofern gedämpft, als dass sie unbezahlte Inhalte von Unternehmen filtern und seltener anzeigen (vgl. Kumar et al. (2016), S. 7 und 21).
[582]Vgl. Kumar et al. (2016), S. 21.
[583]Kumar et al. (2016), S. 7 und 22.
[584]Vgl. Lee et al. (2016).
[585]Vgl. IFEMA (2011)
[586]Vgl. Forseilles (2016), S. 47; Wagner (2017), S. 501.
[587]Appel (2015b).
[588]Vgl. Kannan & Li (2017), S. 27.

WWW (*Influencer*), die Messethemen vorstellen oder einen Messebesuch empfehlen.[589] Der Einsatz von reichweitenstarken Bloggern bzw. Influencern, die als Meinungsmacher in sozialen Medien erhebliche Multiplikatoreffekte erreichen, kann die Reichweite einer Marke vergrößern.[590]

DELLAROCAS bescheinigt Empfehlungsmarketing generell ein weitreichendes Potenzial, das Kundenvertrauen in elektronischen Märkten zu erhöhen.[591] Studien deuten an, dass dabei die Auswirkungen auf die Neukundengewinnung stärker sind als für Bestandskunden.[592] Weitere Systeme des Empfehlungsmarketings, wie sie etwa der E-Commerce-Händler *Amazon* anwendet, um seinen Kunden auf Basis der angesehenen Produkte weitere Artikel anzubieten, können auch dabei helfen, das Produkt- und Dienstleistungsangebot hinsichtlich der Kundenpräferenzen zu personalisieren.[593] So könnten Messeausstellern, die mit ihrer Präsenz auf einer bestimmten Messe sehr zufrieden waren, auf dieser Basis weitere Messen empfohlen werden. Produktempfehlungen stellen für die Messeveranstalter naturgemäß auch ein Risiko dar, da sich darüber nicht nur Kunden anziehen, sondern über negative Kritiken auch abschrecken lassen.[594]

So wie die Messewebseiten und Präsenzen in sozialen Netzwerken das von außen sichtbare Zentrum der externen Kommunikationsaktivitäten der Messeveranstalter darstellen, erfolgt im Hintergrund die Kundenbetreuung in der Regel mit Hilfe umfassender CRM-Systeme, die auf das in Datenbanken systematisierte Wissen der Messeveranstalter zurückgreifen. Damit wird eine effiziente, zielgruppengerechte Kundenansprache durch die Messeveranstalter unter Vermeidung von fehlerhaften Streuungen ermöglicht und eine verbesserte Messbarkeit von

---

[589] Vgl. Dittrich & Kausch (2017), S. 469; Scharrenbroich (2016a). Nach GOLDENBERG, HAN, LEHMANN & HONG sind solche Influencer idealerweise sehr überzeugend, verfügen über Kenntnisse, an denen die Konsumenten interessiert sind und können ein außerordentlich großes Netzwerk in sozialen Medien und sonstigen Netzwerkplattformen aktivieren (Goldenberg, Han, Lehmann & Hong (2009), S. 1. Siehe auch Jackson & Ahuja (2016), S. 181).

[590] Vgl. IFEMA (2011), S. 7; o. V. (2017b), S. 40; GES (2014), S. 4; Curry (2015); Gondorf (2015); Scharrenbroich (2016a); Leisenberg & Schweifel (2012), S. 232.

[591] Dellarocas (2003), S. 1407.

[592] Vgl. Trusov, Bucklin & Pauwels (2009), S. 98.

[593] Vgl. Wedel & Kannan (2016), S. 112: Diese Systeme setzen entweder auf die Prinzipien des *content filtering*, bei denen Empfehlungen auf Basis des gerade anzusprechenden Nutzers erfolgen, oder auf *collaborative filtering*, dass die Nutzerpräferenzen auf der Grundlage des Verhaltens anderer Kunden vorhersieht.

[594] Vgl. Dellarocas (2003), S. 1409. CHEVALIER & MAYZLIN beobachten dahingehend zumindest, dass Onlinerezensionen häufiger dazu tendieren, positive Urteile über Produkte zu enthalten (vgl. Chevalier & Mayzlin (2006), S. 346).

4.2 Die Auswirkungen der Digitalisierung ...

Kommunikationsmaßnahmen erreicht.[595] Nach STOECK ist die Einrichtung von CRM-Systemen besonders für Messeveranstalter vorteilhaft, weil es in der Steigerung der Vertriebseffizienz, einer verbesserten Kundenbindung und einer tieferen Durchdringung der von einem Messeveranstalter bedienten Branchen entscheidende Herausforderungen eines Messeveranstalters adressiert.[596] In der Tat liegt eine Stärke von CRM-Systemen darin, Kunden mit hohem Umsatzpotential identifizieren und über eine segmentierte Ansprache langfristig an ein Unternehmen binden zu können.[597] Darüber hinaus nutzen Messeveranstalter CRM-Systeme, um Interessensprofile zu ermitteln. Aus solchen Kundenprofilen lassen sich informiertere Marketingentscheidungen, aber auch bessere Produkte und Dienstleistungen entwickeln.[598] Das bestätigt etwa die *Messe Frankfurt*,[599] aber auch der Messeveranstalter *Easyfairs* analysiert bei seinen E-Mail-Kampagnen Empfangs- und Abmelderaten sowie konsumierte Inhalte und erhebt, welche Empfänger in Reaktion auf die Ansprache ein Produkt gekauft haben.[600]

Bisweilen ist unter europäischen Messeveranstaltern eine CRM-seitige Fokussierung auf die Kundendaten der Aussteller zu beobachten.[601] Dementgegen setzt die *Messe München* auch ein CRM-System in der Besucherbetreuung und -vermarktung ein.[602] Auch hier zielt der Einsatz des Systems darauf ab, die Zielgenauigkeit in der Kundenansprache durch Selektion und Priorisierung zu erhöhen.[603] Hier können Daten aus der getrackten Nutzung der Messewebseiten, sozialen Medien, Suchmaschinenzugriffen, Zutrittskontrollen auf dem Gelände sowie dem Lead Tracking von Ausstellern miteinfließen.[604] Des Weiteren kommen automatisierte Marketingmethoden zum Einsatz.[605] Das können automatisiert versendete E-Mails sein, deren Inhalte mit Tracking-Links versehen werden,

---

[595] Vgl. Nittbaur (2001), S. 125.
[596] Stoeck (2017a), S. 691.
[597] Vgl. Jackson & Ahuja (2016), S. 179; Stoeck (2017a), S. 690f.
[598] Jackson & Ahuja (2016), S. 180.
[599] Vgl. Puscher (2016).
[600] Vgl. Forseilles (2016), S. 51.
[601] Vgl. Stoeck (2017a), S. 693.
[602] Vgl. Besch (2010).
[603] Vgl. Grimm (2004), S. 222.
[604] Vgl. Besch (2010), S. 6; Friedman (2013), S. 5; GES (2017), S. 21; Grimm (2004), S. 250; Cleff (2007), S. 227.
[605] Vgl. Funk (2017g).

oder auch Trigger-Kampagnen, die auf ein bestimmtes Kundenverhalten eine entsprechend automatisierte Marketingaktion des Werbers auslösen.[606]

Als Teil solcher intelligenten Marketingansätze wird auch das Suchmaschinenmarketing angesehen. Als solches werden sowohl gesponserte Suchen in der jeweiligen Suchmaschine, bei denen *gesponserte Anzeigen* innerhalb der Suchmaschinenergebnisse angezeigt werden, als auch *Kontext-Targeting*, bei dem gezielt Werbeinhalte auf Basis von eingegebenen Suchbegriffen auf anderen Internetseiten platziert werden, betrachtet.[607] Da die Produkt- und Informationssuche für viele Menschen heutzutage in einer Internetsuchmaschine beginnt, liegt hier erhebliches Potenzial für Unternehmen, auf sich aufmerksam zu machen.[608] Neben bezahlten Werbeformaten können Messeveranstalter auch durch inhaltliche Relevanz und eine multiplizierende Vernetzung von Inhalten eine hohe Sichtbarkeit in Suchergebnissen erzielen.[609] Generell hängt der Erfolg von Suchmaschinenmarketingmaßnahmen auch vom beworbenen Produkt und der jeweiligen Zielgruppe ab.[610]

Zusammengefasst erhalten die Messeveranstalter durch die Digitalisierung zahlreiche Werkzeuge an die Hand, reichweitenstärker und zielgenauer zu kommunizieren.[611] Insbesondere bei Produktneueinführungen im Messewesen kann eben jene Zielgenauigkeit den Unterschied zwischen Erfolg und Misserfolg ausmachen, indem schnell eine sogenannte kritische Masse an geeigneten Interessenten erreicht wird.[612] In der Kommunikation mit Ausstellern und Besuchern vereinfacht sich zudem der Informationstransfer zwischen Messekunden und Veranstalter durch digitale Kanäle spürbar.[613]

Aus dem Einfluss der Digitalisierung auf die Aktivitäten zu Werbung und Kommunikation erwachsen den Messeveranstaltern allerdings auch neue Herausforderungen. Alleine die erheblich gewachsene Anzahl an möglichen Marketingkanälen in einem außerordentlich fragmentierten Medienumfeld erschwert die bestmögliche Allokation der Werberessourcen ungemein. Noch dazu sind gegensätzliche Präferenzen der Kunden zu nennen, die zum einen personalisierte

---

[606] Vgl. Forseilles (2016), S. 54.
[607] Vgl. Chen, Liu & Whinston (2009), S. 126.
[608] Vgl. Leisenberg & Schweifel (2012), S. 230.
[609] Vgl. Böse (2017), S. 459; Schwenzfeier (2016).
[610] Vgl. Lamberton & Stephen (2016), S. 163.
[611] Vgl. Siskind (2015b); Nittbaur (2001), S. 123.
[612] Vgl. Böse (2017), S. 455.
[613] Vgl. Kollmann (2005), S. 439.

Marketingmaßnahmen wünschen und zum anderen durch die dafür notwendige Datenerhebung die eigene Privatsphäre bedroht sehen. Dieses sogenannte *personalization-privacy paradox* benennt die Begebenheit, dass personalisierte Information das Verhältnis von Konsumenten zum werbenden Unternehmen einerseits stärkt, andererseits aber auch schwächen kann, indem die Ansammlung von Kundendaten durch das Unternehmen vom Kunden als Eingriff in seine Privatsphäre bewertet wird.[614] GOLDFARB & TUCKER weisen diesbezüglich nach, dass z. B. Targeting die positiven Effekte einer Online-Werbeanzeige untergraben kann.[615] Indem sich der Fokus der Vermarktungsansätze der Unternehmen von massenmarktgetriebenen Strategien hin zu Maßnahmen, die den einzelnen Kunden und die Beziehung zu ihm in den Mittelpunkt der Aktivitäten stellen, verschiebt,[616] sind jedoch ergiebige Datenbanken und umfangreiche Kundenkenntnisse als Ergebnis hochentwickelter Big-Data-Analysen essentiell.[617]

WEDEL & KANNAN sehen drei verschiedene Formen der Personalisierung im Marketingmix:[618] Während einem Kunden im Rahmen von 1) *Pull-Personalisierung* eine personalisierte Leistung auf dessen Anfrage hin angeboten wird, beinhaltet 2) *passive Personalisierung*, dass einem Kunden auf Basis der erhobenen Kundeninformationen auf ihn zugeschnittene Angebote präsentiert werden. Innerhalb einer 3) *Push-Personalisierung* werden dem Kunden ohne dessen Aufforderung personalisierte Produkte oder Dienstleistungen zugesandt. Das Unbehagen der Kunden in Bezug auf die Verwendung ihrer privaten Daten steigt in der Regel mit jeder Stufe. Als Reaktion darauf, sind Kunden bisweilen zurückhaltender, Informationen über sich preiszugeben.[619] Diese Entwicklung wird dadurch befördert, dass immer wieder Fälle bekannt werden, in denen persönliche Kundendaten entwendet werden oder unbeabsichtigt an die Öffentlichkeit gelangen.[620]

---

[614]Vgl. Aguirre, Mahr, Grewal, de Ruyter & Wetzels (2015), S. 35; Grewal et al. (2017), S. 2; Lamberton & Stephen (2016), S. 164; Wedel & Kannan (2016), S. 113; Marinova et al. (2017), S. 39; Shankar & Balasubramanian (2009), S. 118; Rust & Huang (2014), S. 218.
[615]Goldfarb & Tucker (2011a).
[616]Vgl. Rust & Huang (2014), S. 219.
[617]Vgl. Jackson & Ahuja (2016), S. 184.
[618]Wedel & Kannan (2016), S. 111.
[619]Vgl. Cleff (2007), S. 229.
[620]Vgl. Wedel & Kannan (2016), S. 113. Es wird diskutiert, inwieweit das Paradoxon entkräftet werden kann, indem Unternehmen transparenter darauf hinweisen, in welchem Umfang und zu welchem Zweck sie Kundendaten sammeln. Auch eine freiwillige

Als Zweites besteht für die Messeveranstalter im Rahmen digitaler Werbung & Kommunikation die Herausforderung, aus der großen Zahl an unterschiedlichen Werbe- und Kommunikationskanälen die richtigen auszuwählen, um ihre Botschaften bei den gewünschten Zielgruppen effektiv und zugleich effizient zu platzieren.[621] Die weiter steigende Anzahl möglicher Allokationsoptionen erschwert diese Aufgabe ebenso wie die Vielzahl unterschiedlicher Mediennutzungspräferenzen je nach Zielgruppen eines Messeveranstalters erheblich.[622]

Momentan stellt sich der Marketing Mix bei vielen Messeveranstaltern so dar, dass viele von ihnen weiterhin auf E-Mail-Marketing bauen, wie ein Blick auf die bevorzugten Marketingkanäle amerikanischer Messeveranstalter veranschaulicht:[623] 76% der Eventveranstalter in der USA setzen auf E-Mail-Marketing um ihre Veranstaltungen zu bewerben. Es folgen Internetwerbung (53%) und soziale Medien (40%) auf den weiteren Plätzen noch weit vor traditionellen Mediengattungen (10%). Auch aktuelle Erhebungen aus dem europäischen Umfeld bestätigen die hohe Bedeutung der E-Mail im Marketing Mix, zeigen aber auch die wachsende Beachtung, die soziale Medien erfahren.[624] DITTRICH & KAUSCH beobachten im Messekontext insbesondere bei B2B-Unternehmen ein eher konservatives Kommunikationsverhalten mit einer spürbaren Präferenz für E-Mail-Kommunikation.[625] Dass in dieser Fokussierung auf E-Mails erhebliches Potential bestehen könnte, effektiver und effizienter zu vermarkten, zeigen einige Vorbehalte gegenüber E-Mail-Marketing.[626] Indes können auch soziale Medien nicht pauschal als Lösung des Problems gelten, denn auch an der Effektivität sozialer Netzwerke für Marketingzwecke kommen Zweifel auf, da auch diese inzwischen durch unerwünschte Inhalte erhebliches Potential für Streuverluste bieten.[627]

Selbstregulierung der Unternehmen, die Datengenerierung zu begrenzen, scheint möglich. GOLDFARB & TUCKER nachgewiesen, dass Online-Werbeanzeigen in der EU in Folge staatlicher Eingriffe erheblich an Effektivität eingebüßt haben (vgl. Aguirre et al. (2015), S. 44; Wedel & Kannan (2016), S. 113; Goldfarb & Tucker (2011b)).
[621] Vgl. Grewal et al. (2017), S. 2; Lamberton & Stephen (2016), S. 154; Kane (2015a); Wagner (2017), S. 491; Böse (2017), S. 457; Dittrich & Kausch (2017), S. 478.
[622] Vgl. Fischer, Albers, Wagner & Frie (2011), S. 568.
[623] Vgl. Burckhardt (2013).
[624] Vgl. Funk (2017a); Dittrich & Kausch (2017), S. 472.
[625] Vgl. Dittrich & Kausch (2017), S. 472.
[626] Vgl. Cleff (2007), S. 226; Forseilles (2016), S. 8 und 44; Barley et al. (2011); Ansari et al. (2008), S. 71; Kannan & Li (2017), S. 34.
[627] Vgl. o. V. (2016b), S. 32; Leonhard (2015), S. 25.

4.2 Die Auswirkungen der Digitalisierung ...

Insgesamt sollte das Marketing von Messeveranstaltern je nach Messeveranstaltung differenziert anhand diverser Zielgruppenfaktoren, wie der Zielbranche, geografischem Einzugsbereich, Onlineaffinität und B2C- oder B2B-Orientierung ausgerichtet werden.[628] Auch für digitale Medien gilt, dass unterschiedliche Kundenzielgruppen unterschiedlich auf verschiedene Kanäle der Kundenansprache reagieren.[629] Trotz der wachsenden Bedeutung digitaler Kanäle für das Messemarketing, insbesondere bei digitalaffinen Zielgruppen,[630] bleibt eine Multi-Channel-Marketingstrategie mit variierenden Inhalten und intelligenter Verzahnung der einzelnen Kanäle ein zielführender Ansatz, um alle Nachfragergruppen zu erreichen.[631] Auch digitale Marketingkanäle, insbesondere soziale Medien, entfalten ihre volle Wirkung erst im Zusammenspiel mit anderen Medien, so dass crossmediale Effekte bei der Bewertung von Marketingallokationen zwingend zu berücksichtigen sind.[632] Die Abstimmung der digitalen Kanäle aufeinander im Marketingmix wird die Messeveranstalter daher weiter intensiv beschäftigen.[633]

In diesem von Informationsüberflutung und unzähligen Kommunikationskanälen geprägten Umfeld kann ein erfolgsversprechender Weg darin bestehen, dass Unternehmen ihr Marketing über Big Data-Analysemethoden und Erfolgsmessungen noch intelligenter steuern.[634] WEDEL & KANNAN empfehlen, aus den stetig zunehmenden Datenquellen, die eine Kundenbeziehung begleiten, tiefgründige Erkenntnisse und datenbasierte, kausale Erklärungen darüber zu entwickeln, wie sich bestimmte Marketingmaßnahmen auf das Kundenverhalten auswirken, um daraus wiederum Vorhersagen und Handlungsempfehlungen aufzustellen.[635] Es wird erwartet, dass in absehbarer Zeit insbesondere in Märkten, in denen bereits

---

[628]Vgl. IFEMA (2011), S. 7; o. V. (2016b), S. 32; Gardiner (2015), S. 25; Böse (2017), S. 464; Wagner (2017), S. 502.

[629]Vgl. Ansari et al. (2008), S. 71; Grimm (2004), S. 250; Hombach (2015c).

[630]Vgl. Kirchgeorg et al. (2012), S. 24f.; Böse (2017), S. 454.

[631]Vgl. von Baerle (2003), S. 805; Sommer (2014), S. 30; Böse (2017), S. 456.

[632]Vgl. Kumar et al. (2016), S. 22; Wedel & Kannan (2016), S. 110. Dem sei in Bezug auf Budgetdiskussionen in der Marketingplanung hinzugefügt, dass Re-Allokationen von Budgets bisweilen bloße Budgetsteigerungen in ihrer Wirkung in positiver Hinsicht übertreffen können (vgl. Fischer et al. (2011), S. 569).

[633]Vgl. Wagner (2017), S. 502.

[634]Vgl. Wedel & Kannan (2016), S. 110; Kannan & Li (2017), S. 38.

[635]Wedel & Kannan (2016), S. 109f. Dabei ist den Autoren bewusst, dass solche Ansätze mit erheblichen Anforderungen an die Datenanalysekompetenz der Unternehmen und deren Mitarbeiter einhergehen, die noch dadurch erhöht werden, dass hierbei zahlreiche unterschiedliche Mediengattungen zu berücksichtigen sind.

umfangreiche Kundendatenbanken existieren (z. B. der Messebranche) solche Big Data-Analysemethoden Einzug halten werden.[636]

Letztendlich weisen die der Marketingliteratur entnommenen Lösungsansätze auf die Notwendigkeit hin, dass auch für die optimierte Auswahl der Marketing- und Kommunikationskanäle hochentwickelte Datenanalysekompetenzen aufzubauen sind. Im Abschnitt zu den Auswirkungen der Digitalisierung auf das Ressourcenmanagement eines Messeveranstalters wird bereits darauf hingewiesen, dass solche Kompetenzen in der Messebranche aus verschiedenen Gründen bislang kaum vorzufinden sind und auch der Erwerb dieser Fähigkeiten mit erheblichem Aufwand verbunden ist.

Zusammenfassung Schlüsselelement Werbung & Kommunikation: *In der Folge veränderter Kommunikations- und Mediennutzungsgewohnheiten gepaart mit der herausragenden Bedeutung einer wirkungsvollen Messebewerbung zur erfolgskritischen Aktivierung des externen Faktors besteht ein besonderer Anpassungsbedarf für die Messeveranstalter im Bereich Werbung und Kommunikation. So wie die Digitalisierung den Messeveranstaltern zahlreiche neue Möglichkeiten an die Hand gibt, ihre Kunden zielgenau zu adressieren, liegt darin auch eine besondere Herausforderung, aus den verschiedenen Optionen die jeweils optimale für die zahlreichen unterschiedlichen Zielgruppen auszuwählen und entsprechende Allokationen vorzunehmen. Angesichts der Limitationen von E-Mail-Marketing besteht bei einigen Messeveranstaltern durchaus Potential, die Ausrichtung der externen Kommunikationsmaßnahmen weiter zu optimieren. Dabei ist zu berücksichtigen, dass selten ein Werbekanal allein die gewünschte Wirkung erzielt, sondern in der Regel eine Kombination verschiedener Maßnahmen zum Erfolg führt.*

Hochentwickelte Datenanalysekompetenzen können den Messeveranstaltern dabei helfen, Streuverluste in der Vermarktung zu verringern, indem die Allokation der Kommunikationskanäle und -botschaften datenbasiert und validiert erfolgt. Damit muss bisweilen auch ein Wandel der Unternehmenskultur einhergehen, die datenbasierte Entscheidungsfindung zu forcieren. Paradoxerweise können Datenanalysekompetenzen außerdem von Nutzen dabei sein, Vorbehalte gegenüber datenbasiertem Marketing aufzulösen, indem Kunden nur noch Inhalte zugespielt werden, die ihre Interessen bedienen und daher nicht als irritierend, sondern mehrwertstiftend wahrgenommen werden. Das identifizierte Potenzial weist dabei erneut auf den Bedarf nach hochentwickelten Datenanalysekompetenzen bei Messeveranstaltern hin.

---

[636] Wedel & Kannan (2016), S. 116.

4.2 Die Auswirkungen der Digitalisierung ...

Aussteller- & Besuchervertrieb
Über die digitalisierungsbedingten Veränderungen der Werbe- und Kommunikationsprozesse bei Messeveranstaltern hinaus ist bei Betrachtung der Auswirkungen der Digitalisierung auf die Vertriebsaktivitäten eines Messeveranstalters zu bedenken, dass der Erfahrungsgutcharakter einer Messeveranstaltung besondere Anforderungen an den **Aussteller- & Besuchervertrieb** stellt.[637] Des Weiteren sind die Vertriebsaktivitäten bedingt durch die Komplexität der Dienstleistung Messe durch weitreichende vertriebslogistische Prozesse geprägt, die sich entsprechend möglichst effizient gestalten lassen sollen.[638] Bei der Untersuchung sind die **Vertriebskanäle & -prozesse**, sowie die unterschiedlichen **Vertriebsorgane** relevant, wobei sich die Auswahl Letzterer kaum von der Digitalisierung beeinflusst zeigt.

Die schon thematisierte stärkere Integration von Marketing- und Kommunikationsaktivitäten zeigt sich auch im Aussteller- und Besuchervertrieb der Messeveranstalter, indem sich der inhaltliche Übergang von Werbung und Kundenkommunikation zum Vertrieb fließend gestaltet.[639] Insofern orientiert sich die Veränderung der Vertriebskanäle ganz wesentlich an den geschilderten Entwicklungen bei Werbeträgern und Kommunikationskanälen.[640] Auch im Vertrieb gebieten es die veränderten Mediennutzungsgewohnheiten, dass sich die Vertriebsprozesse daran anpassen.[641] Unklar ist jedoch, wie sich auf digitale Kanäle verlagerte Vertriebsprozesse auf die persönliche Kommunikation mit den Kunden auswirken.

Digitale Technologien und Güter sollen Effektivität und Effizienz der Vertriebsaktivitäten verbessern, um Prozesse zu beschleunigen und Transaktionskosten zu senken.[642] Schon jetzt bedienen Messeveranstalter häufig sehr große Kundengruppen mit jeweils einem Bruchteil an Vertriebskräften.[643] Wie auch in der Kundenkommunikation gelten CRM-Systeme als Grundlage für einen effizienten, zielgruppengenauen Vertrieb der Messeveranstalter.[644] Beispielhaft seien die Messeveranstalter *Emerald Expositions, Messe München* und *Koelnmesse* genannt, die mit cloudbasierten CRM-Systemen arbeiten und damit u. a.

---

[637] Arzt (2007), S. 76.
[638] Vgl. Zygojannis (2005b), S. 166; Stoeck (2017b), S. 661.
[639] Vgl. Schwenzfeier (2016).
[640] Vgl. von Baerle & Brandl (2017), S. 669ff.; Stoeck (2017b), S. 661f.
[641] Vgl. Jackson & Ahuja (2016), S. 177f.; Kannan & Li (2017), S. 35.
[642] Vgl. Rayport & Sviokla (1995), S. 79; Marinova et al. (2017), S. 29.
[643] Vgl. Friedman (2015), S. 17.
[644] Vgl. Schuster (2012), S. 142;

auf eine personalisierte Kundenansprache sowie eine von allen involvierten Vertriebskräften einsehbare, in Echtzeit aktualisierte und einheitliche Datenbasis setzen.[645]

Die Kommunikation im Aussteller- wie auch im Besuchervertrieb erfolgt bei vielen Messeveranstaltern weitgehend über digitale Distributionskanäle.[646] Durch automatisierte Vertriebsmaßnahmen, wie getriggerte E-Mail-Kampagnen, soll zudem das Ziel erreicht werden, dass sich Vertriebsmitarbeiter auf komplexere Aktivitäten konzentrieren können, die ihre persönliche Aufmerksamkeit erfordern, wie die Lösung individueller Ausstelleranforderungen zu Standgestaltung und Platzierung.[647] Auch hier spielen also Effizienzbestrebungen eine wesentliche Rolle.[648]

Auch ohne Unterstützung der Vertriebskräfte können Messekunden inzwischen verschiedene Services digital buchen. Insbesondere Eintrittskarten und Ausstellerservices, wie der Standbau oder etwaige Marketingleistungen, werden meist online gekauft, aber auch Flächenanmeldungen erfolgen zunehmend auf digitalem Weg.[649] Während etwa die *NürnbergMesse* bis zu 60% ihrer Leistungen online vertreibt, sind es bei der *Messe Düsseldorf* nach eigener Aussage bereits über 90%.[650] Die niederländische Besitz- und Betriebsgesellschaft *RAI Amsterdam* bietet über ein digitales Ausstellerportal eine One-Stop-Shopping Plattform, auf der Kunden von der Messefläche über den Messestandbau bis hin zu Hotelzimmerbuchungen nahezu alle mit der Messeteilnahme verbundenen Transaktionen aus einer Hand tätigen können.[651]

Ganz besonders bei Neukunden, die noch nicht an der Messeveranstaltung, für die sie sich interessiert zeigen, teilgenommen haben, aber auch Kunden, die eine bessere Vorstellung von einer neuen Standposition oder einem neuen Standkonzept erhalten möchten, kann sich außerdem der Einsatz verschiedener Visualisierungstechnologien im Vertrieb lohnen. In der Veranstaltungsbranche finden sich vielfach Möglichkeiten, Konferenzräumlichkeiten und Messehallen dreidimensional zu visualisieren und die entsprechenden Räume mitsamt einer

---

[645]Vgl. Feist (2016); Friedman (2015), S. 18; Funk (2017a).
[646]Vgl. Giersberg (2016); Seiler (2014a), S. 33; Baumgartner (2015), S. 13; Appel (2015d); Buller (2016), S. 7; Funk (2017d); Stoeck (2017b), S. 661.
[647]Vgl. Funk (2017g); Funk (2017a); Hall (2016b).
[648]Vgl. Dittrich & Kausch (2017), S. 476.
[649]Vgl. Kollmann (2005), S. 422; Forseilles (2016), S. 61; Karle (2011b), S. 66; Ruetz (2018), S. 140; Nittbaur (2001), S. 125.
[650]Vgl. Baumgartner (2016c), S. 10; Funk (2017d); Koenen (2015).
[651]Vgl. Funk (2017f); Hall (2016b).

4.2 Die Auswirkungen der Digitalisierung ...

360°-Perspektive virtuell abzuschreiten, wie es etwa *KölnKongress* für seine Veranstaltungszentren anbietet.[652] VR-Systeme können im Messevertrieb ein effektives Werkzeug sein, potentiellen Neuausstellern die Atmosphäre einer Messe im Voraus zu vermitteln.[653] Verschiedene Beispiele aus der Reisebranche zeigen, wie VR die Unsicherheit der Kunden bei Dienstleistungen mit Erfahrungsgutcharakter mindern kann.[654]

Über diese Ansätze hinaus, die Vertriebsaktivitäten durch digitale Technologie und Güter zu unterstützen, zeigen sich Messeveranstalter auch an intelligenten, datenbasierten Vertriebsmaßnahmen interessiert. So identifizieren Messeveranstalter über Tracking-Methoden, wie lange sich ein Nutzer mit einem bestimmten Inhalt auseinandergesetzt hat und schließen darauffolgend auf seine Interessen, um ihn personalisiert anzusprechen.[655] Im Rahmen der Fitnessmesse *FIBO* wird im sozialen Netzwerk *Xing* Nutzern, die ein vergleichbares Profil wie bereits für die *FIBO* angemeldete Besucher besitzen, die Teilnahme an der Messe empfohlen.[656] Im oben skizzierten virtuellen Ausstellerservicecenter des *RAI Amsterdam* erhalten die Aussteller Serviceempfehlungen auf Basis der Nutzerprofile vergleichbarer Aussteller.[657]

Angesichts der Vielzahl an digitalen Möglichkeiten, die Dienstleistungen eines Messeveranstalters zu buchen, lässt sich hinterfragen, inwieweit die als wichtig identifizierte persönliche Beziehung des Messeveranstalters zum Kunden durch die Verlagerung der Kommunikation auf digitale Kanäle geschwächt werden könnte.[658] STOECK stellt fest, dass im (Messe-)Vertrieb sowohl die Erfolgswahrscheinlichkeit (Effektivität) wie auch die Kosten pro Kundenkontakt (Effizienz) „mit abnehmendem Standardisierungsgrad zunehmen."[659] Letztlich müssen die Messeveranstalter im Vertrieb wie auch in der Kommunikation den individuellen Wert ihrer Kunden sowie deren unterschiedliche Präferenzen berücksichtigen, um zu entscheiden, wie sie mit ihnen in Kontakt treten.[660] In Anlehnung an die Ausführungen zum *Zielmarkt* und dem *geografischen Fokus*

---

[652] Vgl. Espinosa (2015), S. 59; Wünsch (2016a).
[653] Vgl. Kollmann (2005), S. 423; Ruetz (2018), S. 136.
[654] Vgl. Gibson & O'Rawe (2018), S. 97f.; Huang, Backman, Backman & Chang (2016), S. 116.
[655] Vgl. Grimm (2004), S. 250.
[656] Vgl. Kolbrück (2016).
[657] Vgl. Hall (2016b).
[658] Vgl. Urry (2002), S. 256.
[659] Stoeck (2017b), S. 662.
[660] Vgl. Marinova et al. (2017), S. 39; Hombach (2015c); Stoeck (2017b), S. 662.

im Rahmen derer festgestellt wurde, dass der Bedarf nach persönlichem Austausch insbesondere zur Klärung komplexer Sachverhalte weiterhin besteht,[661] ist anzunehmen, dass investitionsträchtige Ausstellerbeteiligungen und individuelle Vertriebsthemen weiterhin im persönlichen Gespräch vorbereitet werden.[662]

Preissetzung
Während die übrigen Maßnahmen des Marketing-Mixes erhebliche Effekte der Digitalisierung aufweisen, ist der Einfluss auf die **Preissetzung** eines Messeveranstalters in Bezug auf Flächenpreise für die Aussteller, Eintrittspreise für die Besucher sowie Servicepreise für weitere Dienstleistungen bislang recht gering. Selbst die über die verringerten Suchkosten durch das Internet gewährleistete, höhere Vergleichbarkeit von Preisen[663] wirkt sich auf die Preisbildung bei Messen nur bedingt aus, da die Vergleichbarkeit von Messeveranstaltungen in der Regel begrenzt ist.[664]

Zur differenzierten Betrachtung der Preissetzung eines Messeveranstalters lässt sich in Bezug auf **Produktbündel** ein Effekt der Digitalisierung insofern ausmachen, dass durch die Ausweitung des digitalen Serviceangebotes und speziell dem Engagement der Messeveranstalter in virtuellen Communities neue Möglichkeiten zum Cross-Selling entstehen.[665] Beispielsweise bietet die *NürnbergMesse* schon heute Platzierungen in Onlinemedien in Kombination mit der Flächenanmeldung an.[666] Nicht erst seit virtuelle Communities als Kommunikationsmedium und als Erlösquelle an Bedeutung gewinnen müssen sich die Messeveranstalter mit den Besonderheiten der Preissetzung bei digitalen Gütern, für die die Grenzkosten für Produktion und Vertrieb nahezu bei null liegen, vertraut machen.[667]

Hier knüpfen durch den Onlinevertrieb im Messewesen auch neue Optionen zur **Preisdifferenzierung** für die Messeveranstalter an. Weil nämlich generell im digitalen Vertrieb der Aufwand für dynamische Preisanpassungen gering ist und darüber hinaus die Veränderungen im Marktumfeld sehr kurzfristig erfolgen

---

[661] Vgl. Albertson (1977), S. 40; Choo & Mokhtarian (2005), S. 232; Aguilera (2008), S. 1114; Haynes (2010), S. 550 und 562.
[662] Vgl. Stoeck (2017b), S. 661; Urry (2002), S. 262f.
[663] Vgl. Dominici (2009), S. 20; Kannan & Li (2017), S. 33.
[664] Vgl. Nittbaur (2001), S. 278.
[665] Vgl. Karle (2011b), S. 64.
[666] Rättich (2017), S. 581.
[667] Vgl. Kannan & Li (2017), S. 33; Holzner (2017), S. 708.

können, bieten sich verschiedene Möglichkeiten zur Preisdifferenzierung.[668] Messeveranstalter können dies nutzen, indem sie etwa die vom Buchungszeitpunkt abhängige Preisdifferenzierung wesentlich granularer betreiben oder bestimmte Restflächen kurz vor Messebeginn zu einem deutlich verringerten Preis vermarkten.[669] Auch eine dynamische Anpassung der Preise im Onlinevertrieb auf Basis der getrackten Websitenutzung eines interessierten Ausstellers oder Besuchers, vergleichbar mit der Preisbildung in der Luftfahrt, scheint grundsätzlich möglich. Eine weitere Option als mögliche Preisbildungsmaßnahme bei Messeveranstaltungen mit Nachfrageüberhang könnte darin bestehen, freie Messeflächen, angelehnt an der Methodik, wie Suchmaschinen Platzierungen vergeben, zu versteigern.

Die durch digitale Leadregistrierung und weitere Ausstellerservices verbesserte Messbarkeit des Messeerfolgs sowie die Strategie der Messeveranstalter, sich zu ganzheitlichen Marketing- und Kommunikationsdienstleistern zu entwickeln, könnte zudem dazu führen, dass sich die Kosten für die Messefläche in Zukunft nicht mehr an der Standgröße, sondern an generierten Kundenkontakten, Markenimpressionen, vereinbarten Kundenterminen oder gar getätigten Umsätzen orientieren.[670] Solche Überlegungen sind beispielsweise von *Reed Exhibitions* bekannt.[671] Der Messestandbauer *Salzmann Design* bietet schon heute an, die in Rechnung gestellten Standbaukosten zu einem großen Teil an der Zahl der generierten Kundenkontakte zu bemessen.[672] Ähnlich variabel ließen sich auch Erlösmodelle für die virtuellen Communities der Messeveranstalter einrichten. So kann sich die *Koelnmesse* vorstellen, die Investition in solche Branchenportale durch Gebühren für darüber getätigte Transaktionen zu refinanzieren.[673] Einen Schritt weiter gedacht muss auch die Frage gestellt werden, ob es sich mit steigendem Wert der Kundendaten irgendwann für die Messeveranstalter lohnen könnte, Messeflächen kostenlos bereitzustellen, um aus Messeveranstaltungen qualifizierte Markt- und Kundendaten zu gewinnen und dieses bisherige Beiprodukt zu monetarisieren.

---

[668] Vgl. Kannan & Li (2017), S. 33; Dominici (2009), S. 20.
[669] Vgl. Kolbrück (2015b).
[670] Vgl. Johnson (2016), S. 19; Kolbrück (2015b); Woodward (2015b), S. 17; Hattendorf (2015b).
[671] Vgl. Berndl (2015).
[672] Vgl. Seiler (2016b), S. 25.
[673] Vgl. Giersberg (2017).

4.2.4 Zwischenfazit zu den Auswirkungen auf die Wertschöpfungsaktivitäten

Der vielseitige Einfluss der Digitalisierung auf die Wertschöpfung der Messeveranstalter schreibt sich auch in ihren **Wertschöpfungsaktivitäten** fort. Hier ist die steigende Bedeutung einer umfassenden Analyse von Kunden- und Marktdaten zu nennen, die innerhalb des Ressourcenmanagements zu vollziehen ist, aber auch breite Auswirkungen auf die Produktentwicklung, die Veranstaltungsumsetzung, das Serviceangebot oder auch die Vermarktung im Allgemeinen hat.

Eine große Herausforderung, mit Big Data-Ansätzen einhergehende komplexe Analysetechniken umzusetzen, liegt für die Messeveranstalter darin, dass ihnen bislang die fachlichen Kenntnisse, aber auch die personellen, finanziellen und technischen Ressourcen fehlen,[674] um erfolgreicher darin zu sein, aus den bereits umfangreich vorliegenden Datenbanken gehaltvolle Informationen zu ziehen. Besondere Relevanz erhält das Daten- & Wissensmanagement für die Messeveranstalter dadurch, dass schon jetzt messeferne Unternehmen mit datengetriebenen Wertschöpfungsmodellen den Eintritt in den Messe- und Veranstaltungsmarkt proben[675] und ihnen das angesammelte Wissen über Kunden und Märkte zum Wettbewerbsvorteil gereichen könnte. Zudem ließen sich bestimmte Herausforderungen, die sich den Messeveranstaltern im Rahmen ihrer Wertschöpfung stellen, wie die bestmögliche Allokation von Marketingressourcen[676] oder die Optimierung des Produkt- und Serviceangebotes im Hinblick auf die Bedürfnisse der Kunden, mit Hilfe von Datenauswertungen lösen.

Was die Umsetzung der Messeveranstaltung als Kernprodukt betrifft, bietet sich durch die Digitalisierung erhebliches Potenzial für die Besetzung neuer, erklärungsbedürftiger Themen.[677] Um hier Marktanteile zu gewinnen, müssen Messeveranstalter angesichts zahlreicher Wettbewerber schnell agieren und die skizzierte Herausforderung eines bestmöglichen Themenzuschnitts meistern, bevor jemand anderes die entstehenden Themenfelder und -nischen besetzt. Hinsichtlich der Veranstaltungsformate innerhalb des Messeproduktes sowie der Veranstaltungsumsetzung ergibt sich aus der Analyse, dass Messeveranstalter versuchen sollten, die persönliche Begegnung und das physische Produkterlebnis in

---

[674]Vgl. Koenen (2015); Friedman (2013), S. 4; Karle (2014), S. 46.
[675]Vgl. Hall (2016a); Hattendorf (2016b), S. 38; Selesnick (2016).
[676]Vgl. Fischer et al. (2011).
[677]Vgl. Dierig (2016b); Kutschke (2018); Schraudy (2017), S. 383.

4.2 Die Auswirkungen der Digitalisierung ...

den Vordergrund zu rücken, um sich von anderen Marketingkanälen abzugrenzen und ihr Alleinstellungsmerkmal zu bewahren. Bei vielen Messen ist dahingehend bereits seit längerem eine zunehmende Emotionalisierung und Eventisierung der Messeauftritte der Aussteller und der Rahmenprogramme der Veranstalter zu beobachten.[678] Dabei gewinnt auch die persönliche Vermittlung von Inhalten im Rahmen von Messen weiter an Bedeutung.

Hier ist wiederum auf zwei gegensätzliche, aus der Digitalisierung resultierende Tendenzen für die Wertschöpfung eines Messeveranstalters hinzuweisen: Einerseits ergibt sich aus veränderten Nutzungspräferenzen der Menschen – sowohl in der Kundenkommunikation und im Vertrieb, als auch in Erwartungen gegenüber dem Produkt Messe selbst – der Wunsch der Messekunden, über digitale Kanäle zu kommunizieren und auch auf der Messe selbst unmittelbar unter Einsatz digitaler Technologien unterhalten und informiert zu werden. Hier spielt auch der Wunsch nach effizienterer Kommunikation, die auch dem Messeveranstalter dazu verhilft, agiler zu handeln, eine wichtige Rolle. Andererseits wohnt dieser Tendenz zum digitalen Konsum von Inhalten und Informationen auch das Risiko eines *Informationsoverloads* inne.[679] Noch dazu kann die Digitalisierung der Kommunikation konträr zum Ansinnen der Messeveranstalter verlaufen, den persönlichen Austausch und das persönliche Erlebnis zu forcieren.

Weiterhin ist unklar, welche Rolle virtuelle Plattformen für die Messeveranstalter als digitale Erweiterung der Messe, des Serviceangebotes und auch des Wertschöpfungspotenzials einnehmen werden. Digitale Plattformen ermöglichen es den Messeveranstaltern, bedeutende Anteile am Management von Geschäftsbeziehungen auch über die Messe hinaus zu bewahren.[680] Von einfachen Messeportalen über ganzjährige virtuelle Communities bis hin zu E-Commerce Plattformen bieten sich den Messeveranstaltern verschiedene Spielarten, deren Erfolgschancen sich auch darin bemessen, inwieweit Wettbewerber aus der Digitalwirtschaft den Messeveranstaltern in der Besetzung dieser Märkte bereits zuvorgekommen sind (zusammenfassend siehe Abbildung 4.2).

---

[678] Vgl. Davenport & Beck (2000), S. 121; Funk (2017h); Pine & Gilmore (1998), S. 97–99.
[679] Vgl. Kollmann (2005), S. 429.
[680] Vgl. Quack (2015); Veloutsou et al. (2002), S. 441f.

Dimension	Element	Auswirkungen der Digitalisierung
Unterstützende Aktivitäten	**Ressourcenmanagement**	• **Sicherheit**: digitale Lösungen für Sicherheitsprüfung vor Messezutritt; erhebliche Anstrengungen zum Schutz vor Cyberangriffen, Datenklau und internem Fehlverhalten • **Personalmanagement**: Entwicklung der Mitarbeiter zur Erfüllung neuer, digitaler Personalanforderungen essentiell; Neugewinnung von Mitarbeitern mit Digitalkompetenzen trotz Fachkräftemangel • **Daten- & Wissensmanagement**: systematisches Wissensmanagement zur Re-Kombination von Wissen zur Entwicklung von Wettbewerbsvorteilen; Datenanalysekompetenz bei Messeveranstaltern unzureichend
	Konzeptgenerierung & Produktpflege	• **Produktentwicklung**: hoher Innovationsdruck, beschleunigte Entwicklungsprozesse, höhere Risikoaffinität • **Produktabwicklung**: digitale Disruption in bestimmten Branchen führt zu Abwicklung etablierter Messen
	Mitarbeiter- & Prozesskommunikation	• Fortschreitende Digitalisierung und Automatisierung interner (Kommunikations-)prozesse für mehr Agilität und Effizienz; Einsatz virtueller Teams zur Zusammenarbeit über große Entfernungen
Produktion	Veranstaltungsportfolio	• **Messethemen**: viele neue (digitale) Themen für neue Messen und Segmente innerhalb bestehender Messen
	Messeprodukt	• **Veranstaltungsformat, Begleitveranstaltungen & Rahmenprogramm**: mehr erlebnisfördernde und inhaltsgetriebene Formate; mehr partizipative Elemente • **Terminierung, Dauer & Turnus**: Messeturni durch beschleunigte Innovationsgeschwindigkeiten z.T. unter Druck; • **Veranstaltungsort**: technische Ausstattung entscheidet bei Wahl des Veranstaltungsortes mit
	Veranstaltungsumsetzung	• **Aufplanung**: in Cloudlösungen digitalisiert, VR-Lösungen zur Visualisierung; Gesamtaufplanung muss persönliches Erlebnis untermalen • **Standgestaltung & Messebau**: aufgreifen der Kommunikations- und Informationsfunktion; Einsatz von 3D-Druck, VR und LED; VR kann zu kleineren Standflächen führen • **Messelogistik**: mehr Effizienz durch intelligente Verkehrs- und Logistiksteuerung • **Aussteller- und Besucherbetreuung**: Einsatz digitaler Servicestationen und umfangreicher Messeapps; hohes Ablenkungspotenzial bis hin zur Reizüberflutung
	Serviceangebot	• Digitale Plattformen erweitern Leistungsangebot von Messeveranstaltern in virtuellen Raum; Eintritt in neue Plattform-Märkte; hohe Investitionsbereitschaft, und neue Kompetenzen notwendig
Vermarktung	**Werbung & Kommunikation**	• **PR- & Presseaktivitäten**: digitale Tools zur Unterstützung der Presseberichterstattung; Blogger und soziale Medien gegenüber Printmedien immer wichtiger • **Werbemittel & -träger**: Anpassung an veränderte Mediennutzungsgewohnheiten zulasten von Printmedien; reichweitenstärkere und zielgenauere Kommunikation; Menge an Kanälen erschwert Budgetallokation • **Kundenkommunikation**: CRM-basiert; Anpassung an veränderte Mediennutzung (siehe oben); textbasierte Kommunikation zulasten des persönlichen oder telefonischen Austauschs; kürzere Reaktionszeiten
	Aussteller- & Besuchervertrieb	• **Vertriebskanäle & -prozesse**: Anpassung an veränderte Mediennutzung (siehe oben); vermehrte Online-Buchung von Aussteller- und Besucherservices; Einsatz von VR zur Visualisierung der Dienstleistung
	Preissetzung	• **Produktbündel**: Cross Selling-Potenziale durch zusätzliche digitale Services • **Preisdifferenzierung**: Pricing-Modelle auf Basis von Kunden-ROIs

Abbildung 4.2 Auswirkungen der Digitalisierung auf die Wertschöpfungsaktivitäten eines Messeveranstalters

4.3 Die Auswirkungen der Digitalisierung auf die Ressourcenausstattung eines Messeveranstalters

Durch die Digitalisierung in Form von Technologien und digitalen Gütern verändert sich die Ausgangssituation, welche Ressourcen in Zukunft zum Erlangen von Alleinstellungsmerkmalen und Wettbewerbsvorteilen von Bedeutung sind. Insofern sind erhebliche Auswirkungen auf die relevante Ressourcenausstattung eines Messeveranstalters zu erwarten, wie sich bereits im Abschnitt zum Ressourcenmanagement andeutete. Um ein differenziertes Bild zu ermitteln, welche wesentlichen Ressourcen durch die Digitalisierung hinzugekommen sind oder an Bedeutung gewonnen haben, sind die **tangiblen** und **intangiblen Ressourcen** eines Messeveranstalters zu untersuchen.

4.3.1 Die Auswirkungen auf die tangiblen Ressourcen

Auch ohne die Digitalisierung wird der **Messeinfrastruktur** eine erhebliche Bedeutung für die Wertschöpfung der Messeveranstalter beigemessen.[681] Ebenso elementar sind die ergänzenden Technologien und Basistechnologien für die Digitalisierung, die das Phänomen überhaupt erst ermöglichten. Aus der Tatsache, dass viele dieser Technologien inzwischen Teil der Messeinfrastruktur sind, resultiert die Hervorhebung der Messeinfrastruktur als Schlüsselressource unter dem Einfluss der Digitalisierung.

Zur Erinnerung: Die **tangiblen Ressourcen** eines Messeveranstalters umfassen allgemein die physischen und finanziellen Voraussetzungen für die Erstellung des Dienstleistungsangebotes. Neben der Messeinfrastruktur werden dementsprechend **sonstige Investitionsgüter** sowie die **finanziellen Ressourcen** untersucht.

Schlüsselelement Messeinfrastruktur unter dem Einfluss der Digitalisierung
Unabhängig von der Digitalisierung gilt es für den Veranstaltungsort einer Messeveranstaltung als Plattform für die Leistungs- und Innovationsfähigkeit einer Branche, dass sie höchsten Ansprüchen in Bezug auf die technische Ausstattung genügen muss, um die Erwartungen der Messeteilnehmer zu erfüllen.[682] Dies ist umso wichtiger, als dass die Messeinfrastruktur als wesentlicher Teil des Messeproduktes wahrgenommen wird. Diese Ansprüche haben sich durch

---

[681]Vgl. Nittbaur (2001), S. 93; Huber (1994), S. 186; Tiefensee (2003), S. 168; Delfmann & Arzt (2005c), S. 130; Dierig (2016a).
[682]Vgl. Nittbaur (2001), S. 209; Arzt (2007), S. 172.

die Digitalisierung noch erhöht. Zwangsläufig wirken sich die im Zuge der Digitalisierung erörterten Pläne der Messeveranstalter, die Eventisierung der Messen weiter voranzutreiben, individualisierte Live-Erlebnisse zu ermöglichen und dabei jegliche Friktionen beim Übergang der Kunden von der virtuellen in die reale Welt zu beseitigen, in veränderten Ansprüche an die Veranstaltungsinfrastruktur aus. Insofern wird die Hervorhebung der Messeinfrastruktur als Schlüsselelement durch die übrigen Geschäftsmodell-Elemente bestätigt, denn die Messeinfrastruktur kann einen entscheidenden Beitrag dazu leisten, dass es dem Messeveranstalter gelingt, einzigartige Kundenerfahrungen zu erzeugen.[683]

Dementsprechend ist die Aufrüstung der Messegelände mit digitaler Technologie vielfach zu beobachten.[684] Eine wesentliche Herausforderung ist es dabei, veränderte Nutzungsgewohnheiten und technologische Entwicklungsschritte vorherzusehen.[685] Der Einfluss der Digitalisierung auf die **Messeinfrastruktur** lässt sich im Hinblick auf die **Basisausstattung** des Messegeländes, dessen **ergänzende Ausstattung**, die **technische Ausstattung** sowie **externe Standortfaktoren** analysieren. Dabei ist stets zu berücksichtigen, dass Messeveranstalter mit eigenem Gelände in der Regel einen höheren Einfluss auf die genannten Faktoren ausüben, als Veranstalter ohne eigenes Gelände. Die Qualität und Quantität einer Messeinfrastruktur fließen bei Messeveranstaltern ohne eigene Gelände wiederum in deren Auswahl eines geeigneten Veranstaltungsortes mit ein.[686]

In Bezug auf die **Basisausstattung** der Messehallen ist bei zahlreichen aktuell oder kürzlich umgesetzten Messeinfrastrukturprojekten eine Tendenz zum Einsatz flexibler Wand-, Bühnen- und Tribünensysteme zu beobachten, womit die Infrastrukturbetreiber dem gestiegenen Anspruch an die Variabilität, Multifunktionalität und Inszenierungsfähigkeit der Hallen vor dem Hintergrund der Eventisierung und Stärkung inhaltlicher Formate entsprechen.[687] Beispiele hierfür bieten die beweglichen LED-Wände des *Suntec Singapore* Veranstaltungszentrums ebenso wie die flexiblen Wandsysteme des *Citycube* auf dem Berliner Messegelände.[688] Auch das Bauprojekt *Confex*-Halle der *Koelnmesse* sieht eine flexible Nutzung

---

[683] Vgl. Madhok (2015), S. 14.
[684] Vgl. Dierig (2016a).
[685] Dies gilt grundsätzlich für die langfristig auszurichtende technologischen Ausstattung von Infrastrukturen, ist bei digitalen Technologien durch den beschleunigten Fortschritt allerdings besonders herausfordernd (vgl. Nittbaur (2001), S. 208).
[686] Vgl. Delfmann & Arzt (2005b), S. 451.
[687] Vgl. Giersberg (2014); Wünsch (2016b).
[688] Vgl. Madhok (2015), S. 6 und 19; Seiler (2015), S. 10.

des Gebäudes durch entsprechende Wandsysteme und flexibel einsetzbare Veranstaltungstechnik vor.[689] Die *Messe Leipzig* kann ihre *HALLE:EINS* durch mobile Tribünensysteme in wenigen Schritten von einer Messehalle in eine Sport- oder Konzertarena umwandeln.[690]

Weiterhin bleibt abzuwarten, inwieweit die Nachfrage nach Messeflächen für Aussteller und Besucher tatsächlich durch die vermehrte Nutzung digitaler Streamingtechnologien, die Virtualisierung von Messeexponaten bzw. ganzer Messen oder den Einsatz sonstiger Technologien, die eine Messeteilnahme ersetzbarer machen, sinken wird. Hier sind die sich verändernden Kommunikationsgewohnheiten der Menschen zu berücksichtigen. Schon jetzt bestehen zumindest in Deutschland Überkapazitäten hinsichtlich des Flächenangebotes,[691] so dass sich die Bauvorhaben der Geländebesitzer vielerorts in erster Linie auf die Instandhaltung, technologische Aufrüstung oder funktionale Ertüchtigung, also eine verbesserte Nutzbarkeit, nicht aber eine Vergrößerung der Messegelände fokussieren.[692] Zukunftsvisionen, aber auch konkret umgesetzte Beispiele aus der Sportstättenarchitektur, berücksichtigen bereits ein mögliches Zukunftsszenario, dass zukünftig weniger Notwendigkeit für große Sportstadien in Größenordnungen von bis zu 100.000 Zuschauerplätzen bestehen könnte, da potenzielle Stadionbesucher durch immersive Technologien wie VR von Zuhause aus noch intensiver ins Geschehen einsteigen können, als es der reale Besuch der entsprechenden Veranstaltung ermöglicht.[693] KIRCHGEORG, ERMER & WIEDMANN halten auch bei Messen einen signifikanten Rückgang des Flächenbedarfs durch virtuelle Teilnahmemöglichkeiten für denkbar,[694] so dass sich für die geländebetreibenden Messeveranstalter die Frage stellt, inwieweit dieses Szenario in künftigen Bauprojekten Berücksichtigung finden sollte.

Das Streben, den Marktteilnehmern durch digitale Technologien eine noch effizientere, reibungslose Messebeteiligung zu ermöglichen, zeigt sich besonders in der **ergänzenden Ausstattung** der Messegelände. So wie Logistikumschlagplätze, wie etwa der Hamburger Hafen, die Be- und Entladung vollständig digitalisieren,[695] setzen Messeveranstalter, wie die *Messe Düsseldorf* und die *Koelnmesse,* auf externe Logistikzentren samt datenbasierter Steuerung der Zu-

---

[689]Vgl. Koelnmesse GmbH (2018b).
[690]Vgl. Seiler (2015), S. 11.
[691]Vgl. Kirchgeorg et al. (2012), S. 42.
[692]Vgl. Dierig (2019).
[693]Vgl. Newcomb (2015); Loohuis (2015).
[694]Kirchgeorg et al. (2012), S. 35.
[695]Vgl. Walt (2015), S. 164.

und Abfahrten auf das Messegelände, um Staus und unnötige Verweildauern zu vermeiden und die Planbarkeit für den Auf- und Abbau zu erhöhen.[696] Denkbar sind auch individuelle, digitale Verkehrsleitsysteme, wie sie das *Deutsche Zentrum für Luft- und Raumfahrt* zum Wacken Open-Air Festival 2015 erprobte, die auf der Basis von auf den Anfahrtswegen installierten *Bluetooth*-Knotenpunkten das Verkehrsaufkommen registrieren und alternative Routenempfehlungen an die Besucher versenden.[697]

In Bezug auf **externe Standortfaktoren**, die vom Geländebetreiber nur indirekt zu steuern sind, aber trotzdem erheblichen Einfluss auf die Attraktivität eines Messegeländes ausüben, ist unter Berücksichtigung der Auswirkungen der Digitalisierung insbesondere der Anschluss des Messegeländes an eine leistungsfähige Telekommunikationsinfrastruktur zu nennen. Hier legen die Datennetzbetreiber unter Umständen mit Unterstützung von staatlicher Seite die Grundlage, dass große Datenvolumina in hoher Geschwindigkeit den Weg aus den Messehallen in die erweiterte globale Datennetzinfrastruktur – und wieder zurück – finden. Schließlich ist auch die schnellste innerräumliche WLAN-Verbindung nur so leistungsstark, wie die Netzinfrastruktur, an die sie angeschlossen ist.[698] Aktuell ruft der neue Mobilfunkstandard *5G* die Messeplätze Berlin, Hannover und Köln auf den Plan, die allesamt nach einer umfangreichen 5G-Abdeckung ihrer Messegelände streben und dafür bereit sind, in erheblichem Maße zu investieren.[699]

Dass die Anforderungen an die Kapazitäten der Netzinfrastruktur durch die Digitalisierung erheblich steigen, zeigen vor allem weitreichende Anpassungen der **technischen Ausstattung** der Messeinfrastruktur, insbesondere in Form von flexibel einsetzbaren, großflächigen LED-Bildschirmen, der umfassenden Anbringung von Sensoren zum Einsatz im *Internet der Dinge* und der Einrichtung von Drahtlosnetzwerken. Die technische Ausstattung definiert mehr denn je die Leistungsfähigkeit eines Messeplatzes, indem sie die Friktionen zwischen analoger und digitaler Umwelt minimiert.[700] Das technologische Rückgrat für die Technologien auf dem Messegelände bildet dabei eine alles verknüpfende IT-Infrastruktur.[701] Insbesondere das *Suntec Singapore* schöpft dabei die

---

[696] Vgl. Moog (2017), S. 852; Buhren (2019).
[697] Vgl. Maier (2015).
[698] Vgl. Hill (2019).
[699] Vgl. Dierig (2019).
[700] Vgl. auch Leonhard (2015), S. 26; Hartmann (2016); Arzt (2007), S. 172.
[701] Vgl. Karle (2011b), S. 64; Madhok (2015), S. 48ff.; Buhren (2019).

Möglichkeiten, weitreichende Funktionen der Licht- und Klimatisierungssteuerung, veranstaltungstechnische Funktionalitäten sowie Besucherleitsysteme und Sicherheitstechnik integriert zu verknüpfen und zentral zu steuern, aus.[702]

Die multifunktionalen Einsatzmöglichkeiten von großflächigen, digitalen Displays als Instrumente der Besucherführung, als intelligente Werbeflächen oder zur flexiblen Inszenierung von Ausstellungsständen und Themenbereichen ermuntern viele Geländebetreiber, in die Anschaffung solcher Geräte im Rahmen der technischen Ausstattung ihrer Gelände zu investieren.[703] So ging die *Koelnmesse* eine langfristige Kooperation mit dem Technologieanbieter *Samsung SDS* ein, um die Potenziale von *Digital Signage*-Systemen gemeinsam mit dem Technologiepartner auszuschöpfen.[704] Dabei kann der Einsatz als digitale Werbefläche helfen, die teilweise hohen Investitionen in die Technologie zu amortisieren, wie es beispielsweise dem *Suntec Singapore* gelingt.[705]

Um die Geländesteuerung zu zentralisieren, die Servicequalität auf digitalem Wege zu erhöhen, aber auch, um die Datenerfassung auf dem Messegelände auszuweiten, bringen die Messeveranstalter vermehrt im Internet der Dinge verbundene Sensoren auf dem Messegelände an. Hierüber lassen sich beispielsweise Lautstärke- oder Luftqualitätsmessungen vornehmen, Parkplatzbelegungen ermitteln, Besucherströme messen, Schlangenlängen an Serviceständen erkennen oder auch die Füllstände von Abfallbehältern kontrollieren.[706] Aktuell experimentieren verschiedene Messeveranstalter wie die *Messe Frankfurt* und die *Messe Leipzig* mit *NFC*-Technologien wie *Beacons*, um die Messebesucher mit individuellen Serviceangeboten oder Inhalten zu versorgen oder gar deren Bewegungsdaten zu ermitteln.[707] Das Technologiefestival *South by Southwest* setzt tausende Beacons auf dem gesamten Veranstaltungsgelände ein, um per Bluetooth mit den Smartphones der Besucher zu kommunizieren und ihren Aufenthalt mit Informationen und Serviceangeboten zu begleiten.[708]

---

[702] Vgl. Madhok (2015), S. 19.
[703] Vgl. GES (2014), S. 3; Karle (2011b), S. 65.
[704] Vgl. Koelnmesse GmbH (2018b).
[705] Vgl. Hattendorf & Laudi (2016).
[706] Vgl. Walt (2015), S. 164; Friedman (2015), S. 10.
[707] Vgl. Feigl (2015); Baumgartner (2015), S. 13; Sturm (2016b); Leonhard (2015), S. 27; GES (2014), S. 5.
[708] Vgl. GES (2017), S. 24. Bis sich die Anwendung von NFC-Technologien etabliert, scheint es allerdings noch ein weiter Weg: Unabhängig vom Nutzwert haben die Messeveranstalter beim Einsatz von NFC/Beacons Probleme hinsichtlich der Reichweite und der allgemeinen Qualität der Hardware, sowie dem hohen Wartungsaufwand zu bewältigen (vgl. Hombach (2015a); Hombach (2015b).

Keine Technologie wird derzeit allerdings so intensiv in Verbindung mit der technischen Ausrüstung eines Messegeländes diskutiert – und konkret von Messeteilnehmern beanstandet – wie die flächendeckende Ausstattung mit WLAN. Sowohl repräsentative Erhebungen unter verschiedenen Veranstaltungszentren, bei denen 97 % der befragten Verantwortlichen die Ausstattung mit WLAN für wichtig einschätzten,[709] als auch eine Erklärung der im *European Major Exhibition Centres Association (EMECA)* vereinten, führenden Messeplätze Europas, die sich einen reibungslosen Datenverkehr auf Europas Messegeländen durch umfassenden Breitbandausbau zum Ziel setzen,[710] sprechen für die hohe Bedeutung von WLAN-Kapazitäten für ihre Wertschöpfung. Auch die *Messe München* sieht im „freien Zugang zum Internet" einen „wichtigen Standortfaktor".[711] Gleiches gilt für die *Messe Frankfurt*, die kostenloses, stabiles WLAN als absoluten Standard auch im Kongressgeschäft erachtet, um als Veranstaltungsort überhaupt in Betracht gezogen zu werden.[712]

Die hohe Datennachfrage während der Messeveranstaltungen stellt die Messeveranstalter und Geländebetreiber bisweilen vor erhebliche Probleme, dieser in Form von WLAN-Kapazitäten nachzukommen.[713] Selbst, oder womöglich insbesondere Technologiemessen, die von digitalaffinen Marktteilnehmern genutzt werden, wie die *CES* in Las Vegas, sehen sich kaum imstande, allen Messebesuchern dauerhaft ein leistungsfähiges WLAN zur Verfügung zu stellen, ohne dass Überlastungserscheinungen aufträten.[714] Dies hängt unmittelbar mit der weiter zunehmenden Datennachfrage zusammen, die aus der ubiquitären Nutzung von Mobilgeräten auf der Messe sowie separaten Ausstellernetzwerken resultiert.[715] Interaktive AR/VR-Erlebniswelten, Live-Streams von der Messe, die sich ausweitende Verwendung von Beacons sowie die weiter zunehmende Verbreitung von Cloud Computing in Privatleben und Beruf tun ein Übriges, um die

---

[709] Wünsch (2016a).
[710] Hombach (2015a).
[711] Dierig (2014).
[712] Vgl. Wünsch (2016a); Hattendorf (2012), S. 66; Reeve-Crook (2014), S. 54; Karle (2014), S. 47. Es sind sogar verschiedene Fälle bekannt, in denen bestimmte Veranstaltungsanfragen aufgrund nicht ausreichender Netzwerkkapazitäten abgelehnt werden mussten.
[713] Vgl. Eckert & Laudi (2016).
[714] Vgl. Sturm (2016b); Dierig (2019).
[715] Vgl. Giersberg (2014); Friedman (2014), S. 5; Berndl (2015).

4.3 Die Auswirkungen der Digitalisierung ...

Netzwerke zu strapazieren,[716] so dass sich Veranstaltungszentren wie das *Austria Center Vienna* aufgrund der Komplexität der Anforderungen bisweilen den WLAN-Versorgungsansprüchen „einer Großstadt" gegenübersehen.[717]

Als Lösungsansätze für das Problem der Netzwerkkapazität beschränken Messeveranstalter die kostenlose herunter- und heraufladbare Datenmenge bspw. auf einen für die E-Mail-Nutzung ausreichenden Bedarf.[718] Darüber hinaus kommen WLAN-Hotspots oder WLAN-Stelen zum Einsatz, um den hochfrequenten Datenaustausch auf bestimmte Stellen auf dem Gelände zu konzentrieren.[719] Höhere Bandbreiten können von Besuchern und Ausstellern gegen Gebühr erkauft oder kabelgebunden bereitgestellt werden.[720] Vielfach stellen Messeaussteller mit separaten, kostenpflichtigen Netzwerken sicher, dass sie über einen reibungslosen Datenfluss verfügen.[721]

In jedem Fall ist die Gewährleistung einer leistungsstarken Konnektivität für die Aussteller und Besucher einer Messeveranstaltung mit erheblichen Kapitalkosten für die Messeveranstalter und/oder die Geländebetreiber verbunden. Häufig sind die Anforderungen derart komplex, dass die Veranstalter auf die Bereitstellung von Hochleistungsinternet spezialisierte Telekommunikationsdienstleister zurückgreifen müssen, um hierfür Lösungen zu entwickeln.[722] Die Investitionen in eine den Ansprüchen genügende Netzinfrastruktur verschaffen den Veranstaltern dabei immer nur für einen begrenzten Zeitraum Luft, denn die Anforderungen werden mit zunehmendem technologischen Fortschritt unweigerlich steigen, so dass hier mit einem kontinuierlichen Investitionsbedarf zu rechnen ist.[723]

Vor diesem Hintergrund entwickeln sich rund um die Digitalisierung der Messeinfrastruktur verschiedene Herausforderungen, die ganz besonders mit der großflächigen Vernetzung der Messegelände zusammenhängen. Allerdings besteht keineswegs Einigkeit darüber, welcher der beste Weg ist, den Messeteilnehmern auf dem Gelände einen Zugang zum Internet zur Verfügung zu stellen. Dadurch, dass insbesondere regionale Messen vorwiegend Einheimische bedienten, ist

---

[716]Vgl. Ayyash, Elgala, Khreishah, Jungnickel, Little, Shao, Rahaim, Schulz, Hilt & Freund (2016), S. 64; Friedman (2014), S. 5; Hattendorf (2016d).
[717]Das Austria Center Vienna veranstaltet beispielsweise den *European Congress of Radiology*, bei dem sich 35.000 Geräte mit dem WLAN verbinden und sämtliche Vorträge für 6.000 Onlineteilnehmer live gestreamt werden (Wünsch (2016c)).
[718]Vgl. Dierig (2014).
[719]Vgl. Hombach (2015a); Friedman (2014), S. 5.
[720]Vgl. Friedman (2013), S. 10.
[721]Vgl. Sturm (2016b).
[722]Vgl. Berndl (2015).
[723]Vgl. Friedman (2014), S. 5; Sturm (2016b); Berndl (2015).

etwa das Interesse an kostenlosem Besucher-WLAN beim Messeveranstalter *ITE* nach eigener Aussage relativ gering. Die Abschaffung von Roaming-Gebühren für Mobilfunknutzung innerhalb von gemeinschaftlichen Wirtschaftsräumen, wie der Europäischen Union, und der global fortschreitende Ausbau leistungsstarker Mobilfunknetze der vierten und fünften Generation liefert zusätzliche Argumente für Geländebesitzer, sich zunehmend auf die Mobilfunknetzinfrastruktur zu verlassen.[724] Für sie bietet eine solche Strategie den Vorteil, dass sich so erhebliche Kosteneinsparungen realisieren ließen.[725] Investitionsprogramme von Besitz- und Betriebsgesellschaften zur Ertüchtigung der Infrastruktur, wie *Koelnmesse 3.0* mit einem Investitionsvolumen von rund EUR 700 Millionen,[726] könnten folglich um einen kostenintensiven Posten reduziert oder aber Kapital für andere Zwecke bereitgestellt werden.

Um diese Überlegung fortzuführen, ist ein Blick auf die unterschiedlichen Eigenschaften von Mobilfunk, der historisch bedingt seine Wurzeln in der Telekommunikationsbranche hat, und Wi-Fi-Netzwerken, deren Technologie aus der Computerindustrie stammt, notwendig.[727] Wi-Fi Signale sind im Vergleich zu Mobilfunksignalen relativ schwach und verbleiben in der Regel im Gebäude, ermöglichen damit allerdings auch eine spektrale Wiederverwendung des Signals.[728] Da sich unabhängig von der Funktechnologie die Übertragung sowohl von Mobilfunk- als auch Wi-Fi-Signalen durch Gebäudewände hindurch aus physikalischen Gründen schwierig gestaltet,[729] kommen die technologischen Vorteile von Wi-Fi über kürzere Distanzen voll zur Geltung, so dass aktuell ein erheblicher Anteil des Smartphone-Datenverkehrs über Wi-Fi Netze abgewickelt wird.[730] Netzbetreiber gehen davon aus, dass rund 80% des mobilen Datenaustausches aus geschlossenen Räumen hervorgeht.[731]

Insofern ist anzunehmen, dass der Mobilfunkstandard im Vergleich erhebliche Leistungsmehrwerte bieten müsste, um Wi-Fi abzulösen.[732] Hier wird *5G* unbestritten einen erheblichen Leistungszuwachs anbieten, auch im Vergleich

---

[724] Vgl. Friedman (2013), S. 5. Hier haben Messegelände oft den Vorteil, dass sie als wichtige Wirtschaftsstandorte Priorität beim Ausbau der Netzinfrastruktur haben.
[725] Vgl. Hill (2019).
[726] Baumgartner (2015), S. 11.
[727] Vgl. Links & Schreier (2019).
[728] Vgl. Ayyash et al. (2016), S. 64; Hill (2019); Links & Schreier (2019).
[729] Links & Schreier (2019).
[730] Dies sind in Deutschland rund 87% (Wi-Fi Alliance (2018), S. 3).
[731] Ayyash et al. (2016), S. 65.
[732] Vgl. Wi-Fi Alliance (2018), S. 4f. Darüber hinaus kommt der ubiquitären Verwendung der WLAN-Technologie zugute, dass sich WLAN-Strukturen unter der Voraussetzung,

4.3 Die Auswirkungen der Digitalisierung ...

zu den 1,3 Gigabit/s, die das aktuell vielfach verwendete *Wi-Fi 5* imstande ist zu leisten.[733] Allerdings wird schon die nächste Wi-Fi Generation *Wi-Fi 6* hinsichtlich der Geschwindigkeit der Datenübertragung gleichziehen und noch dazu über verschiedene Versionen eine deutlich verbesserte räumliche Abdeckung auch für stark verdichtete Nutzeransammlungen bieten, was wiederum für Messeveranstalter hochrelevant ist.[734] Nun noch die Erkenntnis hinzuziehend, dass sich WLAN-Netzwerke recht schnell nachrüsten lassen, es aber Jahre dauern wird, bis die 5G-Basisinfrastruktur breit gestreut installiert ist,[735] scheint für die Messeveranstalter mittelfristig kein Weg an leistungsfähigen WLAN-Netzwerken vorbeizuführen. So ist davon auszugehen, dass sich Wi-Fi- und Mobilfunktechnologien weiterhin parallel entwickeln und in der Innen- und Außennutzung gegenseitig ergänzen werden.[736] Entsprechend sind auch die Messeveranstalter angehalten, technische Lösungen anzubieten, die beide Standards gewinnbringend miteinander verknüpfen.[737]

Demzufolge angenommen, dass die Instandhaltung, Erweiterung und Optimierung der WLAN-Netze eines Messegeländes auch zukünftig signifikante Investitionen seitens der Geländebetreiber erfordert, offenbart sich eine weitere Herausforderung, die allerdings nur diejenigen Messeveranstalter betrifft, die auch über ein eigenes Messegelände verfügen. Denn um die steigenden Bedarfe nach leistungsfähigen Internetverbindungen zu bedienen, sind Messeveranstalter mit eigenem Gelände dazu gezwungen, erhebliche Summen in die digitale Ertüchtigung ihrer Gelände zu investieren,[738] während Messeveranstalter ohne Gelände diese Investitionen in vielen Fällen nicht leisten.[739] Schon jetzt kann den Messeveranstaltern ohne Gelände die fehlende Fixkostenbelastung eines

---

dass ein Standort allgemein an die Netzinfrastruktur angeschlossen ist, verhältnismäßig leicht installieren lassen und im Gegensatz zum Mobilfunk keinerlei länderspezifische Einschränkungen in der Nutzung unter der Voraussetzung bestehen, dass ein Gerät wi-fi-kompatibel ist.

[733] Die Wi-Fi Alliance hat zur besseren Vermarktung erst kürzlich beschlossen, analog zum Mobilfunk, auch vereinfachte Bezeichnungen für ihre Standards einzuführen. Wi-Fi 5 entspricht beispielsweise dem Standard „IEEE 802.11ac" (vgl. Hill (2019)).

[734] Vgl. Links & Schreier (2019); Hill (2019); Nield (2015).

[735] Vgl. Karcher (2014); Nield (2015); Hill (2019).

[736] Vgl. Ayyash et al. (2016), S. 70; Hill (2019); Nield (2018).

[737] Vgl. Ayyash et al. (2016). Bei Li-Fi-Netzwerken erfolgt die Datenübertragung über Licht statt elektromagnetischer Wellen, bei beim Wi-Fi-Netzwerk.

[738] Vgl. Dierig (2016a).

[739] Vgl. Friedman (2014), S. 5.

Veranstaltungsgeländes zum Vorteil gereichen,[740] da sie sich dadurch auf Investitionen in wettbewerbsrelevantere Bereiche fokussieren können. Wenn nun den Messeveranstaltern ohne Gelände vor diesem Hintergrund erhebliche Mehrinvestitionen, bspw. in ihre Datenanalysekompetenz,[741] möglich sind, erscheint zumindest denkbar, dass diese sich darüber langfristig von ihren geländebetreibenden Konkurrenten im internationalen Wettbewerb absetzen könnten.

Von Seiten der Messeveranstalter mit eigenem Gelände ist auf dieser Grundlage damit zu rechnen, dass sie, wenn es das am eigenen Messeplatz stattfindende Veranstaltungsportfolio zulässt, in Zukunft noch intensiver versuchen werden, die Kosten für die Bereitstellung der Netzinfrastruktur zumindest in Teilen auf Gastveranstalter abzuwälzen. Möglich ist allerdings auch, dass insbesondere öffentlich-rechtlich organisierte Messeveranstalter mit eigenem Gelände versuchen, ihre öffentlichen Anteilseigner in die Pflicht zu nehmen, um entsprechende Investitionen in die Infrastruktur zu stemmen und aus ihrer Sicht Chancengleichheit zu wahren. Insofern erhielte die regelmäßig wiederkehrende Diskussion, ob sich öffentlich-rechtliche Messeveranstalter auf den mit ihrer Geschäftstätigkeit verbundenen volkswirtschaftlichen Nutzen für den Messestandort berufen oder mit allen Konsequenzen wie ein privatwirtschaftliches, auf Gewinnmaximierung ausgerichtetes Unternehmen agieren sollten, einen neuen Anstoß.[742]

Zusammenfassung Schlüsselelement Messeinfrastruktur: *So wie die Basistechnologien für die Entwicklung des Phänomens Digitalisierung das Rückgrat bilden, ist eine digitalisierte Messeinfrastruktur die Grundlage für zahlreiche Anpassungen am Geschäftsmodell eines Messeveranstalters. Von der strategischen Positionierung der Messeveranstalter als integrierter Marketing- und Kommunikationsdienstleister über die verbesserte Durchführungseffizienz und erweiterte*

---

[740]Vgl. Kirchgeorg (2017), S. 40.

[741]NITTBAUR ist zum Beispiel der Auffassung, dass sich aus tangiblen Ressourcen wie der Messeinfrastruktur kaum Wettbewerbsvorteile generieren lassen, während Kompetenzen und Fähigkeiten als intangible Ressourcen hier mehr Potenzial böten (Nittbaur (2001), S. 228 und 231ff.).

[742]Vgl. Kamm (2017), S. 180; Robertz (1999), S. 110. Es sind bezeichnenderweise Fragen zur Finanzierung der Infrastruktur, an denen sich die Debatte immer wieder entzündet. Als Beispiel seien die Messeveranstalter *Fiera Milano* und *MCH Group* angeführt, die beide nicht nur im Rahmen ihrer Konzernstrukturen über eigene Messegelände verfügen, sondern zudem an der Börse notiert sind. Beiden Organisationen war es ein dringliches Anliegen, den Geländebetrieb vom profitablen börsennotierten Veranstaltergeschäft (*Fiera Milano*) zu trennen oder erhebliche öffentliche Fördermittel für die Instandhaltung und Ausrüstung der Gelände in Anerkennung der volkswirtschaftlichen Bedeutung der Messeplätze (*MCH Group*) zu erhalten (vgl. Cattaneo (2003), S. 268; Kamm (2017), S. 186f.).

Eventisierung der Messen bis hin zur personalisierten Kundenansprache sind diverse Weiterentwicklungen im Geschäftsmodell von einer leistungsfähigen Messeinfrastruktur abhängig. Der beschleunigte technologische Fortschritt fordert dabei insbesondere von Veranstaltern mit eigenem Gelände beträchtliche Investitionen zur Erfüllung der Anforderungen an die Technologieinfrastruktur, die zudem immer wieder aufs Neue zu modernisieren ist. Hier sind insbesondere Netzwerkkapazitäten als Grunderfordernis zu nennen, die in absehbarer Zeit nicht durch Mobilfunk zu ersetzen sein werden. Der verbundene Investitionsbedarf bietet dabei Potenzial, die Wettbewerbsfähigkeit der Messeveranstalter erheblich zu beeinflussen.

Wenig Berücksichtigung in der aktuellen Diskussion über die Anforderungen an die Messeinfrastruktur findet hingegen das mögliche Szenario, dass insbesondere in gesättigten Messemärkten in Zukunft weniger Messeflächen gebraucht werden könnten, weil Produktpräsentationen am Stand über VR erfolgen oder live-gestreamte Vorträge direkt über das Internet aus der Ferne verfolgt werden. Während diese Szenarien im Sportstättenbau bereits diskutiert werden, sieht die Messebranche den Wunsch nach persönlicher Begegnung und physischem Erlebnis weitestgehend als unverrückbar an, mit entsprechenden Auswirkungen auf die gesetzten Prioritäten bei der Entwicklung der Messeinfrastruktur.

Sonstige Investitionsgüter

Weniger wettbewerbsrelevant als andere Ressourcen und doch unverzichtbar für die Wettbewerbsfähigkeit der Messeveranstalter sind durch die Digitalisierung bedingte Anpassungen an den **sonstigen Investitionsgütern**. Dabei wirkt sich die Digitalisierung am ehesten auf die allgemeine technische Ausstattung der Verwaltungsräumlichkeiten der Messeveranstalter aus. Diese erachten den Einsatz von Computertechnologien sowie Netzwerk- und Speicherinfrastrukturen, die allesamt den digitalen Basistechnologien zuzuordnen sind,[743] als wichtigen Wettbewerbsfaktor und Bestandteil der Unternehmensstrategie.[744] Der Wert der digitalen Infrastruktur für die Messeveranstalter erklärt sich auch aus der zunehmenden Komplexität und dem Informationsbedarf ihrer Aufgaben.[745] Neben einer umfassenden Ausstattung der Mitarbeiter mit mobilen Arbeitsgeräten, wie Laptops und Mobiltelefonen, einer cloudbasierten Speicherinfrastruktur sowie Technologien zur Videotelefonie, die ein effizientes, flexibles,

---

[743] Vgl. Laudon & Laudon (2018), S. 196.
[744] Kürschner (2017), S. 644.
[745] Vgl. Hufnagel (2003), S. 738.

ortsunabhängiges Arbeiten ermöglichen, legen die Messeveranstalter besonderen Wert auf leistungsfähige Sicherheitsserver, die im Bedarfsfall erheblichen Schaden vom Unternehmen abwenden können.[746] Hier sei die Informations- und Telekommunikations-Sicherheitsinfrastruktur der *Messe Stuttgart* erwähnt, die eine möglichst lückenlose Wiederherstellung von Unternehmensdaten ermöglicht.[747]

Insgesamt erkennen die Messeveranstalter durchaus Bedarf, ihre digitale Infrastruktur zu verbessern, um flexibler und effizienter agieren zu können.[748] Andernfalls wäre anzunehmen, dass die Mitarbeiter die Nutzung ihrer privaten Geräte auf die berufliche Verwendung ausdehnen, was erhebliche Sicherheitsrisiken mit sich bringen und zu effizienzmindernden Silolösungen führen kann.[749] Bei der Weiterentwicklung und Modernisierung der Informations- und Telekommunikationsinfrastruktur (ITK-Infrastruktur) gebietet es nicht zuletzt die dargelegte Komplexität der Wertschöpfung eines Messeveranstalters, dass dies unter Berücksichtigung der bestehenden Geschäftsprozesse und strategischen Unternehmensziele erfolgt.[750] Eine große Herausforderung stellt nämlich schon jetzt die Gewährleistung der Kompatibilität der verschiedenen Technologien dar.[751] Schon jetzt nutzen die Messeveranstalter eine Vielzahl an digitalen Systemen und Anwendungen, die es bestmöglich miteinander zu integrieren gilt.[752]

Schlussendlich erlangt die digitale Unternehmensinfrastruktur erst in ihrer nutzenstiftenden Verknüpfung und Integration mit den unternehmerischen Prozessen und Ressourcen ihren eigentlichen Wert für den Messeveranstalter.[753] Bevor dies gelingt, sind selbst hochentwickelte Computer lediglich Gebrauchsgegenstände, die als unternehmerische Ressourcen keinen nachhaltigen Wettbewerbsvorteil bieten.[754] Wettbewerbsvorteile lassen sich erreichen, wenn Informationstechnologie in eine synergetische Nutzung mit intangiblen Ressourcen, wie etwa dem Fachwissen der Mitarbeiter, gebracht wird.[755]

---

[746]Vgl. Giersberg (2017); Wünsch (2016c); Madhok (2015), S. 19; Groth (1999), S. 203.
[747]Vgl. Borstel (2016).
[748]Vgl. Eckert & Laudi (2016); Hartmann (2016); Böse (2015).
[749]Vgl. Marshall (2014); Weiß & Leimeister (2013).
[750]Vgl. Kürschner (2017), S. 644.
[751]Vgl. Nevo & Wade (2010), S. 178; Karle (2014), S. 47.
[752]Vgl. Hufnagel (2003), S. 738; Kürschner (2017), S. 646.
[753]Vgl. Sambamurthy & Zmud (2000), S. 106.
[754]Vgl. Nevo & Wade (2010), S. 164; Tilson et al. (2010), S. 752.
[755]Vgl. Nevo & Wade (2010), S. 177f.

Finanzielle Ressourcen
Mit der Digitalisierung der Messeinfrastruktur, notwendigen Investitionen in moderne ITK-Technologie in der Verwaltung, dem Aufbau weitreichender Datenanalysekompetenzen und auch dem Einstieg in digitale Geschäftsfelder kann sich der Bedarf nach finanziellen Ressourcen aus **internen** oder **externen Finanzierungsquellen** für die Messeveranstalter durch die Digitalisierung signifikant erhöhen.[756] Konkret wird im vorangehenden Abschnitt zur Messeinfrastruktur dargelegt, dass insbesondere die Modernisierung der Messegelände u. a. mit digitaler Netzinfrastruktur die Messeveranstalter vor die Herausforderung stellt, wie solche Investitionen zu decken sind, welche Rolle bei öffentlich-rechtlichen Messegesellschaften die staatlichen Anteilseigner einnehmen sollen und welche Auswirkungen das auf die unternehmerische Entscheidungsfreiheit und Ausrichtung haben könnte. Womöglich bietet der erhöhte Investitionsbedarf auch Anlass, dass Messeveranstalter die Erschließung externer Finanzierungsquellen bis hin zum Börsengang in Betracht ziehen.[757]

Diesbezüglich ist für die Messeveranstalter zu berücksichtigen, inwieweit sich Investitionen in digitale Geschäftsfelder oder Technologien auf Anhieb selbst tragen. Hier sei die Refinanzierung der großflächig installierten digitalen Displays auf dem Gelände des *Suntec Singapore* durch Nutzung derselbigen als digitale Werbebanner als erfolgreiches Beispiel zu nennen.[758] Die *Messe München* weist darauf hin, dass einige ihrer digitalen Plattformen signifikante Umsätze erwirtschaften ohne allerdings die mit den Projekten zusammenhängenden Kosten bereits vollständig decken zu können.[759]

4.3.2 Die Auswirkungen auf die intangiblen Ressourcen

Durch die Entstehung neuer digitaler Güter, die dem Messeveranstalter den Weg in neue digitale Geschäftsfelder ebnen sollen, sowie der weiterhin hervorzuhebenden Rolle des Menschen im Wertschöpfungsprozess wird den **intangiblen Ressourcen** eines Messeveranstalters im Zuge der Digitalisierung besonderes Potenzial zugesprochen, nachhaltige Grundlagen für strategische Wettbewerbsvorteile zu bieten.[760] So sind signifikante Einflüsse auf die **Vermögenswerte**

---

[756]Vgl. Delfmann & Arzt (2005c), S. 133; Robertz (1999), S. 110; Nittbaur (2001), S. 229.
[757]Vgl. hierzu Cattaneo (2003) und Kamm (2017).
[758]Vgl. Hattendorf & Laudi (2016); Giersberg (2017).
[759]Vgl. Quack (2015).
[760]Vgl. Nittbaur (2001), S. 231.

& Immaterialgüterrechte zu erwarten und auch die Anforderungen an das **Humankapital** verändern sich erheblich. Die Auswirkungen der Digitalisierung werden über diese Schlüsselelemente hinaus hinsichtlich ihrer Effekte auf die **organisationalen Ressourcen** eines Messeveranstalters untersucht.

Schlüsselelement Vermögenswerte & Immaterialgüterrechte unter dem Einfluss der Digitalisierung
Für die Positionierung der Messeveranstalter als integrierte Marketing- und Kommunikationsdienstleister sind **Messemarken, Webseiten, Web Domains, Kunden- & Marktdaten** sowie **Inhalte** elementare Bausteine und daher Schlüsselelemente. Darüber hinaus sind auch **Marken** als Vermögenswerte in einer von Informationsüberfluss gekennzeichneten Umwelt noch wichtiger für die Messeveranstalter geworden. Innerhalb der Funktion der Messeveranstalter, die wichtigsten Marktteilnehmer und relevante branchenspezifische Inhalte kuratiert und effizient zu präsentieren, kommen ihren Marken wichtige *Signaling*-Funktionen zu.[761] Diese Bedeutung bleibt bislang auch in einer zunehmend datengetriebenen Wertschöpfung erhalten, wie sich in der Kooperation des Messeveranstalters *UBM Asia* und der chinesischen E-Commerce Plattform *Alibaba* zeigt, innerhalb derer beide Seiten das Markenimage des Messeveranstalters als wichtig für den Erfolg des Projektes erachten.[762]

Darüber hinaus verändert die Digitalisierung die Rolle der Marke im Kundenverhältnis.[763] *Customer Engagement Marketing* verfolgt den Ansatz, eine Marke zu einem wichtigen Bestandteil des Kundenalltags zu machen, indem der Kunde die multidimensional statt einseitig verlaufende Konversation rund um eine Marke intensiv mitgestaltet.[764] Auch Messekunden entwickeln durch digitale Mitsprachekanäle bedingt den Anspruch, zu jeder Zeit mit „ihrer" Messe interagieren zu können. So erlangen Kunden, etwa durch die Möglichkeit, sich über soziale Medien breit zu vernetzen und auszudrücken, mehr Einfluss in Bezug auf die Positionierung und Entwicklung einer Messe.[765]

Dadurch, dass Messen seit jeher Treffpunkt von Branchencommunities sind und sich die Messeveranstalter über soziale Netzwerke und ganzjährige Messeplattformen bemühen, wenn sie schon nicht die Kommunikationshoheit behalten,

---

[761] Vgl. Bomsel (2013), S. 132.
[762] Vgl. Selesnick (2016).
[763] Vgl. Hatch & Schultz (2010), S. 591; Kotler & Armstrong (2017), S. 41.
[764] Kotler & Armstrong (2017), S. 41.
[765] Vgl. Quinton (2013), S. 912; Deighton & Kornfeld (2009), S. 5; Kotler & Armstrong (2017), S. 43.

4.3 Die Auswirkungen der Digitalisierung ...

dann zumindest die entsprechende Branchencommunity unter einer Messemarke zu versammeln und zu aktivieren, muss Markenmanagement für Messeveranstalter stets auch Community Management beinhalten.[766] Da nun noch der Ansatz des Customer Engagement Marketings die Bedeutung einer Marke ganz wesentlich an die um sie herum existierende Community knüpft, erhöht sich diese Anforderung zusätzlich.[767] In dieser von einflussreicheren Kunden geprägten Unternehmensumwelt gilt es für die Messeveranstalter, die Präsenz und den Wert ihrer Marken auszubauen, indem sie multiple Gelegenheiten schaffen, dass sich Marktteilnehmer darunter als Community begreifen, sich vernetzen und so umfassend wie effizient austauschen können.[768]

Daran anknüpfend investieren Messeveranstalter erhebliche Summen in **Websites**, **Webdesigns**, **Apps** und **soziale Medien**, die die technische und administrative Grundlage für die oben genannten Markenstrategien bilden und deshalb eine wichtige intangible Ressource sind.[769] Für die *Koelnmesse* sind die jeweiligen Messewebsites inzwischen das Zentrum aller Kommunikationsaktivitäten.[770] Um hier technisch-funktionell und inhaltlich die Kundenerwartungen bedienen und den Ausbau der Messewebsites zu Branchenportalen vorantreiben zu können, investieren Messeveranstalter wie die *Messe Frankfurt* regelmäßig erhebliche Summen.[771] Neben Branchenportalen, die Produkt- und Firmendatenbanken beinhalten, investieren die Messeveranstalter auch in virtuelle Marktplattformen, Netzwerkplattformen für bestimmte Zielgruppen, wie das Frauen-Networkingportal der *Messe München* oder auch Open Innovation-Plattformen, die allesamt mit den erforderlichen, vom jeweiligen Kommunikationsziel abhängigen Funktionalitäten auszustatten sind.[772] Auch Messe-Apps sind in diesem Zusammenhang als mobile Plattform zu nennen.[773]

Besonders seit dem Erfolg des *Content Marketing* im Zuge der Digitalisierung[774] sind zudem **Inhalte** eine wichtige Ressource für Messeveranstalter, um

---

[766]Vgl. Kucuk (2009), S. 328.
[767]Vgl. Arvidsson (2006).
[768]Vgl. Quinton (2013), S. 913.
[769]Vgl. Robertz (1999), S. 109; Kerschbaumer (1998), S. 7; Grimm (2004), S. 251.
[770]Böse (2017), S. 457.
[771]Vgl. o. V. (2009); Karle (2011b), S. 83; Hombach (2015a).
[772]Vgl. Messe Düsseldorf GmbH (2019); o. V. (2015d); Appel (2015c); Quack (2015); Giersberg (2017).
[773]Vgl. Delfmann & Dorn (2016), S. 8; Hamaide (2014), S. 27.
[774]Vgl. Kotler & Armstrong (2017), S. 427; Leonhard (2015), S. 25; Kumar et al. (2016); Lamberton & Stephen (2016), S. 162.

sich zum integrierten Marketing- und Kommunikationsdienstleister zu entwickeln und ganzjährig frequentierte Branchenplattformen aufzubauen.[775] Über Inhalte lässt sich eine thematische Brücke zwischen realer Messe und Onlinekanälen schlagen.[776] Sowohl zur Bewerbung und Vermarktung der Messe im Wettbewerb um die Aufmerksamkeit der potentiellen Kunden, aber auch zur digitalen Verbreitung der Botschaften, die auf der realen Messe gesendet werden, setzen Messeveranstalter auf attraktive Inhalte, die sie zum Teil selbst produzieren, aus Medienpartnerschaften generieren oder die in Kooperation mit Ausstellern und Besuchern entstehen.[777] Beispielhaft seien redaktionelle Inhalte zur Bewerbung der Messe und der digitalen Messeplattform ebenso genannt wie live gestreamte Inhalte direkt aus den Messehallen.[778] Insbesondere über soziale Medien verfolgen Messen wie die Frankfurter *heimtextil* und die Kölner *DMEXCO* stark inhaltsgetriebene Vermarktungsstrategien, die eine umfangreiche redaktionelle Berichterstattung, aber auch ein vielfaches Teilen der Messeerlebnisse durch die Teilnehmer hervorrufen, was über Multiplikatoreffekte zur weiteren Verbreitung der Messeinhalte führen soll.[779] Initiativen von Ausstellern, die den eigenen Messeauftritt in den Mittelpunkt ihrer eigenen Content-Kampagnen stellen, tun ein Übriges, indem sie sowohl auf das eigene Unternehmen als auch die Messe abstrahlen.[780]

An verschiedenen Stellen dieser Analyse, etwa im Abschnitt zum Ressourcenmanagement, wurde bereits auf die hervorzuhebende Bedeutung der **Kunden- & Marktdaten** für die Wertschöpfung eines Messeveranstalters hingewiesen.[781] Diese besondere Bedeutung speist sich ganz wesentlich aus der Repositionierung der Messeveranstaltung als Zentrum für den Austausch von Informationen und Wissen in einer wissensbasierten Gesellschaft.[782] Messeveranstalter, die den Ansatz verfolgen, sich in der Wissensgesellschaft als integrierter Marketing- und Kommunikationsdienstleister zu profilieren, streben an, das „gesamte Wissen

---

[775] Vgl. GES (2017), S. 10.
[776] Seiler (2016a), S. 36.
[777] Vgl. Schwenzfeier (2016); o. V. (2016e), S. 34; Burckhardt (2013); GES (2014), S. 4.
[778] Vgl. Sturm (2016c); Buller (2016), S. 4; Böse (2017), S. 461.
[779] Vgl. Schwenzfeier (2016); Böse (2017), S. 459.
[780] Vgl. Karle (2016).
[781] Vgl. Reeve-Crook (2015), S. 191; Curry (2016b).
[782] Vgl. Neven & Rosenbach (2017), S. 788; Funk (2017d) und auch Antonelli (1997), S. 605.

4.3 Die Auswirkungen der Digitalisierung ...

einer Branche"[783] zu bündeln, nach Relevanz zu strukturieren und aufbereitet zur Verfügung zu stellen. Auch ohne die Digitalisierung basiert die Dienstleistung eines Messeveranstalters wesentlich auf vorliegenden Informationen zu Kunden und Märkten.[784] Daten und Informationen speziell darüber, welche Messebesucher mit welchen Messeausstellern zu vernetzen sind, sind wertvolle Ressourcen eines Messeveranstalters.[785]

Wie erläutert verfügen die Messeveranstalter bereits über eine Fülle an Markt- und Kundendaten zu Ausstellern und Besuchern, deren Teilnahmeverhalten, Produktinformationen, Zahlen zur Marktentwicklung und Informationen über Trends, bis hin zu datenbasierten Interessensprofilen der Marktteilnehmer.[786] Neben der Datenerfassung auf dem Gelände, etwa bei der Teilnahmeregistrierung oder der Aufnahme der vom Smartphone der Messeteilnehmer ausgehenden Informationen, spielen auch die digitalen Messeportale und sozialen Medienkanäle eine wichtige Rolle in der Datengewinnung.[787] In Zukunft bietet sich den Messeveranstaltern hier womöglich die Gelegenheit, Daten noch umfassender auszuwerten, um mehr über Kunden und deren Präferenzen zu erfahren.[788] *Big Data*-Strategien scheinen diesbezüglich grundsätzlich umsetzbar,[789] die komplexe Analyse und Nutzung in diesen Größenordnungen gestaltet sich allerdings schwierig.[790]

Dabei ist die Nachfrage nach Daten und daraus gewonnenen Erkenntnissen durchaus vorhanden: Immer mehr Aussteller fordern von den Messeveranstaltern ein, dass sich der Erfolg ihrer Messebeteiligung in validen Daten (etwa Anzahl qualifizierter Kontakte, Zahl der auf der Messe oder unmittelbar danach eingegangenen Aufträge, Umsatzvolumen) messen lässt und dem geleisteten Aufwand für die Messe gegenübergestellt werden kann.[791] Solche ROI-Kennzahlen sind heute maßgeblich für die Beteiligungsentscheidung vieler Messeaussteller

---

[783] Nittbaur (2001), S. 329. In gewisser Weise helfen die Messeveranstalter somit dabei, implizites Wissen zu externalisieren und anderen Marktteilnehmern zugänglich zu machen (vgl. Antonelli (1997), S. 594).

[784] Vgl. Antonelli (1997), S. 595.

[785] Vgl. Hattendorf (2016c); Siskind (2015b); Klett (2019).

[786] Vgl. Stoeck (2017a), S. 693; Funk (2017d); Koenen (2015); Karle (2014), S. 46; Karle (2011b), S. 83.

[787] Vgl. Cukier & Mayer-Schönberger (2013), S. 35; Friedman (2014), S. 5; Kollmann (2005), S. 427; Kolbrück (2015b); Klett (2019).

[788] Vgl. Appel (2015b); Burckhardt (2013); Selesnick (2016).

[789] Vgl. Friedman (2014), S. 5.

[790] Vgl. Gladitsch (2003), S. 681; Funk (2017d); GES (2017), S. 13.

[791] Vgl. Kollmann (2005), S. 427; Gladitsch (2003), S. 677ff.; Friedman (2014), S. 5; Funk (2017a); FairControl GmbH (2017).

und -besucher.[792] Für den Messeveranstalter ist neben der Erweiterung seiner Branchen- und Kundenkenntnisse auch die Erschließung neuer, datenbasierter Geschäftsfelder reizvoll und findet vereinzelt bereits statt.[793] Voraussetzung für die gleichbleibend hohe Glaubwürdigkeit des Messeveranstalters ist in diesem Zusammenhang eine hohe Datenqualität und -validität.[794] Dabei können die Aufwendungen für die fortlaufende Datenpflege der Messeveranstalter aufgrund der großen Datenmengen erheblich sein.[795] Darüber hinaus muss der Umgang der Messeveranstalter mit den Daten ihrer Kunden den jeweils geltenden Datenschutzrichtlinien entsprechen.[796]

Die im Zuge der Digitalisierung veränderte Zusammensetzung der Vermögenswerte und Immaterialgüterrechte fordert die Messeveranstalter heraus. Dass der Ausbau ihrer Webplattformen und die darauf präsentierten Inhalte sie in direkten Wettbewerb zu anderen Medienanbietern befördern, wurde bereits in der Diskussion des veränderten externen Wertschöpfungsnetzwerkes erörtert.[797] Inwieweit sich Messeveranstalter auf dieser Wettbewerbsebene trotz eines medialen Überangebotes durchsetzen, welchen Einfluss diese Konstellation auf bislang wichtig erachtete Medienpartnerschaften hat und ob ggf. Zusammenschlüsse von Messeveranstaltern und Verlags-/Medienhäusern in Zukunft bevorstehen, bleibt abzuwarten. Die Tatsache, dass der weltweit umsatzstärkste Messeveranstalter *Reed Exhibitions* Teil eines internationalen Medienkonzerns ist und dass sich einige Verlagshäuser in das Eventgeschäft diversifizieren,[798] belegt, dass hier Synergiepotenziale bestehen. Es wäre auch möglich, dass die wachsende Bedeutung von attraktiven Inhalten für das Messegeschäft neue Formen der Kooperation oder Konvergenz von Medien- und Messeunternehmen hervorbringt.

Darüber hinaus birgt die zunehmende Datafication/Externalisierung von Wissen zu Daten Risiken für die Messeveranstalter. Diese werden im Rahmen ihres Ressourcenmanagements dazu angehalten, das in ihren Mitarbeitern befindliche Wissen zu externalisieren und dem gesamten Unternehmen als explizites, in Daten

---

[792]Vgl. Reeve-Crook (2015), S. 194; Gladitsch (2003), S. 678; Friedman (2015), S. 6.
[793]Vgl. Friedman (2014), S. 5; Klett (2019).
[794]Curry (2016b). In den USA hat sich zu diesem Zweck die unabhängige Ausstellervereinigung *Trade Show Exhibitors Association* gegründet, in Deutschland übernimmt die unabhängige Prüfung der Aussteller- und Besucherkennzahlen die *FKM* (vgl. Gladitsch (2003), S. 678; Erbel (2017)).
[795]Vgl. Klett (2019).
[796]Vgl. Knop (2015); o. V. (2015b).
[797]Vgl. Quack (2015); Seiler (2016a); Nittbaur (2001), S. 298; Friedman (2015), S. 16.
[798]Vgl. Siskind (2015a).

gefasstes Wissen verfügbar zu machen, um dieses Wissen wiederum zu skalieren und Innovationen durch dessen Re-Kombination zu erschaffen.[799] Hierzu NONAKA: „[...]the only useful knowledge is formal and systematic – hard quantifiable data, codified procedures, universal principles".[800] Für die Messeveranstalter kann aus dieser Konstellation heraus das Dilemma entstehen, dass das in den Mitarbeitern befindliche Wissen externalisiert wird, um bei einem Ausfall oder Weggang von Mitarbeitern handlungsfähig zu bleiben und keine personellen Abhängigkeiten von einzelnen Personen entstehen zu lassen.[801] Andererseits birgt ein solches Wissensmanagements auch immer das Risiko, dass sich das Wissen nicht nur im Innenverhältnis leichter verbreiten lässt, sondern auch einfacher von Wettbewerbern übernommen werden kann.[802] Je größer der Anteil des explizit vorliegenden Unternehmenswissens, desto größer ist die Unabhängigkeit des Unternehmens von der Mitarbeiterfluktuation, aber auch das Risiko, dass Externe Zugriff auf dieses Wissen erlangen.[803]

Bei der umfassenden Kodifizierung des Unternehmenswissens ist also abzuwägen, welche Teile der Wissensdatenbank weiterhin umfassend geschützt werden müssen, damit nicht aus dem Streben nach Wettbewerbsvorteilen über Teilung und Re-Kombination des Mitarbeiterwissens, wie es NONAKA für das

---

[799] Vgl. Kürschner (2017), S. 646; Antonelli (1997), S. 593f.; Tapscott (2015), S. 17.

[800] Nonaka (2007), S. 164. Allgemein lassen sich die Unterschiede zwischen Daten, Informationen und Wissen, ähnlich der Betrachtung von explizitem/kodifizierten und implizitem/schwer kodifizierbarem Wissen, entlang eines Kontinuums betrachten. Während sich implizites Wissen nur schwer digital erfassen lässt, eignet sich explizites Wissen dadurch, dass es formal, strukturiert, systematisiert und in Daten zum Beispiel in einem Unternehmenswiki vorliegt, wiederum zur vereinfachten Weitergabe und Verbreitung im Unternehmen. Immer leistungsstärkere Programme des digitalen Wissensmanagement verschieben auch bei Messeveranstaltern stetig die Grenze dessen, was sich kodifizieren und damit im Unternehmen streuen lässt (vgl. Davenport & Prusak (1997), S. 9; Hall & Andriani (2003), S. 145f.; Leonard & Sensiper (1998), S. 113; Aguilera (2008), S. 1111; Alavi & Leidner (2001), S. 115; Antonelli (1997), S. 593).
Genau genommen liegt die Ressource Wissen stets bei den wissenden Personen (vgl. Alavi & Leidner (2001), S. 109). Bei explizitem Wissen handelt es sich vielmehr um Daten, die von Personen internalisiert werden, um daraus wirkliches Wissen, als ein Mix aus Erfahrungen, Werten, kontextueller Information, Experteneinsichten, zu generieren (vgl. Davenport & Prusak (1998), S. 5).

[801] Vgl. Grant (1997), S. 452; Hall & Andriani (2003), S. 146.

[802] Vgl. Jasimuddin, Klein & Connell (2005), S. 103; Teece (1986), S. 287.

[803] Vgl. Hall & Andriani (2003), S. 146; Hall & Andriani (2002), S. 36. Die Aktivierung und Durchsetzung von Urheberrechten kann hier Schutz bieten, obschon auch Schutzmechanismen wie Patente in der Praxis manches Mal nicht die Wirkung entfalten, die ihnen aus theoretischer Sicht zugesprochen wird.

wissensbasierte Unternehmen fordert,[804] andere Wettbewerbsvorteile aufgegeben werden. Implizites Wissen hat insbesondere in der Messewirtschaft eine sehr hohe Bedeutung zum Erlangen innovativer Wettbewerbsvorteile[805] und ist zudem sehr viel schwieriger zu imitieren, als explizites Wissen.[806] Insofern sollte sorgfältig abgewogen werden, bei welchem Wissen eine Kodifizierung vorteilhaft ist.[807]

Ein ausgewogenes Vorgehen der Messeveranstalter in diesem Zusammenhang ist auch angesichts der Auswirkungen der fortschreitenden Kodifizierung auf die persönlichen Beziehungen zu empfehlen. Menschliche Beziehungen werden vermehrt per digitalem Datenaustausch über digitale Plattformen gepflegt. Dadurch dehnen sich soziale Netzwerke zwar weiter aus, die Beziehungen werden jedoch auch oberflächlicher[808] und austauschbarer.[809] Die technischen Grundlagen einer virtuellen Community in Form der Messewebsite, des sozialen Mediums sowie Inhalten und Kundenkontaktdaten sind bereits vollumfänglich digitalisiert und damit einfach übertragbar.[810] Indem sich Beziehungsnetzwerke, die auf persönlichen Beziehungen beruhen, durch Kodifizierung zu virtuellen Communities entwickeln, lassen sich diese auch einfacher übertragen und werden in Teilen austauschbar. Das Management solcher Branchencommunities verspricht dann keine nachhaltigen Wettbewerbsvorteile mehr.[811] Schon jetzt werden digitale Communityplattformen von Messeveranstaltern wie der *MCH Group* mitsamt der hinterlegten Daten akquiriert, um sich darüber einen Zugriff auf die betreffende Community zu sichern.[812]

Zusammenfassung Schlüsselelement Vermögenswerte & Immaterialgüterrechte: *Immaterielle Vermögenswerte beinhalten elementare Erfolgsfaktoren für die Strategie, die Messeveranstalter zu ganzjährig relevanten Marketing- und*

---

[804]Vgl. Nonaka (2007), S. 162.
[805]Vgl. Grant (1997), S. 450f.
[806]Grant (1996), S. 111; Leonard & Sensiper (1998), S. 127. Auch für LEONARD & SENSIPER müssen erhebliche Anreize sowohl für eine Organisation, aber auch den einzelnen Mitarbeiter bestehen, „to explicate away that [competitive] advantage" (Leonard & Sensiper (1998), S. 113). Siehe hierzu auch Davenport & Prusak (1997), S. 4 und Haas et al. (2015), S. 705.
[807]Vgl. Burk (2008), S. 1013; Nittbaur (2001), S. 237; Hall & Andriani (2002), S. 47.
[808]Vgl. Boase & Wellman (2006).
[809]Vgl. Cowan & Foray (1997), S. 597.
[810]Vgl. Dittrich & Kausch (2017), S. 475; Leimeister et al. (2006), S. 284f.
[811]Vgl. Hall (1993), S. 614; Webber (1993), S. 26f.
[812]Vgl. Seiler (2016a), S. 36.

4.3 Die Auswirkungen der Digitalisierung ...

Kommunikationsdienstleistern zu entwickeln. Das Modell einer vom Messeveranstalter betreuten, unterjährig virtuell agierenden Branchencommunity fußt auf umfangreichen Markt- und Kundendaten, starken Messemarken, relevanten und attraktiven Inhalten sowie komplexen Plattformfunktionalitäten, die entsprechend alle von großem Wert für den Messeveranstalter sind, um seinen Messefunktionen weiterhin nachzukommen.

Datafication und Externalisierung von Wissen stellen die Messeveranstalter aber auch vor die Abwägung, inwieweit es sinnvoll ist, möglichst viel unternehmerisches Wissen und im Humankapital zu verortende persönliche Beziehungsnetzwerke zu externalisieren und skalierbar zu machen. Gerade Messeveranstalter, deren Wettbewerbsvorteile maßgeblich daraus resultieren, was das Unternehmen und seine einzelnen Mitarbeiter wissen und zu wem sie eine persönliche Beziehung haben, müssen Wege finden, diese Wettbewerbsvorteile dort zu schützen, wo es sinnvoll ist und Wissen und Netzwerke dort zu teilen, wo sie sich gewinnbringend zu neuen Ideen, Innovationen und Netzwerken re-kombinieren lassen.[813]

Organisationale Ressourcen

Die Weiterverarbeitung der oben genannten digitalen Ressourcen kann schließlich nur mithilfe **organisationaler Ressourcen** gelingen. Diese sind Voraussetzung für die datenbasierte Umsetzung der Unternehmensprozesse und beinhalten digitale **Managementsysteme**, wie **Informationssysteme, Planungs- und Kontrollsysteme** sowie **Personalführungssysteme**.[814] Um Informationen zu gewinnen sowie Wertschöpfungsprozesse zu koordinieren, zu vernetzen und zu kontrollieren, setzen Messeveranstalter auf verschiedene IT-basierte Systeme.[815] Im Kern geht es für die Messeveranstalter darum, durch ein „Management-, Marketinginformations- und -kontrollsystem [...] ein effizientes, projektübergreifendes und -vergleichbares Messemanagement in allen Projektphasen zu gewährleisten."[816] Zudem müssen entsprechende Managementsysteme in der Lage sein,

---

[813]Vgl. Webber (1993), S. 27; Grant (1997), S. 451f. DAVENPORT & PRUSAK, LEONARD & SENSIPER sowie BURK gehen davon aus, dass Wissen stets über implizite Bestandteile verfügen und dementsprechend nie vollständig kodifizierbar und imitierbar sein wird (vgl. Burk (2008), S. 1017; Davenport & Prusak (1998), S. 71; Leonard & Sensiper (1998), S. 113).
[814]Robertz (1999), S. 111.
[815]Vgl. Kollmann (2005), S. 439.
[816]Kürschner (2017), S. 655.

in der anhaltenden Informationsflut einen einfachen Zugriff auf die für das Messemanagement relevanten spezifischen Informationen zu gewährleisten.[817]

Die Nutzung von Managementsystemen zur Abstimmung der einzelnen Funktionsbereiche im Unternehmen ist in der komplexen, abstimmungsintensiven Messeorganisation stark verbreitet.[818] Das gilt etwa für IT-gestützte Projektsteuerungsprogramme innerhalb der Messeprojektteams, um Arbeitsabläufe und Zuständigkeiten strukturieren sowie Ressourcen effizient einsetzen zu können.[819] Elementare Arbeitsschritte wie die Aufplanung der Messestände in den Hallen, wie sie beispielsweise die *NürnbergMesse* computergestützt über *CAD-Systeme* vornimmt und direkt mit dem CRM-System verknüpft, scheinen ohne digitale Planungstools kaum mehr in wettbewerbsfähiger Geschwindigkeit und Genauigkeit umsetzbar.[820]

Neben der Vorbereitung einer zielgenauen Kundenansprache mithilfe eines CRM-Systems, das im Rahmen des *Customer Engagement Marketing* eine umfassende Sicht auf den Kunden ermöglicht,[821] sind Informationssysteme ebenso imstande, in Form von Supply Chain Management/SCM- und Electronic Resource Planning/ERP-Systemen eine optimale Ressourcenallokation (physisch, personell und finanziell) innerhalb des Unternehmens zu befördern und die intraorganisationale Kommunikation zu erleichtern.[822] Diese Systeme dienen den Messeveranstaltern stets auch dazu, ein aktuelles, umfassendes Controlling der komplexen Messeprojekte vorzunehmen.[823]

Während die genannten Systeme weitestgehend das Backend der Systemarchitektur betreffen, erfordern auch die für die Kunden sichtbaren Prozesse, wie Onlineregistrierung, Standbuchung, Ausstellerservicebereiche oder auch algorithmusbasiertes Matchmaking, dass die dahinterliegenden digitalen Prozesse innerhalb der Systemarchitektur reibungslos funktionieren.[824] Um Letzteres zu gewährleisten, müssen die Messeveranstalter eine Vielzahl von Front- und

---

[817] Kürschner (2017), S. 644.
[818] Vgl. Kürschner (2017), S. 645.
[819] Vgl. Buller (2016), S. 4; Funk (2017c).
[820] Vgl. Hufnagel (2003), S. 738f.
[821] Stoeck (2017a).
[822] Vgl. Nittbaur (2001), S. 230; Sambamurthy & Zmud (2000), S. 107.
[823] Vgl. Rose (2003), S. 881.
[824] Vgl. Seiler (2014a), S. 33; Appel (2015d); Kollmann (2005), S. 428; Gladitsch (2003), S. 680; Funk (2017f); Curry (2016a).

Backend-Prozessen, teilweise in unterschiedlichen Systemlandschaften und mittels diverser Software-Programme, miteinander in Einklang bringen. Der Messeplatz *Suntec* Singapore bündelt alle seine Informationssysteme vom ERP, CRM über die Hallenaufplanung bis zum Kundenportal in einer cloudbasierten Lösung.[825] KÜRSCHNER warnt hingegen davor, eine vollständige Integration aller Systeme zu versuchen, da schon das Zusammenführen unterschiedlich kompatibler Datenformate aus den stetig an Umfang zunehmenden Datenbanken eine überaus komplexe Herausforderung darstelle.[826]

Unabhängig von der Messewirtschaft zeichnet sich dahingehend der Trend ab, dass Systemarchitekturen zunehmend dezentralisiert werden und auch die Verantwortlichkeiten für bestimmte Systeme in den jeweiligen Geschäftseinheiten verbleiben, statt in einem zentralen IT-Bereich gelagert zu werden.[827] Darüber hinaus herrscht sowohl in der Messewirtschaft als auch in anderen Branchen Einigkeit, dass sich unabhängig von jeglichen Integrationsbestrebungen die Informationsprozesse und -systeme stets an den Anforderungen der ausführenden Akteure orientieren müssen und auch bei einer Veränderung der Geschäftsprozesse flexibel angepasst werden können.[828]

Die Bedeutung digitaler, organisationaler Ressourcen ist nicht zu unterschätzen, da in der durch sie begünstigten Prozesseffizienz und -flexibilität[829] ein wesentlicher Grund liegt, dass die größten Messeveranstalter ihre Position im Wettbewerb weiter ausbauen können.[830] Nichtsdestotrotz weist NITTBAUR treffend darauf hin, dass sich aus diesen Ressourcen keine nachhaltigen Wettbewerbsvorteile für Messeveranstalter generieren lassen, da „sie durch die Wettbewerber relativ einfach imitiert bzw. substituiert werden können und vielfach

---

[825] Vgl. Madhok (2015), S. 19.
[826] Kürschner (2017), S. 646.
[827] Vgl. Sambamurthy & Zmud (2000), S. 107f.
[828] Vgl. Purvis et al. (2001), S. 117; Sambamurthy & Zmud (2000), S. 109; Kürschner (2017), S. 646. Dies sei vor dem Hintergrund besonders gewichtet, dass das Messegeschäft auf Anbieterseite von Konzentrationsentwicklungen und anorganischem Wachstum im Ausland geprägt ist, so dass führende Messeveranstalter im Rahmen von Unternehmensübernahmen und Joint Ventures wiederkehrend fremde Systemarchitekturen in die bestehende Systemlandschaft integrieren werden müssen (vgl. Friedman (2014), S. 14).
[829] Vgl. Böse (2015).
[830] Vgl. Kürschner (2017), S. 643f.

auch aus Kundenperspektive nicht als differenzierende Alleinstellungsmerkmale wahrgenommen werden."[831]

Schlüsselelement Humankapital unter dem Einfluss der Digitalisierung
Schließlich gilt es im Rahmen des Elementes **Humankapital** zu erörtern, welche Rolle der Mensch in der digitalisierten Wertschöpfung der Messeveranstalter zukünftig einnimmt. Als bislang für die Dienstleistung eines Messeveranstalters unverzichtbarer, differenzierender Faktor,[832] aus dem in Form nicht kodifizierbaren Wissens und tiefgründigen persönlichen Beziehungen wesentliche Alleinstellungsmerkmale hervorgehen,[833] wird das Humankapital im Rahmen der Digitalisierung als Schlüsselelement erachtet. Dieses betrachtet sowohl die **Personalausstattung**, die **Anforderungen an das Personal** eines Unternehmens als auch das in den Mitarbeitern zu verortende **Wissen** und die **persönlichen Beziehungen**, die ein Messeveranstalter zu seiner Umwelt pflegt.

Dem Einfluss der Digitalisierung auf das Humankapital sind zwei Perspektiven voranzustellen: Einerseits bieten digitale Technologien, Güter und Prozesse die Chance, Arbeitsabläufe zu optimieren, Arbeitsflexibilität zu erhöhen und die Produktivität der Arbeitskräfte zu steigern.[834] Andererseits sind auch verschiedene negative Effekte, wie gestiegene Arbeitsanforderungen, die das Personal überfordern und zu Überlastungserscheinungen führen können, und auch ein aus der zunehmenden Leistungsfähigkeit digitaler Technologien resultierender Wegfall von Arbeitsplätzen, insbesondere in Dienstleistungsbranchen, zu berücksichtigen.[835] Insofern ist hinsichtlich der Auswirkungen der Digitalisierung auf die **Personalausstattung** eines Messeveranstalters zu erörtern, ob tatsächlich auch die Dienstleistungserbringung im Rahmen einer Messe zunehmend digitalisiert oder automatisiert erfolgen kann.

Übergreifend erkennen LARIVIÈRE, BOWEN, ANDREASSEN, KUNZ, SIRIANNI, VOSS, WÜNDERLICH & DE KEYSER drei Formen, wie Digitalisierung sich auf die Dienstleistungserbringung auswirkt; indem 1) die Servicemitarbeiter durch digitale Technologien unterstützt, 2) Servicearbeitsplätze ersetzt oder 3) der Unterhalt und die Entwicklung von Netzwerken vereinfacht

---

[831] Nittbaur (2001), S. 230. Eine Ansicht, die wiederum von NEVO & WADE aufgrund der Komplexität von Informationssystemen hinterfragt wird (vgl. Nevo & Wade (2010), S. 164)
[832] Vgl. Feist (2016).
[833] Vgl. Webber (1993), S. 42.
[834] Vgl. Evangelista et al. (2014), S. 813.
[835] Vgl. Leontief (1983), S. 405; Larivière et al. (2017), S. 244; Frey & Osborne (2017), S. 268; Evangelista et al. (2014), S. 813.

werden.[836] ACEMOGLU & AUTOR nehmen an, dass insbesondere Routinetätigkeiten, die sich kodifizieren, also in Daten sowie digitalen Prozessen definieren und replizieren lassen, zu gegebener Zeit von Maschinen ausgeführt werden können:[837] „For a task to be autonomously performed by a computer, it must be sufficiently well defined (i.e., scripted) that a machine lacking flexibility or judgment can execute the task successfully by following the steps set down by the programmer."[838] JAIMOVICH & SIU erkennen zudem, dass auch die Frage nach der kognitiven Natur einer Tätigkeit essentiellen Einfluss darauf hat, ob eine Aufgabe zur Routine werden kann.[839] Während die Projektorganisation einer Messeveranstaltung trotz intensiver Bemühungen, diese in standardisierte Prozesse zu überführen, weiterhin von etlichen Unvorhersehbarkeiten geprägt ist, sehen verschiedene Autoren langfristig auch kognitive, Nicht-Routineaufgaben durch zunehmende Automatisierung im Zuge des technologischen Fortschritts bedroht.[840] Bislang erfordert der Erstellungsprozess der Dienstleistung Messe jedoch diverse Fähigkeiten, z. B. Flexibilität, Kreativität, Problemlösungskompetenz und soziale Fertigkeiten, in denen der Mensch dem Computer weiterhin überlegen ist.[841]

In einer anderen Sichtweise lassen sich Maschinen, Roboter und digitale Prozesse weniger als Konkurrenz für den eigenen Arbeitsplatz sondern als Werkzeuge erachten, die die Leistungsfähigkeit und Produktivität der Menschen erhöhen. Immer vorausgesetzt, dass das Personal die entsprechenden Kenntnisse darüber besitzt, bestmöglich mit diesen Technologien zusammenzuarbeiten.[842] In dieser Hinsicht seien verschiedene digitale Werkzeuge in Erinnerung gerufen,

---

[836] Larivière et al. (2017), S. 239.
[837] Vgl. Acemoglu & Autor (2011), S. 1138.
[838] Acemoglu & Autor (2011), S. 1076. NITTBAUR erachtet Routinen sogar als „personenungebundene Verhaltensmuster" (Nittbaur (2001), S. 234).
[839] Jaimovich & Siu (2012), S. 8. Das Spektrum reicht von Nicht-Routineaufgaben, die kognitive Anforderungen beinhalten (z. B. Ärzte, Computerprogrammierer), über kognitive Routineaufgaben (z. B. Verwaltungsjobs) hin zu manuellen Routineaufgaben (z. B. Mechaniker, verarbeitende Industrie) oder manuellen Nicht-Routineaufgaben (etwa Barangestellte oder Hausmeister). Siehe auch Kaplan (2017), S. 37.
[840] Vgl. Kelly (2012).
[841] Vgl. Jaimovich & Siu (2012), S. 8; Brynjolfsson & McAfee (2014), S. 191ff.; Larivière et al. (2017), S. 242.
[842] Vgl. Brynjolfsson & McAfee (2014), S. 188ff.; Evangelista et al. (2014), S. 806; Kelly (2012).

die die Beratungskompetenz der Messemitarbeiter erhöhen und sich konkret umsatzsteigernd auswirken können.[843] Die Digitalisierung bietet darüber hinaus auch für die Messebranche Chancen, neue Jobs zu schaffen.[844] Messeveranstalter fragen vollkommen neue Stellenprofile nach, die aus den Anforderungen und Chancen der Digitalisierung heraus entstehen. Insbesondere im Bereich der Datenanalyse und der Informationstechnologie werden aktuell (nicht nur in der Messewirtschaft) sogar vielerorts mehr neue Positionen geschaffen als zeitnah besetzt werden können.[845] Darüber hinaus werden in Zukunft kreative und soziale Kompetenzen mehr denn je auf dem Arbeitsmarkt nachgefragt.[846]

Erkennbar übt die Digitalisierung damit auch einen Einfluss auf die **Personalanforderungen** eines Messeveranstalters aus. Ein Blick auf einige der allgemeinen Anforderungen eines Messeveranstalters an seine Belegschaft, also etwa die ausgeprägte Kunden- und Serviceorientierung, umfassende Markt- und Branchenkenntnisse, Konzeptstärke und Kreativität, zeigt, dass zahlreiche Fertigkeiten nachgefragt werden, die bislang nicht automatisiert werden können. Im Einklang mit den wesentlichen Alleinstellungsmerkmalen einer Messeveranstaltung, nämlich der persönlichen Begegnung und dem physischen Produkterlebnis, müssen Messemitarbeiter umso mehr ein ausgeprägtes Empathievermögen und starke soziale Kompetenzen aufweisen,[847] um sich in die Kunden hineinversetzen, ihre Bedürfnisse verstehen und nachhaltige Beziehungen zu ihnen aufbauen zu können.

Ohne diese Fähigkeiten zu vernachlässigen, erfordert die Digitalisierung darüber hinaus, dass alle Mitarbeiter ein Verständnis von den Funktionsweisen digitaler Technologien entwickeln.[848] SPITZER erkennt in den digitalen Kompetenzen

---

[843]Vgl. Marinova et al. (2017), S. 31. MARINOVA, DE RUYTER, HUANG, MEUTER & CHALLAGALLA erkennen in ihren Ausführungen einen Trend, dass im direkten Kundenkontakt ohnehin weniger Automatisierungstechnologie zum Einsatz komme, die den Servicemitarbeiter ersetzt, als vielmehr die Mitarbeiter mit intelligenten Assistenten befähigt werden. Im Servicesektor und dementsprechend auch in der Messewirtschaft sei es für den Nutzen von Informationstechnologie nach NEVO & WADE daher entscheidend, inwieweit die Technik die personellen Ressourcen unterstützt, statt sie zu ersetzen (vgl. Nevo & Wade (2010), S. 177 oder auch Schrage (2017)).

[844]Vgl. Evangelista et al. (2014), S. 806 und 818; Frey & Osborne (2017), S. 255.

[845]Vgl. Spitzer (2014), S. 15; Post & Edmiston (2014).

[846]Frey & Osborne (2017), S. 269.

[847]Vgl. Larivière et al. (2017), S. 242; Wünsch (2016b).

[848]Vgl. Larivière et al. (2017), S. 242; Westerman et al. (2014), S. 146; Spitzer et al. (2013), S. 6.

4.3 Die Auswirkungen der Digitalisierung ...

der Mitarbeiter den Schlüssel zum Gelingen der digitalen Transformation.[849] Mitarbeiter sollen im Rahmen des Konzepts der „Digital Fluency" bewandert und geübt darin sein, die Unternehmensziele mithilfe digitaler Technologien noch besser umsetzen zu können.[850] Auch die *Messe München* ist überzeugt, dass jeder Mitarbeiter den Umgang mit digitalen Technologien und Prozessen erlernen und weiterentwickeln muss.[851]

Im Speziellen sind als digitale Fähigkeiten die digitale Kommunikation über das Internet, Entwicklerwissen zu Apps und grafischen Benutzeroberflächen, das Verständnis der Funktionsweisen von Plattformen und Cloudlandschaften, Kompetenzen zum Umgang mit mobilen Technologien sowie ein ausgeprägtes IT-Sicherheitsbewusstsein als wesentliche digitale Fertigkeiten zu nennen, die für Messeveranstalter von Bedeutung sind.[852] Als wichtige technische Qualifikation, die für die Messeveranstalter noch deutlich wichtiger werden wird, ist unbedingt auch die Kompetenz zur Datenanalyse zu nennen.[853] Dabei geht es für die Messeveranstalter nicht nur darum, Daten auswerten zu können, sondern auch die Ergebnisse in entsprechende Strategien und betriebswirtschaftliche Maßnahmen zu übersetzen.[854] Gefordert sind hybride Stellenprofile[855] also etwa IT-Experten, die auch über gute Kenntnisse zu wirtschaftlichen Zusammenhängen verfügen.[856]

Hinsichtlich der Entwicklung der Messeveranstalter zu Kommunikationsdienstleistern und der Zielsetzung, rund um Messemarken aktive Communities aufzubauen, sind außerdem auch die Kompetenzen der Mitarbeiter zur Entwicklung, Gestaltung und Nutzung dieser Communities gefordert.[857] Erfolgreiches Customer Engagement Marketing und Community Management setzen ein hohes Verständnis von Funktions- und Wirkungsweisen sozialer Medien voraus.[858]

---

[849] Spitzer et al. (2013), S. 2.
[850] Vgl. Colbert et al. (2016), S. 732.
[851] Vgl. o. V. (2014), S. 27.
[852] Vgl. van Deursen & van Dijk (2011), S. 894; Spitzer et al. (2013), S. 5. In vielen dieser technischen Bereiche bemerken Messeveranstalter wie die *Messe Frankfurt* ein erhebliches Unterangebot an Arbeitskräften und überbrücken dies mit der temporären Beschäftigung messeferner Digitalexperten (vgl. o. V. (2016d), S. 20f.; Westerman et al. (2014), S. 164; Borstel (2016)).
[853] Vgl. Friedman (2013), S. 7; GES (2017), S. 7.
[854] Vgl. Friedman (2014), S. 4.
[855] Vgl. Westerman et al. (2014), S. 163f.
[856] Vgl. Post & Edmiston (2014), S. 23; Royle & Laing (2014), S. 69; Spitzer et al. (2013), S. 5f.; Larivière et al. (2017), S. 244.
[857] Vgl. Nittbaur (2001), S. 237; Armstrong & Hagel (2000), S. 86 und 95.
[858] Vgl. Colbert et al. (2016), S. 735; Friedman (2013), S. 8; Quinton (2013), S. 916.

Daran anknüpfend erfordert die Repositionierung der Messeveranstalter zu Anbietern von Inhalten grundsätzlich ein hohes Maß an Kreativität, das sich die Unternehmen entweder durch den Aufbau kreativer Fähigkeiten innerhalb des eigenen Personalstamms oder die Beauftragung externer Dienstleister (z. B. Agenturen) verschaffen.

Eine weitere Personalanforderung in der digital geprägten Wirtschaft ist die Fähigkeit der Mitarbeiter, sich trotz erheblichem Ablenkungspotential, insbesondere durch einen hohen Informationsfluss aus einer Vielzahl an Kanälen, auf bestimmte Sachverhalte zu fokussieren.[859] Die Menge an verfügbarer Information übersteigt regelmäßig die Aufnahmefähigkeit der Arbeitskräfte, so dass diese gefordert sind, relevante Informationen zu filtern und zielgerichtet zu priorisieren.[860] Ein großes Maß an Selbstdisziplin und Organisationsgeschick kann darüber hinaus im Zusammenhang mit flexiblen Arbeitszeitmodellen und Freiheiten in der Wahl des Arbeitsplatzes im Zuge der Digitalisierung erforderlich sein.[861]

Im Abschnitt zu den Auswirkungen der Digitalisierung auf die Arbeitsleitlinien eines Messeveranstalters wurde außerdem auf die erhöhten Anforderungen an Reaktionsgeschwindigkeit und Agilität der Mitarbeiter in einem digital orientierten Messeunternehmen hingewiesen. Dies bedingt auf Seiten des Personals eine hohe Bereitschaft, Dinge auszuprobieren und in der Praxis zu testen.[862] Diese eingeforderte Agilität kann für die Arbeitskräfte auch eine höhere Motivation zur Weiterentwicklung mit sich bringen. Indem sich Unternehmen fortwährend Veränderungen der Unternehmensumwelt ausgesetzt sehen, müssen sie dauerhaft die eigenen Kompetenzen weiterentwickeln.[863] In Kombination mit dem gestiegenen Anspruch an das Wissen der Mitarbeiter sucht die Messewirtschaft daher sogenannte *Wissensarbeiter*, die ihre Kompetenzen und Fähigkeiten nicht nur im Status Quo einsetzen, sondern mit ihrer Bereitschaft zum Wandel auch stetig zur Weiterentwicklung und Anpassungsfähigkeit des Unternehmens im Rahmen des organisationalen Lernens beitragen.[864]

---

[859] Vgl. Stanko & Beckman (2015); Jackson et al. (2003); Csikszentmihalyi, Abuhamdeh & Nakamura (2014).
[860] Vgl. van Knippenberg et al. (2015), S. 650; Haas et al. (2015), S. 681.
[861] Vgl. Ramarajan & Reid (2013); Reyt & Wiesenfeld (2015).
[862] Vgl. Brown & Martin (2015); Westerman et al. (2014), S. 194.
[863] Vgl. Spitzer et al. (2013), S. 2; Stampfl (2012), S. 125.
[864] Vgl. Reyt & Wiesenfeld (2015), S. 739; Shah, Irani & Sharif (2017), S. 375; Nonaka (2007), S. 164; Nittbaur (2001), S. 322.

4.3 Die Auswirkungen der Digitalisierung ...

Schließlich ist eine weitere wichtige Anforderung an das Personal eines Messeveranstalters die Fähigkeit zur Zusammenarbeit mit unterschiedlichen internen wie externen Akteuren. Ist dieses Erfordernis dem Messewesen durch die vielen Akteure, die zur Erstellung der Dienstleistung Messe beitragen, ohnehin schon inhärent, ist die Bereitschaft zur Kollaboration im Zuge der Digitalisierung insofern noch wichtiger, als dass Innovation mehr denn je von der fortlaufenden Re-Kombination bereits vorhandenen Wissens abhängig ist. Die nutzenstiftende Re-Kombination von Wissen aus verschiedenen Quellen setzt dabei die Bereitschaft der Mitarbeiter zum Teilen ihres Wissens und die Kompetenz, dieses gewinnbringend zusammenzuführen, voraus.[865]

Davon unabhängig rückt der Faktor **Wissen** durch die Digitalisierung mehr in das Zentrum der Wertschöpfung der Unternehmen. Die Fortschritte in der Informationstechnologie bedingen, dass ökonomische Mehrwerte in Zukunft noch stärker aus der Anwendung von Wissen als Produktionsmittel statt aus physikalischer Arbeit entstehen.[866] Indem sich Unternehmen, auch in der Messewirtschaft, zunehmend darin unterscheiden, was sie wissen und welche neuen Ideen sie daraus generieren, sehen NONAKA sowie DAVENPORT & PRUSAK und auch GRANT daher im Faktor Wissen die einzige (NONAKA), oder zumindest die wichtigste (DAVENPORT & PRUSAK) Quelle für die Entwicklung von nachhaltigen Wettbewerbsvorteilen.[867] Dadurch, dass das Personal des Unternehmens diesen Wettbewerbsvorteil in sich trägt, bleibt das Humankapital eine der wichtigsten Ressourcen des Unternehmens.[868]

Während das vom Messeveranstalter geforderte Wissen seiner Mitarbeiter innerhalb der Personalanforderungen betrachtet wurde, ist auch zu berücksichtigen, wie sich das Wissen und die Fähigkeiten der Menschen unabhängig von diesen Anforderungen durch die Digitalisierung verändern – und welche Folgen das für den Messeveranstalter haben kann. PRENSKY hat hierzu den Begriff der

---

[865]Vgl. Haas et al. (2015), S. 681; van Knippenberg et al. (2015), S. 652; Nonaka (2007), S. 163.

[866]Tapscott (2015), S. 17. Diese Entwicklung wird sich nach TAPSCOTT in Zukunft noch verstärken, indem sowohl Dienstleistungen als auch landwirtschaftliche Tätigkeiten und solche der industriellen Fertigung weiter zunehmen vom Austausch von Information und Wissen geprägt sein werden (siehe auch (Davenport & Prusak (1998), S. 13).

[867]Vgl. Nonaka (2007), S. 163; Davenport & Prusak (1998), S. 13; Grant (1997), S. 451. Die Einordnung von Wissen als Unternehmensressource wird erst seit Ende der 1990er Jahre in zunehmender Intensität diskutiert (vgl. Davenport & Prusak (1998), S. 12).

[868]Tapscott (2015), S. 57. Siehe hierzu auch Drucker (1994) und Webber (1993), S. 24; Grant (1997), S. 452. WEBBER weist in diesem Zusammenhang darauf hin, dass die Technologie lediglich die Hülle böte, durch die das Wissen der Menschen fließe (vgl. Webber (1993), S. 24).

„Digital Natives" geprägt,[869] wonach digital geprägte Individuen Information fundamental anders verarbeiten als weniger digitalaffine Menschen. Demnach fragen Digital Natives Information wissbegierig nach, wollen Aufgaben parallel bewältigen, denken vernetzter und ziehen grafische Information Texten vor.[870] Auch wird ihnen nachgesagt, stetige Rückmeldung zur geleisteten Arbeit zu erwarten.[871] Ergänzend wird digitalaffinen Akteuren eine höhere Risikobereitschaft bescheinigt, die sich in *Trial & Error*-Methoden äußert.[872]

Der ständige Umgang mit digitalen Technologien kann darüber hinaus die Persönlichkeitsentwicklung beeinflussen: COLBERT, YEE & GEORGE aber auch TURKLE halten es für möglich, dass die ständige Präsenz von Technologie eine erweiterte Selbstreflexion verhindert und die unterschiedlichen Möglichkeiten zur Selbstpräsentation in digitalen Medien die Bildung einer authentischen Persönlichkeit erschweren.[873] PRZYBYLSKI & WEINSTEIN beobachten, dass durch die frequente Nutzung unpersönlicher Kommunikationsmethoden, wie SMS und Chat, die Fähigkeit abnimmt, persönlich zu kommunizieren,[874] woraus wiederum auch ein verringertes Empathievermögen und eine geringere Konfliktfähigkeit der einzelnen Akteure resultieren.[875] Es ist durchaus denkbar, dass darunter auch die Fähigkeit, persönliche Beziehungen zu entwickeln und zu pflegen, leidet.[876]

Diese **persönlichen Beziehungen** lassen sich weder durch virtuelle Begegnungen ersetzen, noch imitieren[877] und stellen somit einen Wertschöpfungsfaktor dar, aus dem nachhaltige Wettbewerbsvorteile resultieren.[878] Die persönlichen Beziehungen der Messe-Mitarbeiter zu den Messekunden sind außerdem Bedingung dafür, die Bedürfnisse der Branchen bestmöglich zu kennen, um diese

---

[869]Prensky (2001a); Prensky (2001b). Der Begriff wird allerdings häufig missinterpretiert, als dass der kompetente Umgang mit digitalen Technologien, Gütern und Prozessen mitnichten angeboren ist, sondern damit zusammenhängt, wie lange und intensiv sich ein Individuum mit dem Themenkomplex auseinandergesetzt hat (vgl. Kirschner & De Bruyckere (2017); Bennett et al. (2008)).
[870]Prensky (2001a), S. 1–4.
[871]Vgl. Prensky (2001a), S. 3; Prensky (2001b), S. 4.
[872]Vgl. Colbert et al. (2016), S. 732.
[873]Vgl. Colbert et al. (2016), S. 733; Turkle (2015).
[874]Vgl. Turkle (2017), S. 200f.; Przybylski & Weinstein (2013).
[875]Vgl. Konrath et al. (2011), S. 191.
[876]Vgl. Tapscott (2015), S. 357.
[877]Vgl. Wiedmann & Kassubek (2017), S. 440; Persin (2012), S. 399f.
[878]Vgl. Veloutsou et al. (2002), S. 434; Nittbaur (2001), S. 234; Kirchgeorg & Klante (2017), S. 292; Robertz (1999), S. 109; Delfmann & Arzt (2005c), S. 132.

4.3 Die Auswirkungen der Digitalisierung ...

in der Produktentwicklung berücksichtigen zu können. Wissensarbeiter erweitern durch fortlaufende Konversation und Pflege der Beziehung zu ihren Kunden ihr Wissen über Kundenbedürfnisse und erhöhen ihre Beratungskompetenz.[879] Der Wert persönlicher Beziehungen zeigt sich auch im Rahmen der virtuellen Messecommunities, indem gewachsene, von gegenseitigem Vertrauen geprägte Kundenbeziehungen eines Messeveranstalters im Vergleich zu neu am Markt agierenden Onlineanbietern einen Reputationsvorteil bieten können. So gesehen ist eine wesentliche Auswirkung der Digitalisierung auf die persönlichen Beziehungen eines Messeveranstalters, dass diese weiterhin wichtig sind und womöglich sogar wichtiger werden, indem Beziehungsmarketing allgemein an Bedeutung gewinnt.[880]

Hier setzt allerdings auch eine wesentliche, aus der Digitalisierung resultierende Herausforderung für die Messeveranstalter an. Die Digitalisierung führt dazu, dass sich Vertriebs- und Kommunikationswege wandeln und sich Geschäftsbeziehungen weniger beziehungsgeladen und stattdessen transaktional geprägt darstellen.[881] Zudem ist keinesfalls sicher, dass zukünftige, noch mehr von der Digitalisierung geprägte Generationen ebenso großen Wert auf persönliche Begegnungen legen, wie es aktuellen Generationen bescheinigt wird.[882] Womöglich geht die Fähigkeit, persönliche Beziehungen aufzubauen und persönliche Bedürfnisse nachzuempfinden, durch die Digitalisierung sogar zunehmend verloren.

Eine solche Entwicklung könnte durch die bewusste Digitalisierung und Automatisierung von Kommunikations- und Serviceprozessen von den Messeveranstaltern noch beschleunigt werden,[883] sodass ein persönlicher, vollständig fokussierter Austausch zwischen Individuen immer seltener stattfindet.[884] Textbasierte Kommunikation wird schon jetzt vermehrt dem persönlichen Austausch vorgezogen[885] und über soziale Medien gepflegte Beziehungen werden bisweilen als wichtiger erachtet, als persönliche Bindungen.[886] Im Laufe dieser Entwicklung werden die Fähigkeiten der Menschen, persönliche Beziehungen aufzubauen und zu pflegen in Mitleidenschaft gezogen: Kontroversen werden auf distanziertere

---

[879] Webber (1993), S. 29.
[880] Vgl. Tapscott (2015), S. 226f.; Veloutsou et al. (2002), S. 433.
[881] Vgl. Schraudy (2017), S. 388.
[882] Vgl. Wiedmann & Kassubek (2017), S. 440.
[883] Vgl. Larivière et al. (2017), S. 239.
[884] Vgl. Colbert et al. (2016), S. 734.
[885] Vgl. Turkle (2015).
[886] Vgl. Hsi (2007).

Weise versucht, etwa per E-Mail, aufzulösen, die Konfliktfähigkeit der Beteiligten nimmt ab.[887] Textbasierte, emotionsärmere Kommunikation sorgt dafür, dass Individuen weniger auf die Reaktionen des Gesprächspartners eingehen und sich in der Folge weniger dazu in der Lage sehen, empathische Unterhaltungen zu führen.[888] Ständige Ablenkungen oder Unterbrechungen in persönlichen Unterredungen können das Empathieempfinden der Beteiligten darüber hinaus ebenso verringern, wie ein erhöhter Zeitdruck, der eine tiefgängige Auseinandersetzung mit den Bedarfen des anderen verhindert.[889] In Summe sinken dadurch die Bedeutung der persönlichen Beziehung und ebenso die Chancen der Messeveranstalter, solche persönlichen Beziehungen aufzubauen.[890] Dies hat auch Folgen für den Wert des Kernproduktes der Messeveranstalter, deren Wertversprechen weiterhin maßgeblich aus der persönlichen Zusammenführung von Menschen besteht.

In Bezug auf Wissen und Fähigkeiten eines Messeveranstalters ist im Zuge der Digitalisierung daher eine ambivalente Entwicklung erkennbar. Einerseits rückt die herausragende Bedeutung der Ressource Wissen[891] und die Einzigartigkeit persönlicher Beziehungen den Menschen in den Mittelpunkt der Wertschöpfung. Denn Technologie ist weder dazu in der Lage, neues Wissen zu erschaffen, noch persönliche Beziehungen zu ersetzen.[892] Gleichermaßen kann sich die Digitalisierung, wie auch im Abschnitt zu *Vermögenswerten & Immaterialgüterrechten* angemerkt, auch negativ darauf auswirken, dass der Faktor Mensch voll zur Geltung kommt, indem die Entwicklung sozialer Kompetenzen gehemmt und immer mehr Wissen externalisiert wird. Insofern ist für die Messeveranstalter auch hier eine Balance zu finden, digitale Technologien in sinnvollem Maße einzusetzen und Menschen im Umgang damit so zu schulen, dass deren Fähigkeiten, sozial zu interagieren, bestärkt statt verringert werden.[893] Gleiches gilt für die Wertschöpfungsprozesse des Messeveranstalters, die etwa im direkten Kundenservice nur soweit zu digitalisieren sind, dass darunter nicht der Aufbau persönlicher Beziehungen als wichtiger Ressource leidet, auch wenn dies bedeuten kann, dass

---

[887]Persin (2012), S. 394.
[888]Vgl. Uhls et al. (2014), S. 387.
[889]Vgl. Konrath et al. (2011), S. 188.
[890]Vgl. Armstrong & Hagel (2000), S. 93; Uhls et al. (2014), S. 388. Darüber hinaus beobachten verschiedene Autoren, dass Menschen immer weniger engere persönliche Bindungen eingehen, dafür aber ausgedehnte soziale Netzwerke mit insgesamt schwächeren Bindungen hauptsächlich online pflegen (vgl. Konrath et al. (2011), S. 188. Vgl. Hierzu auch Granovetter (1973), S. 1370).
[891]Vgl. Kaplan (2017), S. 37.
[892]Vgl. Davenport & Prusak (1997), S. 18; Neven & Rosenbach (2017), S. 787.
[893]Vgl. Uhls et al. (2014), S. 392; Marinova et al. (2017), S. 40; Friedman (2013), S. 8.

technologische Potenziale ungenutzt bleiben.[894] Dabei ist stets zu berücksichtigen, dass die Bewahrung persönlicher Kommunikation nicht zum Selbstzweck geschieht, sondern dadurch Entscheidungsfindungen und Problemlösungen unter bestimmten Voraussetzungen deutlich effizienter gelingen.[895] In Bezug auf ihr Wissen müssen die Messeveranstalter die Weiterentwicklung derjenigen Kompetenzen und Fähigkeiten herausstellen, die als Alleinstellungsmerkmale auch in Zukunft Wettbewerbsvorteile versprechen.[896] Das können kreative Fertigkeiten ebenso wie soziale Kompetenzen sein. Um aus dem Teilen und der Externalisierung von Wissen Wettbewerbsvorteile zu schaffen statt diese aufzugeben, muss das Wissen, insbesondere wenn es in externalisierter Form vorliegt, immer wieder zu neuen Ideen re-kombiniert werden.[897]

Zusammenfassung Schlüsselelement Humankapital: *Das Humankapital wird gemeinhin als einer der wichtigsten Wertschöpfungsfaktoren eines Messeveranstalters erachtet, indem hier sowohl das Wissen als auch die persönlichen Beziehungen als nachhaltige Alleinstellungsmerkmale zu verorten sind. Sowohl die Bedeutung der persönlichen Beziehungen, als auch die des Wissens eines Messeveranstalters, z. B. über Kunden und Märkte, werden jedoch durch die Digitalisierung herausgefordert. Menschliche Beziehungen werden durch digitale Kommunikation weniger persönlich und austauschbarer, mit der Folge, dass diese Beziehungen als Alleinstellungsmerkmal für den Messeveranstalter, aber auch die Menschen selbst an Wert verlieren. Ähnlich verhält es sich mit der Ressource Wissen, die bedingt durch deren Externalisierung an Exklusivität und Bedeutung einbüßt, sofern aus dessen Re-Kombination nicht neues Wissen entsteht.*

Die Rolle des Menschen und sein Wert für die Wertschöpfung der Messeveranstalter ist daher im Sinne des organisationalen Lernens neu zu definieren. Digitale Werkzeuge sind dafür zu nutzen, dass sich die Messeveranstalter auf die Pflege ihrer persönlichen Beziehungen konzentrieren, gerade weil administrative Prozesse zunehmend automatisiert werden können. Wissen, das zunehmend allgemein zugänglich ist, wird zu neuem Wissen re-kombiniert und so in seiner Einzigartigkeit durch neues Wissen, Kompetenzen und Fähigkeiten ersetzt. Gleichzeitig werden überholte Tätigkeitsprofile durch neue Personalanforderungen ausgetauscht, die darauf ausgelegt sind, Alleinstellungsmerkmale in der

---

[894]Vgl. Larivière et al. (2017), S. 243.
[895]Colbert et al. (2016), S. 736.
[896]Vgl. Robertz (1999), S. 112.
[897]Vgl. Haas et al. (2015), S. 681; van Knippenberg et al. (2015), S. 652; Nonaka (2007), S. 163.

Wertschöpfung der Messeveranstalter zu bewahren und neue Wettbewerbsvorteile zu generieren.

4.3.3 Zwischenfazit zu den Auswirkungen auf die Ressourcenausstattung

Erst durch Anpassung ihrer **Ressourcenausstattung** werden verschiedene Veränderungen des Geschäftsmodells der Messeveranstalter überhaupt möglich. So setzen veränderte Prozesse und Anpassungen des Produktangebotes zur Wertschöpfung der Messeveranstalter Weiterentwicklungen der Messeinfrastruktur und der sonstigen technischen Einrichtungen voraus.[898] Dadurch dass diese Technologien recht einfach zu imitieren sind, besitzen sie allerdings wenig Potenzial, sich darüber nachhaltige Wettbewerbsvorteile zu verschaffen.[899] In Kombination mit den entsprechenden organisationalen Ressourcen sind einige dieser tangiblen Ressourcen, bspw. die unternehmensinterne IT-Hardware, dennoch essentiell, um einen reibungslosen internen Informationsfluss zu gewährleisten.[900] Diesbezüglich sei erwähnt, dass Prozesseffizienz im von Unternehmens- und Veranstaltungsübernahmen geprägten Wettbewerb der Messeveranstalter einen wichtigen Faktor darstellt.[901]

In Bezug auf die Netzinfrastruktur der Messegelände lohnt außerdem eine differenziertere Betrachtung des Potenzials zur Erlangung von Wettbewerbsvorteilen. Während Messeveranstalter mit eigenem Gelände die technische Ausstattung ihrer Hallen und Räumlichkeiten immer wieder modernisieren müssen, können Messeveranstalter ohne eigenes Gelände auf entsprechende Investitionen verzichten. Sie können sich folglich auf Investitionen in Bereiche fokussieren, die im Wettbewerb nachhaltigere Vorteile versprechen, wie zum Beispiel den Ausbau hochentwickelter Datenanalysekompetenzen.

Unter den intangiblen Ressourcen haben sich im Rahmen der Digitalisierung wiederum einige für die Wertschöpfung der Messeveranstalter unverzichtbare digitale Vermögenswerte entwickelt. Dies sind insbesondere Webdomains, Webseiten, App-Plattformen sowie Accounts in sozialen Medien, die essentiell für die

---

[898] Beispielsweise können digitale Veranstaltungstechnologien zur Eventisierung von Messen beitragen.
[899] Vgl. Nittbaur (2001), S. 230.
[900] Vgl. Purvis et al. (2001), S. 117.
[901] Vgl. Friedman (2014), S. 14.

4.3 Die Auswirkungen der Digitalisierung ...

Messeveranstalter sind, um ihre Kundenzielgruppen trotz veränderter Mediennutzungspräferenzen weiterhin effizient zu erreichen. Die genannten Ressourcen leisten darüber hinaus einen wesentlichen Beitrag zum Wandel der Messeveranstalter hin zu ganzjährig relevanten Marketing- und Kommunikationsdienstleistern.[902] Gleiches gilt für Kunden- und Marktdaten, die den Messeveranstaltern bereits in erheblichem Umfang vorliegen. Das in deren systematischer Auswertung und Analyse verborgene Potenzial wird allerdings erst dann gehoben werden, wenn die Messeveranstalter über die dafür notwendigen Datenanalysekompetenzen verfügen.

Mit fortschreitender Datafication gehen aufgrund der Externalisierung des Wissens und der Verlagerung zwischenmenschlicher Beziehungen auf digitale Plattformen auch Risiken für die Messeveranstalter einher. Sowohl die persönlichen Beziehungen als auch das Wissen der Mitarbeiter gelten bislang als einzigartige Wettbewerbsvorteile eines Messeveranstalters.[903] Die Entwicklung hin zu mehr digitaler, unpersönlicher Kommunikation, die Verschiebung der Beziehungspflege in virtuelle soziale Netzwerke sowie die Externalisierung des Wissens führen jedoch dazu, dass diese Ressourcen zunehmend austauschbarer werden.[904] Diesbezüglich führt nur externalisiertes Wissen, das auch re-kombiniert wird, zu neuen Ideen, Innovationen und letztendlich Wettbewerbsvorteilen.

Darüber hinaus stellt die Digitalisierung neue Anforderungen an das Personal eines Messeveranstalters. Mehr denn je sind hybride Stellenprofile gefragt, die eine Kombination wirtschaftlicher und digitaltechnischer Zusammenhänge im Sinne einer ganzheitlichen Entscheidungsfindung ermöglichen.[905] Die Messeveranstalter sind dazu angehalten, ihr Humankapital dahingehend zu entwickeln, dass Kompetenzen und Fähigkeiten erlernt und weiter ausgebildet werden, die sie einerseits dazu befähigen, die Digitalisierung optimal für die eigenen Zwecke zu nutzen, und gleichermaßen eine Spezialisierung auf solche Tätigkeiten beinhalten, die ihnen wertvolle Alleinstellungsmerkmale verschaffen. Wenn dies gelingt, bleibt das Humankapital die Grundlage für jegliche Wettbewerbsvorteile des Messeveranstalters (siehe zusammenfassend die Abbildungen 4.3 und 4.4).

---

[902] Vgl. Robertz (1999), S. 109; Kerschbaumer (1998), S. 7; Grimm (2004), S. 251.
[903] Vgl. Grant (1997), S. 452; Hall & Andriani (2003), S. 146.
[904] Vgl. Tapscott (2015), S. 357. Siehe hierzu auch die Auswirkungen der Digitalisierung auf den Zielmarkt der Messeveranstalter, dessen Wertversprechen gegenüber Ausstellern und Besuchern ganz wesentlich darauf aufbaut, die persönliche Begegnung der Marktteilnehmer zu ermöglichen.
[905] Vgl. Westerman et al. (2014), S. 163f.

Dimension	Element	Auswirkungen der Digitalisierung
Tangible Ressourcen	**Messe-infrastruktur**	• **Basisausstattung**: flexible Wand- und Bühnensysteme, LED-Wände, Multifunktionshallen, um Eventisierung und inhaltsgetriebene Konzepte abzubilden • **Technische Ausstattung**: Steuerung der Infrastruktur über zentrale IT; digitale Wegeleitsysteme und Werbeflächen; Netzwerkinfrastruktur der Messegelände (WLAN, NFC) entscheidender Standortfaktor; hoher Investitionsbedarf in Vernetzung potenzieller Wettbewerbsnachteil für Messeveranstalter mit eigenem Gelände • **externe Standortfaktoren**: Anbindung an übergeordnete Netzinfrastruktur von zentraler Bedeutung
	Sonstige Investitionsgüter	• **Büroausstattung**: umfassende Ausstattung von Mitarbeitern mit digitalen Endgeräten zum mobilen Arbeiten; Einrichtung von Cloudinfrastrukturen und Sicherheitsservern; Einsatz von Videokonferenzsystemen; Herausforderung ist Integration unterschiedlicher Systeme
	Finanzielle Ressourcen	• **Finanzierungsquellen**: erheblicher Investitionsbedarf bei digitalen Geschäftsfelder und Infrastruktur, ggf. Inanspruchnahme externer Finanzierungsquellen notwendig
Intangible Ressourcen	**Vermögens-werte & Immaterial-güterrechte**	• **Marken**: wichtige Signaling-Funktion in informationsüberfluteter Umwelt; veränderte Rolle der Marke durch Customer Engagement Marketing; Messemarke als Vorteil im Wettbewerb digitaler Plattformen • **Kunden- & Marktdaten**: Datenauswertung als Grundlage für effiziente, personalisierte Kundenansprache und Produktoptimierungen; quantifizierbarer Return on Invest gewinnt für Kunden an Bedeutung; Datenbasis wächst durch Externalisierung/Kodifizierung von Wissen; dadurch Risiko des Verlustes von Wettbewerbsvorteilen • **Inhalte**: Grundlage für Content Marketing; wichtiger Baustein, zum Ausbau von ganzjährige attraktiven Plattformen • **Digitale Plattformen (Websites, Webdesigns, Apps, soziale Medien)**: neue digitale Ressourcen elementar für Strategie des integrierten Marketing- und Kommunikationsdienstleisters; Kodifizierung menschlicher Beziehungen durch Communityplattformen
	Organisationale Ressourcen	• **Management-Systeme**: IT-basierte Systeme als Schlüssel zur Effizienz bei komplexen Wertschöpfungsprozessen von Messeveranstaltern
	Humankapital	• **Personalausstattung**: Wertschöpfungsprozesse bei Messen schwer zu automatisieren; hoher Nicht-Routineanteil durch geforderte Kreativität und Flexibilität; neue Stellen in Digitalbereichen nötig • **Personalanforderungen**: Digitales Verständnis gefordert, hybride Stellenprofile aus wirtschaftlichen und technischen Kompetenzen gefragt; weiterhin hohe soziale Kompetenzen als Alleinstellungsmerkmal von Messeveranstaltern erforderlich; erhöhte Anforderung an Arbeitsgeschwindigkeit, Teamfähigkeit und Bereitschaft zum organisationalen Lernen • **Wissen & Fähigkeiten**: besondere Eigenschaften der Digital Natives; Wissen durch Teilen und Re-Kombination zu vermehren, um neue Wettbewerbsvorteile zu generieren; ohne Re-Kombination kann externalisiertes Wissen zum Verlust von Wettbewerbsvorteilen führen • **Persönliche Beziehungen**: Bedeutung für zukünftige Generationen unklar, möglich dass Mehrwert nicht mehr erkannt wird; nicht gleichwertig durch virtuelle Realitäten zu ersetzen

Abbildung 4.3 Auswirkungen der Digitalisierung auf die Ressourcenausstattung eines Messeveranstalters

4.3 Die Auswirkungen der Digitalisierung ...

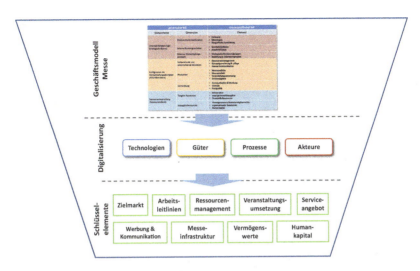

Abbildung 4.4 Status der Untersuchung

Diskussion der Ergebnisse und Management-Implikationen 5

Insgesamt bestätigt die Analyse der Auswirkungen der Digitalisierung auf die Wertschöpfung eines Messeveranstalters, dass das Phänomen nicht nur außerordentlich breit alle Wertschöpfungskomponenten (Unternehmenskernlogik, Wertschöpfungsaktivitäten und Ressourcen) tangiert, sondern auch konkret die tägliche Arbeit der Messeveranstalter erheblich beeinflusst. Darüber hinaus sticht hervor, dass sich aus der integrierten Analyse von Erkenntnissen aus der Messefach- und Praxisliteratur, gepaart mit Beobachtungen zur Digitalisierung in anderen Branchen und den empirisch erhobenen Aussagen aus den Experteninterviews neben vielerlei Chancen auch große Herausforderungen für die Messebranche ergeben.

Die in der Einleitung festgelegte Zielsetzung dieser Untersuchung beinhaltet, den Einfluss der Digitalisierung auf die Wertschöpfung eines Messeveranstalters zu identifizieren, damit verbundene Chancen zu ermitteln und ebenso die Risiken zu benennen. In den vorangegangenen Kapiteln wurde umfassend aufgezeigt, welche Auswirkungen die Digitalisierung auf die Wertschöpfung eines Messeveranstalters haben kann. Im Ergebnis sind nun verschiedene Chancen und Herausforderungen für die Messeveranstalter identifiziert, die im Folgenden diskutiert und entsprechende Management-Implikationen daraus abgeleitet werden. In der Einleitung dieser Arbeit wurde die Erwartung geäußert, dass die Digitalisierung die Messewirtschaft im Vergleich mit anderen Branchen besonders beeinflussen würde, und damit auch die Relevanz der Problemstellung erläutert. Im Folgenden ist also ebenfalls darzulegen, inwieweit sich diese Erwartung bestätigt hat.

5.1 Chancen & Herausforderungen für Messeveranstalter bedingt durch die Auswirkungen der Digitalisierung auf ihre Wertschöpfung

Indem neue Märkte entstehen, effizientere Prozesse möglich werden und sich neue Wertschöpfungsstrukturen herausbilden, bietet das Phänomen Digitalisierung den Messeveranstaltern vielfältige Chancen, ihre Wertschöpfung weiterzuentwickeln. In einer von fortschreitender Transformation und zunehmenden Unsicherheiten geprägten Umwelt weisen viele Messeveranstalter mit ihrer Reputation als wettbewerbsneutrale Instanz eine wichtige Grundlage für die erfolgreiche Gestaltung dieses Entwicklungsprozesses auf.[1] Grundsätzlich erhalten die Messeveranstalter, deren Wertschöpfung auf der Koordination zahlreicher externer Gewerke und Dienstleister sowie der Bedarfsermittlung und -erfüllung unterschiedlichster Märkte und Marktteilnehmer beruht, durch die Digitalisierung diverse Instrumente an die Hand, die sie bei der Bewältigung dieser Aufgaben auf möglichst effiziente Art und Weise unterstützen. Sei es in der Produktentwicklung zur Ermittlung der Präferenzen der Marktteilnehmer, der koordinierten Veranstaltungsumsetzung gemeinsam mit zahlreichen Dienstleistern oder auch der Kommunikation mit Ausstellern und Besuchern als Kunden der Messe: In vielen Fällen werden Kommunikations- und Abstimmungsprozesse durch digitale Technologien, Güter und Prozesse erheblich vereinfacht und beschleunigt. Gegebenenfalls ist durch die Automatisierung administrativer Prozesse gar eine Fokussierung auf die Pflege der persönlichen Beziehungen als wichtiges Alleinstellungsmerkmal eines Messeveranstalters möglich. Im Ergebnis sinken die Transaktionskosten für alle Beteiligten.[2]

Unter anderem durch diese Effizienzgewinne bieten sich für die Messeveranstalter vielfältige Möglichkeiten, ihr Geschäft auszubauen. Nie war es einfacher und kostengünstiger, Märkte in entfernten Regionen zu betreten und das eigene Geschäft zu internationalisieren.[3] Daran haben Kommunikationstechnologien wie Mobilfunk und Videoübertragung erheblichen Anteil.[4] Rein inhaltlich bietet die Digitalisierung außerdem eine Fülle an potenziellen Messethemen, die von den Messeveranstaltern aufgegriffen werden können.[5] So wie die Re-Kombination von

---

[1] Vgl. Wagner (2017), S. 506; Armstrong & Hagel (2000), S. 93.
[2] Vgl. Zygojannis (2005c), S. 61ff.; Arzt (2007), S. 36ff.
[3] Vgl. Buller (2016), S. 15.
[4] Vgl. Aguilera (2008), S. 1109f.
[5] Vgl. Kirchgeorg et al. (2012), S. 36.

Ideen eine Beschleunigung des technologischen Fortschrittes auszulösen vermag,[6] bieten sich in dessen Fahrwasser etliche Nischen und Themenfelder, innerhalb derer Produkte und Dienstleistungen zu erklären und Geschäftsbeziehungen zu entwickeln sind. Dabei sind die jüngsten Errungenschaften der digitaltechnologischen Entwicklung in der Regel vor allem zu Beginn ihres Entwicklungszyklus' sehr erklärungsbedürftig, weshalb sich wiederum Messen für deren Vermarktung besonders gut eignen könnten.[7]

Auch in diesem Zusammenhang und weil der sich beschleunigende Fortschritt auch gesellschaftliche Unsicherheiten mit sich bringt, kann sich die Reputation der Messeveranstalter als wettbewerbsneutrale Marktinstanz für sie als nützlich erweisen.[8] Die Kernkompetenz eines Messeveranstalters, Marktangebote zu kuratieren, gewinnt angesichts der Fülle an neuen digitalen Produkten und Dienstleistungen an Bedeutung und kann auch für die digitale Erweiterung der Messe genutzt werden.[9] Sowohl beim Aufbau ganzjähriger, virtueller Communities als auch der denkbaren Weiterentwicklung von Messeveranstaltern zu E-Commerce-Anbietern kommt den Messeveranstaltern eine Kuratierungsfunktion zu, Inhalte und Produkte ihrer Relevanz entsprechend zu präsentieren.[10]

Diesbezüglich ist zu berücksichtigen, dass die teilweise über Jahrzehnte, meist außerhalb jeglicher Datenschutzdebatten aufgebauten Datenbanken einiger Messeveranstalter als wertvolle Grundlage für datenbasierte Unternehmensvorhaben erweisen können.[11] Sei es zur Analyse der Daten, um Kenntnisse über Präferenzen der Marktteilnehmer zu gewinnen, oder um daraus gewonnene Erkenntnisse an Dritte zu vermarkten: viele Messeveranstalter besitzen einen Datenschatz, den sie bislang nicht zu heben vermochten. Neue, kostengünstigere Analysemöglichkeiten könnten es jedoch zu einer Frage der Zeit machen, bis dies gelingt.[12] Da branchenübergreifend immer mehr Geschäftspotenziale aus der Analyse, Auswertung und Monetarisierung resultieren und Daten allgemein eine immer wichtigere Rolle für die Wertschöpfung von Unternehmen einnehmen,[13] scheinen hier die Vorzeichen für Messeveranstalter recht günstig.

---

[6]Vgl. Brynjolfsson & McAfee (2014), S. 78.
[7]Vgl. Kirchgeorg (2017), S. 38; Giersberg (2014).
[8]Vgl. Kirchgeorg et al. (2009), S. 9.
[9]Vgl. Koenen (2015); Funk (2017d).
[10]Vgl. Koenen (2015).
[11]Vgl. Stoeck (2017a), S. 693; Koenen (2015); Karle (2014), S. 46; Karle (2011b), S. 83.
[12]Vgl. Giersberg (2016); Funk (2017d), S. 16.
[13]Vgl. McAfee & Brynjolfsson (2012).

Schließlich gereicht den Messeveranstaltern auch eine zur Digitalisierung auf den ersten Blick konträre Entwicklung zum Vorteil: Dadurch das Menschen weiterhin das Bedürfnis verspüren, sich persönlich zu treffen und auszutauschen und nur die Messewirtschaft diese Nachfrage in der geschilderten Form bedient, bleibt die Branche bislang von negativ disruptiven Entwicklungen, wie sie Printmedien, Musikindustrie und Fernsehanstalten erfasste, verschont, so dass die Digitalisierung in gewisser Weise eine Nische in der Medienlandschaft geschaffen oder bewahrt hat, die die Messewirtschaft bislang zu nutzen vermochte.[14] Die Konzentration des Marketingkanals auf die persönliche Begegnung und das physische Erlebnis der Marktteilnehmer scheint auch weiterhin als Alleinstellungsmerkmal gefragt zu sein.

Gegenüber diesen Chancen wurden im Laufe der Untersuchung auch einige Herausforderungen für die Messeveranstalter identifiziert, die unmittelbar mit der Digitalisierung zusammenhängen. Ebenso wie die Messeveranstalter über umfangreiche Datenbanken verfügen, fehlt es ihnen nach den vorliegenden Erkenntnissen an für deren Auswertung und Nutzung notwendigen Analysemethoden und -kompetenzen sowohl in personeller als auch technologischer Hinsicht.[15] Nun hinzuziehend, dass die große Menge an Daten, über die die Messeveranstalter bereits verfügen, übertragbar sind und sich Unternehmen jedweder Branchen inzwischen eine Vielzahl von Datenerfassungsmöglichkeiten bietet, so dass mit deren Besitz nicht zwingend ein nachhaltiger Wettbewerbsvorteil einhergeht, demgegenüber Datenanalysekompetenzen jedoch recht schwierig zu erlangen scheinen,[16] überwiegen hier die Herausforderungen für die Messeveranstalter die Chancen. Dies scheint sich darin zu bestätigen, dass es den Messeveranstaltern bislang nicht gelungen ist, nennenswertes Kapital aus ihren Kunden- und Marktdaten zu schlagen, zumindest im Vergleich zu Konzernen der Digitalwirtschaft, die ebenfalls über umfangreiche Kundendaten verfügen.[17]

Gleichfalls vermag sich die veränderte Wettbewerbssituation, innerhalb derer Messeveranstalter durch digitale Plattformen in Konkurrenz zu Medienanbietern treten und wiederum Medien- und Plattformanbieter sich im Geschäft mit realen Veranstaltungen versuchen, zu einer Herausforderung für die Messeveranstalter zu entwickeln.[18] Inwieweit es originär digitalorientierten Plattformbetreibern gelingt,

---

[14]Vgl. Giersberg (2015b).
[15]Vgl. Giersberg (2016); Funk (2017d), S. 16.
[16]Vgl. o. V. (2016d), S. 20f.; siehe auch Westerman et al. (2014), S. 164.
[17]Vgl. Reeve-Crook (2015), S. 181f.
[18]Vgl. Kirchgeorg et al. (2012), S. 44; Wagner (2017), S. 492; Kolbrück (2015b).

5.1 Chancen & Herausforderungen für Messeveranstalter ...

im Rahmen datenbasierter Wertschöpfungsmodelle eine effektivere Kundenansprache vorzunehmen und die Messeveranstalter in dieser Disziplin zunehmend auszustechen, bleibt abzuwarten.[19] In jedem Fall scheint der von vielen Messeveranstaltern verfolgte Smart Follower-Ansatz auf solchen digitalen, von First Mover-Vorteilen gekennzeichneten Plattformmärkten eher hinderlich für den Erfolg.[20]

Eine hierfür notwendige, agile Unternehmenskultur stellt für Messeveranstalter im Besonderen eine Herausforderung dar, weil ihre internen Abstimmungs- und Organisationsprozesse bisweilen stark davon geprägt sind, organisatorische Perfektion anzustreben. Ansätze, Produkte schnell (und noch fehlerbehaftet) auf den Markt zu bringen, um sie dort iterativ unter realen Bedingungen weiterzuentwickeln, liegen Messeveranstaltern eher fern, was jedoch dazu führen kann, dass sie schlicht zu langsam sind, um Marktnischen zu besetzen und entsprechende Chancen zu ergreifen.

Allen Agilitätsbestrebungen zum Trotz müssen sich die Messeveranstalter außerdem der Herausforderung bewusst sein, dass der effizienzgetriebene Einsatz digitaler Technologien und Güter zur beschleunigten internen und externen Kommunikation sowie zur Koordination der Wertschöpfungsprozesse die Entstehung und den Erhalt persönlicher Beziehungen erschweren kann.[21] In der veranstalterinternen Betrachtung ist zu berücksichtigen, dass aus den persönlichen Beziehungen der Messemitarbeiter vielfach einzigartige Markt- und Kundenkenntnisse stammen.[22] Aus der Perspektive, wie sich durch digitalisierte Kommunikation Präferenzen und Bedürfnisse ihrer Kundenzielgruppen verändern, ist zu bedenken, dass zukünftige Kunden womöglich gar nicht wertschätzen können, was den Mehrwert einer Messe und ihr Alleinstellungsmerkmal ausmacht, weil sie vielleicht weniger Wert auf persönliche Begegnungen und physische Erlebnisse legen und sich vorwiegend über digitale Kanäle austauschen und Erfahrungen sammeln. Selbst das Empfinden der Menschen, was wirkliche „Präsenz" ausmacht, könnte sich dahingehend verändern.[23] In dieser Hinsicht sind Messeveranstalter unbedingt angehalten, die Weiterentwicklung von Technologien zum Aufbau virtueller Realitäten zu beobachten.

Auch die Strategie vieler Messeveranstalter, die persönlichen Erlebnisse stark, auch mit Hilfe digitaler Technologien, anzureichern und zu eventisieren, dass

---

[19]Vgl. Reeve-Crook (2015), S. 182.
[20]Vgl. Hagel & Armstrong (1997), S. 2ff.
[21]Vgl. Hall (2016b).
[22]Vgl. Armstrong & Hagel (2000), S. 93; Uhls et al. (2014), S. 388.
[23]Vgl. Cummings & Bailenson (2016), S. 273.

unvergessliche Eindrücke bei den Messeteilnehmern zurückbleiben[24] ist mit Risiken und Herausforderungen verbunden. Nicht nur erfordert die Schaffung solcher Erlebniswelten, da sich der Wettbewerb um Aufmerksamkeit auch durch die Digitalisierung weiter verschärft, erhebliche Investitionen. Im schlechtesten Fall bewirkt eine solche Emotionalisierung gar eine Reizüberflutung bei den Empfängern, da sowohl auf der einzelnen Messe als auch im allgemeinen Medienumfeld eine Vielzahl von Akteuren und Plattformen auf immer kreativeren Wegen um die Aufmerksamkeit der Menschen buhlt.[25]

Zudem sind Investitionen in das Aufenthaltserlebnis und die Vernetzung der Messeteilnehmer durch die Digitalisierung inzwischen meist mit hohen Infrastrukturkosten für digitale Technologien verbunden. Die umfangreiche Ausstattung der Messegelände mit leistungsfähiger Netzinfrastruktur ist im Zuge der Markteinführung von 5G aktuelles Thema für die Messestandorte in Deutschland.[26] Neben technischen Gesichtspunkten, etwa in Bezug auf die bestmögliche Netzabdeckung, offenbart die Frage nach dem richtigen Betreibermodell der Netzinfrastrukturen auf den Messegeländen einen wesentlichen Unterschied zwischen Messeveranstaltern mit und ohne eigenem Gelände. Im Laufe der vorliegenden Untersuchung wurden hier unterschiedliche Ausgangspositionen identifiziert, indem sich Veranstalter ohne Messegelände hohe Investitionen ersparen und die freibleibenden Ressourcen stattdessen in Projekte investieren können, die nachhaltigere Wettbewerbsvorteile versprechen. Als einfaches Beispiel seien hier Investitionen in Datenanalyseprogramme und -kompetenzen genannt, mit denen sich Messeveranstalter – als ein Ergebnis dieser Analyse – nachhaltige Wettbewerbsvorteile verschaffen können.[27]

An letzteren Punkt anknüpfend stellt sich die Frage, inwieweit hinsichtlich der Chancen und Herausforderungen, die für Messeveranstalter aus der Digitalisierung resultieren, Unterschiede zwischen Messeveranstaltern in privatem und öffentlichem Besitz bestehen. Obwohl nicht unmittelbarer Schwerpunkt dieser Untersuchung lässt sich bereits anhand des oben geschilderten Sachverhaltes rund um die Geländebesitzsituation in Verbindung mit der digitalen Ausstattung der Infrastruktur davon ausgehen, dass ähnliche Konstellationen auch in anderen Wertschöpfungsbereichen zu finden sind. So wird bisweilen die These bemüht, dass öffentlich-rechtliche Unternehmen aufgrund ihrer nicht auf Gewinnmaximierung, sondern auf Aufgaben des Gemeinwohls (etwa regionale

---

[24]Vgl. Pine & Gilmore (1998), S. 97.
[25]Vgl. Bawden & Robinson (2009), S. 184.
[26]Vgl. Dierig (2019).
[27]Vgl. Friedman (2014), S. 5; Klett (2019).

5.1 Chancen & Herausforderungen für Messeveranstalter ...

Wirtschaftsförderung) ausgerichteten Unternehmensziele, weniger gewinnorientiert und daher auch weniger risikobereit und dementsprechend weniger agil handelten,[28] was besonders im Zuge der Digitalisierung einen Nachteil für diejenigen Messeveranstalter bedeuten könnte, die in öffentlicher Hand sind. Auch wenn oben genannte These immer wieder angefochten wird,[29] sind Unterschiede in der Risikobereitschaft privater und öffentlicher Messeveranstalter durchaus nachvollziehbar.[30]

In diesem Zusammenhang ist außerdem zu beobachten, inwieweit die Nähe zu bzw. Integration privater Messeveranstalter in international operierende Medienkonzerne diesen Messeveranstaltern im Rahmen der Digitalisierung zum Vorteil gereicht.[31] Angesichts konvergierender Medienlandschaften und der von vielen Veranstaltern als Bestandteil ihrer Digitalisierungsbestrebungen verfolgten Strategie, sich zum integrierten Marketing- und Kommunikationsdienstleister zu entwickeln,[32] greifen diese privaten Messeveranstalter auf im Konzern bereits vorliegendes, umfassendes Fachwissen sowie umfangreiche Inhalte zur Umsetzung dieser Strategie zurück und erzielen so signifikante Synergieeffekte.

Eine Beobachtung auf abstrahierter Ebene im Rahmen dieser Untersuchung scheint das Phänomen Digitalisierung zu einer besonders komplexen Herausforderung für die Messeveranstalter zu machen: einige wesentliche Entwicklungen, die sich aus der Digitalisierung für die Messeveranstalter und deren Wertschöpfung ergeben, sind in ihren Auswirkungen ambivalent und daher umso schwerer aufzulösen. Einerseits erfordern es veränderte Kundenpräferenzen im Zuge der Digitalisierung, dass Messeveranstalter verstärkt über digitale Kanäle kommunizieren und damit schneller und effizienter werden. In die gleiche Stoßrichtung

---

[28] Vgl. Kamm (2017), S. 180f.
[29] HAX erwähnt im Vergleich der „Zielsetzungen privater und öffentlicher Unternehmen", dass immer wieder die These aufgestellt würde, dass Privatunternehmen dem „Erwerbsprinzip" folgten und öffentliche Unternehmen dem „Dienstprinzip", was beinhalte, dass öffentliche Unternehmen in erster Linie öffentliche Aufgaben „zur Wahrung öffentlicher Interessen oder zur gemeinwirtschaftlichen Versorgung" wahrnehmen. Er widerlegt diese These u. a. damit, dass es sowohl öffentliche Unternehmen gäbe, die erwerbstrebend handelten und ebenso private Unternehmen, die nicht auf maximalen Gewinn ausgerichtet seien (vgl. Hax (1968), S. 40).
[30] Vgl. von Grega (2017), S. 192. Darüber hinaus sieht VON GREGA auch Unterschiede in der Leistungsorientierung, zumindest was die Entlohnung der Messemitarbeiter betrifft (vgl. von Grega (2017), S. 194 und 203).
[31] *UBM Plc* als Teil der *Informa Plc* und *Reed Exhibitions* als Teil der *RELX Group* sind als weltgrößte Messeveranstalter Töchter von Medienkonzernen.
[32] Vgl. Stoeck & Schraudy (2017).

wirkt sich ein zunehmender Wettbewerbsdruck bei der Besetzung neu entstehender Messethemen aus. Auf der anderen Seite ist es jedoch das einzig wirkliche Alleinstellungsmerkmal einer Messeveranstaltung, dass hier der persönlichen Begegnung und dem real wahrgenommenen Erlebnis der Raum und die Zeit gegeben wird, der notwendig ist, um all die Vorteile daraus zu erfahren und wertschätzen zu können.

Ebenso entsteht ein Spannungsfeld zwischen der geforderten Agilität und den organisatorisch hochkomplexen Anforderungen an die Organisation und Durchführung einer Messe, die eben eine lange, durchdachte Vorbereitung erfordert, was sich wiederum mit *Fail fast, fail often*-Innovationskulturen kaum vereinbaren lässt. Auch das Entstehen neuer Geschäftschancen aus digitalen Plattformen kann die Kehrseite aufweisen, dass sich über dieses Einfallstor bislang marktfremde Unternehmen in den Messemarkt vorwagen.

Womöglich ist es für die Messeveranstalter daher die größte Herausforderung im Rahmen der Digitalisierung, Chancen und Risiken innerhalb dieses Spannungsfeldes voneinander zu differenzieren und immer wieder neu zu bewerten, in welchen Fällen die Chancen die Risiken übertreffen. Dabei sind nicht nur einzelne Aspekte der Wertschöpfung zu berücksichtigen, sondern idealerweise die Wertschöpfungsstruktur in ihrer Gesamtheit. Um solche Auswirkungen systematisch zu identifizieren und den Versuch einer Einschätzung vorzunehmen, bietet die vorliegende Untersuchung eine strukturierte Grundlage.

In der Problemstellung dieser Untersuchung war die Erwartung geäußert worden, dass das Phänomen Digitalisierung die Messewirtschaft auch im Vergleich zu anderen Branchen signifikant beeinflussen könnte. Obschon hierfür keine Daten für einen quantitativen Vergleich vorliegen, lässt sich diese Erwartung mit der Analyse der Erkenntnisse inhaltlich fundiert bestätigen. Die vorliegende Analyse des Geschäftsmodells hat nachgewiesen, dass alle für die Wertschöpfung eines Messeveranstalters relevanten Unternehmensbereiche von der Unternehmenskernlogik über die Unternehmensaktivitäten bis hin zu den Unternehmensressourcen auf allen Betrachtungsebenen unter Einfluss der Digitalisierung stehen. Darüber hinaus wurde gezeigt, dass insbesondere Kommunikationsprozesse und daraus resultierend die Vernetzung von Menschen und Organisationen erheblich von der Digitalisierung geprägt werden.[33] Dementsprechend sind auch die beobachteten Folgen für Messeveranstalter, die sich nicht nur zunehmend als Kommunikationsdienstleister verstehen, sondern deren wesentlicher Unternehmenszweck es ist, Menschen und Organisationen zu vernetzen,[34] ganz erheblich. Eine Besonderheit

---

[33] Vgl. Brynjolfsson & McAfee (2014), S. 96.
[34] Vgl. Robertz (1999), S. 19.

5.1 Chancen & Herausforderungen für Messeveranstalter ...

der Messewirtschaft ist zudem, dass sie nahezu allen Branchen und Industrien, unabhängig von der Digitalisierung, eine Plattform bietet. Je mehr also diese Branchen von der Digitalisierung beeinflusst werden, wird sich dies zwangsläufig auch in den auf Messen behandelten Themen niederschlagen, da es eine elementare Aufgabe und ein entsprechender Mehrwert von Messen ist, Neuheiten effizient zu präsentieren und Marktentwicklungen abzubilden. Die Auswirkungen dieses Zusammenhangs zeigen sich in der Vielzahl an neuen digitalen Messethemen, um die die Messeveranstalter konkurrieren,[35] sowie in der Art und Weise, wie sich digitale Themen rein inhaltlich auf bestehende Leitmessen auswirken.[36] Nicht zuletzt wird das Produkt Messe in seiner Eignung, auch erklärungsbedürftige Zusammenhänge verständlich abbilden und aufbereiten zu können, als wichtiges Instrument erachtet, die Digitalisierung von Wirtschaft und Gesellschaft mitgestalten und vorantreiben zu können.[37]

Anknüpfend an die einerseits vielversprechenden, aber eben auch herausfordernden Auswirkungen der Digitalisierung, resultiert aus dieser Ambivalenz eine besondere Bedeutung des Phänomens für die Messebranche. Ein Ergebnis der vorliegenden Untersuchung ist die Erkenntnis, dass der Erfolg der Messeveranstalter, trotz oder gerade wegen der Digitalisierung, darauf beruht, dass Messen als Plattform für die persönliche Begegnung und das reale Erlebnis eine Nische innerhalb einer zunehmend digitalisierten Umwelt repräsentieren, die das Bedürfnis der Menschen nach diesen Erfahrungen bedient.[38] In dieser Hinsicht wirkt die Digitalisierung womöglich als Katalysator dafür, dass sich das Alleinstellungsmerkmal eines Messeveranstalters noch stärker herausbildet oder zumindest noch stärker nachgefragt wird, während andere Mediengattungen zunehmend verschwimmen. Wenn nun aber, wie im Laufe dieser Untersuchung vielfach erörtert, diese menschlichen Bedürfnisse nach realer Präsenz und physischer Nähe in Zukunft an Wert einbüßen, weil zukünftige Generationen den persönlichen Austausch verlernen und das Wissen um die Vorteile dieser Erfahrung verlieren,[39] dann steht mit einem Mal nicht nur ein einzelner Bestandteil der Wertschöpfung eines Messeveranstalters auf dem Spiel, sondern dann droht der Wertschöpfungsstruktur rund um das Kernprodukt Messe als Ganzes das Aus. Eine drastischere Auswirkung der Digitalisierung als eine solch tiefgreifende Disruption der Branche ist nicht denkbar.

---

[35] Vgl. Dierig (2016b); Kutschke (2018).
[36] Vgl. Schraudy (2017), S. 380.
[37] Vgl. Kirchgeorg (2017), S. 38.
[38] Vgl. Giersberg (2015b).
[39] Vgl. Uhls et al. (2014), S. 388.

5.2 Management-Implikationen

Den Messeveranstaltern bieten sich verschiedene Handlungsmöglichkeiten, die geschilderten Chancen bestmöglich zu nutzen und die Risiken im Zusammenhang mit der Digitalisierung zu minimieren. Als solche Handlungsfelder werden insbesondere die Entwicklung der Messeveranstalter hin zu digitalisierten Marketing- und Kommunikationsdienstleistern, eine Anpassung der internen Strukturen für mehr Agilität und Flexibilität innerhalb der Wertschöpfungsprozesse, der Aufbau umfassender Datenanalysekompetenzen, die weitreichende Fokussierung auf die persönliche Kundenbeziehung sowie die Entwicklung der Messegelände zum Testfeld für innovative Technologien behandelt.

5.2.1 Messeveranstalter als digitalisierte Marketing- und Kommunikationsdienstleister für Branchencommunities

Unabhängig von der Digitalisierung wird die Strategie eines Messeveranstalters, sich zum Marketing- und Kommunikationsdienstleister einer Branche zu entwickeln, im Rahmen dessen die „eigentliche Messe [...] als Kulminationspunkt der Kommunikationsbeziehung"[40] fungiert, bereits seit einiger Zeit in der Messefachwelt diskutiert. Im Zuge der Digitalisierung scheint eine Repositionierung des Messeveranstalters in dieser Richtung insofern mehr denn je zu erwägen, weil digitale Plattformen dem Messeveranstalter die Möglichkeit geben, sich als Partner für Austauschbeziehungen jedweder Form innerhalb einer Branche zu profilieren. In Abgrenzung zu weniger etablierten Plattformanbietern könnte es das Ziel des Messeveranstalters sein, auch die Orientierungsfunktion einer Messeveranstaltung für eine Branche in den digitalen Raum zu erweitern, indem man digitale Messeplattformen zu Branchenportalen ausbaut, die auch unterjährig mit relevanten Inhalten viel Aufmerksamkeit generieren.[41]

Als weiterer Treiber eines solchen Vorhabens sollte zudem berücksichtigt werden, dass die genannten Funktionen andernfalls zunehmend durch Wettbewerber, beispielsweise aus dem Medienumfeld oder der Digitalwirtschaft ausgefüllt werden könnten – zunächst auf virtueller Ebene und später, je nach Nachfrage, womöglich sogar im Rahmen von realen Veranstaltungen, wie es in Teilen auch jetzt schon zu beobachten ist.[42]

---

[40] Stoeck & Schraudy (2017), S. 166.
[41] Vgl. Kannan & Li (2017), S. 28; Wiedmann & Kassubek (2017), S. 449.
[42] Vgl. Quack (2015); Seiler (2016a); Nittbaur (2001), S. 298; Friedman (2015), S. 16.

Die Erfolgsaussichten der skizzierten Anpassung der Produkt-Markt-Kombination scheinen insbesondere davon abzuhängen, inwieweit es gelingt, wirklich ganzjährig mit der bestehenden Branchencommunity im Austausch zu bleiben und von dieser als Marketing- und Kommunikationsdienstleister, statt „nur" als Messeveranstalter wahr- und in Anspruch genommen zu werden. Letzteres hängt ganz erheblich davon ab, welche Mehrwerte dieser unterjährige Austausch auf der digitalen Branchenplattform für die Marktteilnehmer bietet und wie eine Abgrenzung von konkurrierenden Angeboten erfolgt. Diesbezüglich ist eine hohe Investitions- und Risikobereitschaft von Seiten der Messeveranstalter vorauszusetzen, denn so wie die Erstellung, relevanter, hochwertiger Inhalte sowie deren Bewerbung sehr kostspielig sein kann, erfordert der glaubwürdige Eintritt in die digitale Plattformökonomie, sei es lediglich als Informationsportal oder aber sogar als E-Commerce Transaktionsplattform, sowohl (auch finanzielles) Durchhaltevermögen, als auch unternehmerisches Selbstvertrauen.[43] Darüber hinaus bedingen Betrieb, Unterhalt und Weiterentwicklung digitaler Plattformen in personeller Hinsicht die kenntnisreiche Verknüpfung wirtschaftlicher und digital-technologischer Zusammenhänge und ein hohes Maß an Kreativität und Dynamik, um den Branchenteilnehmern immer wieder neue Mehrwerte liefern zu können.[44]

5.2.2 Anpassung der internen Strukturen für Digitalprojekte

Innerhalb der Gegenüberstellung der Chancen und Risiken der Digitalisierung für die Messeveranstalter zeigt sich, dass in verschiedenen Neugeschäftsprojekten agiles, flexibles Handeln von Seiten der Messeveranstalter erforderlich ist, sich diese Anforderung jedoch im Rahmen der vorliegenden, bei vielen Messeveranstaltern weiterhin auf die Komplexität der Organisation einer Messeveranstaltung ausgerichteten Unternehmensstrukturen bisweilen schwer erfüllen lässt.[45]

Eine bereits zu beobachtende Lösung könnte darin bestehen, separate Digitalisierungseinheiten zu gründen und diese mit entsprechenden Verantwortlichkeiten und Ressourcen auszustatten, die sie als Experten für die Beratung und Umsetzung von Digitalprojekten im Unternehmen handlungsfähig machen.[46] Statt über

---

[43] Vgl. Armstrong & Hagel (2000), S. 86.
[44] Vgl. Post & Edmiston (2014), S. 23; Royle & Laing (2014), S. 69; Spitzer et al. (2013), S. 5f.; Larivière et al. (2017), S. 244.
[45] Vgl. Kürschner (2017), S. 645; Degen (2017), S. 779.
[46] Vgl. Reeve-Crook (2014), S. 54; Hattendorf (2015b).

verschiedene Querschnittsbereiche hinweg zu arbeiten, würden Mitarbeiter verschiedener Fachrichtungen innerhalb solcher Digitalisierungsteams fokussiert ihre Fähigkeiten zur Umsetzung von Digitalprojekten einbringen.[47] Vorteile einer solchen Lösung bestünden gegebenenfalls in einer konzentrierteren, schnelleren Umsetzung solcher Projekte in einem von hohen Umsetzungsgeschwindigkeiten geprägten Wettbewerbsumfeld, die ansonsten womöglich aus den Messeprojektteams als eines von vielen Aufgabenfeldern mit entsprechenden Verzögerungen zu bearbeiten wären. Noch dazu könnten Synergien zwischen verschiedenen Digitalisierungsprojekten innerhalb der Geschäftseinheit besser gehoben werden.

Diesbezüglich ist zu gewährleisten, dass ein ständiger Kommunikationsfluss zwischen der digitalen Geschäftseinheit und den übrigen Abteilungen des Messeveranstalters herrscht, um einen regelmäßigen Informationsaustausch und Wissenstransfer, etwa hinsichtlich der Befähigung der übrigen Mitarbeiter hinsichtlich digitaler Fragestellungen, zu erreichen. Zudem könnte über einen solchen standardisierten Austausch vermieden werden, dass sich die Digitaleinheit von den übergeordneten Unternehmenszielen separiert oder eine allzu eigentümliche Unternehmenskultur entwickelt.

5.2.3 Ausbau der Datenanalysekompetenzen

Umfassende Datenanalysekompetenzen könnten einen Beitrag zur Lösung verschiedener, auch durch die Digitalisierung bedingter Herausforderungen für die Messeveranstalter leisten. Konkret seien als Anwendungsfelder 1) die optimierte, zielgenaue Kundenansprache und Vermarktung in einem Überangebot an Kommunikationskanälen und Marketingplattformen, 2) die beschleunigte Entwicklung neuer Messethemen- und Produkte sowie deren trennscharfe Kuratierung und Positionierung im Einklang mit den Bedürfnissen und Interessen der Marktteilnehmer, 3) die Messbarkeit des wirtschaftlichen Erfolgs von Messeteilnahmen und 4) die Entwicklung neuer, datenbasierter Geschäftspotenziale zu nennen. Wie erwähnt bietet sich den Messeveranstaltern dabei der Vorteil, dass sie bereits über umfangreiche Datenbanken verfügen. Bislang mangelt es jedoch an den technologischen und personellen Kompetenzen, das innewohnende Potenzial zu heben, was teilweise auf die immer noch relativ geringe, sich in konkreten Umsetzungsansätzen niederschlagende Aufmerksamkeit der Messeveranstalter für dieses Thema zurückzuführen ist. Darüber hinaus sehen sich die Messeveranstalter aber auch zwei besonderen Herausforderungen gegenüber: Zum einen besteht ein

---

[47]Vgl. Fitzgerald (2014b).

sich über alle Branchen hinwegziehender Fachkräftemangel in diesem Bereich. Zum anderen sind entsprechende Datenauswertungsinstrumente und -ansätze sehr kostenintensiv in Anschaffung und Betreuung.[48]

Als erster Schritt in Richtung einer Lösung dieser Situation scheint sich bei einigen Messeveranstaltern zunächst einmal die Erkenntnis durchsetzen zu müssen, welche Bedeutung und welchen Wert Daten in Zukunft auch für das Messegeschäft haben können. Daraus kann sich wiederum eine erhöhte Investitionsbereitschaft ergeben, die langfristig angelegte Investitionen in Datenauswertungsmethoden sowie in Form attraktiver Gehälter für Datenanalysten als Mittel der Personalgewinnung, nach sich ziehen.[49] Angesichts in der Regel begrenzter finanzieller Mittel auf Seiten der Messeveranstalter könnte damit einhergehen, dass Investitionen in das unmittelbare Messegeschäft ausbleiben müssten und in oben skizzierte Richtung verschoben würden. In diesem Zusammenhang wäre abzuwägen, welche Investitionen nachhaltigere Wettbewerbsvorteile versprächen.

Die erhebliche Komplexität von Big Data-Methoden sowie das erforderliche Spezialwissen für deren Umsetzung macht die Auslagerung der entsprechenden Analysefähigkeiten an externe Datendienstleister ebenfalls zu einer Option für die Messeveranstalter.[50] Dagegen spräche, die dafür notwendigen Kompetenzen aufgrund ihrer strategischen Relevanz intern aufbauen zu wollen. Zudem ist zu prüfen, welche datenschutzrechtlichen Risiken darin bestehen, die zu analysierenden Daten in die Hand externer Dienstleister zu geben.[51]

5.2.4 Messegelände als Testfeld für innovative Technologien

An verschiedenen Stellen wurde darauf hingewiesen, dass die Modernisierung und Ausstattung der Messeinfrastruktur mit digitalen Technologien notwendig, aber auch außerordentlich kostenintensiv sein kann. Bisweilen kann sich hieraus sogar ein Wettbewerbsnachteil für jene Messeveranstalter entwickeln, die neben der Veranstaltung von Messen auch ein eigenes Messegelände betreiben. Ein Ansatz, den Messekunden fortschrittlichste Technologien bieten zu können, ohne dabei exorbitant hohe Investitionen stemmen zu müssen, könnte im systematischen Ausbau von Technologiepartnerschaften, wie sie die *Koelnmesse* mit dem

---

[48]Vgl. Koenen (2015); Friedman (2013), S. 4; Karle (2014), S. 46.
[49]Vgl. Davenport & Patil (2012).
[50]Vgl. Feist (2016).
[51]Vgl. Dierig (2014).

Unternehmen *Samsung SDS* oder der Messeplatz *Suntec Singapore* mit dem Technologieanbieter *LG Electronics* zur Entwicklung von Digital Signage-Lösungen pflegen, bestehen.[52] Angenommen, dass Technologieanbieter wie Netzwerkinfrastrukturbetreiber stets nach Möglichkeiten suchen, ihre Technologien zu Beginn eines Produktzyklus' unter möglichst realen Rahmenbedingungen und doch in begrenzter Umgebung zu erproben, eignen sich Messegelände hier womöglich als Testumgebung. So soll etwa die *Messe Berlin* davon profitieren, dass die *Deutsche Telekom* die Bundeshauptstadt als Testregion für 5G ausgewählt hat.[53] Auf Messen wie der *CES* in Las Vegas oder der früheren *CeBIT* kamen darüber hinaus bereits autonom fahrende Messeshuttles zum Einsatz, die die Messehallen und Fahrstraßen zum Testen nutzten.[54]

Für die geländebetreibenden Messeveranstalter und deren Messen wirkt sich die Nutzung als Testgelände für innovative Technologien zudem positiv auf deren Reputation als fortschrittliches Unternehmen und Innovationsplattform aus.

5.2.5 Konsequente Fokussierung auf die persönliche Begegnung als Alleinstellungsmerkmal

Im Zuge der vorliegenden Untersuchung wurde verschiedentlich darauf hingewiesen, dass digitale Technologien, Güter und Prozesse bewirken, dass Menschen einem Informationsüberfluss bis hin zur Reizüberflutung ausgesetzt sind. Bevor eine solche Reizüberflutung auftritt, blenden Individuen in der Regel jede weitere zusätzliche Information unabhängig von ihrer Relevanz aus, um einen *Informationsoverload* zu vermeiden.[55] Bisweilen verlernen die Menschen zudem durch die übermäßige Nutzung digitaler Kommunikationstechnologien, sich persönlich auszutauschen bzw. den persönlichen Austausch wertzuschätzen.[56] Darüber hinaus üben digitale Technologien wie Smartphones selbst in Situationen, in denen der persönliche Austausch dominieren sollte, ein solch hohes Ablenkungspotenzial aus, dass die Qualität von persönlichen Unterhaltungen in deren Gegenwart selbst bei deren Nicht-Nutzung messbar sinkt.[57]

---

[52]Vgl. Koelnmesse GmbH (2018b); LG Electronics (2013).
[53]Vgl. Dierig (2019).
[54]Vgl. Sperlich (2019); Maahn (2019).
[55]Vgl. Jacoby (1984), S. 435.
[56]Vgl. Konrath et al. (2011).
[57]Vgl. Przybylski & Weinstein (2013).

5.2 Management-Implikationen

Als wesentliches Alleinstellungsmerkmal der Wertschöpfung der Messeveranstalter wurde wiederum ausgemacht, dass diese die persönliche Begegnung und das reale Erlebnis auf ihren Plattformen ermöglichen. Insofern ließe sich hinterfragen, ob sich nicht das Spannungsfeld zwischen einer effizienzgetrieben zunehmend digitalen Kommunikation und den Mehrwerten der persönlichen Begegnung dadurch auflösen ließe, dass Messeveranstalter, im Gegensatz zu aktuell beobachtbaren Tendenzen, zukünftig deutlich konsequenter den Fokus auf die uneingeschränkt persönliche Erfahrung der Messeteilnehmer legen?

Losgelöst vom Messewesen sind diesbezüglich Entwicklungen zu beobachten, bei denen sich Individuen bewusst dagegen entscheiden, dem Drang nach ständiger Erreichbarkeit nachzugeben, indem sie die Nutzung digitaler Technologien reduzieren.[58] Der unter dem Credo *Joy of Missing Out* gefasste, zeitweise Verzicht auf digitale Technologien, insbesondere auf die Nutzung eines Smartphones, bewirkt in verschiedenen Studien ein geringeres Stresslevel und ein größeres Freiheitsempfinden unter den untersuchten Probanden.[59] Die Erkenntnis, dass insbesondere kurzzeitige, beabsichtigte Phasen des Nicht-Verbundenseins (*short-term disconnection*) dabei helfen, sich auf reale Erlebnisse zu fokussieren und die Vorteile digitaler Technologien bewusster auszuschöpfen,[60] legt die Überlegung nahe, warum nicht auch Messeveranstalter auf ihren Messen computer- und smartphone-freie Zonen einrichten oder gar komplett smartphone-freie Veranstaltungen schaffen, indem sie beispielsweise mitgebrachte Smartphones vor Betreten der Veranstaltungsräumlichkeiten temporär verwahren?[61]

Es ist nicht zu erwarten, dass ein solcher Ansatz auf ungeteilten Zuspruch unter den Messebesuchern stoßen würde.[62] Nichtsdestotrotz böten sich auch abgeschwächte Konzepte an, die eine geringere Ablenkung durch Smartphones auf Messen zur Folge haben könnten, wie etwa einzelne Ausstellungskonzepte, die nur ohne Smartphone oder Tablet betreten werden dürfen oder die freiwillige, unter Umständen durch die Teilnahme an einem Gewinnspiel incentivierte Abgabe

---

[58] Vgl. Crook (2015)
[59] Vgl. Aranda & Baig (2018), S. 4.
[60] Vgl. Aranda & Baig (2018), S. 5.
[61] Vergleichbare Ansätze zeigen sich auf Musikkonzerten, zu denen die Besucher ihre Smartphones nur in bestimmten Bereichen des Geländes nutzen können (vgl. Nicolaus (2018)). Bekannt sind außerdem künstlich erschaffene, smartphonefreie Orte wie *Seymour+*, die Besuchern Zuflucht vor ständiger Erreichbarkeit und Ablenkung durch digitale Technologie bieten sollen (vgl. von Rutenberg (2015); Seymour Projects (2019)).
[62] Als Beleg sei die teilweise massive Kritik US-amerikanischer Konzertbesucher an der Praxis, Smartphones beim Konzertbesuch in die oben erläuterten Taschen einpacken zu müssen, angeführt (vgl. Nicolaus (2018)).

des Smartphones am Einlass zur Messe. Schon jetzt finden technologiearme, auf das Wesentliche reduzierte Präsentationskonzepte auf Messen einigen Anklang bei Ausstellern und Besuchern.[63] In jedem Fall ließe sich jedoch die Praxis vieler Messeveranstalter überdenken, die Messeteilnehmer durch funktionsüberladene Messe-Apps und Push-Nachrichten immer wieder zum Blick auf das Smartphone zu animieren.[64]

Idealerweise gelänge es durch die konsequent reduzierte Einbindung individueller digitaler Technologien in die Messeveranstaltung, dass sich Messeteilnehmer wieder mehr auf die persönliche Begegnung und die ungefilterte reale Erfahrung und damit auf die wesentlichen Alleinstellungsmerkmale einer Messe fokussieren. Schon der zeitweise Verzicht auf digitale Geräte im Rahmen einer Zusammenkunft von Menschen kann signifikant positive Auswirkungen auf die Qualität und Intensität des persönlichen Austausches der beteiligten Individuen haben.[65]

---

[63]Vgl. Milla (2017), S. 1126; Karle (2011b), S. 66; Kessler (2016b), S. 22.
[64]Vgl. Kahn (2017), S. 40; Rutkowski & Saunders (2010), S. 95.
[65]Vgl. Uhls et al. (2014); Colbert et al. (2016), S. 734.

Schlussbetrachtungen

6.1 Zusammenfassung

Die vorliegende Forschungsarbeit nahm ihren Anfang in der Beobachtung, dass in der Messebranche die Diskussion über die Auswirkungen der Digitalisierung in aller Munde war[1] ohne dass jedoch diese Auswirkungen systematisiert identifiziert wurden. Aufgrund der gerade erst in entsprechender Breite aufkommenden Debatte und dem generellen Mangel an wissenschaftlicher Literatur zum Messewesen fanden sich nur vereinzelte Beiträge in der Fachliteratur, die sich des Themas annahmen. Doch überraschend trat dann noch die Erkenntnis hinzu, dass sich zwar einige Quellen den Auswirkungen digitaler Technologien auf das Wirtschafts- und Privatleben widmen, ein gemeinsames Begriffsverständnis von Digitalisierung jedoch ebenso wie eine strukturierte Aufarbeitung, welche Facetten das Phänomen allgemein beinhaltet, fehlte. Um also das Ziel dieser Arbeit zu erreichen, die Auswirkungen des Phänomens Digitalisierung auf die Wertschöpfung eines Messeveranstalters systematisch zu identifizieren, bedurfte es zunächst einiger Zwischenschritte.

Im zweiten Kapitel dieser Arbeit galt es also zunächst, die Wertschöpfung von Messeveranstaltern in einem holistischen Betrachtungsansatz zu analysieren und in diesem Prozess Besonderheiten zu identifizieren, Zusammenhänge zwischen unterschiedlichen Faktoren und Prozessen der Wertschöpfung zu erörtern und die gesammelten Erkenntnisse so darzustellen, dass darauf basierend untersucht werden konnte, wie die Digitalisierung im Detail Einfluss auf das Wertschöpfungssystem eines Messeveranstalters nimmt. Die eingehende Untersuchung der bislang erfolgten Ausarbeitungen zur Wertschöpfung von Messeveranstaltern machte deutlich, dass die bisherigen Arbeiten den Anspruch, die Wertschöpfung

---

[1]Vgl. Giersberg (2014).

möglichst vollumfänglich und zugleich handhabbar für die spätere Entscheidungsfindung zu erfassen, nur teilweise erfüllten.

Als für den vorliegenden Untersuchungskontext geeignetes Analysewerkzeug wurde daher das Geschäftsmodell vorgestellt, das sich an verschiedenen Konzepten der Wirtschaftswissenschaften, von SCHUMPETERs schöpferischer Zerstörung, über den ressourcenbasierten Ansatz, die Transaktionskostenökonomik bis hin zur Literatur zum strategischen Management anlehnt. Als für das formulierte Forschungsziel besonders dienliche Interpretation dieses Forschungsansatzes wurde das Geschäftsmodell nach DAFT ausgewählt, das als eine der wenigen Ausarbeitungen bereits vollständig operationalisiert eingesetzt wurde und dabei die empirische Anwendbarkeit des Forschungsansatzes belegt.

Auf der Grundlage der von DAFT formulierten generischen Komponenten wurden sodann im Einklang mit der Messe-Fachliteratur die messespezifischen Bestandteile des Wertschöpfungssystems eines Messeveranstalters entwickelt und anschließend in zehn Experteninterviews mit internationalen Fachleuten aus der Messewirtschaft validiert. Als Zwischenergebnis dieses zweiten Kapitels wurde das Geschäftsmodell eines Messeveranstalters mit den drei Hauptkomponenten *Unternehmenskernlogik*, *Wertschöpfungsaktivitäten* und *Ressourcenausstattung* vorgestellt. Zu diesen Hauptkomponenten wurden jeweils unterschiedliche, konkretisierende Dimensionen (Produkt-Markt-Kombination, interne Strukturgrundsätze und externes Wertschöpfungsnetzwerk als Dimensionen der Unternehmenskernlogik / unterstützende Aktivitäten, Produktion und Vermarktung als Dimensionen der Wertschöpfungsaktivitäten / tangible und intangible Ressourcen als Dimensionen der Ressourcenausstattung) gebildet, denen auf nächstkonkreter Betrachtungsebene verschiedene messespezifische Elemente zugeordnet wurden.

Im Ergebnis bietet das Geschäftsmodell damit trotz der vielen verschiedenen Bestandteile, die aus der Vielseitigkeit der Wertschöpfung eines Messeveranstalters resultieren, eine übersichtliche Struktur, anhand derer sich Auswirkungen von externen wie internen Entwicklungen intuitiv und schnell lokalisieren lassen.

Das dritte Kapitel sollte nun die Frage beantworten, was sich konkret hinter dem vielfach genutzten Schlagwort Digitalisierung verbirgt. Dafür wurde zunächst die Entwicklung digitaler Technologien von der Erfindung des Binärsystems bis hin zum Smartphone nachvollzogen, um daraufhin ein grundlegendes Begriffsverständnis zu schaffen, das das Phänomen über die technologische Konvertierung von analogen Informationen in digitale Daten hinaus in einen weiter gefassten, sozialwissenschaftlichen Kontext einbettet, der auch die damit zusammenhängenden gesellschaftlichen und wirtschaftlichen Transformationsprozesse berücksichtigt. Infolge dessen wurde erörtert, warum andere wissenschaftliche Ausarbeitungen, die den Einfluss digitaler Technologien zum Thema haben, für

6.1 Zusammenfassung

den vorliegenden Forschungsfall nicht ausreichen, sondern es eines neuen Konstruktes bedarf, das im Sinne der Vergleichbar- und Generalisierbarkeit eine Struktur schafft, die die konstitutionellen Bestandteile des Phänomens Digitalisierung beinhaltet, um anhand derer systematisch zu untersuchen, wie sich die Digitalisierung auf die Wertschöpfung eines Messeveranstalters auswirkt.

Auf Basis des formulierten grundlegenden Begriffsverständnisses und der daraus resultierenden vorläufigen Definition wurde sodann im Rahmen einer umfangreichen Inhaltsanalyse von 826 Praxisbeispielen zur Digitalisierung eine Struktur geschaffen, die innerhalb der vier Hauptkategorien *Technologien, Güter, Prozesse* und *Akteure* ein umfassendes, systematisch gegliedertes Bild von den verschiedenen Erscheinungsformen der Digitalisierung präsentiert. Dabei erhebt das Konstrukt alleine schon deswegen keinerlei Anspruch auf Vollständigkeit, weil bedingt durch den beschleunigten technischen Fortschritt immer wieder neue Erscheinungsformen der Digitalisierung hervortreten. Allerdings liegt der Struktur der Anspruch zugrunde, dass sich diese weiteren Erscheinungsformen zumindest innerhalb der genannten vier Hauptkategorien einordnen ließen. Im Ergebnis der Erkenntnisse der Inhaltsanalyse wurde die bislang vorläufige Definition zum Digitalisierungsphänomen angepasst.

Schließlich widmete sich das vierte Kapitel konkret der zu Beginn geäußerten Haupt-Forschungsfrage, wie die Digitalisierung die Wertschöpfung eines Messeveranstalters beeinflusst. Dafür galt es die Erkenntnisse aus den vorangegangenen Kapiteln insofern zusammenzuführen, als dass entlang der einzelnen Geschäftsmodell-Elemente abgeprüft wurde, inwieweit ein unmittelbarer Einfluss durch die Digitalisierung nach oben genanntem Verständnis vorliegt und daraus nachgelagerte Effekte zu anderen Geschäftsmodell-Bestandteilen auftreten. Wesentliche Erkenntnisse hierzu wurden aus den geführten Experteninterviews sowie der Messefachliteratur gewonnen. Darüber hinaus wurden konkret aufkommende Fragestellungen unter Hinzunahme von Erkenntnissen aus wissenschaftlichen Quellen zu Auswirkungen der Digitalisierung in genereller Hinsicht oder auf andere Branchen im Speziellen beantwortet.

Im Zuge der Zusammenführung der bis hierhin vorliegenden Wissensbasis wurden neun Schlüsselelemente des Geschäftsmodells identifiziert, bei denen ein besonders signifikanter Einfluss der Digitalisierung auf die Wertschöpfung eines Messeveranstalters erkannt wird. Dies sind im Einzelnen als Bestandteile der Unternehmenskernlogik der *Zielmarkt* und die *Arbeitsleitlinien*, auf Aktivitätenebene das *Ressourcenmanagement*, die *Veranstaltungsumsetzung*, das *Serviceangebot* sowie die *Werbung & Kommunikation*, und schließlich auf Ressourcenebene die *Messeinfrastruktur*, die *immateriellen Vermögenswerte* und das *Humankapital*.

Als Resultat der identifizierten Auswirkungen der Digitalisierung wurden dann im fünften Kapitel verschiedene Chancen und Risiken für die Messeveranstalter diskutiert. Hierbei wurde dem Alleinstellungsmerkmal einer jeden Messeveranstaltung als Kernprodukt, nämlich die persönliche Begegnung und das physische Erlebnis der Messeteilnehmer, das Potenzial bescheinigt, durch die Digitalisierung mehr denn je von Märkten und Menschen nachgefragt zu werden, sofern hier kein Umdenken durch nachrückende Generationen gegenüber den Mehrwerten des persönlichen Austausches erfolgt. Darüber hinaus wurden die effizienzsteigernden Wirkungen digitaler Technologien als Chance für die Messeveranstalter hervorgehoben, ihre komplexen Prozesse zu beschleunigen, agiler zu werden, effektiver zu internationalisieren und sich auf Tätigkeitsbereiche fokussieren zu können, mit denen die Generierung von Wettbewerbsvorteilen einhergeht. Ebenso wurde als vorteilhaft bewertet, dass Messeveranstalter schon heute über einen großen Umfang an Kunden- und Marktdaten verfügen, was in einer digitalisierten Wirtschaft eine wichtige Grundlage für eine zielgenauere Kundenansprache und neue Geschäftspotenziale bietet – sofern man diese Daten zu nutzen weiß.

Hierin wurde schließlich auch eine der großen Herausforderungen für die Messeveranstalter benannt, dass es ihnen nämlich an ausreichenden Datenanalysekompetenzen fehlt, um aus der genannten Datenbasis entsprechendes Kapital zu schlagen. Weiterhin wurde kritisch angemerkt, dass die Erweiterung der Plattformaktivitäten der Messeveranstalter in den digitalen Raum mit gänzlich neuen und verschärften Wettbewerbskonstellationen verbunden ist. Als weitere große Herausforderung wurde die Entwicklung identifiziert, dass immer mehr, insbesondere junge Menschen es verlernen, sich persönlich auszutauschen und dementsprechend in Zukunft womöglich nicht einmal mehr zu schätzen wissen, was den Mehrwert einer Messeveranstaltung ausmacht.

Daraus resultierend wurden verschiedene Management-Implikationen (Strategie als digitalisierter Marketing- und Kommunikationsdienstleister, Anpassung der internen Strukturen für Digitalprojekte, Ausbau der Datenanalysekompetenzen, Messegelände als Testfeld für digitale Innovationen, konsequente Fokussierung auf die persönliche Begegnung als Alleinstellungsmerkmal) erörtert und im Zuge dessen mögliche Vor- und Nachteile sowie Bedingungen für eine erfolgreiche Umsetzung formuliert.

6.2 Kritische Würdigung und Ausblick

Der kritischen Würdigung ist voranzustellen, dass sowohl das Geschäftsmodell eines Messeveranstalters als auch die entwickelte Struktur zur Digitalisierung immer jeweils nur *eine* Möglichkeit darstellen, die Wertschöpfung bzw. das Phänomen Digitalisierung zu modellieren, um damit über die entsprechenden Werkzeuge zu verfügen, die gestellten Forschungsfragen zu beantworten. Beide Konzepte sind dabei Ausdruck des Versuchs, sowohl die Wertschöpfung eines Messeveranstalters als auch die Erscheinungsformen der Digitalisierung möglichst vollumfänglich in Bezug auf die relevantesten Facetten zu erfassen ohne dass damit die Sicherheit einherginge, dieses Ziel vollständig erreicht zu haben. Nicht zuletzt stellen beide Forschungsgegenstände sich ständig weiterentwickelnde, quasi in Bewegung befindliche Objekte dar. Darüber hinaus sind weitere Limitationen dieser Arbeit zu berücksichtigen, die im Folgenden dargestellt werden.

Diesbezüglich ist zunächst einmal die Quellensituation rund um das Thema Messe zu nennen. Schon die Anzahl derjenigen Werke, die sich mit der Messewirtschaft im Allgemeinen auseinandersetzen ist recht begrenzt. Nun den Fokus weiter auf die *Wertschöpfung* von Messeveranstaltern und darüber hinaus die *Auswirkungen der Digitalisierung* hierauf verengend bleiben im Ergebnis nur noch relativ wenige wissenschaftliche Quellen, die beide Themen überhaupt behandeln, geschweige denn tiefgründig analysieren. Worin letztlich die identifizierte Forschungslücke als Ausgangspunkt dieser Arbeit besteht führt allerdings auch an anderer Stelle dazu, dass Aussagen aus nicht-wissenschaftlicher Messefachliteratur oder auch Publikumsliteratur, die sich das Messewesen zum Thema macht, miteinfließen müssen. Ergänzend hierzu wurden wissenschaftliche Quellen zu artverwandten Branchen, z. B. aus der Einzelhandels- oder Eventforschung, bemüht, um ein möglichst fundiertes Bild zu einzelnen Sachverhalten zu erlangen.

Umso wichtiger waren vor diesem Hintergrund die geführten Interviews mit zehn Experten aus der Messewirtschaft. Allgemein lässt sich trefflich darüber diskutieren, inwieweit die Anzahl der gesprochenen Experten ausreichend ist. Der berufliche Hintergrund des Verfassers als Angestellter eines Messeveranstalters machte es allerdings in einigen Themenbereichen schwierig, transparente Antworten zu erhalten. Da sich die getätigten Aussagen allerdings insbesondere in Fragen der Validierung häufig mit anderen Quellen deckten und sich Divergenzen zur Einschätzung des Einflusses der Digitalisierung auf die Messewirtschaft als solche innerhalb der Analyse abbilden ließen, scheint die Anzahl der geführten Gespräche auch in Kombination mit den aus anderen Quellen erhaltenen Erkenntnissen ein ausreichend vollständiges Bild zu ermöglichen. Nichtsdestotrotz bleiben die Aussagen der Interviewpartner subjektiv und sind auch als solche einzuordnen.

Des Weiteren ist das Geschäftsmodell eben nur eine Möglichkeit, die Wertschöpfung von Unternehmen zu erfassen. Obschon sich DAFTs Geschäftsmodell an etablierteren wissenschaftlichen Konzepten orientiert und den aktuellen Forschungsstand nach Durchsicht der vorliegenden Literatur zum Geschäftsmodell in einer verständlichen Struktur wiederzugeben scheint, erfährt der allgemeine Ansatz auch immer wieder Kritik. Diese spricht eine mangelnde theoretische Fundierung, die fehlende Unabhängigkeit von etablierten Konzepten und daraus resultierend eine mangelnde Aussagekraft, eine unzureichend anerkannte Definition sowie die bislang nur geringfügige Anzahl an Versuchen, das Geschäftsmodell empirisch zu testen, an.[2] Letztere beiden Kritikpunkte werden durch eben jene Arbeit von DAFT sowie die vorliegende Untersuchung insofern entkräftet, als dass ein weiterer Versuch unternommen wird, das Geschäftsmodell als Analysewerkzeug zu definieren und dieses auf relevante Praxisfälle empirisch anzuwenden.[3] Während Vertreter der Geschäftsmodell-Forschung darüber hinaus eine große Qualität des Geschäftsmodells genau darin sehen, dass es die Stärken verschiedener anderer Forschungsansätze vereint,[4] bleibt hinsichtlich der theoretischen Fundierung zu sagen, dass es nicht der Anspruch dieser Arbeit ist, dieses theoretische Fundament zu liefern. Die zu beobachtende Konvergenz in den Auffassungen, was ein Geschäftsmodell auszusagen imstande ist und welche Bestandteile es beinhaltet,[5] spricht jedoch zumindest dafür, dass sich ein gemeinsames Begriffsverständnis davon durchsetzt. Die erfolgte Validierung des vorliegenden Geschäftsmodells eines Messeveranstalters durch die Messeexperten lässt außerdem darauf schließen, dass das entwickelte Konstrukt zumindest allgemein verständlich und logisch aufgebaut ist. Thematische Zuordnungen sollten damit, selbst für den Fall, dass Betrachter bestimmten Eingliederungen nicht vollständig inhaltlich zustimmen, zumindest in ihrer Logik nachvollziehbar sein.

Bezüglich der vorgenommenen Inhaltsanalyse zur systematischen Erfassung des Phänomens Digitalisierung wäre es ebenfalls möglich, Kritik an der als subjektiv wahrgenommenen Einordnung bestimmter Sachverhalte und Beobachtungen als einer bestimmten Kategorie zugehörig anzunehmen. Noch wichtiger als die inhaltliche Zuordnung ist jedoch die möglichst umfassende Berücksichtigung aller Erscheinungsformen, um bei der Analyse ihrer Auswirkungen auf die Wertschöpfung der Messeveranstalter möglichst alle relevanten Aspekte berücksichtigt zu wissen. Angesichts der recht großen Anzahl an untersuchten Praxisbeispielen,

---

[2] Arend (2013), S. 393.
[3] Vgl. Wirtz et al. (2016), S. 51.
[4] Vgl. Zott & Amit (2013), S. 409.
[5] Vgl. Foss & Saebi (2017), S. 202.

6.2 Kritische Würdigung und Ausblick

die bei der Entwicklung der Digitalisierungsstruktur Berücksichtigung fanden, ist davon auszugehen, dass zumindest keine elementar wichtigen Facetten übergangen wurden. Die Auswahl der neun Schlüsselelemente des Geschäftsmodells eines Messeveranstalters unter dem Einfluss der Digitalisierung wurde durch Triangulation hinsichtlich der Aussagen aus den Experteninterviews, Erkenntnissen aus der Messefachliteratur sowie aus wissenschaftlichen Quellen zur Digitalisierung in den entsprechenden Themenfeldern validiert.

Schließlich verbleibt als kritischer Aspekt, dass es das vorliegende Forschungsdesign aufgrund der inhaltlichen Weitläufigkeit – sowohl des Geschäftsmodells, als auch der Erscheinungsformen der Digitalisierung – nicht zulässt, einzelne Aspekte der Digitalisierung von Messeveranstaltern über die ausführliche Analyse als Schlüsselelement hinaus detailliert und womöglich quantifiziert zu untersuchen und im Zuge der Entwicklung auftretende, konkretere Fragestellungen tiefgängig aufzugreifen. Eine solch konzentrierte, tiefgründigere Untersuchung einzelner Teilaspekte sollte jedoch unbedingt in Zukunft erfolgen, um die Auswirkungen der Digitalisierung auf die Wertschöpfung eines Messeveranstalters weiter zu erforschen. Für den aktuellen Forschungsstatus galt es jedoch, zunächst einmal darzulegen, welch umfassenden, vielschichtigen Einfluss die Digitalisierung auf die Messeveranstalter auszuüben imstande ist. Dies scheint in Anbetracht der Ergebnisse insgesamt gelungen zu sein. Darüber hinaus sind im Zuge dessen neue, relevante Forschungsfelder aufgeworfen worden, die zukünftig anzugehen sind.

In einem nächsten Schritt könnten dementsprechend ganz konkret die Auswirkungen einzelner digitaler Technologien, Güter oder Prozesse auf bestimmte Geschäftsmodellkomponenten der Messeveranstalter untersucht werden. Dieses Vorhaben könnte auch eine quantitative Analyse der Ausprägung einzelner Items beinhalten, um verschiedene Messeveranstalter hinsichtlich der Entwicklung ihres Geschäftsmodells in Bezug auf die Digitalisierung vergleichen zu können.

Diesbezüglich bieten auch die im vorherigen Kapitel aufgeführten Management-Implikationen Orientierung für potenzielle Handlungs- und Forschungsfelder. So sollten Messeveranstalter zwingend beobachten, wie sich die Präferenzen der Menschen in Bezug auf den persönlichen Austausch untereinander entwickeln und dabei auch den Einfluss digitaler Technologien zur Entwicklung virtueller Realitäten im Blick behalten. Auch die veränderte Positionierung der Messeveranstalter als Marketing- und Kommunikationsdienstleister ließe sich, ebenso wie die Auswirkungen einer konsequenten Konzentration der Dienstleistung Messe auf die persönliche Begegnung, analysieren.

Darüber hinaus könnten zukünftige Forschungsvorhaben insofern auf der empirischen Anwendung des Geschäftsmodell-Ansatzes auf den Branchenkontext Messe aufbauen, als dass sich dieser in seinen Grundzügen auch zur empirischen Verwendung in anderen Branchen eignet. Gleiches gilt für die entwickelte Digitalisierungsstruktur, die sich mitsamt der damit verknüpften Definition auch zur Untersuchung der Auswirkungen des Phänomens auf andere Industrien heranziehen lässt.

Die vorliegende Untersuchung beantwortet umfangreich und zugleich konkret die Kern-Forschungsfrage, wie die Digitalisierung die Wertschöpfung von Messeveranstaltern beeinflusst. Messemanager finden darüber hinaus im Geschäftsmodell eines Messeveranstalters ein intuitiv einsetzbares Werkzeug zur Entwicklung eines besseren Verständnisses der Wertschöpfungssystematik in der Messewirtschaft vor. Anhand dessen können Messeverantwortliche Veränderungen dieser Wertschöpfungslogik durch externe oder interne Einflüsse schnell lokalisieren, nachgelagerte Folgeeffekte besser einschätzen und ggf. zielgenau gegensteuern. Die vorliegende Arbeit liefert zudem den Nachweis, dass die Digitalisierung alle Wertschöpfungsbereiche des Messeveranstalters erfasst und allein schon deshalb erhebliche Aufmerksamkeit von Seiten der Messeveranstalter einfordern wird. Diese sind dazu angehalten, die damit verbundenen Herausforderungen in dem Sinne ganzheitlich zu adressieren, dass Entwicklungen und Maßnahmen in einzelnen Feldern des Wertschöpfungssystems stets auch hinsichtlich ihrer Auswirkungen auf andere Bereiche der Wertschöpfung zu prüfen sind.

Trotz der detailreichen Analyse der Wertschöpfung kann die vorliegende Untersuchung nicht die wohl drängendste Frage beantworten, wie genau sich das Geschäftsmodell von Messeveranstaltern bedingt durch die Digitalisierung denn nun entwickeln wird. Was die Analyse jedoch durchaus hervorbringt, ist ein Korridor an mehr oder minder signifikanten Entwicklungsoptionen, in dem sich die Messeveranstalter aus eigener Kraft heraus bewegen können. Diese reichen von kaum spürbaren, längst zu beobachtenden Anpassungen im Rahmen der Digitalisierung kleinerer Abstimmungsprozesse, bis hin zum Wegfall der ursprünglichen Grundlage der Wertschöpfung, indem persönliche Begegnungen und physische Erlebnisse für die Menschen nicht mehr ausreichend wichtig sind und sie daher keinen ausreichenden Anreiz mehr sehen, an einer Messe als Aussteller oder Besucher teilzunehmen. Ebenso wie in allen anderen Geschäftsmodell-Bereichen liegt es in der Hand der Messeveranstalter, die Auswirkungen eines solchen, von Messeexperten vehement angezweifelten Szenarios durch konsequente, nachhaltige Investition in die Verlagerung der Geschäftsbeziehungen in den virtuellen Raum abzufedern.

Was die Analyse außerdem unternimmt ist der Versuch, die Hintergründe und Logiken der Veränderungen in der Wertschöpfungssystematik zu erörtern, um sich ein eigenes Bild davon zu machen, wie der weitere Verlauf dieser Entwicklungen aussehen kann und welche Chancen und Herausforderungen damit verbunden

6.2 Kritische Würdigung und Ausblick

sind. Es obliegt letztlich dem Leser, welche Wahrscheinlichkeiten er bestimmten Entwicklungen auf Grundlage der dargelegten Fakten und Analysen zuweist und welchen Einfluss dies auf die Prioritäten seines diesbezüglichen Handelns nimmt. Schon jetzt ist bspw. im Rahmen des oben skizzierten Korridors zu beobachten, dass viele – längst nicht alle – Messeveranstalter die Digitalisierung zum Anlass nehmen, die eigene strategische Positionierung hin zu einem Profil als integrierter Marketing- und Kommunikationsdienstleister zu verändern, sich also vom Unternehmenstypus des reinen Messeveranstalters entfernen. Diesbezüglich werden die Messeveranstalter umfassend und tiefgründig abwägen, welche Anpassungen an der Wertschöpfungsstruktur notwendig sind, um mit diesem Vorhaben erfolgreich zu sein, welche Fallstricke auf dem Weg lauern und welche weiteren Entwicklungsoptionen sich hieraus ergeben. Zur Klärung dieser Fragen, wie auch für alle weiteren rund um die Wertschöpfung von Messeveranstaltern aufkommenden Szenarien und Unwägbarkeiten bietet das vorliegende Geschäftsmodell mitsamt der analytisch erarbeiteten Schlüsselelemente eine geeignete Ausgangsposition und Grundlage.

Literaturverzeichnis

Acemoglu, D., Aghion, P., Lelarge, C., Van Reenen, J. & Zilibotti, F. (2007): Technology, Information, and the Decentralization of the Firm; in: The Quarterly Journal of Economics, Vol. 122 (4), S. 1759–1799.
Acemoglu, D. & Autor, D. (2011): Skills, Tasks and Technologies: Implications for Employment and Earnings; in: David, C. & Orley, A. (Hrsg.): Handbook of Labor Economics: Elsevier, S. 1043–1171.
Adelmann, S. (2016): "Die zweite Halbzeit der Digitalisierung gewinnen"; in: Funkschau Online, (10.03.2016), Webadresse: http://www.funkschau.de/telekommunikation/artikel/128380/1/ (Zugriff 31.01.2017).
Aguilera, A. (2008): Business Travel and Mobile Workers; in: Transportation Research Part A: Policy and Practice, Vol. 42 (8), S. 1109–1116.
Aguirre, E., Mahr, D., Grewal, D., de Ruyter, K. & Wetzels, M. (2015): Unraveling the Personalization Paradox: The Effect of Information Collection and Trust-Building Strategies on Online Advertisement Effectiveness; in: Journal of Retailing, Vol. 91 (1), S. 34–49.
Ahuja, M. K. & Carley, K. M. (1999): Network Structure in Virtual Organizations; in: Organization Science, Vol. 10 (6), S. 741–757.
Akamai Technologies (2017): Durchschnittliche Verbindungsgeschwindigkeit der Internetanschlüsse in Deutschland vom 3. Quartal 2007 bis zum 1. Quartal 2017 (in kbit/s). Webadresse: https://de.statista.com/statistik/daten/studie/416534/umfrage/durchschnittliche-internetgeschwindigkeit-in-deutschland/ (Zugriff 03.01.2017).
Akkermans, H. A., Bogerd, P., Yücesan, E. & van Wassenhove, L. N. (2003): The Impact of ERP on Supply Chain Management: Exploratory Findings from a European Delphi Study; in: European Journal of Operational Research, Vol. 146 (2), S. 284–301.
Al-Debei, M. M. & Avison, D. (2010): Developing a Unified Framework of the Business Model Concept; in: European Journal of Information Systems, Vol. 19 (3), S. 359–376.
Alavi, M. & Leidner, D. E. (2001): Knowledge Management and Knowledge Management Systems: Conceptual Foundations and Research Issues; in: MIS Quarterly, S. 107–136.
Albertson, L. A. (1977): Telecommunications as a Travel Substitute: Some Psychological, Organizational, and Social Aspects; in: Journal of Communication, Vol. 27 (2), S. 32–43.

Alvarado, U. Y. & Kotzab, H. (2001): Supply Chain Management: The Integration of Logistics in Marketing; in: Industrial Marketing Management, Vol. 30 (2), S. 183–198.

Amazon.com, Inc. (2017): Amazon Prime Air, Webadresse: https://www.amazon.com/Amazon-Prime-Air/b?node=8037720011 (Zugriff 13.12.2017).

Amit, R. & Zott, C. (2001): Value Creation in E-business; in: Strategic Management Journal, Vol. 22 (6–7), S. 493–520.

Anderson, C. (2008): The End of Theory: The Data Deluge Makes the Scientific Method Obsolete; in: Wired, (23.06.2008), Webadresse: https://www.wired.com/2008/06/pb-theory/.

Anderson, C. (2006): The Long Tail: Why the Future of Business is Selling Less of More; New York: Hyperion.

Andreessen, M. (2011): Why Software Is Eating The World; in: The Wall Street Journal vom 20.08.2011.

Androutsopoulos, J. (2011): Language Change and Digital Media: A Review of Conceptions and Evidence; in: Standard Languages and Language Standards in a Changing Europe, S. 145–161.

Ansari, A. & Mela, C. F. (2003): E-Customization; in: Journal of Marketing Research, Vol. 40 (2), S. 131–145.

Ansari, A., Mela, C. F. & Neslin, S. A. (2008): Customer Channel Migration; in: Journal of Marketing Research, Vol. 45 (1), S. 60–76.

Antonelli, C. (1997): New Information Technology and the Knowledge-Based Economy. The Italian Evidence; in: Review of Industrial Organization, Vol. 12 (4), S. 593–607.

Appel, C. (2015a): "Allumfassende Digitalisierung ist unumgänglich"; in: m+a newsline vom 22.01.2015.

Appel, C. (2015b): Der Mix macht's ... und Empfehlungen; in: m+a report, Nr. 5, S. 66–70.

Appel, C. (2015c): Es wird virtueller; in: m+a report, Nr. 6, S. 22–23.

Appel, C. (2015d): Gesamtpaket; in: m+a newsline vom 23.07.2015.

Appel, C. (2015e): "Wir schauen uns das jetzt mal an"; in: m+a newsline vom 06.08.2015.

Appel, C. (2016a): MCH investiert ins digitale Kunstgeschäft; in: m+a report, Nr. 5, S. 30.

Appel, C. (2016b): Panorama Berlin wächst und wird digital; in: m+a newsline vom 21.01.2016.

Aranda, J. H. & Baig, S. (2018): Toward "JOMO": The Joy of Missing Out and the Freedom of Disconnecting; Paper präsentiert auf 20th International Conference on Human-Computer Interaction with Mobile Devices and Services; Barcelona.

ARD/ZDF (2019): Anzahl der Internetnutzer in Deutschland in den Jahren 1997 bis 2018 (in Millionen). Webadresse: https://de.statista.com/statistik/daten/studie/36146/umfrage/anzahl-der-internetnutzer-in-deutschland-seit-1997/ (Zugriff 27.01.2017).

Arend, R. J. (2013): The Business Model: Present and Future—Beyond a Skeumorph; in: Strategic Organization, Vol. 11 (4), S. 390–402.

Armistead, C. G. & Clark, G. (1993): Resource Activity Mapping: the Value Chain in Service Operations Strategy; in: The Service Industries Journal, Vol. 13 (4), S. 221–239.

Armstrong, A. & Hagel, J. (2000): The Real Value of Online Communities; in: Lesser, E. L., Fontaine, M. A. & Slusher, J. A. (Hrsg.): Knowledge and Communities. Boston: Butterworth-Heinemann, S. 85–95.

Literaturverzeichnis

Arnfalk, P. & Kogg, B. (2003): Service Transformation — Managing a Shift from Business Travel to Virtual Meetings; in: Journal of Cleaner Production, Vol. 11 (8), S. 859–872.
Arnold, I.-H. (2015): How CIOs Are Adapting To The Digital World; in: Forbes Online, (21.08.2015), Webadresse: http://www.forbes.com/sites/sap/2015/08/21/how-cios-are-adapting-to-the-digital-world/ (Zugriff 27.03.2018).
Artiles, M., Beaulieu, C., Carey, S., Danza, M., Gatian, A., Gavin, A., Greco, A. N., Jameson, A., McWilliams, A., Samuelson, K. & Wharton, R. M. (2013): The Impact of E-Readers and E-Books on the Library of Congress and the US Copyright Office; in: Journal of Scholarly Publishing, Vol. 45 (1), S. 1–34.
Arvidsson, A. (2006): Brands: Meaning and Value in Media Culture; London: Routledge.
Arzt, R. (2007): Wettbewerbsfähigkeit europäischer Messeveranstalter: Entwicklung und empirische Anwendung eines multidimensionalen Bezugsrahmens; Köln: Kölner Wissenschaftsverlag.
Ashford, W. (2015): Security Key to Digital Transformation; in: Computerweekly.com, (18.11.2015), Webadresse: http://www.computerweekly.com/news/4500257578/Security-key-to-digital-transformation (Zugriff 29.01.2016).
Askenazy, P. & Caroli, E. (2010): Innovative Work Practices, Information Technologies, and Working Conditions: Evidence for France; in: Industrial Relations: A Journal of Economy and Society, Vol. 49 (4), S. 544–565.
AUMA (2019a): Umsätze der Messegesellschaften weltweit, Webadresse: http://www.auma.de/de/Messemarkt/Branchenkennzahlen/Seiten/Default.aspx (Zugriff 29.06.2019).
AUMA (2019b): Messemarkt Deutschland, Webadresse: https://www.auma.de/de/zahlen-und-fakten/messemarkt-deutschland (Zugriff 29.06.2019).
AUMA (2019c): Messewirtschaft in Zahlen; Webadresse: https://www.auma.de/Documents/Meldungen/2019/auma-messewirtschaft-in-zahlen-2019.pdf (Zugriff 25.05.2019).
Austin, R. D., Devin, L. & Sullivan, E. E. (2012): Accidental Innovation: Supporting Valuable Unpredictability in the Creative Process; in: Organization Science, Vol. 23 (5), S. 1505–1522.
Autor, D. H. (2015): Why Are There Still So Many Jobs? The History and Future of Workplace Automation; in: The Journal of Economic Perspectives, Vol. 29 (3), S. 3–30.
Autor, D. H., Levy, F. & Murnane, R. J. (2003): The Skill Content of Recent Technological Change: An Empirical Exploration; in: Quarterly Journal of Economics, Vol. 118 (4), S. 1279–1333.
Ayyash, M., Elgala, H., Khreishah, A., Jungnickel, V., Little, T., Shao, S., Rahaim, M., Schulz, D., Hilt, J. & Freund, R. (2016): Coexistence of WiFi and LiFi toward 5G: Concepts, Opportunities, and Challenges; in: IEEE Communications Magazine, Vol. 54 (2), S. 64–71.
von Baerle, U. K. (2003): Bedeutung des Internets als Kommunikations- und Vertriebsinstrument von Messen; in: Kirchgeorg, M., Dornscheidt, W. M., Giese, W. & Stoeck, N. (Hrsg.): Handbuch Messemanagement: Planung, Durchführung und Kontrolle von Messen, Kongressen und Events. Wiesbaden: Gabler Verlag, S. 803–816.
von Baerle, U. K. & Brandl, T. (2017): Instrumente der Besucherakquisition; in: Kirchgeorg, M., Dornscheidt, W. M. & Stoeck, N. (Hrsg.): Handbuch Messemanagement: Planung, Durchführung und Kontrolle von Messen, Kongressen und Events. Wiesbaden: Springer Fachmedien, S. 667–675.

Bak, D. (2003): Rapid Prototyping or Rapid Production? 3D Printing Processes Move Industry towards the Latter; in: Assembly Automation, Vol. 23 (4), S. 340–345.

Baldegger, R. (2007): Management: Strategie-Struktur-Kultur; Freiburg: Growth Publisher.

Bamberger, I. & Wrona, T. (1996): Der Ressourcenansatz und seine Bedeutung für die Strategische Unternehmensführung; in: Zeitschrift für betriebswirtschaftliche Forschung, Vol. 48 (2), S. 130–153.

Bär, S. & Einhorn, I. (2014): Die Verknüpfung von Live und Virtual Communication durch mediale Aufbereitung von Marketing-Events: Auswirkungen auf den Imagetransfer – Eine empirische Analyse; in: Zanger, C. (Hrsg.): Events und Messen: Stand und Perspektiven der Eventforschung. Wiesbaden: Springer Fachmedien, S. 171–194.

Barley, S. R., Meyerson, D. E. & Grodal, S. (2011): E-mail as a Source and Symbol of Stress; in: Organization Science, Vol. 22 (4), S. 887–906.

Barnard, C. I. & Andrews, K. R. (1968): The Functions of the Executive; Cambridge: Harvard University Press.

Barney, J. B. (1991): Firm Resources and Sustained Competitive Advantage; in: Journal of Management, Vol. 17 (1), S. 99.

Bart, Y., Stephen, A. T. & Sarvary, M. (2014): Which Products Are Best Suited to Mobile Advertising? A Field Study of Mobile Display Advertising Effects on Consumer Attitudes and Intentions; in: Journal of Marketing Research, Vol. 51 (3), S. 270–285.

Bartlett, C. A. & Ghoshal, S. (1998): Managing Across Borders: The Transnational Solution; Boston: Harvard Business School Press.

Bartscher, T. & Huber, A. (2007): Unternehmenskultur und Unternehmensstruktur; in: Bartscher, T. & Huber, A. (Hrsg.): Praktische Personalwirtschaft: Eine praxisorientierte Einführung. Wiesbaden: Gabler Verlag, S. 147–210.

Bauer, U. (2003): Entwicklung der Funktionalitäten von Messegeländen; in: Kirchgeorg, M., Dornscheidt, W., Giese, W. & Stoeck, N. (Hrsg.): Handbuch Messemanagement: Planung, Durchführung und Kontrolle von Messen, Kongressen und Events. Wiesbaden: Gabler Verlag, S. 177–192.

Baumgartner, M. (2016a): Die Messe als Erlebnis – und noch viel mehr als das; in: Messe & Event Jahrbuch 2017, S. 40.

Baumgartner, M. (2016b): Ein Klick in die digitale Zukunft der Branche; in: Expodata Live-Kommunikation, Nr. 1/2, S. 14–17.

Baumgartner, M. (2016c): Handschlag statt Klick; in: Expodata Live-Kommunikation, Nr. 3, S. 10–12.

Baumgartner, M. (2015): Das Kerngeschäft wird verlängert; in: Expodata Live-Kommunikation, Nr. 6, S. 10–13.

Bawden, D. & Robinson, L. (2009): The Dark Side of Information: Overload, Anxiety and other Paradoxes and Pathologies; in: Journal of Information Science, Vol. 35 (2), S. 180–191.

Becker, J. (2013): Die Digitalisierung von Medien und Kultur; Wiesbaden: Springer Fachmedien.

Becker, L., Gora, W. & Uhrig, M. (2012): Informationsmanagement 2.0: Neue Geschäftsmodelle und Strategien für die Herausforderungen der digitalen Zukunft; Düsseldorf: Symposion.

Behm, U. & Winckler, A. (2017): Die Messegesellschaft als Betreiber von Dienstleistungsnetzwerken; in: Kirchgeorg, M., Dornscheidt, W. M. & Stoeck, N. (Hrsg.): Handbuch Messemanagement: Planung, Durchführung und Kontrolle von Messen, Kongressen und Events. Wiesbaden: Springer Fachmedien, S. 553–563.
Bell, B. S. & Kozlowski, S. W. J. (2002): A Typology of Virtual Teams; in: Group & Organization Management, Vol. 27 (1), S. 14–49.
Bellman, R., Clark, C. E., Malcolm, D. G., Craft, C. J. & Ricciardi, F. M. (1957): On the Construction of a Multi-Stage, Multi-Person Business Game; in: Operations Research, Vol. 5 (4), S. 469–503.
Bendel, O. (2016): Digitalisierung; in: Gabler Wirtschaftslexikon, http://wirtschaftslexikon.gabler.de/Definition/digitalisierung.html (Zugriff 29.08.2017).
Benjamin, R. & Wigand, R. (1995): Electronic Markets and Virtual Value Chains on the Information Superhighway; in: Sloan Management Review, Vol. 36 (2), S. 62.
BenMark, G. & Venkatachari, D. (2016): Messaging Apps Are Changing How Companies Talk with Customers; in: Harvard Business Review, (23.09.2016), Webadresse: https://hbr.org/2016/09/messaging-apps-are-changing-how-companies-talk-with-customers (Zugriff 24.09.2016).
Benner, M. J. & Tushman, M. L. (2003): Exploitation, Exploration, and Process Management: The Productivity Dilemma Revisited; in: Academy of Management Review, Vol. 28 (2), S. 238–256.
Bennett, S., Maton, K. & Kervin, L. (2008): The 'Digital Natives' Debate: A Critical Review of the Evidence; in: British Journal of Educational Technology, Vol. 39 (5), S. 775–786.
Berman, S. J. (2012): Digital Transformation: Opportunities to Create New Business Models; in: Strategy & Leadership, Vol. 40 (2), S. 16–24.
Berndl, C. (2015): Wenn zwei Welten zusammenwachsen; in: Messe & Event vom 14.10.2015.
Berners-Lee, T. J. (1989): Information Management: A Proposal, CERN: Genf.
Besch, U. (2010): The 2010 UFI ICT Award – Customer Relationship Management for Exhibitions; Webadresse: https://www.ufi.org/award/the-2010-ufi-ict-award/ (Zugriff 29.07.2017).
van Beuningen, J., de Ruyter, K., Wetzels, M. & Streukens, S. (2009): Customer Self-Efficacy in Technology-Based Self-Service: Assessing Between- and Within-Person Differences; in: Journal of Service Research, Vol. 11 (4), S. 407–428.
Beuth, P. (2015): Facebook braucht einen Plan B; in: Zeit Online, (23.09.2015), Webadresse: http://www.zeit.de/digital/datenschutz/2015-09/eugh-generalanwalt-gutachten-facebook-nsa (Zugriff 25.11.2015).
Bharati, P. & Tarasewich, P. (2002): Global Perceptions of Journals Publishing E-Commerce Research; in: Communications of the ACM, Vol. 45 (5), S. 21–26.
Bialek, C. (2016): Alle Macht den Daten; in: Handelsblatt vom 16.03.2016.
Bialek, C. (2017): Soziale Medien überholen Print; in: Handelsblatt vom 27.03.2017.
Bialek, C. & Witsch, K. (2015): "Unser Herz schlägt im Journalismus"; in: Handelsblatt vom 11.09.2015.
Billon, M., Lera-Lopez, F. & Marco, R. (2010): Differences in Digitalization Levels: a Multivariate Analysis Studying the Global Digital Divide; in: Review of World Economics, Vol. 146 (1), S. 39–73.

Bitkom Research (2019): Anteil der Smartphone-Nutzer in Deutschland in den Jahren 2012 bis 2018. Webadresse: https://de.statista.com/statistik/daten/studie/585883/umfrage/anteil-der-smartphone-nutzer-in-deutschland/ (Zugriff 03.01.2019).
Blanchard, A. L. & Markus, M. L. (2002): Sense of Virtual Community – Maintaining the Experience of Belonging; Paper präsentiert auf 35th Annual Hawaii International Conference on System Sciences.
Blázquez, M. (2014): Fashion Shopping in Multichannel Retail: The Role of Technology in Enhancing the Customer Experience; in: International Journal of Electronic Commerce, Vol. 18 (4), S. 97–116.
Blömer, T. (2017): Digital Media, Entertainment and Mobility; in: imaging + foto contact, Nr. 1, S. 11.
Bloom, N., Garicano, L., Sadun, R. & Van Reenen, J. (2014): The Distinct Effects of Information Technology and Communication Technology on Firm Organization; in: Management Science, Vol. 60 (12), S. 2859–2885.
Bloom, N. & Van Reenen, J. (2011): Human Resource Management and Productivity; in: Card, D. & Ashenfelter, O. (Hrsg.): Handbook of Labor Economics. Amsterdam: North Holland, S. 1697–1767.
Bluetooth SIG (2017): Bluetooth Technology Website, Webadresse: https://www.bluetooth.com/ (Zugriff 07.10.2017).
Boase, J. & Wellman, B. (2006): Personal Relationships: On and Off the Internet; in: Vangelisti, A. L. & Perlman, D. (Hrsg.): The Cambridge Handbook of Personal Relationships. Cambridge: Cambridge University Press, S. 709–723.
Bode, J. (1997): Der Informationsbegriff in der Betriebswirtschaftslehre; in: zfbf (Schmalenbachs Zeitschrift für betriebswirtschaftliche Forschung), Vol. 49 (5), S. 449–468.
Bodhani, A. (2013): Getting a Purchase on AR; in: Engineering & Technology, Vol. 8 (4), S. 46–49.
Bodhani, A. (2012): Shops offer the E-tail Experience; in: Engineering & Technology, Vol. 7 (5), S. 46–49.
Bohsem, G. (2015): Die digitale Weltordnung; in: Süddeutsche Zeitung vom 17.10.2015.
Bomsel, O. P. (2013): Copyright and Brands in the Digital Age: Internalizing the Externalities of Meaning; in: Contemporary Economic Policy, Vol. 31 (1), S. 126–134.
Bomsel, O. P. & Le Blanc, G. (2004): Digitalisation, Innovation, and Industrial Organisation: The Pivotal Case of the Auto Industry; in: International Journal of Electronic Business, Vol. 2 (2), S. 193–204.
Bonder, B. (2015): Hinter den Kulissen; in: Stuttgarter Zeitung vom 09.05.2015.
Borstel, P. (2016): IT-Sicherheit oben auf der Agenda; in: Trade Fairs International vom 01.01.2016.
Böse, G. (2018): Rede zur Pressekonferenz der INTERMOT 2018 am 02.10.2018, Koelnmesse GmbH: Köln.
Böse, G. (2017): Zeitgemäße Messekommunikation; in: Kirchgeorg, M., Dornscheidt, W. M. & Stoeck, N. (Hrsg.): Handbuch Messemanagement: Planung, Durchführung und Kontrolle von Messen, Kongressen und Events. Wiesbaden: Springer Fachmedien, S. 453–465.
Böse, G. (2015): How Does Digitization Shape the Exhibition Industry?; in: UFI Live – The Blog of UFI – The Global Association of the Exhibition Industry, (16.09.2015), Webadresse: http://www.ufilive.com/ (Zugriff 27.12.2016).

Boswell, W. R. & Olson-Buchanan, J. B. (2007): The Use of Communication Technologies After Hours: The Role of Work Attitudes and Work-Life Conflict; in: Journal of Management, Vol. 33 (4), S. 592–610.

Bourreau, M., Gensollen, M., Moreau, F. & Waelbroeck, P. (2012): "Selling less of more?" The Impact of Digitization on Record Companies; in: Journal of Cultural Economics, Vol. 37 (3), S. 327–346.

Bowen, D. E. (2016): The Changing Role of Employees in Service Theory and Practice: An Interdisciplinary View; in: Human Resource Management Review, Vol. 26 (1), S. 4–13.

Brennan, M. J. (2004): How Did it Happen?; in: Economic Notes, Vol. 33 (1), S. 3–22.

Brenner, W., Karagiannis, D., Kolbe, L., Krüger, J., Leifer, L., Lamberti, H.-J., Leimeister, J. M., Österle, H., Petrie, C., Plattner, H., Schwabe, G., Uebernickel, F., Winter, R. & Zarnekow, R. (2014): User, Use & Utility Research; in: Business & Information Systems Engineering, Vol. 6 (1), S. 55–61.

Bresnahan, T. F. & Trajtenberg, M. (1995): General Purpose Technologies 'Engines of growth'?; in: Journal of Econometrics, Vol. 65 (1), S. 83–108.

Brown, T. & Martin, R. (2015): Design for Action: How to Use Design Thinking to Make Great Things Actually Happen; in: Harvard Business Review, Vol. 93 (9), S. 56–64.

Bruderer, H. (2017): Computing History beyond the U.K. and U.S.: Selected Landmarks from Continental Europe; in: Communications of the ACM, Vol. 60 (2), S. 76–84.

Brühl, V. (2015): Wirtschaft des 21. Jahrhunderts: Herausforderungen in der Hightech-Ökonomie; Wiesbaden: Springer Fachmedien.

Brüxkes, S. (2017): Thermomix meets Rewe-Lieferservice – Wir testen das neue Serviceangebot; in: IFH & ECC Blog, (19.07.2017), Webadresse: https://www.ifhkoeln.de/blog/details/thermomix-meets-rewe-lieferservice-wir-testen-das-neue-serviceangebot/ (Zugriff 29.10.2017).

Brynjolfsson, E. & McAfee, A. P. (2014): The Second Machine Age: Work, Progress, and Prosperity in a Time of Brilliant Technologies; New York: W. W. Norton & Company.

Bughin, J. (2013): Brand Success in an Era of Digital Darwinism; in: Journal of Brand Strategy, Vol. 2 (4), S. 355–365.

Buhl-Wagner, M. (2017): Integrierte Messeveranstalter: Das Ganze ist mehr als die Summe seiner Teile; in: Kirchgeorg, M., Dornscheidt, W. M. & Stoeck, N. (Hrsg.): Handbuch Messemanagement: Planung, Durchführung und Kontrolle von Messen, Kongressen und Events. Wiesbaden: Springer Fachmedien, S. 67–79.

Buhl-Wagner, M. & Schick-Okesson, I. (2003): Neue Entwicklungsperspektiven im Stand- und Messebau; in: Kirchgeorg, M., Dornscheidt, W. M., Giese, W. & Stoeck, N. (Hrsg.): Handbuch Messemanagement: Planung, Durchführung und Kontrolle von Messen, Kongressen und Events. Wiesbaden: Gabler Verlag, S. 1101–1114.

Bühnert, C. (2003): Mehrwert für Messen durch Veranstaltungskombinationen; in: Kirchgeorg, M., Dornscheidt, W. M., Giese, W. & Stoeck, N. (Hrsg.): Handbuch Messemanagement: Planung, Durchführung und Kontrolle von Messen, Kongressen und Events. Wiesbaden: Gabler Verlag, S. 839–851.

Buhren, S. (2019): Messen wandeln sich deutlich; in: Handwerksblatt.de, (04.01.2019), Webadresse: https://www.handwerksblatt.de/15-unternehmensfuehrung-uebersicht/500 5472-messen-wandeln-sich-deutlich.html?fbclid=IwAR0wkDL6g-417taD0fkuSV1AA ygOedEGh5cN8Q Y3qMvnRIXsrzbv8XAniUk (Zugriff 02.02.2019).

Buller, M. (2016): Studie 2016: Die digitale Transformation in der Eventbranche – Chancen und Handlungsempfehlungen für Veranstalter, XING Events: München.
Bundesministerium der Justiz und für Verbraucherschutz (1976): Gewerbeordnung, Webadresse: https://www.gesetze-im-internet.de/gewo/index.html#BJNR00245 0869BJNE011905377 (Zugriff 06.01.2019).
Bundesministerium der Justiz und für Verbraucherschutz (2018): Bundesdatenschutzgesetz, Webadresse: http://www.gesetze-im-internet.de/bdsg_2018/ (Zugriff 02.01.2019).
Die Bundesregierung (2014): Digitale Agenda 2014–2017; Webadresse: https://www.bmwi.de/Redaktion/DE/Publikationen/Digitale-Welt/digitale-agenda.pdf?__blob=publicationFile&v=3 (Zugriff 23.11.2017).
Bundesverband E-Commerce und Versandhandel Deutschland (2017): Anteil der Nutzer von Payment-Dienstleistern (sofortüberweisung.de, PayPal etc.) beim mobilen Einkauf über das Internet nach Geschlecht in Deutschland in den Jahren 2013 bis 2016. Webadresse: https://de.statista.com/statistik/daten/studie/553891/umfrage/nutzung-von-payment-dienstleistern-beim-mobilen-einkauf-nach-geschlecht/ (Zugriff 11.12.2017).
Burckhardt, S. (2013): Are Trade Shows Losing Out to Online Marketing?; in: Versio2, (11.10.2013), Webadresse: http://www.versio2.com/blog/are-trade-shows-losing-out-to-online-marketing (Zugriff 14.02.2015).
Burk, D. L. (2008): The Role of Patent Law in Knowledge Codification; in: Berkeley Technology Law Journal, Vol. 23 (3), S. 1009–1034.
Busche, M. (2003): Die Rolle des Staates und der Wirtschaft als Träger und Gestalter des Messewesens; in: Kirchgeorg, M., Dornscheidt, W. M., Giese, W. & Stoeck, N. (Hrsg.): Handbuch Messemanagement: Planung, Durchführung und Kontrolle von Messen, Kongressen und Events. Wiesbaden: Gabler Verlag, S. 117–133.
Büschemann, K.-H. (2015): Digitaler Sisyphos; in: Süddeutsche Zeitung vom 19.09.2015.
Byrum, J. & Bingham, A. (2016): Improving Analytics Capabilities Through Crowdsourcing; in: MIT Sloan Management Review, Vol. 57 (4), S. 43–48.
Capgemini Consulting (2015): Digital Leadership – An Interview with Angela Ahrendts; Webadresse: http://ebooks.capgemini-consulting.com/Angela-Ahrendts-Interview/files/assets/basic-html/page1.html (Zugriff 23.10.2016).
Carrozzino, M. & Bergamasco, M. (2010): Beyond Virtual Museums: Experiencing Immersive Virtual Reality in Real Museums; in: Journal of Cultural Heritage, Vol. 11 (4), S. 452–458.
Carter, D. M. (2005): Living in Virtual Communities: An Ethnography of Human Relationships in Cyberspace, University of Lincoln.
Casadesus-Masanell, R. & Ricart, J. E. (2010): From Strategy to Business Models and onto Tactics; in: Long Range Planning, Vol. 43 (2–3), S. 195–215.
Cattaneo, F. (2003): IPO of a Trade Fair Organizer — The Case Study of Fiera Milano; in: Kirchgeorg, M., Dornscheidt, W. M., Giese, W. & Stoeck, N. (Hrsg.): Handbuch Messemanagement: Planung, Durchführung und Kontrolle von Messen, Kongressen und Events. Wiesbaden: Gabler Verlag, S. 265–273.
Caudell, T. P. & Mizell, D. W. (1992): Augmented Reality: An Application of Heads-up Display Technology to Manual Manufacturing Processes; Paper präsentiert auf 25th Hawaii International Conference on System Sciences.

Chandler, A. D. (2001): Strategy and Structure: Chapters in the History of the Industrial Enterprise; 22. Auflage, Cambridge: MIT Press.
Charlot, S. & Duranton, G. (2006): Cities and Workplace Communication: Some Quantitative French Evidence; in: Urban Studies, Vol. 43 (8), S. 1365–1394.
Chen, H., Chiang, R. H. L. & Storey, V. C. (2012): Business Intelligence and Analytics: From Big Data to Big Impact; in: MIS Quarterly, Vol. 36 (4), S. 1165–1188.
Chen, J., Liu, D. & Whinston, A. B. (2009): Auctioning Keywords in Online Search; in: Journal of Marketing, Vol. 73 (4), S. 125–141.
Chesbrough, H. W. (2006): Open Innovation: A New Paradigm for Understanding Industrial Innovation: Open Innovation: Researching a New Paradigm. Oxford: Oxford University Press, S. 1–19.
Chesbrough, H. W. & Rosenbloom, R. S. (2002): The Role of the Business Model in Capturing Value from Innovation: Evidence from Xerox Corporation's Technology Spin-off Companies; in: Industrial and Corporate Change, Vol. 11 (3), S. 529–555.
Chesley, N. (2014): Information and Communication Technology Use, Work Intensification and Employee Strain and Distress; in: Work, Employment and Society, Vol. 28 (4), S. 589–610.
Chevalier, J. A. & Mayzlin, D. (2006): The Effect of Word of Mouth on Sales: Online Book Reviews; in: Journal of Marketing Research, Vol. 43 (3), S. 345–354.
Cho, J. Y. & Lee, E.-H. (2014): Reducing Confusion about Grounded Theory and Qualitative Content Analysis: Similarities and Differences; in: The Qualitative Report, Vol. 19 (32), S. 1.
Choi, S.-Y., Stahl, D. O. & Whinston, A. B. (1997): The Economics of Electronic Commerce; Indianapolis: Macmillan Technical Publishing.
Choi, S.-Y. & Whinston, A. B. (2000): The Internet Economy: Technology and Practice; Austin: SmartEcon Publishing.
Choo, S. & Mokhtarian, P. L. (2005): Do Telecommunications Affect Passenger Travel or Vice Versa?: Structural Equation Models of Aggregate U.S. Time Series Data Using Composite Indexes; in: Transportation Research Record, Vol. 1926 (1), S. 224–232.
Christensen, C. M. (2016): The Innovator's Dilemma: When New Technologies Cause Great Firms to Fail; Boston: Harvard Business Review Press.
Christophersen, T. & Grape, C. (2009): Die Erfassung latenter Konstrukte mit Hilfe formativer und reflektiver Messmodelle; in: Albers, S., Kallper, D., Konradt, U., Walter, A. & Wolf, J. (Hrsg.): Methodik der empirischen Forschung. Wiesbaden: Gabler Verlag, S. 103–118.
Cleff, E. B. (2007): Privacy Issues in Mobile Advertising; in: International Review of Law, Computers & Technology, Vol. 21 (3), S. 225–236.
Clement, R. & Schreiber, D. (2016): Internet-Ökonomie: Grundlagen und Fallbeispiele der vernetzten Wirtschaft; 3. Auflage, Berlin/Heidelberg: Springer.
Clemons, E. K. & Row, M. C. (1992): Information Technology and Industrial Cooperation: The Changing Economics of Coordination and Ownership; in: Journal of Management Information Systems, S. 9–28.
Coase, R. H. (1937): The Nature of the Firm; in: Economica, Vol. 4 (16), S. 386–405.
The Coca Cola Company (2012): The Board of Directors of The Coca-Cola Company Elects Robert A. Kotick as Director; Webadresse: http://www.coca-colacompany.com/

press-center/press-releases/the-board-of-directors-of-the-coca-cola-company-elects-rob ert-a-kotick-as-director (Zugriff 03.12.2018).
Colbert, A., Yee, N. & George, G. (2016): The Digital Workforce and the Workplace of the Future; in: Academy of Management Journal, Vol. 59, S. 731–739.
comScore (2018): Anzahl der Smartphone-Nutzer in Deutschland in den Jahren 2009 bis 2018 (in Millionen). Webadresse: https://de.statista.com/statistik/daten/studie/198959/ umfrage/anzahl-der-smartphonenutzer-in-deutschland-seit-2010/ (Zugriff 03.01.2019).
Cook, R. J. (2014): Bitcoins: Technological Innovation or Emerging Threat; in: John Marshall Journal of Information Technology & Privacy Law, Vol. 30 (3), S. 535–570.
Cormen, T. H., Leiserson, C. E., Rivest, R. & Stein, C. (2013): Algorithmen – Eine Einführung; 4. Auflage, München: Oldenbourg Wissenschaftsverlag.
Corrocher, N. & Ordanini, A. (2002): Measuring the Digital Divide: A Framework for the Analysis of Cross-Country Differences; in: Journal of Information Technology, Vol. 17 (1), S. 9–19.
Cortada, J. W. (2008): Patterns and Practices in How Information Technology Spread around the World; in: IEEE Annals of the History of Computing, Vol. 1 (4), S. 4–25.
Cousins, C. & Laudi, M. (2016): How IoT Will Secure Event Venues; in: Hong Bao Media YouTube Channel, (22.04.2016), Webadresse: https://www.youtube.com/watch?v=IdgVH_u9Z84 (Zugriff 23.04.2016).
Cowan, R. & Foray, D. (1997): The Economics of Codification and the Diffusion of Knowledge; in: Industrial and Corporate Change, Vol. 6 (3), S. 595–622.
Cramton, C. D. & Hinds, P. J. (2004): Subgroup Dynamics in Internationally Distributed Teams: Ethnocentrism or Cross-national Learning?; in: Research in Organizational Behavior, Vol. 26, S. 231–263.
Crook, C. (2015): The Joy of Missing Out: Finding Balance in a Wired World; Gabriola Island: New Society Publishers.
Cross, T. (2016): The Future of Computing: After Moore's Law; in: The Economist, Nr. 8980, S. 13.
Csikszentmihalyi, M., Abuhamdeh, S. & Nakamura, J. (2014): Flow: Flow and the Foundations of Positive Psychology: The Collected Works of Mihaly Csikszentmihalyi. Dordrecht: Springer Netherlands, S. 227–238.
Cukier, K. (2010): Data, Data Everywhere; in: The Economist, Nr. 8671.
Cukier, K. & Mayer-Schönberger, V. (2013): The Rise of Big Data: How It's Changing the Way We Think About the World; in: Foreign Affairs, Vol. 92 (3), S. 28–40.
Cummings, J. J. & Bailenson, J. N. (2016): How Immersive Is Enough? A Meta-Analysis of the Effect of Immersive Technology on User Presence; in: Media Psychology, Vol. 19 (2), S. 272–309.
Curry, J. (2015): Next Generation Exhibitions and Exhibitors; in: Exhibitor Smarts, (18.08.2015), Webadresse: https://www.linkedin.com/pulse/next-generation-exhibitions-pt-2-jim-curry (Zugriff 28.12.2017).
Curry, J. (2016a): If Facebook Did Exhibitions; in: Exhibitor Smarts, (11.07.2016), Webadresse: http://www.exhibitorsmarts.com/if-facebook-did-exhibitions/ (Zugriff 28.12.2017).
Curry, J. (2016b): New Data Rules and Exhibitions; in: Exhibitor Smarts, (25.05.2016), Webadresse: http://www.exhibitorsmarts.com/new-data-rules-exhibitions/ (Zugriff 28.12.2017).

Curry, J. (2016c): Virtual Reality of Exhibitions; in: Exhibitor Smarts, (09.05.2016), Webadresse: http://www.exhibitorsmarts.com/virtual-reality-of-exhibitions/ (Zugriff 28.12.2017).
Daft, J. (2015): Die Ähnlichkeit von Geschäftsmodellen: Eine empirische Untersuchung der europäischen Airline-Industrie; Köln: Kölner Wissenschaftsverlag.
Daft, J. & Albers, S. (2013): A Conceptual Framework for Measuring Airline Business Model Convergence; in: Journal of Air Transport Management, Vol. 28, S. 47–54.
Daft, R. L. (2007): Organization Theory and Design; 9. Auflage, Cincinnati: South-Western College Publishing.
Dasgupta, S., Lall, S. & Wheeler, D. (2005): Policy Reform, Economic Growth and the Digital Divide; in: Oxford Development Studies, Vol. 33 (2), S. 229–243.
DaSilva, C. M. & Trkman, P. (2014): Business Model: What It Is and What It Is Not; in: Long Range Planning, Vol. 47 (6), S. 379–389.
Davenport, T. H. (1998): Putting the Enterprise into the Enterprise System; in: Harvard Business Review, Vol. 76 (4), S. 121–131.
Davenport, T. H. & Beck, J. C. (2000): Getting the Attention You Need; in: Harvard Business Review, Vol. 78 (5), S. 118–126.
Davenport, T. H. & Patil, D. J. (2012): Data Scientist: The Sexiest Job of the 21st Century; in: Harvard Business Review, Nr. 10, S. 70–76.
Davenport, T. H. & Prusak, L. (1998): Working Knowledge: How Organizations Manage What They Know; Boston: Harvard Business School Press.
Davenport, T. H. & Prusak, L. (1997): Information Ecology: Mastering the Information and Knowledge Environment; New York: Oxford University Press.
David, P. A. (1985): Clio and the Economics of QWERTY; in: The American Economic Review, Vol. 75 (2), S. 332–337.
Davis, H. M. (1949): Mathematical Machines; in: Scientific American, Vol. 180 (4), S. 28–39.
Dean, D. & Webb, C. (2011): Recovering from Information Overload; in: McKinsey Quarterly, Vol. 1 (1), S. 80–88.
Degen, M. (2017): Besonderheiten der Aufbau- und Ablauforganisation von Messegesellschaften; in: Kirchgeorg, M., Dornscheidt, W. M. & Stoeck, N. (Hrsg.): Handbuch Messemanagement: Planung, Durchführung und Kontrolle von Messen, Kongressen und Events. Wiesbaden: Springer Fachmedien, S. 769–780.
Deighton, J. & Kornfeld, L. (2009): Interactivity's Unanticipated Consequences for Marketers and Marketing; in: Journal of Interactive Marketing, Vol. 23 (1), S. 4–10.
Delfmann, W. & Arzt, R. (2005a): Besonderheiten der strategischen Positionierung von Messegesellschaften im Wettbewerb; in: Delfmann, W., Köhler, R. & Müller-Hagedorn, L. (Hrsg.): Kölner Kompendium der Messewirtschaft. Köln: Kölner Wissenschaftsverlag, S. 105–115.
Delfmann, W. & Arzt, R. (2005b): Integrierte Messe-Logistik als strategischer Erfolgsfaktor; in: Delfmann, W., Köhler, R. & Müller-Hagedorn, L. (Hrsg.): Kölner Kompendium der Messewirtschaft. Köln: Kölner Wissenschaftsverlag, S. 445–473.
Delfmann, W. & Arzt, R. (2005c): Möglichkeiten zur Generierung von Wettbewerbsvorteilen bei Messegesellschaften; in: Delfmann, W., Köhler, R. & Müller-Hagedorn, L. (Hrsg.): Kölner Kompendium der Messewirtschaft. Köln: Kölner Wissenschaftsverlag, S. 117–139.

Delfmann, W. & Arzt, R. (2005d): Optionen der Internationalisierung als strategisches Entscheidungsfeld von Messegesellschaften; in: Delfmann, W., Köhler, R. & Müller-Hagedorn, L. (Hrsg.): Kölner Kompendium der Messewirtschaft. Köln: Kölner Wissenschaftsverlag, S. 141–163.

Delfmann, W. & Dorn, S. (2016): Digitalisierung im Messewesen; in: Niederbayerische Wirtschaft, S. 8–9.

Dellarocas, C. (2003): The Digitization of Word of Mouth: Promise and Challenges of Online Feedback Mechanisms; in: Management Science, Vol. 49 (10), S. 1407–1424.

Deloitte (2011): IAS 38, Webadresse: https://www.iasplus.com/de/standards/ias/ias38 (Zugriff 06.01.2019).

Demil, B. & Lecocq, X. (2010): Business Model Evolution: In Search of Dynamic Consistency; in: Long Range Planning, Vol. 43 (2–3), S. 227–246.

Deng, S., Netravali, R., Sivaraman, A. & Balakrishnan, H. (2014): WiFi, LTE, or Both?: Measuring Multi-Homed Wireless Internet Performance, The 2014 Conference on Internet Measurement Conference. Vancouver.

Denning, P. J. & Lewis, T. G. (2017): Exponential Laws of Computing Growth; in: Communications of the ACM, Vol. 60 (1), S. 54–65.

Dettweiler, M. (2015): Fern jeder Realität; in: Frankfurter Allgemeine Zeitung vom 04.08.2015.

van Deursen, A. & van Dijk, J. (2011): Internet Skills and the Digital Divide; in: New Media & Society, Vol. 13 (6), S. 893–911.

Dickson, D. R. & Nusair, K. (2010): An HR Perspective: The Global Hunt for Talent in the Digital Age; in: Worldwide Hospitality and Tourism Themes, Vol. 2 (1), S. 86–93.

Diederichs, B. A. (2003): Effizienz-und Kostenmanagement: Für Aussteller, Besucher und die Messen selbst; in: Kirchgeorg, M., Dornscheidt, W. M., Giese, W. & Stoeck, N. (Hrsg.): Handbuch Messemanagement: Planung, Durchführung und Kontrolle von Messen, Kongressen und Events. Wiesbaden: Gabler Verlag, S. 423–434.

Dierig, C. (2011): "Füller und Autos verleiht man nicht"; in: Welt am Sonntag vom 28.08.2011.

Dierig, C. (2014): Messen erobern erfolgreich virtuelle Welten; in: Welt Online, (05.05.2014), Webadresse: http://www.welt.de/sonderthemen/messewirtschaft/article12 7646567/Messen-erobern-erfolgreich-virtuelle-Welten.html (Zugriff 27.05.2015).

Dierig, C. (2016a): Aus Alt mach Neu; in: Die Welt vom 06.09.2016.

Dierig, C. (2016b): "Wir sind nicht von gestern"; in: Die Welt vom 06.12.2016.

Dierig, C. (2019): Messewirtschaft: Mit 5G fit für die Zukunft; in: Welt Online, (06.05.2019), Webadresse: https://www.welt.de/sonderthemen/messewirtschaft/article19 3020291/Messewirtschaft-Mit-5G-fit-fuer-die-Zukunft.html (Zugriff 27.05.2019).

Dietz, K. (2015): Expocheck – Erste Eindrücke; in: m+a report, Nr. 7, S. 40–42.

Dilk, A. & Littger, H. (2009): Die permanente Innovation: Und welche Herausforderungen sich dadurch der Messebranche stellen; in: GDI Impuls, Nr. 2, S. 22–28.

dimedis GmbH (2015): Messe Düsseldorf startet das neue Branchenportal Metsearch; Webadresse: http://www.dimedis.de/cipp/dim_web/lib/pub/object/dow nloadfile,oid,3118/lang,1/ticket,g_a_s_t/~/20150327_PM_Metsearch.pdf (Zugriff 23.11.2017).

Dittrich, K. & Kausch, M. (2017): Zur Bedeutung des Internet als Kommunikations- und Vertriebsinstrument von Messen; in: Kirchgeorg, M., Dornscheidt, W. M. & Stoeck,

N. (Hrsg.): Handbuch Messemanagement: Planung, Durchführung und Kontrolle von Messen, Kongressen und Events. Wiesbaden: Springer Fachmedien, S. 467–486.

Doganova, L. & Eyquem-Renault, M. (2009): What Do Business Models Do? Innovation Devices in Technology Entrepreneurship; in: Research Policy, Vol. 38 (10), S. 1559–1570.

Dominici, G. (2009): From Marketing Mix to E-marketing Mix: A Literature Overview and Classification; in: International Journal of Business and Management, Vol. 4 (9), S. 17–24.

Dorling, K., Heinrichs, J., Messier, G. G. & Magierowski, S. (2017): Vehicle Routing Problems for Drone Delivery; in: IEEE Transactions on Systems, Man, and Cybernetics, Vol. 47 (1), S. 70–85.

Dorn, S. & Albers, S. (2019): A Multi-level Perspective on Managing Coopetition; in: Fernandez, A.-S., Chiambaretto, P., Le Roy, F. & Czakon, W. (Hrsg.): Routledge Companion to Coopetition Strategies. New York: Taylor & Francis, S. 227–234.

Dornscheidt, W. M. (2017): Unternehmensleitbilder als strategisches Steuerungsinstrument von Messegesellschaften; in: Kirchgeorg, M., Dornscheidt, W. M. & Stoeck, N. (Hrsg.): Handbuch Messemanagement: Planung, Durchführung und Kontrolle von Messen, Kongressen und Events. Wiesbaden: Gabler Verlag, S. 283–290.

Drees, U. & Steinbach, T. (2014): Programmierung im interaktiven multimedialen Erlebnisraum; in: Zanger, C. (Hrsg.): Events und Messen: Stand und Perspektiven der Eventforschung. Wiesbaden: Springer Fachmedien, S. 239–261.

Drucker, P. F. (1988): The Coming of the New Organization; in: Harvard Business Review, Vol. 66 (1), S. 45–53.

Drucker, P. F. (1994): Post Capitalist Society; New York: HarperCollins.

Dubosson-Torbay, M., Osterwalder, A. & Pigneur, Y. (2002): E-business Model Design, Classification, and Measurements; in: Thunderbird International Business Review, Vol. 44 (1), S. 5–23.

Duysters, G. M. (1995): The Evolution of Complex Industrial Systems: the Dynamics of Major IT Sectors, Maastricht University: Maastricht.

Dyer, J. H. (1997): Effective Interfirm Collaboration: How Firms Minimize Transaction Costs and Maximize Transaction Value; in: Strategic Management Journal, Vol. 18 (7), S. 535–556.

Ebner, C. (2015): Konzern-Modernisierung: Die Bahn macht auf Apple; in: Spiegel Online, (06.07.2015), Webadresse: http://www.spiegel.de/wirtschaft/unternehmen/deutsche-bahn-kreativ-labor-soll-modernisierung-bringen-a-1042279.html (Zugriff 27.10.2016).

Eckert, C. (2013): IT-Sicherheit: Konzepte – Verfahren – Protokolle; 8. Auflage, München: De Gruyter Oldenbourg.

Eckert, S. & Laudi, M. (2016): How Koelnmesse Uses Digital to Drive New Business; in: Hong Bao Media YouTube Channel, (21.04.2016), Webadresse: https://www.youtube.com/watch?v=zNc9zKIGmpw (Zugriff 23.04.2016).

Eder, D. & Nenga, S. K. (2006): Socialization in Adolescence; in: Delamater, J. (Hrsg.): Handbook of Social Psychology. Boston: Springer US, S. 157–182.

Einecke, H. (2016): Ausbau eigener Marken; in: Süddeutsche Zeitung vom 23.02.2016.

Einwiller, S., Klöfer, F. & Nies, U. (2008): Mitarbeiterkommunikation; in: Meckel, M. & Schmid, B. F. (Hrsg.): Unternehmenskommunikation: Kommunikationsmanagement aus Sicht der Unternehmensführung. Wiesbaden: Gabler Verlag, S. 221–260.

Elder, R. S. & Krishna, A. (2009): The Effects of Advertising Copy on Sensory Thoughts and Perceived Taste; in: Journal of Consumer Research, Vol. 36 (5), S. 748–756.

Elo, S. & Kyngäs, H. (2008): The Qualitative Content Analysis Process; in: Journal of Advanced Nursing, Vol. 62 (1), S. 107–115.

eMarketer (2018): Digital buyer penetration worldwide from 2016 to 2021. Webadresse: https://www.statista.com/statistics/261676/digital-buyer-penetration-worldwide/ (Zugriff 03.01.2017).

EnBW Energie Baden-Württemberg AG (2017): EnBW Kundenblog, Webadresse: https://www.enbw.com/blog/ (Zugriff 18.12.2017).

Eppler, M. J. & Mengis, J. (2004): The Concept of Information Overload: A Review of Literature from Organization Science, Accounting, Marketing, MIS, and Related Disciplines; in: The Information Society, Vol. 20 (5), S. 325–344.

Erbel, H.-J. (2017): Besucherquantität und -qualität als zentrale Werttreiber von Messen; in: Kirchgeorg, M., Dornscheidt, W. M. & Stoeck, N. (Hrsg.): Handbuch Messemanagement: Planung, Durchführung und Kontrolle von Messen, Kongressen und Events. Wiesbaden: Springer Fachmedien, S. 243–253.

Espinosa, F. (2015): The Power of Vision; in: Exhibition World, Nr. 4, S. 59.

Esser, U. (2003): PR-und Kommunikationsstrategien von Messegesellschaften; in: Kirchgeorg, M., Dornscheidt, W. M., Giese, W. & Stoeck, N. (Hrsg.): Handbuch Messemanagement: Planung, Durchführung und Kontrolle von Messen, Kongressen und Events. Wiesbaden: Gabler Verlag, S. 435–442.

Eurostat (2019a): Anteil der Haushalte mit Breitbandverbindung in Deutschland in den Jahren 2006 bis 2018. Webadresse: https://de.statista.com/statistik/daten/studie/153216/umfrage/internetzugang-und-breitbandverbindung-in-deutschland-seit-2006/ (Zugriff 03.09.2019).

Eurostat (2019b): Anteil der Personen in Deutschland, die das Internet zur Teilnahme an sozialen Netzwerken genutzt haben, in den Jahren 2013 bis 2018. Webadresse: https://de.statista.com/statistik/daten/studie/533203/umfrage/anteil-der-nutzer-von-social-networks-in-deutschland/ (Zugriff 03.09.2019).

Evangelista, R., Guerrieri, P. & Meliciani, V. (2014): The Economic Impact of Digital Technologies in Europe; in: Economics of Innovation & New Technology, Vol. 23 (8), S. 802–824.

Evens, T. (2010): Value Networks and Changing Business Models for the Digital Television Industry; in: Journal of Media Business Studies, Vol. 7 (4), S. 41–58.

Faecks, W. I. (2015): Mut statt Masterplan; in: Frankfurter Allgemeine Zeitung vom 22.10.2015.

FairControl GmbH (2017): FairControl | Erfolgskontrolle von Live-Kommunikation, Webadresse: http://www.faircontrol.de/ (Zugriff 01.04.2017).

Falenski, M. (2009): Was ist Breitband?; in: Breitbandinitiative.de, (21.03.2009), Webadresse: http://breitbandinitiative.de/was-ist-breitband (Zugriff 29.12.2016).

Faraj, S., Jarvenpaa, S. L. & Majchrzak, A. (2011): Knowledge Collaboration in Online Communities; in: Organization Science, Vol. 22 (5), S. 1224–1239.

Faulkner, C. (2015): What is NFC? Everything You Need to Know; in: Techradar, (17.11.2015), Webadresse: http://www.techradar.com/us/news/phone-and-commun ications/what-is-nfc-and-why-is-it-in-your-phone-948410 (Zugriff 27.11.2015).
Feigl, M. (2015): Messe Frankfurt zieht Fazit aus Beacon-Einsatz; in: GFM Nachrichten, (10.08.2015), Webadresse: http://www.gfm-nachrichten.de/news/aktuelles/article/messe-frankfurt-zieht-fazit-aus-beacon-einsatz.html (Zugriff 21.08.2015).
Feist, H. (2016): Silicon Valley Innovation Journey, Webadresse: https://valley16.wordpress.com/ (Zugriff 13.02.2019).
Fidelman, M. (2012): How this CIO Helped Bayer Become Social; in: Forbes Online, (28.05.2012), Webadresse: http://www.forbes.com/sites/markfidelman/2012/05/28/how-this-cio-helped-bayer-become-social/ (Zugriff 23.10.2016).
Finnegan, M. (2013): Boeing 787s to Create Half a Terabyte of Data per Flight, Says Virgin Atlantic; in: Computerworld, (06.03.2013), Webadresse: http://www.computerworlduk.com/news/data/boeing-787s-create-half-terabyte-of-data-per-flight-says-virgin-atlantic-3433395/ (Zugriff 06.04.2015).
Fischer, M., Albers, S., Wagner, N. & Frie, M. (2011): Dynamic Marketing Budget Allocation Across Countries, Products, and Marketing Activities; in: Marketing Science, Vol. 30 (4), S. 568–585.
Fischer, P. & Hofer, P. (2011): Lexikon der Informatik; 15. Auflage, Heidelberg: Springer.
Fischer, R. (2015): Customer Journey Tracking: Status Quo, Lösungen und Methoden; in: Internet World Business, (31.08.2015), Webadresse: http://www.internetworld.de/tec hnik/cross-device-tracking/customer-journey-tracking-status-quo-loesungen-methoden-1005595.html?ganzseitig=1 (Zugriff 30.09.2015).
Fitzgerald, M. (2014a): Top CIOs Start the Journey to the 'Digital Enterprise'; in: CIO Magazine, Nr. 11.
Fitzgerald, M. (2014b): How Digital Acceleration Teams Are Influencing Nestles 2000 Brands; in: MIT Sloan Management Review, Vol. 55 (2), S. 1–5.
Flick, U. (2016): Qualitative Sozialforschung – Eine Einführung; 7. Auflage, Reinbek: Rowohlt Taschenbuch Verlag.
Fließ, S. (1994): Messeselektion für Investitionsgüteranbieter: Eine strukturierte Vorgehensweise auf der Basis transaktionskostentheoretischer, austauschtheoretischer und diffusionstheoretischer Erkenntnisse; Wiesbaden: Deutscher Universitäts-Verlag.
Fockenbrock, D. & Telgheder, M. (2015): "Arroganz ist der Innovationskiller"; in: Handelsblatt vom 15.09.2015.
Forseilles, S. (2016): The Customer Journey of Exhibitors – Using Technology as a Guiding Hand, Not as a Dragging Net, International Summer University for Trade Fair Management. Köln.
Foss, N. J. & Saebi, T. (2017): Fifteen Years of Research on Business Model Innovation; in: Journal of Management, Vol. 43 (1), S. 200–227.
Freeman, C. & Louçã, F. (2002): The Emergence of a New Techno-Economic Paradigm: The Age of Information and Communication Technology (ICT); in: Freeman, C. & Louçã, F. (Hrsg.): As Time Goes By: From the Industrial Revolutions to the Information Revolution. Oxford: Oxford University Press.
Frey, C. B. & Osborne, M. A. (2017): The Future of Employment: How Susceptible Are Jobs to Computerisation?; in: Technological Forecasting and Social Change, Vol. 114, S. 254–280.

Friedl, A. (2019): Sicherheit: Cyberangriff auf Messe Stuttgart; in: Stuttgarter Nachrichten, (03.09.2019), Webadresse: https://www.stuttgarter-nachrichten.de/inhalt.cybera ttacken-in-der-stadt-cyberangriff-auf-messe-stuttgart.fb6dce03-ea41-43e0-bc76-3f3249 779a85.html (Zugriff 23.09.2019).
Friedman, F. J. (2013): IAEE White Paper: Future Trends Impacting the Exhibitions and Events Industry, 2013 Edition, International Association of Exhibitions and Events: Dallas.
Friedman, F. J. (2014): IAEE White Paper: Future Trends Impacting the Exhibitions and Events Industry, 2014 Edition, International Association of Exhibitions and Events: Dallas.
Friedman, F. J. (2015): IAEE White Paper: Future Trends Impacting the Exhibitions and Events Industry, 2015 Edition, International Association of Exhibitions and Events: Dallas.
Fröndhoff, B. & Höpner, A. (2015): Alte Hasen, junge Verrückte; in: Handelsblatt vom 24.09.2015.
Fuchslocher, H. (2003): Ausstelleranalysen als Instrument des Messe-Controllings; in: Kirchgeorg, M., Dornscheidt, W. M., Giese, W. & Stoeck, N. (Hrsg.): Handbuch Messemanagement: Planung, Durchführung und Kontrolle von Messen, Kongressen und Events. Wiesbaden: Gabler Verlag, S. 339–352.
Funk, C. (2016): The Human Touch; in: Conference and Incentive Management, Nr. 3, S. 12–15.
Funk, C. (2017a): Besser trotz Budgetzwang; in: m+a report, Nr. 1, S. 13.
Funk, C. (2017b): "Die Teilnehmer müssen ins Tun kommen"; in: m+a report, Nr. 1, S. 10–12.
Funk, C. (2017c): Einfach nur ein gutes Instrument?; in: m+a report, Nr. 1, S. 6–9.
Funk, C. (2017d): Messe 4.0; in: m+a report, Nr. 1, S. 16–19.
Funk, C. (2017e): "Mitten drin"; in: m+a report, Nr. 1, S. 25.
Funk, C. (2017f): "One-Stop-Shop" für Messen; in: m+a report, Nr. 1, S. 21.
Funk, C. (2017g): Unsere Top 10 Trends für das Jahr 2017; in: m+a report, Nr. 1, S. 14–15.
Funk, C. (2017h): Unsichtbare Assistenten; in: m+a report, Nr. 1, S. 28–29.
Funk, C. (2017i): Von Mack und Muck und Facebook; in: m+a report, Nr. 1, S. 26–27.
Gaede, L. & Zeltner, F. (2017): Der Daimler-Chef auf der SXSW: „Google, Apple und Tesla herausfordern"; in: Wired, (13.03.2017), Webadresse: https://www.wired.de/col lection/business/der-daimler-chef-auf-der-sxsw-google-apple-und-tesla-herausfordern (Zugriff 15.05.2018).
Gaggioli, A., Bassi, M. & Delle Fave, A. (2003): Quality of Experience in Virtual Environments; in: Emerging Communication, Vol. 5, S. 121–136.
Gains, J. (1999): Electronic Mail—A New Style of Communication or Just a New Medium?: An Investigation into the Text Features of E-mail; in: English for Specific Purposes, Vol. 18 (1), S. 81–101.
Gallo, A. (2015): The Condensed Guide to Running Meetings; in: Harvard Business Review, (06.07.2015), Webadresse: https://hbr.org/2015/07/the-condensed-guide-to-run ning-meetings (Zugriff 17.09.2015).

Gandomi, A. & Haider, M. (2015): Beyond the Hype: Big Data Concepts, Methods, and Analytics; in: International Journal of Information Management, Vol. 35 (2), S. 137–144.

Garcia, M. C., Sanz-Bobi, M. A. & del Pico, J. (2006): SIMAP: Intelligent System for Predictive Maintenance: Application to the Health Condition Monitoring of a Windturbine Gearbox; in: Computers in Industry, Vol. 57 (6), S. 552–568.

Gardiner, M. (2015): Managing Expectations; in: Exhibition World, Nr. 3, S. 25–26.

Gartner (2012): What Is Big Data?, Webadresse: https://www.gartner.com/it-glossary/big-data (Zugriff 31.10.2017).

Gaspar, J. & Glaeser, E. L. (1998): Information Technology and the Future of Cities; in: Journal of Urban Economics, Vol. 43 (1), S. 136–156.

Gaugler, E., Oechsler, W. A. & Weber, W. (2004): Personalwesen; in: Gaugler, E., Oechsler, W. A. & Weber, W. (Hrsg.): Handwörterbuch des Personalwesen. Stuttgart: Schäffer-Poeschel, S. 1653–1663.

Geigenmüller, A. (2010): The Role of Virtual Trade Fairs in Relationship Value Creation; in: Journal of Business & Industrial Marketing, Vol. 25 (4), S. 284–292.

Geinitz, C. (2015): Ein Hotel ohne Rezeption; in: Frankfurter Allgemeine Zeitung vom 29.08.2015.

Georges, K. E. (2017): Der neue Georges: Kleines Handwörterbuch Deutsch – Lateinisch; Darmstadt: WBG.

Gerichtshof der Europäischen Union (2017): Die Mitgliedstaaten dürfen den Betreibern elektronischer Kommunikationsdienste keine allgemeine Verpflichtung zur Vorratsdatenspeicherung auferlegen; Webadresse: https://curia.europa.eu/jcms/upload/docs/application/pdf/2016-12/cp160145de.pdf (Zugriff 24.07.2018).

GES Global Experience Specialists (2014): 2014 Trend Tracker – The third annual list of the top 50 trends impacting trade shows and events this year; Webadresse: https://www.ufi.org/wp-content/uploads/2016/01/2014_ges_trend_tracker.pdf (Zugriff 23.11.2016).

GES Global Experience Specialists (2015): 2015 Trend Tracker – The Fourth Annual List of the Top 50 Trends Impacting Trade Shows and Events this Year; Webadresse: http://cdn.eventmarketer.com/wp-content/uploads/2015/01/2015-Trend-Tracker.pdf?_ga=1.114301891.511032848.1421826077 (Zugriff 23.11.2017).

GES Global Experience Specialists (2017): 6th Annual Trend Tracker; Webadresse: https://experience.ges.com/trend-tracker-2017.html (Zugriff 04.05.2018).

Ghoshal, S. & Moran, P. (1996): Bad for Practice: A Critique of the Transaction Cost Theory; in: Academy of Management Review, Vol. 21 (1), S. 13–47.

Gibson, A. & O'Rawe, M. (2018): Virtual Reality as a Travel Promotional Tool: Insights from a Consumer Travel Fair; in: Jung, T. & tom Dieck, M. C. (Hrsg.): Augmented Reality and Virtual Reality: Empowering Human, Place and Business. London: Springer International Publishing, S. 93–107.

Giedd, J. N. (2012): The Digital Revolution and Adolescent Brain Evolution; in: Journal of Adolescent Health, Vol. 51 (2), S. 101–105.

Giersberg, G. (2014): Messen nehmen den Kampf mit dem Internet auf; in: Frankfurter Allgemeine Zeitung vom 25.11.2014.

Giersberg, G. (2015a): Die Digitalisierung reißt Branchengrenzen nieder; in: Frankfurter Allgemeine Zeitung vom 01.07.2015.

Giersberg, G. (2015b): Messen sind die Gewinner der Digitalisierung; in: Frankfurter Allgemeine Zeitung vom 01.09.2015.
Giersberg, G. (2016): 3D-Druck, Drohnen und Auslandspräsenz; in: Frankfurter Allgemeine Zeitung vom 15.08.2016.
Giersberg, G. (2017): Digitalisierung treibt die realen Messen; in: Frankfurter Allgemeine Zeitung vom 06.03.2017.
Gladitsch, G. (2003): Messetrends in den USA; in: Kirchgeorg, M., Dornscheidt, W. M., Giese, W. & Stoeck, N. (Hrsg.): Handbuch Messemanagement: Planung, Durchführung und Kontrolle von Messen, Kongressen und Events. Wiesbaden: Gabler Verlag, S. 669–683.
Gläser, J. & Laudel, G. (1999): Theoriegeleitete Textanalyse? Das Potential einer variablenorientierten qualitativen Inhaltsanalyse; in: WZB Discussion Paper.
Goldenberg, J., Han, S., Lehmann, D. R. & Hong, J. W. (2009): The Role of Hubs in the Adoption Process; in: Journal of Marketing, Vol. 73 (2), S. 1–13.
Goldfarb, A. & Tucker, C. E. (2011a): Online Display Advertising: Targeting and Obtrusiveness; in: Marketing Science, Vol. 30 (3), S. 389–404.
Goldfarb, A. & Tucker, C. E. (2011b): Privacy Regulation and Online Advertising; in: Management Science, Vol. 57 (1), S. 57–71.
Goldfarb, B., Kirsch, D. & Miller, D. A. (2007): Was there too Little Entry During the Dot Com Era?; in: Journal of Financial Economics, Vol. 86 (1), S. 100–144.
Gondorf, L. (2015): eat&STYLE: „Wir sind mehr als eine klassische Endverbrauchermesse"; in: absatzwirtschaft online, (22.07.2015), Webadresse: http://www.absatzwirtschaft.de/57597-57597/ (Zugriff 24.09.2016).
Gooding, P., Terras, M. & Warwick, C. (2013): The Myth of the New: Mass Digitization, Distant Reading, and the Future of the Book; in: Literary & Linguistic Computing, Vol. 28 (4), S. 629–639.
Gora, W. & Seifert, S. (2012): Mit Web 2.0 Kundenbeziehungen verbessern; in: Becker, L., Gora, W. & Uhrig, M. (Hrsg.): Informationsmanagement 2.0: Neue Geschäftsmodelle und Strategien für die Herausforderungen der digitalen Zukunft. Düsseldorf: Symposion.
Gordon, R. J. (2012): Is US Economic Growth Over? Faltering Innovation Confronts the Six Headwinds; in: NBER Working Paper Series.
Graham, M. (2012): Big Data and the End of Theory?; in: The Guardian, (09.03.2012), Webadresse: http://www.theguardian.com/news/datablog/2012/mar/09/big-data-theory (Zugriff 22.02.2018).
Granovetter, M. S. (1973): The Strength of Weak Ties; in: American Journal of Sociology, S. 1360–1380.
Grant, R. M. (1996): Toward a Knowledge-based Theory of the Firm; in: Strategic Management Journal, Vol. 17 (S2), S. 109–122.
Grant, R. M. (1997): The Knowledge-based View of the Firm: Implications for Management Practice; in: Long Range Planning, Vol. 30 (3), S. 450–454.
Greenberg, A. (2015): Hackers Remotely Kill a Jeep on the Highway—With Me in It; in: Wired, (21.07.2015), Webadresse: http://www.wired.com/2015/07/hackers-remotely-kill-jeep-highway/ (Zugriff 29.07.2015).
Greene, J. (2015): The Internet of Everything: Fridgebots, Smart Sneakers, and Connected Cars; in: Technology Innovation Management Review, Vol. 5 (5).

von Grega, F. (2017): Chancen und Risiken der Privatisierung von Messegesellschaften; in: Kirchgeorg, M., Dornscheidt, W. M. & Stoeck, N. (Hrsg.): Handbuch Messemanagement: Planung, Durchführung und Kontrolle von Messen, Kongressen und Events. Wiesbaden: Springer Fachmedien, S. 191–205.
Grewal, D., Bart, Y., Spann, M. & Zubcsek, P. P. (2016): Mobile Advertising: A Framework and Research Agenda; in: Journal of Interactive Marketing, Vol. 34, S. 3–14.
Grewal, D., Roggeveen, A. L. & Nordfält, J. (2017): The Future of Retailing; in: Journal of Retailing, Vol. 93 (1), S. 1–6.
Grimm, C. (2004): Möglichkeiten und Grenzen des Beziehungsmarketing im Messewesen: Theoretische und empirische Analyse der Eignung des Beziehungsmarketing-Konzepts für Fachbesucher; Nürnberg: Wissenschaftliche Gesellschaft für Innovatives Marketing.
Gröppel-Klein, A. & Kroeber-Riel, W. (2013): Konsumentenverhalten; 10. Auflage, München: Verlag Franz Vahlen.
Großer, B. & Baumöl, U. (2018): Organizational Transformation for Virtual Team Integration – A Technological Perspective; in: Perspectives in Business Informatics Research S. 67–80.
Groth, C. (1992): Determinanten der Veranstaltungspolitik von Messegesellschaften; in: Strothmann, K.-H. & Busche, M. (Hrsg.): Handbuch Messemarketing. Wiesbaden: Springer, S. 157–178.
Groth, L. (1999): Future Organizational Design: The Scope for the IT-based Enterprise; Chichester: John Wiley & Sons.
Gruchow, A. (2017): Interview mit Dr. Andreas Gruchow, Präsident der Global Association of Exhibition Industry (UFI); in: auma compact.
Gruchow, A. (2017): Möglichkeiten und Grenzen der Übertragbarkeit von Leitmessen auf Standorte im Ausland; in: Kirchgeorg, M., Dornscheidt, W. M. & Stoeck, N. (Hrsg.): Handbuch Messemanagement: Planung, Durchführung und Kontrolle von Messen, Kongressen und Events. Wiesbaden: Springer Fachmedien, S. 597–605.
Gruchow, A. & Rummel, S. (2016): "Persönlicher Kontakt lässt sich nicht digitalisieren"; in: BVL Magazin, Nr. 1.
Grunewald, S. J. (2015): Trindo Debuted the World's First 3D Printed Trade Show Booth at Viscom 2015; in: 3DPrint.com, (18.09.2015), Webadresse: http://3dprint.com/106 284/3d-printed-trade-show-booth/ (Zugriff 29.09.2016).
GSMA Mobile World Congress (2019): MWC19 Access is a BREEZ – MWC Barcelona 2019, Webadresse: https://www.mwcbarcelona.com/about/blog/mwc19-access-is-a-breez/ (Zugriff 28.02.2019).
Gu, F. & Lev, B. (2011): Intangible Assets: Measurement, Drivers, and Usefulness; in: Schiuma, G. (Hrsg.): Managing Knowledge Assets and Business Value Creation in Organizations: Measures and Dynamics. Hershey: Business Science Reference, S. 110–124.
Haas, M. R., Criscuolo, P. & George, G. (2015): Which Problems to Solve? Online Knowledge Sharing and Attention Allocation in Organizations; in: Academy of Management Journal, Vol. 58 (3), S. 680–711.
Haase, S. (2016): Parkettgeflüster FachPack; in: Verpackungsrundschau vom 01.10.2016.

Hagel, J. & Armstrong, A. G. (1997): Net Gain: Expanding Markets through Virtual Communities; Boston: Harvard Business School Press.
Hägler, M. (2017): Autonome Lkws sind zu schnell für den Menschen; in: Süddeutsche Zeitung vom 02.06.2017.
Haid, A. & Drengner, J. (2014): Hohe Personendichten auf Veranstaltungen und ihre negativen Effekte – Lösungsansätze für das Veranstaltungsmanagement; in: Zanger, C. (Hrsg.): Events und Messen: Stand und Perspektiven der Eventforschung. Wiesbaden: Springer Fachmedien, S. 141–169.
Haigh, T. (2012): The IBM PC: From Beige Box to Industry Standard; in: Communications of the ACM, Vol. 55 (1), S. 35–37.
Hall, R. (1992): The Strategic Analysis of Intangible Resources; in: Strategic Management Journal, Vol. 13 (2), S. 135–144.
Hall, R. (1993): A Framework Linking Intangible Resources and Capabiliites to Sustainable Competitive Advantage; in: Strategic Management Journal, Vol. 14 (8), S. 607–618.
Hall, R. & Andriani, P. (2002): Managing Knowledge for Innovation; in: Long Range Planning, Vol. 35 (1), S. 29–48.
Hall, R. & Andriani, P. (2003): Managing Knowledge Associated with Innovation; in: Journal of Business Research, Vol. 56 (2), S. 145–152.
Hall, T. (2016a): China Show Launches Alibaba B2B and UBM's O2O2O; in: Exhibition World, (20.09.2016), Webadresse: https://www.exhibitionworld.co.uk/2016/09/20/china-show-launches-alibaba-b2b-ubms-o2o2o/ (Zugriff 21.02.2019).
Hall, T. (2016b): In Focus: Service Management; in: Exhibition World, (12.11.2016), Webadresse: http://www.exhibitionworld.co.uk/2016/11/12/focus-service-management/ (Zugriff 12.11.2016).
Hallowell, E. M. (2005): Overloaded Circuits: Why Smart People Underperform; in: Harvard Business Review, Vol. 83 (1), S. 54–62.
Hamaide, R. (2014): Exhibitions in a Changing World; in: Expodata Live-Kommunikation, Nr. 10, S. 27.
Hamel, G. (2000): Leading the Revolution; Boston: Harvard Business School Press.
Hamidian, K. & Kraijo, C. (2013): DigITalisierung–Status quo; in: Keuper, F., Hamidian, K., Verwaayen, E., Kalinowski, T. & Kraijo, C. (Hrsg.): Digitalisierung und Innovation. Wiesbaden: Springer, S. 3–23.
Hanafizadeh, M. R., Hanafizadeh, P. & Bohlin, E. (2013): Digital Divide and e-Readiness: Trends and Gaps; in: International Journal of E-Adoption, Vol. 5 (3), S. 30–75.
Hanser, P. (2015): Die Kundenversteher; in: absatzwirtschaft, Nr. 6, S. 54.
Hardy, Q. (2012): Just the Facts. Yes, All of Them; in: The New York Times vom 24.03.2012.
Harris, J. G. (2008): How to Fill the Analytics Talent Gap?; in: Strategy & Leadership, Vol. 36 (5).
Hartmann, S. (2016): Digitale Infrastruktur der Koelnmesse: Der Kunde steht im Mittelpunkt; in: IHK plus, (01.10.2016), Webadresse: https://www.ihkplus.de/Koelnmesse__Der_Kunde_steht_im_Mittelpunkt.AxCMS (Zugriff 04.12.2016).

Hatch, M. J. & Schultz, M. (2010): Toward a Theory of Brand Co-creation with Implications for Brand Governance; in: Journal of Brand Management, Vol. 17 (8), S. 590–604.
Hattendorf, K. (2012): Kein Grund zur Sorge; in: absatzwirtschaft, Nr. 10, S. 66.
Hattendorf, K. (2015a): Digitale Transformation: Das sind die Prioritäten für 2015; in: W&V online, (07.01.2015), Webadresse: http://www.wuv.de/digital/digitale_transform ation_das_sind_die_prioritaeten_fuer_2015 (Zugriff 28.04.2015).
Hattendorf, K. (2015b): Vom analogen Event zum digitalen Treffpunkt; in: Connected – Das Blog der Messe Frankfurt zur Digitalisierung des Geschäftslebens, (10.04.2015), Webadresse: http://connected.messefrankfurt.com/vom-analogen-event-zum-digitalen-treffpunkt-drei-schritte-der-digitalen-transformation/ (Zugriff 12.05.2015).
Hattendorf, K. (2016a): 5 trends to watch in 2017 for the Exhibition Industry; in: LinkedIn Pulse, (06.12.2016), Webadresse: https://www.linkedin.com/pulse/5-trends-watch-2017-exhibition-industry-kai-hattendorf (Zugriff 06.03.2017).
Hattendorf, K. (2016b): Activities to Spread UFI's message; in: Expodata Live-Kommunikation, Nr. 5, S. 38.
Hattendorf, K. (2016c): The Exhibition Industry and the Microsoft/LinkedIn Deal – Prepare for Impact!; in: LinkedIn Pulse, (13.06.2016), Webadresse: https://www.linkedin.com/pulse/exhibition-industry-microsoftlinkedin-deal-prepare-kai-hattendorf?trk=prof-post (Zugriff 24.07.2016).
Hattendorf, K. (2016d): Pokemon Go – the Watershed Moment for Augmented Reality, and Why We Should Take Notice; in: LinkedIn Pulse, (13.07.2016), Webadresse: https://www.linkedin.com/pulse/pokemon-go-watershed-moment-augmen ted-reality-why-we-take-hattendorf?trk=prof-post (Zugriff 29.03.2018).
Hattendorf, K. & Laudi, M. (2016): Why Event Managers and Venue Owners Must Adopt Digital; in: Hong Bao Media YouTube Channel, (21.04.2016), Webadresse: https://www.youtube.com/watch?v=DFTRk1K1rV0 (Zugriff 23.04.2016).
Hax, K. (1968): Die öffentliche Unternehmung in der Marktwirtschaft; in: FinanzArchiv / Public Finance Analysis, Vol. 27 (1/2), S. 37–48.
Haynes, P. (2010): Information and Communication Technology and International Business Travel: Mobility Allies?; in: Mobilities, Vol. 5 (4), S. 547–564.
Head, B. (2015): Australian University Launches Cyber Security Master's Degree; in: Computerweekly, (08.12.2015), Webadresse: http://www.computerweekly.com/news/ 4500260307/Australian-university-launches-cyber-security-masters-degree (Zugriff 19.01.2016).
Heckendorf, K. (2016): Die Zukunft der Preise; in: Zeit Online, (17.03.2016), Webadresse: http://www.zeit.de/campus/2016/01/preise-vergleich-unternehmen-politik-parship-produkte (Zugriff 29.05.2017).
Heilmann, D. H. (2015): MINT allein ist nicht die Lösung; in: Handelsblatt vom 02.11.2015.
Heitmann, J. (2018): Messe AG schließt Tochterfirma in Hannover; in: Hannoversche Allgemeine Zeitung vom 25.02.2018.
Hencke, S. (2016): «Die physischen Messen in den digitalen Raum erweitern»; in: Messe & Event Jahrbuch 2017, S. 6–9.

Henschel, K. (2003): Messebegleitendes Kongressmanagement; in: Kirchgeorg, M., Dornscheidt, W. M., Giese, W. & Stoeck, N. (Hrsg.): Handbuch Messemanagement: Planung, Durchführung und Kontrolle von Messen, Kongressen und Events. Wiesbaden: Gabler Verlag, S. 997–1009.
Hermes, V. (2015): Digitale Services sorgen für Effizienzschub; in: absatzwirtschaft, Nr. 6, S. 45.
Hess, T. (2013): Digitalisierung; in: Enzyklopädie der Wirtschaftsinformatik, http://www.enzyklopaedie-der-wirtschaftsinformatik.de/lexikon/technologien-methoden/Informatik–Grundlagen/digitalisierung/index.html (Zugriff 29.08.2018).
Heunemann, F. (2017): Messe Frankfurt erwägt britische Tochter; in: Frankfurter Allgemeine Zeitung vom 24.02.2017.
Hilbert, M. & López, P. (2011): The World's Technological Capacity to Store, Communicate, and Compute Information; in: Science, Vol. 332 (6025), S. 60–65.
Hill, E. J., Hawkins, A. J., Ferris, M. & Weitzman, M. (2001): Finding an Extra Day a Week: The Positive Influence of Perceived Job Flexibility on Work and Family Life Balance*; in: Family Relations, Vol. 50 (1), S. 49–58.
Hill, J., Horton, M., Kling, R. & Krishnamurthy, L. (2004): The Platforms Enabling Wireless Sensor Networks; in: Communications of the ACM, Vol. 47 (6), S. 41–46.
Hill, S. (2019): 5G vs. Wi-Fi: Latest Standards Compared and Why We Need Both; in: Digital Trends, (26.01.2019), Webadresse: https://www.digitaltrends.com/mobile/5g-vs-wi-fi/ (Zugriff 28.03.2019).
Hitt, L. M. & Brynjolfsson, E. (1997): Information Technology and Internal Firm Organization: An Exploratory Analysis; in: Journal of Management Information Systems, Vol. 14 (2), S. 81–101.
Hitt, M. A. & Ireland, R. D. (2000): The Intersection of Entrepreneurship and Strategic Management Research; in: Sexton, D. L. & Landström, H. (Hrsg.): The Blackwell Handbook of Entrepreneurship. Oxford: Blackwell Business, S. 45–63.
Hoffmann, C. P., Lutz, C. & Meckel, M. (2014): Digital Natives or Digital Immigrants? The Impact of User Characteristics on Online Trust; in: Journal of Management Information Systems, Vol. 31 (3), S. 138–171.
Holzner, A. (2017): Pricing von Messedienstleistungen; in: Kirchgeorg, M., Dornscheidt, W. M. & Stoeck, N. (Hrsg.): Handbuch Messemanagement: Planung, Durchführung und Kontrolle von Messen, Kongressen und Events. Wiesbaden: Springer Fachmedien, S. 699–713.
Hombach, S. (2015a): Europäische Messen rüsten auf; in: Connected – Das Blog der Messe Frankfurt zur Digitalisierung des Geschäftslebens, (27.07.2015), Webadresse: https://connected.messefrankfurt.com/2015/07/27/europaeische-messen-ruesten-auf/ (Zugriff 29.03.2017).
Hombach, S. (2015b): iBeacon: kurzes Strohfeuer oder Dauerbrenner?; in: Connected – Das Blog der Messe Frankfurt zur Digitalisierung des Geschäftslebens, (10.08.2015), Webadresse: https://connected.messefrankfurt.com/2015/08/10/ibeacon-kurzes-strohfeuer-oder-dauerbrenner/ (Zugriff 23.11.2017).
Hombach, S. (2015c): Online-Marketing im Messeumfeld; in: Connected – Das Blog der Messe Frankfurt zur Digitalisierung des Geschäftslebens, (21.05.2015), Webadresse: https://connected.messefrankfurt.com/2015/05/21/online-marketing-im-messeumfeld/ (Zugriff 29.09.2019).

Hsi, S. (2007): Conceptualizing Learning from the Everyday Activities of Digital Kids; in: International Journal of Science Education, Vol. 29 (12), S. 1509–1529.
Hsieh, H.-F. & Shannon, S. E. (2005): Three Approaches to Qualitative Content Analysis; in: Qualitative Health Research, Vol. 15 (9), S. 1277–1288.
Huang, Y. C., Backman, K. F., Backman, S. J. & Chang, L. L. (2016): Exploring the Implications of Virtual Reality Technology in Tourism Marketing: An Integrated Research Framework; in: International Journal of Tourism Research, Vol. 18 (2), S. 116–128.
Huber, A. (1994): Wettbewerbsstrategien Deutscher Messegesellschaften; Frankfurt am Main: Peter Lang.
Huber, M., Hurtz, S. & von Au, C. (2015): Manipulation an der Quelle; in: Süddeutsche Zeitung vom 22.09.2015.
Hubik, F. (2015): Netzwerk statt Hierarchie; in: Handelsblatt vom 07.10.2015.
Hufnagel, W. (2003): Effizientes Projekt- und Prozessmanagement als Erfolgsfaktor des Messemanagements; in: Kirchgeorg, M., Dornscheidt, W. M., Giese, W. & Stoeck, N. (Hrsg.): Handbuch Messemanagement: Planung, Durchführung und Kontrolle von Messen, Kongressen und Events. Wiesbaden: Gabler Verlag, S. 733–743.
Hülsen, I. & Brauck, M. (2017): "Ein propagandistisches Meisterwerk in öffentlich-rechtlicher Sache"; in: Der Spiegel, Nr. 50.
Hunziker, H. (2016): Messe der Zukunft: Content wird King; in: Expodata Live-Kommunikation, Nr. 7/8, S. 54.
Husarik, S. (2007): The Impact of Digitalization upon the Arts and Humanities; in: International Journal of the Humanities, Vol. 5 (7), S. 119–126.
Huston, L. & Sakkab, N. (2006): Connect and Develop; in: Harvard Business Review, Vol. 84 (3), S. 58–66.
Huynh, A. T. (2015): Volvo Tests out In-car Deliveries in Sweden; in: Techradar, (24.11.2015), Webadresse: http://www.techradar.com/us/news/car-tech/volvo-tests-out-in-car-deliveries-in-sweden-1309687 (Zugriff 01.12.2015).
Iansiti, M. & Lakhani, K. R. (2014): Digital Ubiquity: How Connections, Sensors, and Data Are Revolutionizing Business; in: Harvard Business Review, Vol. 92 (11), S. 90–99.
IBM (1981): Personal Computer Announced by IBM; Webadresse: https://www-03.ibm.com/ibm/history/exhibits/pc25/pc25_press.html (Zugriff 20.11.2018).
IBM (2009): The DeepQA Project, Webadresse: https://www.research.ibm.com/deepqa/deepqa.shtml (Zugriff 01.11.2017).
IFEMA – Feria de Madrid (2011): The 2011 UFI ICT Award – Best Practice of Social Media within the exhibition industry; Webadresse: https://www.ufi.org/award/the-2011-ufi-ict-award/ (Zugriff 03.12.2017).
Illik, J. A. (1999): Electronic Commerce: Grundlagen und Technik für die Erschließung elektronischer Märkte; München: Oldenbourg Verlag.
Industrial Internet Consortium (2017): Industrial Internet Consortium Working Groups, Webadresse: http://www.iiconsortium.org/working-committees.htm (Zugriff 10.12.2017).
InnoCentive, Inc. (2017): InnoCentive | Open Innovation & Crowdsourcing Platform, Webadresse: https://www.innocentive.com/ (Zugriff 03.12.2017).

International Financial Reporting Standards Foundation (2019): IAS 38 Intangible Assets, Webadresse: https://www.ifrs.org/issued-standards/list-of-standards/ias-38-intangible-assets/ (Zugriff 06.01.2019).

ITE Group Plc (2019): WorldBuild365, Webadresse: https://www.worldbuild365.com/ (Zugriff 12.02.2019).

IW Consult & BITKOM (2014): Wirtschaft digitalisiert – Wie viel Internet steckt in den Geschäftsmodellen deutscher Unternehmen?; Webadresse: https://www.bitkom.org/noindex/Publikationen/2011/Studie/Wirtschaft-digitalisiert/Studie-Wirtschaft-digitalisiert.pdf (Zugriff 04.04.2016).

Jackson, G. & Ahuja, V. (2016): Dawn of the Digital Age and the Evolution of the Marketing Mix; in: Journal of Direct, Data and Digital Marketing Practice, Vol. 17 (3), S. 170–186.

Jackson, T., Dawson, R. & Wilson, D. (2001): The Cost of Email Interruption; in: Journal of Systems and Information Technology, Vol. 5 (1), S. 81–92.

Jackson, T. W., Dawson, R. & Wilson, D. (2003): Understanding Email Interaction Increases Organizational Productivity; in: Communications of the ACM, Vol. 46 (8), S. 80–84.

Jacoby, J. (1984): Perspectives on Information Overload; in: Journal of Consumer Research, Vol. 10 (4), S. 432–435.

Jaimovich, N. & Siu, H. E. (2012): The Trend is the Cycle: Job Polarization and Jobless Recoveries; in: NBER Working Paper Series.

James, J. (2009): Leapfrogging in Mobile Telephony: A Measure for Comparing Country Performance; in: Technological Forecasting and Social Change, Vol. 76 (7), S. 991–998.

Jansen, J. (2016): Wie die Digitalisierung die Unternehmenskultur verändert; in: Frankfurter Allgemeine Zeitung vom 12.09.2016.

Jarvenpaa, S. L. & Leidner, D. E. (1999): Communication and Trust in Global Virtual Teams; in: Organization Science, Vol. 10 (6), S. 791–815.

Jasimuddin, S. M., Klein, J. H. & Connell, C. (2005): The Paradox of Using Tacit and Explicit Knowledge: Strategies to Face Dilemmas; in: Management Decision, Vol. 43 (1), S. 102–112.

Jedrowiak, J. (2005): Markenstrategien für Messegesellschaften; in: Delfmann, W., Köhler, R. & Müller-Hagedorn, L. (Hrsg.): Kölner Kompendium der Messewirtschaft. Köln: Kölner Wissenschaftsverlag, S. 251–273.

Jimenez, A., Boehe, D. M., Taras, V. & Caprar, D. V. (2017): Working Across Boundaries: Current and Future Perspectives on Global Virtual Teams; in: Journal of International Management, Vol. 23 (4), S. 341–349.

Johnson, T. (2016): Die Zukunft von Messen; in: Messe & Event Jahrbuch 2017, S. 18–19.

Jorgenson, D. W., Ho, M. S. & Stiroh, K. J. (2008): A Retrospective Look at the U.S. Productivity Growth Resurgence; in: Journal of Economic Perspectives, Vol. 22 (1), S. 3–24.

Jovanovic, B. & Rousseau, P. L. (2005): General Purpose Technologies; in: Aghion, P. & Durlauf, S. N. (Hrsg.): Handbook of Economic Growth. Amsterdam: Elsevier, S. 1181–1224.

Jung, K. (2010): Ganzheitliche Markenführung von Messegesellschaften: Eine stakeholderbezogene Markenidentitätsbetrachtung unter besonderer Berücksichtigung von Markenportfolios; Wiesbaden: Gabler Verlag.

Káganer, E., Zamora, J. & Sieber, S. (2013): 5 Skills Every Leader Needs to Succeed in the Digital World; in: IESE Insight, Nr. 18, S. 15–22.

Kagermann, H., Lukas, W.-D. & Wahlster, W. (2011): Mit dem Internet der Dinge auf dem Weg zur 4. industriellen Revolution; in: VDI Nachrichten, Nr. 13, S. 2.

Kahn, B. E. (2017): Using Visual Design to Improve Customer Perceptions of Online Assortments; in: Journal of Retailing, Vol. 93 (1), S. 29–42.

Kaldenhoff, A. & Beckmann, K. (2017): Management für erlebnisorientierte Kongresse, Tagungen und Seminare; in: Kirchgeorg, M., Dornscheidt, W. M. & Stoeck, N. (Hrsg.): Handbuch Messemanagement: Planung, Durchführung und Kontrolle von Messen, Kongressen und Events. Wiesbaden: Springer Fachmedien, S. 925–934.

Kalka, R. (2017): Strategische Grundsatzentscheidungen im Messemanagement; in: Kirchgeorg, M., Dornscheidt, W. M. & Stoeck, N. (Hrsg.): Handbuch Messemanagement: Planung, Durchführung und Kontrolle von Messen, Kongressen und Events. Wiesbaden: Gabler Verlag, S. 315–328.

Kalka, R. (2005a): Elemente der Marketingpolitik auf Geschäfts- und Projektebene; in: Delfmann, W., Köhler, R. & Müller-Hagedorn, L. (Hrsg.): Kölner Kompendium der Messewirtschaft. Köln: Kölner Wissenschaftsverlag, S. 323–339.

Kalka, R. (2005b): Kommunikations- und Distributionspolitik; in: Delfmann, W., Köhler, R. & Müller-Hagedorn, L. (Hrsg.): Kölner Kompendium der Messewirtschaft. Köln: Kölner Wissenschaftsverlag, S. 373–387.

Kalka, R. (2005c): Preis- und Konditionenpolitik; in: Delfmann, W., Köhler, R. & Müller-Hagedorn, L. (Hrsg.): Kölner Kompendium der Messewirtschaft. Köln: Kölner Wissenschaftsverlag, S. 359–372.

Kalka, R. (2005d): Produkt- und Servicepolitik; in: Delfmann, W., Köhler, R. & Müller-Hagedorn, L. (Hrsg.): Kölner Kompendium der Messewirtschaft. Köln: Kölner Wissenschaftsverlag, S. 341–358.

Kaminski, M. (2016): Digitale, warum trefft Ihr euch noch?; in: W&V online, (15.03.2016), Webadresse: http://www.wuv.de/digital/digitale_warum_trefft_ihr_euch_noch (Zugriff 19.07.2016).

Kamm, R. (2017): Privatisierung und Fusion von Messegesellschaften; in: Kirchgeorg, M., Dornscheidt, W. M. & Stoeck, N. (Hrsg.): Handbuch Messemanagement: Planung, Durchführung und Kontrolle von Messen, Kongressen und Events. Wiesbaden: Springer Fachmedien, S. 177–190.

Kane, G. C. (2015a): Setting Up Digital to Tell Stories to a Global Audience; in: MIT Sloan Management Review, (14.12.2015), Webadresse: http://sloanreview.mit.edu/article/setting-up-digital-to-tell-stories-to-a-global-audience/ (Zugriff 24.11.2018).

Kane, G. C. (2015b): The Talent Imperative in Digital Business; in: MIT Sloan Management Review, (09.09.2015), Webadresse: http://sloanreview.mit.edu/article/the-talent-imperative-in-digital-business/ (Zugriff 29.07.2018).

Kane, G. C. (2016): The Dark Side of The Digital Revolution; in: MIT Sloan Management Review, Vol. 57 (3).

Kane, G. C. & Alavi, M. (2007): Information Technology and Organizational Learning: An Investigation of Exploration and Exploitation Processes; in: Organization Science, Vol. 18 (5), S. 796–812.

Kankanhalli, A., Tan, B. C. Y. & Kwok-Kee, W. (2005): Contributing Knowledge to Electronic Knowledge Repositories: An Empirical Investigation; in: MIS Quarterly, Vol. 29 (1), S. 113–143.

Kannan, P. K. & Li, H. A. (2017): Digital Marketing: A Framework, Review and Research Agenda; in: International Journal of Research in Marketing, Vol. 34 (1), S. 22–45.

Kaplan, A. M. & Haenlein, M. (2010): Users of the World, Unite! The Challenges and Opportunities of Social Media; in: Business Horizons, Vol. 53 (1), S. 59–68.

Kaplan, J. (2017): Artificial Intelligence: Think Again; in: Communications of the ACM, Vol. 60 (1), S. 36–38.

Karcher, H. (2014): WLAN versus Mobilfunk: 10 Gigabit/s auf dem Handy – wer macht das Rennen?; in: Computerwoche, (04.11.2014), Webadresse: https://www.computerwoche.de/a/10-gigabit-s-auf-dem-handy-wer-macht-das-rennen,3065939 (Zugriff 28.03.2019).

Karimi, J., Somers, T. M. & Bhattacherjee, A. (2009): The Role of ERP Implementation in Enabling Digital Options: A Theoretical and Empirical Analysis; in: International Journal of Electronic Commerce, Vol. 13 (3), S. 7–42.

Karle, R. (2011a): "Besser machen, nicht größer"; in: absatzwirtschaft, Nr. 10, S. 84–87.

Karle, R. (2011b): Wie digitale Medien Messen verändern; in: absatzwirtschaft, Nr. 10, S. 60–83.

Karle, R. (2013): Was tun, wenn die Digital Natives kommen? – Digitalisierung als Geschäftsmodell für Messeveranstalter; in: absatzwirtschaft online, (27.09.2013), Webadresse: https://www.absatzwirtschaft.de/was-tun-wenn-die-digital-natives-kommen (Zugriff 13.06.2017).

Karle, R. (2014): Begegnungen bleiben unersetzlich; in: absatzwirtschaft, Nr. 10, S. 46–47.

Karle, R. (2016): Auf großer Bühne; in: absatzwirtschaft, Nr. 10, S. 76–81.

Karr-Wisniewski, P. & Lu, Y. (2010): When More is Too Much: Operationalizing Technology Overload and Exploring its Impact on Knowledge Worker Productivity; in: Computers in Human Behavior, Vol. 26 (5), S. 1061–1072.

Katz, R. L. & Koutroumpis, P. (2013): Measuring Digitization: A Growth And Welfare Multiplier; in: Technovation, Vol. 33 (10/11), S. 314–319.

Katz, R. L., Koutroumpis, P. & Callorda, F. M. (2014): Using a Digitization Index to Measure the Economic and Social Impact of Digital Agendas; in: Info, Vol. 16 (1), S. 32–44.

Kelly, K. (2012): Better Than Human: Why Robots Will — And Must — Take Our Jobs; in: Wired, (24.12.2012), Webadresse: https://www.wired.com/2012/12/ff-robots-will-take-our-jobs/ (Zugriff 25.03.2017).

Kelly, K. (1998): New Rules for the New Economy: Ten Radical Strategies for a Connected World; New York: Penguin Books.

Kerkmann, C. (2017): Emotionen statt kalter Technologie; in: Handelsblatt vom 23.,03.2017.

Kerschbaumer, B. (1998): Internet und Intranet – Grundlagen und Dienste; in: Höller, J., Pils, M. & Zlabinger, R. (Hrsg.): Internet und Intranet: Betriebliche Anwendungen und Auswirkungen. Berlin/Heidelberg: Springer, S. 3–34.
Kessler, M. (2016a): Vom Ursprung und Überleben der Messen; in: Expodata Live-Kommunikation, Nr. 7/8, S. 10–12.
Kessler, M. (2016b): "Wichtig ist, einen magischen Moment zu kreieren"; in: Expodata Live-Kommunikation, Nr. 9, S. 20–23.
de Keyser, A., Schepers, J. & Konuş, U. (2015): Multichannel Customer Segmentation: Does the After-Sales Channel Matter? A Replication and Extension; in: International Journal of Research in Marketing, Vol. 32 (4), S. 453–456.
Kessler, M. (2017): Digitalisierung vereinfacht Messelogistik; in: Expodata Live-Kommunikation, Nr. 1/2, S. 45.
Kirchgeorg, M. (2017): Funktionen und Erscheinungsformen von Messen; in: Kirchgeorg, M., Dornscheidt, W. M. & Stoeck, N. (Hrsg.): Handbuch Messemanagement: Planung, Durchführung und Kontrolle von Messen, Kongressen und Events. Wiesbaden: Springer Fachmedien, S. 31–50.
Kirchgeorg, M., Ermer, B. & Wiedmann, M. (2012): Szenarioanalyse – Messen & Live Communication 2020; in: Schriftenreihe Institut der Deutschen Messewirtschaft, Vol. 36.
Kirchgeorg, M. & Klante, O. (2017): Strategisches Messemarketing; in: Kirchgeorg, M., Dornscheidt, W. M. & Stoeck, N. (Hrsg.): Handbuch Messemanagement: Planung, Durchführung und Kontrolle von Messen, Kongressen und Events. Wiesbaden: Springer Fachmedien, S. 291–314.
Kirchgeorg, M., Springer, C. & Brühe, C. (2009): Live Communication Management – Ein strategischer Leitfaden zur Konzeption, Umsetzung und Erfolgskontrolle; Wiesbaden: Gabler Verlag.
Kirchgeorg, M., Wiedmann, M. & Ermer, B. (2017): Zukunftsperspektiven und strategische Herausforderungen von Publikumsmessen; in: Kirchgeorg, M., Dornscheidt, W. M. & Stoeck, N. (Hrsg.): Handbuch Messemanagement: Planung, Durchführung und Kontrolle von Messen, Kongressen und Events. Wiesbaden: Springer Fachmedien, S. 207–224.
Kirsch, S. & Hajek, S. (2015): Adidas, Continental, Visa: Welche Aktien von der Digitalisierung profitieren; in: Wiwo.de, (19.08.2015), Webadresse: http://www.wiwo.de/finanzen/boerse/adidas-continental-visa-welche-aktien-von-der-digitalisierung-profitieren/12181028-all.html (Zugriff 29.12.2015).
Kirschner, P. A. & de Bruyckere, P. (2017): The Myths of the Digital Native and the Multitasker; in: Teaching and Teacher Education, Vol. 67, S. 135–142.
Klang, D., Wallnöfer, M. & Hacklin, F. (2014): The Business Model Paradox: A Systematic Review and Exploration of Antecedents; in: International Journal of Management Reviews, Vol. 16 (4), S. 454–478.
Klein, S. & Loebbecke, C. (2003): Emerging Pricing Strategies on the Web: Lessons from the Airline Industry; in: Electronic Markets, Vol. 13 (1), S. 46–58.
Kleinrock, L. (1961): Information Flow in Large Communication Nets; in: RLE Quarterly Progress Report, Vol. 1.

Klett, P. (2019): Von Big Data zu Smart Data: Wie Messen Daten gewinnbringend einsetzen; in: MCH Blog, (22.01.2019), Webadresse: https://www.mch-group.com/news/blog/2019/01/big-data-messen-exhibitions.aspx (Zugriff 30.01.2019).

Knight, W. (2015): At Amazon Warehouses, Humans and Machines Work in Frenetic Harmony; in: MIT Technology Review, (07.07.2015), Webadresse: https://www.technologyreview.com/s/538601/inside-amazons-warehouse-human-robot-symbiosis/ (Zugriff 13.12.2016).

van Knippenberg, D., Dahlander, L., Haas, M. R. & George, G. (2015): Information, Attention, and Decision Making; in: Academy of Management Journal, Vol. 58 (3), S. 649–657.

Knop, C. (2015): 3D-Druck an der Schwelle zur Massenfertigung; in: Frankfurter Allgemeine Zeitung vom 16.11.2015.

Knop, C. & Giersberg, G. (2015): Aus für "Safe Harbor" führt zu großer Ungewissheit; in: Frankfurter Allgemeine Zeitung vom 08.10.2015.

zu Knyphausen-Aufsess, D. (1993): Why are Firms Different? : Der "Ressourcenorientierte Ansatz" im Mittelpunkt einer aktuellen Kontroverse im Strategischen Management; in: Die Betriebswirtschaft, Vol. 53 (6), S. 771–791.

Koelnmesse GmbH (2015): Mittelpunkt: Digitale Zukunft; in: Messeplatz 1, Nr. 3, S. 4–5.

Koelnmesse GmbH (2018a): Gamescom live erleben, Webadresse: https://www.gamescom.de/die-messe/gamescom-now/index.php/#Video_Gallery (Zugriff 01.09.2018).

Koelnmesse GmbH (2018b): Koelnmesse – Vorreiter in Sachen Digital Signage; Webadresse: http://www.koelnmesse.de/Koelnmesse/Presse/Pressemitteilungen/index.php?aktion=pfach&p1id=kmpresse_kmu&format=html&base=&tp=k3content&search=&pmid=kmeigen.kmpresse_1536151390&start=0&anzahl=10&channel=kmeigen&language=d&archiv= (Zugriff 25.11.2018).

Koelnmesse GmbH (2018c): Schlussbericht DMEXCO 2018: Digitale Wirtschaft stellt den Menschen in den Mittelpunkt; Webadresse: http://www.koelnmesse.de/Koelnmesse/Presse/Pressemitteilungen/index.php?aktion=pfach&p1id=kmpresse_kmu&format=html&base=&tp=k3content&search=&pmid=kmeigen.kmpresse_1536926458&start=0&anzahl=10&channel=kmeigen&language=d (Zugriff 03.01.2019).

Koenen, J. (2015): Schwieriger Blick in die Glaskugel; in: Handelsblatt vom 21.07.2015.

Koenen, J. & Terpitz, K. (2019): „Die Messe lebt" – Wie drei Messe-Chefs die Zukunft ihrer Branche sehen; in: Handelsblatt vom 03.03.2019.

Kolbrück, A. (2015a): Bauma: virtuelle Erweiterung; in: m+a newsline vom 05.11.2015.

Kolbrück, A. (2015b): Disruption treibt die Messebranche; in: m+a report, Nr. 5, S. 16.

Kolbrück, A. (2016): Wenn Zuckerberg Messen machte …; in: m+a report, Nr. 7, S. 42–47.

Kollmann, T. (2005): Neue Medien und ihr Einfluss auf die Messewirtschaft; in: Delfmann, W., Köhler, R. & Müller-Hagedorn, L. (Hrsg.): Kölner Kompendium der Messewirtschaft. Köln: Kölner Wissenschaftsverlag, S. 415–443.

Kollmann, T. (2019): E-Business: Grundlagen elektronischer Geschäftsprozesse in der Digitalen Wirtschaft; 7. Auflage, Wiesbaden: Springer Gabler.

Kondratieff, N. D. (1925): The Long Wave in Economic Life; in: Review of Economic Statistics, Vol. 17, S. 105–115.

Konetzny, I. (2017): Herausforderungen und Inhalte der Personalentwicklung im Messewesen; in: Kirchgeorg, M., Dornscheidt, W. M. & Stoeck, N. (Hrsg.): Handbuch

Messemanagement: Planung, Durchführung und Kontrolle von Messen, Kongressen und Events. Wiesbaden: Springer Fachmedien, S. 799–814.

Konrath, S. H., O'Brien, E. H. & Hsing, C. (2011): Changes in Dispositional Empathy in American College Students Over Time: A Meta-Analysis; in: Personality & Social Psychology Review, Vol. 15 (2), S. 180–198.

Kopeinig, S. & Gedenk, K. (2005): Make-or-Buy Entscheidungen von Messegesellschaften; in: Delfmann, W., Köhler, R. & Müller-Hagedorn, L. (Hrsg.): Kölner Kompendium der Messewirtschaft. Köln: Kölner Wissenschaftsverlag, S. 227–249.

Kopp, U. (2017): Strukturen und Instrumente zur kaufmännischen Steuerung von Messegesellschaften; in: Kirchgeorg, M., Dornscheidt, W. M. & Stoeck, N. (Hrsg.): Handbuch Messemanagement: Planung, Durchführung und Kontrolle von Messen, Kongressen und Events. Wiesbaden: Springer Fachmedien, S. 873–886.

Kotler, P. T. & Armstrong, G. (2017): Principles of Marketing, Global Edition; 16. Auflage, Harlow: Pearson Education Limited.

Kotowski, T. (2015): Conichi will die Hotelrezeption ablösen; in: Frankfurter Allgemeine Zeitung vom 10.09.2015.

Kötter, H. (2015): Messe: find ich gut, sagen auch US-Digitalexperten; in: AUMA_Blog, (18.11.2015), Webadresse: http://blog.auma.de/messe-find-ich-gut-sagen-auch-us-digitalexperten/ (Zugriff 23.10.2016).

Krämer, U. M. (2015): Digitalisierung braucht Wandel der Organisation; in: Computerwoche, (12.10.2015), Webadresse: http://www.computerwoche.de/a/digitalisierung-braucht-wandel-der-organisation,3216553 (Zugriff 13.10.2015).

Kraus, G. (2012): Reflexionen zur unternehmerischen Social Media Nutzung; in: Lembke, G. & Soyez, N. (Hrsg.): Digitale Medien im Unternehmen. Berlin/Heidelberg: Springer, S. 169–176.

Krcmar, H. (2015): Informationsmanagement; Berlin/Heidelberg: Springer.

Kremp, M. (2017): Das Oh-und-ah-Phone; in: Spiegel Online, (07.01.2017), Webadresse: http://www.spiegel.de/netzwelt/gadgets/apple-iphone-feiert-10-geburtstag-als-handys-smart-wurden-a-1126519.html (Zugriff 09.01.2017).

Kremp, M. (2018): Cebit 2018 in Hannover: Die Messe, die gerne mehr wäre; in: Spiegel Online, (11.06.2018), Webadresse: https://www.spiegel.de/netzwelt/gadgets/cebit-2018-in-hannover-die-messe-die-gerne-mehr-waere-a-1212456.html (Zugriff 10.02.2019).

Kristandl, G. & Bontis, N. (2007): Constructing a Definition for Intangibles Using the Resource Based View of the Firm; in: Management Decision, Vol. 45 (9), S. 1510–1524.

Kroker, M. (2017): Deutsche Messe einigt sich mit Salesforce auf Vertragsverlängerung; in: Wiwo.de, (24.01.2017), Webadresse: http://www.wiwo.de/unternehmen/it/cebit-deutsche-messe-einigt-sich-mit-salesforce-auf-vertragsverlaengerung/19296460.html (Zugriff 24.01.2017).

Kuang, C. (2015): Disney's $1 Billion Bet on a Magical Wristband; in: Wired, (03.10.2015), Webadresse: http://www.wired.com/2015/03/disney-magicband/ (Zugriff 12.03.2016).

Kucuk, S. U. (2009): Consumer Empowerment Model: From Unspeakable to Undeniable; in: Direct Marketing: An International Journal, Vol. 3 (4), S. 327–342.

Kühlcke, R. (2016): "Messe ist riechen, sehen schmecken"; in: Fleischwirtschaft, Nr. 3, S. 26.

Kumar, A., Bezawada, R., Rishika, R., Janakiraman, R. & Kannan, P. K. (2016): From Social to Sale: The Effects of Firm-Generated Content in Social Media on Customer Behavior; in: Journal of Marketing, Vol. 80 (1), S. 7–25.
Kupferschmitt, T. (2015): Bewegtbildnutzung nimmt weiter zu – Habitualisierung bei 14- bis 29-Jährigen; in: Media Perspektiven (9), S. 383–391.
Kürschner, S. (2017): IT-gestützte Messeplanung; in: Kirchgeorg, M., Dornscheidt, W. M. & Stoeck, N. (Hrsg.): Handbuch Messemanagement: Planung, Durchführung und Kontrolle von Messen, Kongressen und Events. Wiesbaden: Springer Fachmedien, S. 745–759.
Kutschke, K. (2018): Das Ende vom Allerlei; in: Süddeutsche Zeitung vom 07.12.2018.
Kwon, O., Lee, N. & Shin, B. (2014): Data Quality Management, Data Usage Experience and Acquisition Intention of Big Data Analytics; in: International Journal of Information Management, Vol. 34 (3), S. 387–394.
Labes, S., Hahn, C., Erek, K. & Zarnekow, R. (2013): Geschäftsmodelle im Cloud Computing; in: Keuper, F., Hamidian, K., Verwaayen, E., Kalinowski, T. & Kraijo, C. (Hrsg.): Digitalisierung und Innovation: Planung – Entstehung – Entwicklungsperspektiven. Wiesbaden: Springer Fachmedien, S. 35–60.
Lackes, R., Schewe, G. & Siepermann, M. (2017): Geschäftsprozess; in: Gabler Wirtschaftslexikon, (30.01.2017), Webadresse: http://wirtschaftslexikon.gabler.de/Definition/geschaeftsprozess.html (Zugriff 06.11.2017).
Lages, C. R. & Piercy, N. F. (2012): Key Drivers of Frontline Employee Generation of Ideas for Customer Service Improvement; in: Journal of Service Research, Vol. 15 (2), S. 215–230.
Lambert, S. C. & Davidson, R. A. (2013): Applications of the Business Model in Studies of Enterprise Success, Innovation and Classification: An Analysis of Empirical Research from 1996 to 2010; in: European Management Journal, Vol. 31 (6), S. 668–681.
Lamberton, C. & Stephen, A. T. (2016): A Thematic Exploration of Digital, Social Media, and Mobile Marketing: Research Evolution from 2000 to 2015 and an Agenda for Future Inquiry; in: Journal of Marketing, Vol. 80 (6), S. 146–172.
Lange, N. (2017): Die Schuhmesse – ein Auslaufmodell; in: Rheinische Post vom 04.02.2017.
Langlois, R. N. (2002): Computers and Semiconductors; in: Steil, B. (Hrsg.): Technological Innovation and Economic Performance. Princeton: Princeton University Press, S. 265–284.
Langner, H. (1992): Die Messe-Marktforschung; in: Strothmann, K.-H. & Busche, M. (Hrsg.): Handbuch Messemarketing. Wiesbaden: Gabler Verlag, S. 249–267.
Larivière, B., Bowen, D., Andreassen, T. W., Kunz, W., Sirianni, N. J., Voss, C., Wünderlich, N. V. & De Keyser, A. (2017): "Service Encounter 2.0": An Investigation into the Roles of Technology, Employees and Customers; in: Journal of Business Research, Vol. 79, S. 238–246.
Laudon, K. C. & Laudon, J. P. (2018): Management Information Systems: Managing the Digital Firm; 15. Auflage, Hoboken: Pearson.
Leckart, S. (2012): The Hackathon Is On: Pitching and Programming the Next Killer App; in: Wired, (17.02.2012), Webadresse: https://www.wired.com/2012/02/ff_hackathons/ (Zugriff 29.03.2017).

Lee-Kelley, L., Gilbert, D. & Al-Shehabi, N. F. (2004): Virtual Exhibitions: An Exploratory Study of Middle East Exhibitors' Dispositions; in: International Marketing Review, Vol. 21 (6), S. 634–644.
Lee, A. R., Son, S.-M. & Kim, K. K. (2016): Information and Communication Technology Overload and Social Networking Service Fatigue: A Stress Perspective; in: Computers in Human Behavior, Vol. 55, S. 51–61.
Lee, H. L. & Billington, C. (1993): Material Management in Decentralized Supply Chains; in: Operations Research, Vol. 41 (5), S. 835–847.
von Leibniz, G. W. (1703): Explication de l'Arithmétique Binaire; in: Mémoires de Mathématique et de Physique de l'Académie Royale des Sciences, S. 85–89.
Leimeister, J. M., Sidiras, P. & Krcmar, H. (2006): Exploring Success Factors of Virtual Communities: The Perspectives of Members and Operators; in: Journal of Organizational Computing and Electronic Commerce, Vol. 16 (3–4), S. 279–300.
Leiner, B. M., Cerf, V. G., Clark, D. D., Kahn, R. E., Kleinrock, L., Lynch, D. C., Postel, J., Roberts, L. G. & Wolff, S. S. (1997): The Past and Future History of the Internet; in: Communications of the ACM, Vol. 40 (2), S. 102–108.
Leisenberg, M. & Schweifel, A. (2012): Social Media für mittelständische Unternehmen: Thesen und Handlungsempfehlungen; in: Lembke, G. & Soyez, N. (Hrsg.): Digitale Medien im Unternehmen. Berlin/Heidelberg: Springer, S. 211–236.
Leonard, D. & Sensiper, S. (1998): The Role of Tacit Knowledge in Group Innovation; in: California Management Review, Vol. 40 (3), S. 112–132.
Leonardi, P. M. & Vaast, E. (2017): Social Media and Their Affordances for Organizing: A Review and Agenda for Research; in: Academy of Management Annals, Vol. 11 (1), S. 150–188.
Leonhard, G. (2015): "Algorithmen sind nur eine Nachahmung von Beziehungen"; in: Expodata Live-Kommunikation, Nr. 6, S. 24–27.
Leontief, W. (1983): Technological Advance, Economic Growth, and the Distribution of Income; in: Population and Development Review, Vol. 9 (3), S. 403–410.
LG Electronics (2013): Suntec Singapore's Entrance Gets Lit Up with An Impressive Mega Full HD LED Digital Wall; Webadresse: https://www.lg.com/sg/press-release/suntec-singapore-entrance-gets-lit-up-with-an-impressive-mega-full-hd-led-digital-wall (Zugriff 23.11.2016).
Lian, J. I. & Denstadli, J. M. (2004): Norwegian Business Air Travel – Segments and Trends; in: Journal of Air Transport Management, Vol. 10 (2), S. 109–118.
Licklider, J. C. R. & Clark, W. E. (1962): On-line Man-Computer Communication; Paper präsentiert auf Spring Joint Computer Conference; San Francisco.
Lindgens, J. (2016): Messe „Reifen" verabschiedet sich mit Rekord aus Essen; in: DerWesten, (24.05.2016), Webadresse: http://www.derwesten.de/staedte/essen/messe-reifen-verabschiedet-sich-mit-rekord-aus-essen-id11854504.html (Zugriff 29.01.2017).
Lindner, R. (2015): Youtube auf den Spuren von Netflix; in: Frankfurter Allgemeine Zeitung vom 23.10.2015.
Lindner, R. (2016): Die Automesse vor der Automesse; in: Frankfurter Allgemeine Zeitung vom 02.01.2016.
Links, C. & Schreier, J. (2019): Wi-Fi 6 oder 5G: Was ist besser?; in: Industry of Things, (11.01.2019), Webadresse: https://www.industry-of-things.de/wi-fi-6-oder-5g-was-ist-besser-a-789384/ (Zugriff 28.03.2019).

Lipp, H. M. & Becker, J. (2011): Grundlagen der Digitaltechnik; 7. Auflage, München: De Gruyter Oldenbourg.
Ljungqvist, A. & Wilhelm, W. J. (2003): IPO Pricing in the Dot-Com Bubble; in: The Journal of Finance, Vol. 58 (2), S. 723–752.
Loebbecke, C. (2006): Digitalisierung–Technologien und Unternehmensstrategien; in: Scholz, C. (Hrsg.): Handbuch Medienmanagement. Berlin: Springer, S. 357–373.
Loohuis, K. (2015): Amsterdam Arena Aims to Set Digital Example to Others; in, (09.11.2015), Webadresse: http://www.computerweekly.com/news/4500256751/Amsterdam-Arena-aims-to-set-digital-example (Zugriff 07.08.2017).
van Looy, B., Dewettinck, K., Buyens, D. & Vandenbossche, T. (2003): The Role of Human Resource Practices in Service Organizations; in: Van Looy, B., Gemmel, P. & Dierdonck, R. (Hrsg.): Services Management: An Integrated Approach. Harlow: Pearson Education, S. 181–193.
Lundvall, B.-ä. & Johnson, B. (1994): The Learning Economy; in: Journal of Industry Studies, Vol. 1 (2), S. 23–42.
Maahn, P. (2019): Autonomes Fahren: Der Roboter holt mich ab; in: Zeit Online, (11.01.2019), Webadresse: https://www.zeit.de/mobilitaet/2019-01/autonomes-fahren-ces-shuttlebusse-oeffentlicher-nahverkehr (Zugriff 22.06.2019).
Madhok, A. (2015): The Smart Digitised Venue, International Summer University for Trade Fair Management, Vol. 7. Köln.
Maher, S. & Middlehurst, J. (2012): Don't Think Agency, Think Digitally; in: Marketing Magazine, Vol. 117 (18), S. 44–45.
Mahoney, M. S. (2011): Histories of Computing; Cambridge: Harvard University Press.
Maier, F. (2015): Metal-Fest mit Echtzeit-Verkehrserfassung; in: Computerwoche Tec Workshop, (17.08.2015), Webadresse: http://www.tecchannel.de/storage/news/3204742/metal_fest_mit_echtzeit_verkehrserfassung/ (Zugriff 28.08.2015).
Maier, H. (1998): Die Langen Wellen der ökonomischen Entwicklung und das Bildungswesen; in: Thomas, H. & Nefiodow, L. A. (Hrsg.): Kondratieffs Zyklen der Wirtschaft: an der Schwelle neuer Vollbeschäftigung? Herford: BusseSeewald, S. 81–96.
Maleri, R. & Frietzsche, U. (2008): Grundlagen der Dienstleistungsproduktion; 5. Auflage, Berlin: Springer.
Marill, T. & Roberts, L. G. (1966): Toward a Cooperative Network of Time-shared Computers; Paper präsentiert auf The 1966 Fall Joint Computer Conference; San Francisco.
Marinova, D., de Ruyter, K., Huang, M.-H., Meuter, M. L. & Challagalla, G. (2017): Getting Smart: Learning From Technology-Empowered Frontline Interactions; in: Journal of Service Research, Vol. 20 (1), S. 29–42.
Marshall, S. (2014): IT Consumerization: A Case Study of BYOD in a Healthcare Setting; in: Technology Innovation Management Review, Vol. 4 (3), S. 14–18.
Martin-Jung, H. (2017): Kabel, die die Welt zusammenhalten; in: Süddeutsche Zeitung vom 27.09.2017.
Martin-Luther-Universität Halle-Wittenberg (2018): Wirtschaftskriminalität: Anteil der von Cybercrime betroffenen Unternehmen in Deutschland im Jahr 2017 nach Art der Delikte. Webadresse: https://de.statista.com/statistik/daten/studie/70421/umfrage/von-cybercrime-betroffene-unternehmen-in-deutschland/ (Zugriff 22.03.2019).

Martin, N., Lessmann, S. & Voß, S. (2008): Crowdsourcing: Systematisierung praktischer Ausprägungen und verwandter Konzepte; Paper präsentiert auf Multikonferenz Wirtschaftsinformatik 2008; München.
Marzin, W. (1992): Produktgestaltung und Produktpflege als Aufgabe von Messegesellschaften; in: Strothmann, K.-H. (Hrsg.): Handbuch Messemarketing. Wiesbaden: Gabler Verlag, S. 179–189.
Mayring, P. (2000): Qualitative Content Analysis; in: Forum: Qualitative Social Research, Vol. 1 (2), S. 105–114.
Mayring, P. (2010): Qualitative Inhaltsanalyse; in: Mey, G. & Mruck, K. (Hrsg.): Handbuch Qualitative Forschung in der Psychologie. Wiesbaden: VS Verlag für Sozialwissenschaften, S. 601–613.
Maznevski, M. L. & Chudoba, K. M. (2000): Bridging Space Over Time: Global Virtual Team Dynamics and Effectiveness; in: Organization Science, Vol. 11 (5), S. 473–492.
McAfee, A. & Brynjolfsson, E. (2012): Big Data's Management Revolution; in: Harvard Business Review, Vol. 90 (10), S. 60–68.
McCarthy, E. J. (1960): Basic Marketing, a Managerial Approach; Homewood: Irwin Publishers.
McCullum, P. (2015): Bitcoin: Property or Currency?; in: Tax Notes, Vol. 148 (8).
McLaughlin, L. (2007): Identity Crisis: Pfizer's Fix; in: CIO Magazine, Nr. 22, S. 47–50.
McMillan, D. W. & Chavis, D. M. (1986): Sense of Community: A Definition and Theory; in: Journal of Community Psychology, Vol. 14 (1), S. 6–23.
McWilliam, G. (2000): Building Stronger Brands through Online Communities; in: Sloan Management Review, Vol. 41 (3), S. 43–54.
Die Medienanstalten (2018): Welche Suchmaschinen haben Sie gestern genutzt? Webadresse: https://de.statista.com/statistik/daten/studie/777788/umfrage/tagesreichweite-von-suchmaschinen-in-deutschland/ (Zugriff 19.09.2019).
Meffert, H., Bruhn, M. & Hadwich, K. (2018): Dienstleistungsmarketing: Grundlagen – Konzepte – Methoden; Wiesbaden: Springer Fachmedien.
Meifert, J. & Arenz, R. (2015): Neues Gesicht für die Messe; in: Kölnische Rundschau vom 05.12.2015.
Melchior, L. (2015): Mobile Advertising wächst um fast 50 Prozent; in: Internet World Business, (21.09.2015), Webadresse: http://www.internetworld.de/mobile/zahlen-studien/mobile-advertising-waechst-um-50-prozent-1015297.html (Zugriff 22.09.2015).
Menesguen, M. (2011): Beauty and Digital: A Magical Match; in: Digital Transformation Review (1), S. 6–13.
Merkel, A. (2016): Neujahrsansprache 2017 von Bundeskanzlerin Dr. Angela Merkel am 31. Dezember 2016 über Hörfunk und Fernsehen: Berlin.
Merz, S. L. (2015): Industrie 4.0 ist keine Theorie mehr: Die vierte industrielle Revolution kommt in der Wirklichkeit an; in: Computerwoche, (26.03.2015), Webadresse: http://www.computerwoche.de/a/die-vierte-industrielle-revolution-kommt-in-der-wirklichkeit-an,3096002 (Zugriff 03.01.2017).
Messe Düsseldorf GmbH (2015): drupa 2016 | drupa verkürzt Turnus; Webadresse: https://www.drupa.de/de/drupa_2016_%7C_drupa_verk%C3%BCrzt_Turnus (Zugriff 09.03.2019).
Messe Düsseldorf GmbH (2019): Metsearch – The Industry Portal of the Metal Industry, Webadresse: https://metsearch.net/ (Zugriff 16.02.2019).

Messe Frankfurt GmbH (2012): The 2012 UFI ICT Award – Messe Frankfurt Smartphone App; Webadresse: https://www.ufi.org/award/the-2012-ufi-ict-award/ (Zugriff 03.12.2017).
Messe Frankfurt GmbH (2014): Vom Entwicklungsfeld zum Geschäftsbereich: Messe Frankfurt wertet Digitalgeschäft auf; Webadresse: https://www.messefrankfurt.com/fra nkfurt/de/media/das_unternehmen/texte/aufwertung-digital-business-press.html (Zugriff 29.11.2017).
Messe Frankfurt GmbH (2018): Was Millennials von Messen erwarten; Webadresse: https://www.messefrankfurt.com/frankfurt/de/presse/presseliste/2018/millennials-mes sen.html (Zugriff 23.01.2019).
Messe Frankfurt GmbH (2019): Heimtextil Blog, Webadresse: https://www.heimtextil-blog.com/ (Zugriff 14.03.2019).
Messe München GmbH (2018): bauma PLUS ONSITE, Webadresse: https://www.bauma. de/aussteller/stand-buchen/bauma-plus/onsite/index.html (Zugriff 09.12.2018).
Messe München GmbH (2019): ISPO Accelerating Sports – Das globale Sportnetzwerk, Webadresse: https://www.ispo.com (Zugriff 08.02.2019).
Milla, J. (2017): Messestand: Gestaltung in mehr als nur drei Dimensionen; in: Kirchgeorg, M., Dornscheidt, W. M. & Stoeck, N. (Hrsg.): Handbuch Messemanagement: Planung, Durchführung und Kontrolle von Messen, Kongressen und Events. Wiesbaden: Springer Fachmedien, S. 1119–1130.
Miller, G. A. (1955): The Magical Number Seven, Plus or Minus Two: Some Limits on our Capacity for Processing Information; in: Psychological Review, Vol. 63 (2), S. 81–97.
Miniwatts Marketing Group (2019): Internet Usage Statistics – The Internet Big Picture, Webadresse: http://www.internetworldstats.com/stats.htm (Zugriff 04.06.2019).
Mintzberg, H. (2009): Managing; San Francisco: Berrett-Koehler Publishers.
Mokhtarian, P. L., Salomon, I. & Handy, S. L. (2006): The Impacts of ICT on Leisure Activities and Travel: A Conceptual Exploration; in: Transportation, Vol. 33 (3), S. 263–289.
Moog, W. E. (2003): Facility-Management im Messewesen; in: Kirchgeorg, M., Dornscheidt, W. M., Giese, W. & Stoeck, N. (Hrsg.): Handbuch Messemanagement: Planung, Durchführung und Kontrolle von Messen, Kongressen und Events. Wiesbaden: Gabler Vertrag, S. 203–215.
Moog, W. E. (2017): Qualität – ein unterschätzter Erfolgsfaktor für Messegesellschaften?; in: Kirchgeorg, M., Dornscheidt, W. M. & Stoeck, N. (Hrsg.): Handbuch Messemanagement: Planung, Durchführung und Kontrolle von Messen, Kongressen und Events. Wiesbaden: Springer Fachmedien, S. 847–855.
Moore, G. E. (1965): Cramming More Components Onto Integrated Circuits; in: Electronics, Vol. 38 (8), S. 114–117.
Moore, G. E. (1975): Progress in Digital Integrated Electronics; Paper präsentiert auf IEEE International Electron Devices Meeting; Washington DC.
Moran, P. & Ghoshal, S. (1999): Markets, Firms, and the Process of Economic Development; in: Academy of Management Review, Vol. 24 (3), S. 390–412.
Moreau, F. (2013): The Disruptive Nature of Digitization: The Case of the Recorded Music Industry; in: International Journal of Arts Management, Vol. 15 (2), S. 18–31.

Morris, M., Schindehutte, M. & Allen, J. (2005): The Entrepreneur's Business Model: toward a Unified Perspective; in: Journal of Business Research, Vol. 58 (6), S. 726–735.
Morris, M., Schindehutte, M., Richardson, J. & Allen, J. (2006): Is the Business Model a Useful Strategic Concept? Conceptual, Theoretical, and Empirical Insights; in: Journal of Small Business Strategy, Vol. 17 (1), S. 27.
de la Motte, L. & Atzler, E. (2015): Überweisen von Handy zu Handy – ganz ohne IBAN; in: Handelsblatt vom 04.09.2015.
Müller-Hagedorn, L., Zielke, S. & Zygojannis, M. E. (2005): Flächenmanagement; in: Delfmann, W., Köhler, R. & Müller-Hagedorn, L. (Hrsg.): Kölner Kompendium der Messewirtschaft. Köln: Kölner Wissenschaftsverlag, S. 389–414.
Müller, F. (2015): Béatrice Guillaume-Grabisch: Wie die neue Deutschlandchefin Nestlé fit für die digitale Ära machen will; in: Horizont Online, (18.09.2015), Webadresse: http://www.horizont.net/marketing/nachrichten/Batrice-Guillaume-Grabisch-Wie-die-neue-Deutschlandchefin-Nestl-fit-fuer-die-digitale-Aera-machen-will-136433 (Zugriff 19.09.2015).
Müller, W.-D. (2017): Mehrwert für Messen durch Veranstaltungskombination; in: Kirchgeorg, M., Dornscheidt, W. M. & Stoeck, N. (Hrsg.): Handbuch Messemanagement: Planung, Durchführung und Kontrolle von Messen, Kongressen und Events. Wiesbaden: Springer Fachmedien, S. 733–742.
Napoli, P. M. & Obar, J. A. (2014): The Emerging Mobile Internet Underclass: A Critique of Mobile Internet Access; in: The Information Society, Vol. 30 (5), S. 323–334.
Naujoks, H., Von Huelsen, B., Schwarz, G. & Phillips, S. (2013): Clearing the Digital Hurdles; in: Best's Review, Nr. 3, S. 77–78.
Nefiodow, L. A. (1998): Der sechste Kondratieff: Die großen neuen Märkte des 21. Jahrhunderts; in: Thomas, H. & Nefiodow, L. A. (Hrsg.): Kondratieffs Zyklen der Wirtschaft: An der Schwelle neuer Vollbeschäftigung? Herford: BusseSeewald, S. 155–196.
Nefiodow, L. A. (1996): Der sechste Kondratieff: Wege zu Produktivität und Vollbeschäftigung im Zeitalter der Information; Sankt Augustin: Rhein-Sieg-Verlag.
Nestlé S.A. (2013): The Second Nestlé Digital Acceleration Team (DAT), Webadresse: https://www.youtube.com/watch?v=b2KjwoxhvAs (Zugriff 23.11.2016).
Neu, R. (2014): 3D Printing: A Revolutionary Advance for the Field of Urology?; in: Technology Innovation Management Review, Vol. 4 (3), S. 19–24.
von Neumann, J. L. (1945): First Draft of a Report on the EDVAC, University of Pennsylvania: Philadelphia.
Neven, P. & Rosenbach, B. (2017): Aus- und Weiterbildung für die Messe- und Kongresswirtschaft; in: Kirchgeorg, M., Dornscheidt, W. M. & Stoeck, N. (Hrsg.): Handbuch Messemanagement: Planung, Durchführung und Kontrolle von Messen, Kongressen und Events. Wiesbaden: Springer Fachmedien, S. 781–797.
Nevo, S. & Wade, M. R. (2010): The Formation and Value of IT-Enabled Resources: Antecedents and Consequences of Synergistic Relationships; in: MIS Quarterly, Vol. 34 (1), S. 163–183.
Newcomb, T. (2015): Go Inside the Totally Reimagined NFL Stadium of Tomorrow; in: Wired, (18.11.2015), Webadresse: http://www.wired.com/2015/11/check-out-a-reimagined-nfl-stadium-for-the-future/ (Zugriff 18.11.2015).

Nichols, W. (2013): Advertising Analytics 2.0; in: Harvard Business Review, Vol. 91 (3), S. 60–68.
Nicolaus, K. (2018): Smartphones auf Konzerten: Start-up Yondr will handyfreie Zonen schaffen – WELT; in: Die Welt, (06.12.2018), Webadresse: https://www.welt.de/wir tschaft/article185075410/Smartphones-auf-Konzerten-Start-up-Yondr-will-handyfreie-Zonen-schaffen.html (Zugriff 30.12.2018).
Nield, D. (2015): These are the countries with the best internet in the world; in: Techradar, (02.12.2015), Webadresse: http://www.techradar.com/us/news/internet/these-are-the-cou ntries-with-the-best-internet-in-the-world-1310263 (Zugriff 30.12.2016).
Nield, D. (2018): Why You'll Still Need Wifi When 5G Is Everywhere, According to the Wi-Fi Alliance; in: Gizmodo, (18.12.2018), Webadresse: https://gizmodo.com/why-youll-still-need-wifi-when-5g-is-everywhere-accord-1831167997 (Zugriff 28.03.2019).
Nilsson, A. G., Tolis, C. & Nellborn, C. (1999): Perspectives on Business Modelling: Understanding and Changing Organisations; in: Nilsson, A. G., Tolis, C. & Nellborn, C. (Hrsg.): Perspectives on Business Modelling: Understanding and Changing Organisations. Berlin/Heidelberg: Springer, S. 1–10.
Nilsson, H. & Strauss, M. (2013): The 2013 UFI ICT Award; Webadresse: https://www.ufi.org/award/the-2013-ufi-ict-award/ (Zugriff 29.03.2017).
NineSigma, Inc. (2017): NineSigma, Webadresse: http://www.ninesigma.com/ (Zugriff 03.12.2017).
Nittbaur, G. (2001): Wettbewerbsvorteile in der Messewirtschaft: Aufbau und Nutzen strategischer Erfolgsfaktoren; Wiesbaden: Deutscher Universitäts-Verlag.
Nonaka, I. (2007): The Knowledge-Creating Company; in: Harvard Business Review, Vol. 85 (7/8), S. 162–171.
O'Regan, G. (2012): A Brief History of Computing; 2. Auflage, London: Springer International Publishing.
O'Regan, G. (2016): Introduction to the History of Computing: A Computing History Primer; London: Springer International Publishing.
O'Reilly, C. (1989): Corporations, Culture, and Commitment: Motivation and Social Control in Organizations; in: California Management Review, Vol. 31 (4), S. 9–25.
O'Reilly, T. (2007): What is Web 2.0: Design Patterns and Business Models for the Next Generation of Software; in: Communications & Strategies, Vol. 65 (1), S. 17–37.
o. V. (2009): Messen investieren Millionen ins Web; in: ONEtoONE, (27.04.2009), Webadresse: http://www.onetoone.de/Messen-investieren-Millionen-ins-Web-15943.html (Zugriff 30.10.2017).
o. V. (2014): Opening Up Your Innovation Process; in: Exhibition World, Nr. 3, S. 27–30.
o. V. (2015a): CeMAT 2016 (31. Mai bis 3. Juni): Digitalisierung verbindet CeMAT und transport logistic – Deutsche Messe und Messe München setzen Zusammenarbeit fort; in: Tagesspiegel Online, (29.10.2015), Webadresse: http://www.tagesspiegel.de/advert orials/ots/deutsche-messe-ag-hannover-cemat-2016-31-mai-bis-3-juni-digitalisierung-verbindet-cemat-und-tranport-logistic-deutsche-messe-und-messe-muenchen-setzen-zus ammenarbeit-fort/12516216.html (Zugriff 02.10.2018).
o. V. (2015b): Datentransfer in die Staaten nicht mehr easy: Auswirkungen von Safe Harbor auf die Messewirtschaft; in: auma compact vom 05.11.2015.

o. V. (2015c): imm cologne Congress 2016: Was bedeutet die Digitalisierung für die Branche, Frau Hamma?; in: möbelkultur Online, (29.09.2015), Webadresse: http://www.moebelkultur.de/news/imm-cologne-congress-2016-was-bedeutet-die-digitalisierung-fuer-die-branche-frau-hamma/23306.html (Zugriff 23.11.2017).

o. V. (2015d): Messe München startet Frauen-Networking-Portal; in: new business online, (21.12.2015), Webadresse: http://www.new-business.de/newmedia/detail.php?rubric=NEW-MEDIA&nr=684667 (Zugriff 23.11.2017).

o. V. (2015e): Messen virtuell und individuell planen; in: Industrieanzeiger vom 29.06.2015.

o. V. (2015f): Splitter; in: m+a newsline vom 09.07.2015.

o. V. (2016a): Absage an Militär- und Waffentechnik-Messe; in: Kölner Stadt-Anzeiger vom 30.11.2016.

o. V. (2016b): Branchenrelevanz ist entscheidend; in: Expodata Live-Kommunikation, Nr. 7/8, S. 32–33.

o. V. (2016c): The Collaboration Curse; in: The Economist vom 23.01.2016.

o. V. (2016d): Der Kampf um die besten Talente; in: Expodata Live-Kommunikation, Nr. 10/11, S. 20–21.

o. V. (2016e): Gesucht sind Live-Höhepunkte im digitalen Strom; in: Messe & Event Jahrbuch 2017, S. 34–36.

o. V. (2016f): Innovative Messeformate: Jetzt ist 365 Tage Messe; in: Messe & Event Jahrbuch 2017, S. 41–43.

o. V. (2016g): Namen und Daten; in: Nürnberger Nachrichten vom 01.03.2016.

o. V. (2016h): Prozesse noch weiter optimieren; in: Expodata Live-Kommunikation, Nr. 6, S. 34–35.

o. V. (2017a): Definition of Application Program; in: PC Magazine Encyclopedia, https://www.pcmag.com/encyclopedia/term/37919/application-program (Zugriff 23.11.2017).

o. V. (2017b): Digitale Kommunikation als Ergänzung; in: Expodata Live-Kommunikation, Nr. 1/2, S. 40.

o. V. (2017c): Online-Guide führt über die Hannover Messe; in: Industrieanzeiger vom 13.02.2017.

o. V. (2017d): "Wir profitieren vom Umbruch"; in: absatzwirtschaft, Nr. 1/2.

o. V. (2018): Digitaler Campus incube8 für Interior-Startups; in: ambista, (24.07.2018), Webadresse: https://www.ambista.com/de/magazin/incube8-fuer (Zugriff 24.07.2018).

Oehler, K. D. (2016): Die Messe Frankfurt geht über alle Grenzen; in: Stuttgarter Zeitung vom 22.10.2016.

Ortt, J. R., Shah, C. M. & Zegveld, M. A. (2008): Commercializing Breakthrough Technologies: Scenarios and Strategies; in: Sherif, M. H. & Khalil, T. M. (Hrsg.): Management of Technology Innovation and Value Creation. Singapur, S. 207–221.

Österle, H. & Winter, R. (2003): Business Engineering; in: Österle, H. & Winter, R. (Hrsg.): Business Engineering – Auf dem Weg zum Unternehmen des Informationszeitalters. Berlin/Heidelberg/New York: Springer, S. 3–19.

Osterwalder, A. & Pigneur, Y. (2010): Business Model Generation: A Handbook for Visionaries, Game Changers, and Challengers; 1. Auflage, Hoboken: John Wiley and Sons.

Osterwalder, A., Pigneur, Y. & Tucci, C. L. (2005): Clarifying Business Models: Origins, Present, and Future of the Concept; in: Communications of the Association for Information Systems, Vol. 16 (1), S. 1.
Palm, R. (2016): Messen investieren in ihre Hallen; in: Handelsblatt vom 24.11.2016.
Pander, J. (2016): Die Messe ist gelesen; in: Spiegel Online, (02.10.2016), Webadresse: http://www.spiegel.de/auto/aktuell/autosalon-paris-die-strahlkraft-der-grossen-pkw-shows-laesst-nach-a-1114517.html (Zugriff 05.10.2016).
Parmar, R., Mackenzie, I., Cohn, D. & Gann, D. (2014): The New Patterns of Innovation; in: Harvard Business Review, Vol. 92 (1/2), S. 86–95.
Pearce, K. E. & Rice, R. E. (2013): Digital Divides From Access to Activities: Comparing Mobile and Personal Computer Internet Users; in: Journal of Communication, Vol. 63 (4), S. 721–744.
Pellizzoni, E., Trabucchi, D. & Buganza, T. (2019): Platform Strategies: How the Position in the Network Drives Success; in: Technology Analysis & Strategic Management, Vol. 31 (5), S. 579–592.
Pennekamp, J. (2015): Leben im Jahr 2025; in: Frankfurter Allgemeine Zeitung vom 12.11.2015.
Penrose, E. T. (2009): The Theory of the Growth of the Firm; Oxford: Oxford University Press.
Perlow, L. A. (2012): Sleeping with your Smartphone: How to Break the 24/7 Habit and Change the Way you Work; Cambridge: Harvard Business Press.
Perlow, L. A. & Kelly, E. L. (2014): Toward a Model of Work Redesign for Better Work and Better Life; in: Work and Occupations, Vol. 41 (1), S. 111–134.
Persin, H. (2012): Digital Natives; in: Becker, L., Gora, W. & Uhrig, M. (Hrsg.): Informationsmanagement 2.0: Neue Geschäftsmodelle und Strategien für die Herausforderungen der digitalen Zukunft. Düsseldorf: Symposion, S. 391–401.
Peteraf, M. A. (1993): The Cornerstones of Competitive Advantage: A Resource-Based View; in: Strategic Management Journal, Vol. 14 (3), S. 179–191.
Peters, M. (1992): Dienstleistungsmarketing in der Praxis: am Beispiel eines Messeunternehmens; Wiesbaden: Deutscher Universitäts-Verlag.
Peters, M. & Scharrer, S. (2017): Dach- und Einzelmarkenstrategien von Messeunternehmen; in: Kirchgeorg, M., Dornscheidt, W. M. & Stoeck, N. (Hrsg.): Handbuch Messemanagement: Planung, Durchführung und Kontrolle von Messen, Kongressen und Events. Wiesbaden: Gabler Verlag, S. 409–415.
Peyer, S. & Brenzikofer, T. (2014): Das 5C-Modell – Live-Marketing im Zeitalter der digitalen Kommunikation: MCH Messe Schweiz AG.
Pierce, L., Snow, D. C. & McAfee, A. P. (2015): Cleaning House: The Impact of Information Technology Monitoring on Employee Theft and Productivity; in: Management Science, Vol. 61 (10), S. 2299–2319.
Pieringer, M. (2017): Herausforderndes Wachstum; in: Logistik Heute, Nr. 11, S. 28–32.
Pine, B. J. (2017): «Alles, was sich digitalisieren lässt, lässt sich massschneidern»; in: Expodata Live-Kommunikation, Nr. 1/2, S. 28–29.
Pine, B. J. & Gilmore, J. H. (1998): Welcome to the Experience Economy; in: Harvard Business Review, Vol. 76 (7/8), S. 97–105.
Pine, B. J., Pine, J. & Gilmore, J. H. (1999): The Experience Economy: Work is Theatre & Every Business a Stage; Cambridge: Harvard Business Press.

Piotrowicz, W. & Cuthbertson, R. (2014): Introduction to the Special Issue Information Technology in Retail: Toward Omnichannel Retailing; in: International Journal of Electronic Commerce, Vol. 18 (4), S. 5–16.

Plomp, M. G. A. & Batenburg, R. S. (2010): Measuring Chain Digitisation Maturity: An Assessment of Dutch Retail Branches; in: Supply Chain Management: An International Journal, Vol. 15 (3), S. 227–237.

Poncin, I. & Ben Mimoun, M. S. (2014): The Impact of "E-atmospherics" on Physical Stores; in: Journal of Retailing and Consumer Services, Vol. 21 (5), S. 851–859.

Porter, M. E. (1980): Competitive Strategy: Techniques for Analyzing Industries and Competitors; New York: Free Press.

Porter, M. E. (1985): Competitive Advantage: Creating and Sustaining Superior Performance; New York: Free Press.

Porter, M. E. (2001): Strategy and the Internet; in: Harvard Business Review, Vol. 79 (3), S. 62–78.

Porter, M. E. & Heppelmann, J. E. (2014): How Smart, Connected Products Are Transforming Competition; in: Harvard Business Review, Vol. 92 (11), S. 64–88.

Post, R. & Edmiston, D. (2014): Challenging Big Data Preconceptions: New Ways of Thinking About Data and Integrated Marketing Communication; in: International Journal of Integrated Marketing Communications, Vol. 6 (1), S. 18–24.

Pousttchi, K., Tilson, D., Lyytinen, K. & Hufenbach, Y. (2015): Introduction to the Special Issue on Mobile Commerce: Mobile Commerce Research Yesterday, Today, Tomorrow–What Remains to Be Done?; in: International Journal of Electronic Commerce, Vol. 19 (4), S. 1–20.

Prahalad, C. K. & Hamel, G. (1990): The Core Competence of the Corporation; in: Harvard Business Review, Vol. 68 (3), S. 79–91.

Prahalad, C. K. & Ramaswamy, V. (2000): Co-opting Customer Competence; in: Harvard Business Review, Vol. 78 (1), S. 79–87.

Prensky, M. (2001a): Digital Natives, Digital Immigrants Part 1; in: On the Horizon, Vol. 9 (5), S. 1–6.

Prensky, M. (2001b): Digital Natives, Digital Immigrants Part 2: Do They Really Think Differently?; in: On the Horizon, Vol. 9 (6), S. 1–6.

Prüser, S. M. (1997): Messemarketing – ein netzwerkorientierter Ansatz; Wiesbaden: Deutscher Universitäts-Verlag.

Prüser, S. M. (2017): Die Messe als Networking-Plattform – im Zeitalter von Social Media; in: Kirchgeorg, M., Dornscheidt, W. M. & Stoeck, N. (Hrsg.): Handbuch Messemanagement: Planung, Durchführung und Kontrolle von Messen, Kongressen und Events. Wiesbaden: Springer Fachmedien, S. 513–524.

Przybylski, A. K. & Weinstein, N. (2013): Can You Connect with Me Now? How the Presence of Mobile Communication Technology Influences Face-to-face Conversation Quality; in: Journal of Social and Personal Relationships, Vol. 30 (3), S. 237–246.

Pümpin, C. & Geilinger, U. W. (1988): Strategische Führung: Aufbau strategischer Erfolgspositionen in der Unternehmungspraxis; 2. Auflage, Bern: Schweizerische Volksbank.

Pümpin, C. & Koller, H. (1990): Die Bedeutung der Unternehmenskultur für die Unternehmensstrategie; in: Lattmann, C. (Hrsg.): Die Unternehmenskultur: Ihre Grundlagen und ihre Bedeutung für die Führung der Unternehmung. Heidelberg: Physica-Verlag, S. 303–317.

Purvis, R. L., Sambamurthy, V. & Zmud, R. W. (2001): The Assimilation of Knowledge Platforms in Organizations: An Empirical Investigation; in: Organization Science, Vol. 12 (2), S. 117–135.

Puscher, M. W. (2016): Messe Frankfurt: Was SAP hybris Marketing in der Praxis bringt; in: it-onlinemagazin, (20.05.2016), Webadresse: http://it-onlinemagazin.de/messe-fra nkfurt-was-sap-hybris-marketing-in-der-praxis-bringt/?pk_campaign=160524nl (Zugriff 03.01.2019).

Putnam, R. D. (1995): Bowling Alone: America's Declining Social Capital; in: Crothers, L. & Lockhart, C. (Hrsg.): Culture and Politics: A Reader. New York: Palgrave Macmillan US, S. 223–234.

von Puttkamer, E. (1990): Wie funktioniert das? Der Computer; Mannheim: Meyers Lexikon Verlag.

Quack, K. (2015): Open Innovation: Wie die Messe München ihr Geschäftsmodell erweitert; in: Computerwoche, Nr. 13.

Quinton, S. (2013): The Community Brand Paradigm: A Response to Brand Management's Dilemma in the Digital Era; in: Journal of Marketing Management, Vol. 29 (7–8), S. 912–932.

Rahmen, J. (2003): Die Messe als Betreiber von Dienstleistungsnetzwerken; in: Kirchgeorg, M., Dornscheidt, W. M., Giese, W. & Stoeck, N. (Hrsg.): Handbuch Messemanagement: Planung, Durchführung und Kontrolle von Messen, Kongressen und Events. Wiesbaden: Gabler Verlag, S. 577–585.

Ramarajan, L. & Reid, E. (2013): Shattering the Myth of Separate Worlds: Negotiating Nonwork Identities at Work; in: Academy of Management Review, Vol. 38 (4), S. 621–644.

Rancic Moogk, D. (2012): Minimum Viable Product and the Importance of Experimentation in Technology Startups; in: Technology Innovation Management Review, Vol. 2 (3).

Rath, M. (2015): DCSO: Dax-Konzerne gründen IT-Sicherheitsdienstleister; in: Computerwoche, (24.09.2015), Webadresse: http://www.computerwoche.de/a/dax-konzerne-gruenden-it-sicherheitsdienstleister,3216309 (Zugriff 11.10.2017).

Rättich, C. (2017): Strategische Kooperationen im Bereich Cross Selling; in: Kirchgeorg, M., Dornscheidt, W. M. & Stoeck, N. (Hrsg.): Handbuch Messemanagement: Planung, Durchführung und Kontrolle von Messen, Kongressen und Events. Wiesbaden: Springer Fachmedien, S. 577–585.

Ratzesberger, P. (2018): "Mensch, warum weiß der das nicht"; in: Süddeutsche Zeitung vom 11.08.2018.

Rayport, J. F. & Sviokla, J. J. (1995): Exploiting the Virtual Value Chain; in: Harvard Business Review, Vol. 73 (6), S. 75–85.

Reed Exhibitions Deutschland GmbH (2018): FIBO, Webadresse: www.fibo.com (Zugriff 16.09.2018).

Reeve-Crook, A. (2014): Digital Playground; in: Exhibition World, Nr. 4, S. 51–54.

Reeve-Crook, A. (2015): Where Markets Meet – The Story of the Modern Exhibition; Levallois-Perret: UFI – The Global Association of the Exhibition Industry.

Rehbinder, M. (2000): Rechtssoziologie; 4. Auflage, München: Beck.

Reinhard, H. W. (2003): Multiplikatorenmanagement von Messegesellschaften; in: Kirchgeorg, M., Dornscheidt, W. M., Giese, W. & Stoeck, N. (Hrsg.): Handbuch Messemanagement: Planung, Durchführung und Kontrolle von Messen, Kongressen und Events. Wiesbaden: Gabler Verlag, S. 443–469.
RELX Group Plc (2019): Market Segments, Webadresse: https://www.relx.com/our-business/market-segments (Zugriff 05.06.2019).
Rest, J., Schütze, E. & Weingärtner, M. (2015): Bread & Butter schreit vor Glück; in: Berliner Zeitung vom 09.06.2015.
Reyt, J.-N. & Wiesenfeld, B. M. (2015): Seeing the Forest for the Trees: Exploratory Learning, Mobile Technology, and Knowledge Workers' Role Integration Behaviors; in: Academy of Management Journal, Vol. 58 (3), S. 739–762.
Rheingold, H. (2000): The Virtual Community: Homesteading on the Electronic Frontier; Cambridge: MIT press.
Richardson, J. (2008): The Business Model: An Integrative Framework for Strategy Execution; in: Strategic Change, Vol. 17 (5–6), S. 133–144.
Richters, D. (2016): Geisel will der Messe ans Geld; in: Rheinische Post vom 21.09.2016.
Ritter, J. R. & Welch, I. (2002): A Review of IPO Activity, Pricing, and Allocations; in: The Journal of Finance, Vol. 57 (4), S. 1795–1828.
Rivlin, G. (2005): A Retail Revolution Turns 10; in: The New York Times vom 10.07.2005.
Robers, D. I., Cai, L., Hamko, T., Mahajan, R., Pisoni, E. & Tse, J. (2018): Was Millennials von Messen erwarten, Messe Frankfurt GmbH: Frankfurt.
Roberts, H. E. & Yates, W. (1975): Altair 8800 Minicomputer; in: Popular Electronics, Nr. 1, S. 33–38.
Robertz, G. (1999): Strategisches Messemanagement im Wettbewerb: Ein markt-, ressourcen-und koalitionsorientierter Ansatz; Wiesbaden: Deutscher Universitäts-Verlag.
Roggeveen, A. L., Nordfält, J. & Grewal, D. (2016): Do Digital Displays Enhance Sales? Role of Retail Format and Message Content; in: Journal of Retailing, Vol. 92 (1), S. 122–131.
Romer, P. M. (2008): Economic Growth; in: The Concise Encyclopedia of Economics, http://www.econlib.org/library/Enc/EconomicGrowth.html (Zugriff 10.09.2017).
Rose, M. (2003): Ebenen des Projekt-Controllings im Messewesen; in: Kirchgeorg, M., Dornscheidt, W. M., Giese, W. & Stoeck, N. (Hrsg.): Handbuch Messemanagement: Planung, Durchführung und Kontrolle von Messen, Kongressen und Events. Wiesbaden: Gabler Verlag, S. 877–899.
Rosenbach, M. & Stark, H. (2015): Der NSA-Komplex: Edward Snowden und der Weg in die totale Überwachung; München: Wilhelm Goldmann Verlag.
Rother, F., Berke, J. & Kuhn, T. (2012): "Reise in ein neues Zeitalter"; in: Wirtschafts-Woche, Nr. 46, S. 70.
Royle, J. & Laing, A. (2014): The Digital Marketing Skills Gap: Developing a Digital Marketer Model for the Communication Industries; in: International Journal of Information Management, Vol. 34 (2), S. 65–73.
Ruetz, D. (2018): Digitale Tools bei Markeninszenierungen auf Messen und Events; in: Zanger, C. (Hrsg.): Events und Marke: Stand und Perspektiven der Eventforschung. Wiesbaden: Springer Fachmedien, S. 131–157.

Rugman, A. M. & Verbeke, A. (2002): Edith Penrose's Contribution to the Resource-based View of Strategic Management; in: Strategic Management Journal, Vol. 23 (8), S. 769–780.
Ruhnau, U.-J. (2017): In den Katakomben der Messe; in: Rheinische Post vom 20.02.2017.
Rust, R. T. & Huang, M.-H. (2014): The Service Revolution and the Transformation of Marketing Science; in: Marketing Science, Vol. 33 (2), S. 206–221.
von Rutenberg, J. (2015): Smartphone: Zurück in die Gegenwart; in: ZEITmagazin, Nr. 29.
Rutkowski, A.-F. & Saunders, C. S. (2010): Growing Pains with Information Overload; in: Computer, Vol. 43 (6), S. 96–95.
Sackmann, S. A. (2017): Unternehmenskultur: Erkennen – Entwickeln – Verändern: Erfolgreich durch kulturbewusstes Management; 2. Auflage, Wiesbaden: Gabler Verlag.
Sager, I. (2012): Before IPhone and Android Came Simon, the First Smartphone; in: Bloomberg Businessweek, (29.06.2012), Webadresse: https://www.bloomberg.com/news/articles/2012-06-29/before-iphone-and-android-came-simon-the-first-smartphone (Zugriff 30.12.2016).
Sambamurthy, V., Bharadwaj, A. & Grover, V. (2003): Shaping Agility through Digital Options: Reconceptualizing the Role of Information Technology in Contemporary Firms; in: MIS Quarterly, Vol. 27 (2), S. 237–263.
Sambamurthy, V. & Zmud, R. W. (2000): Research Commentary: The Organizing Logic for an Enterprise's IT Activities in the Digital Era: A Prognosis of Practice and a Call for Research; in: Information Systems Research, Vol. 11 (2), S. 105–114.
Sander, T. H. & Putnam, R. D. (2010): Still Bowling Alone?: The Post-9/11 Split; in: Journal of Democracy, Vol. 21 (1), S. 9–16.
Schäfer, U. (2017): Zieh-die-Oh!; in: Süddeutsche Zeitung vom 04.01.2017.
Scharrenbroich, C. (2016a): Drohnen und Youtube-Stars auf der Photokina; in: Frankfurter Allgemeine Zeitung vom 14.09.2016.
Scharrenbroich, C. (2016b): Kamera-Krise; in: Frankfurter Allgemeine Zeitung vom 14.09.2016.
Scharrer, J. (2015): Reden ist Gold; in: Horizont vom 16.07.2015.
Scheer, U. (2016): Willkommen im digitalen Museum; in: Frankfurter Allgemeine Zeitung vom 28.04.2016.
Schein, E. H. (1985): Organisational Culture and Leadership: A Dynamic View; San Francisco: Jossey-Bass.
Schildhauer, T. & Voss, H. (2012): Kreative Potenziale ausschöpfen durch Crowdsourcing & Co.; in: Becker, L., Gora, W. & Uhrig, M. (Hrsg.): Informationsmanagement 2.0: Neue Geschäftsmodelle und Strategien für die Herausforderungen der digitalen Zukunft. Düsseldorf: Symposion, S. 493–507.
Schmid, C. (2015): Digitale Verlängerung: Wenn die Messe zur Dialogplattform wird; in: absatzwirtschaft online, (06.10.2015), Webadresse: http://www.absatzwirtschaft.de/digitale-verlaengerung-wenn-die-messe-zur-dialogplattform-wird-62803/ (Zugriff 29.05.2016).
Schneider, P. (2016): Welche Auswirkungen hat Industrie 4.0 auf KMU? Das Geschäftsmodell als Analyseinstrument; in: ZfKE – Zeitschrift für KMU und Entrepreneurship, Vol. 64 (4), S. 253–279.

Schoop, K., Reinhard, H. W. & Stutzinger, H. M. (2017): Historie und Entwicklung von Fachmessekonzepten; in: Kirchgeorg, M., Dornscheidt, W. M. & Stoeck, N. (Hrsg.): Handbuch Messemanagement: Planung, Durchführung und Kontrolle von Messen, Kongressen und Events. Wiesbaden: Springer Fachmedien, S. 11–30.
Schrage, M. (2017): How Digital Media Will Bring Out Our Best Selves in the Workplace; in: MIT Sloan Management Review Blog, (22.03.2017), Webadresse: http://sloanreview.mit.edu/article/how-digital-media-will-bring-out-our-best-selves-in-the-workplace/ (Zugriff 29.05.2018).
Schraudy, K. (2017): Produktentwicklung in der Messeindustrie; in: Kirchgeorg, M., Dornscheidt, W. M. & Stoeck, N. (Hrsg.): Handbuch Messemanagement: Planung, Durchführung und Kontrolle von Messen, Kongressen und Events. Wiesbaden: Springer Fachmedien, S. 377–388.
Schreier, M. (2012): Qualitative Content Analysis in Practice; Los Angeles: Sage Publications.
Schultz, D. E., Tannenbaum, S. I. & Lauterborn, R. F. (1994): The New Marketing Paradigm: Integrated Marketing Communications; Lincolnwood: McGraw Hill Professional.
Schultz, P. & Zaman, M. (2001): Do the Individuals Closest to Internet Firms Believe They are Overvalued?; in: Journal of Financial Economics, Vol. 59 (3), S. 347–381.
Schumpeter, J. A. (1939): Business Cycles: A Theoretical, Historical, And Statistical Analysis of the Capitalist Process; Cambridge: Cambridge University Press.
Schumpeter, J. A. (1942): Socialism, Capitalism and Democracy; New York: Harper and Brothers.
Schuster, R. (2012): Optimierung von Geschäftsprozessen in Vertrieb und Marketing durch Nutzung von Webtechnologien; in: Lembke, G. & Soyez, N. (Hrsg.): Digitale Medien im Unternehmen. Berlin/Heidelberg: Springer, S. 129–147.
Schutzmann, I. (2015): SBB: Zügig zum Digitalisierungsziel; in: Internet World, (09.10.2015), Webadresse: http://www.internetworld.de/technik/digitalisierung/sbb-zuegig-digitalisierungsziel-1020672.html (Zugriff 29.12.2017).
Schwenzfeier, T. (2016): Social Media und Messen – eine perfekte Symbiose; in: Connected – Das Blog der Messe Frankfurt zur Digitalisierung des Geschäftslebens, (06.07.2016), Webadresse: https://connected.messefrankfurt.com/2016/07/06/social-media-und-messen-eine-perfekte-symbiose-heimtextil-messe-frankfurt/ (Zugriff 29.03.2017).
Seiler, U. (2014a): Globaler Wettbewerb beginnt in Frankfurt; in: Expodata Live-Kommunikation, Nr. 6, S. 31–33.
Seiler, U. (2014b): Messen im Web: Wettlauf um Digitalität; in: Expodata Live-Kommunikation, Nr. 10, S. 10–11.
Seiler, U. (2015): Architektur und Funktionen der Spitzenklasse; in: Expodata Live-Kommunikation, Nr. 3, S. 10–13.
Seiler, U. (2016a): «Live marketing platforms offer what the Facebook generation is looking for»; in: Expodata Live-Kommunikation, Nr. 10/11, S. 34–37.
Seiler, U. (2016b): Mehr als Rabatte geben: Mehrwert schaffen; in: Expodata Live-Kommunikation, Nr. 3, S. 24–25.
Seiler, U. (2016c): Messeplatz Schweiz: Geschäftsmodelle jenseits des Vermietgeschäfts; in: Expodata Live-Kommunikation, Nr. 7/8, S. 28–31.

Seiler, U. (2016d): SuisseEMEX'16: Digitalität stärkt Messe; in: Expodata Live-Kommunikation, Nr. 9, S. 34–35.

Seiler, U. (2016e): «USP von Events bleibt die persönliche Begegnung»; in: Messe & Event Jahrbuch 2017, S. 24–25.

Seiler, U. (2017a): Die Zukunft im Messebau ist digital; in: Expodata Live-Kommunikation, Nr. 1/2, S. 25–27.

Seiler, U. (2017b): Wie in Trance: Die letzten zehn Prozent am «Dritten Ort»; in: Expodata Live-Kommunikation, Nr. 1/2, S. 10–13.

Selesnick, S. (2016): Pre-UFI Congress Interview with Jimé Essink, UBM Asia; in: UFI Live – The Blog of UFI – The Global Association of the Exhibition Industry, (14.09.2016), Webadresse: http://ufilive.org/ (Zugriff 29.12.2016).

Selwyn, N. (2009): The Digital Native – Myth and Reality; in: Aslib Proceedings, Vol. 61 (4), S. 364–379.

Sempert, F. P. (2012): Wie Cloud die Unternehmens-IT verändert; in: Becker, L., Gora, W. & Uhrig, M. (Hrsg.): Informationsmanagement 2.0: Neue Geschäftsmodelle und Strategien für die Herausforderungen der digitalen Zukunft. Düsseldorf: Symposion, S. 119–138.

SevenOne Media (2019): Durchschnittliche tägliche Nutzungsdauer ausgewählter Medien in Deutschland im Jahr 2018 (in Minuten). Webadresse: https://de.statista.com/statistik/daten/studie/165834/umfrage/taegliche-nutzungsdauer-von-medien-in-deutschland/ (Zugriff 04.06.2019).

Seymour Projects (2019): Original Description Seymour Projects, Webadresse: https://seymourprojects.com/original-description/ (Zugriff 22.06.2019).

Shafer, S. M., Smith, H. J. & Linder, J. C. (2005): The Power of Business Models; in: Business Horizons, Vol. 48 (3), S. 199–207.

Shah, N., Irani, Z. & Sharif, A. M. (2017): Big Data in an HR Context: Exploring Organizational Change Readiness, Employee Attitudes and Behaviors; in: Journal of Business Research, Vol. 70, S. 366–378.

Shankar, V. & Balasubramanian, S. (2009): Mobile Marketing: A Synthesis and Prognosis; in: Journal of Interactive Marketing, Vol. 23 (2), S. 118–129.

Shankar, V., Kleijnen, M., Ramanathan, S., Rizley, R., Holland, S. & Morrissey, S. (2016): Mobile Shopper Marketing: Key Issues, Current Insights, and Future Research Avenues; in: Journal of Interactive Marketing, Vol. 34, S. 37–48.

Sherman, L. E., Michikyan, M. & Greenfield, P. M. (2013): The Effects of Text, Audio, Video, and in-person Communication on Bonding between Friends; in: Cyberpsychology, Vol. 7 (2), S. 1–12.

Shirley, J. W. (1951): Binary Numeration before Leibniz; in: American Journal of Physics, Vol. 19 (8), S. 452–454.

Siskind, B. (2015a): Bracing for the Digital Tsunami; in: UFI Live – The Blog of UFI – The Global Association of the Exhibition Industry, (15.05.2015), Webadresse: http://www.ufilive.com/ (Zugriff 06.11.2016).

Siskind, B. (2015b): Digitalization and the Exhibition Industry; in: UFI Live – The Blog of UFI – The Global Association of the Exhibition Industry, (01.06.2015), Webadresse: http://www.ufilive.com/ (Zugriff 06.11.2016).

Skivington, J. E. & Daft, R. L. (1991): A Study of Organizational Framework and Process Modalities for the Implementation of Business-level Strategic Decisions; in: Journal of Management Studies, Vol. 28 (1), S. 45–68.

Slot, M. (2007): Changing User Roles in ICT Developments: The Case of Digital Television; in: Telematics and Informatics, Vol. 24 (4), S. 303–314.

Solow, R. M. (1957): Technical Change and the Aggregate Production Function; in: The Review of Economics and Statistics, Vol. 39 (3), S. 312–320.

Sommer, R. (2014): Unternehmen im medialen Wettbewerb versus Messe- und Eventplattformen – Zwei Welten leben aneinander vorbei!; in: Zanger, C. (Hrsg.): Events und Messen: Stand und Perspektiven der Eventforschung. Wiesbaden: Springer Fachmedien, S. 27–37.

Souchay, M. (2016): "Es geht immer um Begegnung"; in: Expodata Live-Kommunikation, Nr. 3, S. 22–23.

Sperlich, T. (2019): CeBIT 2017: Autonomer Postbus aus der Schweiz kommt nach Hannover; in: heise online, (09.12.2016), Webadresse: https://www.heise.de/new sticker/meldung/CeBIT-2017-Autonomer-Postbus-aus-der-Schweiz-kommt-nach-Han nover-3567031.html (Zugriff 22.06.2019).

Spicer, J. I. & Stratford, J. (2001): Student Perceptions of a Virtual Field Trip to Replace a Real Field Trip; in: Journal of Computer Assisted Learning, Vol. 17 (4), S. 345–354.

Spieth, P., Schneckenberg, D. & Ricart, J. E. (2014): Business Model Innovation – State of the Art and Future Challenges for the Field; in: R&D Management, Vol. 44 (3), S. 237–247.

Spitzer, B. (2014): HR in the Digital Age; in: Workforce Solutions Review, Vol. 5 (1), S. 15–17.

Spitzer, B., Morel, V., Buvat, J. & KVJ, S. (2013): The Digital Talent Gap: Developing Skills for Today's Digital Organizations: Paris.

Sproull, L. & Kiesler, S. (1986): Reducing Social Context Cues: Electronic Mail in Organizational Communication; in: Management Science, Vol. 32 (11), S. 1492–1512.

Squires, L. (2010): Enregistering Internet Language; in: Language in Society, Vol. 39 (4), S. 457–492.

Stabell, C. B. & Fjeldstad, Ø. D. (1998): Configuring Value for Competitive Advantage: On Chains, Shops, and Networks; in: Strategic Management Journal, Vol. 19 (5), S. 413–437.

Stähler, P. (2002): Geschäftsmodelle in der digitalen Ökonomie: Merkmale, Strategien und Auswirkungen; 2. Auflage, Lohmar: Josef Eul Verlag.

Stampfl, N. S. (2012): Neue Wertschöpfungsoptionen für Unternehmen am Beispiel von Crowdsourcing; in: Lembke, G. & Soyez, N. (Hrsg.): Digitale Medien im Unternehmen. Berlin/Heidelberg: Springer, S. 103–127.

Stamski, M. (2000): Pets.com Latest High-profile Dot-com Disaster; in: CNET, (06.11.2000), Webadresse: https://www.cnet.com/news/pets-com-latest-high-profile-dot-com-disaster/ (Zugriff 02.01.2017).

Stanko, T. L. & Beckman, C. M. (2015): Watching You Watching Me: Boundary Control and Capturing Attention in the Context of Ubiquitous Technology Use; in: Academy of Management Journal, Vol. 58 (3), S. 712–738.

Statista (2019a): Most Famous Social Network Sites Worldwide as of April 2019, Ranked by Number of Active Users (in millions). Webadresse: https://www.statista.com/statistics/272014/global-social-networks-ranked-by-number-of-users/ (Zugriff 03.01.2017).

Statista (2019b): Top 20 Webseiten in Deutschland nach der Anzahl der Unique Visitors im Februar 2019 (in Millionen). Webadresse: https://de.statista.com/statistik/daten/studie/180570/umfrage/meistbesuchte-websites-in-deutschland-nach-anzahl-der-besucher/ (Zugriff 04.06.2019).

Statistisches Bundesamt (2016): Anteil der privaten Haushalte in Deutschland mit einem Computer im Zeitraum 1998 bis 2015 (Stand: 1. Quartal 2015). Webadresse: https://de.statista.com/statistik/daten/studie/2596/umfrage/ausstattungsgrad-privater-haushalte-mit-einem-pc-seit-1998/ (Zugriff 03.01.2017).

Steger, J. (2015): "Das persönliche Treffen wird noch wichtiger"; in: Handelsblatt online, (31.08.2015), Webadresse: http://www.handelsblatt.com/unternehmen/dienstleister/marken-auf-messen-das-persoenliche-treffen-wird-noch-wichtiger/12236158.html (Zugriff 12.12.2017).

Stelzer, D. (2003): Informations- versus Wissensmanagement – Versuch einer Abgrenzung; in: Kemper, H.-G. & Mülder, W. (Hrsg.): Informationsmanagement – Neue Herausforderungen in Zeiten des E-Business. Lohmar: Josef Eul Verlag, S. 25–41.

Stephen, A. T. & Galak, J. (2012): The Effects of Traditional and Social Earned Media on Sales: A Study of a Microlending Marketplace; in: Journal of Marketing Research, Vol. 49 (5), S. 624–639.

Stoeck, N. (1999): Internationalisierungsstrategien im Messewesen; 1. Auflage, Wiesbaden: Deutscher Universitäts-Verlag.

Stoeck, N. (2017a): CRM im Messewesen – Beziehungsmanagement in der Nachmessephase; in: Kirchgeorg, M., Dornscheidt, W. M. & Stoeck, N. (Hrsg.): Handbuch Messemanagement: Planung, Durchführung und Kontrolle von Messen, Kongressen und Events. Wiesbaden: Springer Fachmedien, S. 689–697.

Stoeck, N. (2017b): Instrumente der Ausstellerakquisition; in: Kirchgeorg, M., Dornscheidt, W. M. & Stoeck, N. (Hrsg.): Handbuch Messemanagement: Planung, Durchführung und Kontrolle von Messen, Kongressen und Events. Wiesbaden: Springer Fachmedien, S. 657–666.

Stoeck, N. & Schraudy, K. (2017): Messen auf dem Weg zum integrierten Kommunikationsdienstleister; in: Kirchgeorg, M., Dornscheidt, W. M. & Stoeck, N. (Hrsg.): Handbuch Messemanagement: Planung, Durchführung und Kontrolle von Messen, Kongressen und Events. Wiesbaden: Springer Fachmedien, S. 165–176.

Stoeck, N. & Weiss, D. P. (2003): CRM im Messewesen — Beziehungsmanagement in der Nachmessephase; in: Kirchgeorg, M., Dornscheidt, W. M., Giese, W. & Stoeck, N. (Hrsg.): Handbuch Messemanagement: Planung, Durchführung und Kontrolle von Messen, Kongressen und Events. Wiesbaden: Gabler Verlag, S. 853–863.

Stuhldreier, U. (2015): Der digitale Wandel beginnt beim CMO; in: absatzwirtschaft, Nr. 9, S. 58.

Sturm, A. (2016a): Apps in Strömen; in: m+a report, Nr. 4, S. 24–25.

Sturm, A. (2016b): „Definitiv mehr als eine Spielerei"; in: m+a report, Nr. 3, S. 26–28.

Sturm, A. (2016c): Für jeden Zweck eine App; in: m+a report, Nr. 2, S. 32–35.

Sturm, A. (2016d): "Junge Zielgruppen ansprechen"; in: m+a report, Nr. 4, S. 26.

Su, Y.-f. & Yang, C. (2010): A Structural Equation Model for Analyzing the Impact of ERP on SCM; in: Expert Systems with Applications, Vol. 37 (1), S. 456–469.
Suhling, K.-P. (2003): Messegastronomie; in: Kirchgeorg, M., Dornscheidt, W. M., Giese, W. & Stoeck, N. (Hrsg.): Handbuch Messemanagement: Planung, Durchführung und Kontrolle von Messen, Kongressen und Events. Wiesbaden: Gabler Verlag, S. 1115–1130.
Susarla, A., Oh, J.-H. & Tan, B. C. Y. (2012): Social Networks and the Diffusion of User-Generated Content: Evidence from YouTube; in: Information Systems Research, Vol. 23 (1), S. 23–41.
Sykes, E. R. (2011): Interruptions in the Workplace: A Case Study to Reduce Their Effects; in: International Journal of Information Management, Vol. 31 (4), S. 385–394.
Taab, D. (2015): Immer mehr Straftaten im Netz; in: Kölnische Rundschau vom 05.12.2015.
Taeger, M. (1993): Messemarketing: Marketing-Mix von Messegesellschaften unter Berücksichtigung wettbewerbspolitischer Rahmenbedingungen; Göttingen: Göttinger Handelswissenschaftliche Schriften.
Tagg, C. (2015): Exploring Digital Communication: Language in Action; New York: Routledge.
Tapscott, D. (2008): Supervising Net Gen; in: Bloomberg Business, (08.12.2008), Webadresse: http://www.bloomberg.com/bw/stories/2008-12-08/supervising-net-genbus inessweek-business-news-stock-market-and-financial-advice (Zugriff 01.12.2016).
Tapscott, D. (1996): The Digital Economy: Promise and Peril in the Age of Networked Intelligence; New York: McGraw Hill.
Tapscott, D. (2015): The Digital Economy ANNIVERSARY EDITION: Rethinking Promise and Peril in the Age of Networked Intelligence; New York: McGraw Hill Education.
Tarn, J. M., Yen, D. C. & Beaumont, M. (2002): Exploring the Rationales for ERP and SCM Integration; in: Industrial Management & Data Systems, Vol. 102 (1), S. 26–34.
Teece, D. J. (1986): Profiting from Technological Innovation: Implications for Integration, Collaboration, Licensing and Public Policy; in: Research Policy, Vol. 15 (6), S. 285–305.
Teece, D. J., Pisano, G. & Shuen, A. (1997): Dynamic Capabilities and Strategic Management; in: Strategic Management Journal, Vol. 18 (7), S. 509–533.
Thorwirth, F. (2017): Joint Ventures und strategische Allianzen – ein Modell der Zukunft im Messewesen?; in: Kirchgeorg, M., Dornscheidt, W. M. & Stoeck, N. (Hrsg.): Handbuch Messemanagement: Planung, Durchführung und Kontrolle von Messen, Kongressen und Events. Wiesbaden: Springer Fachmedien, S. 587–596.
Thunig, C. & Altrogge, G. (2014): "CMO muss technisches Know-How mitbringen"; in: absatzwirtschaft, Nr. 9, S. 10–19.
Tiefensee, W. (2003): Infrastrukturvoraussetzungen an Messestandorten; in: Kirchgeorg, M., Dornscheidt, W. M., Giese, W. & Stoeck, N. (Hrsg.): Handbuch Messemanagement: Planung, Durchführung und Kontrolle von Messen, Kongressen und Events. Wiesbaden: Gabler Verlag, S. 165–176.
Tilson, D., Lyytinen, K. & Sørensen, C. (2010): Research Commentary—Digital Infrastructures: The Missing IS Research Agenda; in: Information Systems Research, Vol. 21 (4), S. 748–759.

Timmers, P. (1998): Business Models for Electronic Markets; in: Electronic Markets, Vol. 8 (2), S. 3–8.
Toffler, A. (1981): The Third Wave; New York: Bantam Books.
Tripp, S. D. & Bichelmeyer, B. (1990): Rapid Prototyping: An Alternative Instructional Design Strategy; in: Educational Technology Research and Development, Vol. 38 (1), S. 31–44.
Troll, K. F. (2003): Messekonzepte im Wandel der Zeit—Von der „Leidmesse "zur „Leitmesse "; in: Kirchgeorg, M., Dornscheidt, W. M., Giese, W. & Stoeck, N. (Hrsg.): Handbuch Messemanagement: Planung, Durchführung und Kontrolle von Messen, Kongressen und Events. Wiesbaden: Gabler Verlag, S. 31–48.
Trusov, M., Bucklin, R. E. & Pauwels, K. (2009): Effects of Word-of-Mouth versus Traditional Marketing: Findings from an Internet Social Networking Site; in: Journal of Marketing, Vol. 73 (5), S. 90–102.
Turkle, S. (2012): The Flight From Conversation; in: The New York Times vom 21.04.2012.
Turkle, S. (2017): Alone Together: Why We Expect More from Technology and Less from Each Other; 2. Auflage, New York: Basic Books.
Turkle, S. (2015): Reclaiming Conversation: The Power of Talk in a Digital Age; New York: Penguin.
UFI – The Global Association of the Exhibition Industry (2017): UFI Global Exhibitions Barometer; Webadresse: https://www.ufi.org/industry-resources/research/global-reports/global-barometer/ (Zugriff 01.05.2018).
UFI – The Global Association of the Exhibiton Industry (2018): UFI Digital Innovation Award, Webadresse: https://www.ufi.org/awards-archive/digital-innovation-award/ (Zugriff 25.11.2018).
Uhls, Y. T., Michikyan, M., Morris, J., Garcia, D., Small, G. W., Zgourou, E. & Greenfield, P. M. (2014): Five Days at Outdoor Education Camp without Screens Improves Preteen Skills with Nonverbal Emotion Cues; in: Computers in Human Behavior, Vol. 39, S. 387–392.
Uhrig, M. & Krzyzak, D. (2012): Ecosystem Resource Engineering: Das ERP der Zukunft; in: Becker, L., Gora, W. & Uhrig, M. (Hrsg.): Informationsmanagement 2.0: Neue Geschäftsmodelle und Strategien für die Herausforderungen der digitalen Zukunft. Düsseldorf: Symposion, S. 55–71.
Ulrich, A. (2003): Strategische Marktforschung einer Messegesellschaft; in: Kirchgeorg, M., Dornscheidt, W. M., Giese, W. & Stoeck, N. (Hrsg.): Handbuch Messemanagement: Planung, Durchführung und Kontrolle von Messen, Kongressen und Events. Wiesbaden: Gabler Verlag, S. 279–299.
Ulrich, D., Younger, J., Brockbank, W. & Ulrich, M. (2012): HR Talent and the New HR Competencies; in: Strategic HR Review, Vol. 11 (4), S. 217–222.
Upbin, B. (2011): IBM's Supercomputer Watson Wins It All With $367 Bet; in: Forbes Online, (16.02.2011), Webadresse: https://www.forbes.com/sites/bruceupbin/2011/02/16/watson-wins-it-all-with-367-bet/ (Zugriff 29.03.2017).
Urry, J. (2002): Mobility and Proximity; in: Sociology, Vol. 36 (2), S. 255–274.
Varga, C. & Ehret, J. (2017): Mobile Endgeräte verändern das Eventerlebnis; in: Messe & Event Jahrbuch 2017, S. 17.

Varian, H. R. & Shapiro, C. (1998): Information Rules: A Strategic Guide to the Network Economy; Boston: Harvard Business School Press.
Veloutsou, C., Saren, M. & Tzokas, N. (2002): Relationship Marketing: What if ... ?; in: European Journal of Marketing, Vol. 36 (4), S. 433–449.
Vettermann, G. (2005): Hallentechnik, Standgestaltung und Messebau; in: Delfmann, W., Köhler, R. & Müller-Hagedorn, L. (Hrsg.): Kölner Kompendium der Messewirtschaft. Köln: Kölner Wissenschaftsverlag, S. 475–497.
Voigt, K.-I., Günther, E. & Szczutkowski, A. (2017): Ressource; in: Gabler Wirtschaftslexikon, (17.01.2017), Webadresse: http://wirtschaftslexikon.gabler.de/Archiv/4191/res source-v11.html (Zugriff 05.11.2017).
Wagner, A. (2015): Zutritt zur Zukunft; in: tw tagungswirtschaft, Nr. 4, S. 19.
Wagner, B. (2017): Messeportale im Marketingmix: Möglichkeiten und Grenzen; in: Kirchgeorg, M., Dornscheidt, W. M. & Stoeck, N. (Hrsg.): Handbuch Messemanagement: Planung, Durchführung und Kontrolle von Messen, Kongressen und Events. Wiesbaden: Springer Fachmedien, S. 487–511.
Waldrop, M. M. (2000): No, This Man Invented The Internet; in: Forbes ASAP vom 27.11.2000.
Waldrop, M. M. (2016): More than Moore; in: Nature, Vol. 530 (7589), S. 144–147.
Walker, B. & Soule, S. A. (2017): Changing Company Culture Requires a Movement, not a Mandate; in: Harvard Business Review Digital Articles, https://hbr.org/2017/06/changing-company-culture-requires-a-movement-not-a-mandate (Zugriff 29.03.2018).
Walt, V. (2015): The Most Wired City in the World; in: Fortune, Nr. 2, S. 162–170.
Walther, J. B. (1992): Interpersonal Effects in Computer-Mediated Interaction: A Relational Perspective; in: Communication Research, Vol. 19 (1), S. 52–90.
Webber, A. M. (1993): What's So New About the New Economy?; in: Harvard Business Review, Vol. 71 (1), S. 24–42.
Weber, R. (2003): Ziele, Inhalte und Probleme der Personalentwicklung im Messewesen; in: Kirchgeorg, M., Dornscheidt, W. M., Giese, W. & Stoeck, N. (Hrsg.): Handbuch Messemanagement: Planung, Durchführung und Kontrolle von Messen, Kongressen und Events. Wiesbaden: Gabler Verlag, S. 971–979.
Wedad, E. & Keskinocak, P. (2003): Dynamic Pricing in the Presence of Inventory Considerations: Research Overview, Current Practices, and Future Directions; in: Management Science, Vol. 49 (10), S. 1287–1309.
Wedel, M. & Kannan, P. K. (2016): Marketing Analytics for Data-rich Environments; in: Journal of Marketing, Vol. 80 (6), S. 97–121.
Weiber, R. (2002): Die empirischen Gesetze der Netzwerkökonomie: Auswirkungen von IT-Innovationen auf den ökonomischen Handlungsrahmen; in: Die Unternehmung, Vol. 56 (5), S. 269–294.
Weiß, F. & Leimeister, J. M. (2013): Why Can't I Use My iPhone at Work?: Managing Consumerization of IT at a Multi-national Organization; in: Journal of Information Technology Teaching Cases, Vol. 4 (1), S. 11–19.
von Weissenfluh, F. (2016): 365 Tage für die Community arbeiten; in: Expodata Live-Kommunikation, Nr. 9, S. 33.
Weitzman, M. L. (1998): Recombinant Growth; in: The Quarterly Journal of Economics, Vol. 113 (2), S. 331–360.

Welge, M. K. & Borghoff, T. (2009): The Contribution of Information and Communication Technologies (ICT) to the Globalization Process of Firms; in: Schmid, S. (Hrsg.): Management der Internationalisierung. Wiesbaden: Gabler Verlag, S. 203–231.
Welsh, T. (2007): Going Paperless: Taking Steps to Improve Efficiency, Customer Service and Profits; in: Journal of Financial Planning, Vol. 20 (5/6).
Wernerfelt, B. (1984): A Resource-based View of the Firm; in: Strategic Management Journal, Vol. 5 (2), S. 171–180.
West, J. & Mace, M. (2010): Browsing as the Killer App: Explaining the Rapid Success of Apple's iPhone; in: Telecommunications Policy, Vol. 34 (5–6), S. 270–286.
Westerman, G., Bonnet, D. & McAfee, A. P. (2014): Leading Digital: Turning Technology into Business Transformation; Boston: Harvard Business Review Press.
Westerman, G., Tannou, M., Bonnet, D., Ferraris, P. & McAfee, A. P. (2012): The Digital Advantage: How Digital Leaders Outperform Their Peers in Every Industry: Cambridge.
Weyer, C. (2018): Götterdämmerung bei Baselworld – oder alles gar nicht so schlimm?; in: TagesWoche, (31.07.2018), Webadresse: https://tageswoche.ch/wirtschaft/goetterdaemmerung-bei-baselworld-oder-alles-gar-nicht-so-schlimm/ (Zugriff 05.06.2019).
Widmayer, F. (2012): CRM – mehr als nur Software; in: Becker, L., Gora, W. & Uhrig, M. (Hrsg.): Informationsmanagement 2.0: Neue Geschäftsmodelle und Strategien für die Herausforderungen der digitalen Zukunft. Düsseldorf: Symposion.
Wiedmann, K.-P. & Kassubek, M. (2017): Virtualisierung von Messen; in: Kirchgeorg, M., Dornscheidt, W. M. & Stoeck, N. (Hrsg.): Handbuch Messemanagement: Planung, Durchführung und Kontrolle von Messen, Kongressen und Events. Wiesbaden: Springer Fachmedien, S. 439–452.
Wieduwilt, H. (2018): Verfassungsgericht zweifelt an der Vorratsdatenspeicherung; in: FAZ.net, (11.01.2018), Webadresse: http://www.faz.net/1.5387507 (Zugriff 07.06.2018).
Wiele, J. (2012): Unternehmen brauchen neue CIOs; in: Becker, L., Gora, W. & Uhrig, M. (Hrsg.): Informationsmanagement 2.0: Neue Geschäftsmodelle und Strategien für die Herausforderungen der digitalen Zukunft. Düsseldorf: Symposion.
Wiese, T. (2015): Zwischen Verantwortung und Tradition; in: Lebensmitteltechnik vom 01.08.2015.
Wi-Fi Alliance (2018): Next Generation Wi-Fi: The Future of Connectivity; Webadresse: https://www.wi-fi.org/downloads-registered-guest/Next_generation_Wi-Fi_White_Paper_20181218.pdf/35810 (Zugriff 03.01.2019).
Williamson, O. E. (1981): The Economics of Organization: The Transaction Cost Approach; in: American Journal of Sociology, Vol. 87 (3), S. 548–577.
Williamson, O. E. (1975): Markets and Hierarchies: Antitrust Analysis and Implications; New York: Free Press.
Williamson, O. E. (1985): The Economic Institutions of Capitalism: Firms, Markets, Relational Contracting; New York: Free Press.
Wilson, J. M., Straus, S. G. & McEvily, B. (2006): All in Due Time: The Development of Trust in Computer-Mediated and Face-to-face Teams; in: Organizational Behavior and Human Decision Processes, Vol. 99 (1), S. 16–33.

Winterbauer, S. (2015): Der große Paid-Content-Vergleich von New York Times bis taz: Wer verdient wieviel mit Digitalabos?; in: Meedia, (11.09.2015), Webadresse: http://meedia.de/2015/09/11/der-grosse-paid-content-vergleich-von-new-yorktimes-bis-taz-wer-verdient-wieviel-mit-digitalabos/ (Zugriff 31.10.2017).
Winterton, J., Delamare-Le Deist, F. & Stringfellow, E. (2005): Typology of Knowledge, Skills and Competences: Clarification of the Concept and Prototype, Centre for European Research on Employment and Human Resources: Luxemburg.
Wirtz, B. W. (2016): Electronic Business; 5. Auflage, Wiesbaden: Springer Gabler.
Wirtz, B. W., Piehler, R. & Mory, L. (2012): Web 2.0 und digitale Geschäftsmodelle; in: Lembke, G. & Soyez, N. (Hrsg.): Digitale Medien im Unternehmen. Berlin/Heidelberg: Springer Fachmedien, S. 67–82.
Wirtz, B. W., Pistoia, A., Ullrich, S. & Göttel, V. (2016): Business Models: Origin, Development and Future Research Perspectives; in: Long Range Planning, Vol. 49 (1), S. 36–54.
Wirtz, J. & Jerger, C. (2016): Managing Service Employees: Literature Review, Expert Opinions, and Research Directions; in: The Service Industries Journal, Vol. 36 (15–16), S. 757–788.
Witt, J. (2003): Bedeutung von Non-Space-Produkten im Messewesen; in: Kirchgeorg, M., Dornscheidt, W. M., Giese, W. & Stoeck, N. (Hrsg.): Handbuch Messemanagement: Planung, Durchführung und Kontrolle von Messen, Kongressen und Events. Wiesbaden: Gabler Verlag, S. 503–512.
Wittmann, G., Stahl, E., Torunsky, R. & Weinfurtner, S. (2014): Digitalisierung der Gesellschaft – Aktuelle Einschätzungen und Trends, ibi research an der Universität Regensburg: Regensburg.
Woodward, P. (2015a): Exhibition Industry Megatrends; Paper präsentiert auf International Summer University for Trade Fair Management; Köln.
Woodward, P. (2015b): Hitting a Nerve; in: Exhibition World, Nr. 3, S. 17.
World Bank (2012): 2012 Information and Communications for Development: Maximizing Mobile; Webadresse: https://openknowledge.worldbank.org/handle/10986/11958 (Zugriff 22.12.2016).
Wünsch, K. (2016a): „AR ist gekommen, um zu bleiben!"; in: tw tagungswirtschaft, Nr. 4, S. 76–81.
Wünsch, K. (2016b): „Wir sind halt nicht BMW und auch nicht Apple, Google, SAP & Co."; in: tw tagungswirtschaft, Nr. 4, S. 74–75.
Wünsch, K. (2016c): Wissensarbeiter gesucht; in: tw tagungswirtschaft, Nr. 4, S. 68–73.
Yadav, M. S. & Pavlou, P. A. (2014): Marketing in Computer-mediated Environments: Research Synthesis and New Directions; in: Journal of Marketing, Vol. 78 (1), S. 20–40.
Yoo, Y., Boland Jr., R. J., Lyytinen, K. & Majchrzak, A. (2012): Organizing for Innovation in the Digitized World; in: Organization Science, Vol. 23 (5), S. 1398–1408.
Yoo, Y., Henfridsson, O. & Lyytinen, K. (2010): Research Commentary—The New Organizing Logic of Digital Innovation: An Agenda for Information Systems Research; in: Information Systems Research, Vol. 21 (4), S. 724–735.
Zajac, E. J. & Olsen, C. P. (1993): From Transaction Cost to Transactional Value Analysis: Implications for the Study of Interorganizational Strategies*; in: Journal of Management Studies, Vol. 30 (1), S. 131–145.

Zakaria, N., Amelinckx, A. & Wilemon, D. (2004): Working Together Apart? Building a Knowledge-Sharing Culture for Global Virtual Teams; in: Creativity and Innovation Management, Vol. 13 (1), S. 15–29.

Zanger, C. (2014): Messen und Events als Mittel integrierter Unternehmenskommunikation; in: Zanger, C. (Hrsg.): Events und Messen: Stand und Perspektiven der Eventforschung. Wiesbaden: Springer Fachmedien, S. 13–25.

Zanger, C. (2017): Beurteilung des Erfolgs von Messeevents; in: Kirchgeorg, M., Dornscheidt, W. M. & Stoeck, N. (Hrsg.): Handbuch Messemanagement: Planung, Durchführung und Kontrolle von Messen, Kongressen und Events. Wiesbaden: Springer Fachmedien, S. 935–950.

Zäpfel, G. (1982): Produktionswirtschaft: Operatives Produktions-Management; Berlin: de Gruyter.

Zheng, W., Yang, B. & McLean, G. N. (2010): Linking Organizational Culture, Structure, Strategy, and Organizational Effectiveness: Mediating Role of Knowledge Management; in: Journal of Business Research, Vol. 63 (7), S. 763–771.

Zimmermann, C. (2017): Messen als Instrument der Live Communication; in: Kirchgeorg, M., Dornscheidt, W. M. & Stoeck, N. (Hrsg.): Handbuch Messemanagement: Planung, Durchführung und Kontrolle von Messen, Kongressen und Events. Wiesbaden: Springer Fachmedien, S. 51–66.

von Zitzewitz, M. (2003): Wachstum durch Strukturanpassungen—Betriebsaufspaltung öffentlicher Messegesellschaften; in: Kirchgeorg, M., Dornscheidt, W. M., Giese, W. & Stoeck, N. (Hrsg.): Handbuch Messemanagement: Planung, Durchführung und Kontrolle von Messen, Kongressen und Events. Wiesbaden: Gabler Verlag, S. 253–264.

Zott, C. & Amit, R. (2010): Business Model Design: An Activity System Perspective; in: Long Range Planning, Vol. 43 (2–3), S. 216–226.

Zott, C. & Amit, R. (2013): The Business Model: A Theoretically Anchored Robust Construct for strategic Analysis; in: Strategic Organization, Vol. 11 (4), S. 403–411.

Zott, C., Amit, R. & Massa, L. (2011): The Business Model: Recent Developments and Future Research; in: Journal of Management, Vol. 37 (4), S. 1019–1042.

Zygojannis, M. E. (2005a): Akteure der Messewirtschaft; in: Delfmann, W., Köhler, R. & Müller-Hagedorn, L. (Hrsg.): Kölner Kompendium der Messewirtschaft. Köln: Kölner Wissenschaftsverlag, S. 31–54.

Zygojannis, M. E. (2005b): Gestaltung des Auslandsvertriebs; in: Delfmann, W., Köhler, R. & Müller-Hagedorn, L. (Hrsg.): Kölner Kompendium der Messewirtschaft. Köln: Kölner Wissenschaftsverlag, S. 163–201.

Zygojannis, M. E. (2005c): Ökonomische Gründe für die Existenz von Messen; in: Delfmann, W., Köhler, R. & Müller-Hagedorn, L. (Hrsg.): Kölner Kompendium der Messewirtschaft. Köln: Kölner Wissenschaftsverlag, S. 55–71.

CPSIA information can be obtained
at www.ICGtesting.com
Printed in the USA
LVHW081616271020
669968LV00006B/37